Début d'une série de documents en couleur

LA
FACULTÉ DE THÉOLOGIE DE PARIS

ET

SES DOCTEURS LES PLUS CÉLÈBRES

PAR

L'abbé P. FERET

DOCTEUR EN THÉOLOGIE
ANCIEN CHAPELAIN DE SAINTE GENEVIÈVE
CHANOINE HONORAIRE D'ÉVREUX
CURÉ DE SAINT-MAURICE DE PARIS

MOYEN-AGE

TOME PREMIER

PARIS
ALPHONSE PICARD ET FILS, ÉDITEURS
82, rue Bonaparte, 82

1894

www.ingramcontent.com/pod-product-compliance
Lightning Source LLC
Chambersburg PA
CBHW071101230426
43666CB00009B/1786

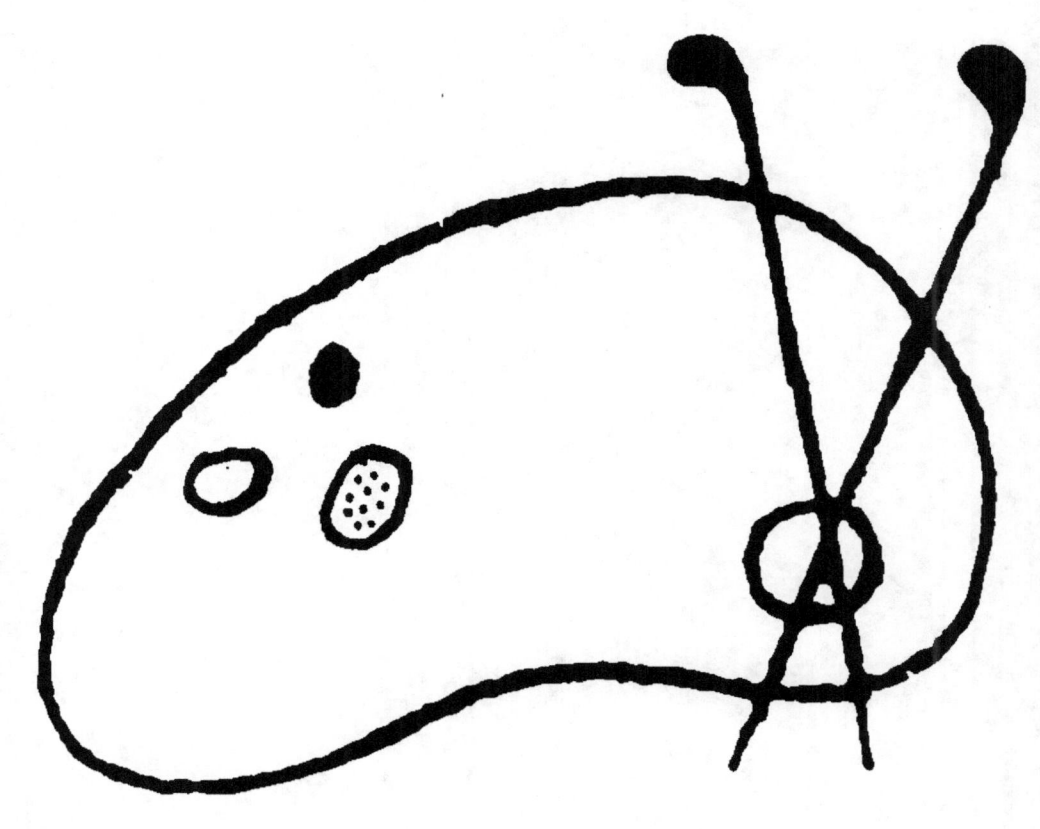

Début d'une série de documents en couleur

ERRATA

Page 48, ligne 18, *au lieu de :* Adam du Petit-Pot, *lire :* Adam du Petit-Pont.

Page 118, notes, ligne 18, *au lieu de :* Nota dit Pitz, *lire :* Nota, dit Pits.

Page 305, notes, ligne 8, *au lieu de :* suoque nomin, *lire :* suoque nomini.

Page 309, notes, ligne 1, *au lieu de :* Supplemente, *lire :* Supplement.

Page 314, ligne 1, *au lieu de :* couvent dominicains, *lire :* couvent dominicain.

Page 314, notes, ligne 12, *au lieu de :* Gaufredo de Briacusto de Parisiensi, *lire :* Gaufredo de Bria custode Parisiensi.

TABLE DES MATIÈRES

CHAPITRE III
DOCTRINES, DÉCISIONS, CONDAMNATIONS

I. Amauri de Chartres. David de Dinant. Simon de Tournay. — II. Pierre Lombard. — III. Le concours divin. — IV. La pluralité des bénéfices. — V. Le Thalmud. — VI. Dix propositions. — VI. Jean de Brescain et Raymond . . . . p. 199

LIVRE III

LA FACULTÉ

DANS LA PREMIÈRE MOITIÉ DU XIIIe SIÈCLE

REVUE LITTÉRAIRE

CHAPITRE I
LES MAÎTRES OU DOCTEURS SÉCULIERS FRANÇAIS

Guillaume d'Auxerre. — Jean d'Abbeville. — Philippe de Grève. — Jacques de Vitry. — Gauthier Cornut. — Guillaume d'Auvergne. — Jacques Pantaléon ou Urbain IV . . . . p. 225

CHAPITRE II
LES MAÎTRES OU DOCTEURS SÉCULIERS ANGLAIS

Alexandre Neckam. — Etienne Langton. — Saint Edmond ou Edme. — Jean Blond ou Blount. — Robert Grosse-Tête. — Richard de Wich . . . . p. 269

CHAPITRE III
LES MAÎTRES OU DOCTEURS FRANCISCAINS

Haymon de Féversham ou Faversham. — Alexandre de Halès. — Jean de La Rochelle . . . . p. 309

CHAPITRE IV
LES MAÎTRES OU DOCTEURS DOMINICAINS

Jourdain ou Jordan de Saxe. — Pierre de Reims. — Guerric de Saint-Quentin. — Geoffroy de Blèves. — Jean de Saint-Gilles. — Roland de Crémone. — Hugues de Saint-Cher . . . . . . p. 333

CHAPITRE V
LES MAÎTRES OU DOCTEURS DES AUTRES ORDRES RELIGIEUX

Saint Guillaume de Bourges ou de Donjeon. — Jacques d'Arras. — Emon de Verum . . . . p. 357

TABLE DES MATIÈRES
CHAPITRE II
L'ÉCOLE THÉOLOGIQUE DE NOTRE-DAME ET SES PRINCIPAUX MAÎTRES

Anselme de Laon. — Manegold. — Robert Pullus. — Pierre-le-Mangeur. — Adam du Petit Pont. — Maurice de Sully. — Pierre-le-Chantre. — Pierre de Poitiers. — Pierre de Corbeil et Michel de Corbeil . . . . p.   25

CHAPITRE III
L'ÉCOLE THÉOLOGIQUE DE SAINTE-GENEVIÈVE ET SES PRINCIPAUX MAÎTRES

Pierre Lombard (suite). — Joscelin. — Robert de Melun. — Gautier de Mortagne. . . . . p.   79

CHAPITRE IV
L'ÉCOLE THÉOLOGIQUE DE SAINT-VICTOR ET SES PRINCIPAUX MAÎTRES

Guillaume de Champeaux et Abélard jusqu'à sa retraite à Saint-Denis. — Hugues de Saint-Victor (suite). — André. — Richard de Saint-Victor . . . . p.   101

CHAPITRE V
DEUX FAMEUX THÉOLOGIENS HÉTÉRODOXES

Abélard (suite). — Gilbert de La Porrée . . . . p.   131

LIVRE II
LA FACULTÉ DE THÉOLOGIE
DANS LA PREMIÈRE MOITIÉ DU XIII° SIÈCLE

PHASES HISTORIQUES
CHAPITRE I

I. Les chaires . . . . p.   165
II. Les collèges théologiques réguliers. — Collège des Mathurins, Collège Sainte-Catherine du Val des Ecoliers. — Collège des Dominicains. — Collège des Franciscains. — Collège des Bernardins . . . . p.   168
III. Les Collèges théologiques séculiers. — Collège de Constantinople. — Collège des Bons-Enfants Saint-Honoré. — Collège de Saint-Nicolas du Louvre. — Collège des Bons-Enfants Saint-Victor . . . . p.   184

CHAPITRE II
DES ÉTUDES ET DES GRADES

I. Des Etudes . . . . p.   191
II. Des Grades . . . . p.   196

TABLE DES MATIÈRES

INTRODUCTION
LES ORIGINES DE L'UNIVERSITÉ DE PARIS
ET SON ORGANISATION AUX XIIe ET XIIIe SIÈCLES

CHAPITRE PREMIER
Les origines de l'Université de Paris . . . . p. I

CHAPITRE II
L'organisation de l'Université de Paris aux XIIe et XIIIe siècles . . p. XXI

CHAPITRE III
L'organisation de l'Université de Paris aux XIIe et XIIIe siècles. Ses compléments nécessaires. . . . . p. XLIII

AVANT-PROPOS . . . . p. LXV

LIVRE I
L'ENSEIGNEMENT THÉOLOGIQUE
AUX XIe ET XIIe SIÈCLES

L'enseignement théologique aux XIe et XIIe siècles. . . . . p. 1

CHAPITRE PREMIER
LA THÉOLOGIE

I. La Théologie en corps de doctrine. — Hugues de Saint-Victor. — Alain de Lille — Pierre Lombard . . . . p. 3
II. La Méthode théologique. — Méthode doctrinale. — Méthode littéraire . . . . p. 18

y aurait à inscrire un nouvel ouvrage à l'actif de notre abbé ; ou bien ces deux noms s'appliqueraient à deux personnages différents, et dans ce cas nous ne saurions dire ce que fut cet Emmo (1).

---

(1) Ce serait sans doute le lieu et le moment de tracer la biographie d'un autre maître renommé : *Alexandre de Villedieu*.

« Les uns — lisons-nous dans l'*Histoire littéraire de la France*, tom. XVIII, p. 202 — « le font religieux de l'ordre de Saint-François, « d'autres de l'ordre de Saint-Dominique, d'autres enfin de l'ordre de « Saint-Benoît, et de plus docteur en théologie ». Tout cela est plus ou moins incertain. Mais c'est surtout comme maître ès-arts qu'Alexandre est connu ; c'est comme poète qu'il est devenu presque célèbre. Qu'il nous suffise de transcrire les titres de ses cinq poèmes : *Doctrinale puerorum* ; *Massa computi* ; *Divinæ Sripturæ compendium* ; *De Sphera* ; *De Arte numerandi*. Les trois premiers ont eu les honneurs de l'impression.

Il paraît que la vie d'Alexandre prit fin vers 1240. Par sa naissance, il appartenait à la fin du XIIe siècle.

On lira avec intérêt l'article de M. A. Duval dans l'*Hist. littér. de la Franc.*, vol. cit., pp. 202 et suiv.

FIN DU PREMIER VOLUME

Il y a une troisième continuation, sans nom d'auteur, laquelle s'arrête à l'année 1297. Elle a beaucoup moins de valeur que les deux précédentes Chroniques.

Elle a été, néanmoins, imprimée avec celles-ci : au tome III des *Analectes de l'ancien temps*, d'Antoine Matthieu, en 1699 ; au tome I des *Documents de l'antiquité sacrée*, du Prémontré Hugo, en 1725 ; à Utrecht en 1886 ; et, en 1874, dans les *Monumenta Germaniæ historica*, de Pertz, tome XXIII des *Scriptores* 1. Cette dernière édition est la meilleure.

Emon de Verum est-il l'auteur d'un ouvrage, inscrit sous le nom d'*Emmo*, mentionné par Sander parmi les manuscrits de Belgique et dont la *Préface* a été publiée par Martène et Durand dans le *Thesaurus novus anecdotorum* (2) ? Fabricius laisse la question indécise (3). Daunou incline vers la négative, « à moins pourtant, dit-il, que cet opuscule ne soit une copie des dernières pages de la Chronique qui traite principalement de l'immortalité de l'âme » (4). L'ouvrage, en effet, d'après la Préface, avait trois parties embrassant : la première la *qualité de la céleste patrie (qualitatem cœlestis patriæ)*, la deuxième les *œuvres* par lesquelles elle s'obtient ; la troisième la *nature du supplice* de l'autre vie (*de qualitate supplicii*). Les arguments se puisaient dans le *champ des Saintes-Écritures* et dans les *Sentences des Pères*. L'ouvrage était dédié *au très révérend père dans le Christ, Guillaume*, auquel *Emmon* adressait un *perpétuel salut dans le Seigneur*. Mais la dédicace semble indiquer un travail spécial, plus considérable que la fin de la *Chronique d'Emon*, par conséquent distinct d'elle. D'ailleurs, cette Chronique se prêterait à peine à la division annoncée. La conclusion serait donc celle-ci : ou bien *Emmo* désignerait le même écrivain qu'*Emo*, et alors il

---

« puissante et généreuse prenne les armes et le bouclier pour sauver d'un
« joug barbare la patrie du crucifié ». (*Bibliothèque des croisades*, Paris, 1829, tom. III, p. 547.

Dans la seconde lettre, l'évêque de Bethléem recommande aux Frisonnes croisées de ne point entreprendre le voyage aux lieux saints : il y a danger pour la morale. Il vaut mieux faire tenir en Terre-Sainte l'argent destiné au voyage. (*Ibid.*, p. 348).

(1) Pp. 465 et suiv.
(2) Tom. I, p. 667-668.
(3) *Biblioth...*, art. *Emo*.
(4) *Hist. litt...*, vol. cit., p. 183.

Constantinople par les croisés, sur le quatrième Concile de Latran, sur le chemin suivi par les Frisons qui allaient combattre en Terre-Sainte, sur les inondations en Frise dans les années 1220 et 1221, sur la mort de Louis VIII, roi de France, sur celle d'Honorius III, sur l'avènement de Grégoire IX. L'on comprend l'intérêt historique que présente le travail d'Emon (1).

Emon eut pour successeur à la tête de l'abbaye de Verum Paul qui mourut en 1242 et fut remplacé par Mencon (2). Ce dernier continua la *Chronique d'Emon* de l'année 1236 à l'année 1274. La *Chronique de Mencon* est particulièrement intéressante en ce qu'elle renferme l'histoire d'Emon : c'est là que puisent surtout les historiens quand il s'agit de se bien renseigner sur ce religieux. Cette *Chronique* raconte encore, entre autres choses, les inondations de la Hollande, la prédication de la croisade en 1248, la part prise par les Frisons au siège d'Aix-la-Chapelle la même année, la mort de l'empereur Frédéric II en 1250 (3).

---

(1) On peut voir l'analyse donnée par Daunou dans *Hist. littér..*, vol. cit., p. 180-183.

(2) Foppens, *Biblioth. Belgic.*, tom. I, p. 261; *Hist. littér...*, vol. cit. p. 180.

(3) Nous ferons remarquer, en outre, avec M. Michaud, qu'on trouve dans cette *Chronique de Mencon* deux lettres de Thomas, évêque de Bethléem, lettres qu'on ne rencontre pas ailleurs. Elles sont placées sous l'année 1260.
La première est adressée à toute la chrétienté. Nous y lisons :
« Les tribulations des cités d'Orient désolent notre âme. La crainte et
« la stupeur sont tombées sur nous et sur nos enfants. O hommes catho-
« liques ! qui ne gémirait en voyant la main terrible du Seigneur veiller si
« attentivement à la ruine du monde ? Nous craignons que pour les habi-
« tants de cette terre n'arrive l'accomplissement de ces paroles de Jéré-
« mie : *Voilà qu'un peuple est venu du pays de l'Aquilon, nation puissante*
« *qui se lève des extrémités de la terre, armée de la flèche et du bouclier;*
« *elle est cruelle et n'aura point de pitié.* Depuis que son nom a retenti à
« nos oreilles, nos forces nous ont abandonnés. Maintenant il nous faudra
« laisser la Terre-Sainte déserte et solitaire ou nous livrer aux mains de
« l'ennemi ou tomber sous le glaive d'un peuple qui a soif de notre
« sang ». Voici la fin de la lettre : « Après le Seigneur, c'est en vous que
« nous espérons, o hommes très chrétiens ! Les yeux baignés de larmes,
« nous recourons à votre piété ; nous vous conjurons de défendre cette
« Terre-Sainte où notre Seigneur a daigné naître et mourir pour nous,
« où il a daigné opérer notre salut ; nous vous prions de secourir cette
« terre qui a coûté au monde chrétien tant de travaux et de sacrifices.
« Ne souffrez point, comme l'espèrent les infidèles, que le nom de Jésus
« soit oublié et anéanti dans les contrées orientales ; mais qu'une nation

car, selon un contemporain, Mencon, dont il sera bientôt parlé, « le temps que ses condisciples passaient à jouer et à courir, « il l'employait à lire Ovide, Virgile, Arator, Sédulius, les « grammaires de Priscien et de Pierre Hélie et des traités de « dialectique » (1). Il se forma à la science de la théologie à Paris et à celle du droit à Orléans. Il compta aussi parmi les élèves d'Oxford.

A son retour dans sa patrie, il embrassa la carrière ecclésiastique et fut placé par l'évêque de Munster à la tête d'une paroisse dans le territoire d'Ommeland ou des Ommelandes (2). Le désir de l'état religieux le conduisit dans un monastère de l'ordre de Saint-Benoît, à Filwert, où l'un de ses parents l'avait précédé. Avant la fin de leur noviciat, ils résolurent de quitter l'ordre pour entrer dans un autre, celui de Prémontré, et ils furent reçus dans un monastère de nouvelle fondation, le *Novum Claustrum*, l'*Hortus beatæ Virginis*, du diocèse de Munster.

A côté de ce monastère, s'en éleva un de vierges et de veuves. L'un et l'autre étaient placés sous la direction d'Emon. Quelque temps après, ils furent transférés à Verum ou Werum, dans le diocèse de Groningue. Celui des hommes prit le nom de Jardin fleuri (*Hortus floridus*), celui des femmes le nom de Champ des roses *(Campus rosarum)*.

Emon porta d'abord le titre de prieur. En 1225, il reçut celui d'abbé de Verum. Il mourut le 13 décembre 1237. Dans e pays, il est honoré comme bienheureux (3).

Ce religieux se distingua comme historien. Il est auteur d'une Chronique de son monastère et de son temps. Dans cette *Chronique* qui commence, en la comprenant, à l'année 1204, nous rencontrons certains détails ou certaines indications sur la lutte d'Innocent III contre Othon, sur l'introduction de la religion chrétienne dans le Nord, sur la prise de

---

fol. p. 3o6; *Gal. christ.*, tom. III, col. 195; Foppens, *Biblioth. Belgic.*, tom. I, pp. 499-5oo; *Hist. littér. de la Franc.*, tom. XVII. p. 4o4, art. de M. Petit-Radel.

(1) Cit. dans *Hist. littér. de la Franc.*, tom. XVIII, p. 177.

(2) Voir Baudrand, *Geographia*, et La Martinière, *Dictionnaire*.

(3) Source : *Emonis Chronicon*, *Menconis Chronicon* faisant suite à première *Chronique*.

Voir aussi Oudin, *Comment...*, tom. III, col. 161-162; *Hist. littér. de la Franc.*, tom. XVIII, p. 177-180, art. de Daunou.

Bourges et elle n'a cessé d'en célébrer pompeusement la fête le 14 janvier de chaque année (1).

Nous ne saurions dire quelles œuvres littéraires il laissa après lui.

JACQUES D'ARRAS

(-1225)

Ce *doctor theologus almæ Universitatis Parisiensis*, dit Le Paige, fut archidiacre de Cambray, puis abbé du Mont-Saint-Martin, de l'ordre de Prémontré, dans le même diocèse. 1225 fut sans doute l'année de sa mort, car on lui donne cette année-là un successeur au Mont-Saint-Martin.

On lui attribue les ouvrages suivants qui n'ont jamais été confiés aux presses : *Huit Livres sur les louanges de Marie*, une *Lettre sur sa conception*, laquelle était adressée aux prévôt, doyen et chapitre de Notre-Dame d'Arras ; un *Livre de réponses aux questions posées* ; un autre *sur la dernière vision d'Ezéchiel* ; un troisième *sur le triple fruit évangélique* ; des *Lettres* et des *Sermons* (2).

Au même ordre appartenait un autre maître ou docteur, dont le nom a eu plus de retentissement dans la postérité :

EMON DE VERUM

(-1237)

Emon, originaire de la Frise, y fit ses premières études. Déjà il montrait une ardeur extraordinaire pour le travail,

---

(1) Sources génér.: *Hist. Univers. Paris.*, tom. III, p. 682-685 ; *Gal. christ.*, tom. II, col. 60 et suiv., tom. X, col. 1509 ; Cousin, *Op. cit.*, p. LXVII-LXVIII ; Lenain, *Essai de l'histoire de l'ordre de Citeaux*, tom. VII, Paris, 1697, pp. 414 et suiv. ; Les *Vitæ* qui se trouvent dans *Acta sanctorum*, janvier, tom. I, pp. 627 et suiv., dans *Fasciculus sanctorum ordinis Cisterciencis*, de Chrysostôme Henriquez, Cologne, 1631, lib. I, pp. 318 et suiv., dans *Nov. Biblioth. manuscript.*, de Labbe, tom. II, 1657, in-fol , pp. 370 et suiv.

Voir aussi M. l'abbé Cochard, *Les Saints de l'Eglise d'Orléans*, Orléans, 1879, pp. 461 et suiv., et M. Victor Le Clerc dans *Hist. littér. de la Franc.*, tom. XXI, p. 575-576.

(2) Le Paige, *Bibliotheca Præmonstratensis ordinis*, Paris, 1633, in-

Quoi qu'il en soit, après les leçons de l'oncle, les cours de l'Université de Paris (1), et, sans aucun doute, l'enseignement théologique. Telle est la raison pour laquelle nous plaçons ici une courte notice sur ce saint personnage.

Il naquit dans le Nivernais (2). Il fut chanoine de Soissons, puis de Paris, renonça à cette dignité pour se retirer, d'abord au monastère de Grand-Mont, ensuite à celui de Pontigny où il prit l'habit de Cistercien.

Successivement abbé de Fontaine-Jean en Gâtinais et de Chaalis, appelé parfois Charlieu (*Carolus locus*), dans le diocèse de Senlis, il fut élevé, après la mort de Henri de Sully, en 1199, sur le siège archiépiscopal de Bourges. Ce fut sur la désignation d'Eudes, évêque de Paris. Comme on ne s'entendait pas, en effet, sur l'élection à faire, on s'en remit au jugement de ce prélat. Guillaume continua dans sa nouvelle dignité sa vie de religieux.

C'est grâce aux conseils et aux instructions du prélat qu'un Juif, déjà ou ensuite renommé, se convertit au christianisme. Ce Juif, du nom de Guillaume, après sa conversion, devint diacre à Bourges et eut une certaine célébrité comme théologien dans le XIIIe siècle (3).

Ce prélat mourut, le 10 janvier 1209, au moment où il prenait une part active à la croisade contre les Albigeois.

Il jouissait de la réputation méritée de saint. Aussi, sa canonisation fut-elle demandée presque aussitôt. Suivant la Chronique inédite de Grand-Mont, il en fut question au Concile général de Latran en 1215. Innocent III confia à l'évêque d'Auxerre l'enquête préalable et la bulle de canonisation donnée par Honorius III porte la date du 17 mai 1218 (4).

La nation de France prit pour patron saint Guillaume de

---

(1) *Hist. Univers. Paris.*, tom. III, p. 682 : « ... primos adolescentiæ annos exegit in academia Parisiensi... »

(2) « ... de Archesiis, vico comitatus Nivernensis... » (*Hist. Univers. Paris.*, tom. III, p. 682.)

(3) Voir la notice de ce Juif converti par M. Petit-Radel dans l'*Histoire littéraire de la France*, tom. XVII, p. 72-77.
Bornons-nous à rappeler que ce Juif étudia à Paris, qu'il écrivit contre ses anciens coreligionnaires un *Bellum contra Judæos et contra Judæorum hæreticos*, ouvrage dont Homney a inséré le Prologue et le premier chapitre dans son *Supplementum Patrum*, Paris, 1685, pp. 412 et suiv.

(4) Rainaldi, *Annal. ecclesiast.*, an. 1217, cap. LXIV-LXV ; an. 1218, cap. XXXIII : « Datum Romæ apud Sanctum-Petrum 16 kalendas junii, pontificatus nostri anno secundo ».

CHAPITRE V

LES MAITRES OU DOCTEURS DES AUTRES ORDRES RELIGIEUX

Saint Guillaume de Bourges ou de Donjeon. — Jacques d'Arras Simon de Verum.

SAINT GUILLAUME DE BOURGES OU DE DONJEON
(-1209)

Sur la fin du XII⁰ siècle, « la maison des comtes de Ton-
« nerre et de Nevers donna encore un célèbre religieux à
« l'ordre de Citeaux et un grand archevêque à l'Eglise de
« Bourges en la personne de saint Guillaume. » Ainsi
s'exprime Cousin dans son *Histoire de plusieurs saints des
maisons des comtes de Tonnerre et de Clermont* (1). Les
derniers mots de la citation expliquent le premier surnom de
Guillaume. Le second doit être le nom patronymique. On
l'appelle encore *Guillaume l'Ermite*. Est-ce parce qu'il appartenait à la famille du célèbre promoteur des croisades ? Il fut,
en effet, élevé par un oncle, chanoine de Soissons, appelé
Pierre-l'Ermite, qu'on croit avoir été de la même famille.
Est-ce parce que, répondant aux soins de son oncle, il montrait beaucoup de goût pour la solitude non moins favorable à l'étude qu'à la prière ? On l'a dit.

(1) Paris, 1698. p. LXVII.

« en pouvait faire... Les chapitres n'étant pas encore divisés
« en versets, on les partageait en quatre sections lorsqu'ils
« étaient courts, en sept s'ils étaient longs, et les lettres a. b.
« c. d. e. f. g. correspondaient à ces sections toujours égales
« entre elles » (1).

C'est dire qu'il convient, en même temps, d'attribuer au cardinal cette première division des chapitres de l'Ecriture-Sainte.

Nous venons, avec l'*Histoire littéraire de la France*, d'éliminer saint Antoine de Padoue. Plus tard, avec elle également, nous éliminerons Arlotto da Prato, rival plus sérieux et qui longtemps disputa la palme avec des chances diverses.

L'on attribue encore d'autres écrits non imprimés à l'illustre théologien. En voici les titres, d'après Daunou qui parle d'après Panzer (2) : *Abrégé de théologie; Somme de cas; Du Combat des vertus et des vices; Traité de la pénitence; Miroir d'or de l'âme pécheresse (Speculum aureum peccatricis); Du Sacrement de l'autel; Miroir des prêtres; Source de la prédication (Summarium prædicationis); Des Vanités du monde.* Mais, suivant Daunou, « il est extrêmement probable que ces livres lui sont étrangers ou qu'ils ne sont que des parties mal désignées de ses véritables productions » (3). Toutefois, les auteurs des *Scriptores ordinis Prædicatorum* ne mentionnent par les trois premiers comme douteux (4).

Si le style de cet écrivain « n'est pas élégant ni sa critique très sévère », il faut reconnaître que « peu de théologiens du moyen-âge ont étudié plus sérieusement que lui l'ancien et le nouveau Testament ». Ainsi parle encore Daunou dans l'*Histoire littéraire de la France* (5).

En traçant dans ce volume la biographie de Hugues de Saint-Cher, nous avons surtout tenu compte de sa carrière de professeur.

(1) *Hist. littér...*, *ibid.*, p. 44.
Voir *Scrip. ord. Prædicat.*, tom. I, pp. 203 et suiv.
(2) *Annal. typogr...*, et aussi d'après le *Catal. biblioth. reg.*, III, *passim.*
(3) *Hist. littér...*, vol. cit., pp. 48-49.
(4) *Script...*, tom. I, p. 203.
Se trouvent à notre Biblioth. nat.: *Libellus de sacramento altaris*, mss. lat. 3627, 3640; *Speculum sacerdotum*, ms. lat. 3627; *Tractatus de vanitate mundi*, ms. lat. 5658.
L'on y trouve encore, ms. lat. 5321, sous le nom de *magister Hugo*, des *Versus in laudem Eparchii*, Notre réflexion de plus haut relativement aux *Quæstiones super magistrum Sententiarum* s'applique à ces *Versus*.
(5) *Hist. littér...*, vol. cit., p. 43.

toute la force du terme, car il s'agit de la première concordance des livres saints, et non moins bien traitée par la presse que la précédente, en d'autres termes une table alphabétique des mots de la Bible avec renvois aux passages qui les renferment. L'œuvre offrit successivement deux sortes d'aspect, parce qu'il y eut deux sortes de rédaction successive. La première, et ce fut à proprement parler l'œuvre de Hugues, consistait à donner simplement l'indication des différents endroits où se lisait le mot. Les recherches se trouvant encore compliquées, on voulut ensuite les rendre plus faciles ou les abréger : pour cela, on transcrivit les diverses propositions où le mot visé se rencontrait, travail qui présente lui-même deux phases dans son accomplissement : jugées trop longues, les citations furent plus tard raccourcies. On raconte qu'il n'y eut pas moins de cinq cents Frères-Prêcheurs qui, du commencement à la fin de la rédaction, mirent la main à cette œuvre d'une importance capitale (1).

Ce dernier « titre littéraire, si honorable à la mémoire du
« cardinal Hugues, lui a été plus d'une fois, mais bien vaine-
« ment contesté. Il est vrai que le Frère-Mineur saint Antoine
« de Padoue, qui mourut en 1231, laissait sous ce même nom de
« Concordance de la Bible un recueil de maximes morales,
« mises à la portée des prédicateurs qui auraient à recomman-
« der la pratique des vertus et à inspirer l'horreur des vices.
« Mais Hugues de Saint-Cher entreprenait tout autre chose.
« Il n'était pas question du sens des textes ni de l'usage qu'on

---

(1) *Hist. littér...*, *ibid.*, p. 46 ; *Scrip. ord. Prædicat.*, tom. I, pp. 205 et suiv. On parle d'une édition de la Concordance à Bologne dès 1479. Mais il parait bien qu'il ne faut pas remonter au-delà de 1482. (*Hist. littér...*, *ibid.*, p. 46).

Graesse indique, sous le titre d'*Opera omnia*, plusieurs éditions de la Concordance avec les commentaires sur la Bible. La première a pour date 1600 et pour lieu Venise, en 5 vol. in-fol. (*Trésor...*, art. *Hugo de Sancto-Charo*.

Les auteurs des *Scrip. ord. Prædicat.*, tom. I, p. 206-207, font connaître ainsi les phases de ce travail : « Hugo de Sancto-Charo primus aggressus « est et ope suorum sodalium perfecit locis tantum indicatis. Joannes de « Derlingtonia et Ricardus de Stavenesby et alii Angli sodales auxerunt « ad loca indicata adjectis Sanctæ-Scripturæ sententiis sed plerumque lon- « gioribus : Hæ duæ priores additiones dictæ sunt *Concordantiæ Sancti-* « *Jacobi*. Conradus de Halberstat tertium suscepit brevioribus capitibus « per quatuor tantum litteras distinctis et sententiis Scripturæ ex parte « recisis, sicque commodiorem et leviorem reddidit. » Voir aussi plus loin, p. 611.

Il y a eu deux Conrad d'Halberstat. Voir, à ce sujet, les *Script. ord. Prædicat.*, tom. I, p. 610-611.

Les grands travaux de Hugues embrassent l'Ecriture-Sainte.

Il y a d'abord à signaler une révision de la Bible, œuvre de patiente érudition, puisqu'aux corrections du texte l'auteur ajoutait en marge les variantes données par les manuscrits hébreux, grecs et latins, œuvre qui, à la vérité, n'était pas personnelle, puisque Hugues avait le concours de plusieurs savants Dominicains (1).

A cette œuvre demeurée malheureusement inédite (2) s'en joint une autre plus importante encore et qui a eu de nombreuses éditions tant complètes que partielles : ce sont des commentaires sur la *Bible* (3), travail où l'auteur « démêle dans les textes sacrés le sens littéral, l'allégorique, le moral et l'anagogique ou mystique », où l'on distingue « ce qu'il emprunte aux interprètes qui l'ont précédé, ce qu'il y ajoute, et ce que peut lui devoir ce genre de littérature (4). »

Nous avons, en troisième lieu, une œuvre originale dans

---

(1) *Script. ord. Prædicat.*, pp. 197 et suiv. : *Sacra Biblia recognita et emendata, id est a scriptorum vitiis expurgata, additis ad marginem variis lectionibus codicum mss. Hebræorum, Græcorum et veterum Latinorum codicum ætate Caroli magni scriptorum*

(2) *Ibid.*, p. 198 : « ... imo dolendum addat (Simonius) quod correctores Romani qui Biblia jam vulgata ediderunt, illud non viderunt, alioquin utilissimum illis futurum. »

Les auteurs des *Scriptores* continuent : « Ita hæc Sanjacobeorum correctio « viris seculi XIII eruditis arrisit, ut variantes saltem lectiones marginales « multi sibi describendas curarint, hincque depromptum est celebre illud « *Correctorium Sorbonicum* dictum, quod, cum a multis levius describatur, « visum est accuratius explicandum ».

Voir, sur les manuscrits renfermant ce travail, les *Script. ord. Prædicat.*, *ibid.*, p. 197-198, et *Hist. littér. de la Franc.*, vol. cit., p. 42. Nous lisons en ce dernier endroit : « Les Dominicains de la rue Saint-Jacques en con- « servaient un très bel exemplaire en quatre grands volumes, où manquait « toutefois le Psautier. Il en existait un autre plus défectueux, à Poissy : « et Luc de Bruges en a connu un en Belgique... La Sorbonne aussi pos- « sédait un volume in-folio. » de cet ouvrage.

Nous n'avons pas à ajouter de renseignements plus précis.

(3) *Hist. littér., de la Franc., ibid.*, p. 43 : « On cite des Bibles latines imprimées avec tous les commentaires de Hugues, dès 1487, à Bâle et à Venise... » Quoi qu'il en soit de cette assertion, « il en existe de réelles qui ont été publiées à Bâle de 1498 à 1504, à Paris en 1538..., toutes in-folio et en 5 ou 6 tomes. » Plusieurs autres éditions tant complètes que partielles sont également ici mentionnées.

Voir aussi Hain, *Repert...*, *art. cit.*, pour les édit. partielles des *Postilles sur le Psautier* et des *Postilles sur les quatre Evangiles*.

(4) *Hist. littér...*, *ibid.*, à la suite.

Henri de Gand affirme le fait du travail en ces termes : « Totum corpus veteris ac novi Testamenti dicitur postillasse » ; et Trithème indique même le nombre de livres composés par le commentateur sur chacune des parties de la Bible (*Ibid.*, p. 42).

Hugues de Saint-Cher tient un rang honorable parmi les écrivains du xiiie siècle.

Son travail préparatoire au doctorat ou son commentaire sur les *Sentences* n'a été répandu et conservé qu'en copies (1).

L'on a sous son nom des sermons ou homélies dont on connait une édition dans le xve siècle (2). Mais sont-ce là des œuvres oratoires bien authentiques? M. Lecoy de La Marche estime qu'il est permis d'avoir quelque doute, car un manuscrit de la Sorbonne où on les retrouve donne dans son titre — et c'est d'une « écriture contemporaine » — pour auteur *Hugues, évêque-cardinal de Sainte-Sabine*, tandis qu'il semble bien établi que notre auteur n'a été que cardinal-prêtre (3).

Nous n'avons pas à élever des doutes semblables sur le *Miroir de l'Église* ou l'*Exposition de la Messe*, traité qui porte aussi le nom de notre Dominicain et qui a eu plusieurs éditions dans ce même xve siècle (4).

(1) Les *Scriptores ordinis prædicatorum*, tom. I, p. 201, indiquent un exemplaire possédé par la bibliothèque de Cantorbéry et donné par Martin de Clyve, moine mort en mai 1500, et Daunou, *Hist. littér.*..., vol. cit., p. 47-48, parle aussi d'exemplaires dans les bibliothèques « de Paris, de Florence, de la Belgique... »
Notre Bibliothèque nationale possède, ms. lat. 3701, *Sententiæ de fide, spe, Trinitate, Incarnatione*, etc., et, ms. lat. 3073, avec la simple indication de *magister Hugo, Quæstiones super magistrum Sententiæ*. Mais pour ce dernier ouvrage, s'agit-il de Hugues de Saint-Cher ou de Hugues de Metz ? Nous sommes porté à croire que la célébrité du premier autoriserait plutôt la qualification générale de *magister Hugo*.
Nous transcrivons, d'après les *Script. ord. Præd.*, *loc. cit.*, quelques passages du Commentaire :
Lib. I : « ... quidquid in Deo est aut de Deo dicitur, aut persona, aut « essentia, aut notio est : essentia una et indivisibilis, personæ tres sunt « Pater et Filius et Spiritus-Sanctus, et hæ tres una essentia sunt. »
Lib. II « Auctoritate Scripturæ probat (auctor) unum esse principium « omnium contra philosophos quosdam qui ponunt plura principia... »
Lib. IV : D'après l'Ecclésiastique, XXXVIII, 7 : *Unguentarius faciet pigmenta suavitatis et unctiones conficiet sanitatis*; or, « Unguentarius « iste Christus est qui dicitur unguentarius, tum quia unctus, tum quia « ungens, tum quia unguenta conficiens... »

(2) Zwoll, 1479, in-fol. (Hain, *Repert.*... art. *Hugo de Sancto-Charo*).

(3) *La Chaire*... Paris, 1886, p. 124. Voir, Biblioth. nat., ms. lat. 15946. Mais le ms. 16473, contenait une partie de ces sermons ou homélies, a pour titre : *Sermones de dominicis, fratris Hugonis cardinalis, ordinis Prædicatorum.* (*ibid.*)
M. Lecoy de La Marche, *Ibid.*, p. 513, indique quelques autres sermons qu'il considère encore, et plus justement croyons-nous, comme douteux.

(4) L'*Hist. littér. de la France.*, tom. XIX, p. 48, cite celle de Paris, 1480, et celle de Rome 1498. Hain, *Repertor.*..., art. *Hugo de Sancto-Charo*, en cite plusieurs autres du xve siècle.

pèserait une accusation de vénalité (1). A son retour, Hugues passa par Liège. La fête-Dieu avait été instituée dans ce diocèse. Il ne donna pas seulement son approbation, mais il en prescrivit la célébration dans l'étendue de la juridiction de légat.

Alexandre IV accorda également sa confiance au cardinal dont la science et l'habilité furent mises à contribution dans l'épineuse affaire des *Périls des derniers temps* et de l'*Evangile éternel*.

L'année 1263 marqua le terme de cette carrière si bien remplie. Ce fut le 19 mars dans la ville d'Orviéto. Urbain IV assista aux funérailles. A la fin de l'année suivante, le corps du défunt fut transporté à Lyon pour y être déposé dans la maison de l'ordre (2.

---

lisons : « C'est pourquoi notre prédécesseur, Innocent IV, d'heureuse « mémoire, aïant commis, selon vos désirs, notre cher fils Hugues, car- « dinal-prêtre de Sainte-Sabine, Guillaume, évêque d'Anterade, pour ex- « pliquer, corriger ou adoucir quelques points de votre règle, comme il « paraît par les actes qui en furent dressés, nous voulons bien, ainsi que « vous le souhaitez, approuver et confirmer par notre présent décret « apostolique ces eclaircissemens, cette co rection, cette mitigation. » Cit. *Ibid.*, p. 250-251.)

(1) Voir Fleury, *Hist. ecclésiast.*, liv. LXXXIII. ch. XVII. Daunou, dans son article (*Hist. littér...*, vol. cit., p. 40, charge le passage de l'historien de l'Eglise. On accuserait donc Henri de Suze d'avoir reçu 200 marcs d'argent dans l'affaire de l'évêché de Mayence.

Voir aussi, au sujet de la correspondance diplomatique de Hugues de Saint-Cher, et comme indications bibliographiques, Potthast, *Regest. pontif. Rom.*, Berlin, 1875, pp. 1284-1285, 1475, 1541.

(2) Sources générales : *Scriptor. ord. Praedicat.*, tom. I, pp. 194 et suiv.; *Hist. Univers. Paris.*, tom. III, pp. 689, 164, 197; Touron, *Hist. des hom. illustr. de l'ordre d. S. Domin.*, tom. I, pp. 200 et suiv.

Nous dirons, cependant, que ce dernier historien a confondu, à tort, croyons-nous, avec les auteurs des *Scriptores ordinis Praedicatorum*, Hugues de Saint-Cher avec un contemporain, le frère Hugues, apocrisiaire à Constantinople, et a attribué au premier la mission du second en Orient. La distinction des deux personnages est établie par les auteurs précités, tom. I, p. 102. C'est ce que nous avons déjà fait remarquer *supra*, p. 310, art. *Haymon de Feversham*. Nous transcrivons ici les paroles mêmes que nous lisons dans les *Scriptores ordinis Praedicatorum* : « Etsi enim a « nostris recentioribus cum Hugone a Sancto-Charo confundatur, non « alia ratione quam propter similitudinem nominis, alium plane mihi « constat Nam quo anno, scilicet MCCXXXIII, quatuor illi apocrisarii in « Orientem missi sunt, Hugo a Santo-Charo Parisiis agebat triennium « suae licentiae, ut aiunt, decurrens, Sententias e superiori loco publice « interpretatus... » Dans le même ouvrage, p. 195, nous lisons encore : « Anno MCCXXX... libros Sententiarum sub F. Rolando Cremonensi S. Facultatis magistro .. publice legit... »

avait lui-même l'intention d'en faire autant. Humbert fut admis dans l'ordre en décembre 1224, et Hugues en février suivant, après avoir mis fin à la mission dont il s'était chargé pour le prince savoyard.

Les aptitudes administratives de Hugues lui firent bientôt confier les fonctions de provincial. Déchargé de ces fonctions, il expliqua les *Sentences* comme préparation au grade de maître qu'il obtint vers 1233. Prieur du couvent de la rue Saint-Jacques, puis de nouveau provincial, il assista au chapitre général de Bologne qui nomma chef de la famille dominicaine Raymond de Pennafort. Ce dernier était en Espagne. Hugues fut un des frères députés pour porter la nouvelle à l'élu et au besoin vaincre sa résistance.

En 1240, nous le voyons à Liège approuvant le projet de la nouvelle fête du Saint-Sacrement et s'unissant à Guiard, évêque de Cambrai, pour favoriser le développement de la pieuse institution.

Zélé pour les progrès de son ordre, il fondait des maisons à Dijon, Bourges, Auxerre, Coutances, Amiens, Tours et autres villes.

La plus haute dignité de l'Eglise après la papauté lui était réservée : il reçut la pourpre, en 1244, avec le titre de Sainte-Sabine (1). C'est en qualité de cardinal qu'il prit une part active au Concile de Lyon l'année suivante. Trois ans plus tard, il s'occupait de la révision de la règle des Carmes, laquelle fut approuvée par le Saint-Siège (2).

Les droits de l'Eglise trouvèrent en lui et dans Henri de Suze, archevêque d'Embrun, tous les deux légats en Allemagne après la mort de Frédéric II, des défenseurs ardents, sinon irrépréhensibles : sur Henri de Suze, en particulier,

---

(1) L'on dit, mais sans preuve, qu'il regretta d'avoir accepté cette dignité : « Maluissem — on lui prête cette parole — potius morbo elephantino in ordine meo praedicatorum captum egisse vitam, quam mihi galero « isto caput onerari. » (*Hist. littér. de la France*, tom. XIX, p. 40).

(2) « Nous observons, disait sainte Thérèse, la règle de Notre-Dame « du Mont-Carmel, sans aucune mitigation, telle que le F. Hugues, cardi-« nal de Sainte-Sabine, l'a ordonnée et qu'elle a été confirmée par le « pape Innocent IV. » (Cit. dans Touron. *Vie des hom. illust...*, tom. I, p. 229-230).

Cette révision avait été demandée par Simon Stock à cause de certaines difficultés qui avaient surgi au sujet de cette règle. Cette règle fut adoucie, en certains points, comme il appert d'un bref d'Alexandre IV où nous

il ne faut jamais perdre de vue cette juste réflexion des auteurs des *Scriptores ordinis Prædicatorum* au sujet du catalogue de Salanhac : « Il est constant que les premiers maîtres en science « sacrée ne sont point inscrits dans l'ordre qu'ils ont lu, mais « bien confusément » (1).

Par une pieuse exagération, l'on est allé jusqu'à comparer Hugues de Saint-Cher à Thomas d'Aquin, en faisant de l'un et de l'autre deux oracles, Hugues de l'Écriture-Sainte, Thomas de la théologie. Si Hugues de Saint-Cher est le premier des exégètes du moyen-âge,

Iste fuit per quem patuit doctrina sophiæ,

il reste, malgré cela, à une assez grande distance du génie et de l'autorité de Thomas d'Aquin.

Saint-Cher aux portes de Vienne, comme l'on dit ordinairement (2), ou, suivant M. Rochas, Saint-Chef, bourg du pays (3), donna naissance à ce noble enfant du Dauphiné. Aussi reçoit-il parfois aussi ce second surnom. Paris le reçut jeune étudiant. Après la philosophie, il se donna à la théologie, puis, bachelier en science sacrée, au droit civil et canonique qu'il se rendit digne de professer.

Il gérait, à la fois, dans la grande cité, les affaires de Thomas, un des fils du comte de Savoie.

Humbert de Romans, qui aura ici son article, fut au nombre de ses auditeurs. Le disciple révéla au maître son dessein d'entrer dans la famille religieuse de Saint-Dominique.

Le maître approuva le dessein, et avoua au disciple qu'il

---

(1) *Scriptor...*, tom. I, p. 149-150.
D'ailleurs, il ne faut pas oublier qu'il y avait, au couvent, deux chaires académiques.

(2) *Script. ord. Prædical.*, tom. I, p. 194 : «F. Hugo de *Sancto-Charo* vel de
« *Sancto-Theoderio* vel etiam, ut legitur apud Vincentium Bellovacensem,
« *Speculum historiale*, lib. 3, cap. 152, de *Sancto-Theoderio*, a loco natal
« Viennæ Allobrogum suburbio, ubi olim ecclesia monachorum in colle-
« gium canonicorum nunc conversa, *Saint-Chers* vernacule dicto, nuncu-
« patus... »

(3) *Biograph. du Dauphiné*, art. *Hugues de Saint-Chef*. L'auteur donne en note le motif de son assertion. « Les écrivains ecclésiastiques, dit-il,
« le nomment *Hugues de Saint-Cher*, de *Saint-Chier*, de *Saint-Theuler*,
« en latin de *Celidario*, de *Sancto-Charo*; de *Sancto-Theuderio*. Ce der-
« nier nom est celui que portait Saint-Chief au moyen-age »
Il n'y a pas à s'arrêter à l'assertion de ceux qui font naître Hugues, soit à Barcelonette près d'Embrun, soit, à plus forte raison, à Barcelone en Espagne (Voir *Hist. littér. de la Franc.*, tom. XIX, p. 58, art. de Daunou.)

Roland de Crémone aurait laissé, suivant Louis de Valladolid, une *Somme notable de théologie et de philosophie*, ou, suivant Salanhac, une *Somme qu'il assaisonna du sel de la philosophie* (1). Peut-être serait-il permis de conjecturer que cette *Summa notabilis* a pris place parmi les manuscrits de la Mazarine sous le titre de *Quæstiones magistri Rolandi super quatuor libros Sententiarum* ? (2).

HUGUES DE SAINT-CHER
(-1263)

Hugues, à qui nous conservons son ancien surnom de Saint-Cher, aurait été parmi les Dominicains, selon Henri de Gand, ce qu'Alexandre de Halès fut parmi les Franciscains, c'est-à-dire le premier docteur ou maître de l'ordre (3). Cette assertion manque d'exactitude en deux points. D'abord, celui qui peut être mieux comparé, sous ce rapport, à Alexandre de Halès, c'est Jean de Saint-Gilles : l'un et l'autre étaient docteurs ou maîtres avant de se faire religieux. Puis, Roland de Crémone, comme nous venons de le voir, compta parmi ses disciples Hugues de Saint-Cher lui-même et fut le premier Dominicain qui, déjà dans l'ordre, obtint la maîtrise ou la licence.

Suivant l'*Historia Universitatis Parisiensis*, Hélie et Bonhomme enseignèrent après Roland de Crémone (4). Toutefois,

---

« ris conventus Bononiæ... ut jam aliquantulum antiqua narretur. » 1250 est la date généralement adoptée.

On lit dans ces mêmes *Scriptores*.., p 126, et les auteurs ont puisé dans ces mêmes *Vitæ fratrum* : « Cum F. Rolandus, doctor quondam Parisius « theologiæ, infirmaretur Bononiæ, lector fratrum vidit in visu noctis, « quod B. Dominicus scribebat tribus litteris, scilicet R et R et L. » Et, peu de temps après, moururent Roland, Radulphe et Lambert.

(1) *Script. ord. Prædicat.*, tom. I, p. 127.

(2) Ms. 795.
Sourc. génér. : *Script. ord. Prædicat.*, ibid., p. 125-127 ; Arisius, *Cremon. liter.*, vol. cit., p 102-103 ; ici, comme là, on trouve des auteurs cités.

(3) *De Script. ecclesiast.*, cap. XI. : « Hugo ordinis Fratrum-Prædic torum. « qui primus ex illo ordine cathedram theologiæ meruit ascendere ma- « gistralem... »

(4) *Histor...*, tom. III, p. 688,

obtint la palme de la maîtrise ou de la licence. D'après le catalogue des maîtres de Paris, dressé par Salanhac et Guidon, il fut, dans l'ordre, le premier qui, déjà dominicain, conquit cette palme glorieuse (1). C'est sous lui que Hugues de Saint-Cher parvint au baccalauréat en science sacrée.

Envoyé à Toulouse en 1231, il y professa la théologie deux ou trois années. Il s'y distingua, en même temps, par de nombreux et ardents discours contre les Vaudois et les Albigeois, sectes qui faisaient encore des ravages parmi les principaux habitants de la cité. Les autres Dominicains parlaient dans le même sens, sinon avec la même éloquence. Les capitouls s'émurent de ces discours. Ils mandèrent le prieur pour lui intimer l'ordre d'imposer silence aux prédicateurs, ajoutant : « qu'ils se gardent bien de soutenir qu'il y a des héré-
« tiques dans la ville, puisqu'il est certain qu'il n'y en a pas
« un seul parmi nous, et, s'ils le soutiennent, nous saurons
« les en faire repentir. »

Le prieur, à son retour, ayant fait connaître aux religieux la volonté des capitouls, Roland l'empressa de prononcer ces mots : « Loin de leur obéir, c'est maintenant qu'il faut, plus
« que jamais, prêcher de plus fort en plus fort et de plus en
« plus fréquemment contre les hérétiques et leurs pasteurs. »
Et tous les religieux se rangèrent à cet avis (2).

Roland revint en Italie dans le courant d'octobre de l'année 1233. Il fut nommé par Grégoire IX censeur de la foi (*sacræ fidei censor*) ou inquisiteur à Plaisance et lieux circonvoisins. Son zèle apostolique fut à la hauteur de ce nouveau poste. Il était souffrant (*podagra laborans*) à Crémone, quand l'empereur Frédéric II faisait le siège de Brescia. Il trouva assez de force pour venir discuter avec l'apologiste de la conduite impériale et le réduire au silence.

Un historien, Léandre Alberti, a placé la mort de notre Dominicain dans l'année 1259. Mais les auteurs des *Scriptores ordinis Prædicatorum* estiment qu'il y aurait lieu de la fixer vers 1250 (3).

---

(1) S*cript.ord.Prædicat.*, tom. I, p. 126 : « Rolandus Lombardus Cremonensis qui fuit primus licentiatus Parisiis de ordine Prædicatorum... »
(2) M. Gatien-Arnoult, dans *Revue de Toulouse*, octobre 1866, p. 231.
(3) *Scrip...*, p. 125 : « ... circa annum MCCL jam obiisse censuerim, eo quod
« in Vitis fratrum, qui liber inchoatus anno MCCLVI et finitus anno
« MCCLX, mors Rolandi et F. Radulphi Faventini :... et F. Lamberti prio-

ROLAND DE CRÉMONE

(-vers 1250)

Originaire de la cité dont il porta le nom, Roland passa les années de sa jeunesse à Bologne, soit comme étudiant, soit comme maître. Il y professait la philosophie (1), d'autres disent la médecine (2), peut-être l'une et l'autre, avec un succès retentissant, quand le frère Reginald y vint en décembre 1218, et s'y fit entendre comme prédicateur. La parole ardente de ce dernier remua la ville et toucha profondément le professeur italien, lequel demanda et obtint la faveur d'entrer dans l'ordre naissant de Saint-Dominique. Ce fait s'accomplit vers le carême de 1219. Le zèle du nouveau religieux se montra et dans la prédication et dans l'enseignement.

En 1228, Roland fut député, du moins il y a lieu de le croire, au chapitre général de Paris. Jean de Saint-Gilles enseignait au couvent de l'ordre. Roland suivit les cours de ce savant maître et, après avoir obtenu le grade de bachelier,

---

Pérault nunc, olim forsan *Peyrauta*, latine *Petra-Alta*, quod in monte altiori ad Rhodanum infra Viennam ex altera fluminis parte situm sit... » (*Script. ord. Prædicat.*, tom. I, p. 151). Il entra dans la naissante famille dominicaine. Ses éminentes vertus le firent choisir comme auxiliaire, avec titre *in partibus*, par Philippe de Savoie, élu, en 1246, sans avoir reçu les ordres, archevêque de Lyon. C'est en cette qualité que, jusqu'à l'époque de sa mort, Guillaume Pérault remplit dans le diocèse les fonctions épiscopales. (*Ibid.*; *Gal. christ.*, tom. IV, col. 146).

Parce qu'il n'est pas certain qu'il ait appartenu, du moins comme gradué, à l'Université de Paris, — du Boulay lui-même n'en inscrivant pas le nom dans son catalogue et Quétif et Echard disant : « Quamvis infulis caruerit » — nous nous bornons à ces quelques lignes, renvoyant pour l'étude des œuvres de ce Dominicain de renom aux *Script. ord. Prædicat.*, tom. I, pp. 132 et suiv., et à l'*Hist. littér. de la Franc.*, tom. XIX, pp. 308 et suiv., art. de M. Petit-Radel.

Toutefois nous transcrivons ces principaux écrits qui ont été imprimés : *Summa de vitiis et virtutibus* ; *Commentarius de regula sancti Benedicti* ; *De Eruditione religiosorum* ; *De Eruditione principum* ; recueil de *Sermons*.

(1) *Script. ord. Prædicat.*, tom. I, p. 125.

(2) Arisius, *Cremona literata*, tom. I, Parme, 1702, p. 102 : « Rolandus a Cremona physicorum doctor... » ; Tiraboschi, *Hist. del. let. Ital.*, tom. IV Milan, 1823, p. 201. « ... o piuttosto di medicina come prova il P. Sarti... », Mazetti, *Repertor. di tut. i professor... del. scienz. di Bologn.*, Bologne, 1848, p. 269 : « Ma il padre Sarti lo ammette soltanto tra i professori di « medicina, perche questa facolta insegnò in Bologna con grande cele- « brità sul principio del secolo XIII... »

Angleterre où il devait assister spirituellement et corporellement, dans sa dernière maladie, Robert Grosse-Tête, évêque de Lincoln. Ce dernier mourut en octobre 1253. Le médecin assistant suivit à intervalle assez court, dans l'autre monde, le malade assisté. Mais on ne saurait dire l'année précise de la mort du célèbre professeur, tandis que celle de sa naissance demeure tout à fait incertaine (1).

Il laissa des manuscrits qui sont toujours restés en cet état et que les auteurs des *Scriptores ordinis Prædicatorum*, en indiquant que plusieurs étaient conservés dans les bibliothèques d'Angleterre, ont rangés sous ces six chefs :

Commentaires sur les quatre livres des Sentences ;

Commentaires sur différents ouvrages d'Aristote, avec *Traités de la matière du ciel, de l'être et de l'essence ;*

Opuscules sur divers sujets, par exemple : *De la Louange de la sagesse divine ; De la Production des choses ; De la Connaissance et de la mesure des anges ; De la Prédestination et de la prescience ; Du Paradis et de l'enfer ; De la Résurrection des morts... ;*

Homélies et diverses interprétations morales de l'Écriture-Sainte ;

Des travaux (*Experimenta*) sur la médecine, et probablement deux traités des *Urines* (*De Urinis*) et du *Pouls* (*De Doctrina pulsuum metrice cum commento*) ;

De la formation du corps avec *pronostica et practicæ medicinales.*

On lui a donné aussi un traité du péché originel et un *Breviloquim super libros Sententiarum* qui est sans doute un abrégé des *Commentaires* (2).

(1) *Hist. Univers.* Paris., tom. III, pp. 250, 262, 693 ; *Script. ord. Prædicat.*, tom. I, p. 101-102.

Autres sources générales : Pits, *Op. et loc. cit.* ; Tanner, *Bibl. Britan. Hibern.*, Londres, 1748, p 10 : *Hist. litt. de la Franc.*, tom. XVIII, pp. 444 et suiv. ; Touron, *Hist. des hom. illustr. de l'ordr. de Saint-Domin.*, tom I., pp. 158 et suiv.

(2) *Script. ord. Prædicat.*, vol. cit., p. 101-102. Voir aussi *Hist. littér. de la Franc.*, vol. cit., p. 446 ; Hardy, *Descript. Catal.* vol. cit., p. 127.

Fabricius, *Biblioth...*, art. *Ægidius Corbejencis*, attribue à ce dernier un *De Pulsibus* et un *De Urinis*. Voir, sur ce point, les *Scrip. ord. Prædicat., ibid.*

Environ deux après Jean de Saint-Gilles, selon ce qui nous a paru plus probable, mourait Guillaume Pérault, originaire de « opido vernacule

versité de Paris le compte au nombre de ses professeurs non-
seulement dans les mêmes arts libéraux, mais en médecine
et en théologie. Montpellier le vit également donner des
leçons sur la science d'Hippocrate. Son habileté dans cette
science en fit le médecin ordinaire ou un des médecins ordinaires de Philippe-Auguste (1).

Est-ce le même personnage que Jean de Saint-Quentin,
bienfaiteur des Dominicains au moment de leur établissement
à Paris? Il y a lieu de le conclure des récits de du Boulay (2)
et de Crévier (3). Daunou est assez favorable à ce sentiment,
car il écrit au sujet de Jean de Saint-Gilles : « On dit que sa
« profession de clerc-physicien l'avait tellement enrichi,
« qu'il eut le moyen d'acheter dans Paris l'hospice de Saint-
« Jacques qui tombait en ruine ; qu'il rebâtit cette maison et
« la donna aux Frères-Prêcheurs à qui elle a valu en France
« le nom vulgaire de Jacobins » (4). Dans cette hypothèse,
il se serait aussi appelé Jean de Barastre.

De là à se faire dominicain, il n'y avait qu'un pas. Ce pas
a été franchi ; et voici, raconte-t-on encore, dans quelle
circonstance : un jour, il traitait de l'amour de la pauvreté;
tout à coup il s'interrompit, descendit de sa chaire, alla
prendre l'habit de Saint-Dominique et revint dans ce nouveau
costume achever sa leçon ou son discours (5). Le fait aurait
eu lieu en 1222 ou 1228 (6).

Le moment venu, le professeur fit entendre ses leçons de
théologie au couvent de la rue Saint-Jacques dont il semble
avoir été le premier maître académique, puis, jusqu'en l'année
1235, à Toulouse où il aurait remplacé Roland de Crémone et
aurait eu pour successeur Laurent L'Anglais (7).

Jean arrivait au terme de l'existence, lorsqu'il se rendit en

---

(1) *Script. ord. Prædicat.*, *loc. cit.*
(2) *Hist. Univers. Paris.*, tom. III, pp. 90, 92-93, 693.
(3) *Hist. de l'Univers. de Paris*, tom. I, pp. 320-321.
(4) *Hist. littér. de la Franc.*, tom. XVIII, p. 445.
C'est aussi l'affirmation de M. Gatien-Arnoult dans la *Revue de Toulouse*,
octobre, 1866, p. 234.
(5) *Script. ord. Prædicat.*, *loc. cit*, d'après Nicolas Trivet « in Chronico
regum Angliæ, *Spicil.* Dach., tom. VIII, p. 573 ».
(6) Du Boulay, tom. III, p. 693, assigne 1222, tandis que Quétif et
Echard, *Loc. cit.*, insistent pour 1228.
(7) M. Gatien-Arnoult, dans *Revue de Toulouse*, octobre 1866, p. 235-
236.

est passé à notre Bibliothèque nationale (1).

Nous lisons encore dans les *Scriptores ordinis prædicatorum* à l'article précité : « Je ne doute pas que cet homme célèbre n'ait « écrit plusieurs autres ouvrages, à savoir des commentaires « sur d'autres livres de l'Ecriture-Sainte et sur les Sentences ». Aussi, trouvons-nous dans le catalogue des manuscrits de ladite Bibliothèque nationale sous le nom de *Gaufridus, Gauffredus, Gauefredus, Jofridus: Anatomia corporis Christi* (2); *Sermones* (3); et aussi : *Flosculi Gauefredi de artificio loquendi* (4); *Liber Esopi editus a mag. Gauffredo* (5). Mais ces divers travaux sont-ils bien de notre Geoffroy. Nous posons la question sans essayer de la résoudre.

JEAN DE SAINT-GILLES

(-1253 ou 1254)

Anglais d'origine, Jean de Saint-Gilles ou Jean Gilles (6) porte aussi le surnom de Saint-Quentin *de Sancto-Quintino*) et parfois même celui de Saint-Alban. Le premier surnom viendrait de ce que Jean aurait été doyen de la capitale du Vermandois. Le second marque, dans la pensée de ceux qui le donnent, le lieu d'origine (7).

On rapporte que Jean de Saint-Gilles enseigna les arts libéraux dans l'Université d'Oxford. Quoi qu'il en soit, l'Uni-

---

(1) Ms. lat. 15604, ancien ms 77 de Sorbonne.
Le ms. 180 de la Mazarine contient aussi les deux *Postilles* ou *Distinctions*.

(2) Ms. lat. 14338.

(3) Mss. lat. 14390, 15956, 16461, 16502, 18178, et, sous le nom de /rater *Jofridus*, 15951.

(4) Ms. lat. 16708.

(5) Ms. lat. 11344.

(6) *Joannes Ægidii, Ægidius, de Sancto-Ægidio* (Script. ord. Prædicat., tom. I, p 100).

Pits intitule son article : *De Joanne Ægidio.* (*De illustr. Angli. script*, an. 1253).

(7) *Hist. Univers. Paris.*, tom. III, p. 693 ; Hardy, *Descript. Catal.*, tom. III, Londres, 1871, p. 126 ; *Hist. littér. de la Franc.*, tom. XVIII, p. 444-445, art. de Daunou.

GEOFFROY DE BLÈVES

(-1250)

Nous pourrions le nommer encore *Geoffroy de Blévex, de Blaviaux, de Blérelle, de Blavelle, de Blavème* (1).

D'origine bourguignonne ou peut-être sénonaise (2), il occupait, vers 1236, une chaire de théologie au couvent de la rue Saint-Jacques (3). Nous le trouvons avec ses frères en religion se prononçant contre la pluralité des bénéfices en 1238, avec les docteurs condamnant le Talmud en 1240, et au concile de Lyon en 1245. Il était alors chapelain d'Innocent IV, avec lequel il se trouvait dans cette ville en 1248 (4). Les auteurs des *Scriptores ordinis prædicatorum* le nomment, en même temps, parmi les maîtres du sacré-palais (5). Il mourut dans cette même ville de Lyon le 16 juillet 1250. Son corps eut pour lieu de repos la maison de l'ordre (6).

Nous voyons dans les *Scriptores ordinis Prædicatorum* différents sommaires des travaux exégétiques, demeurés à l'état de manuscrits, de Geoffroy de Blèves sur les *Psaumes* (7) et les *Epîtres de saint Paul*. Les travaux exégétiques sur l'Apôtre des Gentils portent les noms de *Postilles* et de *Distinctions*. Le manuscrit de la Sorbonne qui les renfermait

(1) « *Gaufridus de Blevello* vel *Blavello* vel *Blavemo*, vernacule *Blevex* aut *Bleves* aut etiam *Blaviaus* » (Script. ord. Prædicat., tom. I, p. 127).

(2) « ...Burgundus et, ut videtur, Senonensis... » (*Ibid.*)

(3) « Inter præcipuos scilicet et primos ordinis in sacra Facultate magistros ac sacrarum litterarum professores numeratur apud Salanhacum scholasque Sanjacobæas publicas rexisse dicitur annum circiter MCCXXXVI et sequeutibus. » (*Ibid.*)

(4) *Ibid.*

(5) Script. ord. Prædical., tom. I, p. xxi.

(6) *Ibid.*, p. 129. On grava sur la tombe cette épitaphe :
« Anno Domini MCCL, XVII kal. augusti obiit de *Blavemo* vel *Blavello* (difficile enim ob vetustatem legebatur) qui rexit Parisius in theologia. » (*Ibid.*)

(7) Les Feuillants de la rue Saint-Honoré possédaient un exemplaire de ces commentaires. Seulement les *Postillæ super Psalterium* n'allaient que jusqu'au cent-troisième psaume, le temps ayant dévoré le reste. Nous ne savons ce qu'est devenu ce manuscrit.

Daunou a fait un petit article sur Geoffroy de Blèves dans l'*Hist. littér. de la Franc.*, tom, XVIII, p. 533-534.

le livre de Baruch (1). Enfin, M. Lecoy de la Marche indique deux sermons dont l'authenticité paraît douteuse (2).

Quetif et Echard avertissent qu'il faut avoir soin de ne pas confondre Guerric de Saint-Quentin avec un autre *Guerric*, d'un certain renom aussi, et de la même époque et de la même famille religieuse. Ce dernier, originaire de Metz, étudiait à Paris. Il était un jour à sa fenêtre, lorsqu'il entendit chanter dans la rue ce couplet en langue vulgaire :

> Tempus vadit
> Et ego nihil feci,
> Tempus venit
> Et ego nihil operor ;

couplet qu'avec M. Lecoy de la Marche nous pouvons restituer ainsi à notre langue :

> Tems s'en vait
> Et rien n'ai fait
> Tems s'en vien
> Et ne fais rien (3).

Frappé de la douceur du chant, il se prit à réfléchir au sens qui pouvait bien convenir aux paroles. A ses yeux, ce fut un avertissement du ciel. Le lendemain, il entrait chez les Dominicains. C'était en 1218. Peu de temps après, il fut placé à la tête de la maison nouvellement fondée dans sa ville natale (4).

---

(1) Ms. lat. 14265 (M. Hauréau, *Not. et Extr. de quelq. manusc. de la Bibl. nat.*, tom. III, p. 5-6).

(2) *La Chair. franç. au moyen-âge*, Paris, 1886, p. 508, dans « ms. nouv. acq. lat. 1470, fol. 141 v°, 144. »

(3) *La Chair. franç. au moyen-âge.*, Paris, 1886, p. 480.

(4) *Script..,*. p. 115, d'après Etienne de Bourbon.
Il y a un troisième Guerric plus ancien qui fut abbé d'Igny et disciple de saint Bernard.
Le ms. lat. 16089 de notre Bibliothèque nationale contient des *Determinationes J. Vace et Werici*. De quel Guerric serait-il question ?

Les auteurs des *Scriptores ordinis Prædicatorum* énumérèrent, d'après un manuscrit de la Sorbonne (1), les travaux exégétiques de Guerric sur l'ancien et le nouveau Testament, lesquels ne se sont répandus que par des copies. Le manuscrit est aujourd'hui à la Bibliothèque nationale (2). Il renferme des commentaires de Hugues de Saint-Cher sur l'*Epître aux Romains* et la première *aux Corinthiens*, et aussi les *Distinctions* de Geoffroy de Blèves sur les *Epîtres* de l'Apôtre des Gentils. Là, se trouvent les écrits de notre théologien. Ce sont, d'abord, des *Postilles sur les Epîtres* du même Apôtre, puis des commentaires sur le *Cantique des cantiques* et sur les *Proverbes*. Les commentaires sur le *Cantique des cantiques* portent, en effet, le nom de Guerric. Mais ceux sur les *Proverbes* sont anonymes. L'on trouve aussi dans le manuscrit des travaux semblables, également anonymes, sur la *Sagesse* et l'*Ecclésiastique*. Ici, les mêmes auteurs des *Scriptores* sont moins affirmatifs, il est vrai (*asserere non ausim*) ; ils sont néanmoins portés à croire que l'auteur de ces deux derniers commentaires est encore Guerric de Saint-Quentin (3).

Certains écrivains dignes de foi, comme Vincent Bandello et Jean de Turrécrémata donnent encore à Guerric des *Postilles*, aujourd'hui perdues, sur l'*Ecclésiaste*. De son côté, Sander signalait comme étant à la bibliothèque de l'église de Saint-Martin de Tournay d'autres *Postilles de frère Guerric sur le Psautier* (4).

Un manuscrit de la Bibliothèque nationale renferme des *Postilles* qui sont attribuées à notre écrivain : ce sont des *Postilles* sur les prophéties et les lamentations de Jérémie et sur

---

(1) *Script. ord. Prædic.*, *ibid.*, : « Ego autem primus ejus indico opera « ex Bibl. Sorbon., in qua codex est fol. mag... ex legato Berneri de « Nivella, socii canonici S. Martini Leodiensis, anno MCCLXXVII jam « laurea Parisiensi ornati. »

(2) Ms. lat. 15604. En dernier lieu, il était coté 77, comme ms. de la Sorbonne.

(3) *Script...*, *ibid*, p. 114-115. Voir aussi le P. Le Long, *Biblioth. suc.*, p. 756, lequel, du reste, renvoie aux *Scriptores*, et l'*Hist. littér.* In *Franc.*, vol. cit., p. 366-367.

(4) *Script...*, *ibid.*, p. 115. « In Elencho codd. ms. Belgii a Sandero « edito, tom. I, p. 105, inter codices S. Martini Tornacensis indicantur « n. 26 *Postillæ fratris Guerrici super Psalterium*, quem eumdem cum « hoc nostro facile existimes. » Voir aussi *Hist. littér...*, *ibid.*, p. 368-369.

GUERRIC DE SAINT-QUENTIN

(- 1245)

Cet enfant de l'ancienne *Augusta Veromanduorum* est parfois appelé *Guarric*, *Guerner* et même *Græcus*.

L'Université l'inscrivit d'abord parmi les maîtres en philosophie et en médecine. Cette pensée que la mort, défiant les efforts de l'art de guérir, est le terme fatal vers lequel marchent tous les descendants d'Adam, le porta à prendre la résolution de se livrer davantage à la méditation des destinées éternelles ; et il entra dans l'ordre des Dominicains. C'était vers 1225.

L'étude sérieuse de la théologie lui permit de s'élever, avant 1238, jusqu'au grade de maître en science sacrée. En cette même année, il prenait rang parmi les docteurs dans la fameuse assemblée qui traita et résolut la question de l'unité des bénéfices. Ses aptitudes administratives lui valurent, pendant plusieurs années, les fonctions de prieur du couvent de la rue Saint-Jacques. Après avoir professé quelque temps à Bologne, il revint mourir, au mois d'août 1245, dans ce même couvent (1).

L'auteur des *Vies des Frères* de l'ordre consigne cette circonstance merveilleuse des derniers instants du docteur. « Le frère Guillaume de Méliton, homme religieux et sincère « de l'ordre des Frères Mineurs, maître en théologie, raconta « à nos pères qu'une nuit, pendant son sommeil, il vit posé « devant lui un tonneau de cristal plein d'un excellent vin. « Comme il s'étonnait, le tonneau se brisa tout à coup et le « vin se répandit. Il raconta la vision aux maîtres Alexandre « de Halès et Jean de la Rochelle. Ceux-ci l'interprétèrent en ce « sens qu'un illustre en théologie mourrait sous peu. Quelques « jours après, le frère Guerric de Saint-Quentin..... quitta « cette terre, vrai tonneau de cristal, ajoutait frère Guil- « laume, par la grandeur de la sagesse, la profondeur de l'hu- « milité et l'éclat de la doctrine » (2).

(1 *Script. ord. Prædicat.*, tom. I, pp. 113 et suiv.; *Hist. littér. de la France*, tom. XXI, p. 363 et suiv., art. de M. Félix Lajard.
(2)Cit. dans *Script. ord. Prædicat.*, ibid., p. 114.

« ler à la vigne du Seigneur, où je passerai les mers en leur
« compagnie pour aller chercher du travail dans la Pales-
« tine » (1).

Pierre de Reims fut élevé sur le siège d'Agen probablement en 1240. Il n'aurait occupé ce siège que peu de temps,
car le *Gallia christiana* parle du successeur dès l'année
1242 (2). Ce serait donc une erreur de placer sa mort en 1245,
comme le fait le P. Touron (3), et, à plus forte raison, en 1247,
comme l'a écrit M. l'abbé Chevalier (4).

Il aurait écrit, d'après Bernard Guidon : *De Glossis maxime super Bibliam totam compendiosum opus et bonum et
alia bene utilia*. Ce compendium des gloses est aussi indiqué par Louis de Valladolid en ces termes : « Ex glossis sanctorum doctorum ad plenum totam Bibliam com-
mentavit ». Une de ces gloses, celle sur les douze petits
prophètes, si l'on en croit l'inscription, a pris place parmi les
Postilles éditées sous le nom de Hugues de Saint-Cher. Peut-
être un certain nombre se retrouverait-il parmi les commentaires attribués à Pierre-le-Chantre (5).

Nous lisons, d'autre part, dans Henri de Gand : « Scripsit
« sermones de dominicis et festivitatibus fere per totum an-
« num, quibus multi utuntur usque hodie. » Les auteurs des
Scriptores ordinis Prædicatorum nomment les bibliothèques
où se trouvaient des copies de ces Sermons sur les dimanches et fêtes, œuvres oratoires qu'on savait utiliser a près
la mort de l'auteur (6). Deux copies de ces Sermons se
rencontrent aujourd'hui à la Bibliothèque nationale (7).

(1) Touron, *La Vie de saint Dominique de Guzman*, Paris, 1739, p. 754.
(2) *Script. ord. Prædicat.*, tom. I, p. 115-117 ; *Gal. christ.*, tom. II, col. 916-917.
(3) *La Vie de S. Dom...*, p. 755.
(4) *Répert. des sourc. histor. du moyen-âge*.
Voy. aussi, *Hist. littér. de la France*, tom. XVIII, p. 526-527, un très court article de M. Petit-Radel.
(5) Voir notre article sur *Pierre-le-Chantre*, p. 65-66.
(6) *Script. ord. Prædicat.*, loc. cit., p. 117. Cit. ibid.
Entre autres indications, nous lisons : « Apud nostros Parisienses ad S. Honorati exstat horum sermonum codex... »
(7) Mss. lat. 15954, 18174. Ce dernier manuscrit vient du couvent de la rue Saint-Honoré.
Il y a aussi des copies à la bibliothèque de « Troyes, 249, 565, 975 (XIV » (M. Lecoy de la Marche, *La Chair. franc. au moyen-âge*, Paris, 1886, p. 525).

ris, il mit le comble à sa réputation comme prédicateur. S'il montra du zèle pour la foi en poursuivant la condamnation des livres talmudiques, il fit preuve d'ardeur pour la défense de son ordre en repoussant, en présence de l'Université, les attaques du chancelier Philippe de Grève. Il passa une troisième fois en Orient, à la suite de saint Louis, et mourut, en 1254, à Jérusalem ou pendant son retour en France. Il aurait laissé des *Sermons* et on trouve le titre de plusieurs dans les *Scriptores ordinis Prædicatorum* 1. M. Lecoy de la Marche en signale un à la Bibliothèque nationale 2.

PIERRE DE REIMS
(† VERS 1245?)

Ce Pierre, originaire de Reims, se fit, au sein des écoles de Paris, une certaine réputation, non pas, disent les auteurs des *Scriptores ordinis prædicatorum*, comme « maître en théologie », mais bien comme « interprète de l'Ecriture-Sainte ». Il entra un des premiers dans la famille de Saint-Dominique. Deux fois prieur de la province de France, l'une en 1221, l'autre vers 1230, il exerça encore entre ces deux charges les fonctions de prieur du couvent de la rue Saint-Jacques 3.

Il était à la tête de ce couvent, quand Jourdain de Saxe — on pense que ce fut en 1222 — y tint un chapitre général. Dans ce chapitre, Jourdain fit connaître son projet d'envoyer en Terre-Sainte des religieux de l'ordre. Comme tous les religieux témoignaient le désir d'être du nombre des heureux missionnaires, Pierre de Reims prononça ces paroles en s'adressant au général : « Je vous supplie, mon père, de ne point
« me priver de la compagnie de mes chers frères : ou per-
« mettez qu'ils demeurent avec moi, ou envoyez-moi aussi
« avec eux ; si vous l'ordonnez, nous continuerons à travail-

---

1. *Hist. Univers. Paris.*, tom. III, p. 688 ; *Script. ord. Prædicat.*, tom. I, p. 148-149. Nous lisons dans le premier ouvrage : « ... obiit Hierosolymis, « teste Antonio Senensi in Chronico » ; et dans le second : « Cum autem « inde Galliam repeteret, in ipso itinere Henricus noster ad supernam « Hierusalem a Deo est vocatus anno MCCLIV ».

2. Ms. lat. 15959. *La chair. franc. au moyen-âge*, Paris, 1886, p. 515.

3. *Script. ord. Prædicat.*, tom. I, p. 115.

« plus aimant des frères, je pleure le plus cher des fils,
« Henri, prieur de Cologne. » Avant d'être placé à la tête de
la maison de Cologne, Henri avait eu à Paris les plus grands
succès comme prédicateur. C'est encore Jourdain qui écrit :
« Avant lui, de mémoire d'hommes, on ne vit pas, à Paris,
« parmi le clergé, de prédicateur si jeune, joignant tant de
« grâce à tant d'éloquence » (1).

Cet Henri de Cologne est encore désigné sous le nom de
Henricus Teuto junior, pour le distinguer d'un autre Dominicain, appelé parfois également Henri de Cologne, parce qu'il
professa au couvent de cette ville, et plus souvent *Henricus
Teuto senior*. Voilà pourquoi les auteurs des *Scriptores ordinis Prædicatorum* ne savent pas à qui des deux attribuer un
volume d'élégants sermons (*elegantium suarum concionum
volumen*), mentionné par eux (2).

Cet *Henricus Teuto senior* porte plus communément le nom
de *Henri de Marbourg*, lieu de sa naissance (3).

Il est né dans la seconde moitié du douzième siècle. Il vint
étudier à Paris les arts et la dialectique, puis, retournant
dans sa ville natale, il en dirigea l'école pendant trois ans.
Paris le revit vers 1217, et l'ordre de Saint-Dominique le reçut
bientôt après. Une vision l'aurait déterminé à prendre ce
parti : l'oncle qui avait été son père adoptif et qui avait quitté
ce monde quelques années auparavant, lui serait apparu pour
lui tenir, suivant Thomas de Cantimpré, ce langage : « Tu
« prendras pour expier les peines dont je souffre cruellement
« dans le Purgatoire, la croix sainte qu'on prêche en Alle
« magne, tu passeras les mers, tu iras à Jérusalem, et, à ton
« retour, tu te dirigeras vers Paris, tu y trouveras le nouvel
« ordre des Prêcheurs, dans lequel tu entreras » (4). Provincial de la Terre-Sainte, à la suite d'un professorat à Cologne,
il séjourna en Orient de 1233 à 1238 environ. De retour à Pa-

(1) *Sript. ord. Prædicat.*, tom. I, pp. 93, 94, 99 ; *Lettres du B. Jourdain
de Saxe*. Paris, 1865, p. 202.
(2) *Scrip. ord. Prædicat.*, tom. I, pp. 99, 148.
(3) « ... *Martis montem* vernacule tum *Marsberk* dicebant, nunc *Marbury* vel *Marsbourg* aiunt in Saxonia. » (*Script. ord. Prædicat.*, tom. I,
p. 148). Ces noms qui signifient *Mont de Mars* viennent de ce qu'il y
avait dans la cité un temple consacré à Irminsul, le dieu de la guerre, qui
y était représenté. On sait que Charlemagne détruisit cette idole. Marbourg est aujourd'hui Stadtberg en Westphalie.
(4) *De Apibus*, lib. II, cap XLIII.

a publié, texte latin et traduction française — et la traduction est de ce dernier —, cinquante *Lettres* du bienheureux *aux religieuses de Sainte-Agnès de Bologne et à la Bienheureuse Diane d'Andalo, leur fondatrice;* il y ajouta, toujours texte et traduction, quatre autres *Lettres* déjà placées par Martène et Durand dans le *Thesaurus novus anecdotorum* (1).

Évidemment, ces missives ou la plupart de ces missives étaient comprises dans cette indication des *Scriptores ordinis Prædicatorum : Lettres particulières écrites à certains couvents et à certains monastères.* Si des copies de ces *Epistolæ* se sont conservées, les *Encycliques aux provinces* à la suite des *quinze chapitres généraux* que Jourdain *a réunis à Paris et à Bologne,* ont péri avec les actes de ces chapitres. Prédicateur, il a laissé un certain nombre de Sermons (2). Enfant dévoué à Marie, il avait composé une *Prière* très pieuse assurément, comme celle déjà signalée, adressée à cette divine mère.

Au nom de Jourdain de Saxe se rattache celui de *Henri de Cologne*. Tous deux étudièrent à Paris, tous deux entrèrent dans l'ordre en même temps et sous la même inspiration. Le premier disait du second : « ... frère Henri, depuis prieur de la « maison de Cologne m'est particulièrement cher entre tous « les mortels... »; et quand celui-ci mourut à Cologne — c'était avant 1234 —, celui-là écrivit à une âme qui lui était également chère : « Je pleure le plus doux des amis, je pleure le

---

(1) *Lettres du bienheureux Jourdain de Saxe*, Paris, 1865 ; *Thesaurus...*, tom. I, pp. 720 et suiv.

(2) *Script. ord. Prædicat.*, tom I, p. 99 : « *Volumen sermonum.* Et sane « qui frequentissime concionabatur, difficile quin ad omne genus hominum « silvam dicendorum habuerit paratam. In catalogo cod. ms. Angliæ, « tom. II, p. 1, n. 7647-98, laudatur *Jordani ordinis Prædicatorum genera-« lis Compilatio de superbia*, etc.

A l'occasion, il prêchait en français, bien qu'il ne fut pas très fort dans cette langue. Un jour donc il fut invité par les Templiers d'*ultra mare* à leur adresser la parole. Il accepta l'invitation. Ceux-ci étaient tous français. Il se servit de cette comparaison — il avait devant lui un mur — pour leur faire comprendre qu'ils saisiraient sa pensée malgré l'incorrection de son langage : « Si unus esset asinus ultra murum illum et « elevaret caput, ita quod videremus unam auriculam ejus, jam omnes « intelligeremus quod ibi esset unus asinus totus ; ita quod per modicam « partem intelligeremus totum. Ita accidit quandoque quod, si in una « scientia magna dicatur unum verbum modicum, pe.' illud intelligitur « tota scientia, licet alia sint theutonica ». (*Acta sanct.*, février, tom. II, p. 753-754).

tiques (*collationes scholarium*) dans le couvent de Paris, il eut aussi celui d'introduire dans l'ordre le chant du *Salve, regina*, après complies (1).

Il entreprit le pélerinage de la Terre-Sainte. Il y visita, en même temps, les couvents de son ordre. A son retour, en février 1237, une violente tempête assaillit le navire qui le ramenait, et il périt dans le naufrage sur les côtes de la Syrie (2).

Les auteurs des *Scriptores ordinis Prædicatorum* ont imprimé le *De Principio ordinis Prædicatorum* (3), opuscule composé par lui et qui est un des documents à consulter sur saint Dominique. D'autre part, Bzovius a inséré dans ses *Annales* la lettre du second général « dilectis in dilecto Dei Filio fratribus ordinis Prædicatorum universis » relativement à la translation du corps du saint fondateur (4).

Ce ne sont pas les seules œuvres de Jourdain auxquelles es presses ont départi la grande publicité. Jadis, en 1509, à Plaisance, on avait, dit-on, imprimé la *Couronne de la Bienheureuse Vierge*, petit office à l'usage de l'auteur et qui se composait de l'*Ave, Maris stella*, et des cinq psaumes ou cantiques : *Magnificat; Ad te, Domine, levavi ; Retribue ; In convertendo ; Ad te levavi* (5). Jadis aussi et même un siècle auparavant, c'est-à-dire en 1492, à Venise, le même art avait livré au public la *Prière très pieuse à saint Dominique*, laquelle tenait lieu des six premières leçons à Matines dans l'office de la fête du saint (6). De nos jours, en 1865, à Paris, le P. Bayonne

(1) *Hist. Univers. Paris.*, tom. III, p. 637.

(2) *Scriptor. ord. Prædicat.*, tom. I, p. 98 : « ... defunctus est versus gurgitem Satoliæ... » Voir aussi Rainaldi, *Annal. eccles.*, an. 1236, cap. XXIX-XXX.

Sources générales : *Scriptor. ordin. Prædicat.*, œuvre considérable commencée par Quétif et achevée par Echard, tom. I, pp. 93 et suiv. ; *Acta sanctor.*, février, tom. II, pp. 720 et suiv. ; *Hist. Univers. Paris.*, tom. III, p. 697 ; P. Antonin Danzas, *Etudes sur les temps primitifs de l'ordre de Saint-Dominique, Le bienheureux Jourdain de Saxe*, Paris-Lyon-Poitiers, 1875-1877.

(3) Tom. I, pp. 2 et suiv., 93 et suiv., 99.

(4) Tom. I, an. 1233, cap. v.

(5) *Script. ord. Prædicat., vol. cit.*, p. 98.

(6) *Ibid.*, p. 99 : « Hæc... legenda pro sex primis Matutinarum lectionibus in festo sancti Dominici. »

L'on a même prétendu, mais il paraît que c'est à tort, qu'on lui était redevable de l'office entier de la fête. (*Ibid.*)

Il s'y distingua, d'abord, comme grammairien et mathématicien. On le dit auteur d'un traité *Super Priscianum minorem et quædam grammaticalia delicata* (1) et deux autres sur les mathématiques, l'un *De Ponderibus*, l'autre *De Lineis datis* (2).

Ayant abordé, ensuite, la science sacrée, il était bachelier de la Faculté de théologie, quand l'ordre de Saint-Dominique lui ouvrit ses portes en 1219.

Ce titre académique, joint à l'illustration du sujet, donne ici à Jourdain de Saxe droit à une notice. Comme bachelier en théologie, il a dû être appelé à faire des cours; et, au besoin, nous en découvririons la preuve dans ses commentaires sur les *Sentences*, ses *Postilles* sur l'*Apocalypse* et l'*Évangile de saint Luc*, travaux que mentionnent les auteurs des *Scriptores ordinis Prædicatorum* (3).

Provincial de Lombardie deux ans après, il fut élu, en 1222, pour succéder au saint fondateur. Il en était digne sous tous les rapports : à ses connaissances, à son zèle s'ajoutaient des vertus qui devaient lui mériter le titre de bienheureux.

C'est sous son généralat — et il dut prendre une large part à l'œuvre désirée — que se fondèrent, au couvent de la rue Saint-Jacques, les deux chaires de théologie. Nous assisterons, dans le volume suivant, aux luttes que suscita le maintien de la seconde.

D'après Thomas de Cantimpré, le zélé général avait introduit dans l'ordre soixante enfants qui savaient à peine lire. De là des plaintes qui s'accentuèrent à un chapitre général. « Lais-
« sez ces petits enfants, répondit-il, et n'ayez de dédain pour
« aucun; je vous déclare que beaucoup, presque tous, vous
« le verrez, seront de glorieux prédicateurs et que par eux,
« mieux que par des frères beaucoup plus éclairés et lettrés,
« le Seigneur opérera le salut des âmes » (4).

Si Jourdain eut l'honneur d'établir des conférences scolas-

---

(1) Une copie de ce commentaire *sur Priscien...*, se trouve, dit la *Nouvelle Biographie générale*, art. *Jordanus de Saxonia*, à la bibliothèque de Leipsick.

(2) « ... qui, dit Nicolas Trivet, cum Parisius in scientiis secularibus
« et præcipue in mathematicis magnus haberetur, libros duos admodum
« utiles, unum de ponderibus et alium de lineis datis dicitur edidisse... »
(Dans *Spicilegium*, de L. d'Achery, édit. in-4°, tom. VIII, p. 572-573).

(3) *Loc. cit.*, pp. 98, 99.

(4) *De Apibus* ou *Bonum universale*, lib. II, cap. XIX.

CHAPITRE IV

LES MAITRES OU DOCTEURS DOMINICAINS

Jourdain ou Jordan de Saxe. - Pierre de Reims. — Guerric de Saint Quentin. — Geoffroy de Bléves. — Jean de Saint-Gilles. — Roland de Crémone. — Hugues de Saint-Cher.

JOURDAIN OU JORDAN DE SAXE

(Fin du xii° s. — 1237).

Nous aurons plus de noms à citer parmi les Dominicains. Le premier docteur qui se présente est le second général de l'ordre, celui qui a tant contribué à l'organisation comme à l'extension de la jeune famille religieuse : Jourdain, Jordain ou Jordan de Saxe (*Jordanus, Jordanes de Saxonia, Jordanus Saxo*) (1).

Sa naissance dans le diocèse de Mayence ou de Paderborn (2) date de la fin du xii° siècle. Ce qui l'attira à Paris, comme tant d'autres jeunes gens, c'est, sans aucun doute, la célébrité des écoles.

---

(1) L.'*Hist. Univers.* Paris., tome III, p. 697. porte simplement ; « Natione Teutonicus. »

(2) Nous lisons dans les *Script. ord. Prædicat.*, tom. I, p. 97 : « Hic fuit Teutonicus de Saxonica villa quæ dicitur *Borcberge* in diœcesi « Moguntina oriundus, » et en note : « Bollandus in comment. præv. dicit « Ægidium Gelessium quærenti sibi respondisse locum illum jam *Borren-* « *trick* appellari, oppidumque esse haud procul Warburgo in diœcesi Paderbornensi situm sub metropoli Moguntina. » Ces paroles que nous livrons aux lecteurs pour ce qu'elles valent, attestent surtout qu'on ne saurait préciser le lieu de la naissance.

l'accentuait sur un ton acerbe, la présentait sous des couleurs bien sensibles, sinon toujours bien choisies (1).

(1) L'on compte aussi un *Jean de la Rochelle* parmi les premiers *socii* de la Sorbonne : « Joannes de Rupella ipse quoque inter primos Sorbonæ « socios in antiquis picturis aulæ Sorbonæ ac in vitreis bibliothecæ non « ita pridem videbatur post Guillelmum de Sancto-Amore... » (Arsenal, ms. lat. 1022, par. III, p. 52).
M. Luguet (*Vie de Jean de la Rochelle*, p. xiii), élève sur la réalité de ce second Jean de la Rochelle des doutes qui ne nous paraissent pas fondés. Mais où il formule une réflexion plus que hasardée, malgré son désir de n'être pas téméraire, c'est quand il écrit au sujet du premier Jean de la Rochelle : « Nous n'osons pas dire qu'il fut peut-être docteur et sorbonniste avant d'être franciscain. ». Jean quittait la vie en 1245 et la fondation de la Sorbonne date de l'année 1257! D'autre part, pour le professorat académique il fallait être maître ou docteur.

« rité, quand on apporte en témoignage les autorités des
« saints et des prophètes ; mais ces prédicateurs le font avec
« une mauvaise intention, parce qu'ils le font par cupi-
« dité » (1).

Les oppresseurs des peuples sont vertement tancés : « A un
« tyran ou à un prélat oppresseur, l'on peut appliquer, après
« leur mort, la parabole touchant le roi de Babylone (Isaïe,
« XIV, 4-6) : *Comment a pris fin cet exacteur ? Comment a cessé
« le tribut ?* Et la réponse suit : *Le Seigneur a brisé le bâton des
« impies, la verge des dominateurs*, cette verge qui frappe les
« peuples et les assujettit avec fureur... » (2).

Si les philosophes orgueilleux excitent le courroux de l'orateur, celui-ci (3) se prend d'amour pour la vraie philosophie : « Il n'y avait, disait-il, de forgerons dans tout Israël ;
« les Philistins avaient interdit ce métier, craignant que les
« Hébreux ne fissent des glaives et des lances. Les forgerons,
« ce sont nos maîtres de philosophie. Voyez-les détirer ces
« raisons... qui façonnent les esprits en manière de glaives
« et frappent de loin avec leurs arguments comme avec des
« lances resplendissantes. C'est pourquoi Satan s'efforce
« d'anéantir l'étude de la philosophie, ne voulant pas que les
« fidèles du Christ aient l'esprit aiguisé » (4).

Les avocats ne sont pas mieux traités que les prédicateurs
avares et les orgueilleux philosophes : c'est une engeance
à la langue perfide et qui se multiplie comme se multipliaient
les grenouilles au temps des plaies d'Égypte (5).

Passionné pour la vérité évangélique, le zélé et savant
Franciscain l'exprimait fortement, sans détour, et, parfois,

---

(1) *Vie de Jean de La Rochelle, Op. cit.*, p. xvii, Sermon LXIII, sur la Passion, citat. lat.

(2) *Ibid.*, p. xviii, Sermon XLVI, citat. lat.

(3) « Inflati enim philosophi scientia carnali, non intellexerunt sacra-
« menta Dei, in tenebris ambulantes. Nec hodie capiunt illud, evanes-
« centes in cogitationibus suis ». (*Ibid.*, p. xxiv, Sermon LXXXIX.)

(4) Cit. de M. Hauréau, *Hist. de la philos...*, par. II, tome I, Paris, 1880, p. 194.

(5) M. Luguet, *Op. cit.*, p. xxiv : « Linguæ istæ sunt linguæ advocatorum quorum perversitate fiunt dissentiones, contradictiones, perturba-
tiones capitulorum in electionibus suis et in aliis negotiis agendis. »
Sermon CLXXVI.

« Advocatorum injustitiæ... Tanta es enim hodie multitudo advoca-
« torum, quod totus mundus ebullit advocatos, sicut tota Ægyptus ebullie-
« bat ranas in secunda plaga ». (Sermon CXXV.)

« La théorie, dit M. Luguet, dont les Sermons nous offre
« l'application, est contenue dans deux ouvrages, l'*Art de pré-*
« *cher* et les *Procédés oratoires* » (1). Se trouve évidemment
ainsi désigné le traité également inédit et qui a pour titre :
Processus sive negociandi modi themata sermonum. M. Luguet qui a lu à la réunion des *Sociétés savantes* une étude sur
cette rhétorique sacrée du célèbre franciscain, nous a écrit à ce
sujet : « L'annuaire ne donne qu'un résumé bien infidèle de
ces sortes de travaux », dont lecture est faite dans ces assemblées (2). L'on voit dans la *Revue des Sociétés savantes* de
l'année 1878 (3), que le rhéteur enseignait qu'il y avait sept
modes de procéder, renfermés dans ce vers :

Res, persona, locus, factum, tempus, numerus, vox,

la chose, la personne, le lieu, le fait, le temps, le nombre,
la voix (4).

Le même écrivain a essayé de donner une idée de plusieurs
sermons de Jean de La Rochelle (5). Nous ferons comme lui
et avec lui quelques citations.

Jean de la Rochelle compare les prédicateurs avares au
traître Judas : « Comme le traître Juda a livré le Christ par
« cupidité, ainsi certains prédicateurs apprennent ou
« prêchent la vérité par cupidité, à savoir pour s'enrichir ; et,
« comme Judas a trahi le Christ par un baiser, feignant d'être
« ami, ainsi font ces derniers. Un baiser est donné à la vé-

« une vaste correspondance, parcourait la France entière, voyageait en
« Angleterre, en Belgique, en Italie, fouillait les bibliothèques publiques
« et les collections privées, déployant partout ces qualités d'esprit et de
« cœur qui, dès la première entrevue, le faisaient accueillir comme un
« ancien ami, M. Grasilier recevait les manuscrits, transcrivait, copiait,
« notait les variantes. »
Le premier a copié : *De Anima, De Articulis fidei, De decem præceptis ;*
le second : les Commentaires *In Matthæum, In Epistolas Pauli*, le traité
De Vitiis, des *Sermones.*

(1) *Op. cit.*, p. xxvi.
(2) Lettre particulière du 2 mars 1886.
(3) *Revue...,* 6° série, tom. V, Paris, 1878. p. 501-503.
L'on voit là que « le présent traité a été transcrit à la bibliothèque
royale de Lisbonne où il faisait partie du fonds provenant du monastère d'Alcobaça... »
(4) Ce *Processus* ou cet *Ars conficiendi sermones* ou *Forma prædicandi* a pris place parmi « mss. Bruges 222, Alcobaza, 130 ». (M. Lecoy
de la Marche, *La chaire...*, Paris, 1886, p. 517.)
(5) *Vie de Jean de La Rochelle, Op. cit.*. p. xiv-xxvi.

second historien littéraire de l'ordre de Saint-François, non seulement ne croit pas devoir combattre ce sentiment, mais semble même y être assez favorable (1). La prétendue *Summa de virtutibus* pourrait bien être formée d'extraits des autres ouvrages de notre théologien.

Il y avait à la Bibliothèque de Saint-Victor de Paris deux traités sous le nom de Jean de La Rochelle : la *Summa de anima* et le *De Diffinitione potentiarum animæ*. Nous connaissons la *Summa de anima*. Le *De Diffinitione potentiarum animæ* (2) est vraiment frère, trop frère même de la *Summa*: car, si l'auteur n'était pas le même, on serait en droit de crier au plagiat. « Dans les deux livres, dit très bien M. Hauréau,
« on a la même doctrine, exposée suivant la même méthode, en
« des termes plus ou moins identiques ; mais la question prin-
« cipale est, dans le *De Anima*, la nature de l'âme, ce qui
« regarde les facultés étant la question secondaire ; au con-
« traire, dans notre traité *De Diffinitione multiplici potentia-*
« *rum animæ*, il s'agit presque uniquement des facultés de
« l'âme : on en définit la nature parce que cela est nécessaire,
« mais on le fait accessoirement » (3).

L'on possède, enfin, un certain nombre de Sermons composés par Jean de la Rochelle. Notre Bibliothèque nationale est favorisée sous ce rapport (4).

---

(1) *Supplement...*, loc. cit. : « Deinde ibidem subditur *Tractatus de* « *virtutibus*... cujusdam *Anonymi* ordinis Prædicatorum, ut ex prologo « Operis eruitur, estque *Guilelmi Peraldi* Lugdunen. ord. Prædicat. ex « Eccardo... »

(2) Ce ms. est également passé à notre Bibliothèque nationale sous le n° 15852 : et l'ouvrage est au fol. 245 et suiv.

(3) *Not. et Extr. de quelq. manusc. de la Bibl. nat.*, tom. V. p. 47-48.
Le ms. lat. 16585 de la Bibliothèque nationale renferme un *Traité de l'Ame*, « composé, dit M. Léopold Delisle, par un cordelier d'après les écrits d'Alexandre de Halès, de Jean Bonaventure et de Jean de La Rochelle ». (*Invent. des mss. lat.*)

(4) M. Lecoy de la Marche, *La Chair. franc...*, Paris, 1886, p. 517 : « Sermones de dominicis et sanctis, mss. lat. 15568, 15939, 15940, 16502, 16557 ».
Le manuscrit 547 de l'Arsenal contient un certain nombre de sermons sur les saints. Voir *La Chair franc...*, ibid., pour les autres bibliothèques.

Dans son travail, M. Luguet se sert tout particulièrement des manuscrits copiés avec soin à notre époque, travail dont il fait mention en ces termes élogieux dans son Avant-Propos : « L'honneur d'avoir découvert
« et transcrit les textes et les variantes des ouvrages principaux de notre
« vieux docteur revient tout entier à feu M. Cholet, chanoine de La Ro-
« chelle, et à M. l'abbé Grasilier. Leur zèle ardent et leur patiente érudi-
« tion ont triomphé de tous les obstacles. Tandis que M. Cholet tenait

traité *Des Articles de foi*, et son exposition *Des dix préceptes* (1). Tous ces ouvrages sont inédits.

L'exégète a travaillé sur Salomon, les prophètes Ezéchiel et Daniel, les trois premiers évangélistes, les *Épîtres* de saint Paul et l'*Apocalypse* (2). Ces commentaires sont demeurés également à l'état de manuscrits.

Sbaralea mentionne aussi une *Summa de malo* ; mais il a soin d'ajouter qu'elle est peut-être la même que la *Summa de vitiis* ou, du moins, une partie de cette *Summa* (3). Faut-il donner à notre théologien une spéciale *Somme des vertus*? M. Luguet le pense (4). Une *Summa* ou un *Tractatus de virtutibus* se trouve, il est vrai, comme l'atteste Sbaralea, à la suite de la *Summa de vitiis* dans les deux manuscrits par lui indiqués. Il en est de même dans le manuscrit de la Bibliothèque nationale (5). Mais elle est sans nom d'auteur, et elle commence comme la *Summa de virtutibus*, publiée sous le nom de Guillaume Pérault, c'est-à-dire par ces mots : « Cum circa utilia studere debeamus, etc. ». Les auteurs des *Scriptores ordinis Prædicatorum* revendiquent l'ouvrage pour ce dernier (6), et le

« *Quæstiones*». Cette *Somme des vices* se trouve aussi dans le ms. lat. 16417 de notre Bibliothèque nationale et dans le ms. 984 de la Mazarine.

(1) M. Luguet nous fait connaître l'existence du *De Articulis fidei* et du *De decem præceptis*. Il doit même posséder ces ouvrages. (*Vie de Jean de La Rochelle*, p. XXVI, au commencement de l'*Op. cit.*

(2) *Script. ord. Minor.* avec *Supplement.*; Oudin, *Comment. de script. et script. ecclesiast.*, tom. III, col. 160-161 ; P. Le Long, *Biblioth. sac.*, p. 797.

Les mss. lat. 14265, 15597, 16298 de notre Bibliothèque nationale renferment la *Postilla super Marcum fratris J. de Rupella*.

Le ms. lat. 625 de la même bibliothèque et aussi, d'après M. Hauréau, les mss. lat. 15590 et 15593 de ce dépôt littéraire, renferment la *Postilla super Matthæum*. (*Not. et Extr. de quelq. manusc. de la Bibl. nat.*, tom. V, p. 9).

(3) *Loc. cit.* : « *Summa de malo* ms. habetur in Anglia Cantabrigiæ in « bibliotheca Pemprochiana cod. 78, et forsan est eadem, vel pars Sum- « mæ virtutum et vitiorum ».

(4) *Vie de Jean de la Rochelle* dans *Op. cit.* p. XXVII.

Ce savant a préparé sur la *Summa de vitiis* et ce qu'il appelle la *Summa de virtutibus* une étude analogue à celle qu'il a publiée sur la *Summa de anima*. C'est ce qu'il nous apprend au commencement de son *Essai d'analyse et de critique sur le texte inédit du Traité de l'âme*. Mais les deux nouvelles études n'ont pas été publiées. Nous le regrettons. L'auteur donne, à la fin de son *Essai*, quelques extraits de son *De Virtutibus*.

(5) Ms. lat. cit. 16417.

(6) Tom. I, p. 132.

l'on explique ainsi naturellement l'achèvement par le premier de la *Somme théologique* d'Alexandre de Halès. Il y a, de plus, à tirer ces deux conséquences :

Si Bonaventure occupa cette chaire académique — et pourquoi en douter après l'affirmation de Wadding ? (1) —, ce ne fut qu'en qualité de *biblicus* et de *sententiarius* : nous l'établirons, du reste, plus tard.

Quant à Jean de Parme, célébrité de mauvais aloi, il aurait enseigné dans la maison franciscaine, mais, nous l'estimons du moins, sans titre et sans mission universitaires.

En Jean de La Rochelle, le philosophe a été mieux étudié que le théologien et l'exégète.

Plus ou moins réaliste, le philosophe s'est affirmé partisan dans la perception des corps, des intermédiaires ou des images, car sans cela on ne saurait arriver « à la connaissance des objets ». Voilà bien ce que découvre une étude sérieuse d'une *Somme de l'âme* (*Summa de anima*) (2).

Le théologien a donné des preuves de son savoir dans sa *Somme de théologie* qui se divise en deux parties, l'une renfermant cent quarante-huit questions, l'autre cent quinze (3), dans ses commentaires sur le livre des *Sentences*, dans sa *Somme des vices* qui comprend aussi deux parties, les vices contre la foi et les vices contre les mœurs (4), dans son

---

(1) *Annal. Minor.*, an 1253, cap. xxxvi.

(2) M. Hauréau, *Hist. de la philos. scolast.*, par. II, tom. I, Paris, 1880, pp. 192 et suiv. On lira avec fruit le très ample travail, cité à l'instant, de M. Luguet sur l'âme et ses facultés.
La *Summa de anima* qui est incontestablement de Jean de La Rochelle et qui commence par ces mots : « Si ignoras te, o pulcherrima mulierum, vade et abi propter greges caprarum », se trouvait à la bibliothèque de Saint-Victor de Paris et est inscrite aujourd'hui à la Bibliothèque nationale sous le n° 14891, et conservée aussi dans les bibliothèques de Vienne, de Bruges, du collège *Corpus Christi* à Oxford. (M. Hauréau, *Ibid.*, p. 193 ; Sbaralea, *Supplement.* aux *Scrip. ord. Minor.* de Wadding, art. *Joannes de Ruppella*. La Bibliothèque nationale possède deux autres copies de cet ouvrage dans les mss. lat. 3427 et 6686 A.
M. H. Luguet donne dans son étude des extraits de la *Summa de anima*.

(3) Sbaralea, *Supplement.* aux *Script. ord. Minor.* : « ... exstat ms. « et in Bibliotheca Collegii Oxoniensis cod. 851 num. 51 ex Catalogo « Montfaucon, tom. 2, p. 662, et in Norvicensi Joannis Mori ex eodem « ibid ».

(4) Sbaralea : « ... ms. Pergam. in 4 habetur Asisii in Tabulario conventus « S. Francisci, et Ravennæ in Biblioth. Classensi PP. Camaldulen. tit.

1230, il appartenait à l'ordre de Saint-François et, peu de temps après, en qualité de bachelier, à l'Université de Paris. Voici comment on raconte sa présentation à ce premier grade en science sacrée : « Advint une fois que, voulant proposer « un de ses pères pour obtenir le degré de bachelier selon les « privilèges qui luy estoient donnez de l'université, estant « perplexe et doutant qui fust bon à cela, estant entré dans « l'église, après avoir fait sa prière », Alexandre de Halès « vit en une chappelle un homme qui prioit et, l'ayant veu en- « vironné d'une splendeur non accoustumée, il jugea qu'il « estoit celuy qu'il cherchoit, et, l'ayant présenté au chance- « lier, il fut incontinent honoré d'un tel degré, et aussi peu « après fait maistre en théologie ; et iceluy estoit Jean de La « Rochelle, de la province d'Aquitaine, homme de profonde « science et de vie exemplaire en la religion » (1).

Jean de La Rochelle fut, en 1238, un des adversaires de Philippe de Grève dans la question de la pluralité des bénéfices et, un peu plus tard, nous l'avons déjà écrit, un des quatre interprètes de la règle de l'ordre. Successeur d'Alexandre de Halès, il compta parmi ses disciples le jeune et bientôt illustre Bonaventure. Jusqu'en quelle année professa-t-il ?

Ordinairement, sur la foi de Wadding, l'on disait: jusqu'en 1253 ; et l'on prolongeait son existence jusqu'en 1271 (2). Mais une lettre de Robert Grosse-Tête, de 1245, ne permet pas de le supposer existant après cette dernière année ; car cette lettre affirme que « les frères Alexandre de Halès et Jean de La Rochelle sont morts » (3).

Jean de La Rochelle mourut avec la réputation d'un des plus grands hommes de son temps (4).

Comme selon toute probabilité, Guillaume de Méliton succéda à Jean de La Rochelle dans la chaire professorale (5),

---

(1) Citat. de M. Luguet dans sa *Vie de Jean de La Rochelle*, p. IX, en tête de l'*Op. cit.* La citation est empruntée à la *Seconde partie des Croniques des Frères-Mineurs*, par Marc de Lisbonne, et « de nouveau traduicte en françois sur la troisiesme édition corrigée et meliorée », Paris, 1623, in-4°, fol. 8 verso.

(2) *Annal. Minor.*, an. 1253, cap. xxvi, an. 1271, cap. xiv ; *Script. ord. Minor.*, art. *Joannes de Rupella*.

(3) Dans *Monumenta Franciscana*, Londres, 1858, p. 627-628.

(4) *Annal. Minor.*, an. 1271, cap. xiv : « ... inter doctissimos quosque sui temporis celebris ».

(5) Nous l'avons entendu appeler « insigne professeur de théologie ».

Garlande, le chantait dans son poème des *Mystères de l'Église*, l'appelant « la fleur de la philosophie », fleur « odorante comme un parterre », fleur « donnée par la Grande-Bretagne et dont Paris a transmis l'odeur au ciel » (1). Docteur irréfragable (*Doctor irrefragabilis* fut son surnom ordinaire.

Sa grande autorité dans l'école se maintenait encore à la fin du xv° siècle, époque où nous voyons Louis XI — ce monarque, il est vrai, visait directement la philsophie, mais cette science s'unissait intimement à la science sacrée — associer, dans une ordonnance, cet ancien maître à ce qu'il y a de plus illustre dans le monde savant : Averroès, Albert-le-Grand, saint Thomas, saint Bonaventure, Gilles de Rome, Duns Scot 2.

JEAN DE LA ROCHELLE
(vers 1200-1245)

Originaire de la cité dont il porte le nom 3. Jean de La Rochelle n'est déjà plus un inconnu pour nous. Sa naissance date de la fin du xii° siècle ou du commencement du xiii°. Dès

---

(1)

Gemma pudicitiæ fuit hic, flos philosophiæ,
Aula decens morum, redolens velut area florum.

Floret Alexandro locus hic, dedit Anglia florem,
Cujus Parisius cœlo transmisit odorem.

Hist. littér. de la France., tom. XXI, p. 372, art. de M. V. Le Clerc sur Jean de Garlande.

Trithème disait, plus tard, d'Alexandre : « ... vir. in divinis Scripturis « eruditissimus et in seculari philosophia nulli suo tempore secundus, « ingenio subtilis et clarus eloquio... ».

Et Bale : « Ingenio peracutus, a multis jactitabatur in Aristotelicis disciplinis ætate sua nulli cedere ».

Cit. dans *Hist. Univers. Paris.*, vol. cit., p. 673-674).

Wadding, de son côté, a écrit, *Scrip. ord. Minor.* : « ... Acutus ingenio, facundus eloquio, solidus judicio, philosophorum et theologorum sui temporis vix cuidam secundus ».

2) Edit du 1er mars 1473 contre les Nominaux, dans *Ordonnances des rois de France*, tom. XVII, p. 610.

3) « On l'appelle, tour à tour, dit M. Luguet : *Johannes de Rupella, de Ruppella, de Rubella.... de Ropilla, a Rochetta* », et, écrit-il en note : « Ce dernier vocable excite la vive indignation de l'auteur du Martyrologe « franciscain de 1658 (*Arturus a Monasterio...*), et il consacre 15 lignes « à la réfutation de *Petrus Camuzius*, auteur du méfait. » (*Vie de Jean de ja Rochelle, in init.*, en tête de l'*Essai d'analyse et de critique sur le texte inédit du Traité de l'Ame de Jean de la Rochelle*, Paris, 1875, in-8°.

Bibliothèque nationale en possède plusieurs sous son nom.
dans deux manuscrits (1).

Il suit donc de notre étude que la *Somme théologique*
est le seul ouvrage dont l'authenticité soit indiscutable.

Alexandre de Halès termina, à Paris, dans la dernière quinzaine du mois d'août 1245 (2), selon l'opinion commune, sa carrière brillante et bien remplie. La maison conventuelle de l'ordre dans la grande cité devait abriter les restes du grand théologien (3).

Un célèbre professeur, presque son contemporain, Henri de Gand, le saluait du titre de très habile dans les lettres et dans l'Ecriture-Sainte (*liberalium litterarum et sacræ Scripturæ peritissimus*) (4). Pour le père Salimbéné, chroniqueur de la même époque, Alexandre de Halès « était le meilleur clerc de l'univers, comme le roi Jean de Jérusalem était le meilleur soldat » (5).

Un autre écrivain du même siècle, celui-là poète, Jean de

(1) Mss. lat. 16502 et n. acq, ms. lat. 1470.

(2) Une épitaphe portait : « Hic jacet frater Alexander de Hales qui obiit anno Domini MCCXLV, XII kalendas septembris. » (*Supplement. aux Script. ord. Minor.*) Du Boulay a écrit en un endroit : « ... anno 1245 6 kal. septembris » ; et en un autre : « ... 12 kal. septembris... » (*Hist. Univers. Paris.*, tom. III, pp. 674 et 200). Nous lisons dans Tanner en note : « ... circa festum Assumptionis ». (*Biblioth Brittan.-Hibern.*, Londres. 1748, p. 371.

Nous lisons encore dans ce dernier historien : « Obiit A. D. MCXLV 6 kal. septemb. vel. secundum alias MCCL. » (*Ibid.*). Hardy mentionne aussi l'année 1245 et l'année 1250 (*Descript. Catal...*, tom. III, Londres, 1871. p. 105). Mais, nous le répétons, l'opinion commune est en faveur de l'année 1245.

(3) On lisait sur son tombeau dans l'église des Cordeliers de la capitale :
Clauditur hoc saxo, famam sortitur abunde,
Gloria doctorum, decus et flos philosophorum,
Auctor scriptorum, vir Alexander, variorum,
Norma modernorum, fons veri, lux aliorum ;
Inclytus Anglorum fuit archilevita, sed horum
Spretor cunctorum, fratrum collega Minorum
Factus egenorum, fit doctor primus eorum.

(Wadding, *Scriptor. ordin. Minor.* ; *Hist. littér. de la France.*, vol. cit., p. 316).

Sur une table fixée au mur d'en face, on lisait des vers qui résumaient la naissance, la vie et la mort d'Alexandre ; pièce imprimée dans l'*Hist. Univers. Paris.*, vol. ci., p. 201-202, et dans les *Annales Minorum*, par Wadding, an. 1445, cap. XXIX.

(4) *De Script. ecclesiast.*, cap. XLVI.

(5) P. Prosper de Martigné, *La scolast. et les tradit. francisc.*, Paris, 1888, p. 42, d'après *Chronica Fr. Salimbene*.

suivantes paraîtrait moins douteuse : Trois livres de l'*Ame* ou commentaire sur le même traité d'Aristote, lesquels ont été imprimés à Oxford en 1481; *Des mots exotiques; Dictionnaire des mots difficiles; Du Symbole des saints Pères; Exposition des préceptes de la loi.* Ces derniers ouvrages n'ont pas quitté l'état de manuscrits. Henri de Gand — et son autorité est des plus respectables, car c'est presque un contemporain — mentionne, sur le témoignage d'autrui, il est vrai, un traité de la *Concorde du droit divin et du droit humain* : « Ignoscat
« lector, dit-il, si vel hujus opusculi vel quorundam alio-
« rum non proprie exprimo continentiam, quia non ex pro-
« priæ lectionis experientia, sed auditu tantum hic lo-
« quor » (1).

L'auteur de l'article de l'*Histoire littéraire de la France* écrit encore : « Les autres opuscules théologiques, annoncés en
« certains catalogues sous le nom d'Alexandre de Halès
« doivent être considérés comme des extraits de la *Somme*
« ou des commentaires sur la *Bible*. L'*Opusculum de peccatis*,
« manuscrit de la Bibliothèque du roi (2), est tiré du premier
« livre de la *Somme*; et c'est au commentaire sur le premier
« chapitre de l'*Evangile* de saint Luc qu'appartiendrait l'ar-
« ticle intitulé, dans la Bible de la Minerve à Rome : *Glossa*
« *super Missus est et Magnificat* » (3).

Relativement aux écrits historiques, il y en a deux à indiquer : *Vie* de saint Thomas de Cantorbéry; *Vie* de Richard Ier, roi d'Angleterre; histoires inédites, à l'authenticité desquelles il n'est pas défendu de croire (4).

Enfin, non seulement il est tout naturel que nous donnions, avec Wadding, au théologien-prédicateur des Sermons : *Sermones ad populum* (5), mais nous devons ajouter que notre

―――――

« et composé un traité intitulé le *Destructoire des vices*, imprimé à Nu-
« remberg l'an 1496 et à Venise l'an 1582 sous le nom d'Alexandre l'An-
« glois. » (*Hist. des controv*.., dans le XVe siècle, Paris, 1701 in-8, tom. I, p. 309-10). Voir, pour les autres éditions, Hain, *Repertor*.., art. *Alexander Anglicus*, et *Hist. littér*..., vol. cit..., p 322. Hain cite, entre autres, une édition de 1479 in fol. et une autre, également in-fol,, de 1485.

(1) *De Scriptoribus ecclesiasticis*, cap. XLVI.
(2) Ms. lat 1010.
(3) Vol. cit , p. 325-326.
(4) Sbaralea, *Op. cit.*; Daunou, art. cit., p. 326. Nous ne saurions indiquer de copies de ces deux histoires.
(5) *Script. ord. Minor.*, art. *Alexander Halensis*.

que le *Mariale magnum* n'est pas de lui (1). Quant à l'existence du second traité, Wadding alléguait qu'un manuscrit, renfermant la *Somme des vertus*, se voyait dans une bibliothèque de Toulouse, celle du collège de Foix, et que, d'ailleurs, une édition avait été faite à Paris en 1509 (2). Or, on n'a pas trouvé trace de l'édition ; et on n'a pas été plus heureux en ce qui concerne le manuscrit ; on l'a en vain cherché dans la bibliothèque colbertine qui s'était enrichie, comme l'on sait, de celle du susdit collège. De là, cette conclusion de l'*Histoire littéraire de la France* : « Il n'y a donc point eu de *Summa vir-*
« *tutum* par Alexandre de Halès ; ou, si réellement il se ren-
« contre des manuscrits ainsi intitulés, ils ne peuvent con-
« sister qu'en extraits soit de sa *Somme théologique*, soit de
« celle de saint Thomas d'Aquin. Il serait encore possible que
« ce livre ne fût, sous un autre titre, que le *Destructorium*
« *vitiorum*, attribué pareillement par Jean Pits au théologien
« qui nous occupe, mais que les Franciscains eux-mêmes ont
« renoncé à revendiquer pour lui » (3).

Les *Moyens de détruire les vices* ou le *Destructorium vitiorum* favorisés d'un grand nombre d'éditions ne sont donc guère authentiques (4). L'authenticité des œuvres

---

(1) Chose étonnante! Le judicieux du Boulay met, sans exprimer le moindre doute, cet ouvrage au nombre de ceux du célèbre docteur. (*Hist. Universit.*, Paris., tom. III, p. 673.)

(2) *Script. ord. Minor.*, lesquels renvoient aux *Annales Minor.*, du même auteur, an. 1245, cap. XXII.

(3) *Hist. littér....*, tom. XVIII, p. 522.
Avant l'*Hist. littér....*, le P. Touron disait, produisant à l'appui les mêmes arguments : « La Somme de théologie de saint Thomas n'a rien
« de commun avec les véritables ouvrages d'Alexandre de Halès ; cet au-
« teur n'a point écrit une *Somme des vertus* ; réponse aux objections de
« Wadding et de Jean de la Haye ». (*La Vie de saint Thomas d'Aquin...*, Paris, 1737, in-4, pp. 761 et suiv.).
Ces quelques mots nous rappellent la question, autrefois agitée, à savoir si saint Thomas d'Aquin ne s'était pas trop aidé de la prétendue *Somme des vertus* d'Alexandre de Halès pour composer la *Seconde de la Seconde* de sa célèbre *Somme de théologie*. La question nous paraît avoir été péremptoirement résolue dans le sens négatif par les auteurs des *Scriptores ordinis Prædicatorum*, tom. I, p. 318-320.
Cette réflexion nous suffit pour l'instant et devra suffire au lecteur. Fabricius, *Biblioth....*, art. *Alexander Halensis*, ne s'arrête pas davantage à la question

(4) Oudin, *Comment. de script...*, tom. III, col. 2367, les donne à l'Anglais Alexandre Charpentier ou le Charpentier (*Alexander Carpentarius*). Ellies Dupin en fait autant : « Alexandre le Charpentier, dit-il, ainsi appelé
« parce qu'il étoit fils d'un Anglois de ce métier, a fleuri vers l'an 1430

deux ouvrages sont imprimés. Enfin, l'on a édité sous le nom de cet immortel Franciscain un commentaire *sur la Métaphysique d'Aristote*, lequel, comme nous le dirons aussi ailleurs, est dû à la plume d'un autre Alexandre du même ordre. Alexandre d'Alexandrie 1.

D'autres livres portent également le nom d'Alexandre et peuvent, selon Daunou, être classés de la manière suivante : Commentaires sur différents livres de l'ancien et du nouveau Testament; Traités sur divers sujets de théologie et de philosophie; Ecrits historiques. Mais qu'y a-t-il de vrai, de faux, de douteux, relativement à l'authenticité?

L'affirmation de Trithème : *Vetus et novum Testamentum postillavit*, a été généralement répétée après lui (2). Nous mentionnerons seulement trois gloses ; deux imprimées, l'une sur les *Psaumes*, éditée à Venise en 1496 et 1573, à Leipsik en 1554, à Cologne en 1621, l'autre sur l'*Apocalypse*, sortie des presses de Paris en 1647, in-fol. (3); une troisième, inédite, sur les *Petits Prophètes*, possédée par notre Bibliothèque nationale (4).

Des traités divers, Daunou fait, et non sans motifs bien raisonnés, un assez grand nombre d'éliminations (5). Nous nous bornerons à mentionner dans notre récit, le *Mariale magnum* et la *Summa virtutum*. Dans le premier ouvrage, composition inédite, l'auteur s'efforce d'établir que la Vierge Marie a été immaculée dans sa conception. Or, cette doctrine ne peut se concilier avec l'assertion, précédemment notée, d'Alexandre dans la troisième partie de la *Somme*, preuve évidente

---

(1) *Script. ord. Minor.* avec *Supplement.*; Melzi, *Dizionar. di op. anon. et pseudon. di scritt. Ital.*, art. *Alexandri Halensis*.

(2) Voir, pour détails, Le Long, *Bibliother. sacr.*, et Sbaralea, *Supplement.* aux *Script. ord. Minor.*

(3) Le Long, *Ibid.*: *Hist. littér...*, tom. XVIII, p. 317-318.

(4) Ms. lat. 506.

(5) *Hist. littér...*, tom. XVIII, p. 521.

Sont éliminés, ou parce qu'ils ne sont pas d'Alexandre de Halès, ou parce qu'ils présentent le caractère d'extraits de la *Somme*, ou parce qu'on manque de renseignements sur eux : *Lecturæ Sententiarum; Repetitiones lectionum; Summula resolutionum; Quæstio de theologia; Quæstio de charactere; De Mysteriis Ecclesiæ; De Sacramento pænitentiæ; Interrogatorium pro animabus regendis; De Negligentia.*

Voir, pour détails, Wadding et Sbaralea, *Script. ord. Minor.*, avec Supplement.

admise de la réalité d'un commentaire distinct, il semble que ce serait encore une erreur de dire qu'Alexandre s'est le premier livré à ce genre d'étude appelé à devenir classique. Voilà ce que nous avons exprimé précédemment (1).

C'est bien à tort que parfois on a voulu voir dans Alexandre de Halès l'auteur d'un *Compendium theologiæ*. Attribué, en même temps et toujours bien à tort, à plusieurs autres illustres écrivains, cet ouvrage est du dominicain Hugues de Strasbourg (2), qui aura sa notice. Nous devons porter le même jugement sur les *Faits* ou la *Vie de Mahomet*, histoire qui appartient à Jean de Guales ou de Wales (3), dont plus tard nous essaierons aussi d'esquisser la physionomie. Ces

« édition n'est que l'une de celle de la *Somme* elle-même que nous avons
« citées. La bibliothèque de Saint-Germain des Prés en possédait un
« exemplaire qu'Oudin a comparé et trouvé parfaitement conforme aux
« éditions de Nuremberg où la *Somme* seule est annoncée et contenue...
Noël Alexandre assure que les manuscrits de Cambridge et d'Oxford ne
« renferment non plus que la *Somme*; et celui de Saint-Victor l'identifiait
« expressément avec l'explication des *Sentences* par les intitulés : *Primus*
« *liber Sententiarum sive Summæ theologicæ domini Alexandri de Halis...*:
« *Tertius liber Sententiarum seu Summæ theologicæ quem composuit ma-*
« *gister Alexander de Halis*, etc. L'examen de six manuscrits de la Biblio-
« thèque du roi conduit au même résultat. » (*Hist. littér...*, tom. XVIII,
« p. 319.) Ces six manuscrits ont pour cotes : mss. lat. 3053, 3054, 3055,
3056, 3057, 3058.
Sbaralea a traité aussi cette question : et il est porté à croire à la réalité des deux ouvrages. (*Supplement*. aux *Script. ord. Minor.*, art. *Alexander Halensis*).
Quant à nous, nous avons comparé la troisième partie de la *Summa
theologiæ*, édition de Venise, 1575, en quatre volumes, avec le commentaire *Super tertium librum Sententiarum*, édition de Venise, 1475, aussi
in-fol., et nous avons constaté que le travail était le même.

(1) *Supra*, pp. 226-228, art. *Guil. d'Auxerre*.
L'on a signalé à Cambridge deux manuscrits renfermant les Commentaires *Alexandri Altissiodorensis super I et II Sententiarum*. L'abbé Lebeuf, dans ses *Mémoires* sur Auxerre, s'était demandé s'il ne fallait pas
lire *Alensis* à la place d'*Altissiodorensis*. Mais l'Angleterre lui fournit des
renseignements qui l'ont engagé à croire à l'existence d'un Alexandre
d'Auxerre mort vers 1290. Toutefois, on ne voit pas ce dernier prendre
rang dans la Faculté de théologie de Paris (Lebeuf, *Mémoire concernant
l'hist. ecclés. et civ. d'Auxer.*, tom. II, Paris, 1743, p. 493; Papillon,
Biblioth. des auteurs de Bourgogne, Dijon, 1742, tom. I, p. 2; *Hist. littér.
de la Franc.*, tom. XX, p. 301).
Il s'agissait tout à l'heure du « Catalogue des manuscrits d'Angleterre
imprimé en 1667 » et du « cod. 2096 et cod. 2109 » (Lebeuf, *Mémoir...*,
ibid.
(2) *Hist. litt. de la Franc.*, tom. XXI, p. 157-158.
(3) *Ibid.*, tom. XVIII, p. 326.

soutenir que tout pouvoir dans l'Eglise émane du pape qui, dans la collation qu'il en fait, est moins tenu de suivre l'ordre hiérarchique que de consulter les besoins de l'Eglise. Dans ce dernier cas, le docteur se proposait surtout la défense de certain privilèges, bien connus du lecteur et déjà attaqués, des ordres mendiants (1).

En étudiant le théologien, nous avons fait connaître, à la fois, le philosophe en ce qui concerne la théodicée et la psychologie. Mais la grave question des universaux occupa-t-elle Alexandre ? Peu, si l'on veut qu'elle l'ait occupé. Ce que nous pouvons dire avec M. Hauréau, c'est que « toute la philosophie d'Alexandre de Halès est incontestablement réaliste; mais elle ne l'est pas à outrance » (2).

Le savant Franciscain a commenté Pierre Lombard (3). « Mais n'est-ce pas dans les quatre livres mêmes de la *Somme* « que les quatre livres des *Sentences* ont été expliqués ? C'est « l'opinion de Noël Alexandre, d'Oudin, de Brucker et du petit « nombre de ceux qui ont examiné cette question avec quelque « soin ». Ajoutons à cette réflexion de l'*Histoire littéraire de la France* que les divisions de la *Somme* sont à peu près près calquées sur celles des *Sentences* (4). Toutefois, l'opinion

---

de Halès mentionne le pèlerinage en Terre-Sainte : « ...pro peregrinatione « terræ sanctæ præcise peccata omnia omnino relaxantur, ita ut pere-« grini ii reddantur prorsus expediti ad evolandum. »

(1) Il défendait en ces termes la mendicité volontaire : « Omnia reli-« quisse pro Christo et pro eo ostiatim mendicare, nedum licitum, sed et « meritorium est; hac enim abjectione et vilitate Christi abjectioni et vili-« tati magis conformatur. » Quæst. XXXI, Memb. I).

(2) *Hist. de la philos. scol.*, par. II, tom. I, Paris, 1880, p. 141.
M. Hauréau, *Ibid.*, p. 140, cite cette phrase à l'appui de son assertion : « (Forma) in perficiendo totum perficit omnes partes materiæ, consimili « ratione ut est dicere : quælibet pars ignis est ignis. »

(3) Henri de Gand, *De Scriptoribus ecclesiasticis*, cap. XLVI, sous le titre de *Alexander natione Galensis* : « Scripsit quæstiones in quatuor libros Sententiarum, subtilissime disputans. »
Hain, *Repertor...*, art. *Alexander de Ales.*, indique ces éditions : *Super magistrum Sententiarum*, Pavie, 1498, in-4; *Super tertium Sententiarum*, Venise, 1474, in-fol., et 1475 aussi in-fol.

(4) Daunou marque en ces termes comment on pourrait arriver à la solution de la question : « Un moyen fort simple de la résoudre était de « comparer entre elles les copies manuscrites ou imprimées qui portent « l'un et l'autre titre. Nous avons indiqué plusieurs éditions de la *Somme*; « le titre de commentaire est attaché à des manuscrits d'Oxford, n° 241, « de Cambridge, n° 116, de Cesène, de Saint-Victor à Paris, et, dit-on, à « l'édition publiée à Lyon en 1515 et 1516 en 4 tomes, in-4. Mais cette

ment ne pas traiter du mal *generali modo*, et du mal spécial ou spirituel qu'on appelle péché ?

Au nombre des divers péchés actuels, il faut compter l'idolâtrie, l'hérésie, le schisme, l'apostasie. Là se posent différentes questions brûlantes que le théologien n'a garde d'éviter et dont la solution est tirée des principes les plus absolus de la doctrine. Par exemple, doit-on permettre aux infidèles de commander aux chrétiens ? Non, répondit-il, parce qu'il y aurait danger pour la foi de ces derniers (1). Doit-on tolérer les hérétiques manifestes ? Non-seulement la réponse en également négative, mais il invoque contre eux les lois pénales (2). Doit-on obéissance aux princes rebelles à l'Eglise et excommuniés ? Non, car aussitôt qu'ils le sont, les sujets sont déliés du serment de fidélité (3).

III. En parlant de la vierge Marie au sujet de l'Incarnation, l'auteur déclare qu'elle a bien été sanctifiée avant sa naissance, mais non dans sa conception (4). A la troisième partie se rattachent naturellement la loi naturelle, la loi mosaïque, la loi évangélique. Là, — et il ne pouvait en être autrement — nous trouvons l'explication du Décalogue. Au sujet de l'ordre judiciaire, mettant en regard les deux plus hautes autorités, la papauté et la royauté, il proclame que la puissance spirituelle a le pas sur la temporelle par sa dignité, son ancienneté, la consécration qu'elle lui donne, conséquemment que celle-ci est subordonnée à celle-là (5).

IV. Dans la quatrième partie, nous entendons çà et là, au cours de l'exposé dogmatique, le grave théologien affirmer l'usage légitime et universel pour les laïques de communier sous une seule espèce, celle du pain (6); revendiquer pour le siège apostolique la prérogative de concéder des indulgences plénières (7);

(1) Quæst. CLXII, Memb. II, thèse ainsi posée : « Ne christiana fides « detrimenti quidpiam patiatur, nullatenus Judæum vel Saracenum chris- « tianis præesse permittatur. »
(2) Quæst. CLXIII, Memb. XI.
(3) Quæst. CLXV, Memb. IV : « ... statim ut excommunicati fuerint, ab eorum obedientia absolvuntur.
(4) Quæst. IX, memb. II, art. II, *in fine* : « ... Beata virgo in sua con- « ceptione sanctificari non potuit »; et art. IV, *in fine* : « Credendum est, « ex quo illi fuerunt sanctificati in utero, quod similiter beata virgo et « multo fortius fuit sanctificata in utero. »
(5) Quæst. XL, memb. V.
(6) Quæst. XI, Memb. II, art. IV : « ... licet sumere corpus Christi sub specie panis tantum, sicut fere ubique fit a laïcis in Ecclesia. »
(7) Quæst. XXIII, Memb. VI et VIII. Le pape ne doit accorder ces indulgences « nisi ex magna causa ». Parmi ces graves causes, Alexandre

Le traité de Dieu s'ouvre par cette question, résolue aussitôt affirmativement : Dieu peut-il être connu par les lumières naturelles ? Mais on ne pourrait sans la grâce s'élever jusqu'à la connaissance de la Trinité. La preuve, c'est que les philosophes qui ont parlé du Père et du Verbe en termes plus ou moins clairs, ne purent atteindre à l'idée de la troisième personne de l'adorable mystère (1). Si le théologien ne multiplie pas les preuves de l'existence de l'*être nécessaire*, il consacre de longs et solides développements aux attributs divins : à l'immutabilité, aucun changement ne pouvant convenir à Dieu ni la *mutatio ad esse* ni la *mutatio in esse* ; à la simplicité, l'infinité l'immensité ; à l'existence du principe premier par lui-même et par sa grâce dans les créatures ; à l'éternité au sujet de laquelle il transcrit et approuve la définition de Boëce : « Est interminabilis vitæ simul tota et perfecta possessio. » Le théologien n'est pas moins complet, quand il étudie l'unité, la bonté, la puissance, la science, la providence avec la prédestination et la réprobation.

A la science divine se rattache la prescience, et le problème se pose ainsi : Comment concilier cette prescience avec le libre arbitre ? Ne le détruit-elle pas par la nécessité qu'elle fait peser sur la volonté humaine ? Il en serait ainsi, pense le théologien, si la nécessité était *antécédente* ; mais elle n'est que *conséquente* (2).

Il y a unité de substance, et trinité de personnes. Par conséquent, la génération du Verbe, la procession du Saint-Esprit, l'ordre et l'égalité entre les divines personnes, les noms et les missions qui leur conviennent, sont autant de points qui sont examinés avec compétence, clarté, précision.

II. Avant d'aborder les diverses créations spirituelles et corporelles, Alexandre de Halès présente la théorie des causes en général. Qu'entend-on par cause première, cause finale, cause efficiente ? Tout cela est exactement défini. La création de l'homme conduit naturellement à une étude détaillée de l'âme, de sa nature, de ses facultés. Dans l'ordre surnaturel, la sainteté primitive de notre premier père et sa déplorable chute tiennent aussi une large place. A cette occasion, com-

---

(1) Quæst. II, Memb. I, art. III : « ... usque ad tertiam personam Trinitatis pervenire non valuerunt ».

(2) Quæst. XXIV, Memb. V : « ... si quidem non antecedentem, sed consequentem necessitatem ponit. »

et Robert de Bastia (1) pour rédiger cette interprétation. L'œuvre des quatre théologiens fut envoyée par eux au chapitre général de Bologne en 1242. Nous savons par la lettre accompagnant l'envoi que les savants interprètes ne se proposèrent autre chose que d'écrire une explication littérale (2).

La *Somme théologique*, souvent imprimée (3), se divise en quatre parties ayant pour objet: la première Dieu un et trine, la seconde les diverses créations spirituelles et corporelles, la troisième l'Incarnation, la quatrième les Sacrements.

I. La première est précédée de quelques considérations sur la théologie : science véritable (4), la plus certaine de toutes (5), elle a son objet spécial qui est la substance divine manifestée dans l'œuvre adorable de la restauration humaine (6), et son mode spécial d'acquisition, car ici l'on procède, non d'après les données de la raison ou de l'expérience, mais bien d'après celles de la révélation (7).

(1) Wadding, *Script. ord. Minor.*, dit de Robert de Bastia : « ... Aquitanus, subtiliter scripsit in quatuor libros Sententiarum ». Sbaralea, *Loc. cit.*, ajoute à ces Commentaires sur Pierre Lombard des *Sermons* et un livre *De l'Ame*. Il transcrit cette parole de Barthélemy de Pise :« Hic magnus magister fuit in sacra pagina... »
Bastia est peut être aujourd'hui Le Basti, hameau de la commune de Thenon, département de la Dordogne.
Sbaralea, *Op. cit.*, art *Robertus de Russia*, fait encore observer que c'est à tort qu'un historien a écrit : *Robertus de Russia*. Sbaralea dit également : « *Robertus de Bastia*, non de Bascia qui nullus est locus .. »
(2) Wadding, *Annal. Minor.*, an. 1242, cap. II : « ... novam autem ex-
« positionem vel glossaturam circa regulam non astruimus... Imo simpli-
« citer et pure intellectum ipsius regulæ, qui omnes nos ligat et cujus
« ignorantia nullum excusat, non ex sensu, sed ex ipsa littera, ut potui-
« mus, extrahentes secundum injunctam nobis obedientiam, judicio ves-
« tro dirigimus judicandum, vestræ sententiæ plusquam nostro sensui in
« his et in aliis innitentes, interpretationem, si alicubi necessaria fuerit,
« Sedi apostolicæ reservantes ».
(3) Cette *Summa* a été imprimée, « pour la première fois, à Venise, en
« 1475, in-fol.; puis à Nuremberg, en 1481 et 82, dans ce même format;
« à Pavie, en 1489, in-4; à Venise, en 1496, in-fol.; à Bâle, en 1502; à
« Lyon, en 1515 et 1516, en 1575 et 76, 4 vol. in-4 ; à Venise en 1576 (pour
« 1575), 4 vol. in-fol.; à Cologne, en 1622, etc. »(*Hist littér. de la Franc.*, tom. XVIII, p. 318, art. de Daunou.)
Voir aussi Hain, *Repertor...*, art. *Alexander de Ales*, pour quelques éditions partielles du XVᵉ siècle.
(4) Quæst. I, Memb. I : « Verius est scientia quam cœteræ scientiæ. »
(5) *Ibid.*, Memb. IV, art. II : « Manifestum est quod certior est modus sciendi in theologia quam in aliis scientiis. »
(6) *Ibid.*, Memb. III : « Theologia est scientia de substantia divina cognoscenda per Christum in opere reparationis. »
(7) *Ibid.*, Memb. II : « Omnis humana scientia est acquisita per inven-
« tionem vel doctrinam; sed theologica disciplina est inspirata, non ac-
» quisita quantum ad editionem. »

lement l'année 1243 qui le vit entrer au couvent dominicains de Naples.

Nous venons de dire qu'Alexandre céda sa chaire en 1238. Innocent IV ordonna au professeur émérite de réunir les leçons par lui données et tant goûtées, lesquelles deviendraient alors un cours de théologie non inutile aux maîtres et très profitable aux élèves. Telle fut l'origine de la *Somme théologique*, une des deux plus anciennes — celle de Guillaume d'Auxerre serait l'autre — que nous possédions à l'état d'imprimés. Guillaume de Melton ou de Méliton, du même ordre, donna la dernière main à cette œuvre monumentale, et soixante-douze docteurs leur pleine approbation (1). Alexandre IV devait joindre son suffrage, en recommandant l'œuvre aux diverses universités.

Mais ce ne sont pas, comme on l'a dit parfois, les premiers ouvrages du genre. Sans parler d'Etienne de Langton, qui quitta ce monde deux ans plus tôt que Guillaume d'Auxerre et à qui l'on donne, nous le savons, une somme théologique et une somme *De Diversis*, nous pouvons citer, au XIIe siècle, Robert de Melun, mort en 1167 et auteur d'une *Summa theologiæ* ou *Summa Sententiarum*.

Bien que François d'Assise eût défendu d'ajouter des gloses à la règle imposée par lui à l'ordre, on ne tarda pas cependant à sentir le besoin de donner à l'acte législatif une bonne interprétation. Les tentatives du frère Elie, deux fois général et deux fois déposé, en faveur d'une sorte de relâchement contribuèrent beaucoup à cela (2). Alexandre de Halès fut choisi avec Jean de La Rochelle, Richard ou Eudes Rigaud (3)

---

(1) *Hist. Univers. Paris.*, tom. III, p. 685, à l'article *Guilelmus de Melitona* : « ... insignis theologiæ professor, *Summam theologiæ* Alexandri Alensis imperfectam absolvit, quam 72 magistri Parisienses signis et sigillis commendarunt et Alexandro IV obtulerunt. »
Wadding. *Scriptor. ord. Minor.*, s'exprime à peu près dans les mêmes termes, en fixant l'année 1252. Mais, si on s'en tient à cette année, il faudrait écrire : Innocent IV, et non pas : Alexandre IV qui ne monta qu'en 1254 sur le trône de Saint-Pierre.

(2) Voir Fleury, *Hist. ecclesiast.*, liv. LXXXI, ch. XXXIII.

(3) Wadding, *Annales Minor.*, an. 1242, cap. II : « Fr. Alexander Alensis, F. Joannes de Rupella, F. Robert de Bastia, F. Richardus sen, ut ms. habet, Rigaudus, habita cum fratre Gaufredo de Briacusto de Parisiensi collatione, ediderunt... » Nous estimons qu'il faudrait lire *Rigaud*, car nous ne voyons aucun Richard assez célèbre pour être associé à une œuvre aussi importante : il n'y aurait que *Ricardus de Mediavilla* et peut-être un *Ricardus Kinsdorp*, lesquels sembleraient trop jeunes à l'époque (Voir Sbaralea, *Supplément. aux Script. ord. Minor.*)

historique, si Alexandre quitta le monde, il n'abandonna point son titre de maître ou docteur et, reprenant ses fonctions de professeur, il occupa avec grand succès la chaire magistrale que possédaient ces religieux dans la capitale de la France.

Là, grâce à lui, une sorte de révolution s'opéra dans l'ordre en faveur des études et de la science. « L'ordre nouveau « des Frères-Mineurs, dit M. Hauréau, composé de clercs « pauvres, mendiants et nullement savants, affectaient le « mépris de la science ; aucun d'entre eux n'étant capable « d'enseigner, ils s'étaient fait une loi de n'enseigner jamais. « Mais, dès qu'ils eurent au milieu d'eux cet illustre régent, « maître Alexandre, ils le prièrent de continuer ses leçons et « même, bientôt après, d'instituer une école » (1). Il serait permis de conclure de là qu'Alexandre de Halès serait entré dans l'ordre avant son contemporain, Haymon de Féversham.

On lui donne pour disciples assez communément saint Bonaventure et parfois saint Thomas d'Aquin. On lui attribue même cette réflexion au sujet du premier, à savoir que le jeune disciple paraissait, eu égard à la pureté de ses mœurs, n'avoir pas subi les conséquences du péché d'Adam (2). Mais la tradition doit céder devant les dates. Alexandre de Halès quitta, en 1238, la chaire où il avait pour successeur un de ses auditeurs les plus distingués, Jean de La Rochelle. Ce ne fut qu'après 1243, année de sa prise d'habit dans l'ordre de Saint-François, que Bonaventure vint étudier à Paris (3). Quant à Thomas d'Aquin, né au plus tôt en 1225 et plus probablement en 1227, il n'était âgé que de onze ou treize ans lorsque Alexandre cessa d'enseigner, et d'ailleurs ce fut seu-

(1) *Hist. de la philos. scolast.*, par. II, tom. I, Paris, 1880, p. 152. M. Hauréau cite ces mots de Roger Bacon, d'après M. Em. Charles : « Quum intravit ordinem Fratrum-Minorum, fuit de eo maximus rumor, « non solum propter conditiones suas laudabiles, sed propter quod novus « fuit ordo Minorum et neglectus a mundo illis temporibus ; et ille ædi- « ficavit domum et ordinem exultavit. Ex suo ingressu fratres et alii exul- « taverunt in cœlum et ei dederunt auctoritatem totius studii ».

(2) Wadding., *Annal. Minor.*, an. 1245, cap. VI.

(3) Pour donner Alexandre de Halès comme professeur au jeune Bonaventure, il faudrait, contrairement à l'opinion commune, supposer que le premier a continué son professorat jusqu'à sa mort, c'est-à-dire jusqu'en 1245, et que Jean de La Rochelle n'a pas professé ou n'a professé qu'un instant, puisqu'Alexandre de Halès et Jean de la Rochelle, nous le verrons, n'ont pas vécu au-delà de cette année 1245.

mais il fit le meilleur usage de ses légitimes revenus. Paris l'attira par ses écoles et l'élève put conquérir la palme de la maîtrise ou du doctorat. Professeur ensuite, il se fit un grand nom par son savoir et son éloquence. D'après des documents publiés, il y a quelque trente ans, il aurait même été archidiacre et chancelier de l'église de Paris (1). Il interrompit ses cours pour entrer chez les Frères-Mineurs. Comme date, l'on assigne 1222, 1225, 1228, 1231 (2). Pour nous, nous croyons que l'on peut dire : « Adhuc sub judice lis est. »

L'on rapporte, à ce sujet, qu'Alexandre avait fait vœu d'accorder tout ce qu'on lui demanderait au nom de la très sainte Vierge. Une femme, ayant eu connaissance du vœu, en informa les Cisterciens et les deux nouveaux ordres mendiants. Les Cisterciens demeurèrent indifférents à la communication. Les Frères-Prêcheurs se présentèrent les premiers devant Alexandre, pour l'engager à faire partie de leur famille religieuse, mais ils réservèrent pour un second entretien l'argument décisif.

Entre-temps, un Frère-Mineur, qui mendiait à la porte, fut introduit près du professeur et le conjura, à genoux et par l'amour de Marie, de se consacrer à Dieu dans l'ordre séraphique. Parler ainsi, c'était s'assurer le succès (3).

L'on raconte aussi que le noviciat parut trop pénible à Alexandre, et que ce dernier songeait à quitter le couvent quand François d'Assise se montra à lui, chargé d'une énorme croix. Le novice voulut porter secours au saint qui le repoussa en prononçant ces mots : « Malheureux, tu n'oses ni ne peux « porter une légère et faible croix d'étoffe, et tu voudrais sou- « tenir cette pesante croix de bois ! » C'en fut assez pour fixer à jamais dans l'ordre le novice hésitant (4).

Quel que soit pour ces deux narrations le degré de vérité

---

(1) P. Prosper de Martigné, *La Scolastique et les traditions franciscaines*, Paris, 1888, p. 42, d'après les *Monumenta franciscana*, Londres, 1858, p. 542 : « Frater Alexander Hales, natione Anglicus, doctor, cancellarius et archidiaconus Parisiensis. »

(2) P. Prosper de Martigné, *La Scolastique et les traditions franciscaines*, Paris, 1888, p. 43-44.

(3) *Hist. Univers. Paris.*, tom. III, p. 200, d'après Albert Krantz, chroniqueur du xv⁰ siècle, *Metropol.* ou *Hist. eccles. Saxoriæ*, liv. VIII, cap. XXXI ; Wadding, *Annales Minorum*, an. 1222, cap. XXVII, lequel Wadding, à la vérité, en rappelant le trait, le qualifie de fable : « ... quam non meretur ipsa fabella fidem... ».

(4) Wadding, *Annales Minorum*, ibid., cap. XXIX.

cré à Alexandre de Halès, un de ces interprètes. Si 1244 fut l'année de la mort d'Haymon, Anagni en fut le lieu (1).

Auteur de Commentaires sur Pierre Lombard, de *Sermons pendant l'année* (*Sermones per annum*), et de quelques autres écrits (*alia nonulla*) — Wadding ne donne pas d'indications plus précises, — il rédigea aussi un livre sur les *Cérémonies de la Messe* (*De Missæ cæremoniis*), livre qui, au dire de Sbaralea, aurait été deux fois imprimé : « Habetur excusus in *Mo-*
« *nument. ord. Minor.*, édit. Salmant. anni 1511... et in
« fine libri *Familiaris clericorum* cusi Venetiis an. 1561...» (2).

ALEXANDRE DE HALÈS
(-1245 selon l'opinion commune)

Cet illustre maître en science sacrée nous vint aussi de l'autre côté du détroit de la Manche. Il naquit dans le village de Halès ou Alès au comté de Glocester, ou, du moins, il y fit ses premières études. Les dates font complètement défaut sur ces deux points. Il occupa divers emplois ecclésiastiques, puis fut promu à la dignité d'archidiacre. A la différence de ces hauts dignitaires dont Jacques de Vitry nous fait une si triste peinture (3), non seulement il se montra ami de la justice (4),

(1) *Script. ord. Minor.*, loc. cit., et *Annal. Minor.*, an. 1239, cap. VIII, an. 1244, cap. I.
On lui donna pour épitaphe :
    Hic jacet Anglorum decus et decor Aymo Minorum
        Vivendo frater, hosque regendo pater.
    Eximius lector, generalis in ordine rector.
(*Annal. Minor.*, an. 1244, cap. I, d'après corrections.)
Pits, *De illust. Angl. scriptor.*, prolonge jusqu'en 1260, comme le lecteur l'a déjà compris, l'existence d'Haymon de Féversham.

(2) *Script. ord. Minor.*, avec *Supplement.*; Pits, *Op. cit.*; Fabricius, *Biblioth...*, art. *Haymo de Feversham*.

(3) M. Hauréau, *Hist. de la philos. scolast.*, par. II, tom. I, Paris, 1880, p. 132, cite, d'après un manuscrit de la Bibl. nation., cette phrase extraite d'un sermon du célèbre prélat : « Qui malos archidiaconos vel rurales decanos
« constituunt similes sunt cuidam fatuo, qui, cum caseum, quem in arca
« reconderat, a muribus corrosum inspiceret, posuit in arca murilegum
« ut a muribus defenderet caseum. Murilegus autem non solum mures
« devoravit, sed totum caseum comedit. Sic raptores et mali officiales,
« qui a malis sacerdotibus simplicem populum defendere debuerunt, tam
« sacerdotes quam laïcos pecuniis spoliant et devorare non cessant. »

(4) D'après Roger Bacon (*Ibid.*).

noms, le Franciscain Rodulphe ou Rodolphe (*Rodulphus*), les Dominicains Hugues et Pierre de Sézanne. Nous ne sommes guère renseigné sur ces trois personnages (1). Arrivés à leur destination au commencement de l'année 1234, ces quatre religieux soutinrent glorieusement, dans les conférences de Nicée et au concile de Nymphée, au sujet du *Filioque* et des azymes, la cause de la doctrine catholique contre les subtilités des théologiens de l'Eglise grecque (2). Haymon fut aussi un de ceux que Grégoire IX chargea de la révision du bréviaire romain. Si nous en croyons Tanner, il s'acquit ensuite une nouvelle gloire par son enseignement et sa prédication à Bologne et à Paris (3).

Placé, en 1239, à la tête de l'ordre, il l'administra avec zèle et prudence pendant cinq ans. C'est sous son généralat que fut rédigée par d'illustres docteurs l'interprétation de la règle du saint fondateur. Ce point va être exposé dans l'article consa-

---

(1) Si nous n'avons à écrire que le nom de Rodolphe, nous sommes un peu plus favorisés en ce qui regarde Hugues et Pierre de Sézanne. Le premier, selon les auteurs des *Scriptores ordinis Prædicatorum*, est bien distinct de Hugues de Saint-Cher, avec lequel, on l'aurait, à tort, confondu quelquefois. Quant au second, nous transcrirons simplement cette phrase tirée des *Vitæ fratrum* : « Vir religiosus et verax F. Petrus « de Sezana Gallicus, qui fuit prior et lector in ordine, conversionem cujus- « dam Saraceni scripsit... » (*Script. ord. Prædicat.*, tom. I, p. 102). On l'a compris, le nom de sa ville natale était, suivant un usage assez universel, devenu le surnom du religieux.

(2) *Annales Minor.*, an. 1233, cap. VIII.
Les auteurs des *Script. ord. Prædicat.*, ont inséré, tom. I, pp. 911 et suiv., la relation de cette ambassade sous ce titre : *Acta concilii primo apud Nicæam, tum apud Nympham habiti*.

Les *Annal. Minor.* renferment, an. 1233, cap. XV et suiv., une relation défectueuse, reproduite aussi par Labbe, *Concil.*, tom. XI, par. I. col. 460 et suiv.

C'est ce qui a engagé Quétif et Echard à donner la vraie, car, disent-ils précédemment, *Ibid.*, p. 103, « Hæc acta Wadinghus in Annalibus. « refert, sed interpolata et recisa; ex eo tamen inducta sunt in editio- « nem conciliorum Parisiensem quam vocant Labbeanam... » Mansi a eu soin de reproduire le texte donné par les auteurs des *Script. ord. Prædicat.* (*Concil*, tom. XXIII, col. 299 et suiv.)

Voir le récit de Fleury, *Hist. ecclés.*, liv. XXX, ch. XXIX et suiv., lequel, pourtant, a rédigé d'après Wadding et Labbe.

(3) *Biblioth. Britan.-Hibern.*, Londres, 1748, p. 586 : « ...ubi multam, « cum in scholis docendo, tum apud populum concionando laudem adep- « tus est. » Wadding, *Script...*, *loc. cit.*, dit simplement : « Hinc Bononiam, « deinde Patavium, demum Romam vocatus, anno 1239, in comitiis ge- « neralibus, quibus præfuit Gregorius nonus, creatus est minister generalis. »

CHAPITRE III

LES MAITRES OU DOCTEURS FRANCISCAINS

Haymon de Féversham ou Faversham. —
Alexandre de Halès. — Jean de La Rochelle.

HAYMON DE FÉVERSHAM OU FAVERSHAM
(-1244)

Enfant de cette ancienne ville royale dans le comté de Kent, Haymon, selon la coutume déjà signalée, vint demander aux écoles de Paris le couronnement des connaissances acquises dans sa patrie. Après avoir suivi dans notre Université naissante les cours de philosophie et de théologie, il se fit admettre au sein de la famille religieuse de Saint-François. On en fit un professeur. Le maître brillait par ses lumières, le religieux par ses vertus; en lui, si l'homme mérita le surnom de *Miroir de l'honnêteté* (*Speculum honestatis*), le philosophe fut appelé le plus Aristotélicien des Aristotéliciens (*inter Aristotelicos Aristotelissimus*). Revenu en Angleterre, il fut nommé provincial de son ordre [1].

En 1234, il était un des quatre nonces envoyés en Orient pour travailler à la réunion de l'Eglise grecque à l'Eglise latine : les trois autres appartenaient, l'un également à l'ordre de Saint-François, deux à l'ordre de Saint-Dominique. Ils avaient

---

[1] Wadding, *Script. ord. Minor.*, avec *Supplemente.*, Rome, 1807, art. Haymo de Féversham; *Annal. Minor.*, an 1239, cap. VIII; Pits, *De illustr. Angl. script.*, an 1260; *Hist. Univers. Paris.*, tom. III, p. 687-688.

SAINT RICHARD DE WICH

(1197-1252 ou 1253)

Il était né, en 1197 dans la localité dont il porte le nom. Élève d'Oxford et de Paris pour les arts, de Bologne pour le droit, d'Orléans pour la théologie, docteur, enfin, ou maître en science sacrée, soit à Paris, soit ailleurs, il revint alors dans sa patrie, fut, vers 1237, chancelier de l'église de Cantorbéry, en attendant que l'élection le fit monter, en 1245, sur le siège épiscopal de Chichester. C'est là qu'il termina sa sainte carrière (1).

Comme évêque, il promulgua des *Statuts synodaux* qui ont pris place dans la collection des *Conciles de la Grande-Bretagne et de l'Irlande* (2). Il écrivit, d'autre part, plusieurs lettres à Innocent IV contre Henri III, usurpateur de biens ecclésiastiques. L'on met aussi à son actif d'auteur un traité sur les fonctions sacrées : *De ecclesiasticis officiis* (3).

---

(1) Source : Tanner, *Ibid.*; Pits, *De illust. Angl. script.*, an 1253; *Hist. Univers. Paris.*, tom. III, p. 708; Rainaldi, *Annal. eccles...*, an. 1253, cap. XLI, an. 1262, cap. XXIII-XXVI; Hardy, *Descript. Catal...*, Londres, 1871, p. 157; *Act. sanct.*, avril, tom. I, pp. 278 et suiv., où deux *Vies* du saint.

Visch, *Biblioth...*, art. *Richardus*, rappelle que certains auteurs ont fait de Richard un Cistercien ou ont été assez favorables à cette opinion. A nos yeux, c'est peu probable.

(2) *Concilia...*, tom. I, p. 688-695.

(3) Mêmes sources que plus haut.

De cet amour une nouvelle preuve apparaitrait dans ces paroles qu'il adressait à Nicolas de Fernham qui, ayant déjà refusé un évêché, était appelé au siège de Durham qu'il ne voulait encore accepter. « Je vous en adjure par l'effusion du « sang de Jésus-Christ, assumez ce fardeau et cet honneur. « Le roi, à moins de perdre manifestement le sens, ne « pourra désapprouver votre élection. Si vous ne consentez, « le roi vous substituera quelque étranger indigne et incapa- « ble, pour la ruine de la dignité de l'Eglise et au détriment « de tout le royaume... » Paroles qui arrachèrent à l'élu cette réponse : « J'embrasse la vertu d'obéissance... J'obéis à vos « paternels avertissements. » C'était à la fin de 1240 ou au commencement de 1241 (1).

L'un a essayé, mais sans beaucoup de succès, de faire de l'évêque de Lincoln, après sa mort, un saint dans toute la force du terme, c'est-à-dire un saint ayant des miracles à l'appui de sa sainteté (2).

La même année 1253 ou l'année précédente (3), au commencement d'avril, mourait un autre prélat d'Angleterre, dont la sainteté, mieux établie, méritait de Rome, dix ans plus tard (1262), les honneurs de la canonisation. Nous venons de nommer

« écoliers, prêché devant le peuple, poursuivi les incontinents, examiné
« avec soin les divers écrits ; il s'était montré le marteau et le contemp-
« teur des Romains. Il était assidu, infatigable à remplir ses fonctions de
« pontife, ce qui lui avait mérité le respect de tous : *In officio pontificali*
« *sedulus, venerabilis et infatigabilis.* » Il y a aussi dans le portrait ces
autres mots : « In mensura refectionis corporalis dapsilis, copiosus et ci-
« vilis, hilaris et affabilis. In mensura vero spirituali devotus, lacrymo-
« sus et contritus. » (*Hist major*, an. 1253).

(1) Matthieu Paris, *Hist. maj.*, an. 1241, *in init.; Hist. Univers. Paris.*, tom. III, p. 702.

(2) On peut lire, dans l'*Anglia sacra* de Wharton, tom II, p. 325-341, la *Vita Roberti Grosthed* en vers latin par le moine *Richardus Bardeniensis*. Cette *Vie* se termine ainsi :

...... Precor, o pater alme Roberte,
Sis pius omnigenis qui tua dona petunt,
Ut mihi præsertim, qui te precor, effero, laudo,
Cujus amore ligor, Bardeniensis ego.

On peut lire également dans le même ouvrage, p. 343, l'*Epistola decani et capituli ecclesiæ S. Pauli London ad Clementem V papam de canonizando Roberto Grosthed episcopo Lincolnensi*. Cette lettre porte la date de 1307.

(3) L'on a aussi marqué : 1254 (Tanner, *Bibl. Brit.-Hibern.*, Londres, 1748, p. 766).

et écrit dans la même langue sur les *Péchés et les Vertus* : ici comme là, en employant le langage vulgaire, l'auteur se proposait d'avoir un plus grand nombre de lecteurs. Ce dernier poème, toujours d'après l'abbé de La Rue, a le début suivant :

> Que dites vous de la riche gent
> Ki unt el siecle tut a talent
> Ke assez lor sert a lor plaisir ?
> Mes de ceo kil deussent Dieu servir,
> Ne leur vient ja droit a talent
> Fors ke s'en défendent sovent (1)

Ce second poème se trouve également au musée britanique (2).

Pour compléter la liste des nombreux ouvrages de notre auteur, nous dirons avec M. Hauréau : d'une part, la Bibliothèque nationale possède « dans le numéro 14380, provenant de Saint-Victor », une « glose de Robert sur le livre de la *Consolation de Boèce* »; de l'autre, « la bibliothèque des Jacobins de la rue Saint-Honoré conservait autrefois une traduction et un commentaire de l'*Ethique* d'Aristote, qui doivent être attribués, suivant M. Jourdain, à Robert de Lincoln, » travail qui « paraît perdu » (3).

Sans être aussi enthousiaste que Roger Bacon (4), l'on s'accorde généralement à rendre hommage aux connaissances étendues de Robert Grosse-Tête.

Il résulte de notre notice que, malgré une absence de mesure parfois et peut-être un peu d'entêtement (5), ce fut un noble et ferme caractère, une âme vertueuse, un cœur embrasé de l'amour de l'Eglise (6).

---

(1) *Essais histor...*, ibid., p. 112-115.
(2) « Bibl. reg. 16 E IX ». (Ibid., not.)
L'*Hist. littér. de la Franc..*, vol. cit., p. 442-443, a reproduit les vers cités des deux poèmes.
(3) *Hist. de la philos. scolast.*, par H, tom. I, Paris, 1880, p. 174-175.
(4) Nous verrons, à l'article *Roger Bacon*, combien ce dernier plaçait haut Robert Grosse-Tête.
(5) : « In nonnullis visus est quibusdam capito fuisse suoque nomin respondere. » (Nicol. Harpsfeld *Historia Anglicana ecclesiastica*, Douai, 1622, in-fol., p. 476.)
(6) Le lecteur distinguera facilement le vrai du faux dans ce portrait tracé par le moine de Saint-Alban : « Pendant sa vie, Robert avait réprimandé ouvertement le seigneur pape et le roi, corrigé les prélats, réformé les moines, dirigé les prêtres, instruit les clercs, soutenu les

et la rédemption. Les copistes lui donnaient le titre de *Roman des romans*. Tanner le nomme *Chasteau a amours* (1). Nous empruntons à l'abbé de La Rue dans ses *Essais historiques sur les bardes...* (2), un extrait où nous entendons la Miséricorde défendre contre la Justice la cause de l'homme :

> Entends à mei, bels douls Père,
> Et te rends à ma prière,
> Por cel dolent chétif prison
> Que venir poet a rancon.
>
> . . . .
>
> Et jo ta fille sui ainsnée
> Sur tutes tes ovres nomée ;
> Ne direiz que ta fille feusse,
> Si tu de lui pitié ne eusse.
>
> . . . .
>
> Por lui merci ades crierai
> Tant que merci lui obtiendrai.

Le poème se trouve au musée britannique (3), et à notre Bibliothèque nationale (4).

On attribuerait encore à notre prélat un autre poème, de beaucoup plus long — car il compterait plus de 7,000 vers —

---

de l'auteur. » Nous avons trouvé dans un recueil donné au public par M. E. du Méril, les *Poésies populaires latines antérieures au XIIe siècle*, Paris, 1843, p. 217-230, la *Vision de Fulbert* : c'est vraiment un dialogue en rimes latines entre l'âme et le corps. Ce dialogue avait été, en 1841, d'une façon moins complète et avec des variantes, édité par Wright au nombre des poésies attribuées à Gauthier Mapes ; la pièce se lit dans ce recueil, p. 95-106. Est-ce cette pièce que M. Hauréau donne à Grosse-Tête ? Et alors sur quoi se fonde-t-il ?

(1) *Bibl. Brit.-Hibern.*, Londres, 1748, p. 546.

(2) Caen, 1834, tom. III, p. 109-110.

(3) « ... Mus. Brit. bibl. reg. 20 B XIV et bibl. Harleïen. n° 1221. » (*Ibid.*, p. 111).

(4) Fonds Colbert 5745, fol. 99 et suiv. (P. Paris, *Les Manuscrits franc.* tom. VII, p. 199-204). Là, eu égard surtout à ces mots : *Tractatus in lingua romana secundum dominicum Robertum*.... M. Paulin Paris se demande si vraiment le texte original n'était pas plutôt en latin. En tout état de choses, le poème, dit-il, « semble plus complet dans notre leçon, puisque M. de La Rue n'avoit compté que 1740, tandis que j'en trouve plus de 1800.

Le ms. du Fonds Colbert est aujourd'hui le ms. 902 du Fonds français.

Voir aussi : *Archæologia*, tom. XIII, Londres, 1800, p. 247-248 ; *Archiv. des missions scientif. et littér.*, Paris, 1868, pp. 244 et suiv. où quelques autres vers du poème sont cités.

Ces opuscules, suivant Browm lui-même, ne renferment qu'une faible partie des œuvres, jusqu'alors inédites, du prélat, œuvres que J. Williams se proposait de faire imprimer en trois volumes in-folio. Mais il en fut empêché par les guerres civiles. « Des copies manuscrites s'en conservent à Westminster, à Lambeth, à Oxford, à Cambridge ». L'on y rencontre, autr'autres écrits non-imprimés, une *Somme de la justice*, une *Somme de philosophie* qui semble bien être distincte de la première, des traités du *Décalogue*, des sept *Sacrements*, des réflexions morales sur les quatre *Évangiles*, un commentaire sur l'*Épître aux Galates*, un autre sur les *Distiques de Caton*, des *Sermons*, d'autres *Dicta*, des travaux sur le *Purgatoire*, sur la *Vérité du Christ*, sur la *Charge pastorale*, sur le *Mariage*, sur l'*Échelle de la volupté*, sur le *Pronostic de l'air*. Tout cela est en latin. Mais il y a à Lambeth, sous le nom de notre auteur, un traité, en français, *Des Articles de foi* ; et un manuscrit de Cambridge contient plusieurs autres « traités et sermons de Robert en langue anglaise » (1). Ce dernier traité : *De Articulis fidei*, se lit en latin : à la Bibliothèque nationale avec la désignation : *Distinctions* (2), et à la Mazarine avec la désignation : *Devoir des prêtres* (3).

Nous avons parlé de saint Denis-l'Aréopagite. On lui attribue encore, mais avec non plus de certitude : la *Hiérarchie céleste* ou *angélique*, la *Hiérarchie ecclésiastique*, les *Noms divins*. Robert aurait aussi commenté ces trois ouvrages, et son triple travail aurait pris place parmi les manuscrits de la bibliothèque Mazarine (4).

D'après Leyser, Robert serait aussi l'auteur d'une *Dispute entre le corps et l'âme*, poème latin en vers léonins (5). Si Robert fut poète latin, il paraît bien qu'il fut aussi poète français, car il est assez probable qu'il enfanta dans notre langue un poème d'environ 1800 vers sur la chute primitive

---

(1) *Hist. littér. de la Franc.*, tom. XVIII, p. 442.
(2) Ms. lat. 12312.
(3) Ms. 765.
(4) Ms. 787.
(5) Leyser, *Hist. poet. et poem. med. ævi.* Halle, 1721, p. 997 : « Scripsit... Disputationem metricam leoninam inter corpus et animam. Servatur eam anuscripta in Bibliotheca Paulina academicæ Lipsiensis ». Nous lisons, d'un autre côté, dans l'*Hist. de la philos. scolast.*, de M. Hauréau, par. II, tom. I, Paris, 1880, p. 174, note : « M. Edélestand du Méril a publié ce poème très imparfaitement et sans le nom

il avait été atteint du mal qui devait l'emporter. Mathieu Paris rapporte que le vénérable malade fit appeler, pour en être assisté corporellement et spirituellement, Jean de Saint-Gilles, de l'ordre de Saint-Dominique, docteur en science sacrée et ayant de grandes connaissances en science médicale (1).

Un jour, continue l'historien anglais, le premier fit au second cette réflexion : Les religieux mendiants, prêcheurs ou mineurs, ayant embrassé la vie pauvre pour reprendre les grands avec plus de liberté, non-seulement manquent à leur mission en ne le faisant pas, mais se rendent complices des crimes de ceux-ci : *Non solum qui talia agunt, sed qui consentiunt digni sunt morte* (2).

L'on doit ajouter aux œuvres dont Robert enrichit le domaine littéraire et théologique un *Commentaire sur la théologie mystique de Denis-l'Aréopagite*, un traité sur la *Cessation des prescriptions légales* du mosaïsme, divers opuscules. L'imprimerie devait plus tard s'emparer du commentaire et du traité pour les répandre dans le public (3), et Brown recueillir les opuscules pour leur donner place dans son *Fasciculus rerum expetendarum et fugiendarum* (4). Ces opuscules comprennent plusieurs sermons, parmi lesquels, nous l'avons noté, le prétendu mémoire de Lyon, plus de cent lettres, entr'autres, nous l'avons également noté, la prétendue lettre adressée à Innocent IV, divers brefs écrits sous le nom de *Dicta*, enfin quelques constitutions. Ces *Epistolæ* ont été de nouveau éditées avec plusieurs autres de Grosse-Tête par M. Luard dans la collection des *Rerum Britannicarum medii ævi scriptores* (5).

---

(1) *Loc. cit.* : « ... in arte peritum medicinali et in theologia lectorem, eleganter eruditum et erudientem... » Jean de Saint-Gilles aura plus loin sa notice.

(2) *Ad Roman*, I. 32.
Hist. maj., loc. cit.

(3) Le *Commentarium* a été imprimé avec les *Opera* de l'Aréopagiste, à Strasbourg, en 1503 ou 1504, in-fol., et le *De Cessatione legalium* l'a été en 1652, in-12, et en 1658, in-8°, lesquelles deux dernières éditions sont incomplètes, au dire de Brown. (*Hist. littér. de la France*., tom. XVIII, p. 441).

(4) *Appendix* ou tom. II, pp. 244 et suiv.

(5) Londres, 1861.

Nous estimons qu'il y a lieu de penser et d'agir de même relativement à ce discours amer que Mathieu Paris lui met dans la bouche trois jours avant sa mort : « Jésus-Christ est
« venu pour gagner les âmes : donc celui qui ne craint point
« de les perdre, ne mérite-t-il pas justement le nom d'Anté-
« christ ? — Le pape n'a point honte d'annuler impudemment
« les constitutions des pontifes, ses prédécesseurs, par cette
« clause (*per hoc repagulum*) : *non obstante*, ce qui ne s'accom-
« plit pas, sans préjudice pour eux ni sans injustice manifeste.
« Ainsi il réprouve et détruit ce que tant et de si grands
« saints ont édifié. Quel mépris des saints! C'est à juste titre
« que le contempteur sera méprisé lui même, selon cette pa-
« role d'Isaïe : *Væ qui spernis : nonne et ipse sperneris?* (1) —
« Encore que plusieurs papes aient déjà affligé l'Eglise, le
« pape actuel l'a réduite à une plus lourde servitude » (2).

Quoi qu'il en soit, l'évêque de Lincoln put mourir sur son siège, et sans avoir été sous le coup des foudres de Rome, dans sa résidence de Bugedon, le 9 octobre 1253. C'est dire qu'il mourut dans la paix de l'Eglise comme dans la paix du Seigneur (3).

Dans cette résidence, sur la fin de l'été de la même année,

« ta ingenuitas, ipsum in tantam confusionem præcipitarem, ut toti
« mundo fabula foret, stupor, exemplum et prodigium ». (*Hist. maj.*, an. 1253).
Du Boulay, *Hist. Univers. Paris.*, tom. III, p. 260, d'après Knyghton, *De Eventibus Angliæ*, lib. II, col. 2456, raconte même que Robert fut excommunié. L'*Histoire littéraire de la France*, tom. XVIII, p. 459, le dit également. Ces historiens enchérissent sur Matthieu Paris qui ne paraît pas le supposer : « Consilium, dit-il, dederunt (les cardinaux) domino « papæ, ut omnia hæc, conniventibus oculis, sub dissimulatione transire « permitteret, ne super hoc tumultus excitaretur ». (*Loc. cit.*)

(1) XXXIII, 1.

(2) *Histor. major*, an. 1253.

Qu'est-il besoin de mentionner l'étrange anecdote suivante ? Du Boulay cite, *Hist. Univers. Paris.*, tom. III, p. 260, l'historien anglais, Knyghton, *De Eventibus Angliæ*, lib. II, col. 2456, lequel fait apparaître Robert, deux ans après sa mort (*post biennium mortis Roberti*) à Innocent IV pendant son sommeil. Robert, revêtu de ses ornements pontificaux, aurait dit à ce dernier : « Lève toi, misérable ; et viens au jugement » ; puis de sa crosse l'aurait frappé au cœur ; et le lendemain le pontife aurait été trouvé mort dans son lit.

(3) Si Rainaldi, *Annal. eccles.*, an 1253, cap. XLIII, porte un jugement des plus sévère sur le prélat, c'est qu'il vise certaines « jactatas ab illo insanas in Romanum pontificem voces schismatico odio imbutas », et aussi la fameuse lettre (*litteræ*), « quæ viri sancti zelum non redoleant, sed efferati potius schismatici rabiem projectamque impudentiam redarguant ».

« pas soin de son honneur ». M. Ch. Jourdain s'estime, à juste titre, en droit de conclure en ces termes : « Un point
« demeure constant, c'est que les écrits contre la cour de
« Rome, attribués à Rober Grosse-Tête, aussi bien que les
« faits correspondants racontés dans l'*Historia major* et dans
« l'*Historia minor*, sont en contradiction manifeste avec les
« opinions qui se font jour a chaque page de la correspon-
« dance authentique de l'évêque Lincoln. La critique est donc
« en droit de rejeter ces écrits comme apocryphes, ces faits
« comme controuvés, dût l'autorité des deux ouvrages de
« Mathieu Paris en souffrir quelque peu » (1).

Conséquemment aussi, il faut laisser de côté la prétendue colère d'Innocent IV qui voulait frapper le prélat rebelle et ne l'aurait épargné que grâce à la réputation de science et de sainteté dont il jouissait en France et en Angleterre (2).

Parmi les cardinaux qui auraient donné le conseil d'user d'indulgence, on cite Gilles d'Espagne (*Ægidius Hispanus*) qui, sous Alexandre III, suivit les cours des écoles de Paris. Membre du sacré-collège, il jouit d'un grand crédit sous Grégoire IX et Innocent IV. Il mourut, en 1255, presque centenaire. Mathieu Paris, cité par du Boulay, dit de lui :
« ... singularis, pare carens, extitit columna in curia Romana
« veritatis et justitiæ, et munerum aspernator quæ rigorem
« æquitatis flectere consueverunt ».

---

(1) *Doutes sur l'authenticité de quelques écrits contre la cour de Rome attribués à Robert Grosse-Tête*, dans *Comptes-rendus de l'Académie des inscriptions*..., Paris, 1868, p. 15-27. Par. cit. et trad., pp. 21, 23-24, 29.
L'auteur de ce travail veut même expliquer les origines et le maintien de l'erreur commune. « On sait, dit-il, que ces fausses attributions n'é-
« taient pas rares au moyen-âge ; elles avaient lieu d'autant plus facile-
« ment qu'elles s'adressaient à des esprits crédules et échappaient au
« contrôle de ceux qui auraient pu les rectifier. Une fois en circulation,
« elles acquéraient peu à peu la valeur d'une tradition à peine contes-
« table.... De là est née une tradition fausse qui date du moyen-âge, que les
« disciples de Wiclef ont dû recueillir et propager et dont l'expression
« la plus complète fut au seizième siècle un poème sur Robert Grosse-
« Tête qui a été publié par Wharton. » (*Ibid.*, p. 28).
Ajoutons avec M. Jourdain que Matthieu Paris, assez mal disposé pour la cour romaine, aurait accueilli un peu légèrement les anecdotes qui se racontaient et les bruits qui couraient. (*Ibid.*, p. 28).
N'oublions pas, enfin, qu'Edouard Brown, l'éditeur du mémoire ou *Sermon*, était un ministre anglican.

(2) Ces paroles sont attribuées au pape par le même Matthieu Paris :
« Quis est iste senex delirus, surdus et absurdus, qui facta audax, imo
« temerarius judicet ? Per Petrum et Paulum, nisi commoveret nos inna-

missive, il qualifiait de « proches » ou de parents « de Lucifer et de l'Antéchrist » (*Lucifero et Antichristo proximiores*) ceux qui introduisent dans l'Eglise les meurtriers des âmes ; il affirmait que le Saint-Siège, ayant reçu de Jésus-Christ pleine puissance pour le bien de l'Eglise, ne peut admettre de pareilles provisions qui tournent « non à l'édification, mais à une manifeste destruction » (1). Fleury lui-même n'a pu, au sujet de cette étrange missive, ne pas écrire ces paroles :
« Quelque raison que ce prélat pût avoir dans le fond, on ne
« peut excuser la dureté des expressions dont cette lettre est
« remplie, et surtout l'ironie ou plutôt la dérision grossière
« qui y règne du commencement à la fin ; car il ne pouvoit
« douter que le mandement dont il s'agissoit ne vint en effet
« du pape » (2).

Mais le mémoire et la lettre sont-ils bien authentiques ? M. Charles Jourdain, il y a quelques années, a produit un savant travail, établissant qu'il fallait se prononcer pour la négative. En effet, le passé du prélat est une éloquente protestation contre ces deux écrits. Pour lui, la papauté était la maîtresse des Eglises et la lumière du monde chrétien : aussi s'y attachait-il étroitement d'esprit et de cœur (3). Pour lui, la papauté demandait le dévouement, et il savait la défendre contre le roi d'Angleterre : aussi écrivait-il à ce dernier, dans une question de subsides, une lettre ferme à la fin de laquelle nous lisons ces mots : « C'est pourquoi la clémence du roi,
« laquelle est le fondement de son trône, n'entravera pas et
« ne retardera pas les enfants qui veulent honorer leur père ;
« mais bientôt, comme il convient à la magnanimité et à la
« majesté royales, elle approuvera leur dessein ; elle l'encou-
« ragera et le secondera. Que votre seigneurie en soit bien
« persuadée : ceux qui lui donnent d'autres conseils, n'ont

---

(1) *Robertus ad papam*, lettre qui se lit dans Ed. Brown, *Appendix ad Fasciculum.*, vol. cit., pp. 400 et suiv., dans Matthieu Paris, *Historia major*, an 1253, dans du Boulay, *Histor. Univers. Paris.*, tom. III, pp. 260 et suiv., lettre reproduite aussi par Luard, *Epistolæ* de Grosse-Tête, pp. 432 et suiv.

(2) *Hist. ecclésiast.*, livr. LXXXIII, chap. LIII.

(3) « Quia igitur et ego, licet indignus, in dignitatis 'episcopalis gradum
« sum sublimatus, fateor me tanto arctius et obligatiu subjectionis
« et obedientiæ summo pontifici samtæque Ecclesiæ Romanæ constitutum
« debitorem, quo gradum adeptus sum altiorem." » (Extrait de l'*Epistola* XVI).

par un autre, à Lyon, dans le courant de l'année 1250, en présence du pape des cardinaux. Constatant les maux qui affligeaient l'Eglise, le prélat n'aurait pas craint d'en faire remonter les causes aux pasteurs qui n'étaient pas ce qu'ils devaient être, et à la cour de Rome qui non-seulement n'y mettait pas un frein, mais les aggravait par l'usage immodéré de dispenses et de provisions (1).

Jusqu'à notre époque encore, invoquant une lettre adressée, en 1253, à Innocent IV, l'on a fait de Robert un révolté qui ne sait plus garder de mesure. Cette lettre a été éditée par Brown et aussi par d'autres. En voici donc le sens et quelques expressions avec le fait qui y aurait donné lieu.

Innocent IV avait nommé un enfant, son petit neveu, à un canonicat de l'église de Lincoln. C'était plus que du népotisme : c'était confier un saint ministère à qui, par son âge, n'est pas capable de se gouverner. Le prélat prit la plume pour déclarer que, *se soumettant respectueusement aux mandements apostoliques*, il ne saurait s'incliner devant des ordres qui n'en revêtent pas le caractère, puis qu'ils ne sont point conformes à la *doctrine de Jésus-Christ et des Apôtres*. D'autre part, avec la clause : *non obstante*, source d'impudence et de tromperie, il n'y a rien de certain, rien de stable, au grand détriment de la religion et de la société (2). Dans la même

---

(1) Dans Edgard Brown. *Appendix ad Fasciculum rerum expetendarum et fugiendarum*, vol. cit., p. 250 : *Sermo Roberti Lincolnensis episcopi, propositus coram papa et cardinalibus in concilio Lugdunensi, cum quadam epistola.*

D'une part, il aurait dit. p. 251: « Et quia boni corruptio est mali
 « oppositi generatio, maligni pastores sunt causa corruptionis fidei et
 « religionis christianæ, neccessario ipsi sunt causa infidelitatis, schismatis,
 « hæreticæ pravitatis et vitiosæ conversationis per orbem universum ».
De l'autre, p 252, après cette précaution oratoire : « Dicere vehemen-
 « tissime contremisco et expavesco, silere tamen non audeo, ne incidam
 « in illud væ prophetæ dicentis : *Væ mihi quia tacui, quia vir pollutus
 « labiis ego sum* » (Isaie, vi, 5), il se serait écrié : « Causa, fons et origo
 « hujus (tanti mali) est hæc curia; non solum eo quod hæc mala non
 « dissipet et has abominationes non purget, cum ea sola hoc maxime
 « possit et ad hoc summe teneatur; sed et eo amplius quod ipsa quoque
 « per suas dispensationes et provisiones et collationes curæ pastoralis,
 « tales, quales prætacti sunt, pastores, imo mundi perditores... cons-
 « tituit..., ut provideat vitæ alicujus temporali ».

(2) « ...cataclysmus inconstantiæ, audaciæ et procacitatis, inverecundiæ
 « mentiendi, fallendi, diffidenter alicui credendi vel fidem adhibendi, et ex
 « his consequentium vitiorum, quorum non est numerus, christianæ re-
 « ligionis puritatem et socialis conversationis hominum tranquillitatem
 « commovens et perturbans ».

deux derniers au moins une fois (1). D'autre part, une sorte de petit traité sous forme de lettre, adressée à *maître Adam Rufus*, se trouve placé en tête des *Epistolæ* publiées par M. Luard dans la collection des *Rerum Britannicarum medii ævi scriptores* (2).

Dans ce petit traité, Robert enseigne que l'âme n'a pour siège spécial aucun organe du corps, mais qu'elle en occupe toutes les parties : « Est... anima in corpore sine situ præsens: « sine loco, ubique tota; » et la raison, tirée de la présence universelle et simultanée de Dieu, en est donnée en ces termes : « Sicut... Deus simul totus est ubique in universo, ita anima simul tota est ubique in corpore animato » (3).

M. Hauréau a cherché à connaître encore la pensée du philosophe relativement aux universaux. C'est le travail de celui-ci sur les *Seconds Analytiques* que celui-là étudie, dont il cite deux fragments assez considérables; et c'est pour arriver à cette conclusion : « Robert de Lincoln appartient à la phalange la plus téméraire du parti réaliste » (4).

En 1242, Robert entreprenait la traduction latine des *Testaments des douze patriarches, fils de Jacob*. Le traducteur travaillait sur la version grecque qu'on a attribuée à saint Jean-Chrysostôme. Le texte primitif, œuvre apocryphe, était, comme bien on pense, dans la langue hébraïque. La traduction compte plusieurs éditions (5).

Jusqu'à notre époque, s'appuyant sur une sorte de mémoire publié par Brown, l'on avait attribué à Robert Grosse-Tête des sentiments peu favorables et une parole acérée à l'égard de la cour de Rome. Cette sorte de mémoire a reçu de l'éditeur le titre de *Sermon*, non prononcé par l'auteur, mais lu

(1) *Ruberti Lincolniensis, bonarum artium optimi interpretis, opuscula dignissima, nunc primum in lucem edita*, Venise, 1514 (*Hist. littér. de la Franc.*, tom. XVIII, p. 441, art. de Daunou).
Compendium spheræ mundi, dans recueil du genre, Venise, 1518, in-fol (*Ibid.*).
(2) Londres, 1861.
(3) *Ibid.*, p. 10-11.
(4) *Hist. de la philos. scolast.*, par H, tom. I, Paris, 1880, p. 178-182.
(5) On cite particulièrement trois éditions des *Testamenta XII patriarcharum, filiorum Jacob*: Augsbourg, 1483; Hagueneau, 1552, in-8, Paris, 1549, in-12. (*Hist. littér. de la Franc.*, tom. XVIII, p. 440, art. de Daunou).
De plus, elle a été insérée avec le texte grec dans le *Spicilegium Patrum* de Grabe, tom. I, et dans le *Codex pseudepigraphus veteris Testamenti* de J. A. Fabricius, Hambourg et Leipsick.

mission nommée par le roi d'Angleterre pour tenir plaids dans les comtés de Bedfort et de Buckingham, et dont faisait partie Ranulfe, abbé de Ramesey et diocésain de l'évêque de Lincoln. La fonction de juge présentait d'autant plus de gravité en ce qui concernait un ecclésiastique, que la commission était appelée à prononcer des peines capitales (1).

Le ton qui règne dans cette lettre fait connaître le caractère de l'auteur. Ame énergique, prenant pour guides la loi divine de l'Evangile et les saintes prescriptions de l'Eglise, Robert Grosse-Tête ne savait transiger ou faiblir quand il s'agissait du devoir ou de ce qu'il estimait le devoir. Parfois même son zèle, qui n'était pas exempt d'âpreté, devait l'emporter un peu loin.

Ce prélat avait vu le jour, vers 1175, dans le village de Strodbrook au comté de Suffolk. Il était aussi passé de l'Université d'Oxfort à celle de Paris.

C'était déjà presque une coutume dans l'Ile des saints de venir puiser à cette dernière *Alma Mater* comme aux meilleures sources de la science (2).

Là, d'élève il devint maître. De retour dans sa patrie, il fut promu, en 1232, à la dignité d'archidiacre de Leicester et, en 1235, à celle d'évêque de Lincoln. L'archevêque de Cantorbery, saint Edmond, avait été le prélat consécrateur (3).

L'on peut se croire autorisé à fixer pendant le séjour de l'auteur à Paris ou dans les premières années qui suivirent son retour en Angleterre, la composition de ces divers ouvrages : des commentaires sur les *Seconds Analytiques* et sur les *Huit Livres de la physique* d'Aristote ; des *Opuscules* sur les *arts libéraux* ; un *Abrégé de la sphère du monde* Ces ouvrages ont été imprimés, les deux premiers plusieurs fois (4), les

---

(1) *Ibid; Monasticon Anglicanum*, tom. I, p 241.

(2) A. Wood, *Hist. antiquit. Univers. Oxon.* p., 156 : « Parisios Angli proficisci solebant, tanquam ad mercaturam bonarum artium ».

(3) Godwin, *De Præsulibus Angliæ commentarius*, Londres, 1616, p. 348 ; Mat. Paris, *Hist. maj.*, an. 1235.

(4) Nous connaissons, dit M. Hauréau, plusieurs éditions du premier commentaire, « quatre du xve siècle et trois du xvie : elles sont toutes de Venise, si ce n'est la seconde, celle de 1497, qui est de Padoue ». (*Hist. de la philos. scolast.*, par II, tom. I, Paris, 1880, p. 178). Quant au second commentaire qui est très court, on cite deux éditions de Venise, 1494 et 1500, in-fol., une de Paris, 1538, in-8. Ce « Compendium, ajoute M. Hauréau, a été souvent réimprimé, dans le xvie siècle, à la suite du commentaire de S. Thomas sur la Physique ». (*Ibid*, p. 176, n[bis]).

lettre : « Selon les prescriptions canoniques et les constitutions des conciles, il n'est jamais permis à aucun clerc d'exercer une juridiction séculaire ou d'être justicier sous l'autorité d'un prince à peine pour un ecclésiastique d'être privé de ses fonctions et pour un religieux d'être traité plus sévèrement encore... C'est pourquoi nous nous jetons aux pieds de votre paternité et nous la supplions instamment de prévenir le roi et de lui persuader de rapporter la commission, de peur que nous ne causions un éternel dommage à nos âmes, lui par ses ordres, nous par assentiment ou dissimulation. Nous prions même votre paternité de nous donner un conseil pour le cas où le roi, ce qu'à Dieu ne plaise! ne voudrait pas rapporter la commission, et où ledit abbé, dont l'âme nous est confiée, voudrait remplir pareil office pour son malheur spirituel et au détriment de la religion et de la liberté ecclésiastique. Car, si nous ne nous opposons point à ce désordre en avertissant l'abbé et en le menaçant des censures ecclésiastiques, nous nous attirerons ce reproche du Prophète Ezéchiel : *Vous n'êtes point montés à l'encontre et vous ne vous êtes point opposés comme un mur pour la maison d'Israel* (1). Mais, si nous nous opposons, les gens du roi saisiront et pilleront nos biens ; et, comme on n'a pas encore vu semblable opposition en ces lieux, nous serons la risée des sages du monde et l'objet de leurs propos satiriques. Il y a péril des deux côtés ; là péril temporel, ici péril éternel. Néanmoins, comme aucun péril temporel ne saurait entrer en comparaison avec le moindre péril éternel, nous rougissons de vous avoir demandé un conseil, car on ne demande conseil que dans les choses douteuses... C'est plutôt un ordre que nous attendons de vous et nous supplions humblement et affectueusement votre paternité de nous le donner, c'est-à-dire de nous commander de mettre sous les pieds tout intérêt temporel pour la liberté de l'Eglise et le salut éternel des âmes ; car, avec le secours de Dieu et appuyées sur votre autorité, notre petitesse et notre faiblesse pourront soutenir les assauts de la méchanceté ».

Cette lettre était écrite, en 1236 (2), au sujet d'une com-

(1) Ezéch., XIII, 5.
(2) Dans Edouard Brown, *Appendix ad Fasciculum rerum expetendarum et fugiendarum*, ou tom. II du *Fasciculus rerum...* p. 327.

qu'à la place du chancelier d'York refusé on nomma le chanoine de Salisbury que Rome agréa.

Jean Blond occupait, en effet, la chancellerie de l'église d'York dont il avait d'abord été chanoine.

Lui aussi, élève d'Oxford, puis de Paris, il avait cueilli dans cette dernière cité la palme de la maîtrise en théologie 1). Retourné à Oxford, durant les troubles universitaires de 1229 (2), il y avait professé «honorato stipendio conductus» (3) la science sacrée.

Il chercha dans la culture des saintes lettres une consolation à son déboire. On l'a nommé « très docte parmi les doctes » et encore « un théologien de choix ». Au jugement de Pits ces éloges peuvent être exagérés. Cet historien ajoute, néanmoins, que Jean composa « non inerudite » un *Summarium sacræ facultatis*, des *Discussions scolastiques* et quelques autres écrits (4).

Du Boulay fixe en 1245 la mort de notre théologien. Cela nous paraît une erreur; car Matthieu Paris (5) et, après lui, Pits et Leland assignent l'année 1248 (6).

ROBERT GROSSE-TÊTE (7)

(vers 1175-1253)

C'est à Edmond, archevêque de Cantorbéry, que Robert Grosse-Tête, évêque de Lincoln, tenait ce langage dans une

---

(1) Leland, *Comment. de script. Britan.*, cap. CCLXI.

(2) *Hist. Univers. Paris.*, tom. III, p. 695 : «... est ille Joannes Blondus qui simul cum aliis Anglis Lutetiam reliquit ob seditionem 1229... »

(3) Pits, *Op. cit.*

(4) *Loc. cit.* « Et alia nonnulla », dit encore Pits.

(5) *Hist. maj.*, an. 1248, *in fine*.

(6) *Loc. cit.*
Voir aussi : Tanner, *Bib. Britan.-Hibern.*, Londres, 1748, p. 107; Fabricius, *Bibl... lat.*, art. *Joannes Blundus*.

Nous rencontrons dans du Boulay et dans Fabricius le nom d'un *Robert Blond*. (*Hist. Univers. Paris.*, tom. II, p. 771-773; *Biblioth...*, art. *Robertus Blundus*). Le dernier historien ajoute, au sujet de ce Robert Blond : « Nescio quis ».

(7) En latin *Capito*, en anglais *Grosthead*. On le désigne parfois aussi sous le nom de *Robert de Lincoln*.

JEAN BLOND OU BLOUNT
(-1248)

Cet Anglais, « *in Anglia natus* », dit simplement Pits (1), avait été élu archevêque de Cantorbéry avant saint Edmond. Mais le Saint-Siège ne ratifia pas l'élection, parce que, lisons-nous dans l'*Historia Universitatis Parisiensis*, « il avait possédé deux bénéfices sans l'autorisation du pape » (2). C'est alors

Durham (*Hist. maj.*, an. 1229, *circa init.*). Il mourut vraisemblablement archidoyen de Norwich (Budinszki, *Die Univers. Par.*, Berlin, 1876, p. 76).

L'on ne connaît pas d'ouvrages composés par Alain : « sed licet, dit « Pits, credibile sit tantum doctorem multa in lucem emisisse, omnia « tamen in aliena terra periisse videntur » (*Loc. cit.*).

Il ne faut pas confondre notre *Alanus Belloclivus* avec un autre *Alanus Belloclivus* qui appartenait à l'ordre des Carmes. Ce dernier, qui n'est pas qualifié de docteur, visita les lieux saints, entra dans l'ordre précité et en devint général en 1251 (Cosme de Saint-Etienne de Villiers, *Biblioth. Carmelit.*, tom. I, col. 11-13).

Si *Beuclif* était véritablement un nom de lieu, c'est peut-être aujourd'hui *Beverli* ou *Beveclar*, que nous rencontrons dans le *Dictionnaire* de Lamartinière indiqué en ces termes : « petite ville d'Angleterre dans la partie orientale du comté d'York », et devenue célèbre par la naissance d'un autre personnage, Jean Fischer, évêque de Rochester et victime de son attachement à l'Eglise romaine.

Des docteurs nommés avec Alain, *Jean Blond* ou *Blount* va avoir une courte notice.

C'est probablement notre *Guillaume de Durham* que Matthieu Paris avait en vue, lorsqu'il traçait ainsi la fin d'un *Guillelmus de Dusselmo* : il mourut à Rouen, en 1249, à son retour de Rome « litteratus eminentissime et abundans multis redditibus ; sed amplioribus inhiabat » (*Hist. maj.*, an. 1249, *in fine*). Voir aussi Pits, *De illustr. Angl. scriptor.*, *Append.*, centur. 2.

Quant à Nicolas de Fernham, il appartenait à l'Université de Paris au moins par ses études en médecine, science qu'il étudia plus longtemps encore à Bologne. De retour dans sa patrie, il se fit un nom comme médecin. Ce n'est que plus tard qu'il paraît s'être adonné aux graves questions de la théologie. Sacré évêque de Durham en 1241, il résigna ses fonctions et son titre en 1249 et mourut en 1258.

Parmi ses ouvrages, l'on cite : *De viribus herbarum* et un livre *Practicæ medicinæ* (Pits, *De illustr. Angl. script.*, an. 1241 ; *Hist. Univers. Paris.*, tom. III, p. 702 ; Tanner, *Biblioth. Britan.-Hibern.*, Londres, 1748, p. 277-278).

(1) *De illust. Angl. script.*, an. 1248.
(2) Tom. III, p. 695.

Pits place la mort de Robert en 1248 (1). Visch n'ose pas partager l'opinion d'un écrivain qui fait entrer ce dernier, à l'exemple du frère, dans l'ordre de Citeaux (2). Le même historien anglais lui attribue, d'après Matthieu Paris, Leland et autres, deux autres opuscules : une *Explication de la règle de saint Augustin* et une *Translation des restes de saint Edmond*. (3). Cette *Translation* a-t-elle été imprimée? Nous ne pouvons que transcrire cette phrase de M. Hardy : « *Liber de resurrec-* « *tione* Edmundi..., said to te by Robert Riche, was publis- « hed in 1519 » (4).

et Martène et Durand ont reproduit cette biographie dans leur *Thesaurus novus anecdotorum*, tom. III, col. 1775 et suiv. *ex schedis nostri Georgii Viole, ibid.*, col. 1751.

Matthieu Paris a aussi parlé assez longuement du prélat (*Hist. maj., passim*).

Ce qui regarde la canonisation se lit dans le *Thesaur. nov. anecd.*, vol. cit., col. 1767 et suiv.

C'est dans ces biographies primitives qu'ont puisé les historiens postérieurs, comme, pour en citer trois principaux : Cave, *Scriptor. ecclesiast. Hist. litter.*, Oxford, 1740-1743, in-fol., tom. II, p. 294; Godwin, *De Præsulibus Angliæ commentarius*, Londres, 1616, p. 129 et suiv.; Pits, *De illustrib. Angliæ scriptor.*, an. 1240.

L'on peut lire : *Vie de saint Edme, tirée des manuscrits de l'abbaye de Pontigny*, Auxerre, 1765, par Edme Chamillard; *Abrégé de la Vie de saint Edme..., suivi de la traduction du Miroir de l'Eglise*, Sens, 1858; *Notice biographique sur saint Edmond*, par M. l'abbé Ed. Jaspar, Lille, 1872.

(1) *De illustr. Angl. script.*, an. 1248 : « Vixisse dicitur usque ad annum gratiæ 1248... »

(2) *Biblioth. script. S. ord. Cisterc.*, art. *Edmundus, in fine :* « ... quem « Seguinus Cisterciensem facit, et in Bibliotheca sua cœteris ejusdem « ordinis scriptoribus adjungit; cujus ego sententiæ non ausim subscri- « bere, quia, apud nullum Angliæ scriptorem, vel hujus vestigium repe- « rire potui ».

(3) Pits, *Loc. cit.*
Leland, *Comment. de script. eccles.*, Oxford, 1709, p. 278, l'appelle *Robertus Divitius*.

(4) *Descript. catal...*, tom. III, Londres, 1871, p. 108.

Un compatriote d'Edmond et de Robert jetait, vers la même époque, comme professeur de philosophie d'abord, puis de théologie à Paris, un grand éclat : « Claruit an. 1250 », dit du Boulay dans son *Hist. Univers. Paris.*, tom. III, p. 672, après Pits dans son *Append.*, cent. I, au *De illust. Angl. scriptor.* Nous avons nommé *Alanus Belloclivus*, en anglais *Beurlif* ou *de Beuclif*. Cet Alain était également passé des écoles d'Oxford à celles de la capitale de la France, pour y devenir « ornamentum plane eximium doctis gallis », écrit Leland en ses *Commentarii de scriptoribus Britannicis*, Oxford, 1709, in-8°, p. 255 (Voir aussi Tanner, *Bibl. Britan. Hibern.*, Londres, 1748, p. 15). Matthieu Paris le nomme Alain Beccles et le place parmi les célèbres maîtres anglais qui quittèrent Paris dans le conflit universitaire de 1229. Les autres maîtres étaient Nicolas de Fernham, Jean Blond ou Blount, Raoul de Maidenstone, Guillaume de

vint à Soisy pour la translation des restes : mais, en présence du grand nombre de fidèles venus pour les vénérer, et craignant de ne pouvoir accomplir sa mission, il s'approcha du cercueil et parla en ces termes : « Bon père, parce que tu es « frère de l'Eglise de Pontigny, tu me dois, si tu le daignes, « obéir humblement : donc je veux et demande que tu ne « fasses aucun miracle, [jusqu'à ce que tu sois parvenu au « lieu destiné à ensevelir ton corps » (1). Ces paroles confirmeraient-elles l'opinion rappelée à l'instant, à savoir qu'Edmond prit l'habit religieux à Pontigny?

La grande piété d'Edmond durant son existence et ses miracles après sa mort lui valurent l'honneur d'être inscrit dans le catalogue des saints de l'Eglise. Sa canonisation, demandée au premier Concile général de Lyon en 1245, fut prononcée deux ans après par Innocent IV. Sa fête se célèbre le 16 novembre.

La vie de saint Edmond a été écrite par son frère Robert qui le suivit à Rome et en exil. Cette vie se trouverait fondue dans l'œuvre de Surius (2). Suivant Oudin, elle était complète dans un manuscrit de l'abbaye de Royaumont au diocèse de Beauvais (3). M. Hardy, de son côté, mentionne une *Vita B. Edmundi, Cantuariensis archiepiscopi, per Robertum Richium*, comme faisant partie de la collection cottonienne au Musée de Londres: mais, à son sens, ce serait probablement un abrégé de l'histoire primitive (4).

(1) Le latin, cit. dans *Hist. littér....*, tom. XVIII, p. 260, se lit dans la *Vita* publiée par Martène et Durand, *Thesaur. nov. anecdot.*, tom. III, col. 1817, et dont nous allons parler.

(2) « S. Edmundi Vitam..., absque auctoris nomine repertam, tanquam « Roberti Richii seu Divitis opus vulgavit Laurentius Surius ad novembris « diem 16, mutato pro more stylo et auctoris verbis paraphrastice re-« latis » (Martene et Durand, *Thesaur. nov. anecdot.*, tom. III, col. 1751, *Observat. præv.*)

(3) *Comment...*, tom. III, col. 219 : « Opus Roberti amplum atque sin-« cerum habetur in Bibliotheca Regalis Montis ordinis Cisterciensis Bello-« vacensis, una compactum in-folio, cui Vita S. Thomæ ejus sedis Can-« tuariensis archiepiscopi et martyris, quam nos diu in cella habuimus, « inde mutuo acceptam et reddidum ».

(4) *Descript. catal..*, tom. III, Londres, 1871, p. 90 : dans ms. Cott. Cleopat., B. i. 2.

La vie de saint Edmond est aussi écrite : 1° par Vincent de Beauvais dans son *Speculum historiale*, lib. XXXI, cap. LXVIII et suiv., édit. de Douai, 1624, in-fol., p. 1307 et suiv.; 2° par Bertrand, prieur de Pontigny, sous le nom de saint Edme des *Commentaires sur les douze petits prophètes* et un *Miroir des religieux* (1). Nous n'avons plus trace de ces ouvrages, s'ils ont jamais existé.

Le vertueux prélat demeura deux ans à Pontigny. D'après le même historien, il y aurait pris l'habit cistercien (2). Or, sa santé s'affaiblissant à vue d'œil, il dut demander l'hospitalité au monastère de Soisy (*monasterium Sessiacense*), monastère du même ordre dans le diocèse de Sens, à peu de distance de Provins, et dont le climat pouvait être plus favorable (3). « Pour consoler les moines de Pontigny, affligés de son dé-« part, il leur promit de revenir chez eux à la fête de saint « Edouard, roi d'Angleterre, c'est-à-dire le vingtième de no-« vembre » (4). Mais, le 16 novembre de la même année, il remettait son âme entre les mains de Dieu, sans regret pour la vie, car, dans les derniers jours de ses souffrances, il répétait souvent : « O qu'il vaudrait mieux mourir que de voir sur la terre les maux de sa nation et des saints » (5)!

Si l'inconnu enveloppe l'année de sa naissance, une certaine incertitude plane sur celle de sa mort. Les historiens varient entre 1240 et 1248; mais il faut ne pas descendre en deçà de 1245, puisqu'il fut question de le proclamer saint cette dernière année, ni même très probablement en deçà de 1241, puisque, nous l'avons marqué, nous avons lieu de croire que Gautier Cornut, mort archevêque de Sens, cette même année, visita le tombeau du défunt à Pontigny.

D'après la volonté d'Edmond, son corps devait reposer dans le monastère même de Pontigny. Or, l'abbé de ce monastère

(1) Visch, *Biblioth. script. S. ord. Cisterc.*, art. cit.

(2) *Ibid* : « ... ubi assumpto habitu Cisterciensi, reliquum vitæ in lacrymis et suspiriis transegit ».

(3) *Gal. christ.*, tom. XII, col. 555-129; Fleury, *Hist. ecclesiast.*, liv. LXXXI, ch. XLIV.
Visch commet une erreur en écrivant *Soliacum*.
Matthieu Paris en commet une autre en disant, *Hist. maj.*, an. 1240, *circa finem* : « ... apud Soisy. domum canonicorum regularium ».
Soisy près Provins est aujourd'hui un hameau dépendant de la commune de Chalautre-la-Petite. Il y a aussi un autre Soisy à quelques kilomètres de cette ville de Provins (M. Bescherelle, *Diction. de géograph. univers.*)
Nous ne savons pourquoi M. Petit-Radel met Soisy dans le diocèse d'Auxerre (*Hist. litt...*, tom. XVIII, p. 259-260).

(4) Fleury, *Loc. cit.*

(5) « O quam melius mori quam videre mala gentis suæ et sanctorum super terram » (Voir I Mac., III, 59).

et plus facilement connaître la pensée de l'auteur qui se propose, en effet, de montrer les voies de la perfection évangélique (1).

L'autre opuscule est inscrit sous le nom de : *De variis modis contemplandi*, ou sous celui de : *De contemplanda deitate*. Le second titre donne encore à entendre qu'il s'agit de la contemplation des choses divines. « Quand j'apprends ou je lis, « dit l'auteur, combien est grand le fruit que l'on retire de la « méditation des choses divines ; voulant par mes efforts « parvenir à considérer ce que c'est que Dieu, je me forme « pour cela une échelle dont je me figure ainsi le premier « échelon : je pense à la vertu d'une certaine pierre qu'on « appelle aimant, qui attire le fer ; je pense ensuite à une « autre pierre qui aurait la vertu d'attirer non seulement le « fer, mais qui soulèverait les montagnes les plus pesantes ; « puis je m'en figure une autre qui les écraserait, les détrui- « rait, les anéantirait ; enfin une autre qui de rien produirait « quelque chose, de la terre, une pierre... Cette vertu que « mon esprit peut comprendre, n'est autre chose que la puis- « sance divine et Dieu lui-même » (2).

Si l'on en croit la Bibliothèque cistercienne, l'ouvrage aurait été écrit en français et un religieux carmélite de Northampton, Guillaume Beufeu, l'aurait fait passer dans la langue latine (3). Il n'y aurait rien là de surprenant ; car, suivant Pits, Edmont, très habile dans la langue française, se servit de cette langue en certains écrits et en plusieurs discours (4).

L'historien littéraire de l'ordre de Cîteaux inscrit encore

(1) Voici les paroles qu'il a placées lui-même en tête de l'opuscule :
« In nomine dulcissimi Domini nostri Jesu Christi, incipiunt capitula libri
« sequentia, simplici stylo dictati ad evitandam curiositatem et ne quis
« dimittat interiorem sanctitatem ».
Dans le titre, nous lisons : ... *Ad Cistercienses Pontiniacensis monasterii monachos libellus qui dicitur Speculum Ecclesiæ...*
(2) Citat. de *Hist. littér...*, vol. cit., p. 268.
Le premier de ces opuscules a pris place dans la *Maxim. Biblioth. vet. Patr.*, édit. de Lyon, tom. XXV, pp. 516 et suiv., et aussi, avec le second, dans un volume publié par Henri Étienne et qui « renferme un ouvrage de Humbert de Romans » (*Hist. littér...*, loc. cit.).
M. Paul Meyer constate, dans le *Bulletin de la Société des anciens textes*, Paris, 1880, p. 72, l'existence, en Angleterre, de textes français du *Speculum Ecclesiæ*, et indique un certain nombre de manuscrits qui les renferment.
(3) Visch, *Bibl. script. S. ord. Cisterc.*, art. Edmundus
(4) *De illust. Angl. script.*, an. 1240.

elles ont été publiées sous son nom (1). Elles ont pour objet des points liturgiques et disciplinaires et aussi les biens ecclésiastiques. De ces constitutions nous transcrivons deux passages traduits encore par l'*Histoire littéraire de la France* 2.

Le premier regarde la paix à conserver dans les paroisses : « Un grand devoir vous est imposé, nos très chers fils, celui « de maintenir la paix, puisque Dieu lui-même a établi et « aime la paix, lui qui non seulement a pacifié le ciel, mais « qui est venu tout pacifier sur la terre. Or, comme l'on ne « peut parvenir à la paix de l'éternité que par la paix du « temps et par celle du cœur, nous vous recommandons et « nous vous ordonnons expressément de garder la paix avec « tout le monde, autant que cela vous sera possible, d'avertir « vos paroissiens de ne faire qu'un corps en Jésus-Christ dans « l'unité de la foi et le bien de la paix ; apaisez avec zèle les « inimitiés, s'il s'en élève dans votre paroisse ; faites naître « les liaisons ; détournez de la discorde ceux qui y sont « tombés, et, autant qu'il est en vous, ne permettez pas que « le soleil se couche sur la colère de vos paroissiens » (3).

Le second passage a trait aux soins des jeunes enfants : « Qu'on avertisse les femmes d'allaiter leurs enfants avec « précaution, de ne pas les coucher près d'elles pendant la « nuit, de peur de les étouffer ; qu'elles ne les laissent jamais « seuls dans une chambre où il y a du feu, et auprès de l'eau « sans une garde. Et que ceci soit recommandé tous les di- « manches » (4).

C'est à Pontigny que le prélat composa les deux opuscules dont, grâce à l'impression, des exemplaires se rencontrent dans un certain nombre de bibliothèques. Le premier, écrit à la demande des religieux du monastère, a pour titre : *Speculum Ecclesiæ*. Si, au lieu de *Miroir de l'Église*, nous donnions à l'ouvrage le titre de *Guide du chrétien*, nous ferions mieux

---

(1) Labbe, *Concil.*, tom. XI, par. 1, col. 505 et suiv.; Wilkins, *Concil. mag. Britan. et Hibern.*, tom. I, Londres, 1737, pp. 635 et suiv.; Mansi, *Concil.*, tom. XXIII, col. 416 et suiv.
Elles comprennent quarante-un chapitre et portent la date approximative de 1236 : *Constitutiones provinciales S. Edmundi, Contuar. archiep., circa annum Dom. MCCXXXVI, ut videtur, editæ.*

(2) Vol. cit., p. 265.

(3) Texte latin dans Labbe, dans Wilkins et Mansi, *Loc. cit.*

(4) Texte latin dans Labbe, dans Wilkins et Mansi, *Loc. cit.*

« tère ne le rendait pas propre aux fonctions de réformateur.
« L'expérience justifia ses craintes : plusieurs désapprouvè-
« rent son zèle ; et les moines de sa propre église, les minis
« tres de la couronne et les pontifes eux-mêmes s'opposèrent
« souvent et nuisirent quelquefois à ses sages efforts. Il lutta
« plusieurs années contre ces difficultés, et à la fin il y suc-
« comba. Craignant de paraître approuver par sa présence
« les abus que son autorité ne pouvait combattre, il s'exila
« volontairement de l'Angleterre... » (1).

Cette sainte et courageuse fermeté avait été solennellement inaugurée au début même de l'épiscopat d'Edmond. Entre sa nomination et son sacre, Edmond, accompagné de plusieurs prélats, s'était rendu à la cour pour faire des représentations au roi au sujet du mécontentement général que causait la mauvaise administration de Pierre des Roches et des autres agents supérieurs de la couronne. Le discours tenu par les prélats se lit dans Mathieu Paris. L'*Histoire littéraire de la France* l'a traduit. Nous en prenons la fin dans ce dernier ouvrage : « Notre fidélité seule nous inspire ces paroles et ici, en
« présence de Dieu et des hommes, nous vous conseillons, nous
« vous prions, nous vous avertissons d'éloigner de vous de
« pareils conseillers, et, comme c'est l'usage dans les autres
« royaumes, de vous aider, dans l'administration du vôtre,
« des lumières de vos fidèles sujets et des jurés de l'Angle-
« terre. Du reste, la vérité nous oblige à vous faire savoir
« que, si d'ici à peu de temps vous n'avez pas apporté un
« remède à ces maux, nous procèderons contre vous et contre
« les adversaires du bien public par les censures de l'Église,
« n'attendant pour cela que la consécration de notre véné-
« rable père, l'archevêque élu de Cantorbéry. » Henri III demanda un délai ; et, parce qu'il semblait trop différer, il y eut de la part des prélats une seconde démarche pour tenir le même langage et renouveler les mêmes menaces d'excommunication (2).

Des constitutions furent données dans les synodes de la province durant l'administration de l'archevêque. Voilà pourquoi

---

(1) Citat. et traduct. de l'*Hist. littér. de la Franc.*, ibid., p. 259.

(2) *Hist. litt...*, vol. cit., p. 262-264, d'après Matthieu Paris, *Histor. maj.*, an. 1234, *circa init.*

« l'argent que ces leçons lui avaient valu, jusqu'au point de
« le laisser dispersé dans sa chambre, en disant : *Terra terræ*
« *et pulvis pulveri merito debet commendari* » (1).

Les succès de l'élève lui méritèrent la palme de la maîtrise. La gloire l'attendait. « Habile dans la controverse, élo-
« quent dans la chaire, édifiant dans ses leçons de théologie,
« il était partout écouté avec le plus grand intérêt ; et de son
« école sortirent des hommes qui s'illustrèrent dans le
« monde » (2).

Il quitta sa chaire de Paris pour une autre à Oxford où le maître ne fut pas moins apprécié (3). Après avoir refusé plusieurs bénéfices, il finit par accepter un canonicat à Salisbury.

En 1233, le professeur-chanoine fut élu archevêque de Cantorbéry : autre point de contact entre son existence et celle d'Etienne Langton ; et il n'est pas le dernier: car, en butte aux grands dont il essayait de réprimer les convoitises, au clergé qu'il voulait canoniquement discipliner, ne trouvant à Rome qu'un faible appui, Edmond crut devoir, après quelques années d'administration, se condamner à l'exil, passa en France et se retira, à l'exemple de son illustre prédécesseur, au monastère de Pontigny. Il avait accepté, dit Lingard, la dignité archiépiscopale « avec une répugnance qui ne parut pas feinte ; il sentait
« que sa conscience timorée ne lui permettait pas de consen-
« tir aux désordres du siècle et que la douceur de son carac-

(1) *Hist. littér. de la Franc.*, tom. XVIII, p. 254. Voir Vincent de Beauvais, *Speculum historiale*, lib. XXXI, cap. LXXIV.

(2) *Hist. littér. de la Franc.*, ibid., p. 255 : « ... et super candelabrum
« positus omnibus proficere studuit ac si omnibus esset notus. Erat enim
« prædicator egregius, dispensator acutissimus, lector pius; et in his
« omnibus effundebat aliis quod ipse hauserat de fontibus Salvatoris »
(Vincent de Beauvais, *Speculum historiale*, lib. XXXI, cap. LXXV).

(3) Matthieu Paris, sous l'année 1258, parle en ces termes d'un des disciples de saint Edmond : « Iste vero archiepiscopus (d'York) Sewalus
« B. Edmundi sequens vestigia pedetentim, utpote in scholis auditor,
« discipulus et conscholaris, ipsi nitebatur prorsus feliciter assimilari et
« in moribus informari ».
Le maître aurait prédit le martyre au disciple, car le premier disait souvent au second : « O Sewale, Sewale, martyr ab hoc sæculo transmi-
« grabis, ferro vel saltem gravibus et insuperabilibus in mundo tribulatio-
« nibus impetitus et trucidatus. Verumtamen sit tibi consolator, qui suo
« psalmigrapho inspiravit, dicens : *Multæ tribulationes justorum de* quibus
« *omnibus quandoque liberabit eos Dominus* ».

SAINT EDMOND OU EDME

(-avant 1245)

Le commencement de l'article consacré à Etienne Langton pourrait se transcrire ici : comme Etienne et aux mêmes titres, Edmond a pour double patrie l'Angleterre et la France.

Abingdon, dans le comté de Berks, fut le pays natal d'Edmond et Rich (*Richius*) le nom de sa famille (1). L'Université d'Oxford le vit étudiant avant celle de Paris : l'une acheva ce que l'autre avait commencé.

Il était accompagné à Paris de son jeune frère, Robert Rich. Veuve, dit du Boulay (2), séparée de son mari, parce qu'il s'était retiré au monastère d'Evesham, dit après d'autres M. Petit-Radel (3), la mère n'avait pas hésité à se séparer de ses fils pour les faire profiter des cours savants de la grande Université d'au delà du détroit.

L'enseignement des arts compta ensuite Edmond au nombre de ses maîtres. Il y avait déjà six ans, dit-on, qu'il professait les mathématiques, quand il se livra à l'étude de la théologie. C'était en 1219. On raconte, d'après Vincent de Beauvais, que ce fut à la suite d'un avertissement maternel: « Une « nuit, il crut voir en songe sa mère qui lui demandait « ce que signifiaient les diverses figures qu'il traçait ; « Edmond lui en ayant donné l'explication, sa mère traça « aussitôt : *le Père, le Fils et Saint-Esprit*, lui disant que c'é- « tait à ces figures qu'il devait désormais s'occuper. Edme « qui avait toujours eu pour cette mère l'amour le plus ten- « dre, pensant qu'elle n'était venue que pour l'avertir direc- « tement de se livrer aux choses de Dieu, s'adonna aussitôt « à l'étude de la théologie ; et dès lors il porta le mépris de

---

(1) Visch, *Biblioth. script. S. ord. Cisterc.*, art. *Edmundus*, « cognomento Richius... patre Edubardo Rich mercatore natus, matre vero Mabilia ».

(2) *Hist. Univers. Paris.*, tom. III, p. 679.

(3) *Hist. littér. de la Franc.*, tom. XVIII, p. 253. M. Petit-Radel est l'auteur de l'article.

cas réservés dont un simple prêtre ne peut absoudre qu'à l'article de la mort (1).

Le 9 juillet de l'année 1228 fut le terme de cette existence à qui les épreuves ne manquèrent pas plus que l'illustration et dont l'influence, pendant le premier quart du XIII° siècle, « tient à l'histoire générale des lettres presque autant qu'à celle des troubles civils en Angleterre » (2).

Vingt ans plus tard, mourait son frère, Simon Langton, probablement aussi écolier de Paris. Il fut archidiacre de l'église de Cantorbéry. Élu archevêque d'York, il ne put prendre possession devant l'opposition du roi et du pape. Mécontent de l'Angleterre, il s'allia au fils du roi de France. C'était un esprit brouillon. On le dit auteur d'un opuscule sur la *Pénitence de Madeleine*, lequel pourrait bien être le *De vera pœnitentia* du frère, d'une *Exposition sur le Cantique des cantiques* (3) et d'un certain nombre de Lettres (4).

---

(1) Tom. I, p. 597.
(2) *Hist. littér...*, vol. cit., p. 66.
(3) » Bibl Bodleiana cod. 2221 » (P. Le Long), *Biblioth. sacra.*, p. 820.
(4) Le Long, *Biblioth. sacr...*, p. 820 ; Fabricius, *Biblioth...*, art. *Simon Langton* ; du Boulay, *Hist. Univers. Paris.*, tom. III, pp. 710, 78-79, 89.
Matthieu Paris résume ainsi la vie de Simon : « Sub eodem quoque « annali curriculo, obiit magister Simon de Langetuna, frater præclaræ « memoriæ Stephani Cantuariensis archiepiscopi, ecclesiæ Cantuariensis « archidiaconus, qui, si ecclesiæ suæ, videlicet Cantuariensis, persecutor » et perturbator fuisset, non est mirandum ; quinimo regnum Franco- « rum, regnum et Anglorum..., movit, commovit et perturbavit » (*Hist. maj.*, an. 1248, *in fine*).
Quelques années auparavant, en 1237, mourut un autre prélat, *Richard* surnommé l'*Anglais* et le *Théologien* l professait avec succès à Paris en 1213. Il devint chanoine de Saint-Victor, passa en Angleterre où il fut successivement doyen de Salisbury, évêque de Chicester (1515), de Salisbury (1227), puis de Durham. (*Hist. Univers. Paris.*, tom. III, p. 707). C'est du Boulay que nous suivons, car Tanner semble faire de notre maitre deux hommes : l'un *Richard Poor* ou *Pauvre*, l'autre *Richard le Théologien* (*Bibl. Britan. Hibern.*, Londres, 1748, pp. 605, 628).

homet (*De Factis Mahumedis*), d'une *Vie* de saint Thomas de Cantorbéry sous le nom de *Quadrilogus*, des *Annales des archevêques de Cantorbéry* (1), tout cela est hasardé ou purement gratuit (2). Ce qui présente un caractère de suffisante authenticité, c'est le *Traité* ou *Sermon* imprimé sur la translation des reliques de l'archevêque martyr (3).

Nous savons qu'une lettre au roi Jean a pris place dans le *Spicilège* de L. d'Achery, et une autre aux suffragants de l'archevêché de Cantorbéry dans la collection des *Conciles de la Grande-Bretagne et de l'Irlande*, publiée par David Wilkins. Dans cette même collection, nous rencontrons quarante huit constitutions, données par le prélat au concile d'Oxford, en 1222, pour le maintien de la discipline ecclésiastique (4). Nous y lisons aussi une autre lettre adressée par Etienne aux *évêques et amis en Angleterre* pour se plaindre *des tribulations de l'Eglise anglicane*, les exhorter à *la paix* et les conjurer d'éviter le *schisme* (5). Nous y voyons encore des *Constitutions provinciales* (6). Enfin, l'on y a placé un réglement sur les

(1) Visch, *Loc. cit.*; Fabricius, *Loc. cit.*
Visch place encore sous le nom d'Etienne un *De vitando consortio*.
(2) Relativement au *Quadrilogus*, histoire recueillie de quatre disciples du saint martyr, nous dirons, avec l'*Hist. littér...*, vol. cit., p. 65-66 : Il y a un *Quadrilogus* imprimé et portant qu'il « a été rédigé, *compilatus et compositus*, sous le pontificat de Grégoire XI vers 1371 »; de plus, il diffère essentiellement du manuscrit annoncé comme l'ouvrage de ce cardinal »; conséquemment, il faudrait, ainsi que l'observe Fabricius, « avoir vu le manuscrit de Cambrige pour se former une opinion sur sa matière, son origine et son authenticité : *Num vitam et passionem hujus Thomæ (Stephanus) scripserit, illi viderint qui codicem manuscriptum 75 in collegio Sancti-Benedicti Cantabrigensi inspexerint*. »
Daunou fait également observer (*Ibid.*), en ce qui concerne les *Annales des archevêques de Cantorbery*, que Wharton les « a revendiqués pour Raoul de Diceto, en les insérant dans l'*Anglia sacra*. » Voir aussi Fabricius, art. cit.
Enfin, c'est Vossius qui, « sans citer aucun manuscrit ni aucun témoignage », déclare Edmond « auteur d'un livre *De Factis Mahumedis*. » (*Ibid.*)
(3) Dans *Epistolæ* de S. Thomas de Cantorbéry, Bruxelles, 1682, in-4°, tom. II, pp. 885 et suiv.; dans Patrol. lat. de M. l'abbé Migne, vol. CXC, col. 407 et suiv.
(4) Tom. I, pp. 585 et suiv.
Ces constitutions avaient déjà été imprimées à Londres en 1559 et à Oxford en 1663 in-8° (*Hist. littér...*, vol. cit., p. 64. Elles se trouvent dans les *Concilia* de Mansi, tom. XXII, col. 1147 et suiv.
(5) Tom. I, p. 520-522.
(6) Tom. I, p. 530-531. « ... editæ apud Lambyth. »
La troisième constitution a pour objet d'indiquer *quando licet bis in die celebrare*.
Il est dit que cela est permis le jour de Noel, le jour de Pâques et *quando corpus in propria ecclesia fuerit tumulandum*.

Etienne Langton n'aurait pas été seulement poète français. Il aurait aussi versifié dans la langue des poètes de l'ancienne Rome. Leland mentionne, comme l'ayant vu, un poème sur les six jours de la création (1). Leyser la répété (2). Le P. Le Long (3) et Visch (4) se sont exprimés dans le même sens. Wright cite un autre poème ayant pour sujet le mépris du monde : *De Contemptu mundi* (5).

L'on met à l'actif littéraire d'Etienne : une somme *De Diversis* (6) ; une *Vie du roi Richard*, laquelle aurait pris place dans l'ouvrage de Knigton : *De Eventibus Angliæ*, pour être ensuite publiée dans les *Decem Scriptores* (7) ; plusieurs opuscules qui sont ainsi désignés : *Repetitiones lectionum ; Documenta clericorum ; De Sacerdotibus Deum nescientibus ; De vera pœnitentia* et, dit Leland (8), *sub persona Magdalenæ* ; *De Similitudinibus ; Adam ubi est* (9). Ces diverses assertions ont plus ou moins de probabilité. Il peut même se faire, selon l'*Histoire littéraire de la France*, que « ces écrits ou du moins quelques uns d'entre eux ne soient que des extraits du commentaire sur la Bible ou des sermons d'Etienne » (10).

Quant à faire notre écrivain auteur d'une histoire de Ma-

> Vus ne devez pas escondure
> Ke ne li pardonnez vostre ire ;
> Ne ne devez, ne ne poez,
> Ne par resum ne le volez :
> Kar vus ne volez nule chose
> U je ne seies tute enclose.

(1) *Commentarii de scriptor. Britannicis*, Oxford, 1709, in-8, *De Stephano Longoduno*, p. 249 : « Scripsit præterea Hexameron carmine heroïco, « quem librum, a Duroverno ad Isidis Vadum translatum, in collegio « Cantiano inveni. »

(2) *Hist. poet. et poem. med. ævi*, Halle, 1721, p. 995.

(3) *Biblioth. sacr.*, p. 821.

(4) *Loc. cit.*

(5) *Op. et vol. cit.*, p. 446 : « A poem by this prelate is preserved in the Lambeth library, under the title of *Carmen de contemptu mundi*. »

(6) *Hist. littér...*, p. 64.

(7) Londres, 1652, in-fol.

Visch place encore sous le nom d'Etienne une *Translatio* de la *Vie* du même roi Richard (*Loc. cit.*)

(8) *Loc. cit.*

(9) Visch., *Loc. cit.* ; Fabricius, *Biblioth...*, art. *Langetoun* ; *Hist. littér...*, *ibid*.

(10) *Hist. littér...*, *ibid*.

L'*Archæologie* vise encore une pièce de poésie qui est à la suite du sermon, et l'abbé de La Rue en a extrait quelques vers. Suivant eux, la pièce semblerait être du même auteur. Elle est également en français. C'est une sorte de drame théologique où, après la chute du premier homme, nous entendons la Justice et la Vérité, la Miséricorde et la Paix plaider le sort du coupable (1).

de qua sic dicitur : « Speciosa specialis, pretiosa ut gemma, rutilans quas Lucifer inter sidera » ; et alibi : « Tota pulchra es, amica mea, et macula non est in te ». *Ceste est la bele Aliz, ceste est la flur, ceste est le lis*, de qua sic dicitur : « Sicut lilium inter spinas, sic amica mea inter filias ». Et dicitur hoc nomen *Aliz* ab a, quod est sine, et lis litis, quasi sine lite, sine reprehensione, sine mundano fæce. Et hæc est regina justitiæ, mater misericordiæ. *Ceste est la belle Aliz, ceste est la flur, ceste est le lis*. Sequitur *matin te leva, sun cors vesti et para :* unde habemus : « Adorna thalamum tuum, Syon ». Ista *bele Aliz*, id est beata virgo Maria adornavit thalamum suum, id est mentis conscientiam, quando concepit regem cœlorum et dominum. Sequitur *en: un vergier s'en entra*. Ista *bele Aliz*, de qua sit dicitur : « Est virgo, virga, virgultum ». Virgo unde habemus : « Ecce virgo concipiet et pariet filium ». Virga : « Egredietur virga de radice Jesse ». Virgultum cujus fructum agnovimus per annuntiationem angeli dicentis : « Benedicta tu in mulieribus et benedictus fructus ventris tui. » *Cink flureltes y truva :* quinque flores invenit in virgulto isto *bele Aliz*, qui nec ardore arescunt, nec calore marcescunt, nec imbribus suffocantur. Qui sunt hi flores ? Fides, spes, caritas, virginitas, humilitas. Quicumque habebit hos flores in se, habebit coronam de lapide pretioso. Sequitur *un chapelet fet en a de bel rose flurie. Par le chapelet*, debemus intelligere coronam auream, quam imposuit Deus super caput ejus, quando constituit eam reginam reginarum. » L'orateur fait l'application des deux derniers vers aux damnés qui vont au feu éternel préparé aux mauvais anges. Il continue et termine par ces mots : « Per prædicta patet, quod ista est *bele Aliz* de qua prædiximus ; est regina justitiæ, mater misericordiæ, quæ portavit regem cœlorum et dominum, qui cum Patre et Spiritu-Sancto vivit et regnat Deus. Amen. »

(1) *Essais histor...,* vol cit., p. 8-9.

Après la Justice et la Vérité, la Miséricorde :

> Misericorde ki estoit
> Des filles ke lis reis avoit,
> La plus duce et la plus améé
> Et al men scient la plus ainsnée,
> De maintenant sans retenue
> La devant pere venue :
> Bel pere, fet elle, merci,
> Tel dolur ai, jo vus assi,
> Del homme malerus dolent,
> A poi ke mun quor ne se sent ;
> Bel pere, que volez vus fere.
> Commandez le de la mort trere.
>
> Jo sui vostre fille pur veir
> Ma priere vus deit mouver
> . . . .

« Daunou, si deux écrits dont on le dit auteur et qui sont inti-
« tulés, l'un *De Benedictionibus in morte Ebal*, l'autre *De*
« *Maledictionibus* ont la forme de prédication »(1). Il est bon
d'ajouter, pourtant, que le titre de ces bénédictions et malé-
dictions comprend le mot livre *liber de*...) (2).

Daunou a tracé ces autres lignes (3) : « Des vers français
« intercalés dans des sermons manuscrits qui portent, dit-on,
« le nom d'Étienne Langton, l'ont fait compter au nombre des
« poètes anglo-normands du XIII° siècle. Par exemple, on lui
« attribue cette stance :

> « Bele Aliz matin se leva,
> « Sun cors vesti et para,
> « Enz un vergier s'en entra,
> « Cink flurettes y truva.
> « Un chapelet fet en a
> « De bel rose flurie.
> « Pur Deu trahez vus en là
> « Vus ki ne amez mie.

« Le sermon applique chacun de ces vers à la Sainte-
« Vierge.

« Le cardinal était doué d'une imagination assez vive et de
« talents assez variés pour qu'il ait pu composer de pareils
« vers. Mais aucun de ses contemporains, aucun biblio-
« graphe, avant l'an 1800, ne l'avait soupçonné d'avoir par-
« semé ses sermons de poésies en langue vulgaire. » L'*Archæologia*, en effet, avait imprimé ces vers en 1800 (4). L'abbé de
La Rue les a reproduits dans ses *Essais historiques sur les
bardes*... en 1834 (5). L'un et l'autre les ont considérés comme
authentiques. Le sermon et les vers qui y sont renfermés se
trouvent manuscrits à la bibliothèque de la société royale de
Londres (6) et Wrigth les a imprimés dans sa *Biographie* (7).

---

(1) *Hist. littér*..., tom. XVIII, p. 65.
(2) P. Le Long, *Biblioth. sacr.*, p. 821 ; Visch, *Op. et loc. cit.*
Ces deux auteurs ont écrit : *in monte*. Nous préférons : *in morte*, comme
l'*Hist. litt. de la Franc.*
(3) *Hist. littér*..., *ibid.*
(4) Londres, 1800, tom. XIII, pp. 231 et suiv.
(5) Caen, 1834, tom. III, pp. 5 et suiv.
(6) N° 292 des mss. du duc de Norfolk (*Ibid.*).
(7) Vol. cit., p. 446-447.
Voici, d'après Wright, un extrait de ce sermon : « Hæc est illa *bele Aliz*.

logies sur les deux Testaments, puisés dans les ouvrages de trente auteurs et mis en ordre (1).

Le catalogue de notre Bibliothèque nationale place aussi sous le nom d'Etienne des *Gloses sur l'histoire scolastique* (2), une *Litteralis Expositio bibliothecæ* (3), et une *Somme* de théologie (4). Cette *Litteralis Expositio bibliothecæ* est sans doute l'ouvrage désigné par Visch sous le nom d'*Annotationes Bibliorum* (5).

Est-ce bien lui qui a inauguré l'enseignement de la Bible dans les cours publics? Trithème l'affirme (6).

On lui a fait honneur de la première concordance. Mais, ainsi que nous le marquerons plus loin, le cardinal Hugues de Saint-Cher a des titres mieux fondés, disons-le, véritables, à cet honneur. Il faut en dire autant, nous le marquerons également, de la division des chapitres de l'Ecriture-Sainte. Toutefois, suivant Visch (7) et Fabricius (8), il serait l'auteur d'une *Concordance des deux Testaments*.

Les sermons d'Etienne pour les dimanches et fêtes (*de tempore de sanctis*), ses entretiens *aux prêtres sur les dix plaies ad sacerdotes de decem plagis*), ainsi que d'autres discours, sont demeurés également inédits (9). « Nous ignorons, dit

(1) *Al. oricæ simul et tropologicæ in locos utriusque Testamenti Selectiones, d romptæ et in ordine digestæ e monumentis triginta auctorum*, un vol. i-8, imprimé à Paris en 1550 et 1574 (*Hist. littér...*, vol. cit., p. 61.)

(2) Ms. lat. 14417.

(3) Ms. lat. 14414.

(4) Mss. lat. 14556 et 16385.

(5) *Loc. cit.*

(6) « Primus Scripturam sacram medullitus et moraliter exponere cœpit; « et hinc mos inolevit ut magistri theologiæ divinos libros suis lecturis in « scholis discipulis lucidius aperirent. » (Cit. dans *Hist. littér...*, vol. cit., p. 62.)

(7) *Loc. cit.*

(8) Fabricius, *Biblioth*...., édit. Mansi, art. *Langetoun, Langthon sive de Linguatona*.

(9) Oudin, *Commentarii de script. ecclesiast* ..., tom. II, col. 1700, marque que beaucoup de ces sermons se trouvaient à Saint-Victor : « Quorum multa quoque in bibliotheca Victorina Parisiensi », et un discours sur l'Assomption à la bibliothèque du roi : « In regia Galliarum bibliotheca. »

Aujourd'hui, on trouve de ces sermons à la Bibliothèque nationale, mss. lat. 14593, 14859, 16463, et aussi à celle de l'Arsenal, ms. 400.

Le discours sur l'Assomption se lit dans le ms. lat. 3227 de la première de ces deux bibliothèques.

Le ms. DL 27² de Sainte-Geneviève renferme également des sermons de notre orateur. (M. Lecoy de la Marche, *La Chair. franç...*, Paris, 1886, p. 503).

Rentré dans sa patrie, il se donna au gouvernement de son diocèse, en même temps que sa haute situation lui assigna un rôle politique dans le conflit entre le roi d'Angleterre et les barons du royaume, conflit où il apparaît surtout comme médiateur (1).

L'écrivain, sans doute, a fait moins de bruit que le prélat combattu, mais protégé par les foudres de l'Eglise, ou tempérant les agitations sociales. C'est l'écrivain cependant, qu'il nous incombe de faire tout particulièrement connaître.

Etienne Langton a commenté les livres de l'Ancien-Testament, celui de la Sagesse excepté. Aucun de ces commentaires n'a été imprimé. Nous possédons à notre Bibliothèque nationale les commentaires sur Judith (2), sur les livres des Maccabées (3), sur les *Douze petits prophètes* (4), sur les *Epîtres canoniques* (5) et probablement sur *Esther* (6). L'on trouvera dans la *Bibliotheca sacra*, du P. Lelong (7), et dans la *Bibliotheca scriptorum sacri ordinis Cisterciensis*, de Visch (8), les indications des bibliothèques où se trouvaient alors les diverses gloses citées (9). Ces gloses n'ont pas été négligées pour un travail qu'un siècle postérieur vit éclore : « Etienne « Langton est un des trente auteurs qu'Othoman Luscinius, « de Strasbourg, bénédictin du XVIe siècle, a mis à contribu- « tion pour composer » ses *Choix d'allégories et de tropo-*

---

(1) Source génér. pour ce qui précède : *Hist. Univers. Paris.*, tom. III, p. 710 ; Fabricius, *Biblioth. med. et infin. latinit.*, art. *Langetoun* ; Tanner, *Biblioth. Britan. Hibern.*, art. *Langton (Stephanus)* ; Cave. *Scriptor. ecclesiast. Histor. litterar.*, tom. II, Oxford, 1743, p. 281 ; Godwin, *De Præsulibus Angliæ Commentarius*, Londres, 1616, pp. 125 et suiv.; Wright, *Biogr. Brit. lit.*, tom. II, Londres, 1846, pp. 442 et suiv.

2) Ms. lat. 15564.

3) *Ibid.*

(4) Mss. lat. 17280, 17281, 12019. et aussi à la Mazarine, ms. 175. Il y a encore dans le ms. 179 de cette dernière bibliothèque divers extraits des Commentaires sur la Bible.

(5) Ms. lat. 14445.

(6) Ms. lat. 15564.

(7) Pag. 820-821.

(8) *Loc cit.*

(9) Nous lisons dans Wright, *Op. et vol. cit,*, p. 445 : « Copies of most « of them are found in libraries of Oxford and Cambridge, but they have « never been printed. In the Harl. Ms. No. 104 in the British Museum, « there is a copy of Langton's *Expositio libri duodecim prophetarum* ».

régnait alors — finit par se soumettre. Mais la lutte avait durée six années (1207-1213) (1).

Nous avons dans le *Spicilegium* de L. d'Achery une lettre de l'archevêque élu au roi d'Angleterre et la réponse de celui-ci *Stephano dicto Cantuariensi archiepiscopo* (2). Le prélat se plaignait des procédés du roi, l'avertissait des périls auxquels il s'exposait personnellement et auxquels il exposait le royaume ; car, d'un côté, ce n'est pas en vain que frappent les foudres spirituelles, et, de l'autre, c'est la clémence qui affermit les royaumes. Le roi répondait que l'élection était nulle, puisqu'elle n'avait pas été faite par les vrais électeurs ou, du moins, par un nombre suffisant ; et, conséquemment, il n'avait pas à redouter les anathèmes portés sans motif.

Nous avons aussi dans les *Concilia magna Britanniæ et Hiberniæ*, publiés par Wilkins, une autre lettre d'Etienne, lettre par laquelle ce dernier fait part à ses suffragants de son élection à l'archevêché de Cantorbéry (3).

Pendant ce temps de lutte, le séjour ordinaire de l'élu repoussé avait été, sur la terre de France, le monastère de Pontigny (4). L'on a pu présumer de là qu'Etienne avait pris rang dans la famille cistercienne (5). Ce qu'il y a de certain, c'est que ce fut une retraite studieuse : il y reprit ou continua ses travaux littéraires.

(1) Voir sur cette longue lutte Fleury, *Hist. ecclés.*, liv. LXXVI, chap. XXXII, XXXIII, XL, LII, liv. LXXVII, chap. V, XXXIV ; Rohrbacher, *Hist. univers. de l'Eglise cath.*, Paris, 1842-49, tom. XVII, pp. 327, 335, 339 ; Hurter, *Hist. du pape Innocent III*, trad. par MM. de Saint-Chéron et Haiber, 2e édit. Paris, 1855, tom. II, pp. 357, 490, tom. III, pp. 136, 172, 223, 272, 277 ; M. Et. de Fontette, dans *Correspondant*, 1852, tom. XXX, pp. 549 et suiv..., *Publications puséistes*, *Vie d'Etienne Langton*, où d'excellents aperçus.

(2) *Spicil.*, édit. in-4, tom. III, pp. 170, 171.

(3) *Concilia...*, tom. I, Londres, 1737, in-fol., p. 518-519.

(4) Ce même monastère avait, au siècle précédent, donné aussi l'hospitalité à un autre archevêque de Cantorbery, saint Thomas Becquet, et probablement à son ami, Gervais de Chicester. L'un et l'autre avaient également étudié à Paris. On peut consulter sur ce dernier et les quelques écrits laissés par lui : Pits, *De illust. Angl. script.*, an. 1160 ; *Hist. Univers.* Paris., tom. II, p. 735 ; Cave, *Script. ecclesiast. Hist. litt.*, tom. II, Oxford, 1743, p. 252 ; Wright, *Biogr. Brit. lit.*, Londres, 1846, p. 217-218 ; Hardy, *Descript. Catal.*, tom. II, Londres, 1865, pp. 349-352, 394.

(5) « ... habitum nostrum Cisterciensem induit », dit, après plusieurs historiens, Charles de Visch. (*Biblioth. script. S. ord. Cisterc.*, art. *Stephanus Langthon*).

ÉTIENNE LANGTON (1)

(-1228)

A l'Angleterre la naissance et la carrière publique de ce personnage. A la France sa carrière littéraire tant par les études que par les principales productions.

Le jeune Etienne passa le détroit pour s'initier aux connaissances littéraires et scientifiques au sein de l'Université de Paris. On ne saurait assigner l'année du fait pas plus que celle où l'enfant vit le jour. Là, successivement élève, professeur d'humanités, professeur de théologie, Etienne fut pourvu d'un canonicat à Notre-Dame de Paris, pour y être ensuite promu aux fonctions de chancelier. Il se fit un nom dans la jeune et déjà célèbre *Alma Mater*; et même sa grande réputation lui survécut : « Longtemps, dit l'*Histoire littéraire de la « France*, on l'a célébré comme l'honneur et le chef des écoles « parisiennes, *gymnasii Parisiensis quondam decus et rec- « tor* » (2).

Cave le dit encore doyen de Reims (*decanus Rhemensis*) (3).

Innocent III l'appela à Rome et le créa cardinal-prêtre du titre de Saint-Chrysogone. L'élection du prélat au siège de Cantorbéry eut les conséquences les plus graves. Elle se fit à Rome, sur la désignation du souverain-pontife et à la suite de l'annulation de deux précédentes élections, par quelques moines de Cantorbéry auxquels, suivant Innocent III, le droit d'élire appartenait. De la part du roi d'Angleterre, surgit une opposition forte, tenace, inflexible. Le pape eut recours à l'interdiction, à l'excommunication, à l'absolution du serment de fidélité, à la déposition. Jean-Sans-Terre — car c'était lui qui

---

(1) « Son nom se rencontre écrit de diverses manières dans les livres, « soit du moyen-âge, soit des temps modernes : Langton, Langthon, de « Langetoun, de Longatona, de Linguatona, Langtonus, Langodunus etc.; « et il n'est quelquefois appelé qu'*Etienne l'Anglais, Stephanus Anglicus* « ou *Anglus*: le prénom Étienne est seul invariable ». (*Hist. littér. de la Franc.*, tom. XVIII, p. 51). L'art. de l'*Hist. littér...*, est de Daunou.

Nous ajouterons que, dans les catalogues de notre Bibliothèque nationale, il est aussi nommé simplement Etienne, archevêque de Cantorbery.

(2) *Hist. littér. de la Franc.*, ibid.

(3) *Script. ecclesiast. Hist. littér.*, tom. II, Oxford, 1743, p. 281.

y en avait aussi à Lincoln (1). La Bibliothèque Mazarine possède les *Gloses morales sur les Evangiles* (2).

Le théologien, dit l'*Histoire littéraire de la France* (3), a enfanté plusieurs traités : « Un sur les règles de cette étude (l'étude
« de la théologie); quatre sur les vertus, la foi, l'espérance, la
« charité, les degrés de l'humilité, les préceptes du Décalogue;
« quatre concernant le Symbole, les causes de l'incarnation,
« l'avènement de Jésus-Christ, l'exorcisme ou le baptême ;
« six sur les mérites de la vierge Marie, sa nativité, sa pureté,
« son alliance avec Joseph, son annonciation sa présenta-
« tion ; un manuel de la vie et de la mort ». Il y a lieu d'ajouter plusieurs « sermons ».

Dans quelle catégorie d'ouvrages faut-il ranger le *Miroir des spéculations*, sans parler des *Questions diverses* qui peuvent se rapporter à des travaux plus haut mentionnés ? Est-ce parmi les ouvrages théologiques ? Nous devons nous borner à en rappeler le souvenir avec Daunou (4).

Nous dirons aussi avec lui et d'une façon générale, qu'en Angleterre on trouve encore des manuscrits de ces dernières œuvres que nous venons d'indiquer (5).

---

(1) Cave, *Script. eccles. Hist. litter...* Oxford, 1740-1743, tom. II, p. 286-287; Le Long, *Biblioth. sac.*, p. 876; *Hist. littér. de la Franc.*, vol. cit., p. 522; *Nouv. Biographr. génér.*, art. cit. ; *Hist. de la philosoph. scol.*, vol. cit., p. 64.
Nous lisons, à ce dernier endroit : « Dans le catalogue d'Oxford publié
« par M. Coxe, nous trouvons, sous le nom de Neckam, les ouvrages
« suivants : *In Genesim, In Ecclesiastem, Glossæ super Psalterium et Para-
« bolas, super Canticum canticorum, Moralia super Evangelia* ».

(2) Ms. 246.
Le P. Le Long, de son côté, s'exprime ainsi : 1° *Commentarius in
« Psalmos*, Bibl. Bodleiana cod. 2339, Bibl. colleg. Oxoniensium cod.
« 2064 ; 2° *Commentarius in librum Proverbiorum*, Ibid.; 3° *Concordantiæ
« Bibliorum libri quinque*, Pitsens; 4° *Espositionis Cantici canticorum
« libri sex*, Bibl. colleg. novi Oxonii cod. 1007, Bibl. publ. Cantabrigiensis
« cod. 122, Bibl. Pembrochiana cod. 152 num. 2080; 5° *Moralia super IV
« Evangelia*, Oxonii Bibl. colleg. Lincolniensis cod. 27 num. 1347;
« 6° *Commentarii in Ecclesiasten*, Bibl. Cottoniona p. 21 ». (*Bibl. sac.*,
« *loc. cit.*).

(3) Vol. cit., p. 525.
(4) *Ibid.*
(5) *Ibid.*

14700 et 16613. et la *Compilation du Mouvement du cœur* dans le manuscrit 6443 de la même collection (1).

Il y a lieu de mentionner, à la suite, la *Dispute du cœur et de l'œil*, courte mais ingénieuse moralité sur le rôle de l'un et de l'autre, laquelle se lit encore dans le même manuscrit lat. 11867 (2).

La science philosophique devait encore à notre auteur des commentaires sur le traité de l'*Ame* et les *Météores* d'Aristote et aussi sur le roman philosophique de Marcien Capella : *Des Noces de Mercure et de la Philosophie*. Nous parlons d'après les biographes (3).

Si le théologien en Neckam n'a pas conquis le grade de maître ou docteur, il n'en a pas moins révélé des connaissances étendues en science sacrée dans un certain nombre d'ouvrages qui sont également demeurés inédits. Le théologien, comme d'ordinaire, était doublé de l'exégète.

L'exégète a traité des livres saints d'une façon générale en écrivant, dit-on, un *Vocabulaire biblique*, des *Leçons d'Écriture-Sainte*, une *Concordance*, des *Corrections de la Bible*, des *Eclaircissements* sur ce même livre sacré qu'il appelle *Bibliothèque, Elucidatorium Bibliothecæ*. Il a commenté, dit-on encore, la *Genèse*, le *Psautier*, l'*Ecclésiaste*, le *Cantique des cantiques*, les *Proverbes*, *Ezéchiel*, les *Evangiles*. Plusieurs de ces commentaires seraient parmi les manuscrits d'Oxford. Il

---

(1) M. Hauréau, *Mémoir. sur deux écrits intitulés* : DE MOTU CORDIS, dans *Mémoir. de l'Institut..., Acad. des inscript...*, tom. XXVIII, par. II, Paris, 1876, pp. 517 et suiv.
M. Hauréau dit ailleurs d'Alfred de Sereschel: « Il a traduit en latin le livre *Des Végétaux*, qu'il croyait d'Aristote et l'a commenté. » Le même manuscrit 14700 renferme ce travail. « En outre il a composé plusieurs « opuscules sur des questions physiologiques, notamment une dissertation « *De Gradu et complexione* et un écrit *De Motu cordis*, que (dont) M. Charles « Barach vient de publier le texte d'après un manuscrit de Vienne, » dans la *Bibliotheca philosophorum mediæ ætatis*, Inspruck, 1878, 2ᵉ fascicule (*Hist. de la philos. scolast* ; vol. cit., p. 65.)

(2) *Nouv. Biograph. génér.*, art. Neckam.

(3) *Hist. de la philos. scolast.*, vol. cit., p. 63 ; *Hist. littér. de la Franc.*, vol. cit., p. 523 ; *Nouv. Biogr. génér.*, art. cit.

latin 11867. Nous ne saurions dire où se trouve l'*Office des moines*. La *Conversion de Madeleine* comprend sans doute les petites pièces sur la pénitente évangélique, lesquelles ont également pris place dans le manuscrit latin 11867 (1).

En philosophie, Alexandre Neckam était un vrai réaliste « Nous concevons, disait-il, les genres et les espèces comme « étant les natures communes des choses. Il n'y aurait « aucune chose blanche si la blancheur n'existait pas ; il n'y « aurait de même aucun homme sans cette nature commune, « l'humanité ». Cette citation est empruntée à M. Hauréau qui l'a tirée du *De Naturis rerum* (2), sorte d'encyclopédie que Neckam écrivit dans une prose émaillée de loin en loin de vers et dans laquelle il passe en revue la création entière et touche à toutes les sciences humaines. Thomas Wright a fait également imprimer ce traité *De la Nature des choses* dans la grande collection des *Rerum Britannicarum medii ævi scriptores* (3).

Le philosophe a traité aussi de l'âme et surtout de son union, de ses rapports avec son agent ou instrument corporel. Pour Alexandre Neckam, comme pour Alfred de Sereshel, son ami, son condisiple peut-être, le cœur est le siège de l'âme, et c'est là que s'intime son commandement, c'est de là que part son action. Alfred de Sereshel avait écrit un *De Motu cordis* qu'il dédia à Alexandre Neckam, lui donnant presque la permission de le retoucher. C'est ce que fit ce dernier, en éliminant ce qui lui paraissait superflu, en ajoutant certaines explications qu'il jugeait nécessaires. De là la *Compilatio de Motu cordis*. Il semble que le compilateur seul est resté en vue. Aussi est-ce bien sur le compte d'Alexandre Neckam qu'Albert-le-Grand met les erreurs du traité. La Bibliothèque nationale possède parmi ses manuscrits les deux œuvres : le traité *Du Mouvement du cœur* dans les manuscrits latins

---

(1) M. Hauréau, *Nou. Biog. génér.*, art. cit. Voir aussi M. Wright, vol. cit., p. 454.

(2) *Hist. de la philos. scolast.*, par. H, tom. I., p. 64.

(3) Londres, 1863, au commenc. du vol.
La citation de tout à l'heure, p. 291 : « Nos vero rationis usu genera e « species comprehendimus tanquam communes rerum naturas. Sicut « autem non est aliquid album nisi albedo sit, ita non potest aliquid esse « homo, nisi hæc natura communis homo sit. »

Une autre citation. Nous l'emprunterons à la *Nouvelle Biographie générale*. Le poète affirme son amour de la solitude et des livres et son peu de tendresse pour Rome.

> Includi claustro, privatam ducere vitam
> Opto : me terret curia : Roma, vale !
> Romæ quid faciam ? Mentiri nescio ; libros
> Diligo, sed libras respuo : Roma, vale !
> Respuo delicias tantas tantosque tumultus,
> Cornutas frontes horreo : Roma, vale !

Quelque dix ans avant Thomas Wright, M. Edélestand du Méril avait publié, dans ses *Poésies inédites du moyen-âge*, le *Novus Æsopus* et le *Novus Avianus*. Alexandre Neckam fut donc fabuliste et il exprima encore ses apologues dans le langage mesuré de l'ancienne Rome (1).

Il paraît bien qu'il y avait des lacunes dans le grand poème *De Laudibus divinæ sapientiæ*. Aussi, pour les combler, Alexandre a-t-il donné naissance à un supplément (*Suppletio defectuum*), autres vers que nous offre aussi le manuscrit latin 11867 de notre Bibliothèque nationale. Là encore, on rencontre les *Prorogations poétiques du nouveau prométhée Metricæ Prorogationes novi Promethei*. C'est un poème qui, sous ce titre obscur, serait peut-être celui désigné par certains bibliographes sous ce titre plus clair : *Ad Viros religiosos*. En effet, le poète vise en général l'humanité, mais il s'adresse en particulier à un abbé et à ses moines (2).

Si Alexandre a chanté le vin : *Commendationes vini*, il aurait chanté aussi la conversion de Madeleine : *De Conversione Magdalenæ*, et composé un office des moines : *De Officio monachorum*. La première pièce se lit dans le même manuscrit

---

(1) *Poésies inédites...*, Paris, 1854, pp. 176 et suiv., 262 et suiv.

(2) Ce poème n'est pas celui que M. Wright s'est avisé, mais à tort, de publier sous le nom de notre poète. Ce dernier poème roule *sur les obligations de la vie monastique*. Il avait été précédemment édité sous le nom de saint Anselme de Cantorbery. Mais il n'est pas plus de saint Anselme que d'Alexandre Neckam. Les *Metricæ Prorogationes* débutent par ce vers :

> Induet abbatem qui plus optabit amari
> Quam metui . . . .

et le poème *sur les obligations de la vie monastique* par celui-ci :

> Quid deceat monachum vel qualis debeat esse

(M. Hauréau *Nouv. Biograph. génér.*, art. cit., et *Notices et Extraits de quelques manusc. de la Bibl. nat.*, tom. I, Paris, 1890, pp. 78 et suiv.)

ou le grammairien et le rhéteur proprement dit. En Neckam, le rhéteur au premier degré à écrit une grammaire (*Isagogicum de grammatica*), un traité de *l'Accent au milieu des syllabes*. Le rhéteur proprement dit a composé des questions *sur les tropes et les figures* (*Corrogationes de tropis et figuris*), un dictionnaire (*Repertorium vocabulorum*), des différences entre les mots (*Distinctiones verborum*) (1). Peut-être serait-on en droit de dire que l'un et l'autre ont produit le traité *Des Outils* ou *Des Noms des outils* (*De Utensilibus* ou *De Nominibus utensilium*), petit livre qui avec celui d'Adam du Petit-Pont n'a de commun que le titre. Il est « plein de détails curieux sur l'ameublement d'une maison à la fin du XII° siècle et sur les instruments nécessaires à l'exercice de diverses professions », comme aussi sur les « objets dont on faisait usage quand on écrivait sur parchemin. » Tous ces ouvrages sont inédits, et le dernier se trouve dans le manuscrit latin 15171 de notre Bibliothèque nationale (2). Il faut citer encore, comme le font Daunou et Wright, parmi les œuvres du rhéteur des commentaires sur les *Métamorphoses* d'Ovide (3).

Le poète, jusqu'au milieu de notre siècle, n'avait guère été plus favorisé sous le rapport de l'impression. Tanner avait donné quelques vers, Thomas Wright, dans sa *Biographie*, quelques extraits. Et c'était tout.

Thomas Wright, un peu plus tard, a pensé que Neckam méritait d'être mieux traité. Il a édité, dans la collection des *Rerum Britannicarum medii œvi scriptores*, (4), la principale œuvre du poète, le long poème, écrit en distiques et divisé en dix *distinctions*, lequel a pour titre: *De Laudibus divinæ sapientiæ*. Les *Louanges de la divine sagesse*, louanges qui se tirent naturellement de ses œuvres, s'ouvrent par ces vers:

> Gloria, majestas, deitas, sapientia, virtus
> Est in personis una colenda tribus;
> Sed tamen, ut cultus sit dignus laude, timori
> Cauto fidus erit associandus amor.

(1) Ces *Distinctiones verborum* nous paraissent devoir être le même ouvrage que le *De Verborum significationibus vel proprietatibus*, ouvrage dont la *Nouv. Biograph. génér.*, fait mention d'après une lettre au prieur de Malmesbury.
(2) *Hist. littér....* vol. cit., p. 525; *Nouv. Biogr. gén.*, art. cit., d'où nous avons tiré les citations.
(3) *Hist. littér...*, vol. cit., p. 523; *Biogr. Brit. lit.*, vol. cit., p. 459.
(4) Londres, 1863, pp. 357 et suiv.

science sacrée, du moins à Paris ; car, si les dates données sont exactes, il professait encore les lettres en 1180 et retourna en Angleterre dès 1186. D'ailleurs, il ne s'est proclamé lui-même qu'étudiant en théologie. Après avoir dit :

> Vix aliquis locus est dicta mihi notior urbe
> Qua modici pontis parva columna fui :
> Hic artes didici docuique fideliter... ;

il ajoute :

> . . . . Inde
> Accessit studio lectio sacra meo.
> Audivi canones, Hippocratem cum Galieno.

L'école de Dunstable lui fut rendue. Il aspira à la direction de celle de Saint-Alban. On rapporte que l'abbé du monastère repoussa, en ces termes, la demande qui lui fut adressée : *Si bonus es, venias; si nequam, nequaquam.* Alexandre aurait répliqué : *Si velis, veniam; sin autem, tu autem.* L'anecdote prouverait que en certaines circonstances, on jouait sur le nom en changeant *Neckam* en *nequam*. C'est à cette époque qu'il revêtit l'habit religieux dans l'abbaye des chanoines réguliers à Cirencester. En 1213, il se trouvait placé à la tête de cette abbaye. Il mourut, suivant l'opinion commune, en 1227, ou, suivant l'assertion récente de Wright répétée par M. Hauréau, vers 1217. Très apprécié de ses contemporains, il mérita aussi l'estime de la postérité (1).

Nous avons maintenant à faire connaître le rhéteur, le poète, le philosophe, le théologien.

Il y a ce que l'on peut appeler le rhéteur au premier degré

---

(1) *Hist. Univers. Paris.*, *ibid.*; Tanner, *Bibl. Brit.-Hiber.*, Londres, 1748 pp. 538 et suiv. ; *Hist., littér. de la Franc.*, tom. XVIII, pp. 520 et suiv. art. de Daunou ; Wright, *Biogr. Brit. lit.*, tom. II, Londres, 1846, pp. 449 et suiv.; *Nouv. Biogr. génér.*, art. *Neckam*, excellent article de M. Hauréau : *Hist. de la philos. scolast.*, du même auteur, par. II, tom. I, Paris, 1880. p. 62-64.

Les vers cités se lisent à la fin du poème *De Laudibus divinæ sapientiæ*, du quel il va être question.

On lisait sur la tombe de Neckam :

> Eclipsim patitur sapientia, sol sepelitur ;
> Cui si par unus, minus esset flebile funus :
> Vir bene disertus et in omni more facetus :
> Dictus erat nequam, vitam duxit tamen æquam.

CHAPITRE II

LES MAITRES OU DOCTEURS SÉCULIERS ANGLAIS

Alexandre Neckam. — Etienne Langton. — Saint Edmond ou Edme. — Jean Blond ou Blount — Robert Grosse-Tête. — Richard de Wich.

ALEXANDRE NECKAM

(VERS 1157-1227).

« Ce fut un prodige d'esprit, un remarquable philosophe, « un théologien d'une science profonde, un insigne rhéteur et « poète. » Ainsi s'exprime du Boulay sur Alexandre Neckam (1). Nous avons à montrer ce qu'il y a de vrai dans ce langage. Ajoutons que le droit canonique lui fut connu et que la médecine ne lui demeura pas étrangère.

Né, en 1157, dit-on (2), sur le territoire de Saint-Alban, au comté d'Hartford, Alexandre Neckam étudia au monastère de ce même Saint-Alban, puis fut placé à la tête de l'école de Dunstable qui était dans la dépendance du monastère. Paris l'attira, comme tant d'autres Anglais. Etudiant de nouveau, professeur ensuite, il peut être compté parmi les maîtres ès-arts qui ont occupé la chaire d'Adam du Petit-Pont. Il se livra ensuite à l'étude de la théologie, du droit canonique et de la médecine : triple étude qui ne semble pas lui avoir laissé le temps de conquérir le grade élevé en

(1) *Hist. Univers. Paris.*, tom. II, p. 725.
(2) Tanner et Wright qui vont être cités.

Nous connaissons dans Urbain le prêtre, le pontife, le littérateur. Un fait est venu attester la bonté de son âme. La postérité s'accorde avec les contemporains pour louer en lui les autres vertus évangéliques. Nous n'avons plus ici qu'à rappeler des actes prouvant qu'il ne perdait pas la mémoire du cœur.

Enfant de Troyes, il faisait, devenu le successeur de Pierre, des libéralités à l'église Saint-Jacques où il avait reçu le sacrement de la régénération, au monastère de Notre-Dame des Prés où reposait le corps de sa mère, à la cathédrale, foyer de sa première instruction. Il fondait même dans cette cité la collégiale de Saint-Urbain (1).

Enfant de l'Université de Paris, il confirmait et étendait par son autorité pontificale les privilèges de la noble *Alma Mater* ; il avait recours à la même autorité pour statuer, dans l'intérêt des écoliers, sur le prix des logements, n'exceptant de la règle posée pas plus l'évêque et le chapitre de Paris, que l'abbaye de Sainte-Geneviève et celle de Saint-Germain des Prés (2).

---

(1) *Hist. littér...*, loc. cit., p. 54, d'après le *Promptuarium sacrarum Antiquitatum Tricassinæ diæcesis*, Troies 1610, de Camusat.

(2) *Hist. Univers. Paris.*, tom. III, pp. 565 et suiv.
Une *Vie d'Urbain IV* par Courtalon-Delaistre a été publiée à Troyes en 1782, in-12. Elle est une des Vies des Quatre Troyens célèbres, Pierre de Celles, Pierre Comestor, Salomon Jarchi ou Raschi, rabbin, et Jacques Pantaléon ou Urbain IV.
De nos jours, M. l'abbé E. Georges a écrit l'*Histoire du pape Urbain IV et de son temps*, Arcis-sur-Aube-Paris-Troyes, 1865, in-8°, et M. Magister la *Vie du pape Urbain IV*, publiée dans les *Mémoires de la Société d'agriculture, des sciences, arts et belles-lettres du département de l'Aube*, an. 1854, pp. 1 et suiv.

peu plus loin, la même *Histoire littéraire* rappelle que « les bibliothèques d'Angleterre possèdent des lettres manuscrites » de ce même pape et que « deux volumes de ses décrétales se conservent au Vatican » (1). De ces dernières Potthast a fait le dépouillement (2).

L'on a imprimé, sous le nom d'Urbain IV, un commentaire sur le psaume *Miserere* (3). Mais l'on pense qu'il serait plutôt l'œuvre d'Urbain III. Telle est, en particulier, l'opinion de Daunou dans l'*Histoire littéraire de la France* et de l'éditeur qui a inséré dans le tome xxv de la *Maxima Bibliotheca veterum patrum* ce commentaire sous le titre : *Fructuosa... Expositio sive Metaphrasis in psalmum quinquagesimum*.

Martène et Durand, dans leur second *Voyage littéraire* (4), racontent qu'au monastère de Saint-Mathias de Trèves, ils ont trouvé les vers suivants, à la fin d'un manuscrit, précédés de ces mots : *Urbanus papa IV misit imperatori agnum consecratum cum his versibus* (5) :

> Balzamus et unda, cera cum crismate munda
> Conficiunt agnum, quod do tibi, magnum,
> Fonte velut natum, per mystica sanctificatum :
> Fulgura de sursum depellit et omne malignum :
> Prægnans salvatur, sine vi partus liberatur :
> Portatus mundæ salvat a fluctibus undæ :
> Peccatum frangit, ut Christi sanguis, et angit ;
> Dona confert dignis, virtutibus destruit ignem ;
> Mortem repentinam redimit sathanæque ruinam ;
> Si quis honorat eum, retinebit ab hoste triumphum.

Daunou qui a transcrit ces vers, élève des doutes sur leur authenticité pour ces deux raisons : les vers sont mauvais, et l'on ne sait à quel empereur ils sont adressés. Cette dernière raison n'en est vraiment pas une. Quant à la première, l'on peu dire que ces vers ne sont pas plus défectueux que bien d'autres de l'époque.

---

raire..., était chanoine et docteur en droit canonique. Il a écrit : *Ritus Ecclesiæ Laudunensis redivivi*, ouvrage suivi des *Obsevationes ad Ritus Ecclesiæ Laudunensis redivivos*, Paris, 1662, in-fol. Les lettres en question, pp. 513-526, 855.

(1) *Hist. littér...*, vol. cit., p. 62.
(2) *Regest. pontif. Roman.*, tom. II, Berlin, 1875, pp. 1474 et suiv.
(3) Paris, 1519, in-8° (*Hist. littér...*, ibid., p. 64).
(4) Paris, 1724, in-4°, p. 294.
(5) *Hist. littér...*, vol. cit., p. 65.

de séjour, en présence d'une révolte des habitants, il dut s'éloigner (1).

Nous avons mentionné la principale production littéraire d'Urbain, son *Liber de Terra-Sancta*.

Sans parler d'un cartulaire de la cathédrale de Laon, « mis en ordre par lui et enrichi de notes écrites de sa main » (2), sans nous arrêter aux bulles nombreuses, publiées soit dans le *Bullarium magnum*, soit ailleurs (3), ou demeurées inédites, nous signalerons les lettres qu'il a écrites et un commentaire qu'on lui attribue.

Soixante-trois de ces lettres ont été imprimées dans le *Thesaurus novus anecdotorum*, de Martène et Durand (4), quinze dans l'*Amplissima Collectio*, des mêmes auteurs (5), et quinze autres dans les *Historiæ Francorum scriptores*, de du Chesne (6). « En ajoutant, dit l'*Histoire littéraire de la France*, « celles qui se rencontrent dans la collection des conciles de « Labbe, dans les observations de Bellotte sur les rites de « l'église de Laon et en quelques autres livres, on aurait un « total supérieur à cent, mais réductible à moins de soixante- « quinze, si l'on déduit les doubles emplois, les articles « déjà compris au nombre des bulles et les missives qui, « non écrites par Urbain IV, ne sont insérées parmi les siennes « qu'en raison des rapports qu'elles ont avec elles » (7). Un

---

(1) On grava sur son tombeau, dans la cathédrale de Pérouse :
Archilevita fui, pastorque gregis, patriar
Tunc Jacobus, posui mihi nomen ab urbe monar } cha.
Tunc cinis exivi, tumuli post condor in ar
Te sine fine frui tribuas, mi summe gerar

(*Hist. littér...*, tom. XIX, p. 58, avec renvois).
Dom Calmet a reproduit d'une façon fautive cette épitaphe dans sa *Bibliothèque lorraine*, Nancy, 1751, in-fol., p. 558.

(2) *Hist. littér...*, vol. cit., p. 50.

(3) *Ibid.*, pp. 58 et suiv. pour détails.
Nous signalerons seulement, dans le ms. 1240 de l'Arsenal, la bulle originale (1263) confirmant la règle de l'abbaye de Longchamp et publiée par Wadding (*Annales Minor.*).

(4) Tom. II, col. 1 et suiv.

(5) Tom. II, col. 1250 et suiv.

(6) Tom. V, pp. 418 et suiv., 864 et suiv.

(7) *Hist. littér...*, p. 60 et pp. suiv. pour détails.
Dans Labbe, *Concil.*, tom. XI, par. 1, col. 817-820, et dans Mansi, *Concil.*, tom. XXIII, col. 1075-1080, l'on trouve les deux suivantes : *Ad Evam reclusam S. Martini Leodiensis de festo Corporis* ; *Ad omnes prælatos de eodem*.

Bellote (Antoine), et non Belloste, comme l'a écrit l'*Histoire littér*

compte, pour la mieux faire connaître, de la contrée bénie d'où le salut était sorti et qu'il fallait toujours songer à délivrer de la domination des infidèles. Si l'on ne « connait réellement aucun manuscrit, ni aucune édition » de l'œuvre (1), nous avons l'attestation d'Adrichomius qui déclare l'avoir eue entre les mains et s'en être servi pour son *Theatrum Terræ sanctæ* (2).

Le pontificat du nouveau pape fut court, mais bien rempli. Mainfroi continuait son règne d'usurpation dans le royaume des Deux-Siciles. Le pape crut devoir offrir le royaume d'abord à Louis IX pour un de ses fils, puis, sur le refus du saint roi, à son frère, Charles d'Anjou, qui finit par accepter. Un autre usurpateur, mais plus criminel encore, dans la personne de Michel VIII Paléologue s'asseyait sur le trône de Constantinople. De ce côté aussi, Urbain IV, s'inspirant de l'intérêt de l'Eglise en même temps que des droits de la justice, dirigeait les efforts de son zèle et faisait à l'Occident un appel qui ne fut pas entendu. Il eut plus de succès dans son intervention en faveur de la Terre-Sainte occupée pour une partie, menacée pour l'autre par le sultan d'Egypte. Ce fut grâce à son intervention que saint Louis pût être pris ou accepté comme arbitre par le roi d'Angleterre et les barons du royaume. Un des premiers approbateurs du projet de la fête du Saint-Sacrement, pendant qu'il était archidiacre de Liège, il ne pouvait, souverain-pontife, ne pas vouloir étendre à l'Eglise universelle la pieuse institution qui jusqu'alors se limitait à quelques diocèses. Ce fut l'objet d'une bulle de l'année 1264. Mais la mort du pontife, arrivée assez peu de temps après, retarda de quarante ans la célébration de cette fête appelée à devenir une des plus populaires et des plus poétiques de l'Eglise (3).

Urbain IV rendit le dernier soupir à Pérouse le 2 octobre 1264. C'était presque en exil : obligé de quitter Rome assiégée par Mainfroi, il s'était retiré à Orviéto, d'où, après deux ans

---

(1) *Hist. littér...*, vol. cit., p. 65.

(2) Dans le *Catalogus auctorum quibus usi sumus in descriptione Terræ Sanctæ* nous lisons : *Jac. Pantaleonis Galli, patriarchæ Hierosolymitani, liber de Terra Sancta.*

(3) Fleury, *Op. cit.*, liv. LXXXV, ch. XIII et suiv. avec renvois aux sources.

La mission du légat s'étendait à la Prusse et à la Poméranie. La Prusse appartenait aux chevaliers teutoniques qui en avaient été, à la fois, les conquérants et les convertisseurs. Mais, d'une part, ceux-ci faisaient trop sentir leur autorité ; et, de l'autre, parmi les néophytes ou nouveaux chrétiens, continuaient de régner des usages répréhensibles, immoraux même et idolatriques. Il fallait supprimer ici et tempérer là Telle fut l'œuvre du légat au commencement de l'année 1249. Il s'occupa aussi des temples à édifier au vrai Dieu. Pour sa part, la Poméranie devait être dotée de treize églises (1).

Une mission analogue en Allemagne lui fournissait plus tard l'occasion de montrer la bonté de son caractère. Arrêté pu ordre de trois gentilshommes du diocèse de Trèves, il fut dépouillé et retenu quelque temps en prison. Quand les trois gentilshommes le surent intronisé comme successeur de saint Pierre, ils s'empressèrent de lui faire offrir la restitution des objets pris, et de lui adresser la demande de l'absolution de l'excommunication encourue, se proposant d'aller eux-mêmes à Rome la recevoir. Le légat, devenu pape, et oubliant, comme pape, ce qu'il avait souffert, comme légat, les dispensa du voyage, en donnant aux Dominicains de Coblentz le pouvoir de les absoudre, et il leur fit remise de la dette si criminellement contractée, en leur recommandant de n'agir jamais ainsi à l'avenir (2).

Elevé au siège épiscopal de Verdun en 1253, il n'en prit possession qu'en 1254, à la mort d'Innocent IV. Il était nommé l'année suivante patriarche de Jérusalem. Quelques années plus tard, il se trouvait à Viterbe, s'occupant des intérêts de son église, lorsque les cardinaux, présents dans cette ville et divisés entre eux, s'entendirent pour porter leur choix sur lui. Urbain IV allait succéder à Alexandre IV (1261) (3).

C'est sans doute à l'époque précédente qu'on doit rapporter la composition d'une œuvre géographique, la description de la Terre-Sainte : le patriarche aura voulu se rendre bien

---

gras jusqu'au mercredi des Cendres. Dans ce pays, on ne cessait, conservant l'usage ancien, non sans tiraillements, de faire remonter le Carême au dimanche de la Septuagésime (*Ibid.*).

(1) Fleury, *Hist. ecclésiast.*, *ibid.*

(2) Fleury, *Hist. ecclésiast.*, liv. LXXXV, ch. xxxiii, avec renvoi à Rainaldi.

(3) *Gal. christ.*, tom. XIII, col. 1214-1215.

à Paris « où ses progrès dans tous les genres d'instruction,
« belles-lettres, philosophie, droit canon, théologie lui acqui-
« rent, dit-on, une réputation brillante. On le nommait déjà
« parmi les professeurs et les prédicateurs célèbres » (1), lorsqu'il rentra dans sa ville natale (2).

Là, simple clerc d'abord, il fut ensuite chargé d'une paroisse,
comme le dit un historien-poète du temps, Thierry de Vaucouleurs, qui a écrit en vers la vie de Jacques :

> Præsulis hic primum Trecis fit clericus; inde
> Parochiæ unius rector in urbe fuit.

De Troyes il passa à Laon pour être mis en possession d'un
canonicat, puis de l'archidiaconé, comme l'affirme encore le
même auteur :

> Canonicum post hæc suscepit et archilevitam
> Landunum (3)............

La même dignité l'attendait à Liège. Si l'archidiacre de
Laon dut faire deux ou trois voyages à Rome pour défendre les
droits du chapitre, nous voyons l'archidiacre de Liège assister
au premier concile général de Lyon (1245) et gagner la confiance d'Innocent IV qui allait le charger de plusieurs légations.

Nous le trouvons, légat en Pologne, réunissant, en 1248, un
concile à Breslau. A ce concile étaient présents l'archevêque
de Gnesne et sept évêques de la contrée. Il s'agissait de faire
accorder des subsides au pape pour qu'il pût mener à bien la
lutte engagée contre l'empereur Frédéric II. Après avoir dé-
peint les besoins urgents du Saint-Siège, le légat demanda le
tiers des revenus ecclésiastiques pendant trois années. L'assemblée accorda le cinquième seulement, mais fit verser, sans retard et d'avance les trois annuités (4).

---

(1) *Hist. littér...*, vol. cit., p. 50.
(2) *Hist. Univers. Paris.*, tom. III, p. 564 : « Parisios profectus litteris
« humanioribus, philosophicis, theologicisque animum applicuit laureaque
« doctoratus Parisiensis redimitus Trecas rediit ».
(3) Vers cités dans *Hist. Univers. Paris.*, *ibid.*, et reproduits par *Hist.
littér...*, *ibid.*
Thierry de Vaucouleurs a mis en distiques la Vie d'Urbain IV, écrite
par Grégoire de Naples, doyen, puis évêque de Bayeux. Cette Histoire
versifiée est imprimée dans les *Libri sex de episcopis urbis*, de Papire
Masson, Paris, 1586, in-4°, pp. 227 et suiv.
(4) Fleury, *Hist. ecclés.*, liv. LXXXIII, chap. v, avec renvois aux
sources; et l'*Art de vérifier les dates*, *Chronol. des conc.*, art. *Vratislaviense*.
Il fut arrêté par ce concile que les Polonais pourraient user d'aliments

« parlant de Guillaume d'Auvergne, qu'ayant droit de re-
« cueillir de la succession d'un chanoine qui étoit mort sans
« avoir fait de testament, 3000 dragmes, somme alors très
« considérable, il rejetta avec horreur ce qui auroit pu pa-
« raître à d'autres une bonne fortune, et détestant l'avarice de
« l'ecclésiastique qui laissoit un si grand amas : « *Ah! le
« malheureux ! s'écria-t-il, que son argent périsse avec lui!*
« L'évêque n'en toucha pas un denier et fit distribuer le tout
« aux pauvres » (1).

JACQUES PANTALÉON (2) OU URBAIN IV
(-1264)

C'était un enfant de Troyes et d'une famille des plus plé-
béiennes, car son père était cordonnier, sinon savetier. Sans
rejeter l'opinion commune, d'après laquelle il est *calceamenta
resarcientis filius*, il y a lieu, en faveur de l'autre opinion, qui
le dit seulement *sutoris filius*, de transcrire cette réflexion de
l'*Histoire littéraire de la France* : « On voyait sur une vieille
« tapisserie qui environnait le chœur de la collégiale de
« Saint-Urbain, à Troyes, le père Pantaléon, travaillant de
« son métier, auprès de lui deux compagnons, la femme filant
« et ayant l'œil sur le petit Jacques, et pour étalage de la bou-
« tique des souliers et des bottines de grandeurs diverses :
« c'est l'entourage d'un maître chaussetier de ce temps-là
« plutôt que d'un simple savetier » (3).

Il fréquenta l'école de la cathédrale de Troyes (4), puis vint

---

Paris., tom. III, p. 684, et dans *Hist. littér. de la Franc.*, tom. XVIII, p. 362.
   Sourc. génér. pour la partie historique : *Hist. Univers. Paris.*, Ibid. ; *Gal. christ.*, tom. VII, col. 94 et suiv. ; *Hist. litt. de la Franc.*, tom. XVIII, pp. 557 et suiv. ; *Guillaume d'Auvergne*, par M. Noel Valois, Paris, 1880. *Guillaume d'Auvergne* est le travail le plus complet qui, jusqu'alors, ait été publié sur l'éminent prélat.

(1) *Hist. de l'Univers. de Paris*, tom. I, p. 379-580.
(2) On le désigne aussi sous les noms : *de Curto Palatio*, et : *de Trecis* (*Gall. christ.*, tom. IX, col. 558).
(3) *Hist. littér. de la Franc.*, tom. XIX, p. 49-50, article de Daunou.
(4) Marlot se trompe en le faisant étudier à la cathédrale de Laon (*Gal. christ.*, ibid.).

DANS LA PREMIÈRE MOITIÉ DU XIIIᵉ SIÈCLE

Guillaume, il « faisait aux astrologues la part aussi petite que
« possible; il n'admettait l'influence des astres que sur
« quelques objets matériels, la moëlle des os, la sève des
« plantes, les liquides. A peine encourageait-il les médecins
« à vérifier l'état des planètes avant de saigner leurs malades,
« et, quand il soutenait que la mer obéissait à la lune, il ne
« faisait que devancer l'arrêt de la science moderne. Mais,
« lorsqu'il entendait enseigner quelques unes de ces mons-
« trueuses doctrines dont les astrologues faisaient étalage,
« c'est alors qu'il déployait toutes les ressources de la logi-
« ques... : ses adversaires voyaient pleuvoir sur eux les
« syllogisme et les sarcasmes » (1).

Le premier avril de l'année 1249 marqua la fin de la noble
existence et de l'actif épiscopat de Guillaume d'Auverge dont
les restes furent déposés dans la chapelle Saint-Denis à l'abbaye
de Saint-Victor (2).

M. Noel Valois résume très justement en ces termes l'histoire de ce remarquable pontife qui fut, à la fois, un remarquable savant : « Administration de la justice, gouvernement
« du diocèse, missions diplomatiques, ces tâches si diverses
« lui semblent compatibles; théologie, rhétorique, philoso-
« phie, droit canon, morale, aucune de ces connaissances ne
« lui fait défaut » (3).

Il y a un dernier trait à ajouter à cette physionomie : c'est
le désintéressement. « On rapporte de lui, dit Crévier, en

« que Censorinus, Mauilius et Julius Firmicus qui pouvaient bien séduire
« quelques rêveurs isolés, mais qui n'avaient pas assez de poids pour
« entraîner les philosophes. Ceux-là, au contraire, apparaissaient comme
« les maîtres d'une science régulière, ayant ses principes et sa méthode
« propre. »

(1) M. N. Valois, *Op. cit.*, p. 308 avec renvois.
(2) *Gal. christ.*, tom. VII, col. 99, d'après le martyrologe de l'église
de Paris : « Calendis aprilis A. D. MCCLVIII feria III post ramos palmarum obiit... »
On grava sur sa tombe :
    Conditus hic recubat fatali sorte Guilelmus,
      Parisii pastor qui gregis aptus erat.
    Repperit illustrem coelesti munere famam
      Quam nequit in tanto mors abolere viro.

3) *Op. cit.*, p. 331.
Nicolas de Braia, dans son poème sur Louis VIII, appelait ce prélat
    Gemma sacerdotum, cleri decus...
Voir les vers qui lui sont adressées par ce poète dans *Hist. Univers.*

une marche assurée et franche (1). S'il n'est pas bien facile de saisir et de résumer parfaitement la doctrine du philosophe sur le principe d'individuation et spécialement sur la question des universaux (2), l'on est un peu plus favorisé en ce qui touche le phénomène des perceptions. Dans le système de Guillaume, « les idées qui parviennent à l'entendement par « la voie des sens nous représentent des objets sensibles et « corporels ; de même les substances intelligibles reprodui- « sent leurs images dans le miroir de l'intelligence ». Mais « de quelles images, de quelles substances intelligibles est-il « question ? » (3).

L'on est surtout favorisé au sujet d'une fausse science qui trouvait alors bon accueil près des grands et tendait à pénétrer dans l'école. Au commencement du XIIIᵉ siècle, l'astrologie relevait la tête qu'elle avait dû courber sous les coups portés précédemment par Hildebert de Tours, Abélard, Jean de Salisbury. Comme l'a remarqué M. Jourdain, la *Métaphysique* d'Aristote, par sa théorie du mouvement (4), fut pour quelque chose dans cette réapparition. Le *quadripartitum* ou traité astrologique de Ptolémée et certaines tables dressées *ad hoc* par les arabes furent d'un puissant secours (5). Quant à

---

(1) « M. A. Jourdain a recueilli les citations d'anciens auteurs qui se « trouvent dans les *Œuvres* de Guillaume d'Auvergne. De Platon il « n'avait encore que le Phédon et le Timée, et regrettait vivement ses « autres dialogues. On voit qu'il possédait des traductions arabes-latines « de la *Métaphysique* d'Aristote, du *Traité de l'âme*, de la *Physique*, des « livres *Du Ciel et du monde*, des *Météores*, de l'*Histoire des animaux*. Du « *Sommeil et de la veille* et de l'*Éthique à Nicomaque*, mais qu'il avait « une confiance fort limitée dans les dires de ce philosophe mal noté. « (M. Hauréau, *Hist. de la philos. scolast.*, par. II, tom. I, Paris, 1880, « p. 145.)

(2) Voir l'étude de M. N. Valois sur ces deux points, *Op. cit.*, pp. 242 et suiv. : M. Hauréau, *Op. cit.*, pp. 148 et suiv. Néanmoins, M. Hauréau conclut, *ibid.*, p. 166, que Guillaume était « un réaliste des plus convaincus. »

(3) M. Hauréau, *Op. cit.*, p. 147.

(4) L'on sait que, dans cette théorie, les astres, ayant reçu l'impulsion du premier moteur qui, dès lors, demeure immobile, la communiquent au reste de la nature. (*Métaph.*, lib. XII.)

(5) *Revue des questions histor..*, juillet, 1875, art. sur *Nicolas Oresme et les astrologues à la cour de Charles V*, pp. 136 et suiv. A la page 138, M. Jourdain s'exprime ainsi : « On voyait aussi circuler, dans les univer- « sités, le *Quadripertit* de Ptolémée et les tables astrologiques de quel- « ques Arabes, comme Alkindi, Almanazar, Alcabitius, Abenragel. Jus- « qu'alors, ceux qui cultivaient l'astrologie, n'avaient eu d'autres guides

exemptious (*Liber contra exemptos*) (1). Le premier ouvrage, comme nous l'établirons, est du dominicain Guillaume de Paris. Selon l'*Histoire littéraire de la France*, le second pourrait être plutôt donné à Guillaume de Saint Amour (2). Mais M. N. Valois le croit — et ses raisons : l'aversion contre les templiers, leur ruine même supposée, ne sont pas à dédaigner — M. N. Valois le croit, disons-nous, composé du temps de Philippe-le-Bel : « Guillaume Beaufet ou d'Aurillac, évêque « de Paris de 1305 à 1320, nous paraît être, écrit cet historien, « l'auteur de ce traité » (3).

En littérature, Guillaume d'Auverge avait un goût très prononcé pour les comparaisons, les allégories : non-seulement il en faisait un usage presque immodéré, mais il le conseillait aux autres dans l'opuscule que nous venons de signaler, le *De Faciebus mundi*. Pourtant, l'orateur savait parfois trouver une noble et touchante simplicité. Voilà ce qui se remarque dans les fragments d'un sermons inédit sur la *douce Vierge Marie*, fragment publiés par M. Noel Valois. Nous transcrivons ce passage : « Quant Jhesu-Crist fut nés, « on'eut le douc aignelet de coi envolper, ains convient des- « kendre les pans et les gerons de le cote le douce Marie gra- « cieuse, pour envolper Jhesus-Crist, le douc aignelet, si « estoit ele povre, mais ele estoit rike de Dieu. Et quant ele « tenoit s'en douc enfant Jhesu-Crist entre ses bras, et ele « revvardoit en riant de ses dous iex, et en souspirant de sen « douc cuer, et en baisant le douc aigniel de se douce bouce, « si disoit : Dous rois, dous amis, dous princes du ciel, vos « soiés loés et gloreflés... Ensi rendoit grasses li douce virge « Marie a sen douc fils » (4).

Aux yeux de Guillaume, si grande que fut la science philosophique, elle était au-dessous de la foi : la première laisse plus ou moins boiteux ou chancelant ; la seconde seule permet

---

(1) *Guill. d'Auvery.*, p. 191-192 : Oxford, ms. 50 du collége Merton et ms. 251 du collége *Corpus Christi*.

(2) Tom. XVIII, p. 384, et tom. XXI, p. 476.

(3) *Guil. d'Auverg.*, p. 192-193.
Voici quelques-unes des paroles citées par l'historien : « ... Templarii ergo, quantum ad bonum et delectabile et quantum ad venerea, non solum erant mali et pejores, sed etiam erant pessimi; » et : « Modus professionis eorum nunc per christianissimam principis regis Franciæ astutiam detectus est. »

(4) *Guill. d'Auverg.*, p. 221-222.

Ce commentaire est généralement imprimé avec les œuvres de saint Anselme (1).

M. Noël Valois cite ces autres écrits qu'il estime authentiques, mais qui sont inédits : *Des faces du monde*, recueil de comparaisons et d'allégories à l'usage des prédicateurs (2), et renfermant, à la fois, « un certain nombre de bons préceptes »(3) ; des commentaires sur le *Cantique des cantiques* (4), sur l'*Ecclésiaste* (5), sur les *Proverbes de Salomon* (6) ; *De la Messe* (7) ; *De la Grâce* (8) ; *Des Éloges de la patience* (9) ; *Du Bien et du mal* (10) ; *De la Pauvreté spirituelle* (11) ; des *Sermons*, au nombre de plus de 500, « *de tempore, de sanctis*, sur les morts, en synode, etc. » (12).

Le même historien consacre un article aux écrits dont l'authenticité est douteuse et qui sont : *De l'enfer et du paradis* (13) ; *Extraits sur les livres des Sentences* (*Extracta super libros Sententiarum*) (14) ; commentaire sur l'*Apocalypse* (15) ; statuts synodaux qui seuls auraient été imprimés sour le titre de *Synodicon Parisiense* (16).

Il ne néglige pas, non plus, de signaler comme apocryphe le *Dialogue sur les sept sacrements* et le *Livre contre les*

---

(1) *Guillaume d'Auvergne*, p. 190.

(2) « Ms. Oxford, Bodleienne 381 et Merton 156 » (*La Chair. franç...*, Paris, 1886, 509).

(3) *Guill. d'Auverg.*, p. 173.

(4) Ms. 350 de la biblioth. de Chartres (*Guill. d'Auverg.*, p. 173-174).

(5) Même ms. de la biblioth. de Chartres et ms. 97 de la biblioth. de Tours (*Ibid.*, p. 174-175).

(6) Même ms. de la biblioth. de Chartres (*Ibid.*, p. 175-176).

(7) Biblioth. nat., ms. lat. 10625.

(8) Oxford, ms. 156 du collège Merton (*Guill. d'Auverg.*, p. 177).

(9) Ms. 1256 de la biblioth. de Troyes (*Ibid.*, p. 178-179).

(10) Oxford, ms. 287 du collège Balliol (*Ibid.*, p. 179-180).

(11) Oxford, même ms. du collège Balliol (*Ibid.*, p. 181-183).

(12) Biblioth. nat., mss. lat. 15951, 15952, 15953, 15954, 15955, 15959, 15964, 16471, 16488, 16507, et nouv. acq. ms. lat. 338. Le sermon renfermé dans ce dernier manuscrit, fol. 30, — car il n'y en a qu'un, — a été prononcé, à Paris, la veille de la Toussaint de l'année 1230 (*La Chair. franç...*, Paris, 1886, p. 509). Voir, pour plus de détails, *Guill. d'Auverg.*, p. 183-186.

(13) Biblioth. nat., ms. lat. 15025.

(14) Biblioth. nat., ms lat. 14534.

(15) Oxford, ms. 42 du collège Merton (*Guil. d'Auvergne*, p. 188).

(16) Paris, 1777, in-4º (*Ibid.*, p. 188-189).

des traités précédents devaient être des parties d'un ouvrage auquel on pourrait donner le titre : *Somme des vices et des vertus* ; et il invoque à l'appui de sa pensée le plan de l'auteur et même la division de certains manuscrits. Donc, selon lui, cet ouvrage unique aurait renfermé trois parties : la première sur les *Vertus*, la seconde sur les *Mœurs*, et la troisième se serait ainsi subdivisée : des *Vices et des péchés*, des *Tentations et des résistances*, des *Mérites*, de la *Récompense des saints* (1).

L'on a imprimé, au XV° siècle, sous le nom de *Guillaume parisien*, et, depuis, sous celui de *Guillaume d'Auvergne*, un certain nombre de *Sermons* (2). Ces *Sermons*, au nombre de trois cents, figurent dans l'édition des *Opera* de 1674 avec le titre : *Sermons sur les Epîtres et Evangiles des dimanches et fêtes* (3). Mais ils ne paraissent pas être de notre prédicateur. Les auteurs des *Scriptores ordinis Prædicatorum* les ont revendiqués pour le célèbre Guillaume Perrault, de leur ordre (4). Cette opinion doit être suivie (5).

L'on a aussi sous le nom de *Guillaume*, qualifié parfois de *professeur de théologie*, une *Postille sur les Epîtres et Evangiles du temps et des saints*, ouvrage qui a eu de nombreuses éditions, mais qui n'est certainement pas de Guillaume d'Auvergne (6). Alors, qui faut il entendre par ce Guillaume ? La critique ne saurait répondre.

Le travail *sur la Passion du Christ* (*super Passione Christi*) présente des caractères certains d'authenticité. Il a été imprimé une fois, en 1498 (7).

L'on a attribué encore à notre auteur, mais sans raison suffisante, un commentaire *sur l'Evangile de saint Mathieu*.

(1) *Guillaume d'Auvergne*, Paris, 1880, p. 163.

(2) « A Tubingue en 1499, in-4°; à Paris en 1638, in-fol. » (*Hist. litter...*, vol. cit., p 363). Voir aussi : script. ord. Prædicat., tom. I, p. 133 ; Hain, *Repertor...*, n. 8525 ; Graesse, *Trésor...*, tom. III, art. *Guillermus*.

(3) Tom. II, par. 1.

(4) Tom. I, pp. 133, 136.

(5) M. Lecoy de la Marche, *La Chair. franç...*, Paris, 1886, p. 509 ; M. N. Valois, *Guill. d'Auverg.*, p. 183.

(6) *Hist. littér...*, tom. XVIII, p. 363 ; Hain, *Repertor...*, art. *Guillermus S. Guilerinus.*, Graesse, *Trésor...*, tom. VII, art. *Guillermus*.

(7) A Hagueneau, in-4° (*Hist. littér....* ibid. ; Hain, *Ibid.*, n° 8320 ; Graesse, *Ibid.*, tom. III, art. *Guillermus*).

Voir Hain, *Ibid.*, n° 8300, pour détails sur un certain nombre d'éditions partielles au XV° siècle.

oratoires, des règles pour la supplication à adresser au ciel.

A l'ouvrage sur les *Sacrements en général* (1) il faut joindre un *Nouveau traité de la pénitence* et un *Supplément* à ce même traité (2).

A la suite, nous énumérons les opuscules de la *Trinité* (3), de la *Foi* (4), des *Lois* (5), des *Vertus* (6), des *Mœurs* (7), des *Vices et des Péchés* (8), des *Tentations et des résistances* (9), des *Mérites* (10), de la *Récompense des saints* (11), des *Causes de l'Incarnation* (12), de l'*Ame* et de son *Immortalité* (13), du *Cloître de l'âme* (14, parallèle assez ingénieux entre la vie intérieure et l'existence claustrale.

Le récent historien de Guillaume d'Auvergne — nous avons déjà dit son nom et cité son œuvre — estime que plusieurs

---

(1) *De Sacramentis in generali*, édit. d'Orl., tom. I, p. 407-555.
Cet ouvrage a été imprimé « à Paris en 1489 in-4°; en 1492 et en 1494 « in-8°; à Nuremberg en 1496 in-fol.; à Bâle en 1507 et à Leipzig en 1512 « in-4°; et dans les trois formats sans indication de lieu ni d'année » (*Hist. littér...*, ibid., p. 365)

(2) *Tractatus novus de pœnitentia*, édit. d'Orl., tom. I, p. 570-592. On trouve au tom. II de cette édit., Suppl., p. 229-247 : *Supplementum tractatus novi de pœnitentia*.

(3) Edit. d'Orléans, tom. II, Supplément, p. 1-64.
Imprimé « à Strasbourg en 1507 in-4° » (*Hist. littér...*, ibid., p. 365).

(4) Edit. d'Orléans, tom. I, p. 1-18.

(5) Edit. d'Orléans, tom. I, p. 18-102.
L'auteur définit la loi : « Lex nihil est aliud quam honestas legibilis, id « est descripta religionis præceptis », définition dont les lois mosaïques surtout montrent la justesse.

(6) Edit. d'Orléans, tom. I, p. 102-191.

(7) Edit. d'Orléans, tom. I, p. 191-260.

(8) Edit. d'Orléans, tom. I, p. 260-295.

(9) Edit. d'Orléans, tom. I, p. 295-309.

(10) Edit. d'Orléans, tom. I, p. 310-315.

(11) Edit. d'Orléans, tom. I, p. 315-336.
Les traités *De fide, De legibus, De virtutibus, De moribus, De vitiis et peccatis, De tentationibus et resistentiis, De meritis, De retributionibus sanctorum* ont été imprimés « à Ulm en 1485, à Nuremberg en 1496 et à Augsbourg sans date, in-fol. » (*Hist. littér...*, vol. cit., p. 365). Voir aussi Graesse, *Trésor...*, tom. III, art. *Guillermus*.

(12) Edit. d'Orléans, tom. I, p. 555-570.

(13) Edit. d'Orléans, 1ᵉʳ opuscule, tom. II, Supplément, p. 65-228, 2ᵉ opuscule, to n. I, p. 329-336.
Le traité *De immortalitate* a été imprimé, au xvᵉ siècle, avec les traités *De fide, De legibus*... (Graesse, *Trésor*., tom. III, *art. cit*).

(14) *De claustro animæ*, imprimé « à Paris, in-4°, en 1507 » (*Hist. littér...*, vol. cit., p. 365), n'a pas pris place dans l'édit. d'Orléans.

Chargé de missions diplomatiques, il négociait la paix entre la France et l'Angleterre (1231-1235), entre Louis et Thibaut, comte de Champagne. En Bretagne, il était un des prélats qui réussirent, autant par la sagesse que par les mesures énergiques, à déjouer les perfides projets de Pierre Mauclerc. Ce fut lui qui, quelque quinze ans après, dut, les larmes dans les yeux — car son patriotisme lui faisait un devoir, comme à la reine Blanche, de n'être pas favorable à la pieuse entreprise — attacher sur la poitrine de Louis IX le signe sacré des expéditions en ces lieux qu'avait sanctifié la présence du Sauveur et que souillait alors la domination des infidèles.

Le traité de l'*Univers* est l'œuvre la plus considérable de l'écrivain (1). Il se divise en deux parties qui ont pour objet, la première l'univers matériel, la seconde l'univers spirituel. Cette division ne semble pas d'une rigoureuse exactitude, car la première partie embrasse l'universalité des êtres. Dans la seconde, l'auteur établit le dogme de l'unité du Créateur et celui de la réalité d'une Providence ; double dogme dont la vérité apparaît plus brillante par la réfutation du manichéisme, du fatalisme, de l'éternité du monde.

Si le traité de l'*Univers* est le plus étendu, celui de la *Rhétorique divine* est « le premier qu'on ait imprimé et l'un de ceux dont on a donné le plus d'éditions au xv° siècle et au xvi° siècle » (2). Ce n'est pas en vain que cette *Rhétorique* est qualifiée de *divine*, car elle trace, d'après les principes

« passion de J.-C, l'opuscule contre les exemptions et la censure pro-
« noncée en 1245 » (*Loc. cit.*, p. 364). Ces quelques lignes appellent cette
réflexion : le *Liber contra exemptos* ne doit pas être considéré comme authentique ; nous le verrons plus tard.

Il y a un intérêt bibliographique à indiquer les éditions partielles. A ce
point de vue, nous ferons encore ce que nous venons de faire, et en puisant à la même source, ce qui n'empêchera, quand besoin sera, d'indiquer des sources particulières. L'*Histoire littéraire...* prend ses indications
dans les *Annales typographici...* de Panzer.

(1) *De Universo* dans tom. I, p. 593-1074 de l'édition appelée d'Orléans,
en 1674.
Ce traité a été imprimé « à Nuremberg en 1496, et sans indication d'année ni de lieu, in-fol. » (*Hist. littér...*, tom. XVIII, p. 363).

(2) *Hist. littér..*, *ibid.*, p. 366-367. La *Rhetorica divina sive Ars oratoria
eloquentiæ divinæ* se voit dans l'édition précitée, tom. I, p. 356-406.
Elle a été imprimée « à Gand en 1483, à Bâle avant 1486, in-fol., et
en 1494, in-4° ; à Paris en 1500 et 1516, in-8 ; outre plusieurs éditions
sans date in-8°, in-4° et in-fol. » (*Hist. littér..*, *ibid.*, p. 363).

ou son action réformatrice s'étendait sur les ordres anciens, sans même se limiter au diocèse de Paris. M. Noel Valois a raconté amplement ce que fut le prélat pour les abbayes de Saint-Victor de Paris, de Cluny, de Prémontré, de Saint-Symphorien de Beauvais, de Saint-Jean de Sens, de Lagny (1). Nous laissons au lecteur le soin de se renseigner dans le beau travail de cet historien.

Défenseur de la saine doctrine, il censurait dix propositions hétérodoxes (2), souscrivait la condamnation du Talmud (3), tenait campagne à la tête d'un grand nombre de docteurs contre la pluralité des bénéfices et parvenait à la faire déclarer illicite, quand un seul pouvait suffire à l'existence (4).

Nous avons de lui un *Traité de la collation des bénéfices* (5), où la question de la pluralité de ces possessions ecclésiastiques est traitée dans les termes où elle était posée à l'instant. Nous devons assigner à ce traité une date antérieure, car l'auteur parle comme si la question était encore douteuse, bien qu'il se prononce, lui, contre cette pluralité : et, d'ailleurs, comment n'eût-il pas fait mention de la décision intervenue ? Guillaume déclare donc, vu les deux opinions, qu'il serait téméraire de vouloir prononcer définitivement. Mais, dans le doute de la chose en soi, il y a certitude que semblable possession n'est pas licite, car le doute commande l'abstention pour ne pas s'exposer au péril d'une faute grave (6).

---

(1) *Op. cit.*, pp. 92 et suiv.

(2) Voir *supra*, pp. 218 et suiv.

(3) Voir *supra*, pp. 212 et suiv.

(4) Voir *supra*, pp. 211 et suiv.

(5) *Tractatus de collatione beneficiorum, Opera*, Orléans, 1674, in-fol., tom. II, Suppl., p. 248-260. Il a été aussi imprimé « à Paris en 1490, à Strasbourg en 1500, in-4° » (*Hist. litér. de la Franc.*, tom. XVIII. p. 565, art. de Daunou).

(6) *Ibid.*, cap. VI : « ... discrimini autem se committit qui aliquando facere præsumit de quo dubitat an peccatum mortale sit ».

C'est à cette édition d'Orléans : *Aureliæ, ex typographia F. Hotot, et veneunt Parisiis apud Andream Pralard*, que nous renverrons, comme nous l'avons fait tout à l'heure, pour les traités de l'écrivain. Elle est, en effet, la moins défectueuse. On considère comme la première édition générale des œuvres de Guillaume celle de Venise, in-fol., en 1591. Mais, ajoute l'*Histoire littéraire de la France*, l'édition de 1674, à Orléans, en deux tomes, aussi in-folio, due « aux soins de Ferron, chanoine de Chartres, « laisse beaucoup moins à désirer, quoiqu'on n'y ait admis aucun com- « mentaire des livres saints et qu'on en ait encore exclu le traité de la cité dont il fut évêque : Guillaume d'Auvergne et Guillaume de Paris désignent le même personnage.

Le jeune Guillaume appartenait à notre grande Université, non-seulement par son professorat, mais encore par ses études, car il vint de bonne heure lui demander la lumière intellectuelle.

Néanmoins, l'année qui suivit sa promotion à l'épiscopat, il crut devoir se montrer sévère, trop sévère, au jugement même du pape, à l'égard de l'*Alma mater*. Il s'agit des troubles de 1229. L'évêque, nous le savons, s'unit au légat pour lancer les foudres de l'Eglise (1).

Les écrits qu'il a laissés donnent une haute idée du maître. Les œuvres qu'il a fondées ou les évènements auxquels il a été mêlé font connaître sous un jour des plus favorables l'évêque, nous dirions presque l'homme d'Etat.

Parmi les fondations qui datent de l'administration épiscopale de Guillaume, l'on doit citer Sainte-Catherine du Val des écoliers, le couvent des Franciscains, la maison des Filles de Dieu (2) l'église de Saint-Nicolas du Chardonnet, la chapelle Saint-Gilles et Saint-Loup (3) qui devint église paroissiale en 1617 et n'a conservé que le vocable de Saint Leu (4).

S'il protégeait les ordres nouveaux, son influence salutaire

---

(1) *Hist. Univers. Paris.*, tom. III, p. 136.
C'est dans ces tristes circonstances que Grégoire IX lui écrivit qu'il regrettait de l'avoir fait évêque. Voir notre *Introduction*, chap. II, art. IV *in fine*.

(2) Félibien et Lobineau, *Hist. de la vil. de Paris*, tom. I, p. 286 : « C'est encore au tems de l'évesque Guillaume III que l'on rapporte l'es-« tablissement des Filles de Dieu de Paris, qu'Albéric fait regarder comme « le fruit des prédications de ce prélat, car il dit que Guillaume, évesque « de Paris, ayant converti plusieurs filles déréglées, les rassembla dans « un monastère érigé sous le nom de Filles de Dieu. C'est aussi l'idée « qu'en donne le plus ancien titre que nous ayons trouvé...., « qui est du mois d'avril 1226 ».

(3) M. Noel Valois, *Guillaume d'Auvergne*, Paris, 1880, p. 41.

(4) M. Noel Valois, *Ibid.*, p. 45, prétend que le prélat appela les Trinitaires à Paris. Il s'appuie pour cela sur une lettre datée de Cerfroid en 1230, lettre par laquelle un chapitre général des Trinitaires approuve et ratifie l'acceptation de l'église et de la maison de Saint-Mathurin ainsi que la promesse de tenir ces biens en sujétion de l'évêque de Paris et de son chapitre. Mais, comme le dit avec raison Félibien, « c'est seulement un titre nouvel qu'ils donnent à l'évêque et au chapitre », car, d'après un document de 1209 qu'il cite et reproduit, ces religieux étaient déjà installés aux Mathurins (*Op. cit.*, tom. I, pp. 247, 248, tom. III, p. 91. Voir *supra*, p. 171 de cette histoire où nous avons établi le fait).

obligatoire des abbés et des prieurs aux synodes, certaines prescriptions pour le bon ordre des monastères de femmes, l'usage modéré des censures, la célébration des offices : le XIIIe article concerne les clers ribauds, sorte de clercs ambulants et même faisant métiers d'histrions, à qui on ne devait pas permettre de porter la tonsure (1).

Edmond, archevêque exilé de Cantorbéry, était mort à Soisy en odeur de sainteté. Ses restes furent transportés au monastère de Pontigny. Gautier alla prier sur le tombeau du défunt (2). Lui-même ne devait pas tarder à quitter ce monde : il mourut en avril 1241, et son corps fut déposé dans le chœur de l'église métropolitaine de Sens (3). Nous n'avons pas à nous arrêter ici à discuter l'anecdote que nous avons précédemment rappelée d'après Thomas de Cantimpré (4).

GUILLAUME D'AUVERGNE OU DE PARIS
(-1249)

Comme Pierre Lombard au siècle précédent, Guillaume d'Auvergne s'asseyait sur le siège de Paris, en 1228, après avoir jeté par son enseignement un éclat, moindre sans doute, vif cependant, dans une chaire de théologie de la capitale. Il dut sa nomination, par suite de la nullité d'une première élection faite dans le chapitre, à l'autorité de Rome.

Il vit le jour dans la ville d'Aurillac ; mais on ne saurait dire en quelle année. Si l'histoire lui a conservé le nom de la province natale, elle lui donne parfois également celui de la

---

(1) « Statuimus quod clerici Ribaldi, maxime qui vulgo dicuntur de fa-
« milia goliæ, per episcopos, archidiaconos, officiales, decanos chris-
« tianitatis tonderi præcipiantur vel etiam radi, ita quod eis non remaneat
« tonsura clericalis ; ita tamen quod sine periculo et scandalo ista
« fiant. »
Mathieu Paris, cité par du Cange, art. *Ribaldi*, définit en général les Ribauds : « Fures, exules, fugitivi, excommunicati quos omnes Ribaldos Francia vulgariter consuevit appellare. »
A l'art. *Golia*, du Cange s'exprime ainsi : « Ut goliardia, histrionia »; et à *Goliardia* : « Professio goliardi seu histrionis ».

(2) *Gal. christ..*, tom. XII, col. 62.
(3) Voir. p. 215, les vers qui se lisaient sur le tombeau de Gautier Cornut.
(4) *Supra, ibid.*

quant à ceux qui ne se trouvaient pas en possession de biens ecclésiastiques, ils étaient déclarés indignes du sacerdoce, s'ils ne rentraient dans le temps prescrit (1).

Nous voyons le prélat prendre part, en 1230, avec l'évêque de Paris et celui de Chartres, à l'Assemblée qui se tint près d'Ancenis et déclara Pierre Mauclerc déchu du gouvernement de la Bretagne (2). Favorable aux ordres mendiants, Gautier accueillait dans sa ville archiépiscopale les Dominicains et les Franciscains. En mai 1234, il bénissait à Sens le mariage du jeune roi avec Marguerite de Provence qu'il couronnait en même temps (3). Présent à la translation de la sainte couronne d'épines de Villeneuve-l'Archevêque à Paris (1239), il nous en a tracé l'historique et c'est là son principal titre littéraire. La relation, sous forme de lettres aux fidèles de France, a été imprimée en différents endroits (4).

Vers la même époque, le métropolitain convoquait à Sens un concile provincial dont nous possédons des statuts en quatorze articles (5). Ces statuts ont pour objet la présence

(1) *Gal. christ...*, *ibid.*, et *Hist. Univers. Paris.*, tom. III, p. 136.
(2) Martène et Durand, *Ampliss. Collect.* tom. I, col. 1239-1240 : *Judicium factum in castris juxta Ancenisum contra comitem Britanniæ, anno Domini MCCXXX mense junio.*
(3) *Gal. christ..*, *ibid.*
(4) *Historia susceptionis coronæ spineæ J. C.*, dans l'*Hist. Univers. Paris.* tom. III, p. 170-174, dans du Chesne, *Hist. Franc. scriptor.*, tom. V, p. 407, 411, et dans *Recueil des hist. des Gaul. et de la Franc.*, tom. XXII, p. 27-31.
« Fratres carissimi », dit-il au début ; et il continue quelques lignes
« plus loin : « Lætetur in iis sacris solemniis Ecclesia Gallicana, et tota
« gens Francorum sine differentia sexuum, dignitatum ac graduum pari
« causa resultet, quia sufficiens omnibus est causa lætitiæ. Commune
« igitur sit omnibus gaudium, quia causa communis est gaudiorum.
« Hæc est illa præclara festivitas, in qua missum sibi a Domino pretio-
« sissimum munus Francorum terra suscepit : illam videlicet sacrosan-
« tam spineam coronam, quam caput nostrum Dominus Jesus Christus
« pro nobis factus obediens patri usque ad mortem crucis, tempore pas-
« sionis ipsius, venerando capiti suo per manus impiorum permisit im-
« poni. »
M. de Vailly avait pensé que le récit seul était de Gautier et que le préambule appartenait à un autre auteur. M. le comte Riant a bien établi que la plume de l'archevêque avait écrit l'un et l'autre. (*Mémoir. de la Societ. nat. des antiq. de Franc.*, en 1875, p. 111-113).
(5) « Circa MCCXXXIX », disent Martène et Durand, *Ampliss. Collect.*, tom. VII, col. 157-158, où ces statuts sont imprimés. *L'art de vérifier les dates*, Paris, 1770, indique positivement l'année 1239. Ces 14 articles avaient déjà pris place dans les *Statuta synodalia Ecclesiæ Parisiensis... quibus adjecta sunt Petri et Galteri, Senonensium archiepiscoporum, decreta*, Paris, 1578, in-8°.

de Rome. Le pape s'empressa de lui dire en faisant allusion aux vocables des cathédrales de Paris et de Sens : « Per nos « Ecclesiam beatæ Mariæ amisisti ; sed beatus Stephanus te « suscipit et nos te confirmamus: in officio viriliter age » (1).

La même année 1223, à son retour de Rome, il assistait au concile de Paris, réuni par le cardinal-légat, Conrad, contre les Albigeois, bientôt après aux obsèques de Philippe-Auguste, et trois ans plus tard à celles du successeur, Louis VIII. L'on mentionne une lettre de lui déclarant que Louis VIII avait, à ses derniers moments, manifesté sa volonté en faveur de la régence de la reine-mère (2). Avec plusieurs prélats et seigneurs, il signait la lettre de convocation pour le sacre du jeune roi à Reims, le dimanche précédant la fête de saint André (3). L'année suivante, c'est-à-dire en 1227, il s'engageait avec Gautier, évêque de Chartres, à payer au roi un subside annuel de 1,500 livres parisis, pendant quatre années, pour la guerre contre les Albigeois, si les hostilités se prolongeaient ce laps de temps (4). Grégoire IX défendant à l'Angleterre de faire la guerre à la France, ce fut à l'archevêque de Sens que Henri III s'adressa pour ménager une trêve d'abord, la paix ensuite (5). Pendant les troubles universitaires de 1229, il réunit un concile provincial à Sens : l'on y décida que les maîtres et écoliers qui avaient quitté la capitale, seraient privés pendant deux ans des revenus de leurs bénéfices ; et,

---

(1) *Gal. christ.*, *ibid.*
A ce sujet, Guillaume-le-Breton a écrit dans sa *Philippide* :
At, Galtere. . . . .
. . . . mox Senonensem.
Ad cathedram raperis, ut, dum te lingna malorum
Insequitur, prosit tibi nescia, qua mediante,
Pluribus ut præsis, cathedra privatus es una.
(Cit. dans *Hist. litter...*, *ibid.*, p. 575).

(2) *Gal. christ.*, vol. cit., col. 60-61.

(3) Martène et Durand, *Thesaur. nov. anecdot.*, tom. I, col. 957 : *Epistola Simonis Bituricensis, Galterii Senonensis et aliorum episcoporum et baronum ad Theobaldum, comitem Trecensem Palatinum.*

(4) Martène et Durand, *Ampliss. Collect.*, tom. I, col. 1212-1213 : *Litteræ Galterii, archiepiscopi Senonensis, et Galterii, episcopi Carnutensis.*
L'on y lit : « Et ad hoc faciendum obligamus personas nostras et suc-« cessores nostros, de assensu etiam et auctoritate venerabilis patris « domini Romani S. Angeli diaconi cardinalis, apostolicæ sedis legati... « Actum Parisius anno Domini MCCXXVII, mense augusto. »

(5) *Gal. christ.*, *loc. cit.*

Mais, alors, ces *Fragmenta* n'auraient pas été imprimés, puisqu'on ne rencontre rien de semblable dans cette *Histoire*.

Enfin, quant à un écrit sur l'église de Notre-Dame de Lorette, il est « trop vaguement désigné par deux ou trois bibliographes », pour qu'il n'y ait pas lieu de l'écarter (1).

GAUTIER CORNUT OU DE CORNUT

(-1241)

Par sa mère, Gautier appartenait à la famille d'Aubusson. Son père, Simon Cornut, était seigneur de Villeneuve des Cornuts (*Villanova Cornutorum*), près Montereau (*prope Monasteriolum oppidum*) (2).

Nous n'avons que ces mots à écrire sur son professorat à Paris : il enseigna longtemps et avec succès la philosophie d'abord, la théologie ensuite (3).

Son épiscopat nous arrêtera davantage.

Nommé, vers 1220, à l'évêché de Paris, il ne put recevoir l'institution canonique d'Innocent III, qui écrivait à Philippe-Auguste : « Tout en convenant que ce même maître se fait « remarquer par l'éminence de son savoir et par d'autres « qualités, le procédé de son élection et de sa confirmation « a été vicié de plusieurs manières » (4). Le pape, d'ailleurs, pouvait être assez mal disposé à l'égard de l'élu, car celui-ci, dans les troubles suscités par la résistance de Philippe-Auguste aux ordres du Saint-Siège, s'était rallié au roi de France (5). Assez peu de temps après, en 1221 ou 1223 —cette dernière date est donnée par le *Gallia christiana*, et elle nous paraît plus probable —, Gautier était appelé par l'élection au siège de Sens (6). Il crut alors devoir entreprendre le voyage

---

(1) *Hist. littér...*, *ibid.* p. 221-222.
(2) *Hist. Univers. Paris.*, tom. III, p. 182; *Gal. Christ.*, tom. XII, col. 60; *Hist. litt. de la Franc.*, tom. XVIII, p. 270. L'art. de l'*Hist. littér.* est de M. Petit-Radel.
(3) *Hist. Univers. Paris.*, vol. cit., p. 104 : «... insigni theologo et utriusque juris perito... » et p. 182.
(4) Cit. dans *Hist. littér...*, *ibid.*, p. 272, d'après la lettre reproduite dans *Recueil des hist. des Gaul. et de la Franc.*, tom. XIX, p. 695.
(5) *Gal. christ.*, vol. cit., col. 60.
(6) *Ibid.* Voir aussi *Hist. littér. de la Franc.*, tom. XVIII p. 272-273.

livre, au moins en partie, est l'œuvre d'Olivier, écolâtre de Cologne et contemporain de Jacques de Vitry (4).

L'un a donné à notre auteur des poésies. Mais au sujet de ces *multa carmina de diversis* dont parle Possevin, indiquant le manuscrit qui renferme le *Dialogus christiani et judæi de sacramento altaris*, du même auteur, pense-t-il, nous dirons avec l'*Histoire littéraire de la France* : « Une indication si « vague, si suspecte d'inexactitude... ne nous semble pas suf- « fire pour attribuer à l'évêque d'Acre des poésies diverses « dont il n'est fait ailleurs aucune mention » (2).

Nous estimons qu'il y a lieu d'en dire autant des opuscules suivants : *Moralisations* (3) ; *De la confession* (4) ; *Somme sur la conversion des pécheurs* (5) ; *De la grâce spéciale donnée à quelques-uns* (6) ; *Des proverbes ou maximes religieuses* (7). Nous rangeons dans la même catégorie le *Commentaire sur les quatre Evangiles*, mentionné par le P. Lelong d'après Louis Jacob (8).

Que faut-il penser des opuscules désignés sous ces titres : *Exemples ; De la nature des choses et des faits remarquables en Orient ; Fragments sur les mœurs et les forces des Agaréniens.* Ce qu'en pense, selon nous, l'*Histoire littéraire de la France*, à savoir : que les *Exempla* doivent être des extraits des sermons de l'auteur, le *De Rerum natura et notabilibus rebus quæ in Oriente sunt* et les *Fragmenta de moribus et viribus Agarenorum* des parties de l'*Histoire Orientale* (9).

---

(1) *Hist. littér...*, vol. cit., p. 239-244 ; *Biblioth. de l'écol. des chart.*, tom. XXXVIII, p. 506.
M. Guizot a donné une traduction française des trois livres dans la *Collection des Mémoires relatifs à l'histoire de France*, tom. XXII.

(2) Tom. XVIII, p. 224-225.
Peut-être même confond-t-on ce *Dialogus* avec le chapitre trente huit et dernier de l'*Histoire occidentale*, chapitre intitulé : *De sacramento altaris sive Eucharistiæ subtilis et scholastica tractatio*.

(3) « A l'abbaye du Rougeval » (*Ibid.*, p. 221).

(4) « Chez les Guillelmites de Nivelle » *Ibid.*)

(5) « A Saint-Martin de Tournay » (*Ibid*).

(6) « A Sept-Fontaines près de Bruxelles » (*Ibid.*).

(7) « Chez les Chartreux de Liège » (*Ibid.*).

(8) *Biblioth. lat.*, édit. in-fol., p. 1005.

(9) Tom. XVIII, p. 221.
Les *Fragmenta de moribus et viribus Agarenorum* sont à la bibliothèque de la rue Richelieu, ms. lat. 5695.
L'on trouve, à l'Arsenal, dans le ms. 530 des *Exempla optima ad prædicandum*, travail, ici incomplet, mais paraissant complet, à la Mazarine, dans le ms. 742.

Nous rencontrons aussi dans cette *Histoire occidentale* quelques détails curieux sur l'université de Paris. L'auteur nous apprend, entre autres choses, comment l'on qualifiait où se qualifiaient les étudiants venus des diverses provinces ou nations. « On appelle, dit-il, les Anglais ivrognes et couards
« *caudatos*) ; les Français passent pour orgueilleux ; les
« Teutons sont considérés comme des furieux, prodiguant à
« table des propos obscènes; les Normands sont réputés
« vains et superbes, les Poitevins traitres, inconstants à
« l'instar de la fortune, les Bourguignons lourdeaux et
« benêts, les Bretons étourdis, vagabonds, sans dire qu'on
« leur reproche souvent le meurtre d'Arthur; les Lombards
« sont estimés avares, fourbes et lâches, les Romains querel-
« leurs, portés à la violence, mordant les mains (*manus*
« *rodentes*), les Siciliens cruels et tyranniques, les Bra-
« bançons hommes de sang, incendiaires, bandits, voleurs ;
« les Flamands amis de la superfluité, prodigues, adonnés
« aux festins, mous comme du beurre ». Assurément les expressions ne sont ménagées pour personne. L'historien ajoute : « Après qu'on s'est renvoyé ses injurieuses quali-
« fications, il n'est pas rare qu'on passe des mots aux coups » (1).

Les presses se sont emparées de ces deux histoires ou de ces *deux livres* pour les répandre dans le public. Nous avons une édition de Douai en 1597, in-8, (2) moins la *Préface* qui parut seulement, en 1604, dans les *Antiquæ lectiones de Canisius* (3). En 1608, Gretser a mis au jour un troisième livre. Bongars l'a réédité, en 1611, à la suite du premier livre, sous ce titre : *Jacobi de Vitriaco Historiæ orientalis liber tertius qui potissimum de capta a cruce signatis Damieta agit*. Martène et Durand l'ont inséré dans leur *Thesaurus* (4), mais avec de notables différences dans le texte. Des doutes se sont élevés sur l'authenticité de ce troisième livre, et ils sont fondés, car ce

---

(1) Cap. VII.
(2) *Libri duo, quorum prior orientalis sive Hierosolymitanæ, alter occidentalis Historiæ inscribitur.*
(3) Edit. in-4, tom. VI, *in fine*. Elle figure aussi dans l'édit. in-fol., tom. IV, p. 27-28.
(4) Tom. III, col. 269.

Pierre de Roissy ou de Rufie. Ce trait est décoché au premier : « Maître Albéric de Laon fut plus tard archevêque de « Reims, de fleuve devenu petit ruisseau (*De fluvio commu-* « *tatus in rivulum*) » (1). Un trait analogue est lancé au second, car, ici comme là, il s'agit de la possession des richesses pendant ou après la prédication de la pauvreté : « Maître Pierre... a fait une tache dans sa gloire ; car lui « qui avait pris le chemin de la perfection et prêchait la pau- « vreté, se trouve, à l'occasion de la pauvreté, chargé de ri- « chesses et de revenus et est devenu chanoine et chancelier « de l'église de Chartres ; lui qui devait de la fumée tirer la « lumière, a de la lumière produit la fumée » (2).

(1) *Histor. occident.*, cop. IX.
Albéric Humbert est appelé par notre historien Albéric de Laon, sans doute à cause de sa naissance dans cette ville. Dans un acte de Saint-Remi de Reims, il porte le nom d'Albéric de *Alto Villari*. (*Gal. christ.*, tom. IX, col. 106).

(2) *Hist. occident.*, cop. VIII.
Jacques de Vitry a écrit : *Petrus de Rufia*, et Vincent de Beauvais : *Petrus de Roissiaco* (*Specul. hist.*, lib. XXIX, cap. LIX).
L'historien continue au sujet de ce maître Pierre : « Et ab hoc non « solum doctrinam suam contemptibilem reddidit, sed et aliis prædicti « Fulconis discipulis multum derogatum est in hoc facto ». Peut-être tout cela rejaillit-il quelque peu sur Foulques lui-même pour le faire baisser, comme nous l'avons vu, dans l'admiration commune.
Albéric Humbert avait été un élève de l'Université, à laquelle il fit honneur comme théologien et comme ministre de la parole sainte. D'archidiacre de Paris, il fut, en 1207, sur la recommandation d'Eudes de Sully, nommé archevêque de Reims. En 1209, suivant le *Gallia christiana*, en 1212, suivant Marlot, il prenait part à la croisade contre les Albigeois. En 1215, il comptait parmi les prélats du concile de Latran. En 1216, il faisait partie des pairs de France assemblés à Melun pour prononcer, en présence du roi, sur le litige entre Erard de Brenne et Blanche de Navarre au sujet de l'hommage du comté de Champagne. En 1217, il se croisait pour la Terre-Sainte, séjournait quelques mois en Orient, et revenait mourir en Italie à la fin de l'année suivante, après avoir été pris par les Sarrazins à Lisbonne et délivré par les chevaliers de Calatrava. Le prélat avait eu, en 1210, et, d'après la tradition de l'église de Reims, en 1212, la douleur de voir sa cathédrale devenir la proie des flammes ; mais il s'est acquis la gloire d'avoir jeté les fondements de l'admirable basilique d'aujourd'hui. (*Hist. Univers. Paris.*, tom. III, p. 672 ; *Gal. christ.*, tom. IX, col. 104-107 ; Marlot, *Hist. de la vil., cit. et univers. de Reims...*, Reims, 1843-1846, tom. III, pp. 536, 547, 517).
Marlot a écrit dans l'ouvrage précité, texte latin, et là seulement, car nous n'avons rien trouvé de semblable dans le texte français à l'endroit correspondant : « Extat liber sermonum ejus, Parisiis, ut fertur, adhuc « latens, qui utinam publici juris fieret, ex eo enim ingenii ubertas, « optimi conceptus et gravis elocutio, velut ex gutta mellis favus, cognita, « tanti viri nomen certiore panegyri commendaretur ». (*Metropol. Remens., Histor.*, Lille-Reims, 1666-1679, tom. II, p. 490).

Vies de plusieurs saints illustres du même Arnaud (1), la seconde à Louvain (2).

Mais l'historien se recommande surtout par son *Histoire orientale* et son *Histoire occidentale*. Dans la première, il décrit les pays et les mœurs des peuples de l'Orient ou plutôt de la Palestine et lieux circonvoisins : c'est une œuvre où l'historien parle ou comme témoin ou comme observateur recueillant sur les lieux les renseignements qu'il consigne; l'on y voit une histoire abrégée du mahométisme jusqu'à l'année 1229. L'*Histoire occidentale* est le tableau de l'état de l'Occident à l'époque où vivait l'auteur. Les mœurs occidentales apparaissent sous des traits lugubres (3). Les ordres religieux sont une consolation et une espérance; car, au milieu de la corruption générale, c'est parmi eux que se réfugie la sainteté évangélique. Les Frères-Mineurs lui inspirent tout particulièrement des paroles d'admiration (4).

D'autre part, l'historien trouve des paroles sévères à l'endroit de ceux qui, prédicateurs de la pauvreté, ambitionnent ou acceptent avec trop d'empressement les dignités de l'Eglise. Nous citerons deux Fulconistes, Albéric Humbert et

---

(1) Paris, 1644, in-fol.
(2) Louvain, s. d., in-8.
Voir aussi : *Biblioth. hist. de la France*, n° 14720; *Hist. litt. de la Franc.*, vol. cit., p. 222.
Vincent de Beauvais a inséré de longs extraits de la *Vita* dans son *Speculum historiale*, lib. xxx, XVI-LI.
Il a inséré aussi dans le même livre xxx, cap. xi-xv, le *De Mulieribus Leodiensibus*.

(3) Cap. I. L'on y lit, entre autres choses : « Facta est meretrix civitas « quondam fidelis... Principes ejus in medio ejus quasi leones rugientes; « judices ejus lupi vespere non relinquebant in mane. Omne caput lan- « guidum et omne cor mœrens ».

(4) Voir cap. xxxii, *De ordine et prædicatione Fratrum Minorum* « ... addidit « Dominus in diebus istis quartam religionis institutionem, ordinis decorem « et regulæ sanctitatem. Si tamen Ecclesiæ primitivæ statum et ordinem « diligenter attendamus, non tam novam quam veterem renovavit, rele- « vavit jacentem et pene mortuam suscitavit religionem in vespere mundi « ad occasum »... Après avoir décrit l'admirable détachement de ces religieux, l'auteur trace ces mots à la fin du chapitre : « Hic autem per- « fectionis ordo et spatiosi claustri amplitudo infirmis et imperfectis con- « gruere non videtur ».
Nous ne savons pourquoi Fleury estime que l'historien fait aussi l'éloge des Frères-Prêcheurs sous le nom de chanoines de Bologne (*Hist. ecclés.*, liv. LXXVIII, chap. LIV). A moins pourtant d'adopter l'interprétation de cet historien, il faudrait dire que Jacques garde le silence sur ce nouvel ordre : omission d'autant plus surprenante, dirons-nous avec l'*Hist. litt. de la Franc.*, p. 256, que cet ordre « était celui qui jetait le plus vif éclat ».

réflexions sur la prédication en général ; (1) mais le prédicateur vise surtout la méthode par lui employée.

Nous avons mentionné précédemment le *De Mulieribus Leodiensibus*. Ce travail forme la première partie du *Prologue* de la *Vie de la bienheureuse Marie d'Oignies*, *Prologue* adressée à *Foulques, évêque de Toulouse*. La deuxième partie parle de Marie d'Oignies. Les paroles suivantes sont la transition entre les deux parties : « Mais qu'est-il besoin de narrer en « diverses femmes les diverses et admirables variétés de « grâces, lorsque je trouve dans une seule et précieuse et ex-« cellente perle presque toute la plénitude des grâces, perle « qui resplendit merveilleusement parmi les autres comme « une escarboucle parmi les autres pierres précieuses, « comme le soleil parmi les étoiles » (2). Nous venons d'indiquer que Jacques de Vitry a écrit une *Vita beatæ Mariæ Oigniasensis*, laquelle a pris place dans l'œuvre de Surius d'abord, puis et plus complètement dans les *Acta sanctorum* (3).

La *Vie de la bienheureuse Marie d'Oignies* ne comptait que deux livres. Thomas de Cantimpré ajouta ensuite un *Supplément* qui peut être considéré comme un troisième livre (4).

Elle a été traduite en français par Arnaud d'Andilly et en flamand par David Herrera. Les deux traductions ont été imprimées, la première, à Paris, dans les

---

(1) Par exemple, à la première page : « Verba cœlestis philosophiæ « non ornatum quærunt, sed profectum. Musica enim in luctu importuna oratio. E contra verba sapientiæ secularis velut meretrix ornata « et improba non sibi sufficiunt, nisi coloribus adulterinis depingantur... « Melior est enim humilis auditor quam imperitus prædicator ».

(2) Cette sainte femme mourut le 23 juin de l'année 1213, vers la trente sixième de son âge.

(3) *Acta...*, 23 juin, tom. IV du même mois, pp. 639 et suiv.
Ce travail a été imprimé aussi, à Arras, en 1600. in-8, avec la *Vita S. Arnulphi Villgriensis* (*Bibl. hist. de la France*, n° 14720).

(4) Les *Acta* l'attribuent à un Nicolas, chanoine du même couvent de Cantimpré. Cela vient de ce que le Prologue de ce *Supplément* commence ainsi : « Patri in Domino.... frater N. humilis canonicus Cantipratensis cœnobii salutem in auctore salutis nostræ Christo Jesu ». Mais les auteurs des *Scriptores ordinis Prædicatorum*, après avoir réfuté les *Acta*, revendiquent le travail pour Thomas de Cantimpré. Voir *Scriptores...*, tom. I, p. 254. Les raisons nous ont paru bonnes. La lettre N, alors, n'aurait été placée dans le manuscrit que pour permettre à l'auteur de garder mieux l'anonyme.

Il est vrai qu'il y a un autre recueil inédit de *Sermons vulgaires (Sermones vulgares)* (1), titre donné non pas parce qu'ils sont écrits dans la langue du peuple, mais bien parce qu'ils s'appliquent aux *diverses conditions* et aux *divers emplois* dans la société (2). Naturellement, ces sujets particularisés devaient faire impression sur les personnes à qui s'adressait le prédicateur. Mais, en général, selon la pensée d'Etienne de Bourbon, dont nous venons de transcrire les paroles, l'on peut dire que le succès dépendait surtout des traits puisés dans les chroniques et les légendes et dont les discours étaient abondamment émaillés. C'est en cela que Jacques de Vitry se distinguait spécialement de ses contemporains; car, pour le reste, si l'orateur usait un peu moins d'arguments scolastiques, il faisait également large emploi d'explications mystiques et allégoriques.

Revenant aux sermons imprimés, nous ajouterons : A juger par le titre, on croirait qu'il n'y a dans le volume que deux sermons par dimanche ou, du moins, des sermons sur l'Epître et l'Evangile seulement; ce serait une erreur : il y a pour chaque dimanche un autre sermon qui a l'Introït pour sujet.

Enfin, si nous en croyons Foppens, notre prédicateur aurait laissé encore des *Sermons sur les saints* et des *Sermons sur l'œuvre des six jours*, lesquels seraient, comme les *Sermones vulgares*, demeurés inédits (3).

L'on a dit que le prédicateur avait écrit sur l'art de prêcher, et l'on a cité un opuscule inédit avec ce titre : *Jacobi de vitriaco de Arte prædicandi*. L'*Histoire littéraire de la France* se demande si ce ne serait pas la préface même du volume imprimé (4). Nous ne le pensons pas. En effet, dans le *Proœmium* très court, placé en tête des *Sermones*, l'on trouve bien quelques

---

(1) M. Lecoy de la Marche, *La Chair. franc. au moyen-âge...*, Paris, 1886, pp. 56, 5.4. Il cite, en particulier, trois copies : l'une à la Bibl. nat., ms lat. 17509, l'autre à Ste-Genev., DL 26, la 3ᵉ à l'Arsenal, ms. 581 ou mieux, ce que la critique a voulu écrire sans doute, 540.

(2) Ces mots suivent la préface : *Sermones ad status, secundum diversa hominum genera et diversitates officiorum...* (*La Chair. franc...* p. 57).

(3) « Ms Tornaci ad Sanctum-Martinum » (*Biblioth. Belgic.*, Bruxelles, 1759, tom. I, p. 543.

(4) Vol. cit., p. 219.

Plusieurs légations lui furent confiées tant en France qu'en Allemagne. Mais les données historiques ne nous permettent pas d'en préciser les objets. Tout ce que l'on peut dire, c'est que le légat fut à la hauteur de ses diverses missions.

Elu patriarche de Jérusalem, il ne put prendre possession de son nouveau siège, parce que Grégoire IX le retint à Rome : le concours du cardinal était jugé nécessaire pour le gouvernement de l'Église universelle.

Jacques de Vitry mourut assez peu de temps après, le dernier jour d'avril 1240 (1). Conformément à ses volontés, son corps fut rapporté au monastère d'Oignies.

Si la poésie le chanta :

Vitriaci o magni manes et nobilis umbra (2),

l'histoire nous montre en lui non seulement un diplomate habile, dont quelques lettres nous sont connues, mais aussi un orateur puissant et un historien respectable dont il nous reste à étudier les œuvres.

Comme orateur, « il remua, dit un ancien historien, toute « la France, comme de mémoire d'homme, pas un ne la re- « mua, ni avant ni après lui » (3). Il serait assez difficile de s'expliquer cette puissance oratoire par le recueil imprimé des *Sermons sur les Epîtres et les Evangiles de toute l'année* (4).

(1) « C'est par erreur, écrit avec raison Daunou, auteur de l'article dans l'*Histoire littéraire...*, vol. cit., p. 212, que certains auteurs ont dit 1244 et Vossius 1260 ». M. J. de Saint-Genois assigne l'année 1245 (*Mémoir.*, déjà cités, de l'Académie roy.... de Belgique tom. XXIII).

(2) Voir la suite de la pièce due à la plume d'Hoius, professeur à l'université de Douai, dans la *Vita D. Jacobi Vitriaci*, déjà citée, au commencement de l'*Historia orientalis et Historia occidentalis*. Du Boulay, *Histor. Univers.* Paris., tom. III, p. 691-692, en a reproduit une partie.

L'*Histoire littéraire de la France*, tom. XVIII, p. 212, cite, d'après François Duchesne, ces deux vers gravés sur le tombeau de Jacques :

Vitriacus jacet hic, romana columna, Jacobus,
Quem vivum coluit, colit orbis uterque sepultum.

L'on peut consulter encore, sur la partie historique le *De Jacobi Vitriacensis, crucis prædicatoris, vita et rebus gestis Dissertatio*, par F. L. Motzner, *Monasterii* (Munster), 1863, in-8°.

(3) Etienne de Borbon ou de Bourbon : « Vir sanctus et litteratus..., « prædicando per regnum Franciæ et utens exemplis in sermonibus suis, « adeo totam commovit Franciam, quod non putat memoria aliquem « ante vel post sic movisse » (Cit. dans *Hist. littér...*, vol. cit. p. 213).

(4) Anvers, 1575, in-fol. : *Sermones in Epistolas et Evangelia dominicalia totius anni...*

Dans une autre qu'il adressait au même pape, il décrivait la conduite peu édifiante d'une partie de l'armée victorieuse, la retraite déplorable du roi de Jérusalem, le retour à bien des troupes demeurées fidèles, car la régularité était telle qu'on eût dit, comparativement au passé, la vie d'un cloître (1).

Quelques années plus tard, Jacques de Vitry vint à Rome, où il reçut très bon accueil d'Honorius III ainsi que des cardinaux et, en particulier, du cardinal Hugolin, évêque d'Ostie, avec lequel il contracta une étroite amitié (2). La Palestine le revit encore. Mais revenu dans la Ville éternelle, l'évêque de Saint-Jean d'Acre fit agréer sa démission par le Saint-Siège et se retira dans le monastère, toujours cher à son cœur, des bords de la Sambre. Le prélat démissionnaire redevint prédicateur. Quand le cardinal Hugolin fut élu pape sous le nom de Grégoire IX, Jacques estima ne pouvoir se dispenser d'aller lui offrir ses sincères félicitations. Ce fut contre l'avis du prieur qui prévoyait que le nouveau pape ne voudrait point se séparer de son ami. Les prévisions du prieur se réalisèrent : l'ancien évêque de Saint-Jean d'Acre fut créé, en 1229, cardinal et évêque de Tusculum (3).

Trois autres lettres du même au même et au sujet de la même expédition ont été aussi imprimées par Martène et Durand, Lol. cit., col., 287 et suiv.

(1) « ... quod exercitus Domini, respectu ejus quod ante fuerat, quasi claustrum monachorum esse videbatur ». Cette lettre est reproduite par d'Achéry dans *Spicilegium*, in-4°, tom VIII. pp. 373 et suiv.; cit. à p. 577.

Bongars a inséré dans ses *Genta Dei per Francos*, Hanau, 1611, pp. 1146 et suiv., une sixième lettre adressée à Jean de Nivelle et autres religieux de Belgique. Mais, sauf quelques phrases, elle est la même que la quatrième à Honorius. (*Bibl. de l'écol. des chartes*, an. 1877, p 508).

L'on peut consulter encore les *Mémoires de l'académie royale des sciences, des lettres et des beaux-arts de Belgique*, tom. XXIII, *sur des lettres inédites de Jacques de Vitry*, Bruxelles, 1849. Ces *Lettres*, sont au nombre de deux : l'une est adressée à ses amis, l'autre à Ludgarde de Saint-Trond (*de Sancto-Trudone*) et au couvent d'Awirs (*de Awiria*).

Suivant Jean de Tritenheim ou Jean Trithème, les diverses lettres de Jacques de Vitry formaient un volume ou un livre : *Epistolarum ad diversos Liber I* (*Cataloy. script. ecclesiast.*); ce qui indiquerait qu'un certain nombre de ces lettres sont détruites ou égarées.

(2) Le cardinal aurait été délivré « de violentes tentations contre la foi par le moyen d'une relique de la bienheureuse Marie d'Oignies ». (Fleury, *Op. cit.*, liv. LXXXI, ch. XL).

(3) Albéric des Trois-Fontaines, *Chronicon*, p. 574 ; *Acta Sanct.*, 23 juin, tom. IV du même mois, pp. 669, 672 ; *Vita D. Jacobi de Vitriaco*, au commencement de l'*Historia orientalis et occidentalis*.

« l'avoient été de plaire à leurs maris, vivant dans les jeûnes,
« les veilles, les prières, le travail et les œuvres de charité ;
« enfin des femmes mariées qui élevoient leurs enfans dans
« la crainte de Dieu, qui, de tems en tems, gardoient la
« continence pour mieux vaquer à la prière, et plusieurs
« même qui la gardoient toujours, du consentement de leurs
« maris. Ces saintes femmes... donnèrent une preuve illustre
« de leur vertu au pillage de Liège, fait par ordre du duc de
« Brabant en 1212. Car celles qui ne purent se sauver dans
« les églises, se jetèrent dans les rivières et les cloaques pour
« sauver leur honneur; mais Dieu ne permit pas qu'aucune
« y pérît quoiqu'elles fussent en grand nombre » (1).

Foulques ne négligeait pas de faire, en même temps, un nouvel appel pour combler les vides dans les rangs des croisés. Le prélat trouva un puissant concours dans la parole ardente du chanoine régulier.

Le continuateur de Guillaume de Tyr nous apprend en ces termes que Jacques consacra aussi sa foi et son éloquence à une autre croisade, celle qui dans l'ordre historique est classée comme cinquième parmi ces grandes expéditions de l'Occident contre l'Orient : « Il ot en France un clerc qui
« presche de la crois, qui avoit nom Jacques de Vitri ; cil en-
« croisa mult. Là où il estoit en la prédication, l'élurent les cha-
« noines d'Acre et mandèrent à l'apostole qu'il leur envoya
« pour estre évesque d'Acre (2) ».

Jacques fut donc appelé, en 1217, à l'évêché de Saint-Jean d'Acre en Palestine. Il se rendit sans retard à son poste. Il assistait au siège de Damiette; et, quand la Ville fut prise en 1220, il fit réserver les enfants des captifs pour leur procurer le baptême : un certain nombre de ces enfants moururent bientôt après ; d'autres furent retenus par le prélat; d'autres furent confiés à ses amis. Ainsi parlait Jacques dans une lettre à Honorius III (3).

(1) Fleury, *Loc. cit.*, suivant le *De Mulieribus Leodiensibus*, travail dont il va être parlé.
(2) *Continuata Historia belli sacri*, dans Martène et Durand, *Amplissima Collectio*, tom. V, col. 581 et suiv., citat. p. 681.
(3) Lettre au pape Honorius III, dans Martène et Durand, *Thesaurus novus anecdotorum*, tom. III, vol. 304 : « ... exceptis parvulis quos cum ego labore magno et expensis feci reservari: quibus baptizatis, plus quam
« quingenti, ut credo, post baptismum primitiæ Deo et Agno transierunt.
« Alios autem, præter illos quos retinui, quibusdam amicis meis commisi, ut eos nutrirent et litteris sacris ad cultum Dei imbuerent...»

passa les dix jours entre l'Ascension et la Pentecôte sans prendre aucune nourriture. Pour éviter l'affluence des pèlerins, elle se retira à Oignies sur la Sambre, lieu peu connu alors et où depuis 1192 environ il existait un monastère de chanoines réguliers. La solitude était plus grande, et la sainteté la même. Il n'y avait pas longtemps que Marie s'y était fixée, quand Jacques de Vitry vint la visiter. D'après les conseils de la sainte, il quitta l'habit séculier pour se faire chanoine régulier au monastère de Willebroeck d'abord, puis d'Oignies. Il en suivit également les inspirations pour se livrer à la prédication, ministère où, en peu de temps, il n'eut pas « son pareil pour l'explication de l'Ecriture et la destruction des vices » (1). A la demande des religieux et sur les prières de Marie, Jacques revint à Paris pour y recevoir le sacerdoce (2).

Revenu en son monastère, le nouveau prêtre reprit le ministère évangélique. Cette fois, ce n'était pas seulement pour l'amendement des âmes. Il s'agissait de soulever les chrétiens en faveur d'une cause sainte, la délivrance du midi de notre royaume où se faisait cruellement sentir le joug d'implacables hérétiques.

Chassé de son siège par les Albigeois, Foulques, évêque de Toulouse, était passé de la France au pays de Liège, terre sanctifiée par l'héroïsme de la vertu dans les femmes et du dévouement dans les hommes. Il avait pu constater le dévouement de ceux-ci dans les guerres du Languedoc. Il désirait s'édifier des vertus de celles-là.

Fleury, d'après Jacques de Vitry lui-même, présente ainsi les vertus de ces femmes et les sentiments de Foulques : Ce dernier « s'imaginoit avoir quitté l'Egypte et être venu dans la
« terre de promission. Il voyoit, en divers lieux, des troupes
« de vierges qui vivoient dans la pureté et l'humilité, subsis-
« tant du travail de leurs mains, quoique leurs parents eussent
« de grandes richesses. Il voyoit des femmes consacrées à
« Dieu, qui s'appliquoient avec un grand zèle à instruire ces
« filles et à les maintenir dans leur sainte résolution. Il voyoit
« des veuves plus occupées de plaire à Dieu qu'elles ne

---

(1) Fleury, *Hist. ecclés.*, liv. LXXVIIe, ch. III.
(2) *Vita D. Jacobi de Vitriaco*, déjà citée, au commencement de l'*Historia orientalis* et *Historia occidentalis*.

JACQUES DE VITRY
(-1240)

C'était un enfant des environs de Paris, probablement de Vitry-sur-Seine, comme son nom l'indiquerait. On lui a donné aussi pour berceau Argenteuil (1); mais il est plus vraisemblable que ce village n'a été que le champ où Jacques a exercé, à un titre quelconque, le ministère ecclésiastique.

Les renseignements ne sont pas nombreux en ce qui concerne son existence à Paris. Il est certain qu'il a été un des écoliers de l'Université de Paris (2). Mais y a-t-il enseigné et surtout y a-t-il enseigné la science sacrée? Rien n'autorise à l'affirmer. S'est-il élevé jusqu'au grade suprême en théologie? Il est permis de le croire; disons-même qu'un esprit aussi distingué que lui a dû ambitionner ce grade avant de se livrer au saint ministère ou vouloir le conquérir depuis. Voilà ce qui, joint à la célébrité du personnage, explique pourquoi nous n'avons pas estimé devoir renfermer dans les limites d'une simple note l'article auquel il peut avoir droit.

Vers 1210, il fut, n'étant pas encore prêtre, appelé en Brabant par la grande réputation d'une sainte femme, Marie d'Oignies. Née à Nivelle, vers 1177, mariée à 14 ans, la jeune épouse persuada, peu de temps après, à son mari de vivre comme frère et sœur. A la continence parfaite, ils joignirent bientôt le dévouement admirable pour les lépreux aux soins desquels ils se consacrèrent à Willembroc ou, mieux, Willebroeck près de Nivelle. Marie se condamnait encore à un jeûne presque continuel; et l'on raconte qu'une fois elle

---

(1) L'*Hist. Univers. Paris.*, tom. III, p. 690, le fait naître à Argenteuil, ainsi que la *Vita D. Jacobi de Vitriaco* dont il va être question. Comme nous venons de le dire, le surnom qu'il porte témoigne en faveur de l'opinion par nous adoptée.

(2) *Vita D. Jacobi de Vitriaco*, au commencement de l'*Historia orientalis* et *Historia occidentalis*, de Jacques de Vitry, Douai, 1597, in-8° : «...quem... theologicis studiis Lutetiæ operam navasse diligentem satis « certo constat ». L'*Historia universitatis Parisiensis*, loc. cit., parle aussi de «theologiæ studiis » et, tom. II, p. 510, précise davantage : «...Jacobus « de Vitriaco qui circa initia regni Philippi Augusti Lutetiæ litteris operam « dabat... » Enfin, lui-même dans ses sermons raconte qu'il a étudié à Paris. (M. Lecoy de la Marche, *La Chair. franc. au moyen-âge..*, Paris, 1886, p. 53).

« ment analysé un manuscrit du Musée britannique qui, sous
« la rubrique : *Dicta magistri Philippi, quondam cancellarii
« Parisiensis*, nous offre une quarantaine de petites poésies
« latines, dont seize copiées dans le manuscrit de Flo-
« rence »(1). De nouvelles recherches pourront peut-être décou_
vrir encore d'autres œuvres poétiques du célèbre chancelier.

Peut-être même Philippe serait-il l'auteur d'une pièce de poésie française qui serait la traduction de la pièce latine : *Quisquis cordis et oculi*, que M. P. Meyer a imprimée dans la *Romania* et qui commence par ce vers :

Li cuers se vait de l'ueil plaignant. (2).

(1) Procès-verbal de la susdite assemblée, p. 101-104.
On trouvera cette analyse avec extraits dans les *Archiv. des mss. scient. et littér.*, Paris, 1866, sér. II, tom. III, p. 255-258, 280-289, le manuscrit anglais est du Fonds Egerton 274.
Voir aussi *Romania*, Paris, 1872, p. 198, sur la *Disputatio membrorum*, pièce non tout à fait inédite.
Le manuscrit latin 14925 de notre Bibliothèque nationale renferme aussi des vers de Philippe (M. Hauréau, *Not. et Extr.*..., tom. III, p. 301), et le manuscrit 525 de l'Arsenal une chanson latine.

(2). *Romania*, ibid., p. 201-203.
Le successeur immédiat de Philippe de Grève dans les fonctions de chancelier fut *Guiard de Laon*, appelé encore *Viard*, *Willard*, *Gilo*, *Guido* Il était loin de partager l'opinion de Philippe relativement aux bénéfices : « Je ne voudrais pas, aurait-il dit, pour tout l'or de
« l'Arabie, passer une seule nuit possédant deux bénéfices, quand même
« je serais assuré que le lendemain matin l'un des deux serait donné à
« un sujet capable ; et cela à cause de l'incertitude de la vie (*et hoc prop-
« ter incertæ vitæ discrimen*) », paroles rapportées par Thomas de Cantimpré et reproduites par du Boulay (*Hist. Univers. Paris.*, tom. III, p. 681).

En 1238, il quitta la dignité de chancelier pour le siège archiépiscopal de Cambrai, qu'il occupa jusqu'en 1247, année très probable de sa mort.

Ses écrits, sans vogue alors, sans grande valeur en soi, n'ont jamais été imprimés : ils comprenaient spécialement, outre des sermons, un traité *De divinis officiis* et un dialogue sur la création.

On parle, en s'appuyant encore sur une assertion de Thomas de Cantimpré, d'une apparition de Guiard à un Frère-Prêcheur pour lui révéler son séjour dans le purgatoire, châtiment encouru par une trop grande sécurité pendant son existence terrestre.

(*Hist. Univers. Paris.*, tom. III, p. 68 ; *Gal. christ.*, tom. III, col. 36-38 ; *Hist. littér. de la Franc.*, tom. XVIII, p. 354-556, et tom. XXI, p. 550-551, surtout en ce qui concerne les opuscules ; N. Lecoy de la Marche, *La Chaire franç.*..., Paris, 1886, p. 508, relativement aux Sermons.)

La *Revue des sciences ecclésiastiques* a imprimé, tom. IV, 1861, p. 124-136, un sermon de Guiard en vieux français sur les fruits de la sainte communion.

Philippe est-il l'auteur d'un guide pour l'assistance des mourants, *Libellus de modo exhortandi et faciendi de illis qui in agone et articulo mortis laborant?* Nous avons encore ici le témoignage de Sandère (1).

A-t-il écrit l'histoire du saint clou possédé par l'abbaye de Saint-Denis et des prodiges par lui opérés quand, ayant disparu, il fut miraculeusement retrouvé? Albéric des Trois-Fontaines l'affirme et place la composition du livre en 1233 (2); et même, suivant Félibien, « Tillemont, dans ses Mémoires manuscrits sur la vie de saint Louis, parle avec éloge de cette relation dont il existait des copies en quelques bibliothèques »(3). C'est probablement la *Relation* que possède notre Bibliothèque nationale dans le manuscrit 1509 des nouvelles acquisitions latines (4).

Jusqu'à nos jours, on ne connaissait en Philippe de Grève que le théologien. On ignorait qu'à certaines heures il avait été poète. C'est grâce à de récentes découvertes — la pièce déjà signalée est du nombre — qu'il s'est révélé à nous sous ce rapport. « L'un des écrivains les plus curieux du xiiie siècle, « frère Salimbène, dont la piquante chronique sera bientôt, « espérons-le, comprise dans votre collection, ayant à vanter « les compositions musicales de Henri de Pise, nous apprend « qu'il avait mis en musique plusieurs morceaux de maître « Philippe, chancelier de l'église de Paris, et notamment ceux « qui commençaient par les mots: *Homo, quam sit pura; Crux*, « *de te volo conqueri; Virgo, tibi respondeo: Centrum capit* « *circulus; Quisquis cordis et oculi* et *Pange, lingua Magda-* « *lenæ* ».

Ainsi s'exprime M. Léopold Delisle dans son discours lu à l'Assemblée générale de la Société de l'histoire de France, le 26 mai 1885. Or, continue-t-il, « sur ces six pièces, quatre (les « numéros 1, 2, 4 et 5) se trouvent dans l'Antiphonaire de « Pierre de Médicis », précieux manuscrit qui est conservé à la Bibliothèque laurentienne de Florence, et que l'érudit précité a eu entre les mains. D'autre part, « M. Mayer a savam-

---

(1) *Hist. littér...*, *ibid.*
(2) *Monumenta Germaniæ historica*, tom. *Scriptores*, XXIII, 931.
(3) *Hist. littér...*, vol. cit., p. 190.
(4) Daunou fait remarquer que l'on a attribué, à tort, à Philippe le *Speculum astronomicum in quo de libris licitis et illicitis;* car cet ouvrage appartient à Albert-le-Grand (*Ibid.*, p. 190-191).

voulut faire, dit-on, de sa doctrine sur les bénéfices jusqu'au delà du tombeau (1).

Prédicateur que les contemporains écoutaient avec autant de plaisir que Hugues de Saint-Cher, Robert de Sorbon, Nicolas Byart, Guiard de Laon, Philippe de Grève a laissé des sermons dont plus de 700 sur les *Psaumes* ont été imprimés (2). On en rencontre d'autres dans un assez grand nombre de manuscrits de notre bibliothèque de la rue Richelieu (3). Un autre manuscrit de la même bibliothèque renferme une *Expositio Evangeliorum dominicorum* (4). C'est sans doute le commentaire sur les *Evangiles* indiqué par le P. Le Long (5). Au théologien a survécu également un monument de sa science : c'est une *Somme de théologie* qui a pris ainsi place parmi les manuscrits de la Bibliothèque nationale (6) « ouvrage « important, dit avec raison M. Hauréau, que Daunou « n'aurait pas dû dédaigner comme une compilation vul- « gaire » (7).

Le P. Le Long signale encore des commentaires *sur Job*, sur les *Thrènes de Jérémie*. S'il cite les seconds sur le témoignage de Sandère, il indique la bibliothèque de l'église de Cambrai comme renfermant les premiers (8). Mais, dit Daunou, M. Le Glay, après examen du manuscrit de Cambrai, « y a « reconnu l'ouvrage du prêtre Philippe, disciple de saint « Jérôme..., ouvrage imprimé à Bâle en 1527, in-fol., in- « séré depuis dans le recueil des œuvres de saint Jé- « rôme et, avec des variantes, parmi celles de Beda » (9).

(1) *Supra*, p. 211-212.
(2) Première édit..., Paris, 1523, in-8°; deuxième édit., Brescia, 1600, également in-8° (Fabricius, *Bibl. lat...*, edit. Mansi, art. *Philippus cancellarius*; Le Long, *Biblioth. sac.*, edit. in-fol., p. 753). L'*Histoire littéraire de la France*, vol. cit., p. 189, assigne, il est vrai, à la première édition l'année 1533.
(3) Ces manuscrits latins et autres sont indiqués par M. Lecoy de la Marche, *La Chaire franç...*, Paris, 1886, p. 524-525.
(4) Ms. lat. 18175.
(5) *Bibl. sacr.*, edit. in-fol., p. 753-754 : « Bibl. S. Petri *Cantabrigensis* cod. 103, n° 1765 ».
(6) Mss. lat. 15749, 16387.
(7) Art. dans *Nouv. biogr. génér.*
(8) *Biblioth. sac.*, edit. in-fol., p. 753-754. Le P. Le Long dit au sujet du commentaire *sur Job* : « Bibl. eccles. cathedr. Camerac. pulp. 14, num. 6 ».
(9) *Hist. littér...*, tom. XVIII, p. 190.

en 1219 et probablement une seconde en 1222 (1). Il paraît bien qu'il n'en revint pas content, si l'on rattache à cette époque la composition d'une pièce de poésie latine nouvellement retrouvée (2).

Nous connaissons son opinion relativement à la pluralité des bénéfices. Contrairement au plus grand nombre et aux plus illustres des théologiens, Philippe se prononçait en faveur de cette pluralité, opinion qu'avec le seul Arnold, ou Arnoul, le futur évêque d'Amiens, il osa soutenir dans une réunion de docteurs. C'est au milieu de ces discussions, le 25 décembre 1236, que la mort le fit passer du temps à l'éternité (3). L'on rapporte qu'il fut enterré au couvent des Franciscains, ce qui prouverait qu'il y eut, au moins, réconciliation dans la mort (4). Nous avons raconté aussi l'expérience qu'il

---

(1) Crévier, *Hist. de l'Univers. de Paris*, tom. I, p. 287-291 ; *Romania*, Paris, 1872, tom. I, pp. 195, 196, 198.

(2) *Romania*, ibid., p. 198, où nous lisons sur la *Curia Romana* :
    Bulla fulminante
    Sub judice tonante,
    Reo appellante,
    Sententia gravante,
    Veritas subprimitur,
    Distrahitur et venditur ;
    Justitia prostante,
    Itur et recurritur
    Ad curiam, nec ante
    Quid consequitur
    Quam exuitur quadrante.

Nous entendons le plaignant appeler :
    Papæ janitores
    Cerbero surdiores.

(3) Daunou, dans l'*Hist. littér. de la Franc.*, tom. XVIII, p. 188, indique le 25 décembre 1237, et cela ! d'après la Chronique d'Albéric des Trois-Fontaines, où nous lisons en effet : « Anno MCCXXXVII, in die nativitatis Domini, obiit cancellarius Parisiensis Philippus .... » Mais, comme le remarque M. P. Meyer, la Chronique fait commencer l'année à Noël (*Romania*, Paris, 1872, tom. I, p. 193).

(4) On grava sur sa tombe :
    Census, divitiæ viventi quid profuere?
    Si careo requie, nil possunt illa valere.
    Me modo terra tegit, teget et te, te precor, ora
    Ut mihi sit requies ; sit et hæc tibi mortis in hora.
    Qui me novisti, nunc hic scis membra recondi,
    Dicere qui poteris : Sic transit gloria mundi.

(Dans Oudin, *Loc. cit.*, col. 126 ; dans *Hist. littér*..., vol. cit., p. 138, d'après Grande Chron. belge.)

Avec un caractère comme le sien, ardent, tenace, jaloux de ses droits ou de ce qu'il croyait ses droits, c'était la lutte sur différents terrains : lutte avec l'Université dont il faisait, à l'occasion, bon marché des droits ; lutte avec son collègue de Sainte-Geneviève dont il prétendait contester les prérogatives ; lutte avec les ordres mendiants qu'il s'obstinait à exclure du corps enseignant.

Nous avons assisté à la seconde lutte dans l'*Introduction* de cet ouvrage.

Nous savons aussi que la troisième n'eut pas plus de succès. Nous savons même que c'est de cette époque que datent les chaires académiques des deux plus célèbres ordres mendiants. Tout cela a été également narré dans notre *Introduction*.

La première lutte est ainsi résumée par Crévier : Philippe « s'appuyoit d'un réglement dressé, disoit-il, par le légat Octa« vien, évêque d'Ostie, et par Eudes, évêque de Paris ; et, « comptant pour rien celui de Robert de Courçon, il menaça « d'excommunication tous ceux qui dans la suite entrepren« droient sans son consentement ou celui de l'évêque de Paris « de faire touchant l'état des maîtres et écoliers *aucune cons-* « *piration ou obligation* munie de la religion du serment ou « de la menace de quelque peine que ce pût être. On voit qu'il « affectoit de contredire dans les termes mêmes le statut de « Robert de Courçon, si ce n'est qu'au mot de *constitution*, « dont s'étoit servi le légat, il substituoit le mot odieux de « *conspiration.* » De la menace, il passa aux faits. Les excommuniés en appelèrent au Saint-Siège qui dut réprimer l'*insolence* du chancelier, comme s'exprimait Honorius III. Phillippe fut obligé de se rendre à Rome une première fois

---

mprimées dans le *Pénitentiel* de saint Théodore de Cantorbéry, mais dont il existe des copies en différents endroits et, en particulier, dans le manuscrit latin 12387 de notre Bibliothèque nationale, et dans le manuscrit 1004 de la Mazarine sous le titre de *Somme de quæstions théologiques*. Notre Bibliothèque nationale possède encore, dans le manuscrit également latin 434, une *Summa super Psaltarium per magistrum Præpositum* ; et il y a tout lieu de croire qu'il s'agit de notre chancelier ; car un chroniqueur, Albéric, lui donne *Quæsdam Postillas* (*Hist. Univers. Paris.*, tom. III, p. 694). Ajoutons à ces deux ouvrages un livre sur les offices divins « que D. Pez a remarqué parmi les mss. de J. Pierre de Salzbourg » (*Hist. littér. de la Franc.*, tom. XVI, p. 385-386, art. de Daunou). Ajoutons aussi au sermon mentionné d'autres sermons renfermés dans des manuscrits de notre Bibliothèque nationale et de l'Arsenal, mss. indiqués par M. Lecoy de la Marche (*Op. cit.*, p. 526.)

PHILIPPE DE GRÈVE
(-1237)

On le dit de naissance parisienne. Il se fit un nom dans l'enseignement de la science sacrée ; et, en 1218, il fut placé comme chancelier à la tête de la Faculté de théologie. Il succédait dans cette fonction à Etienne, précédemment doyen de Reims, lequel était le successeur immédiat de Jean *de Candelis*, en français de Candel ou de Chandelles (1).

(1) *Hist. Univers. Paris*, tom. III, pp. 705, 694 ; Oudin, *Commentarius de scriptoribus Ecclesiæ antiquis illorumque scriptis*, tom. III, col. 121.
Du Boulay nous fait lire, entre autres choses, sur Philippe de Grève :
« Cum esset sacrarum litterarum egregius et famosus magister, theologiæ
« scholæ multo tempore gloriose præfuit, ubi discipulos legendo, populos
« prædicando magnifice instruxit ». (*Hist. Univers. Paris.*, tom. III,
p. 705).
Joannes de Candelis avait, en 1209, remplacé sans doute Prévôtif, Prépositif (*Præpositivus*) ou Prévôt (*Præpositus*) ou encore Prévôtin (*Præpositinus*) à la chancellerie de Notre-Dame, et celui-ci Bertrand, en 1206 ou 1207, lequel, succédant à Pierre de Poitiers, n'avait conservé ces fonctions qu'une année. Peut-être y aurait-il lieu d'attribuer à Jean de Candel un *De Promotione ad ordines*, traité qui, par Montfaucon, a été inscrit sous le nom de *Joannes de Candelo* (*Hist. littér. de la Franc.*, tom. XVII, p. 223 ; *Nouv. biograph. génér.*, art. Jean, chancelier de Paris). Nous avons résumé dans notre *Introduction* les prétentions de Jean de Candel contre l'Université.
L'on a dit que Bertrand avait été archevêque d'Embrun. Nous répondrons avec les auteurs du nouveau *Gallia christiana*, tom. III, col. 1075 :
« Quod ad Bertramoum attinet, insertum huic catalogo ab iisdem auctoribus
« (Sammarthanis) ex ejusdem Alberici fide ablegandum censemus ; nam
« præterquam quod ipsi nullus suppetit locus, certe in omnibus indiculis
« mss. prætermittitur. »
Prévôtif, Prépositif, Prévôt ou Prévôtin, était de Crémone. L'on avait eu sans doute à se plaindre des absences des chanceliers précédents. Toujours est-il que l'évêque de Paris et le chapitre de Notre-Dame lui imposèrent, à lui et à ses successeurs, le serment de résidence. « Notum fa-
« cimus universis, disait l'ordonnance, quod nos residentiam cancellarii
« Parisiensis attendentes necessariam esse nostræ Parisiensi eccle-
« siæ et communitati scholarium, de bonorum virorum consilio et
« communi assensu statuimus in capitulo Parisiensi, ut quicum-
« que de cœtero cancellarius Parisiensis fuerit, teneatur in propria
« persona bona fide in ecclesia Parisiensi residere, quamdiu cancellariam
« tenuerit... Statuimus etiam quod nihil de fructibus cancellariæ percipere
« possit, donec prætaxatum exhibuerit in Parisiensi capitulo juramentum.»
(*Hist. Univers. Paris.*, tom. III, p. 36). L'acte est daté de 1207. Pierre Prépositif fut donc le premier à prêter semblable serment. Il paraît bien qu'il démissionna en 1209, et qu'il vivait encore quelques 20 ans plus tard ; car M. Lecoy de La Marche a retrouvé un sermon que l'ex-chancelier prêchait, à Paris, en 1231 (*La Chair. franc...*, Paris. 1886, p. 86-87).
L'on a de lui une *Somme de théologie*, dont deux ou trois pages ont été

CAR et *THO*, ceux-ci désignant Thomas, ceux-là le cardinal ou Jean d'Abbeville (1).

Jusqu'alors était demeurée inconnue une instruction que notre théologien a écrite sur la confession. M. Hauréau vient d'en faire la découverte dans le manuscrit latin 13961 de notre bibliothèque de la rue Richelieu (2).

M. Petit-Radel estime que la plupart des sermons ont été prêchés à Paris. Il indique même les églises où ils ont été prononcés, ainsi que la langue, latine ou vulgaire, selon les auditeurs, dont se servait l'orateur chrétien (3). Mais M. Lecoy de la Marche fait remarquer que ce critique appuie son jugement sur des sermons anonymes, faisant suite dans un manuscrit à des œuvres oratoires vraiment authentiques, et que ces sermons anonymes ne sont assurément pas de notre auteur, encore qu'on n'en puisse indiquer l'auteur d'une façon certaine (4).

Dans l'étude qu'il en a faite, l'auteur de l'article de l'*Histoire littéraire de la France* a remarqué dans ces discours « des interprétations sophistiques » et aussi « des puérilités et des expressions dont saint Bernard n'était pas exempt ». Henri de Gand avait écrit avant ce critique sur le prédicateur de renom : « ... scripsit sermones tam de dominicis
« quam de festivitatibus ; lectiones evangelicas et apostoli-
« cas breviter exposuit, post hæc apponens sermones valde
« prolixos, tot inductis Scripturarum sanctarum testimoniis,
« quod vix possint memoriæ commendari » (5). Néanmoins, M. Petit-Radel n'hésite pas à écrire cette appréciation générale : « La lecture que nous avons faite des sermons, des ho-
« mélies et des commentaires sur le Psautier, nous a fait re-
« connaître dans leur auteur un homme d'un jugement sain,
« d'un raisonnement juste, d'une morale éclairée qui ne va
« jamais au-delà des justes limites de la sévérité évangé-
« lique » (6).

---

(1) *Cantica canticorum cum duobus Comment. Thomæ Cistereiensis et Joannis Halgrini*, Paris, 1521, in-fol.; dans Patrologie latine de M. l'abbé Migne, tom. CCVI, col. 22 et suiv., sous ce titre : *Thomæ Cisterciensis et Joannis Algrini Comment. in Cantic. cantic.*
(2) *Not. et extr. de qq. manusc. de la Bibl. nat.*, tom. IV, p. 148.
(3) *Hist. littér.*... vol. cit., p. 165-166.
(4) *La Chair. franç.*..., Paris, 1886, pp. 62, 191.
(5) *De Script. ecclesiast.*, cap. XXXVIII.
(6) *Hist. littér.*..., vol. cit., p. 167.

mort de Jean d'Abbeville dans la ville de Rome (1). Un membre du sacré-collège, le cardinal Jean de Columna, s'exprimait ainsi, au sujet de l'événement dans une lettre au légat en Angleterre : « Ce qui met le comble à notre douleur, c'est que « cette colonne illustre qui soutenait avec tant de gloire « l'édifice de l'Eglise, je veux dire le cardinal de Sabine, a « été enlevé subitement du milieu de nous » (2).

Nous avons de Jean d'Abbeville des *Sermons* DE TEMPORE et DE SANCTIS, et deux commentaires, l'un *sur les Psaumes*, travail qui prend parfois le titre de *Sermons sur les Psaumes*, l'autre sur le *Cantique des cantiques* (3).

Si les *Sermons* n'ont pas été imprimés, ils ont eu de nombreuses copies dont il y a des exemplaires à notre Bibliothèque nationale, à celles de l'Arsenal et de Sainte-Geneève, à la Mazarine (4). L'*Expositio in Psalmos* ou les *Sermones in Psalterium* n'ont pas quitté, non plus, l'état de manuscrits. Des copies s'en trouvent aussi à la bibliothèque de la rue Richelieu et à la Mazarine (5).

Seule, l'*Expositio in Cantica canticorum* a eu les honneurs de l'impression, mais intercalée dans le commentaire de Thomas le Cistercien sur le même livre de la Bible (6). Les deux travaux se distinguent par ces mots qui précèdent :

(1) *Hist. Univers. Paris.*, *ibid.* : « Obiit anno 1237 » ; *Hist. littér...*, tom. XVIII, p. 164, laquelle ajoute, p. 165 : « Après avoir fait remarquer « l'erreur de Ciaconius et de ceux qui placent la date de la mort de Jean « Halgrin en 1240, il convient de faire remarquer que Guillaume Cave la « place en 1236 et Trithème en 1233. »

(2) *Hist. littér...* ibid., p. 165.

(3) *Hist. littér....* vol. cit.. p. 165 ; M. Lecoy de la Marche, *La Chaire franc...*, Paris, 1886, p. 61-65. Le recueil des *Sermons* a souvent été nommé *Summa* par les copistes.

(4) Nous citerons, avec M. Lecoy de la Marche, les mss. lat. 2514, 2515, 2516, de la Biblioth. nat., les mss, 602,617 de la Biblioth. de l'Ars., les mss. 150,949 de la Biblioth. Mazar,, celui D L 25 de Sainte-Geneviev. Nous renvoyons à cet historien pour les autres manuscrits, *Ibid.*. p. 516. Néanmoins, il y a lieu de signaler encore à la Biblioth. Mazar. les mss. 1018, 1015 et 1016, renfermant, le premier les *Sermones super psalterium*, les les deux autres les *Sermones de tempore*.

(5) Ms. lat. 2519 et nouv. acq. lat. 1371 de la Bibl. nat., et ms. 959 de la Mazarine (*ibid.*).

Il y a lieu de signaler aussi à la Bibl. nat., le ms. lat. 14802.

(6) Visch., *Biblioth. script..*, art. *Thomas Cisterciensis monachus* ; où, entre autres choses, nous lisons : « Scripsit Thomas Circa annum 1200 ».

y avoir été un excellent élève, il dirigea ses études vers la théologie qu'ensuite il enseigna également avec une grande distinction (1). Comme prédicateur, sa renommée fut grande aussi.

Le prieuré de Saint-Victor d'Abbeville, les fonctions de chantre à Saint-Wulfran de la même cité, le décanat de l'Église d'Amiens l'attendaient successivement comme récompense du passé et comme préparation au gouvernement d'un diocèse.

Jusque là les dates sont inconnues ou plus au moins incertaines.

Mais on sait que sa promotion à l'archevêché de Besançon est de 1225 (2). Deux ans plus tard, il était désigné par Honorius III pour le pratriarchat de Constantinople (3). Grégoire IX qui succéda la même année à Honorius et qui avait connu et apprécié Jean d'Abbeville aux écoles de Paris (4), préféra se faire de celui-ci un conseiller, le retint à Rome et le créa cardinal-évêque de Sabine. C'était, du reste, répondre aux désirs mêmes du prélat (5).

L'année suivante (1228), on lui confia la prédication d'une croisade en Espagne contre les Sarrasins. Si la mission fut longue — elle dura trois années — le succès fut grand (6). Le succès attendait aussi le diplomate en Allemagne, car l'empereur Frédéric II, cédant aux sages remontrances du cardinal, vint à Anagni pour recevoir l'absolution de l'excommunication encourue. 1237 fut très probablement l'année de la

---

(1) *Hist. Univers. Paris.*, tom. III, p. 692 : « Joannes..., post laudabilem « artium liberalium professionem, ad theologiam se contulit, in qua pluri« mum excelluit eamque multis annis in studio Parisiensi egregie docuit. »

(2) *Ibid.*; *Monument. Germ. hist., Scriptor.*, tom. XXIII, p. 916 : « .. vir ho« nestis moribus præditus et ad prœdicandum optimus theologus.. conse« cratur in archiepiscopum Bisuntinensem. »

(3) Le pape disait : «... providimus transferendum, non tam personœ « in Ecclesia, quam Ecclesiæ in persona utiliter nos consulere arbitran« tes... » (Rainaldi, *Annal. eccles.*, an. 1226, cap. LIX).

(4) *Gal. christ.*, tom. XV, col. 64 : « Grégorius IX... qui Joannem in « scholis Parisiensibus condiscipulum habuerat, tautœ doctrinœ tantœque « industriæ virum in Constantinopolitanas oras amandare non sustinuit ; « eum vero cardinalem et Sabinæ episcopum creavit... »

(5) *Monument. germ. hist.*, loc. cit., p. 919, à l'année 1227 : «... onus « illud subire non consensit adoptare ; unde D. papa cardinalem eum ins« tituit et secum retinuit ..»

(6) Du Boulay nous dit que de cette époque date la liaison intime et durable entre lui et Raymond de Pennafort (*Hist. Univers. Paris.*, tom. III, p. 692-693).

avait accompagné l'évêque de Beauvais, Milon de Châtillon-Nanteuil. D'ordinaire, l'on assigne, après Albéric des Trois-Fontaines, l'année 1230. Mais il faut descendre jusqu'à 1231, peut-être 1232. En effet, une lettre de Grégoire IX, adressée le 6 mai de cette même année 1231 au roi de France, lui recommande « Geoffroi de Poitiers et Guillaume d'Auxerre qui retournent à Paris » (1).

D'après ces dates, nous nous croyons, pour le moins, en droit de jeter un doute sur l'opinion que l'*Histoire littéraire de la France* résume plus loin en ces termes, — elle vise Alexandre de Halés et ses commentaires des *Sentences* — : « C'est un fait généralement reconnu qu'il a donné le pre-« mier exemple de ce genre d'enseignement scolastique » (2). Ne semblerait-il pas plus conforme aux données chronologiques de revendiquer en faveur de Guillaume d'Auxerre la priorité de l'enseignement. Celui-ci, mort en 1230, avait depuis quelque temps déjà quitté sa chaire. Celui-là ne descendit de la sienne qu'en 1238, pour ne dire adieu à la vie qu'en 1245.

JEAN D'ABBEVILLE (3).
(-PROBABLEMENT 1237).

Ce théologien à qui ses mérites valurent la double dignité épiscopale et cardinalice, est plus connu sous le nom de sa ville natale que sous celui de sa famille, illustre cependant. Originaire de la capitale du Ponthieu, il portait dans ses veines le sang des Halgrin ou Alegrin, et son propre frère était chancelier de France en 1240 (4).

Brillant professeur des arts à l'université de Paris, après

---

(1) Lettre imprimée dans *Hist. Univers. Paris.*, tom. III, p. 145 : « Datum Laterani 2 non. Mai Pontific. nostri an. 5 ».
Voir : *Hist. Univers. Paris.*, tom. III, p. 683 ; *Gal. christ.*, tom. IX, col. 74 ; *Hist. littér. de la Franc.*, vol. cit., p. 116-117 ; *Not. et Extr. des manusc. de la Biblioth. impér...*, tom. XXI, par. II, p. 225.

(2) *Hist. littér. de la Franc.*, tom. XVIII, p. 319.

(3) « *Joannes de Villa-Abbatis*, vulgo *de Abbatis-Villa* » (*Hist. Univers. Paris.*, tom. III, p. 692).

(4) *Hist. littér. de la Franc.*, tom. XVIII, p. 162, art. de M. Petit-Radel.

dire que nous avons des commentaires sur l'œuvre de Pierre Lombard, correspondant à cette quadruple classification de la doctrine chrétienne : Dieu, la création, l'incarnation, les sacrements (1).

La plume de ce théologien a donné une *Summa de divinis officiis*. Moins favorisée que la précédente, cette *Somme des offices divins* n'a pas vu ses copies se changer en volumes imprimés (2). Mais nous savons que Durand de Mende et, plus tard, dom Martène n'ont pas dédaigné d'y puiser, l'un pour son *Rationale divinorum officiorum*, l'autre pour le *De antiquis Ecclesiæ ritibus* (3).

M. Hauréau estime qu'il y a lieu d'attribuer à notre écrivain un travail sur l'*Anticlaudien* d'Alain de Lille. Une copie s'en trouve à la Bibliothèque nationale dans le manuscrit latin 8299. Ce sont des gloses interlinéaires et marginales qui s'ajoutent au poème du Docteur universel (4).

Guillaume d'Auxerre mourut dans la Ville éternelle où il

---

1) Dans sa *Lettre en forme de dissertation touchant le véritable auteur de la Somme théologique dite de* GUILLAUME D'AUXERRE, l'abbé Lebeuf a établi péremptoirement que cet important travail est bien de notre maître en théologie. (Dans Desmolets, *Continuation des mémoires de littérature et d'histoire*, tom. III, Paris, 1749, pp. 517 et suiv.). A la fin, p. 546, l'abbé Lebeuf écrit : « Au reste, Monsieur, si vous êtes curieux de voir un grand « nombre d'exemplaires manuscrits de la Somme de théologie de « Guillaume d'Auxerre, vous pouvez vous satisfaire dans la Bibliothèque « de la Sorbonne ».

2) L'abbé Lebeuf, vol. cit. p. 547, dit encore : « Pour ce qui est de la « *Somme* sur les offices divins, je n'en connois que trois manuscrits dans « Paris, scavoir deux à S. Victor et un à S. Germain des Préz. Elle est « aussi dans l'abbaye de S. Martin de Tournai. Le nom de l'auteur y est « toujours marqué en ces termes : *Summa magistri Guillelmi Autissiodo-* « *rensis de officiis divinis*; et elle commence par ceux-ci : *Jerusalem quæ* « *sursum est* ». Ces manuscrits sont aujourd'hui à notre Bibliothèque nationale sous les numéros 14143, 14465, 15168.

(3) *Hist. littér. de la Franc.*, vol. cit., p. 122.
L'abbé Lebeuf, *Loc. cit*, ajoute qu'il ne sait si ne seraient pas de lui des sermons, « ainsi intitulés dans une bibliothèque d'Angleterre : *Altissiodorensis Sermones* ».
De son côté, l'*Hist. littér. de la France*, vol. cit., p. 122, mentionnant l'annonce d'un ms. au Vatican, lequel renferme un commentaire *Gaufridi Autissiodorensis in Apocalypsim*, nous fait lire ces mots : « Et, comme il « n'y a point de Geoffroy d'Auxerre, on a conjecturé que c'était « Guillaume qui deviendrait ainsi l'auteur d'un commentaire sur l'Apo- « calypse ».
Tout cela reste dans le doute ou à l'état de conjecture.

(4) *Not. et Extr. de q-lq. manusc. de la Bibl. nat.*, tom. I, pp. 551 et suiv.

L'on connait, d'ailleurs, deux autres personnages qui sont désignés sous ce nom : Guillaume d'Auxerre. L'un fut économe et ensuite abbé de Sainte-Geneviève, après avoir été religieux à Saint-Victor (1). La famille dominicaine réclame l'autre et la Bibliothèque nationale possède de lui trois sermons manuscrits (2).

Notre Guillaume d'Auxerre appartient par sa naissance et ses études à la seconde moitié du xiie siècle, et par sa renommée au premier quart du xiiie. Il enseigna la théologie à Paris avant d'être archidiacre de Beauvais, et ses leçons eurent du retentissement (3).

Ces leçons prirent corps, au moins pour une notable partie, dans un ouvrage qui nous est conservé et dont les presses ont, à différentes fois, heureusement multiplié les exemplaires : *Summa aurea super quatuor libros Sententiarum* (4). C'est

« libertatis Ecclesiæ defensor mirabilis » : abbé Lebeuf. *Mémoires concernant l'histoire civile et ecclésiastique d'Auxerre et de son ancien diocèse*, nouv. édit., tom. I, Auxerre, 1848, in-4, pp. 365 et suiv.; *Hist. Univ. Paris.*, tom. III, p. 685.

(1) Abbé P. Feret, *L'Abbaye de Sainte-Geneviève et la Congrégation de France*, Paris, 1883, tom. I, p. 156.

(2) Ms. lat. 16481 (*Hist. litt. de la France.*, tom. XXVI, p. 428-429; M. Lecoy de la Marche, *La Chaire franç...*, Paris, 1886, p. 509).
Quétif et Echard les avaient indiqués en ces termes :
« Die circumcisionis ad S. Antoninum in mane : *Postquam consummati sunt dies octo...*;
« Dom. 1 post Epiph. ad S. Gervasium post prandium : *Videntes autem stellam Magi...*;
« Dom. II post Epiph. ad Peguinas in mane : *Omnis terra adoret te...*
(*Script. ord. Prædicat.*, tom. I, p. 267).
L'*Hist. littér. de la Franc.*, ibid., p. 429, a transcrit une phrase du second sermon qui atteste l'usage des sièges dans les églises au xiiie siècle, car le prédicateur s'élève « contra aliquos qui, quando veniunt « ad ecclesiam, ad sermonem, stant nec sedere volunt, imo impediunt « alios ita quod audire non possunt ». Voir sur ce point, M. Lecoy de la Marche, *La Chaire française.*, Paris, 1886, p. 209-211. A cette dernière page, en note, le savant historien rapporte, d'après Jacques de Vitry, qu'un prédicateur, à la fin d'un sermon, avant de donner l'absolution ou la bénédiction, s'adressait, en particulier, à chacune des corporations par ces mots : « Levez-vous orfèvres ; levez-vous pelletiers... »

(3) *Hist. Univers. Paris.*, tom. III, p. 685; *Hist. littér. de la Franc.*, tom. XVIII, p. 115, art. par Daunou.

(4) Première édit., Paris, 1500, in-fol.; deuxième édit. s. d., in-fol., la seule que nous ayons eue entre les mains et qui porte comme titre : *Aurea doctoris acutissimi... in quatuor Sententiarum libros perlucida Explanatio... Venumdatur Parisius...*; troisième édit., Paris, 1518, in-fol.; quatrième édit. Venise, 1591. (Hain, *Repert...*, art *Guilelmus Altissiodorensis*; *Hist. littér. de la France*, tom. XVIII, p. 121).

LIVRE III

LA FACULTÉ
Dans la première moitié du XIIIᵉ Siècle

REVUE LITTÉRAIRE

CHAPITRE I

LES MAITRES OU DOCTEURS SÉCULIERS FRANÇAIS

Guillaume d'Auxerre. — Jean d'Abbeville. — Philippe de Grève. Jacques de Vitry. — Gautier Cornut. — Guillaume d'Auvergne. — Jacques Pantaléon ou Urbain IV.

GUILLAUME D'AUXERRE
(-1230)

Il ne faut pas confondre, ce qu'on s'est permis quelquefois, Guillaume d'Auxerre avec Guillaume de Seignelay (*Guillelmus de Scilliniaco, Seliniaco*), évêque d'Auxerre, puis de Paris, lequel est mort en 1223, sans laisser, quoi qu'on ait dit ou écrit, d'œuvres littéraires qui nous soient parvenues (1).

(1) *Gal. christ.*, tom. XII, col. 300-303, tom. VII, col. 90-93, lequel, en plus, le dit, au tom. XII, col. 300, parent de saint Bernard par sa mère, et, au tom. VII, col. 93, rappelle, d'après Vincent de Beauvais, qu'il fut

Assez heureux pour se soustraire à la peine, mais persistant dans ses anciennes erreurs, il fut, par le légat et avec l'approbation des personnes plus haut désignées, décrété de prise de corps, afin de le contraindre à subir sa juste peine; et, en attendant, toute communication avec lui dans la capitale demeurait interdite (1).

Nous ne sommes pas plus amplement renseigné sur ce second personnage universitaire.

Le légat, après avoir rappelé que « dans leurs disputes, les « logiciens parlaient théologiquement et les théologiens phi- « losophiquement, » terminait son acte juridique par ces sages considérations, à l'adresse des maîtres séculiers de Paris : « Nous vous exhortons dans le Seigneur, tous et cha- « cun, à savoir vous contenter des limites posées par nos « pères dans les sciences et connaissances, à redouter la ma- « lédiction prononcée dans la loi contre ceux qui déplacent « les bornes du prochain, en sorte que, selon l'Apôtre, vous « soyez sages avec sobriété, que vous n'encourriez point la « note de curiosité ou de présomption, ou même que vous ne « soyez point une occasion de chute pour les aveugles, une « cause d'erreurs pour les disciples. » Nous avons entendu Grégoire IX faire, quelques vingt années auparavant les mêmes recommandations.

(1) « ... ne quis domo, mensa, doctrina eidem Parisius de cœtero communicare præsumat ».

profitait de l'occasion, si même il ne la cherchait pas, pour se justifier et pallier ses erreurs anciennes A celles-ci, il en ajouta même de nouvelles : il plaçait la lumière créée dans le genre de substance (*in genere substantiæ*), et lui attribuait deux propriétés principales, « l'infinité et l'immensité ». Il avança aussi d'autres témérités qui semblaient dénoter un faible ou de la sympathie pour l'hérésie arienne (1).

Le légat du Saint-Siège en France, Eudes de Châteauroux, prit en main, à son tour, la cause de la saine doctrine. Le samedi précédant Noël, en l'année 1247, il fit citer le coupable devant lui. Il avait convoqué, à cet effet, l'évêque et le chancelier de Paris, les maîtres en théologie et autres honorables personnages. L'évêque de Paris ne put, pour raison de maladie, se rendre à la convocation ; mais, en se faisant excuser, il donnait d'avance son assentiment à ce qui serait fait. Donc, avec l'assentiment du prélat et de l'avis des susdites personnes présentes, le légat renouvela les peines déjà portées contre Jean de Brescain, en y ajoutant le bannissement perpétuel de la ville et du diocèse de Paris, la défense de se fixer et d'enseigner en tout autre centre universitaire, situé dans les limites de la légation, d'abord parce que la doctrine de ce clerc était « dangereuse », ensuite parce que, après une profession religieuse, il avait, disaient des personnes dignes de foi, quitté son ordre. Nous lisons tout cela dans la sentence que le cardinal porta et envoya « à tous les maîtres et écoliers étudiant à Paris » (2).

Nous n'avons pas d'autres détails sur la vie passée de Jean de Brescain. Nous le perdons même complètement de vue dans l'avenir.

Dans le même acte, à la suite de la condamnation de Jean de Brescain, nous rencontrons celle d'un maître du nom de Raymond. Ce Raymond s'était vu aussi, précédemment, à cause de ses erreurs, infligé par l'évêque de Paris, de l'avis des maîtres en théologie, la peine de la prison perpétuelle.

---

(1) «... et etiam quædam alia quæ fere ad Arianam hæresim accedere videbantur ».

(2) *Collectio judicior...*, tom. I, par. 1, p. 158-159 : *Condemnatio errorum Johannis de Brescain*. Elle est datée « Parisius, die sabbati ante natale Domini millesimo ducentimo quadragesimo septimo ».

« maintenir dans le bien ni même Adam lorsqu'il était en
« l'état d'innocence.

« Vérité opposée : Le mauvais ange et Adam eurent, dès le
« le commencement, le pouvoir d'avancer dans le bien » (1).

Matthieu Paris nous explique que ces erreurs avaient
surtout cours parmi les maîtres en théologie de l'ordre de
Saint-Dominique et de Saint-François; qu'elles avaient
pour double origine les subtilités dans les disputes et la téméraire curiosité qui veut pénétrer les secrets divins. Il ajoute :
« En apprenant cela, les prélats des Eglises, dans une pensée
« d'efficace précaution pour l'Eglise et la foi chrétienne,
« s'appuyant sur les Evangiles et les Prophéties, refrénèrent,
« au sein d'une assemblée d'orthodoxes (*congregatione orthodoxorum facta*), les téméraires audaces de ces docteurs et
« exposèrent salutairement les vérités de la foi ». Comme
l'historien de l'Angleterre reproduit, non tout à fait dans le
même ordre, il est vrai, les mêmes propositions erronées
avec les mêmes propositions contraires, mais sous l'année
1243, l'historien de l'Université conclut, avec assez de vraisemblance, qu'il a dû y avoir, cette même année 1243, un
concile provincial de Paris où l'on a confirmé ou renouvelé
la précédente sentence de l'évêque et de la Faculté (2).

VII

JEAN DE BRESCAIN ET RAYMOND

Jean de Brescain ou, selon Crévier, de Brès (3), clerc et
professeur de logique, avait été convaincu d'avoir enseigné
plusieurs erreurs que nous ne saurions spécifier. Il dut les rétracter en présence de l'évêque de Paris, du chancelier de
Notre-Dame et des maîtres en théologie ; et il entendit
prononcer contre lui l'interdiction de l'enseignement dans le
grand centre universitaire.

La rétractation n'était pas sans doute bien sincère, car il

---

(1) Voir les notes de la *Collectio* pour quelques autres variantes dans le texte.
(2) *Histor. major*, an. 1243, *in fine* : *Hist. Univers. Paris.*, tom. III, p. 180.
(3) *Hist. de l'univers. de Paris*, tom. I, p. 386.

« Il faut au contraire tenir pour certain que le principe est
« créateur et création, et la passion créature (1).

« Sixième erreur : Le mauvais ange dans le premier ins-
« tant de sa création fut mauvais et il n'a jamais été que mau-
« vais.

« Vérité opposée : Le mauvais ange fut quelque temps
« bon et non mauvais ; et c'est après le péché qu'il devint
« mauvais.

« Septième erreur : Ni les âmes glorifiées ni les corps glo-
« rifiés ne seront dans le ciel empyrée avec les anges, mais
« dans le ciel aqueux ou de cristal (*in cœlo aqueo vel crystal-*
« *lino*), lequel est au-dessus du firmament ; et on est assez
« fondé à dire la même chose de la bienheureuse Vierge.

« Vérité opposée : Le lieu corporel, c'est-à-dire le ciel em-
« pyrée, est le même pour les saints anges, les bienheureuses
« âmes et les corps humains glorifiés : et semblablement le
« lieu spirituel est le même pour les saints anges et les
« hommes bienheureux.

« Huitième erreur : Un ange dans le même instant peut
« être en divers lieux, et partout s'il veut être partout.

« Vérité opposée : Un ange est dans un lieu par limitation
« (*per diffinitionem*), en sorte que, s'il est ici, il n'est pas là
« ou ailleurs dans le même instant ; bien plus, il est impos-
« sible qu'il soit partout, puisque cela est le propre de Dieu
« seul.

« Neuvième erreur : Qui a de plus précieuses qualités natu-
« relles aura une plus grande grâce et une plus grande
« gloire.

« Vérité opposée : C'est selon la préordination et prédesti-
« nation de Dieu que la grâce et la gloire seront accordées
« par lui.

« Dixième erreur : Le diable n'eut jamais le pouvoir de se

---

(1) Voici le texte de l'*Historia Univers. Paris :* « Et quod primum nunc
« vel principium et creatio passio non sunt, creator vel creatura. Contra
« quod tenendum est quod principium est creator et creatio, passio est
« creatura ».

Voici maintenant le texte de la *Collectio judicior* : « Quod primum
« nunc et creatio passio non sunt creator vel creatura. Opposita veritas :
« quod sunt creatura ».

Le texte donné par Mat. Paris — c'est chez lui la huitième proposition — ne laisse pas moins à désirer : « Quod principium, nunc, et creatio,
« passio, non est creator nec creatura. Hunc errorem etc. (prohibemus).
« Firmiter enim credimus et asserimus quod fuerit creatura ».

« Première erreur : La divine essence en soi n'est vue et
« ne sera vue ni par les saintes âmes glorifiées ni par les
« anges.

« Vérité opposée : Dieu dans sa substance et essence ou
« nature sera vu par les anges, les saints et les âmes glori-
« fiées.

« Seconde erreur : Quoique la divine essence soit la même
« dans le Père, le Fils et le Saint-Esprit, cependant, comme
« cette essence s'affirme sous la raison de forme (*in ratione*
« *formæ*), elle est une dans le Père et le Fils, mais elle n'est
« pas une dans le Saint-Esprit. Et pourtant dans les trois
« personnes divines la forme est la même que l'essence.

« Vérité opposée : Une est l'essence, substance ou nature
« dans le Père, le Fils et le Saint-Esprit, et la même l'essence
« sous la raison de forme (*in ratione formæ*) dans le Père, le
« Fils et le Saint-Esprit.

« Troisième erreur : Le Saint-Esprit, en tant qu'amour ou
« lien, ne procède pas du Fils, mais seulement du Père.

« Vérité opposée : Le Saint-Esprit, en tant que lien et
« amour, procède de l'un et de l'autre, c'est-à-dire du Père et
« du Fils.

« Quatrième erreur : Il y a beaucoup de vérités éternelles
« (*ab æterno*) qui ne sont pas Dieu même.

« Vérité opposée : Il y a une seule vérité éternelle (*ab æter-
« no*) qui est Dieu ; et il n'y a aucune vérité éternelle (*ab
« æterno*) qui ne soit cette vérité.

« Cinquième erreur : Ce qui est d'abord, c'est-à-dire le
« principe et la création ne sont point passion, créateur ou
« créature.

Il est vrai que dans l'*Hist. Univers. Paris.*, il y a seulement. «... convocato consilio omnium magistrorum tum Parisius regentium... ». Mais alors il faudrait convenir que la Faculté de théologie dût évidemment avoir dans l'*Alma mater* la principale part à la condamnation.

Le jugement dans la *Collectio judiciorum* se termine par ces mots: « Hi « errores evitandi et penitus detestandi ; et veritates oppositæ firmiter « credendæ et nullatenus dubitandæ. Gratia et pax asserentibus has « veritates. Data fuit sententia Parisus anno Domini 1240 in octava Epi- « phaniæ ».

Ces propositions se lisent également *ad calcem* des *Quatre livres des Sentences* et dans la *Maxim. Biblioth. vet. Pat.*, édit. de Lyon, tom. XXVI p. 482, mais, aux deux endroits, avec la date, fautive assurément, de 1340 : au témoignage de la *Collectio judicior*, il convient de joindre celui que nous allons rappeler, de Matthieu Paris.

VI

DIX PROPOSITIONS

Plusieurs propositions doctrinalement répréhensibles ou formellement hétérodoxes avaient faveur auprès d'un certain nombre de maîtres de l'Université. Puisées dans des écrits et réduites à dix, elles portaient sur l'essence divine, la trinité, les anges, les saints, le premier homme, le démon. L'on y niait l'unité de l'essence divine, la procession, pour le Saint-Esprit, du Fils comme du Père ; l'on y professait une sorte de polythéisme, en admettant des vérités éternelles indépendantes de Dieu ou étrangères à lui, la fatalité de la chute de l'homme et de l'ange et même la malignité du mauvais ange au premier instant de sa création ; l'on y affirmait l'ubiquité possible aux créatures angéliques et la mesure proportionnelle de la gloire aux qualités naturelles de l'homme ; enfin, si l'on rejetait pour les anges comme pour les saints la contemplation de l'essence divine, l'on séparait ceux-ci de ceux-là pour les placer dans un ciel fantastique.

Ces propositions tombaient, en 1240, sous l'anathème mérité de l'évêque de Paris et de la Faculté de théologie. La sentence doctrinale plaçait en regard de chacune d'elles la proposition contraire ou orthodoxe.

Les maîtres étaient rappelés au devoir de rejeter avec le plus grand soin les premières et d'embrasser sincèrement les secondes. Nous reproduisons, en le traduisant, le jugement d'après la *Collectio judiciorum*. Le texte, ici, présente quelques variantes, mais très accessoires, de rédaction, avec le texte reproduit par l'*Historia Universitatis Parisiensis*. En un article, cependant, nous substituerons le texte de l'*Historia*, comme un peu plus clair, au texte de la *Collectio* (1).

---

(1) *Varii errores a Guilelmo Arverno, Parisiensi episcopo, et ab Universitate studii Parisiensi reprobati* dans *Hist. Universit. Paris.*, tom. III. p. 177-178, et dans *Collect. judicior...*, tom. I, par. I, pp. 158, 186-187. Mais les paroles qui suivent dans ce dernier recueil, à la page 186, marquent bien que la Faculté de théologie était appelée seule à être juge, et, dès lors, l'*Alma mater* n'aura donné que son approbation.
Voici ces paroles : «... convocato consilio omnium magistrorum theo-
« logicæ facultatis tum Parisius regentium, vinculo anathematis inno-
« datur ».

Cette sentence a été souscrite, en premier lieu, par l'évêque de Paris, et, ensuite par l'abbé de Saint-Victor, le doyen et le chancelier de Paris et une quarantaine de maîtres en théologie. Tous ont apposé leur sceau à côté de celui du légat (1).

(1) *Collect. judic...*, *loc. cit.*, p. 156 : « Quorum sigilla apposita sunt præsentibus cum nostro in testimonium hujus rei. »
Eudes de Châteauroux, élève distingué de l'Université, puis chanoine de Notre-Dame de Paris, avait succédé comme chancelier à Guiard de Laon en 1238. Entré dans l'ordre de Cîteaux, assez peu de temps après, il en sortit en 1243 ou 1244, sur l'ordre d'Innocent IV qui le nomma cardinal et évêque de Tusculum, pour lui confier, deux ans après, une légation en France avec mission de prêcher la croisade. Il partit avec saint Louis pour les lieux saints. Il assistait à la prise de Damiette, portant la croix devant le roi. Il resta en Orient, après le départ de ce dernier. On ne sait l'année de son retour. Il prit part à l'élection d'Urbain IV. Il mourut, en 1273, à Civitta Vecchia. (*Hist. litt. de la France.*, tom. XIX, p. 228-231, art. de Daunou).
L'on a de lui une lettre qu'il écrivit de Chypre, en 1249, à Innocent IV, et que d'Achery a insérée dans son *Spicilegium*, tom. VII, in 4 : « Elle « pourrait tenir lieu d'un journal de tout ce qui s'est passé d'important « dans l'armée des croisés depuis la Saint-Luc 1248 jusqu'à la Semaine-« Sainte de l'année suivante ». (*Ibid.*, p. 232). Cette lettre présente les caractères d'authenticité.
Selon M. Hauréau, nous pourrions en dire autant des *Distinctiones super Psalterium*, travail inédit qui se rencontre dans les manuscrits latins 546, 5715, 14425, 15569, de notre Bibliothèque de la rue Richelieu. (*Not. et Extr. de quelq. munusc. lat. de la Biblioth. nat.*, tom I, p. 237-238).
Mais il faut être moins affirmatif en ce qui concerne les *Quæstiones theologicæ et morales*. Cet ouvrage est également demeuré à l'état de manuscrit ; et il se présente dans le manuscrit latin 3230 de notre Bibliothèque nationale.
L'on parle encore d'un commentaire sur Jérémie, commençant par ces mots : *Quidquid mali super nos adducitur*... Il paraît bien qu'il n'est pas d'Eudes de Châteauroux.
Dans son étude, *La Chaire française*.... Paris, 1886, p. 503-504, M. Lecoy de la Marche énumère les manuscrits d'un certain de sermons *de tempore et de sanctis* prononcés par notre orateur. Il est bon de signaler, à la suite, le manuscrit 1010 de la Bibliothèque Mazarine.

Le successeur ou un des successeurs d'Eudes de Châteauroux dans la chancellerie de Paris fut Gautier de Château-Thierry, élevé vers 1248, sur le siège de Paris ; il était comme parlait son épitaphe un *Verus Catholicus fidei doctor homoque Dei* (*Histor. Univers. Paris.*, tom. III, p. 681 ; *Gal. Christ.*, tom. VII, col. 100-101). Voir aussi la notice de Gautier par M. Hauréau dans *Hist. littér. de la France.*, tom. XXVI, pp. 390 et suiv. Voir encore M. Lecoy de la Marche, *La Chaire franç...*, Paris, 1886, p. 505, pour quelques sermons de Gautier.

remercier de se qui avait été fait et l'engager à suivre la même voie de justice, car certainement tout n'était pas terminé (1).

Le cardinal Eudes de Châteauroux, légat en France, recevait, en même temps, une commission spéciale. Comme chancelier de l'Eglise de Paris, il avait compté parmi les juges qui portèrent la sentence de 1240. Innocent IV lui ordonnait de se faire présenter le Talmud et autres livres des Juifs, de les faire examiner et de les leur rendre, quand ils seraient tolérables, c'est-à-dire quand ils ne renfermeraient rien de contraire à la religion chrétienne. Le légat se permit une respectueuse, mais ferme remontrance. Faisant l'historique du passé (2), il rappelait que, en présence du jugement solennellement porté sous le pontificat de Grégoire IX, on ne pourrait se montrer aussi indulgent sans scandale et même sans danger, car, selon saint Jérôme, « il n'y a pas de doctrine si perverse qui ne contienne quelque vérité » (3). Il ajoutait qu'il avait obéi aux ordres du Saint-Siège, que cinq volumes seulement lui avaient été remis et qu'il faisait procéder diligemment à leur examen (4).

La sentence définitive fut rendue par le légat le 15 mai 1248. Elle portait : « Dans ces livres nous avons rencontré d'innombra-
« bles erreurs, des usages pernicieux, des blasphèmes, des abo-
« minations qu'on ne saurait rapporter sans rougir ni entendre
« sans horreur ; et, comme ces livres ne peuvent certainement
« être tolérés sans outrage pour la foi chrétienne, nous
« déclarons, de l'avis des maîtres, spécialement convoqués
« *ad hoc*, que les susdits livres ne doivent pas être tolérés ni
« rendus aux docteurs des Juifs et nous prononçons contre
« eux une sentence de condamnation. Quant aux autres livres
« qui ne nous ont pas été remis par les docteurs des Juifs,
« bien que nous les ayons plusieurs fois réclamés, ou qui
« n'ont pas encore été examinés, nous en prendrons connais-
« sance en temps et lieu et nous ferons ce qui doit être fait » (5).

(1) *Hist. Univers. Paris.*, tom. III, p. 191-192, où lettre reproduite :
« Datum Laterani VII id. maii... »
(2) *Collect. judicior...*, *loc. cit.*, p. 153-155.
(3) *Ibid.*, p. 155. « Dicit enim B. Hieronymus, loquens de leprosis,
« quos Dominus curavit, quod nulla est adeo perversa doctrina quæ
« aliqua vera non contineat. »
(4) *Ibid.* « ... qui tantum quinque mihi volumina vilissima exhibuerunt,
« quæ, juxta formam mandati vestri, facio inspici diligenter. »
(5) *Ibid.*, p. 155.

Il fut décidé que le Talmud méritait d'être détruit par le feu; et on brûla jusqu'à vingt chariots d'exemplaires du blasphématoire ouvrage (1).

Le roi de France avait montré du zèle dans cette épineuse affaire. Quelquefois elle avait été discutée en sa présence. Innocent IV adressa à Louis IX, le 9 mai 1244, une missive pour le

(1) Si nous en croyons Thomas de Cantimpré, l'exécution n'aurait pas eu lieu immédiatement : « En France, écrit cet historien, j'ai connu un « archevêque lettré et de race noble qui encourut la colère de Dieu. « Louis, roi de France, le plus dévôt des princes, vers l'année 1239 de « l'incarnation de N.-S., avait ordonné, sous peine de mort, à l'instance « de frère Henri de Cologne, de l'ordre des Prêcheurs, lui-même excel-« lent prédicateur, de livrer aux flammes l'abominable livre des Juifs, le-« quel est appelé *Thalmud* et dans lequel se trouvent, en bien des en-« droits, d'affreuses hérésies et des blasphèmes contre le Christ et sa « mère. Divers exemplaires de ce livre avaient été apportés à Paris pour « être brûlés. Mais les Juifs désolés, allèrent trouver cet archevêque qui « était le principal conseiller du roi, et lui offrirent pour la conservation « des livres une somme considérable d'argent. S'étant laissé gagner, il « aborda le roi, dont il convertit le jeune esprit à son propre dessein. « Les exemplaires furent donc rendus, fait dont les Juifs voulurent con-« sacrer le souvenir par une fête solennelle. Mais tout cela fut en vain, « l'esprit de Dieu ayant décidé autrement.

« L'année suivante, un certain jour, dans le lieu même où les détes-« tables exemplaires avaient été rendus, c'est-à-dire à Vincennes, près « Paris, ledit archevêque, venant au conseil du roi, fut tout à coup saisi « d'une cruelle douleur d'entrailles et mourut le même jour en poussant « de grands cris. Le roi s'enfuit avec toute sa famille, craignant d'être « frappé avec l'archevêque par la main divine. Peu de temps après, sur « de nouvelles instances dudit frère Henri, le roi ordonna, sous peine de « mort, de ramasser les livres des Juifs, et ces livres furent en très grand « nombre consumés par les flammes. » (*De Apibus* ou *Bonum universale*. lib. I, cap. III).

L'historien de l'Université se demande quel est ce personnage que ne nomme point Thomas de Cantimpré ? Et il désigne Gautier Cornut, archevêque de Sens, lequel, continue-t-il. « in regni administratione primas « obtinebat et jam obtinuerat sub Philippo Augusto cum Wilhelmo Re-« mensi. Etenim legitur anno 1240, mense julio, quamdam compositio-« nem inter Judæos et Gibaudum, Verani toparcham, factam confir-« masse ratamque habuisse; unde elicitur non fuisse omnino infensum « Judæis. Obiit autem IX Kalend. maiias an. 1241 ». (*Hist. Univers. Paris.*, tom. III, p. 177). Le *Gallia christiana*, qui ne fait même aucune allusion au fait rapporté par Thomas, dit du prélat : « Fato concessit XII calend. maii 1241 ». Et même nous trouvons dans ce dernier ouvrage ces deux premiers de l'épitaphe du prélat :

    Præsul Galterus jacet hic in pulvere, verus
    Cultor justitiæ, cleri pater, arca sophiæ.

Et ces deux autres qui se lisent plus loin :

    Dum viguit tua, dum valuit, Galtere, potestas,
    Fraus latuit, pax magna fuit, regnavit honestas.

(*Gall...*, tom. XII, col. 62-63.)

Quand le travail d'extraction, de traduction, de confrontation, travail indispensable pour un examen raisonné, fut terminé, ou réunit les docteurs de la Faculté. On était dans l'année 1240. Etaient aussi présents Gautier, archevêque de Sens, Guillaume, évêque de Paris, Adam de Chambly, évêque de Senlis, Geoffroy de Blèves, des Frères-Prêcheurs, chapelain du pape et alors régent à Paris. Furent cités des docteurs juifs et, parmi eux, le plus célèbre de tous, Vino ou Vivo de la ville de Meaux.

Celui-ci porta la parole le premier et peut-être au nom de ses coreligionnaires, mais en refusant de prêter aucun serment (1). Voici les principaux points de sa déposition ou de ses aveux en ce qui concernait le livre incriminé qu'il affirmait ne renfermer aucun mensonge :

Jésus est né de l'adultère et il souffre dans l'Enfer la peine (*in stercore ferventi*) méritée surtout « parce qu'il tourna en dérision les paroles des sages » ; il est vrai que Vino ajoutait qu'il ne s'agissait pas du Jésus de l'Évangile ; mais quel était cet autre Jésus ? il ne pouvait le dire ;

La science de la Bible ne suffit pas pour être docteur ; il faut encore la science du Talmud ;

Dieu se maudit trois fois chaque nuit, et la raison c'est qu'il a abandonné son temple et réduit son peuple à la servitude ;

Aucun Juif ne subira, après la mort, aucune peine, même celle de l'Enfer, qui dure plus de douze mois ;

Tous les méchants, corps et âmes, seront réduits en poussière ; il n'y aura pas d'autres peines pour eux, à moins qu'ils ne se révoltent contre Dieu, prétendent être Dieu ; dans ce dernier cas, l'enfer est éternel (2).

(1) Et primum introductus est, secundum eos, peritissimus et per totum famosissimus judaismum, nomine Vino vel Vico, Meldensis. » Suit, p. 151, la *Confessio facta in judicio*.

On ne reproduit pas d'autres témoignages. Mais on lit, à la page 155, et après les noms de l'archevêque de Sens, des évêques de Paris et de Senlis, de Geoffroy de Blèves. : « Et aliorum magistrorum theologiæ et « etiam magistrorum Judæorum qui prædicta in libris suis contineri con- « fessi sunt in præsentia prædictorum ». D'où ces deux conclusions :

1° Vino aurait bien parlé au nom de tous ou les autres n'auraient fait que confirmer ses aveux ;

2° Il n'y eut pas de maîtres en droit canonique dans l'assemblée ou bien ils ne formaient qu'un avec les maîtres en théologie.

(2) On trouve encore des propositions comme celles-ci :

« Item asserit quod Adam coiit cum omnibus bestiis, et hoc in Paradiso.

« Item dixit, et est in Talmud, quod Adam, postquam peccavit, CXXX « annis antequam genuisset Seth, de semine suo, quod ventus projicie- « bat et rapiebat, genuit dœmones qui habent corpora. »

« tombât dans l'oubli, ce qui compose un volume plus gros
« sans comparaison que le texte de la Bible. Or, ce livre con-
« tient tant d'erreurs et de blasphèmes, qu'on a honte de les
« rapporter et qu'ils feroient horreur à qui les entendroit ; et
« c'est la principale cause qui retient les Juifs dans leur
« obstination. Sur cet avis, le pape écrivit aux archevêques
« de France une lettre en date du neuvième de juin 1239, où
« il dit : Nous vous mandons que le premier samedi du
« carême prochain, le matin, quand les Juifs seront assemblés
« dans leurs synagogues vous fassiez prendre tous leurs
« livres par notre autorité, chacun dans votre province, et
« les fassiez garder fidèlement chez les Frères-Prêcheurs ou
« chez les Mineurs, implorant, s'il est nécessaire, le secours
« du bras séculier. De plus, nous ordonnons à tous ceux
« qui auront des livres hébreux de vous les remettre, sous
« peine d'excommuniation. La même lettre fut envoyée aux
« archevêques du royaume d'Angleterre, de Castille et de
« Léon. Le pape écrivit de même aux rois de France, d'An-
« gleterre, d'Aragon, de Castille, de Léon, de Navarre et de
« Portugal et, en particulier, à l'évêque de Paris pour le
« charger de faire tenir à leurs adresses toutes ces lettres
« qui lui devoient être remises par le Juif Nicolas de la
« Rochelle » (1).

La Faculté de théologie de Paris était particulièrement char-
gée de l'examen du livre dénoncé. Le souverain-pontife lui
faisait tenir trente-cinq articles extraits de ce livre et lui
signalait, en même temps, plusieurs autres erreurs.

Le Talmud d'alors formait six livres dont deux manquaient
en certains exemplaires. Pour comprendre l'existence de
l'ouvrage, il faut savoir que, suivant les Juifs, des lois furent
promulguées sur le mont Sinaï : une par écrit (*lex in scripto*),
une autre verbalement (*lex super os vel in ore*). Cette seconde
loi constituerait le Talmud.

La Faculté possédait deux interprètes catholiques, comptant
parmi les plus habiles en hébreu (*in hebræa lingua quam plu-
rimum eruditos*).

---

(1) *Hist. ecclés.*, liv. LXXXIII, ch. vi, d'après Echard dans *Summa sancti
Thomæ vindic.*, lequel aurait puisé dans un manuscrit de la Sorbonne
ayant pour titre : *Extractiones de Talmud*, et reproduit dans *Collect. judicior...*, tom. I, par. I, pp. 146 et suiv., sous ce titre : *Censoria Animad-
versio Parisiensium magistrorum in libros Thalmud et ipsa bulla Gregorii
papæ IX de impiis dictis libris Thalmud, tum sententia Odonis cardinalis
Tusculani.* Voir, notamment, pp. 149-150, 153-155.

rent cette mort, une ombre noire apparut à l'évêque de Paris qui priait après Matines. Sur la demande de ce dernier, l'ombre répondit : *Je suis le malheureux chancelier de Paris, damné pour ces trois causes..., ma dureté à l'égard des pauvres, la possession de nombreux bénéfices, le dérèglement de ma vie.* Guillaume d'Auvergne aurait lui-même raconté l'apparition à ses clercs (1).

Mais revenons à la décision provoquée par le zélé prélat. Les docteurs en théologie furent convoqués dans la salle capitulaire des Frères-Prêcheurs sous la présidence de l'ordinaire. La question, de nouveau posée, fut de nouveau résolue et dans le même sens et avec plus de précision. On déclara donc qu'on ne pouvait, en conscience, posséder deux bénéfices dont l'un valût quinze livres parisis. Parmi les docteurs qui prirent part à la délibération, l'on cite Hugues de Saint-Cher, Guerric et Geoffroy, de l'ordre de Saint-Dominique, Jean de la Rochelle de l'ordre de Saint-François. Ce fut, dès lors, l'enseignement général au sein de la Faculté (2).

V

LE TALMUD

« Vers l'an 1236, dit Fleury, un Juif de la Rochelle, fort
« savant en hébreu, suivant le témoignage des Juifs mêmes, se
« convertit et, au baptême, fut nommé Nicolas. Il alla trouver
« le pape Grégoire IX, la douzième année de son pontificat,
« c'est-à-dire l'an 1238, et lui découvrit qu'outre la loi de
« Dieu écrite par Moïse les Juifs en ont une autre qu'ils nom-
« ment Talmud, c'est-à-dire doctrine que Dieu même, à ce
« qu'ils disent, a enseignée à Moïse de vive voix et qui s'est
« conservée dans leur mémoire jusqu'à ce que quelques-uns
« de leurs sages l'aient rédigée par écrit, de peur qu'elle ne

(1) Thomas de Cant., *De Apibus* ou *Bonum universale* lib. I, cap. XIX. Suivant cet historien, Philippe demanda au prélat si le monde était fini. Comme celui-ci s'étonnait d'une pareille question venant d'un homme si instruit, celui-là répondit : « Ne vous étonnez pas : En enfer, il n'y a ni science, ni œuvre, ni raison ». Et l'ombre disparut.

(2) *Ibid.*
La *Collectio judiciorum..., loc. cit.*, renferme le récit de Thomas de Cantimpré.

« péché revêt le caractère d'acte, d'être, de bien, procède du
« premier agent, c'est-à-dire de Dieu, moyennant la volonté ;
« mais le vice lui-même qui est dans l'acte, procède uniquement de la volonté ».

Cette doctrine semble bien avoir prévalu dans l'enseignement de l'école de Paris.

IV

LA PLURALITÉ DES BÉNÉFICES

Vers 1230, la question de la pluralité des bénéfices s'agitait ardente en Angleterre et, dans trop de circonstances, la légitimité s'en affermait dans la pratique, si bien que le légat du Saint-Siège, impuissant à remédier à cet état de choses, devait prudemment conseiller de surseoir aux mesures à prendre (1).

En France, l'évêque de Paris, Guillaume d'Auvergne, fit décider solennellement la question en 1228.

Celle-ci, déjà trois ans auparavant, avait été posée dans une réunion de docteurs. Tous, à l'exception de deux, s'étaient, après discussion, prononcés contre la pluralité. Les deux opposants étaient Philippe de Grève, chancelier de Paris, et Arnold ou Arnoul qui fut depuis nommé à l'évêché d'Amiens (2).

On dit qu'en conséquence de son opinion Philippe de Grève conserva jusqu'au dernier instant les bénéfices dont il avait la jouissance. Invité alors par l'évêque de Paris et par lui exhorté à ne conserver qu'un seul bénéfice en résignant les autres, parce qu'il y allait du salut de son âme, il aurait répondu qu'il voulait faire l'expérience de la chose (*experiri se velle*). Fatale expérience qui ne se fit pas beaucoup attendre du téméraire, continue l'historien ancien. Philippe mourut quelque deux ans après. Un des jours qui suivi-

---

(1) Fleury, *Hist. ecclés.*, liv. LXXXI, ch. xv.
C'est certainement dans ce sens qu'il faut interpréter la réponse donnée en 1211, par Innocent III aux évêques d'Orléans et d'Auxerre et à un chanoine de cette dernière ville : « Licet enim circa eamdem
« personam beneficiorum sit semper superfluitas improbanda, nonnun-
« quam tamen est toleranda pluralitas statu personæ provida considera-
« tione pensato... Datum Laterani 15 kal. martii pontif. nost. an. XIV. »
(*Hist. Univers. Paris.*, tom. III, p. 62-65).

(2) *Collect. judicior...*, tom. I, par. 1, p. 145.

« sens du prudent lecteur, me hâtant de passer à ce qui me
« reste à traiter encore » (1).

Mais le premier sentiment n'allait pas bien tarder à reconquérir sa place d'honneur ou mieux à régner en maître. Moins de quarante ans plus tard, Thomas d'Aquin, commentant le maître, allait écrire que le second sentiment comptait peu ou point de défenseurs, et la raison c'est qu'il confinait à deux erreurs (2) : « D'abord parce que de lui paraît résulter qu'il
« y a plusieurs premiers principes ; car il est de la raison du
« premier principe qu'il puisse agir sans le secours et sans
« l'influence d'un premier agent: d'où, si la volonté humaine
« pouvait produire quelques actions dont Dieu ne fût pas
« l'auteur, elle prendrait le caractère de premier principe ». L'on essaye sans doute de se tirer d'affaire en disant que la volonté humaine ne tient pas d'elle-même cette puissance, mais d'un autre, c'est-à-dire de Dieu. Cette explication ne satisfait pas le commentateur ; elle laisse subsister les raisons alléguées. Ce dernier continue. « En second lieu, comme
« l'action du péché est un certain être, non pas seulement en
« ce sens que les privations et les négations sont dits des êtres,
« mais aussi dans le sens des réalités vraiment existantes,
« puisque les actes peccamineux sont eux-mêmes ordonnés,
« il s'ensuivrait, si l'action du péché n'est pas de Dieu, qu'il
« y aurait un être ne tenant pas de Dieu l'existence ; et ainsi
« Dieu ne serait pas la cause universelle de tous les êtres,
« ce qui répugne à la perfection du premier être. » La con-
« clusion est donc celle-ci : « C'est pourquoi il faut dire avec
« la première opinion que l'acte, en tant qu'acte, est de
« Dieu, et, comme tel, n'a rien qui présente quelque chose de
« difforme. » Mais d'où vient la difformité ? De la cause seconde ou de la volonté humaine. Une comparaison fait toucher du doigt la vérité de la doctrine. D'où vient la claudication ? De la puissance de marcher au moyen d'un tibia défectueux. « Par conséquent, tout ce qui appartient à la
« marche, vient de la puissance de marcher, mais le défaut
« ou l'irrégularité de la marche ne vient pas de la puis-
« sance de la marche, mais du tibia seulement ». Ainsi dans l'ordre moral : « Tout ce qui dans l'acte défectueux ou le

---

(1) Lib. II, Distinct. XXXVII.
(2) In lib. II, Sentent., Dist. XXXVII, quæst. II, art. II. « quam ad præ-
« sens nulli vel pauci tenent, quia prop nquissima est errari duplici. »

frappé. Selon Joachim, en effet, le Père, le Fils et le Saint-Esprit n'étaient pas substantiellement unis, mais moralement par la pensée et la volonté, comme des hommes peuvent êtres unis entre eux (1).

III

LE CONCOURS DIVIN

En 1216, ce grave, ce délicat problème théologico-philosophique se posait et se discutait ardemment dans l'école de Paris : quel est le concours divin dans les actes humains ?

Assez communément on s'en était tenu à la solution donnée par saint Anselme dans son livre de la *Concorde de la prescience de Dieu et du libre arbitre*, à savoir que Dieu est la cause première des actes humains, que cette cause première meut librement les volontés, mais que le côté défectueux de ces actes ne saurait lui appartenir (2).

Toutefois, à l'époque de Pierre Lombard, un autre sentiment s'était déjà fait jour dans l'école. D'après ce sentiment, Dieu n'était absolument pour rien dans l'acte peccamineux : il le permettait seulement. Le Maître des sentences exposait les deux opinions sans vouloir se prononcer : « J'en laisse le « jugement, disait-il après les avoir pleinement exposées, au

---

(1) « Verum, disait le pontife et le concile approuvait, unitatem hujus- « modi non veram et propriam, sed quasi collectivam et similitudinariam « esse fatetur : quemadmodum dicuntur multi homines unus populus et « multi fideles una Ecclesia juxta illud : *Multitudinis credentium erat cor « unum et anima una...* » (*Collect. judicior...*, loc. cit., p. 119-120). Voir aussi Pluquet, *Dictionn. des hérés...*, art. *Joachim*.

(2) Le saint docteur disait dans un endroit : « Quoniam enim quod « Deus vult non potest non esse, cum vult hominis voluntatem nulla « cogi vel prohiberi necessitate ad volendum vel ad non volundum, et « vult effectum sequi voluntatem, tunc necesse est voluntatem esse libe- « ram et esse quod vult » (Quæst. I, cap. III, *Opera*, Paris, 1721, in-fol., p. 124) ; Et dans un autre : « Quamvis necesse sit fieri quæ præsciuntur et quæ « prædestinantur, quædam tamen præscita et prædestinata non eveniunt « ea necessitate quæ præcedit rem et facit, sed ea quæ rem sequitur...; « non enim ea Deus, quamvis prædestinet, facit voluntatem cogendo aut « voluntati resistendo, sed in sua illam potestate dimittendo ; quamvis « tamen voluntas sua utatur potestate, nihil tamen facit quod Deus non « faciat in bonis sua gratia, in malis non sua, sed ejusdem voluntatis « culpa ». (Quæst. II, cap. III. *Opera*, Paris, 1721, in-fol., p. 127)

Concile général de Latran. Le pape se proposait d'y condamner la proposition. Mais, en présence d'une certaine opposition née principalement du respect pour la mémoire de l'illustre professeur, Alexandre III renonça à son idée première. Il se borna à écrire un peu plus tard au même Philippe de Champagne, transféré alors du siège de Sens à celui de Reims. Il lui prescrivait d'assembler les maîtres de Paris, de Reims et des villes d'alentour et de leur intimer la défense, au nom du Siège apostolique et sous peine d'anathème, « d'oser jamais dire que le Christ n'est pas quelque chose en tant qu'homme, car, de même qu'il est vrai Dieu, il est vrai homme » (1).

Pierre Lombard fut aussi attaqué par l'abbé Joachim. Mais ce fut avec moins de succès. Le visionnaire, dans un écrit qui semble perdu (2), reprochait au théologien, qu'il traitait sans ménagement, une erreur capitale sur la divinité, erreur qui conduirait logiquement à admettre quelque chose de quaternaire dans l'être suprême ou quatre Dieux (3). L'affaire fut portée au quatrième Concile de Latran, en 1215.

La sentence d'Innocent III nous fait connaître et les accusations portées et l'orthodoxie reconnue ; car le pontife écrivait, d'une part : « Nous condamnons et réprouvons le libelle
« ou le traité que l'abbé Joachim a produit contre maître
« Pierre Lombard touchant l'unité ou l'essence de la Trinité,
« appelant ce dernier hérétique et insensé, parce que dans
« ses *Sentences* Pierre Lombard a dit qu'il y a une chose im-
« mense (*quædam summa res est*), le Père, le Fils et le Saint-
« Esprit, laquelle n'engendre ni n'est engendrée ni ne pro-
« cède (*illa non est generans neque genita nec procedens*) » ;
« il disait, de l'autre : « Nous, avec l'approbation du saint
« Concile général, nous croyons et confessons que c'est la
« seule chose très grande, certainement incompréhensible et
« ineffable, que celle qui est vraiment le Père et le Fils et le
« Saint-Esprit, trois personnes ensemble et distinctes à la
« fois (*tres simul personæ, singulatim quælibet earumdem*). »

En même temps, le trithéisme de l'abbé de Flore était

---

(1) *Collectio judiciorum de novis erroribus...*, Paris, 1728, tom. I, par. I, pp. 112 et suiv. ; *Hist. Univers.* Paris., ibid., pp. 403, 431 ; Fleury, *Hist. eccles.*, liv. LXXIII, ch. XXIII.

(2) Fleury, *Hist. eccles.*, liv. LXXV, ch. XLI.

(3) *Collectio judicior...*, tom. I, par. I, p. 120 : « ... opponit abbas
« præfatus quod non tam Trinitatem astruebat (P. Lombard), quam qua-
« ternitatem, tres videlicet personas et illam communem essentiam ».

nouailles, l'avait attaqué au sujet de l'humanité du Christ. L'on ne saurait dire si ce Jean était originaire de Cornouailles en Angleterre ou de Cornouailles en Basse-Bretagne. L'on ne saurait, non plus, assigner l'année de sa mort. Estimant que Pierre Lombard avait erré en traitant de l'humanité du Christ, il composa, d'abord quelques pages, puis un opuscule un peu plus étendu. Les quelques pages ont pris place dans les *Opera* de Hugues de S. Victor sous le titre d'*Apologia de Verbo incarnato* (1). L'opuscule a été édité par Martène et Durand dans leur *Thesaurus novus anecdotorum* sous le nom de *Eulogium ad Alexandrum III quod Christus sit aliquis homo* (2).

Nous savons aussi que Gautier (*Gualterus*), abbé de Saint-Victor (3), continua l'attaque : il se plaçait, en effet, sur le même terrain. Nous savons également que l'ouvrage de cet abbé de Saint-Victor était dirigé contre Abailard, Gilbert de La Porrée, Pierre de Poitiers et Pierre Lombard, qu'il appelait les quatre labyrinthes de la France, ouvrage demeuré inédit, mais dont du Boulay a donné différents extraits. Nous avons dit également que l'auteur ne fut rien moins que modéré : il se montra, au contraire, dur, acerbe, virulent (4).

Une des propositions critiquées fut déférée à Rome. Elle était ainsi conçu : *Le Christ en tant qu'homme n'est pas quelque chose*, en d'autres termes, *n'est rien* (5). Une première fois, Alexandre III écrivit à Guillaume de Champagne, archevêque de Sens, pour défendre absolument d'enseigner pareille doctrine. Quelques années après, en 1179, s'ouvrait le troisième

Citeaux ». (*Hist. littér. de la Franc.*, tom. XVI, p. 393). D'après M. Lecoy de la Marche, des *Sermones de diversis* étaient également conservés autrefois à Clairvaux (*La Chair. franc...*, Paris, 1886, p. 529).

(1) Tom. III, pp. 68 et suiv. de l'édit. de Rouen.

(2) Tom. V, col. 1655 et suiv.
Voir sur Jean de Cornouailles la notice que Daunou lui a consacré dans dans l'*Hist. litt. de la France*, tom. XIV, pp. 194 et suiv.

(3) Les successeurs de Guillaume de Champeaux, en qualité d'abbés, furent Gilduin, Achard, Gautier.

(4) Le Prologue de l'ouvrage commence ainsi : « Quisquis hæc legerit, « non dubitavit quatuor labyrinthos Franciæ, id est Abœlardum et alium « Lombardum, Petrum Pictavinum et Gilbertum Porretam uno Aristo- « telico spiritu afflatos... (*Hist. Univers. Paris.*, tom. II, p. 553, et, pour d'autres extraits, pp. 629 et suiv.)

(5) « Quod Christus nihil sit, secundum quod homo... — Quod Christus « non sit aliquid, secundum quod est homo ».

être tombé dans quelques erreurs (*et contempta Evangelicæ doctrinæ humilitate plures in Mosen et Christum effutiret blasphemias* : c'est Simon de Tournay, mort au commencement du xiiie siècle et que les écrivains anglais, mais à tort, réclament comme un compatriote. Il comptait, dit-on, pendant son professerat à Paris, autant d'admirateurs que d'auditeurs (*tam admiratores quam auditores haberet*). Si les foudres de l'Eglise ne l'atteignirent pas, ce fut, dit-on encore, la vengeance céleste qui se chargea de l'œuvre, en le privant tout à coup, au milieu d'une de ses leçons, de la mémoire et de la parole (*divina ultione tactus, omni scientia privatus est ac mugitum humanæ locutionis loco deinceps edidit*) (1).

II

PIERRE LOMBARD

Nous savons que Pierre Lombard ne compta pas que des admirateurs durant sa vie : un de ses élèves, Jean de Cor-

---

(1) Bale, *Script. illustr. major. Britan... Catalogus...*, Bâle, 1559, cent. III, cap. XLVII; du Boulay, *Hist. Univers. Paris.*, tom. III, p. 710, où Bâle cité, et p. 8-9, où reproduits les témoignages de Mathieu Paris, Thomas de Cantimpré et Henri de Gand. Voir aussi *Hist. littér. de la Franc.*, tom. XVI, p. 388-389, art. de M. Petit-Radel.
    Le fait de la punition divine est ainsi raconté par Mathieu Paris : Simon, après avoir traité une question difficile sur la Trinité, aurait prononcé ces mots : « O Jesule, Jesule, quantum in hac quæstione con- « firmavi legem tuam et exaltavi! Profecto, si malignando et adversando « vellem, fortioribus rationibus et argumentis scirem illam infirmare et « deprimendo improbare. » L'historien ajoute : « Et, hoc dicto, elinguis « penitus obmutuit, non tantum mutus, sed idiota et ridiculose infatuatus « nec postea legit vel determinavit ; et factus est in sibilum et derisum « omnibus qui hoc audiebant ».
    Voir aussi M. Hauréau, *Hist. de la philos. scolast.*, par. II, tom. I, Paris, 1880, pp. 58 et suiv., au sujet de la doctrine philosophique de ce maître, laquelle semble dogmatiquement irrépréhensible, et des deux ouvrages théologiques par lui composés, une *Somme de théologie* et une *Exposition du Symbole d'Athanase*, lesquels se trouvent parmi les mss. lat. de la Bibliothèque nationale, la *Somme de Théologie*, appelée aussi *Institutiones in sacram paginam*, sous les n°s 5114 (A), 14846, l'*Exposition du Symbole d'Athanase*, sous les mêmes numéros et aussi sous les numéros 5102, 14376. L'on trouve encore le premier ouvrage dans le ms. 519 de la Bibl. de l'Arsenal.
    Voici les autres œuvres de Simon de Tournay: *Summa quæstionem in Sententias*, à Oxford, Bibl. de Bailleul, « 58 et 188 »; *Quæstiones variæ*, autrefois dans Bibl. de S. Victor de Paris; *Quæstiones... cum allegoriis*, à « la Bibl. de Villiers »; *Sermones de diversis*, à « la Bibl. de l'abbaye de

sa ville natale, l'on n'est pas fixé sur la question de savoir s'il s'agit de Dinan en Bretagne ou de Dinant sur la Meuse. L'orthographe ordinaire du nom semblerait parler en faveur de cette dernière ville. D'autre part, comme le remarque un écrivain de nos jours. « Albert-le-Grand et saint Thomas « d'Aquin écrivent *David de Dinando*; or, nous ne voyons nulle « part que la vieille cité bretonne ait jamais porté le nom de « *Dinandum*, tandis que la caractéristique *d* s'est conservée « dans le terme *Dinanderie*, désignant l'industrie du cuivre, « jadis florissante à Dinant en Belgique » (1).

Nous savons déjà que le décret conciliaire visa aussi les livres qui étaient estimés les principales sources des erreurs : nous voulons désigner la *Physique* et la *Métaphysique* d'Aristote, livres désignés sous le nom de *philosophie naturelle (de naturali philosophia)*, et qu'il était défendu d'expliquer à Paris, ainsi que leurs commentaires, soit en public soit en particulier (*publice vel secreto*) (2).

Quant à cette prescription : « Nous ordonnons que les livres écrits par les théologiens en français (*in romano*) soient livrés aux évêques diocésains », nous ne saurions dire ni de quels livres ni de quel théologiens il s'agit.

Cinq ans plus tard, le quatrième Concile général de Latran s'occupa de l'hérésiarque français, pour l'anathématiser en ces termes : « Nous réprouvons et condamnons le très pernicieux ensei- « gnement de l'impie Amauri dont l'esprit a été aveuglé par « le père du mensonge, ensorte que la doctrine de cet homme « doit être jugée moins hérétique qu'insensée » (3).

Un contemporain d'Amauri de Chartres et de David de Dinant et, comme eux, partisan outré d'Aristote (*dum suo Aristoteli superbus et arrogans nimium inhæreret*), paraît aussi

---

(1) M. Alph. Le Roy, dans *Biograph. nation... de Belgiq.*, art. *David de Dinant*.
L'auteur de l'article *David de Dinant* dans la *Biograph. breton.*, incline naturellement pour Dinan en Bretagne.

(2) Voir notre *Introduct*.
Sur les autres sources où Amauri et David auraient encore puisé, c'est-à-dire le *De divisione naturæ* de Scot Erigène, les ouvrages d'Alexandre d'Aphrodisias..., voir : M. C. Jourdain, *Mémoire sur les sources philosophiques des hérésies d'Amauri de Chartres et de David de Dinan*, dans *Mém. de l'Acad. des inscript. et bel.-lettr.*, 1870, tom. XXVI, par. II, pp. 467 et suiv.; M. Hauréau, *Hist. de la philosoph. scolast.*, par. II, tom. I, Paris 1880, pp. 74 et suiv.

(3) *Decret. Grég. IX*, tit. I, cap. II, *in fine*.

ses écrits furent détruits avec ceux des autres hérétiques et ses cendres retirées du tombeau et jetées à la voirie (1).

Le principal disciple d'Amauri, David de Dinant, ne pouvait être, non plus, frappé directement : il avait quitté ce monde depuis quelques années. Il le fut dans ses ouvrages que les flammes dévorèrent également : ces ouvrages, qui ont cessé d'exister, avaient nom : *Quaterni* ou *Quaternuli*, c'est-à-dire *Quatrains*, *De tomis*, c'est-à-dire *des Divisions*, et non *De atomis*, comme on l'a pensé à tort. C'est là qu'il exposait son panthéisme, à savoir qu'il n'y a qu'*une substance qui est Dieu, matière et intelligence* (2). Nous l'avons dit, suivant l'opinion publique, disciple d'Amauri de Chartres. A ce titre, il devait partager les autres erreurs du maître (3). Toutefois, il faut savoir que, dans son *Chronicon*, le chanoine anonyme de Laon le considère plutôt, par ses *Quaterni*, comme maître d'Amauri, puisque c'est là, à entendre cet historien, que ce dernier aurait puisé ses erreurs (4).

Mais qui était ce David de Dinant? Quel est le lieu de sa naissance? Du Boulay rapporte qu'il « régenta dans les arts et la théologie » (5). Esprit subtil, comme Amauri de Chartres, il paraît bien avoir eu quelques succès à la cour d'Innocent III; mais nous ne pourrions marquer à quel titre il s'y trouvait (6). Quant à

---

(1) Sourc. génér. pour ce qui précède : *Hist. Univers. Paris.*, tom. III, pp. 24 et suiv., 48 et suiv.; Pluquet, *Diction. des hérés...*, art. *Amauri*; Rainaldi, *Annal. eccles.*, an. 1209, cap. XXVIII, lequel cite Rigord et Césaire Heisterbach; *Collect. judicior...*, tom. I, par. I, pp. 126 et suiv., où sont reproduits les passages des auteurs du temps, comme Guillaume-le-Breton, Rigord, Martin de Pologne, Vincent de Beauvais, le décret du Concile de Paris : *Decreta magistri Petri de Corbolio, Senonensis archiepiscopi, Parisiensis episcopi et aliorum episcoporum Parisiis congregatorum super hæreticis comburendis et libris non catholicis penitus destruendis,*
Daunou a écrit un article sur Amauri de Chartres dans l'*Histoir. littér. de la Franc.*, tom. XVI, p. 586-591.

(2) M. Hauréau, *Hist. de la philosoph. scolast.*, par. II, tom. I, Paris, 1880, pp. 74 et suiv. C'est d'après saint Thomas d'Aquin et Albert-le-Grand que le savant académicien expose le système de David de Dinant.

(3) Pluquet, *Dictionn. des hérés...*, art. *David de Dinant*.

(4) Dans *Recueil des histor. des Gaul. et de la Franc.*, tom. XVIII, p. 715 : « Erat... idem David subtilis ultra quam deceret, ex cujus *Quaternis*, ut « creditur, magister Almaricus et coeteri haeretici hujus temporis suum « hauserunt errorem ».

(5) *Hist. Univers. Paris.*, tom. III, p. 678.

(6) *Chronicon* du chan. anony. de Laon dans *Recueil des hist. des Gaul. et de la Franc.*, tom. XVIII, p. 715 : « ... circa papam Innocentium con-« versabatur... ».

L'émotion devait d'autant plus s'accroître, que les adeptes, à ce dernier point de vue, passaient sans scrupule de la théorie à la pratique.

Un Concile provincial fut indiqué dans la capitale de la France. C'est le vingtième Concile de Paris. On en place la réunion en octobre ou décembre 1210 (1). Il se tint sous la présidence de Pierre de Corbeil, archevêque de Sens. L'évêque de Paris était naturellement au nombre des Pères. Les docteurs de Paris y assistaient (*assidentibus magistris Parisiensibus*). Les erreurs d'Amauri furent unanimement anathématisées.

Un certain nombre d'égarés durent comparaître à la barre du Concile. On fit grâce aux femmes et aux gens du peuple. Plusieurs ecclésiastiques subirent la peine de la dégradation pour subir ensuite celle de la prison perpétuelle. Quatorze des plus coupables, au nombre desquels était un orfèvre, le chef même de la secte, furent livrés au bras séculier et condamnés à périr par le feu, sentence qui fut bientôt exécutée à l'égard de dix, les bonnes dispositions des quatre autres ayant mérité leur grâce ou obtenu une commutation de peine (2).

On ne pouvait frapper que dans ses écrits, dont nous ne pourrions même dire les titres, et dans sa dépouille mortelle le père de tant d'aberrations. On ne manqua pas de le faire :

« chose, que Dieu ne saurait châtier personne pour un péché... Mais
« voici le comble de la démence et de l'impudence en fait de mensonge.
« Ces gens ne craignent pas, ne rougissent pas de dire : Nous sommes
« Dieu ! Appeler Dieu cet homme adultère, compagnon nocturne d'autres
« mâles, souillé de toutes les infamies, réceptacle de tous les crimes,
« quel excès de folie, quelle abominable présomption ! Cela dépasse
« même l'égarement des gentils, qui mentaient avec plus de mesure en
« disant que les plus grands de leurs princes allaient s'asseoir, après
« leur mort, parmi les dieux.. »(Cit. et trad. par M. Hauréau, *Hist. de la philos. scolast.*, par. II, tom. I, Paris, 1880, p. 93, d'après un ms. de la Bibl. nat.

(1) 1210 est la date généralement adoptée. D'autres disent 1209.

(2) « ... trois furent condamnés à une prison perpétuelle et un... se fit moine. » (Liron, *Bibliothèque chartraine*, dans *Biblioth. général...*, tom. I, Paris, 1719, p. 92).

« Un orfèvre, nommé Guillaume, était le chef de la secte ; il se disoit
« envoyé de Dieu et prophétisoit qu'avant cinq ans le monde seroit frappé
« de quatre plaies : de famine sur le peuple, de glaive sur les princes,
« de tremblements qui engloutiroient les villes, et de feu sur les prélats
« de l'Eglise ; il appeloit le pape l'Antechrist... Il avoit aussi prédit que le
« roi Philippe-Auguste et son fils rangeroient bientôt toutes les nations
« sous l'obéissance du Saint-Esprit. » (Pluquet, *Diction. des hérésies...*,
art. *David de Dinant*).

personne divine; règne admirable où la vertu de charité serait si puissante que l'âme sous son empire pourrait, sans contracter de souillures, se livrer à tous les excès de la chair.

Il y avait, de la part d'Amauri, un quatrième enseignement aux branches multiples, mais également viciées, et dont la parenté n'apparaît pas bien avec ce qui précède. Ainsi de cette assertion : de même que la lumière ne se voit pas en elle-même, mais dans l'atmosphère, Dieu ne sera pas vu en lui-même par l'homme, pas plus qu'il ne l'est par l'ange, mais dans les créatures. Ainsi de la suivante : s'il n'y avait pas eu de faute primitive, les deux sexes n'auraient pas existé, et le genre humain se serait multiplié à la manière dont s'est accompli la multiplication angélique. Ainsi de ces deux autres qui sont une sorte de corollaire de la précédente : à la résurrection générale, les deux sexes prendront fin; le sexe a disparu en Jésus-Christ après sa glorieuse résurrection (1).

Amauri eut des disciples, peu nombreux sans doute, mais il en eut. La Faculté de théologie et le Clergé de la province furent sans doute moins émus des aberrations panthéistiques de ce téméraire que de ses propositions à l'égard de Jésus-Christ, du Saint-Esprit et de son règne, que des monstruosités morales qu'il prétendait couvrir du manteau de la charité (2).

(1) Item asserit quod, si homo non peccasset, in duplicem sexum par-
« titus non fuisset nec gravasset; sed, eo modo, quo sancti angeli multi-
« plicati sunt, multiplicati fuissent et homines; et quod, post resurrec-
« tionnem, utriusque sexus adunabitur, sicut, ut asserit, fuit prius in crea-
« tione. Et talem dixit Christum fuisse post resurrectionem. » Martin de
« Pologne dans *Collect. judiciorum...*, tom. I, par. I, p. 128).

(2) Gérard de Frachet, auteur d'une *Chronique* allant de l'origine du monde à l'année 1272 a écrit : Fuit eo tempore M. Almericus Carnotensis
« philosophicis et catholicis quæstionibus singularis, qui doctrina perver-
« sam confingens charitatem sic respondebat, quod id quod alias pecca-
« tum, si in charitate fieret, peccatum non esset ; unde et fornicationes
« et alia nefanda occulte sub charitatis specie cum deceptis simplicibus
« committebat ». (*Hist. Univers. Paris.*, tom. III, pp. 674, 696).

Du Boulay, il est vrai, appelle l'auteur de la *Chronique* Jean Frasquet, moine d'Auxerre. Il est reconnu aujourd'hui que l'ouvrage appartient à Gérard de Frachet, dominicain de la même époque. (*Hist. littér. de la Franc.*, tom. XXI, p. 721).

L'on trouve dans le *Recueil des hist. des Gaul. et de la Franc.*, tom. XX, in init.; *Chronicon Girardi de Fracheto et anonyma ejusdem operis Continuatio*. Cette continuation va jusqu'à l'année 1328.

Jean-le-Teutonique, abbé de Saint-Victor, disait dans un sermon au sujet des mêmes monstruosités morales : « Quelques gens répandent en
« ce moment des nouveautés profanes, disciples d'Epicure, plutôt que du
« Christ. Avec une perfidie pleine de périls, ils travaillent dans l'ombre à
« faire croire qu'on peut pécher impunément, disant le péché si peu de

comme celles dont nous parlerons plus loin : tout chrétien est tenu de se croire membre naturel de Jésus-Christ, dont le corps est en tous non moins réellement qu'au pain eucharistique, article de foi qui s'impose aussi absolument pour le salut que les autres articles du Symbole ; en conséquence, il prétendait l'introduire dans cette profession dogmatique. Voyant toute la Faculté se déclarer contre lui, il en appela au souverain-pontife qui, après examen de la proposition du novateur et de l'opposition de l'*université des étudiants* (*universitatis scholarium*), donna raison à ceux-ci contre celui-là. Condamné à Rome, il dut se rétracter à Paris. Mais on pense que la rétractation ne fut pas bien sincère. C'était en 1204.

Amauri mourut assez peu de temps après et son corps fut déposé au cimetière de Saint-Martin des Champs.

Malheureusement il avait à son compte d'autres aberrations doctrinales.

Imbu de certains principes philosophiques qu'il avait puisés dans Jean Scot Erigène, il enseignait que la cause de tout était la matière première ; que cette matière première était Dieu, parce qu'elle présentait le caractère d'être nécessaire et infini. D'autres erreurs provenaient de celles-ci, comme des conclusions découlent de leurs prémisses, comme des ruisseaux jaillissent de leurs sources, ou bien elles s'y rattachaient par un lien plus ou moins étroit. Selon Amauri, tout est Dieu ; les idées divines sont à la fois créatrices et créées ; tout reviendra à Dieu, principe de tout, pour constituer en lui et avec lui une seule et immuable individualité ; comme Abraham et Isaac sont des individualités de même nature, ainsi tous les êtres sont des formes d'une essence unique.

Sur un autre point, il pensait comme un contemporain, l'abbé Joachim. Mais il semble bien difficile de dire lequel des deux a été le père de l'étrange doctrine du triple règne de Dieu sur la terre. Amauri affirmait donc qu'en Dieu il y avait bien trois personnes, le Père, le Fils, le Saint-Esprit, mais que les trois personnes étaient appelés à régner successivement sur le monde ; que le règne du Père avait embrassé la loi mosaïque ; que le règne du Fils embrassait la loi évangélique qui allait prendre fin pour permettre au Saint-Esprit d'inaugurer le sien : règne béni où les sacrements deviendraient inutiles, car l'homme, plus spirituel, n'aurait besoin, pour se sanctifier, que de la grâce intérieure donnée par la troisième

Ce dernier point apparaîtra dans tout son jour aux siècles suivants. Les trois premiers se trouvent déjà établis par ce que nous avons dit. Ils vont se corroborer par ce que nous allons dire. Nous avons ici à faire la narration des faits qui n'ont point eu place dans nos précédents chapitres.

Dans cette nouvelle étude, le recueil de du Plessis d'Argentré sera notre principal guide. On y rencontre les documents qui attestent l'usage que, dès son origine, la célèbre Faculté sut faire de son autorité doctrinale (1).

I

LES ERREURS D'AMAURI DE CHARTRES, DE DAVID DE DINANT, DE SIMON DE TOURNAY

Amauri était un enfant de Bennes au pays Chartrain (2) et avait pris rang dans la cléricature. Après avoir longtemps professé les arts libéraux à Paris, il se consacra à l'étude de la théologie. C'était un esprit subtil. Il visait, en même temps, à une grande liberté de pensée et de méthode (3). Il eut, néanmoins, l'honneur d'être choisi par Philippe-Auguste pour être le précepteur du prince Louis, héritier de la couronne (4).

Parmi les erreurs qu'il enseigna se trouve la suivante qui ne semble pas se rattacher à des pensées philosophiques

---

(1) *Collectio judiciorum de novis erroribus qui ab initio XII sæculi... usque ad annum 1755 in Ecclesiâ proscripti et notati*, Paris, 1728-1736, 5 vol. in-fol.
L'auteur du Recueil a largement puisé dans les anciens manuscrits de la Sorbonne.

(2) Le *Dict. des post.*, Paris, 1885, indique deux hameaux de ce nom, l'un de 14 habit., comm. d'Ollé, l'autre de 18, comm. de Reuil-la-Gadolière.

(3) Guillaume-le-Breton s'exprime ainsi sur le compte d'Amauri de Chartres : « ... cum in arte logica peritus esset..., transtulit se ad sa-
« cram paginam. Semper tamen per se modum decendi et discendi ha-
« buit, et opinionem privatam et judicium quasi sectum et ab aliis sepa-
« ratum. » (*Recueil des hist. des Gaul. et de la Franc.*, tom. XVII, p. 85).
Le chanoine anonyme de Laon tient un langage plus sévère dans son *Chronicon* : « ... vir quidem subtilissimus, sed ingenio pessimus fuit ». (*Ibid*, tom. XVIII, p. 715).

(4) « ... fuit cum domino Ludovico primogenito regis Francorum, quia credebatur vir esse bonæ conversationis et opinionis illæsæ ». *Ibid*).

CHAPITRE III

DOCTRINES, DECISIONS, CONDAMNATIONS.

I. Amauri de Chartres, David de Dinant, Simon de Tournay.
II. Pierre Lombard. — III. Le concours divin.
IV. La pluralité des bénéfices. — V. Le Thalmud.
VI. Dix propositions. — VII. Jean de Brescain et Raymond.

Les Facultés de théologie ne limitaient pas leur mission à l'enseignement de la science divine dans les écoles. En certaines circonstances, affirmer solennellement les points contestés de la vraie doctrine et frapper les erreurs de condamnation était un double but qu'elles se proposaient encore. Elles étaient, en même temps, les conseillères nées de l'évêque, juge ordinaire de la foi dans le diocèse. Elles avaient aussi place pour leurs représentants dans les conciles.

A ce quadruple point de vue, la Faculté de théologie de Paris se distingua entre toutes : ses doctrines faisaient autorité ; ses décrets trouvaient le respect, presque la soumission dans le monde chrétien (1) ; ses conseils étaient demandés et suivis par les évêques, sa parole écoutée au sein des conciles.

(1) Non-seulement, disait Gerson « jurant baccalaurei, priusquam legant « *Sententias*, in manu cancellarii Parisientis, quod si quid audierint dici « in favorem articulorum Parisiis condemnatorum, revelabunt infra octo « dies episcopo vel cancellario Parisiensi... », mais encore, écrivait ailleurs l'illustre chancelier, « nedum in Universitate Parisiensi, sed in aliis « studiis generalibus fit protestatio communis per theologos, dum fa-« ciunt aliquos actus, quod nihil dicent contra articulos Parisiis damna-« tos... » (*Opera*, Anvers, 1706, tom. II, p. 546, dans un des sermons *circa præceptum: Non occides* ; et tom. V, p. 427, dans *Act. in Conc. Const. circa damnat. Joann. Parvi*).

vêque eût été suffisante. Mais la licence ou le droit d'enseigner ne pouvait franchir ces limites qu'à la condition d'être octroyée directement ou indirectement par Rome. Conséquemment, lorsque le chancelier de Notre-Dame licenciait pour la cité *intra-pontes* et autres lieux soumis à la juridiction de l'ordinaire, il prononçait en qualité de représentant de l'évêque. Mais vint un moment — et il nous est possible de le supposer venu ou prochain — où l'investiture, accordée par le dignitaire de l'église de Paris, s'étendait à l'univers catholique ; et, alors, le chancelier parlait au nom du Saint-Siège qui avait même réglé l'ordre et les cérémonies de son installation, comme les formalités à remplir avant la collation de la licence (1).

Dans l'hypothèse où le chancelier de sainte-Geneviève demeurât encore en possession de conférer la licence en théologie, il agissait aussi pour cette licence, comme pour la licence-ès-arts, au nom et par l'autorité du souverain-pontife.

Il y avait donc alors un grade certain, celui de bachelier. Par la licence, le bachelier prenait naturellement place dans la corporation des maîtres. Au titre de maître se substituait déjà ou allait bientôt se substituer celui de docteur (2).

L'organisation détaillée en ce qui concerne les grades et les conditions à remplir, sera présentée dans le volume suivant ; car c'est surtout dans la seconde moitié du xiiie siècle qu'elle s'est complétée.

(1) *Supra, Introduction.*
(2) *Supra, Introduction.*

II
DES GRADES

Cinq années d'études théologiques conduisaient au baccalauréat. Pendant trois ans, le bachelier faisait, sous la direction d'un maître, des leçons sur l'Ecriture-Sainte, mais non point encore sur le livre des *Sentences*, haut enseignement qui, du moins dans une bonne partie des deux premiers quarts du siècle, paraît avoir été réservé aux maîtres eux-mêmes. Le baccalauréat en tant qu'exercice professoral était une sorte d'apprentissage pour la maîtrise. On le considérait, en même temps, comme le complément nécessaire des études. Les cours terminées, le bachelier demandait la licence, c'est-à-dire la faculté d'enseigner. « Cet ordre, dit Crévier, fondé sur le bon sens,
« s'observoit dès le temps d'Abailard, qui n'y avoit pas satisfait.
« Il n'avoit jamais eu d'autre maître de théologie qu'Anselme
« de Laon dont il n'étoit demeuré disciple que bien peu de
« tems et sous lequel s'étant ingéré de faire des leçons il
« avoit reçu défense de les continuer. Abailard étoit donc
« dans le cas, suivant la pratique établie en son temps, d'avoir
« un maître qui le présidât et le dirigeât dans ses leçons ; et
« il y avoit lieu de lui reprocher qu'il enseignoit sans maître,
« pendant qu'il auroit dû en avoir un au-dessus de lui et
« n'enseigner qu'en second... Il est très vraisemblable que
« le cours des études alors étoit plutôt réglé par un usage
« traditionnel que par une loi dans les formes » (1).

Nous savons que trois mois étaient accordés au chancelier pour s'enquérir de la capacité et des mœurs du candidat. Si le résultat de l'enquête était favorable, le chancelier n'était tenu qu'à prendre conseil de sa conscience pour accorder ou refuser l'admission (2).

S'il ne s'était agi que du diocèse de Paris, l'autorité de l'é-

---

(1) *Hist. de l'Univers. de Par.*, tom. I, p. 156.
Voir aussi *Hist. littér. de la Franc.*, tom. IX, p. 82.
(2) *Supra, Introduction.*
« ...inquisitione sic facta, quid deceat et quid expediat, bona fide det vel neget secundum conscientiam suam petenti licentiam postulatam ». (Bul. de Grégoire IX, de 1231, dans *Hist. Univers. Paris.*, tom. III, p. 141.

« et qu'on ne saurait franchir sans témérité ni même sans
« sacrilège; ce qu'ils font en accordant trop à la doctrine
« philosophique des choses naturelles ; ils veulent en cela
« faire parade de savoir, sans se proposer le bien des audi-
« teurs, en sorte qu'ils puissent paraître non des hommes
« instruits par Dieu ou des théologiens, mais plutôt des es-
« prits manifestant la divinité (*non theodocti seu theologi,*
« *sed potius theophanti*) ». Ils ont oublié cette recommandation de l'Apôtre : *Evitez les nouveautés profanes du langage
et les opinions de la science qui se pare d'un faux nom.* L'on
peut bien dire des sources philosophiques : *Plus on boit,
plus on a soif.* « C'est pourquoi, afin que ces doctrines té-
« méraires et perverses ne touchent pas, ne dévorent pas,
« comme un cancer, un plus grand nombre..., nous vous
« mandons par ces présentes et ordonnons expressément
« d'enseigner, rejetant loin de vous la susdite folie, la théo-
« logie dans sa pureté, sans ferment de science mondaine,
« sans altération de la parole de Dieu par les rêves des phi-
« losophes... En vous renfermant dans les limites tracées par
« les Pères, vous rassasierez vos auditeurs du fruit de la
« céleste parole, et, par le rejet des discours qui ne sont que
« des feuilles, ces auditeurs puiseront à ces eaux limpides et
« pures des fontaines du Sauveur, eaux dont la propriété
« principale est de fortifier la foi et de former les mœurs, et
« se réjouiront de s'en trouver pleinement désaltérés » (1).

Trois ans après, le même pape revenait sur ce point dans
sa bulle qui renouvelait et complétait le règlement de Robert
de Courçon. On rencontre, en effet, cet article dans l'acte
pontifical : « Les maîtres en théologie ne doivent point affecter
« des prétentions de philosophes ou d'hébraïsants, mais bien
« se renfermer, sans faire usage de la langue vulgaire, dans
« les questions qui peuvent être décidées par les livres des
« théologiens ou les traités des Pères » (2).

(1) *Hist. Univ. Paris.*, tom. III, p. 129-130 : « Datum Perusii non. jul. pontif. nost. an. 2 ».
(2) *Ibid.*, p. 142 : « Magistri vero et scholares theologiæ in facultate
« quam profitentur, se studeant laudabiliter exercere, nec philosophos
« se ostentent nec satagant fieri theodocti, nec loquantur in lingua po-
« puli... linguam hœbream cum azotica confundentes, sed de illis tantum
« quæstionibus in scholis disputent, quæ per libros theologicos et S.
« Patrum tractatus valeant terminari ».

Le Saint-Siège veillait, en même temps et avec la plus grande attention, sur la pureté de l'enseignement théologique au sein de la Faculté de théologie.

Nous avons marqué, dans notre *Introduction*, que des erreurs graves avaient eu cours parmi les maîtres-ès-arts. Ce point historique se représentera à nous avec les noms, déjà cités, d'Amauri de Chartres et de David de Dinant, ce qui nous permettra d'entrer dans de plus amples détails. En condamnant les erreurs, on crut devoir interdire l'accès de ce qu'on en estimait les sources, c'est-à-dire les livres d'Aristote sur la physique et la métaphysique. Voilà ce que firent le Concile de Paris en 1210, le légat Robert de Courçon en 1215 ; défense que Grégoire IX, en 1231, renouvela avec ce tempérament : jusqu'à ce que soient corrigés ces livres du philosophe grec.

Si la Faculté de théologie sut se garantir de pareilles erreurs, certains de ses maîtres cédèrent quelques fois à la tentation d'afficher des connaissances philosophiques, de s'égarer dans des théories estimées profondes, voire de se montrer beaux esprits.

La science théologique ne pouvait avoir d'autres bases que l'Ecriture-Sainte et les Pères. Relativement aux Pères, l'ouvrage de Pierre Lombard devenait une mine précieuse qu'au moyen de commentaires l'on se plaisait à exploiter. Le domaine de la raison n'était pas négligé. En certains esprits, la raison se montrait même orgueilleuse, téméraire, cherchant à concilier la révélation avec les principes d'Aristote, à interpréter l'une par les autres, paraissant ainsi avoir plus de confiance dans les lumières du philosophe que dans celles des grands docteurs de l'Eglise. Inévitablement tout cela devait se faire et se faisait aux dépens de la pureté du dogme chrétien.

Aussi, Grégoire IX tenait-il, en 1228, « à tous les docteurs et maîtres en théologie de Paris » ce langage admirable par sa sagesse, pathétique par son éloquence : « Notre âme a
« éprouvé une grande douleur, tout notre cœur a ressenti
« l'amertume de l'absinthe, lorsque ceci est arrivé à nos
« oreilles, à savoir que quelques-uns d'entre vous, emportés
« par une sorte d'esprit de vanité, s'efforcent, par des nou-
« veautés profanes, de franchir les limites posées par les
« Pères dans l'étude de la science sacrée, limites sages, vraies

constatation vraie de l'état de choses actuel. Voici, d'ailleurs une autre constation. Elle émane de Roger Bacon qui, en 1267, s'adressait à Clément IV en ces termes, parlant sur le même sujet et faisant entendre les mêmes plaintes ; il supposait que ses espérances se réaliseraient par le redressement du travers : « Les hommes d'études, disait-il, auraient des res-
« sources ; ils se mettraient à l'œuvre ; les uns compléteraient
« la théologie, les autres la philosophie, d'autres redresse-
« raient le droit canon. Mais loin de là, les juristes et ceux qui
« donnent un caractère civil au droit sacré reçoivent tous les
« biens de l'Eglise, les traitements des prélats et des princes,
« et les autres ne peuvent vivre. Aussi se tirent-ils bien vite
« de ces études ingrates et passent-ils au droit civil ; et la
« philosophie périt, l'Eglise est en désordre, la paix quitte la
« terre, la justice est reniée ; tous les fléaux se donnent la
« main » (1).

Le droit canonique voyait son domaine s'agrandir par la publication de la collection des Décrétales, ce qui n'empêchait pas la Faculté de porter toujours simplement le nom de Faculté de Décret. Mais le droit civil, que d'ordinaire enseignaient des maîtres de droit canonique ou qui, du moins, se professait au nom de la Faculté de Décret (2), avait subi la loi du bannissement des écoles de Paris. La loi avait été portée, en 1219, par Honorius III qui s'était inspiré de l'intérêt de la théologie, car, comme il le dit, il se proposait, en traitant ainsi une étude rivale, de ménager plus d'élèves et une ardeur plus grande pour la science sacrée. Aussi, la loi s'étendait-elle aux lieux circonvoisins (3).

---

(1) *Op. tert.*, cit. et trad. de M. G. Digard, dans *Biblioth. de l'écol. des Chart*, 1890, p. 418.

(2) Du Boulay, dans sa Dissertation *de facultate decretorum et juris civilis* (*Hist. Univers. Paris.*, tom. II, pp. 576 et suiv.), rappelle (p. 581) que Rigord, dans son *De Gestis Philippi Augusti* constatait la prospérité de l'étude du droit canonique et du droit civil à Paris.

(3) « ... ut plenius sacræ paginæ insistatur et discipuli Heli-
« sei liberius juxta fluenta plenissima resideant ut columbæ, dum in
« januis scolas non invenerint, ad quas dicaricare valeant pedes suos,
« firmiter interdicimus et districtius inhebemus ne Parisius vel in civita-
« tibus seu aliis locis vicinis quisquam docere vel audire jus civile præ-
« sumat.... Datum Viterbii VII kal. decemb. Pontif. nost. an IV ».
(*Decret. Greg. IX*, lib. V, tit. XXXIII, cap. XXVIII.) Nous avons déjà cité dans notre *Introduction* la fin de ce passage, d'après du Boulay, *Hist. Univers. Paris.*, tom. III, p. 96.

la conséquence de l'oubli ou de l'exclusion : en rejetant les livres condamnés d'Aristote, Grégoire IX était censé conserver ceux qui ne l'étaient pas, conséquemment la rhétorique.

Mais cette preuve, nous la découvrons, d'abord dans une pièce postérieure de quelques vingt ans et qui émane de la Faculté des arts. C'est un réglement d'études dressé et approuvé unanimement par tous les maîtres de cette Faculté dans l'année 1255. Dans ce réglement, l'on entre dans le détail des auteurs à étudier et il n'est aucunement fait mention de rhétorique (1).

Cette preuve, nous la découvrons encore dans un autre document auquel on assigne la même date (2), que jusqu'alors on considérait comme une bulle d'Innocent IV, mais dont l'authenticité est aujourd'hui contestée, comme nous l'avons marqué dans l'*Introduction*. L'auteur de ce document voyait avec peine que les arts libéraux étaient délaissés ; il constatait qu'on prétendait, sans ces premières connaissances, mais bien à tort, s'adonner aux sciences supérieures et surtout à l'étude du droit civil. En conséquence, il était dit que l'étude des arts libéraux était indispensable pour être promu aux charges et dignités de l'Eglise ; et la décision devait être notifiée, à la fois, aux prélats des royaumes de France, d'Angleterre, d'Ecosse, de Galles, d'Espagne, de Hongrie (3).

Dans l'hypothèse où le document ne serait pas authentique, ce qui, nous le répétons et pour les raisons données, nous paraît assez probable, il est impossible de nier qu'il ne soit la

---

(1) *Hist. Univers. Paris.*, tom. III, p. 280 : « Noverint universi quod « nos omnes et singuli magistri artium de communi assensu nostro, « nullo contradicente... » Le décret mentionne : « Veterem logicam, vide-« licet veterem logicam Porphyrii, Prædicamentorum, Perihermenias, « Divisionum et Topicorum Boetii, excepto quarto... Priscianum majorem « et minorem, Topica et Elenchos, Priora et Posteriora..., Ethicam, « quantum ad sex libros .., tres parvos libros, videlicet sex Principia, « Barbarismum, Priscianum de accentu..., Physicam Aristotelis, Meta-« physciam et librum de animabus... », et autres livres encore, mais pas de rhétorique. « Datum anno 1254 die veneris ante ramos Palmarum ».

(2) Matthieu Paris, dans son *Historia major*, le place sous l'année 1254.

(3) *Hist. Univers. Paris.*, tom. III, p. 265 : « Statuimus ut nullus de « cætero sæcularium legum professor seu advocatus, quatenuscumque « in legum facultate singularis gaudeat præeminentiæ privilegio spe-« ciali, ad ecclesiasticas dignitates, personatus, præbendas seu etiam ad « minora beneficia assumatur, nisi in aliis liberalibus disciplinis sit « expertus ». Il s'agit de la fameuse, mais non incontestable bulle *Dolentes*.

CHAPITRE II

DES ETUDES ET DES GRADES

I

DES ÉTUDES

Les études littéraires couronnées par les études philosophiques étaient indispensables pour être admis à suivre, avec droit aux avantages académiques, les cours de théologie.

Nous aurions dû dire, pour parler le langage de l'époque, la grammaire et les arts, car ce dernier mot voyait son sens restreint pour ne s'appliquer qu'à la philosophie (1). Il va de soi que l'arithmétique, sinon les éléments de géométrie et d'astronomie, étaient un accessoire qui ne pouvait être et n'était certainement pas négligé. La grammaire, restant à peu près telle dans le sens strict de l'expression, comprenait néanmoins quelques notions de rhétorique, en attendant que l'art de bien dire fût trop négligé, sinon mis en oubli. Crévier croit trouver une preuve du fait dans la différence de rédaction entre le statut de Robert de Courçon et le règlement de Grégoire IX : celui-ci garde le silence sur la rhétorique que mentionne celui-là. Le raisonnement ne nous paraît pas concluant. Le silence peut très bien s'expliquer sans être

---

(1) Crévier constate le fait, mais en exprimant quelques regrets : « La philosophie, dit-il, avait tous les honneurs : seule elle attiroit « l'attention de ceux qui enseignoient et étudioient les arts, en sorte « qu'enfin elle s'en est approprié le nom, et que par artistes ou artiens « on a entendu dans notre université les philosophes, comme si la gram- « maire et la rhétorique n'eussent pas dû être comptées parmi les beaux- « arts ». (*Hist. de l'Univers. de Paris*, tom. I, p. 308). Mais, malgré cela, — et les textes que nous allons transcrire à l'instant en feront foi — la Faculté des arts entendait bien légiférer sur l'étude de la grammaire.

La chapelle était sous le vocable de saint Firmin.

L'établissement se trouvait couché sur le testament de saint Louis pour un legs de soixante livres (1).

Un historien constate que « dans plusieurs villes du royaume les plus anciens collèges ont eu le surnom des *Bons-Enfants* ». (2) expression qui indique clairement le but de l'instruction complète, rendre bon, en éclairant l'esprit et en formant le cœur.

On ne connaît pas de règlements pour les collèges séculiers dans la première moitié du xiiie siècle. C'est surtout à l'exemple du collège de Sorbonne que les collèges postérieurs s'organisent et sentent le besoin de bien s'organiser. Quant aux réguliers, la règle de l'ordre s'imposait à eux dans la mesure du possible.

Une seconde remarque à faire en ce qui concerne les collèges séculiers, c'est que les fondateurs se proposaient surtout de rendre possible, facile même aux pauvres l'acquisition de la science théologique.

---

(1) *Hist. Univers. Paris.*, tom. III, p. 593.
Nous reproduisons ici la clause qui concerne les collèges : « Item lega-
« mus Pauperibus scholaribus S. Thomæ de Lupara Paris. 15 libras; et
« pauperibus scholaribus S. Honorati Paris. 10 libras; Bonis pueris Paris.
« 60 libras; et minutis scholaribus Paris. 150 libras per priorem Fratrum
« Prædicatorum et gardianum Fratrum Minorum Paris. distribuendas »
(*Hist. Univ. Paris.*, ibid., p. 593).

(2) L'abbé Lebeuf, *Hist. de la vil. et de tout le dioc. de Par.*, édit. Cocheris, tom. I, p. 116.

citer Yves de Bretagne qui se fit un si grand nom par sa science de jurisconsulte, et par ses vertus conquit une place dans le ciel (1).

COLLÈGE DES BONS-ENFANTS SAINT-VICTOR
(avant 1248)

Gauthier de Château-Thierry qui devait bientôt occuper le siège de saint Denis, était chancelier de Paris et proviseur du collège des Bons-Enfants de la porte Saint-Victor *(ad portam Sancti-Victoris)*. En cette dernière qualité, il adressa au Saint-Siège la demande du privilège de chapelle pour l'établissement. Innocent IV donna sa réponse, en écrivant, en ces termes, le 24 novembre 1248, à l'évêque de Paris : « Nous « mandons à votre fraternité par ce rescrit apostolique de « vouloir bien accorder, si vous le jugez à propos et sans « préjudice des droits d'autrui, l'objet de la demande » (2). Il faut donc faire remonter à une époque antérieure la fondation du collège.

Sans aucun doute, l'évêque de Paris accéda aux vœux du collège et du souverain-pontife. Mais, l'ancien collège disparaissant pour faire place à de nouvelles constructions, il y eut lieu pour l'ordinaire, qui était Renaud de Corbeil, d'autoriser l'érection d'un simple oratoire. L'autorisation fut donnée jusqu'à révocation et sous réserve des droits de la paroisse de Saint-Nicolas du Chardonnet. L'acte de concession est de 1257 (3).

Une chapellenie fut fondée. C'est ce que nous apprend une lettre du roi en date du mois d'août 1284 (4). Trois ans plus tard, Ranulphe d'Humblières, le successeur même de Renaud, confirmait à perpétuité *(perpetuo remanere)* et le droit de chapelle et l'établissement de la chapellenie (5).

---

(1) Félibien et Lobineau, *Hist. de la vil. de Par.*, tom. I, p. 211.
(2) *Hist. Univers. Paris.*, tom. III, p. 217 : « Datum Lugduni 8 kalend. decemb. Pontif. nostri an. 6 ».
(3) *Ibid.*, p. 218 : « ... authoritate ordinaria concessimus usque ad nos-« træ beneplacitum voluntatis..., ut in domo sua quam de novo ædificare « Parisius inceperunt, possint construere oratorium, salvo jure presby-« teri parochialis S. Nicolai de Cardineto... »
(4) *Ibid.*, p. 218 : « Actum Parisius an. Domini 1284, mense augusto ».
(5) *Ibid.*, p. 218-219 : « Actum et datum an. Domini 1287, mense junii ».

pour eux une chapelle et un cimetière, à la condition, bien entendu, de sauvegarder les droits de l'église paroissiale de Saint-Germain-l'Auxerrois. La chapelle fut placée sous le vocable de saint Nicolas, évêque de Myre et, depuis longtemps déjà, objet de la dévotion des écoliers. De là, avec le nouveau temple, appelé à être une collégiale, le changement de nom du collège : Saint-Thomas du Louvre allait devenir Saint-Nicolas du Louvre. La séparation s'effectuait vers 1217 (1).

Toutefois, le changement de nom fut loin de s'opérer aussitôt. Il semble même que, durant le xiii° siècle au moins, le collège était désigné tantôt sous l'ancien nom, tantôt sous le nouveau. L'abbé Lebœuf mentionne un acte de 1228, où le collège est qualifié de maison ou hospice de Saint-Thomas du Louvre (2). Nous voyons, d'autre part, qu'Urbain IV accorda, en 1263, « aux maîtres et frères de l'hospice des pauvres écoliers de Saint-Nicolas du Louvre » le privilège de n'être point, pendant trois années, cités devant les tribunaux siégeant en dehors de la ville et du diocèse de Paris, au sujet des biens par eux possédés dans ces mêmes limites (*super bonis quæ infra ipsas habetis*) (3). Du Boulay nous a conservé encore deux documents, l'un de 1284, l'autre de 1293, tous les deux ayant trait à l'exemption de droits pour certains biens de mainmorte. Dans le premier qui émane des officiaux de Paris, l'on parle de la « maison des pauvres écoliers de Saint-Thomas du Louvre (4) ». Le second est une lettre royale et il nomme les « écoliers de Saint-Nicolas du Louvre » (5). Enfin, nous lisons dans le testament de Louis IX que le roi léguait « quinze livres aux pauvres écoliers de Saint-Thomas du Louvre » (6).

Parmi les élèves de ce collège dans le xiii° siècle, l'on doit

---

(1) La concession de la chapelle et du cimetière date de 1210 (*Hist. Univers. Paris.*, tom. III, p. 465-466; Denifle, *Chartular. Univers. Paris.*, tom. I, p. 69-70).

(2) *Hist. de la vil. et de tout le dioc. de Par.*, édit. de Cocheris, tom. I, p. 117.

(3) *Hist. Univers. Paris.*, tom. III, p. 370 : « Datum apud Urbem veterem 6 aug. Pontif. nostri an. 6 », pour évidemment *an.* 2, comme on le voit par un autre acte pontifical qui suit.

(4) *Hist. Univers. Paris.*, tom. III, p. 469-471 : « ... Joannes presbyter « provisor domus pauperum scholarium S. Thomæ de Lupara Paris. et « prædicti scholares... Datum anno 1284 mense junio ».

(5) *Ibid.*, p. 508-509 : « ... cum scholares S. Nicolai de Lupara... Actum « apud Asnierias an. Domini 1293, mense octob. »

(6) *Ibid.*, p. 393.

Cette pièce est datée de février 1209 (1). C'est donc à tort que du Breul a dit en partageant évidemment le sentiment de l'auteur qu'il nomme : « Corrozet escript que du temps du roy « Charles VII Jacques Cueur, marchant de Bourges et depuis « argentier de France, c'est-à-dire thrésorier général, fonda le « collège des Bons Enfants et la chapelle de Sainct-Clair en la « rue S. Honoré » (2).

Nous voyons dans *Vie de saint Louis*, écrite par son aumônier et confesseur, Geoffroy de Beaulieu, que d'ordinaire des écoliers du collège étaient appelés pour chanter, aux grandes fêtes, dans la chapelle royale.

Le même historien nous apprend encore que, en retour, la la munificence du saint roi se faisait heureusement sentir (3). Elle s'affirma même dans le testament de ce dernier, car l'établissement y fut compris pour une somme de dix livres (4).

Le souvenir du collège vit encore dans le nom d'une rue près du Palais-Royal.

COLLÈGE DE SAINT-NICOLAS DU LOUVRE

(vers 1217)

Nous avons marqué dans l'*Introduction* qu'un collège avait été établi à côté de la collégiale de Saint-Thomas du Louvre et indépendamment d'elle, mais avec église commune et enclos commun : l'un et l'autre étaient l'œuvre de Robert de Dreux, frère de Louis VII. Cette indépendance jointe à cette communauté fut l'occasion de bien des difficultés : cela devait être. Il fallait, dans l'intérêt des deux établissements, arriver à une séparation complète. Le maître et les écoliers demandèrent à l'évêque de Paris et obtinrent de lui le privilège d'avoir

(1) Dans *Hist. Univers. Paris.*, tom. III, p. 45 : « Petrus Dei gratia Pari-
« siensis episcopus et G. totumque capitulum S. Germani Autissiod.
« Parisius fidelibus... Actum anno gratiæ 1208, mense februari ».

(2) *Op. cit.*, p. 805.

(3) *Recueil des historiens des Gaules et de la France*, tom. XX, p. 14 :
« .... convocans ad hoc pluries in anno clericos electos et gratiose
« cantantes, maxime de Bonis-Pueris, qui in sancta congregatione mora-
« bantur, quibus in recessu denarios erogabat illisque pro magna parte
« anni in studio sustentabatur ».

Hist. Univers. Paris., tom. III, p. 595.

date, d'une nouvelle dotation et, par suite, d'un accroissement écoliers (1).

COLLÈGE DES BONS-ENFANTS SAINT-HONORÉ
(vers 1209)

La collégiale de Saint-Honoré se fondait grâce aux générosités de Renold Chéreins ou Chérey et de Sybille, sa femme. Ceux-ci donnèrent encore un terrain contigu au cimetière de la collégiale. Deux autres époux, Etienne Belot ou Berot et Ada, y firent élever une maison pour loger treize écoliers : delà, le nom d'hospice de Saint-Honoré (*hospitale Sancti-Honorati*). Le saint qui donnait son nom à l'église et au collège était saint Honoré, évêque d'Amiens. La maison construite et meublée, ils créèrent, à la collégiale, une prébende dont le titulaire administrerait le collège en qualité de proviseur (2).

Belot étant mort, la présentation appartenait à la veuve et à son fils durant leur vie, et la collation était dévolue au chapitre de Saint-Germain-l'Auxerrois, lequel, à la mort de ceux-ci, jouirait encore du droit de présentation. Dans une pensée de louable prévoyance, Ada réservait pour elle et pour son fils, également pendant leur existence, en cas de négligence de la part du titulaire de la prébende, la faculté de lui donner, avec l'agrément de l'évêque de Paris, un remplaçant. Leur prévoyance allait plus loin : pour le cas où le chapitre de Saint-Germain-l'Auxerrois — naturellement la fonction semblait réservée à l'un de ses membres — n'aurait pas un chanoine qui voulut ou qui, faute de capacité, pût prendre la direction du collège, semblable réserve était stipulée en ce qui concernait le droit de pourvoir au provisorat, droit qui, après le décès de la veuve et du fils, écherrait *in perpetuum* à l'évêque de Paris.

Ces détails se lisent dans une pièce portant le nom de l'évêque de Paris et du chapitre de Saint-Germain-l'Auxerrois.

---

(1) *Hist. Univers. Paris.*, ibid., tom. IV, p. 364.
Voir dans *Revue des Sociétés savantes*, 2ᵉ sér., tom. VI, 1861, 2ᵉ semest., pp. 66 et suiv., *Un collège oriental à Paris au XIIIᵉ siècle*, par M. Jourdain qui expose la question dans le même sens.

(2) Du Breuil, *Le Théat. des antiquit. de Paris*, Paris, 1612, in-4°, pp. 801 et suiv., où différentes pièces ; Félibien et Lobineau, *Hist. de la ville de Paris*, tom. I, p. 246 ; abbé Lebeuf, *Hist. de la vil. et de tout le dioc. de Paris*, édit. Cocheris, tom. I, p. 115-116.

autre chose, comme ceux du XIIe siècle, que de simples maisons hospitalières, — ils en portaient même le nom — et conséquemment se trouvaient déshérités de chaires académiques. Mais fondés aussi principalement en vue des études théologiques, s'ils ne donnaient pas l'enseignement à des élèves, ils donnaient des élèves à l'enseignement.

COLLÈGE DE CONSTANTINOPLE

(Probablement vers 1204).

Sauval a écrit que « sous Urbain V qui tint le siège depuis « 1352 jusqu'en 1362, le cardinal Capoci fonda à la rue d'Am- « boise près de la rivière et la place Maubert un collège que « quelque-uns nomment le collège de Constantinople, d'autres « de Sainte-Sophonie, d'autres de Sainte-Sophie » (1). C'est une manifeste erreur, puisque c'est à cette époque qu'il devint le collège de la Marche, preuve de son existence antérieur.

En un endroit, du Boulay se fait l'organe d'une tradition d'après laquelle ce collège a été fondé peu de temps après la prise de Constantinople par Baudoin, comte de Flandre et premier empereur latin de l'empire de ce nom (1202-1206). L'on aurait alors fait choix d'un certain nombre d'enfants grecs et on les aurait envoyés à Paris pour les faire instruire au sein de l'Université. Aux yeux de cet empereur, c'était un bon moyen pour ménager la réconciliation entre l'Eglise d'Orient et l'Eglise d'Occident (2).

En un autre endroit, le même historien consigne en ces termes une seconde tradition. « D'autres, et peut-être avec « plus de vérité, disent que ce collège a été fondé par Pierre, « évêque d'Asti et patriarche de Constantinople..., lequel fut « gratifié de cette dignité, en 1286, par Honorius IV. » Du Boulay ajoute sagement, et nous partageons d'autant plus volontiers l'opinion émise par lui d'une façon un peu dubitative, que, par là, les deux traditions se concilient et se complètent : « .... nisi dicamus illum priorem fundationem « novarum scholarium diœcesis Astensis novorumque redi- « tuum accessione locupletasse. » Il s'agirait, à cette dernière

---
(1) *Hist. et recherch. des antiquit. de la vil. de Paris*, Paris, 1724, tom. II, p. 355.
(2) *Hist. Univers. Paris.*, tom. III, p. 10.

Le collège, qui fonctionnait dès 1246, avons-nous dit, ne tarda pas à prospérer. Il avait ou allait avoir à sa tête comme administrateur et professeur Jacques, Anglais de surnom et d'origine, et docteur de Paris (1). Le collège prit et conserva le nom, bien connu, des Bernardins.

Le fondateur pouvait se réjouir du succès. Il y avait même là une sorte de gloire pour son généralat. Néanmoins il se vit déposer, en 1257, par le chapitre général de l'ordre de Cîteaux. Quelle peut être la cause d'une si rigoureuse résolution ? On accusait Etienne d'avoir obtenu du pape le privilège, vraie dérogation aux constitutions, de n'être jamais dépouillé de de sa dignité abbatiale. C'était une calomnie qui fut accueillie d'autant plus facilement, que l'abbé était, a-t-on dit, considéré un peu comme novateur, à cause de l'établissement de son collège à Paris.

Le Saint-Siège crut devoir intervenir. Mais le roi de France écrivit au pape qu'il y aurait scandale à voir rapporter une mesure de déposition votée par un chapitre général. Alexandre IV n'insista pas. Etienne lui-même, partageant la pensée du saint roi, demanda le maintien de la mesure. Il se retira dans l'abbaye d'Orcamp, d'Ourcamp ou d'Ourscamp (*Ursi-Campus*) dans le diocèse de Noyon. C'est là qu'il mourut en 1264 (2).

Le chef du collège portait d'abord le titre de prieur. Ce titre fut bientôt changé en celui de proviseur (3).

III

COLLÈGES SÉCULIERS

Outre les cinq collèges réguliers dont la fondation a rempli les pages précédentes, il s'élevait au sein de l'Université de nouveaux collèges séculiers. Il est vrai qu'ils n'étaient guère

---

(1) *Hist. Univers. Paris.*, tom. III, p. 692.

(2) *Hist. Univers. Paris.*, tom. III, p. 336, où cités deux passages de Mathieu Paris.

Félibien et Lobineau, *Loc. cit.*, nous ne savons sur quoi ils s'appuient, indiquent 1255 comme l'année de la déposition.

Quant à Jacques l'Anglais qui « claruit, an. 1270 » *Hist. Univers. Paris*, tom. III, p. 692), il laissa, « outre l'apologie de la doctrine de saint Thomas, un commentaire sur le *Cantique des cantiques*, des sermons sur les *Evangiles* et des leçons scolastiques, *lectiones scolasticas.* » Ainsi parle l'*Hist. littér. de la Franc.*, tom. XIX, p. 425, en renvoyant à Bale, Pits et Fabricius. La notice de Pits est sous l'année 1270.

(3) Félibien et Lobineau, *Ibid.*

« de terre, au lieu dict le Chardonnet (*a carduis quibus abun-*
« *dabat*), contigus à leur maison. Et en outre permirent
« qu'ils *acquérassent* trois arpens de terre d'un tenant ou pro-
« ches des autres, avec admortissement de la totalité, sans
« qu'on les peut jamais contraindre d'en vuider leurs mains.
« Et en contre eschange lesdicts Bernardins ceddèrent à ceux
« de Sainct-Victor les sudicts six arpens de vignes. Ce contrat
« fut solennellement faict et confirmé par lettres d'Estienne,
« abbé de Clairvaux et de ses religieux à Paris, et d'Ascelin,
« abbé de Sainct-Victor, avec lequel *soubscrirent* quarante huit
« religieux profez au susdict an 1246 le 18 jour de décembre » (1).

Innocent IV ne tarda pas à accorder le droit de chapelle ou confirmer l'usage du droit de chapelle pour les offices du collège avec l'autorisation de faire bénir un cimetière par l'évêque pour ses morts (2).

Il y eut d'autres acquisitions. L'on peut se demander pourquoi tant de développement.

A cette réponse naturelle que l'abbé voulait faire grand et bien, Félibien et Lobineau en ajoutent une autre qu'ils ont rendue en ces termes : « Il paroist que ce qui avoit engagé
« l'abbé de Clairvaux à s'estendre si considérablement en ce
« lieu, estoit que son abbaye possédoit au mesme quartier
« une maison que l'auteur des Annales de Cisteaux appelle
« l'*Hostel des comtes de Champagne* et qui fut beaucoup aug-
« mentée par les nouvelles acquisitions que l'abbé Estienne fit
« au mesme endroit ; ce qui fut confirmé pour une bulle d'In-
« nocent IV du 1ᵉʳ juillet 1255 » (3).

Le frère du roi, Alphonse, comte de Poitiers, accepta le titre de fondateur et de protecteur du collège ; mais ce ne fut pas sans se montrer généreux, en retour ; car il lui « en cousta
« pour cela... cent quatre livres parisis de rente à prendre
« sur la prévosté de la Rochelle que l'abbé s'obligea d'em-
« ployer à l'entretien de vingt religieux profez de l'abbaye de
« Clairvaux, dont treize seroient prestres pour y faire l'office,
« y vivre dans l'observance régulière et estudier en théologie,
« comme il se voit par l'acte de fondation en date du
« 3 mars 1253 » (4).

(1) *Le Théâtre des antiquitez de Paris*, Paris, 1612, in-4°, p. 625.
(2) Bulle datée « Luguduni VII Kal. septembris, pontificat. nostri, anno VIII », dans Félibien et Lobineau, *Op. cit.*, tom. III, p. 160.
(3) *Op. cit.*, tom. I, p. 311.
(4) *Ibid.*

vince un centre où l'on étudierait la théologie, arrêta aussi que l'ordre de Citeaux serait libre d'envoyer des étudiants au collège de Paris, à la condition de pourvoir à leur entretien. Par là, on ferait justice de cette déconsidération qui, au point de vue des études, semblait peser sur la famille cistercienne (1).

Cette liberté fut bientôt convertie en obligation pour les provinces de Bourgogne, de Lyon, de Besançon, de France, de Normandie, de Picardie, de Brabant, de Flandre, d'Allemagne. Dans ces provinces, les monastères qui comptaient trente religieux devaient envoyer un étudiant à Paris ; pour les monastères qui possédaient quarante religieux et plus, le nombre des étudiants à diriger sur Paris était fixé à deux (2).

L'œuvre de l'établissement avait été menée avec rapidité ; car, écrit du Breul, « devant l'an 1246 », il y avait, près l'abbaye de Saint-Victor, « église et maison pour les religieux qui estoient envoyez de Clairvaux. » Un changement fut jugé presque aussitôt nécessaire. « Voyant, continue l'historien, « qu'ils estoient logez estroitement et que les terres adjacentes « appartenoient aux religieux, abbé et couvent de Sainct-« Victor, ils se délibérèrent de quitter le lieu et se retirer au « proche fauxbourg ; où, audict an, pour effectuer ce dessein, « ils acheptèrent des doyens et chapitre de Notre-Dame de « Paris six arpens de vignes....., sizes entre ladicte abbaye « et les fossez de la ville pour y bastir et faire leur rési-« dence... Ascelin, pour lors unziesme abbé de Sainct-Victor, « et ses religieux, prévoyants que cette proximité d'habi-« tation de religieux de divers ordres, l'un de Sainct-Augustin « et l'autre de Sainct-Benoist, pourroit causer au temps ad-« venir troubles et dissensions, ils leur quittèrent cinq arpens

---

(1) Matthieu Paris, *Hist. major*, sous l'année 1249, *circa finem*, rend ainsi la pensée générale qui a présidé à cet ordre de choses dans la famille cistercienne : « ... Cistercienses monachi, ne amplius forent « contemptui fratribus Prædicatoribus et Minoribus et sæcularibus lite-« ratis, præcipue legistis et decretistis novum impetrarunt privilegium. « Et ad hoc nobiles sibi Parisiis et alibi, ubi scholæ viguerunt, paraverunt « mansiones, ut, scholas exercendo, in theologia, decretis et legibus stu-« derent liberius, ne viderentur aliis inferiores ».

(2) Sourc. génér. : *Capitulum generale Cistercii* dans Félibien et Lobineau, *Op. cit.*, tom. III, p. 162, et dans Martène et Durand, *Thesaur. nov. anecdot.*, tom. IV, col. 1384 ; *Ex librcl. antiq. defin. ord. distinctione...* dans Félibien et Lobineau, *Ibid.*, p. 165.

« la Terre Sainte du roy sainct Louis, environ l'an 1262 » (1). Une partie de la peine pécuniaire imposée à Enguerrand de Coucy y fut destinée, comme une autre, nous l'avons vu, fut appliquée à l'édification du dortoir et de l'école des Dominicains (2). L'église fut « dédiée à l'honneur de Dieu et en la mémoire de la saincte Marie-Magdeleine » (3).

Les enfants de Saint-François étaient inscrits pour quatre cents livres dans le testament de Louis IX (4).

COLLÈGE DES BERNARDINS
(1244-1246)

Il y avait et il devait y avoir dans ce mouvement intellectuel un principe d'émulation pour les anciens ordres religieux. Pourquoi dans le domaine de la science se condamneraient-ils à demeurer au-dessous des nouveaux ?

Sous l'influence de cette pensée, l'abbé de Clairvaux conçut le projet d'un collège à Paris.

Cet abbé s'appelait Etienne de Lexington. Il était anglais d'origine. Esprit cultivé, du reste, il comprenait toute l'importance de l'étude. Avant d'entrer dans l'ordre, il s'était formé lui-même au sein de notre Université sous saint Edme, son compatriote, qui depuis fut élevé sur le siège de Cantorbéry (5).

Semblable idée pouvait paraître un peu étrangère aux institutions de la famille bénédictine et surtout peu conforme à la conduite du saint fondateur qui « relictis litterarum studiis, deserta petivit » (6). Une supplique fut adressée au pape qui approuva le projet et en autorisa l'exécution.

Spécialement pour la maison et filiation de Clairvaux, ce collège s'ouvrit à tout l'ordre de Citeaux. En 1245, un chapitre général, décidant qu'il y aurait au moins par chaque pro-

---

(1) Du Breul, *Op. cit.*, p. 518.
(2) Du Chesne, *Historiæ Francorum scriptores*, tom. V, p. 365 : « Scho-
« las et dormitorium Jacobitarum Parisius et ecclesiam Fratrum-Mino-
« rum e fundamentis in integrum consummavit ».
(3) Du Breul, *Op. cit.*, p. 519.
(4) Du Chesne, *Op. cit.*, tom. V, p. 438 : « Item legamus dominis Fra-
tribus-Minoribus Paris quadringentas libras ».
(5) *Hist. Universit. Paris.*, tom. III, p. 184.
(6) Félibien et Lobineau, *Hist. de la vil. de Paris*, tom. I, p. 310.

En 1209, Philippe-Auguste fit abandon de ce droit à la condition d'une rente de cent sous parisis. Or, « en l'an 1234, au
« mois d'avril, le roy sainct Louis cedda et quitta ausdits reli-
« gieux ceste rente, moyennant que en contre eschange ils
« quittèrent et amortirent aux cordeliers un grand logis, en
« latin *porprisium*, pour accroistre leur habitation » (1).

Un second agrandissement suivit six ans après.

Les Franciscains désiraient jouir de quelques portions de terre en deça et au-delà des murs de la cité (*infra et extra muros*). Des âmes généreuses se proposaient de les acheter pour eux. Le désir fut soumis à Grégoire IX qui ordonna à l'abbaye de Saint-Germain de donner satisfaction aux religieux. L'évêque de Senlis fut chargé de traiter l'affaire. Deux pièces de terre furent cédées, mais sous la réserve pour l'abbaye du droit de propriété et du droit de justice tant au spirituel qu'au temporel.

Les Franciscains renonçaient, dès lors, à tout autre agrandissement et s'engageaient même à ne point user des autorisations que le Saint-Siège pourrait, sous ce rapport, leur accorder (2).

Cet établissement religieux avait acquis une autre importance par un autre accroissement : à l'exemple des Dominicains, les Franciscains, qui porteront en France le nom de Cordeliers, avaient fondé, une école de théologie dont Alexandre de Halès paraît bien avoir été le premier maître. « Jean de
« Florence, leur second général, leur avoit néantmoins inter-
« dit le titre et les honneurs du doctorat, comme peu conve-
« nables à l'humilité, à laquelle il s'étoient voués singulière-
« ment; mais cette barrière fut trop faible, et elle ne put ar-
« rêter en eux ou l'amour de la gloire ou le désir de se rendre
« utiles » (3).

Quant à la construction de l'église, elle « a esté longue-
« ment intermise et n'a esté parfaicte sinon après le retour de

---

(1) Du Breul, *Op. cit.*, p. 117.
(2) Lettre de recounaissance des religieux à l'abbaye, lettre imprimée par du Breul, *Op. cit.*, p 517, et reproduite par Felibien et Lobineau, *Op. cit.*, tom. III, p. 115 : «... promittimus bona fide quod... nec per nos,
« nec per alios aliquid impetrabimus nec utemur aliquatenus impetretis,
« si fuerit aliquid impetratum, et quod, si dominus papa motu proprio
« nobis super hoc gratiam fuerit, obtenta gratia non utemur... Actum
« anno Domini 1240 ».
(3) Crévier, *Hist. de l'Univers. de Paris*, tom. I, p. 391.

dévotes » (1). Ils durent attendre jusqu'en 1230 pour avoir un établissement fixe.

Comme les Dominicains, ils étaient un objet de prédilection pour Honorius III. Le pape écrivait en 1219, à l'archevêque de Sens et à l'évêque de Paris, « les recommandant affectueusement comme sectateurs de la vie apostolique ». Huit ans plus tard, en 1227, il mandait encore à l'évêque de Paris de vouloir bien leur permettre de célébrer la messe dans le diocèse sur un autel portatif (2).

Enfin, ils obtinrent de l'abbaye de Saint-Germain l'usage d'une maison, à elle appartenant, sur la paroisse de Saint-Côme et de Saint-Damien et proche la porte Gibard. Nous l'avons marqué, c'était en l'année 1230. Nous disons : l'usage, car la maison ne leur était que prêtée, en sorte qu'ils s'y trouvaient à titre « d'hôtes », n'ayant droit d'avoir « ni cloches, ni cimetière, ni autel consacré ». L'abbaye avait eu soin de sauvegarder les droits de la paroisse et de se réserver la justice temporelle. L'acte stipulait que, dans le cas où les Franciscains se retireraient, « le local avec tous ses édifices « et ses accroissements redeviendrait en entier et sans la « moindre opposition la propriété de l'abbaye » (3).

Les auteurs de l'*Histoire de la Ville de Paris* ont eu raison d'écrire au sujet de cette cession : « Nous connaissons par « là que l'esprit de saint François et de ses premiers disciples « estoit de n'avoir rien du tout en propre, soit en commun, « soit en particulier, pas mesme les maisons où ils demeuroient. « C'est pourquoi ils ne les recevoient qu'à titre de prest, et « supposoient que la propriété en appartenoit toujours à leurs « fondateurs » (4).

De temps immémorial, nos rois jouissaient d'un droit de pêche sur la Seine dans le domaine de l'abbaye.

---

(1) Du Breul, *Le Theatre des antiquitez de Paris*, Paris, 1612, p. 514.
(2) *Ibid.* p. 515.
(3) Tout cela est consigné dans une lettre de l'évêque de Paris, lettre imprimée *Ibid.* et reproduite par Félibien et Lobineau, *Hist. de la vil. de Paris*, tom. III, p. 115 : « ... abbas et conventus S. Germani de Pratis Par. « Quemdam locum cum domibus ibidem constructis ... commendaverunt « dilectis in Christo filiis fratribus ordinis Fratrum Minorum... Actum « anno Domini 1230, mense mayo. »
« La porte Gibard, dit encore du Breul, est celle qui depuis a été appelée la porte d'Enfer et maintenant se dict la porte Saint-Michel. » (*Op. cit.*, p. 516).
(4) *Hist. de la vil. de Paris*, tom. I, p. 485.

Les embellissements et agrandissements postérieurs du couvent dans le XIIIe siècle sont ainsi résumés par Félibien et Lobineau d'après Guillaume de Nangis et Antoine Mallet: « Saint Louis leur fit bastir depuis — l'historien vise les reli-
« gieux — un dortoir et des écoles ; à quoi il employa une
« partie de l'amende qu'Enguerrand de Coucy fut obligé de
« payer, en réparation de l'injustice commise envers trois
« jeunes gentilshommes flamans qu'il avoit fait pendre pour
« avoir chassé sur ses terres. Le nouveau roy fit achever la
« nouvelle église des Jacobins, accrut leur enclos d'un hos-
« pital voisin et y adjousta deux maisons de la rue d'Aron-
« delle qu'il avoit eschangées avec Robert de Sorbone. Le
« seigneur de Hautefeuille, chef de la famille de Ganelon,
« leur donna aussi son chasteau qui joignoit leur couvent.
« Toutes ces maisons furent amorties par Philippe III. fils de
« saint Louis en 1281 » (1).

COLLÈGE DES FRANCISCAINS

(1250-1258)

François d'Assise, le saint émule de Dominique, avait dû avoir les mêmes sentiments que ce dernier ou, du moins, avait décidé la même chose. Après l'approbation de l'ordre par Innocent III, il voulait passer lui-même en France. Il en fut détourné par le cardinal Hugolin, plus tard Grégoire IX. En sa place et par son ordre, quelques-uns de ses disciples prirent le chemin de Paris, le centre, après Rome, de ce qu'il y a de grand dans le monde.

Arrivés en 1216 ou 1217, ils « furent honorablement reçeus en maisons particulières de quelques personnes pieuses et

---

(1) *Histoire de la ville de Paris*, tom. I, p. 261.
Voir aussi Du Breul, *Op. cit.*, p. 500-501, dans lequel nous trouvons encore : « Belle-Forest a escript … qu'en ce lieu se tenoit ancienne-
« ment le siège de la justice ou du conseil de la ville, dict *le Parloir aux*
« *Bourgeois*, lequel se tient maintenant en l'hostel ou maison de ville ».
Félibien et Lobineau expliquent ainsi la chose : « Il est hors de doute
« que ces différens noms de *Maison des Marchands*, *Maison de la marchan-*
« *dise* ou *Parloir aux bourgeois* ne signifient tous que ce que nous appe-
« lons maintenant l'*Hostel de Ville*, et que les juges qui présidoient dans
« cet ancien siège municipal, n'estoient autres que ceux qui administroient
« le fait de cette *marchandise* dont il portoit le nom ». (*Dissert. sur l'orig.
de l'Hostel de vil.*, dans tom. I, *in init.*, de l'*Hist. de la ville de Paris*).
Voir, pour quelques détails sur la fondation du couvent de la rue Saint-Jacques, *les Dominicains dans l'Université de Paris*, par M. l'abbé E. Bernard, Paris, 1883, pp. 34 et suiv.

qui nomma trois juges. Ceux-ci se prononcèrent en faveur des religieux qui, dès lors, jouirent du droit de chapelle et aussi du droit de cimetière. Honorius III, toujours bien sensible à ce qu'on faisait en faveur du nouvel ordre, rédigea une lettre pour féliciter le chapitre de sa sagesse et les juges de leur décision (1).

Les troubles universitaires de 1229 firent de la maison un centre d'enseignement. Nous l'avons vu, pendant la suspension des cours, la chancellerie de Notre-Dame accorda une chaire de théologie à ces religieux qui, de leur propre autorité, en établirent une seconde (2). Rapprochant cette conduite de la générosité de l'*Alma mater*, du Boulay a laissé tomber de sa plume ces expressions amères : « L'Université ignorait encore « la vérité de ce proverbe : *murem in pera, serpentem in sinu,* « *ignem in gremio male suos remunerare hospites* » (3).

La maison deviendra fameuse sous le nom de couvent de Saint-Jacques ou, plus fréquemment, de la rue Saint-Jacques. Dans une bulle donnée, en 1163, par Alexandre III, il est question d'une « place royale », près l'église Saint-Etienne (4), laquelle devait être plus tard la place Saint-Jacques. Dans l'acte de concession de l'Université, cette place porte déjà ce dernier nom (*in loco Sancti-Jacobi*). Nous avons rappelé que la chapelle donnée par Jean de Barastre était sous le vocable de cet apôtre. Que le lieu ait donné à la chapelle ou la chapelle au lieu le nom de Saint-Jacques, peu importe. La chapelle devenue église continua à être sous le même patronage, c'est-à-dire celui de Saint-Jacques-le-Majeur dont on célébrait solennellement la fête le 25 juillet (5). De là, le nom du couvent, et celui de Jacobins attribué aux enfants de Saint-Dominique.

(1) Dubois, *Hist. Eccles. Paris.*, Paris, 1710, tom. II, p. 264 ; du Breul, *Op. cit.*, p. 500. Dubois a écrit : « Leguntur litteræ in majori pastorali ; datæ sunt anno mccxx. » Nous estimons du Breul, puisant à la même source, être plus dans le vrai, lorsqu'il assigne l'année 1221. Le souverain pontife disait donc, comme le rapporte le second historien : « Gaudemus « in Domino et in vestris laudibus gloriamur, quod vos et ad obedientiæ « bonum pronos et ad pietatis studia promptos, sicut decet devotos filios, « invenerimus... ».
(2) Voir notre *Introduction*, et la grande lutte avec l'Université sera expliquée dans le volume suivant.
(3) *Hist. Univers. Paris.*, tom. III, p. 106.
(4) *Gal. christ.*, tom. VII, *Instrum.*, col. 242 «... ad stratam regiam juxta ecclesiam S. Stephani ».
(5) Félibien et Lobineau, *Hist. de la vil. de Par.*, tom. I, p. 261.

pas douter, que la chapelle, faute d'autorisation, se trouvait à l'état de simple oratoire. Nous en trouverions, au besoin, la preuve dans l'opposition qui va se manifester de la part du curé de Saint-Benoît.

Du reste, le don de Jean de Barastre ne semblait pas absolu ou, du moins, n'était pas consigné dans un acte authentique. Grâce à l'habileté du F. Mathieu (1), prieur de la communauté, le seul qui dans l'ordre ait porté le nom d'abbé, cet acte fut obtenu en 1221. Le donateur se réservait « personnellement les droits, honneurs, respects, dus de droit commun aux patrons et fondateurs de maisons religieuses » ; ce qui comprenait surtout « une place au chœur, au réfectoire et au chapitre..., les obsèques, la sépulture dans l'église. des mémoires en tout temps dans les prières (*memorias per omne tempus*), comme pour un des frères, un anniversaire célébré chaque année » (2).

L'Université céda également et en même temps tous ses droits sur la propriété — car elle en avait — ne demandant, en échange, que des prières et pour ses maitre le droit de sépulture (3).

Nous faisions, à l'instant, allusion à l'opposition du curé de Saint-Benoît. Le litige fut soumis au chapitre de Notre-Dame

S. Mariæ de Vineis... Gratum gerimus quod dilectos filios fratres ordinis Prædicatorum in sacra pagina studentes apud Parisios, in visceribus charitatis vestræ, pietatis officiis laudabiliter confoveatis... »

(1) « Vir industrius et solers », lisons nous dans les *Script. ord. Prædicat.*, tom. I, p. 92.

(2) Act. reproduit dans les *Script. ord. Prædicat.*, tom. I, p. 17, note.

(3) *Hist. Univers. Paris.*, tom. III, p. 105-105 « Nos universitas magis« trorum et scholarium Parisiensium, pro salute animarum nostrarum,
« quidquid juris habemus vel habuimus in loco S. Jacobi... fratri Mathœo
« priori suisque fratribus ordinis Prædicatorum et ipsi ordini sponte ac
« libere offerimus ac donamus. Et in signum reverentiæ et recognitionis
« quod locum ipsum teneant ab Universitate nostra tanquam a domina et
« patrona, ipsi nos colligent nostrosque suscessores in participationem
« generalem et perpetuam omnium orationum et beneficiorum suorum
« tanquam confratres suos. Insuper singulis annis in crastino festivitatis
« B. Nicolai missam solemnem in majori altari, præsente conventu,
« pro vivis magistris et scholaribus necnon et pro conservatione studii
« Parisiensis ; in crastino vero Purificationis B. Mariæ virginis
« cum eadem solemnitate missam pro illis qui de Universitate nostra
« Parisius decesserint, celebrabunt. Præterea pro quolibet magistro cujus« cumque facultatis fuerit de nostris, qui in officio regendi decesserit
« Parisius, tantam facient solemnitatem quantam facerant pro uno de
« fratribus suis defunctis. Et quilibet sacerdos de eis celebrabit missam
« pro eo. Et prior eorum faciet legi tria psalteria pro eodem. Si vero ibi
« elegerit sepulturam, si fuerit theologus, sepelient eum im capitulo suo ;
« si alterius facultatis, in claustro. In cujus rei perpetuam firmitatem
« præsentem paginam sigillis magistrorum theologiæ fecimus roborari
« Actum anno gratiæ 1221 ».

Roland de Crémone à Bologne, et à Paris Jourdan de Saxe et Henri de Cologne. Il mourut dans la capitale de la France, en 1220, et fut enterré à Notre-Dame des Champs ou des Vignes, prieuré qui dépendait de Marmoutiers (1). Cette sépulture de Réginald s'explique : l'ordre ne possédait pas de cimetière (2).

C'est même dans l'église de ce prieuré que la nouvelle communauté célébrait ses offices (3). Pourtant nous venons de voir que les Dominicains avaient été gratifiés d'une chapelle en même temps que de la maison par eux occupée. C'est, à ne

(1) *Hist. Univers. Paris.*, tom. III, *ibid.*, et p. 707 ; *Script. ord. Prædicat.*, tom. I, p. 90.

(2) On dit parfois Reginald de Saint-Gilles (*de Sancto-Ægidio*), parce que, selon les uns, il serait né dans la petite ville de ce nom en Languedoc. D'autres — et ceux-ci paraissent être plus dans le vrai — assignent pour lieu d'origine la ville même d'Orléans (*Script. ord. Prædicat*, tom. I, p. 89 ; *Hist. litt. de la France*, tom. XVII, p. 230 ; M. l'abbé Baunard, *Vie des Saints... de l'Église d'Orléans*, 1865, p. 9-10). Sa place dans cette *Vie des Saints* ne doit pas surprendre, car Réginald est bienheureux et son culte a été autorisé par Pie IX non seulement dans l'ordre de Saint-Dominique, mais dans les diocèses de Paris et d'Orléans.

Parmi les premiers enfants de saint Dominique, nous avons à citer encore Étienne de Borbon ou *Bourbon* ou *de Belleville* : « A familia de Borbone, a patria de Bellavilla, ut frequentius, nuncupatus ». *Script. ord. Prædicat.*, tom. I, p. 184. Il s'agit de Belleville en Beaujolais. Le jeune Étienne vint étudier à Paris les arts et la théologie. Il devait se faire un nom comme prédicateur, en évangélisant pendant quarante années diverses provinces de la France, la Champagne, la Lorraine, la Bourgogne, l'Auvergne, le Lyonnais, le Roussillon, et jouir dans son ordre d'une certaine autorité, car il remplit vingt-cinq ans les fonctions d'inquisiteur, tant en Auvergne que dans le Lyonnais. Il laissa un traité commençant par ces mots : *Tractatus de diversis materiis prædicabilibus, ordinatis et distinctis in septem partes secundum septem dona Spiritus-Sancti et eorum effectus, refertus auctoritatibus et rationibus et exemplis diversis ad ædificationem pertinentibus animarum.* Ce traité a été retrouvé par les auteurs des *Scriptores ordinis Prædicatorum* : il faisait alors partie des mss. de la Sorbonne ; et il est aujourd'hui à la Bibliothèque nationale. C'est le manuscrit 15970. Il renferme de précieux renseignements sur les personnages de l'époque. Les auteurs des *Scriptores ordinis Prædicatorum* en ont imprimé le Prologue et quelques extraits. Ils ont cherché le motif de la non impression du traité ; et ils ont estimé le découvrir dans la diffusion par la presse du *Speculum morale*, sous le nom de Vincent de Beauvais, mais véritablement œuvre d'un plagiaire qui avait pillé le traité d'Étienne : « Verum est auctorem Speculi moralis... totum hoc Stephani opus deflorasse, sic ut ex 1500 quibus in editione Duacena Speculum morale constat columnis, septuagentæ circiter ex opere de septem donis de verbo ad verbum transcriptæ sunt, sed inverso, ac præpostero ordine, pluribus rescissis, factis historicis decurtatis, auctorum qui laudantur nominibus aut omissis aut mutatis... » De là, sans doute, l'oubli dans lequel le travail d'Étienne est tombé (*Script. ord. Prædicat.*, tom. I, pp. 184 et suiv.) L'on trouvera dans l'*Hist. littéraire de la France*, tom. XIX, pp. 27 et suiv., un art. sur Étienne de Bourbon. Cet article est dû à la plume de M. Petit-Radel.

(3) Du Breul, *Op. cit.*, p. 499, et, après lui, Félibien et Lobineau, *Op. cit.*, tom. III, p. 96, ont reproduit cette lettre d'Honorius, en date de la fin de février 1220, aux religieux du prieuré : « Dilectis filiis, priori et conventui

du futur couvent de Paris. Michel était le propre frère de Dominique (1).

Ces sept religieux, logés d'abord près la cathédrale (*inter domum episcopi et domum Dei*), s'établirent presque aussitôt en face **Saint-Étienne des Grès**. Ce fut en une maison qui leur avait été donnée, ainsi qu'**une chapelle y attenante** et sous le vocable de saint Jacques, par Jean de Barastre, **doyen de Saint-Quentin** et professeur de théologie à Paris. La nouvelle installation se fit le 6 août 1218. Le nombre des religieux s'accrut rapidement. Aussi, quand, peu de temps après, Dominique arriva à Paris, trouva-t-il la famille de la capitale composée de trente membres. Il fit disposer le local tant pour la vie commune que pour les études (2).

« Ce couvent, dit un ancien auteur, fut pour le saint fon-
« dateur, parmi tous les couvents de l'ordre, l'objet d'un atta-
« chement spécial et d'une spéciale affection. L'esprit divi-
« nement illuminé de Dominique voyait dans l'avenir que
« bien nombreux et bien illustres seraient les frères nourris
« et instruits dans ce couvent, et que leur vie et leur doctrine
« éclairerait l'Église universelle. Aussi, à son arrivée à Bo-
« logne, Dominique s'empressa-t-il d'envoyer au couvent de
« Paris l'admirable frère Reginald qui, en fait de vertus et
« de science, ne le cédait qu'à Dominique... » (3).

Ce Reginald, Renaud ou Régnault (*Reginaldus*) avait enseigné le droit canon à Paris, puis était devenu doyen de Saint-Aignan d'Orléans. S'étant rendu à Rome avec Manassès, évêque du diocèse de ce dernier nom, il s'y lia avec Dominique, et, visité par la maladie, guéri par la Sainte-Vierge, il entra dans le nouvel ordre, pour lequel ses actes et ses paroles ne tardèrent pas à faire de précieuses recrues :

---

(1) *Script. ord. Prædicat.*, tom. I, p. 16; Du Breul, *Le Théât. des antiquit. de Par.*, Paris 1612, in-4°, p. 498 ; Felibien et Lobineau, *Hist. de la vil. de Paris*, tom. I, p. 261. Quand il y a divergence entre ces historiens, nous suivons les auteurs des *Scriptores ordinis Prædicatorum*.
Voir les quelques lignes que ces auteurs, *Ibid*, note, consacrent à ces religieux.

(2) *Hist. Univers. Paris.* tom. III, p. 96, d'après un ms. de Saint-Victor ; *Script. ord Prædicat.*, tom. I, p. 92. «...illis, lisons-nous dans l'*Hist. Univ. Paris.*, domum regularem disponit, ordinando claustrum, dormitorium, refectorium cellasque ad studendum.

(3) *Hist. Univers. Paris.*, *ibid.*, cit. lat. du ms. de Saint-Victor.

« Guillaume, évesque de Paris, y donna son consentement, et
« le roy dota la nouvelle église de trente deniers par jour. Il
« y adjousta encore vingt livres parisis de rente, un muid de
« bled à prendre tous les ans dans les greniers de Gonesse,
« deux milliers de harangs le jour des Cendres à la foire des
« Brandons, et deux pièces d'étoffe de vingt cinq aulnes cha-
« cune, l'une blanche et l'autre noire. La reine Blanche, mère
« de saint Louis, donna pour le bastiment de l'église trois cens
« livres, et Groslay, archidiacre de Reims, deux cens. Hébert,
« aumosnier du roy, et Chrestien, tous deux chevaliers du
« Temple, y contribuèrent aussi beaucoup de leurs libéra-
« litez » (1). Enfin, cet établissement fut compris dans le testament de saint Louis pour un legs de quarante livres (2).

Le nom de la patronne de l'église s'imposa au monastère
qui en emprunta aussi un autre à la nature des terrains primitivement donnés : car, si on disait : Sainte-Catherine du
Val des écoliers, on se servait également de cette expression :
Sainte-Catherine de la Culture.

C'est là, dans ce monastère, sous les murs de la capitale de
la France, que fut constitué le collège théologique de l'ordre.

COLLÈGE DES DOMINICAINS

(1229)

Etait-ce la renommée de la grande cité ? Etait-ce la célébrité
des écoles de Paris? Etait-ce l'une et l'autre ? Il semble bien
que Dominique a dû s'inspirer de cette pensée que, pour agir
plus efficacement sur les âmes, il faut joindre la science à la
sainteté. Toujours est-il que le grand apôtre du midi de la
France envoya à Paris sept religieux de l'ordre naissant. Ils
avaient nom : Matthieu, Bertrand, Jean de Navarre, Lauren
l'Anglais, Mannez ou Mammez, Michel d'Espagne, Othier ou
Odier (*Odorius*) de Normandie. ce dernier frère convers. Matthieu quittait le supériorat du couvent de Toulouse pour celui

---

(1) *Hist. de la Vil. de Par.*, tom. I, p. 281.
(2) Du Chesne, *Hist. Franç. script.*, tom. V, p. 436 : « Item legamus domui Vallis scholarium Paris. XL libras. »
Voir, dans P. Denifle, *Chartul. Univers. Paris.*, tom, I, Paris, 1889, p. 125-125, une lettre de Guillaume, évêque de Paris, en date de septembre 1229. lettre dans laquelle le prélat, après avoir consenti à l'établissement, prescrit aux religieux *certam vivendi regulam, ut jura ecclesiæ S. Pauli vel ecclesiæ B. Mariæ virginis intactæ emaneant.*

gieux se trouvait au sein de l'Université, c'est-à-dire de cette partie de Paris qu'on appellera plus tard le quartier latin.

Cet établissement ne fut pas oublié dans le testament de saint Louis : il y figure pour un legs de soixante livres (1).

COLLÈGE DE SAINTE CATHERINE DU VAL DES ÉCOLIERS

(1229)

L'abbaye du val des écoliers rattache son origine à quatre maîtres ou docteurs de Paris qui, par amour de la solitude, vinrent, au commencement du XIIIe siècle, se retirer dans le diocèse de Langres (2). Ils se nommaient Guillaume, Richard, Evrard et Manassès. On put graver sur leur tombe, en faisant un anachronisme par l'emploi du mot *Sorbona*, car le collège de Sorbonne n'était pas encore fondé :

> Gallia nos genuit, docuit Sorbona, recepit
> Hospitio præsul, pavit eremus inops.
> Justa pius solvit Christo, quem ereximus, ordo;
> Ossaque jam vallis nostra scholaris habet (3).

L'ordre nouveau allait bientôt avoir un monastère à Paris. Un généreux bourgeois, Nicolas Gibouin, donna trois arpents de terre en dehors et proche de la porte Baudeer ou Baudez où aboutirait la rue Saint-Antoine. La libéralité de Pierre de Braine y ajouta un champ voisin (4). Du vœu des sergents d'armes pour la délivrance de Philippe-Auguste au fort de la bataille de Bouvines devait naître l'église qui s'acheva en 1229 (5). Avec l'église le monastère se fonda. Félibien et Lobineau ont écrit au sujet de cette fondation les lignes suivantes:

---

(1) Du Chesne, *Hist. franc. script.*, tom. V, p. 438-439 : « Item domui S. Mathurini Paris. ordinis S. Trinitatis et captivorum LX libras. »
Sauval a imprimé ce quatrain fait « de bonne foi et à la franche Marguerite » et qui se lisait à l'entrée du cloître :
> Cy-gît le léal Mathurin, sans reproche bon serviteur,
> Qui céans garda pain et vin et fut des portes gouverneur;
> Pannier ou hotte par bonheur au marché portoit;
> Très vigilant et bon sonneur; Dieu, pardon à l'âme lui soit.
(*Hist. et recherch. des antiquit. de Paris*, Paris, 1754, tom. I, p. 444).

(2) *Hist Univers. Paris.*, tom. III, p. 15-18.

(3) Moréri, *Dictionn.*, art. *Val des Écoliers*.

(4) Félibien et Lobineau, *Hist. de la vil. de Par.*, tom. I, p. 281, d'après des Mémoir. manusc. de Sainte-Catherine.

(5) Nous avons suivi la version commune.
Voir notre ouvrage *L'Abbaye de Sainte-Genev. et la Congrégat. d Franc.*, Paris, 1883, tom. II. p. 12-13.

tère l'endroit même où le cerf était apparu à Jean de Matha et à Félix de Valois (1).

Le nom du monastère fut celui du bois lui-même : Cerfroid (*Cervus frigidus*) (2). Le monastère devint naturellement le centre et la tête de la nouvelle famille religieuse. Mais celle-ci fut attirée à Paris. Elle comptait seulement quelques années d'existence et déjà, en 1209, nous la trouvons en possession de l'église de Saint-Mathurin, ainsi que de la maison y attenante, double propriété qu'elle tenait de l'évêque et du chapitre de Notre-Dame. Le fait est relaté dans une lettre du prieur de Saint-Germain-des-Prés (3), et la reconnaissance en est attestée solennellement quelques années plus tard dans un document qui émane d'un chapitre général de l'ordre (4). Si Cerfroid, par respect pour la mémoire des fondateurs, ne cessa d'être ce qu'il fut d'abord ; la maison de Paris était appelée à être la demeure du général et à renfermer le collège universitaire.

L'Église eut aussi sa gloire : elle fut dans la suite le lieu ordinaire des assemblées du corps enseignant. Elle eut encore une autre gloire, celle de donner son nom à l'ordre naissant. Quant au nom de Trinitaires que l'ordre porte également, il doit avoir son origine dans le divin patronage adopté, celui de la Sainte-Trinité, ou la spéciale dévotion à ce sublime mystère.

Nous venons de faire entendre que le couvent de ces reli-

---

(1) Helyot, *Ibid.*, et auteurs susdits.

(2) Ce bois était ainsi appelé, dit La Martinière (*Diction.*), de ce qu'un cerf y était mort de froid.
Le *Gallia christiana*, tom. VIII, col. 1754, explique autrement l'étymologie du nom : « Ad etymon vocule Cerfroi quod attinet, recurrendum non « esse ad cervum refrigeratum, sed ad veterem Francorum linguam, in « qua *frai*, sive *fred* aut *frid*, quemadmodum in *Godefrido*, *Sigefrido*, « *Hermanfredo* et aliis similibus, *liberum* aut *libertatem* significat. » Cette étymologie nous paraît mieux raisonnée, peut-être pourrait-on y découvrir certains rapports avec l'apparition même du cerf?

(3) Dans du Breul, *Le Théâtre des Antiquitez de Paris*, Paris, 1612, p. 491, et dans Félibien et Lobineau, *Histoire de la Ville de Paris*, tom. III, p. 91 : « ... in ecclesia Sancti-Mathurini Parisius ordinis Sanctæ-Trinitatis... Datum anno Domini MCCIX, die Jovis ante Nativitatem Domini nostri. »

(4) *Hist. Univers. Paris.*, tom. III, p. 701. Il s'agit du chapitre général tenu à Cerfroid, en 1230, et qui s'exprime ainsi : « Noveritis quod fratres « nostri receperunt a venerabili patre Guillelmo episcopo Parisiensi et a « venerabili viro decano et capitulo Parisiensi ecclesiam et domum S. Ma- « thurini Parisiensis in omnimoda obedientia, subjectione et reverentia, « in qua antecessores eorum dictas ecclesiam et domum tenuerant et « possederant... Datum apud Cervum Frigidum, anno 1230. »

ser quelque temps dans la solitude pour mieux vaquer à la prière, la sûre inspiratrice des grandes œuvres.

On s'entretenait alors de l'admirable vie d'un solitaire retiré dans le bois qui s'étendait entre Gandelu et la Ferté-Milon. Ce solitaire s'appelait Félix de Valois. L'on a dit qu'il appartenait à la famille royale de Valois. Mais il paraît plus avéré qu'il tirait son second nom de son pays d'origine, le Valois. Jean alla donc le trouver. « Un jour, comme ils s'en-
« tretenoient auprès d'une fontaine, ils apperçurent un cerf
« d'une grande blancheur, qui portoit au milieu de son bois
« une croix rouge et bleue. Le prodige les surprit, et, ayant
« fait rappeler à Jean de Matha la vision qu'il avoit eue à sa
« première messe, il la raconta à Félix. Ils jugèrent par ces
« merveilles que Dieu demandoit d'eux quelque chose de par-
« ticulier. Ils redoublèrent leurs jeûnes et leurs prières, afin
« qu'il lui plust de leur faire connoistre sa volonté. Leurs
« prières furent efficaces, car un ange apparut à eux en songe,
« par trois diverses fois, pour leur dire d'aller à Rome trouver
« le souverain pontife, de qui ils apprendroient ce qu'ils de-
« voient faire ».

Ils partirent. C'était en l'an 1198. Innocent III venait de monter sur le trône pontifical. Le pape, touché de la communication, convoqua à Saint-Jean de Latran une réunion de cardinaux et de prélats, à l'effet de recevoir leur avis. Il les invita à la messe qu'il dirait le lendemain pour obtenir du ciel la lumière. Le saint sacrifice commença; et quand le souverain-pontife « éleva la sainte hostie pour la montrer au peuple,
« l'ange parut de nouveau devant cette illustre compagnie de
« la mesme manière et dans la mesme posture qu'il avoit fait
« à Paris. »

La volonté du ciel était connue.

Innocent III renvoya en France les deux solitaires avec des lettres pour l'évêque de Paris et l'abbé de Saint-Victor, auxquels il ordonnait de travailler à la rédaction d'une règle pour le nouvel ordre (1).

Gautier de Châtillon donna pour terrain du premier monas-

(1) Helyot, *Hist. des ordr. monast. relig. et milit.*, tom. II, pp. 310 et suiv.
Voir aussi Toussaints du Plessis, *Hist. de l'Églis. de Meaux*, tom. I, pp. 172 et suiv.; *Gal. christ.*, tom. VIII, col. 1734-1735; *Hist. littér. de la Franc.*, tom. XVIII, p. 144 et suiv., art. de M. Petit-Radel.

de religieux devaient se multiplier. L'histoire de leur établissement a sa place dans notre travail. Nous commençons immédiatement par les plus anciens ou ceux que mentionne la lettre de l'Université, sauf celui de Prémontré qui appartient à la seconde moitié du siècle.

COLLÈGE DES TRINITAIRES OU MATHURINS

(avant 1209).

Un théologien de Paris, Jean de Matha, et un ermite, Félix de Valois, mûrirent ensemble un magnanime projet, celui de se dévouer et de constituer une famille qui se dévoue à la rédemption des captifs. Leur projet ayant pris corps dans des statuts, œuvre à la fois de Jean et de Félix, d'Eudes, évêque de Paris, et d'Absalon, abbé de Saint-Victor, reçut la consécration apostolique. De là est né l'ordre des Trinitaires ou des Mathurins.

Voici comment on rapporte les causes surnaturelles qui déterminèrent l'établissement du nouvel ordre.

Jean de Matha, originaire de la Provence, était saintement promu au sacerdoce, après être brillamment parvenu au plus haut grade en théologie. Il célébrait sa première messe dans la chapelle de l'évêché de Paris en présence de l'évêque, des abbés de Sainte-Geneviève et de Saint-Victor et du recteur de l'Université. Or, « comme le nouveau prestre élevoit la sainte
« hostie, un ange sous la figure d'un jeune homme apparut
« au dessus de l'autel. Il estoit vetu d'une robe blanche avec
« une croix rouge et bleue sur sa poitrine. Il avoit les bras
« croisés et ses mains posées sur deux captifs, comme s'il en
« eust voulu faire l'échange. L'évesque et les autres dont
« nous avons parlé, conférèrent ensemble sur cette vision ; et,
« ne sachant ce qu'elle pouvoit signifier, ils furent d'avis que
« Jean de Matha, muni des témoignages authentiques de cette
« apparition, iroit à Rome pour en informer le pape et apprendre de lui ce qu'il devroit faire. »

Avant de se rendre dans la ville éternelle, Jean voulut pas-

« actu regentium magistrorum, non intendentes per hoc statutum eos
« artare quominus liceat inter fratres suos extraordinarias multiplicare
« sibi lectiones secundum quod sibi viderint expedire. »

été intervenu directement pour ordonner l'admission formelle des Dominicains et des Franciscains. La bulle était donnée en 1244, lorsque l'Université ne se croyait encore obligée qu'à la tolérance. Cinq ans après, en 1249, le même pontife enjoignait, en général, au chancelier de Notre-Dame d'accorder la licence aux religieux qui auraient donné des preuves de leur capacité, lors même que par esprit de modestie ils ne jugeraient pas à propos de la demander 1). On le voit, c'était consacrer, en principe, le droit des réguliers aux privilèges académiques. Quelques années plus tard, Alexandre IV allait lui donner une nouvelle consécration (2).

Il était à craindre que les religieux, ainsi favorisés, ne fussent tentés de vouloir imiter les Dominicains, qui, ne s'étant pas montrés satisfaits de la chaire octroyée, en avaient fondé une seconde que l'Université ne voulait pas reconnaître.

En conséquence, l'Université statua, en 1252, qu'aucun monastère ne pourrait jouir de plus d'une chaire. Elle le rappelait dans sa lettre. Mais elle n'entendait nullement interdire les leçons particulières qui ne donnaient aucun droit aux grades académiques. Ceci était formellement déclaré 3).

II

LES COLLÈGES THÉOLOGIQUES RÉGULIERS

Le lecteur l'a compris, par la force des choses, la loi de l'équité, et sous l'influence de Rome, les collèges théologiques

---

(1) *Hist. Univers. Paris.*, tom. III, pp. 194-195 : « .. nos attendentes
« quod plures idonei et praecipue religiosi... numquam eamdem licentiam
« postularent, discretioni tuae mandamus, quatenus eos... dignos repe-
« reris... licentiam ipsam, etiamsi non petatur ab ipsis, sine difficultate
« aliqua largiaris... Datum Lugduni 5 kal. ju.ii pontif. nostri au. 7. »

(2) *Hist. Univers. Paris.*, tom. III, p. 558-558, bulle de mai 1257 : « ...
« statuimus ut scholares omnes tam religiosi de praelatorum suorum
« licentia Parisius gratia studii quomodolibet commorantes, quam etiam
« seculares ubicumque voluerint, lectionibus vel praedicationibus au-
« diendis sive quaestionibus disputandis libere valeant interesse, atque
« tam Praedicatorum quam Minorum ordinum fratres et religiosi alii qui
« pro tempore Parisius doctores fuerint theologica facultate ac scholares
« ipsorum societatem, consortium et collegium aliorum magistrorum et
« scholarium Parisiensium recipiantur plenarie... »

(3) *Ibid.*, p. 256 : « Duximus statuendum ut nullus regularium con-
« ventus in collegio nostro duos simul solemnes cathedras habere valeat

deux autres, car les Dominicains prétendaient avoir pour eux deux chaires théologiques, étaient ou seraient laissées aux maîtres séculiers (1).

Faudrait-il conclure que, précédemment, le nombre des chaires était supérieur ? Nous ne le pensons pas. Les chaires durent être maintenues, bien que les élèves pussent être moins nombreux : ceci nous paraît être l'interprétation naturelle du texte.

Il n'est ici question que de chaires magistrales ou doctorales, c'est-à-dire de chaires jouissant de ces droits ou privilèges académiques : rang pour le professeur dans l'Université, voie ouverte aux grades pour l'élève.

Les chaires occupées par les chanoines et celles laissées aux maîtres séculiers avaient leur origine dans les écoles de Notre-Dame, de Sainte-Geneviève, de Saint-Victor. Du reste, le droit des chanoines au professorat avait été formellement reconnue dans la bulle de Grégoire IX, en date du 13 avril 1231 (2). Mais les chaires des réguliers ?

Ces réguliers appartenaient aux ordres de Clairvaux, de Prémontré, du Val des écoliers, de la Trinité, de Saint-François et de Saint-Dominique. Sans doute, les Frères-Prêcheurs ne figurent pas ici dans le texte cité ; mais c'est probablement un oubli de copiste ou une faute de typographie, puisque leur adjonction est nécessaire pour former le nombre six ; et, d'ailleurs, ils sont nommés dans les phrases qui précèdent immédiatement ce qui pourrait peut-être encore expliquer l'absence dans le texte. Ces ordres avaient fondé à Paris des maisons qualifiées de collèges (*collegia*), et on y donnait l'enseignement académique.

Bon gré mal gré, droit de bourgeoisie au sein du corps enseignant avait été accordé, ou allait être, à ces six maisons ou collèges de réguliers. Rome avait favorisé, soutenu ces derniers dans leurs sollicitations ou revendications. Innocent IV

---

(1) *Hist. Univers., Paris.*, ibid. : « ... postquam ex illis duodecim novem « cathedræ, sicut in promptu est, a prædictis collegiis irrevocabiliter fuerint « occupatæ, ... duæ aut tres duntaxat poterunt superesse, quæ personis « sæcularibus... valeant reservari. »

(2) *Hist. Univers. Paris.*, tom. III, p. 14 : « Cancellarius quoque jurabit « quod consilia magistrorum in malum eorum nullatenus revelabit Pari-« siensibus, libertate ac jure in incipiendo habitis in sua manentibus fir-« mitate. » Il s'agit de théologie et de décret : « Magistri vero theologiæ « ac decretorum, quando incipient legere... Datum Laterani idib. april. « Pontif. nostri an. 5. »

Innocent III écrivait à l'évêque de Paris : « Comme il est
« utile que dans la cité de Paris où affluent les étudiants en
« lettres sacrées, il y ait un nombre suffisant de maîtres pour
« rompre le pain aux enfants qui le demandent, et restaurer
« par l'aliment de la parole divine les âmes qui ont faim ; ainsi
« il convient de ramener à de plus justes proportions la foule
« de ces maîtres, car alors, au sein de cette cité populeuse, il
« pourrait être à craindre, ou que leurs fonctions ne s'avilis-
« sent, ou qu'elles ne fussent moins bien remplies : Dieu a
« tout fait avec nombre, poids et mesure. Mû par ces consi-
« dérations et croyant obéir à la prudence, nous défendons
« absolument par les présentes qu'il y ait à Paris plus de huit
« maîtres de théologie, à moins qu'une grande utilité ou la
« nécessité ne le demande. » (1).

Cette nécessité se fit sentir.

D'une lettre écrite, en février 1254, dans une circonstance
solennelle, par l'Université aux prélats du monde catholique (2), il résulte : que le nombre des élèves ne comportait pas
alors plus de douze chaires théologiques 3 ; que des chanoines
de Notre-Dame en occupaient trois avec la faculté d'en augmenter
le nombre 4 ; que six étaient possédées ou, selon des espérances manifestées, devaient être prochainement possédées par
des maisons religieuses 5 ; que les trois autres et même les

: *Hist. Univers. Paris.*, tom. III, p. 56.

(2) Cette lettre, imprimée dans *Hist. Univers. Paris.*, tom. III, p. 255-
58, porte : « Reverendis in Christo patribus archiepiscopis, episcopis,
« decanis, abbatibus, archidiaconis et aliis Ecclesiarum prælatis necnon
« capitulis et scholaribus universis, Universitas magistrorum et scholarium
« Parisius studentium salutem in Domino sempiternam. »

(3) *Ib.*, p. 255 : « ... secundum statutum apostolicum a cancellario
« Parisiensi et a singulis magistrorum theologiæ juratum, vix posse in
« eadem facultate duodecim cathedras sustinere propter scholarium apud
« nos in theologia studentium raritatem... »

(4) *Ibid.* : « Considerantes etiam canonicos ecclesiæ Parisiensis, quorum
« tres apud nos in eisdem litteris sunt regentes, numerum suum secundum
« quod eis personæ suppetunt, juxta morem ecclesiæ suæ, multiplicare
« consuevisse... »

(5) *Ibi.* : « ... tempore procedente considerantes majores nostri diver-
« sarum religionum sex collegia, videlicet) Fratres Clara-vallenses, Præ-
« monstratenses, de valle Scholarium, de ordine Trinitatis, Fratres-Minores,
« præter alios regulares apud nos collegia non habentes, causa discendi
« sacras litteras Parisius convenisse, et in eis quosdam usque ad cathe-
« dram profecisse; alios vero nondum competenter proventos ad cathe-
« dras magistrales, secundum quod et ipsi asserunt, processu temporis
« aspirare... »

LIVRE II

LA FACULTÉ DE THÉOLOGIE
dans la première moitié du XIIIᵉ Siècle

PHASES HISTORIQUES

CHAPITRE I

I. Les chaires.
II. Les Collèges théologiques réguliers.— Collège des Mathurins — Collège de Sainte-Catherine du Val des Ecoliers. — Collège des Dominicains. — Collège des Franciscains. — Collège des Bernardins.
III. Les Collèges théologiques séculiers. Collège de Constantinople. — Collège des Bons-Enfants Saint-Honoré. — Collège de Saint-Nicolas du Louvre. — Collège des Bons-Enfants Saint-Victor.

I

LES CHAIRES

Bien que la science nécessaire pour enseigner dût être constatée par l'examen et la mission accordée d'ordinaire par l'examinateur ou le chancelier, les chaires de théologie s'étaient beaucoup et, au jugement du Saint-Siège, trop multipliées à Paris.

Aussi, la dixième année de son pontificat, c'est-à-dire en 1207,

culier, par Albert-le-Grand qui disait, en commençant : « Sicut
« in Prædicamentorum libro secuti et prosecuti sumus
« scientiam Aristotelis, sic in hoc libro sequimur Gilbertum
« Porretanum qui ea (quæ de sex principiis dicumtur) invenit
« et composuit ad faciliorem intellectum eorum quæ in libro
« Prædicamentorum succincte dicta esse videbantur » (1).
Nous ne devons donc pas être surpris d'apprendre que ce
livre a été souvent imprimé in *antiquis latinis Aristotelis
editionibus*, comme parle Fabricius (2), de le voir à la suite des
Catégories dans la traduction des Œuvres d'Aristote par
Ermolao Barbaro (3), d'en lire des extraits, ainsi que le titre
l'indique, dans les *Auctoritates Aristotelis, Senecæ, Boetii,
Platonis, Apulei, Porphyrii et Gilberti Porretani* (4).

Sans tenir compte, autrement qu'en le mentionnant, du
Liber de Causis, autre œuvre de Gilbert et toujours à l'état de
manuscrit (5), nous saluerons, dans ce philosophe, à l'encontre des historiens qui se sont occupés de lui, et qui l'ont
généralement plus ou moins rabaissé, nous saluerons en lui,
avec M. Hauréau, « le plus éminent logicien qu'ait possédé
« l'école réaliste au XIIe siècle, le plus profond, le plus exercé,
« le plus avancé (nous nous servons à dessein de ce terme
« des métaphysiciens de l'une et de l'autre école » (6).

Dans ce jugement, nous avons le principe même des témérités théologiques de Gilbert, d'ailleurs très versé dans la
science sacrée (7).

---

(1) *Opera*, Lyon, 1651, tom. I, pp. 194 et suiv.
L'*Hist. littér. de la Franc.*, tom. XII, p. 473, cite encore comme commentateurs du *Liber de sex principiis* le Franciscain Antoine-André et le Dominicain Bonne-Grâce d'Esculo, et elle ajoute que leurs commentaires ont été imprimés dans leurs œuvres.
(2) *Bibl. lat...*, édit. Mansi, art. *Gilbertus Porreta* ou *Porretanus*.
(3) *Hist. litt. de la Franc.*, tom. XII, p. 472.
Le *Liber de sex principiis* a été réimprimé par M. l'abbé Migne dans sa Patrol. lat., tom. CLXXXVIII, col. 1257 et suiv.
(4) Paris, 1498 (M. Hauréau, *Hist. de la philos. scolast.*, par. I, Paris, 1872, p. 452-453, note).
(5) *Hist. littér...*, tom. XII, p. 475. D'après la *Nouv. biogr. génér.*, art. *Gilbert de la Porrée*, ce *Liber de causis* serait à la bibliothèque de Douai.
(6) *Op. et vol. cit.*, p. 470.
(7) Un contemporain, l'auteur anonyme de l'*Historia pontificalis* dans les *Monument. German. histor.* de Pertz, *Scriptor.*, tom. XX, s'exprime ainsi, p. 522, sur Gilbert : « Erat enim vir ingenii perpicacissimi, legerat plurima, et,
« ut ex animi sententia loquar, circiter annos sexaginta expenderat in
« legendo et tritura litterarum, sic in disciplinis liberalibus eruditus, ut
« eum in universis nemo præcederet; credebatur ipse potius in universis
« præcedere universos. »

« se trouve à la tête des Postilles du Nicolas de Lyra sur ce
« livre, et le corps de l'ouvrage a été imprimé dans une
« compilation de différents interprètes anciens de l'*Apoca-
« lypse*, publiée à Paris, l'an 1512, en un volume in-8 » (1).

L'on cite d'autres travaux inédits de Gilbert sur l'Ecriture-
Sainte ; par exemple, des commentaires sur Jérémie (2), sur le
Cantique des cantiques(3), sur les *Evangiles* de saint Mathieu (4)
et de saint Jean (5) ; des *Questions* sur nos livres sacrés (6). Toujours suivant l'*Histoire littéraire de la France*, « il faut mettre
« aussi parmi les productions de Gilbert que le temps nous a
« enviées, ses *Sermons*, dont Pierre de Celles faisoit un si
« grand cas qu'il ne craignoit pas de les comparer à ceux de
« **Bernard** » (7).

Si comme théologien peu orthodoxe Gilbert a fait du bruit
pendant sa vie, sa réputation comme philosophe s'est maintenue dans les siècles suivants ; l'on peut même dire qu'elle
a grandi. Il faut attribuer cela à son *Livre des six principes*.
On connaît les dix *Catégories* ou classifications d'Aristote qui
forment le premier livre de l'*Organon*. Parmi ces dix *Catégories*, le Stagirite semble s'être attaché de préférence aux
quatre premières, la substance, la quantité, la relation,
la qualité. Aussi estimait-on que ses explications étaient
insuffisantes sur les six dernières, l'action, la passion, le
lieu, le temps, la situation, la manière d'être. C'est pour compléter l'œuvre du philosophe grec que le philosophe français
composa son *Livre des six principes* ou des six dernières catégories d'Aristote, livre qui, dans le moyen-âge, plaça le moderne penseur presque sur la même ligne que l'ancien, car
ce livre a été commenté par plusieurs écrivains et, en parti

(1) *Hist. littér....* tom XII, p. 475.
(2) L'*Hist. littér...*, ibid., p. 474, affirme qu'il y en a « deux exemplaires
à la Bibliothèque du roi », et cite les mss. lat. 148 et 278. Or, le ms. lat.
148 attribue le Commentaire dont il s'agit à un Gilbert, diacre d'Auxerre ;
et le ms. lat. 278 ne renferme rien de semblable. C'est évidemment 2578
qu'on a voulu écrire. Mais le Commentaire sur Jérémie est également
attribué à Gilbert, diacre d'Auxerre.
(3) Ms. « à la bibliothèque publique d'Utrecht » (*Hist. littér...*, ibid.). A la
Bibl. Mazar., le ms. 979 renferme un commentaire sur les Cantiques de
la Bible, lequel est attribué à Gilbert de la Porrée.
(4) Ms. (*Glossulæ*) « à la bibliothèque de Saint-Ouen de Rouen »(*Ibid.*, p. 475).
(5) Ouvrage connu seulement par le témoignage de Henri de Gand.
(6) Mss. « à la bibliothèque de Saint-Ouen de Rouen et à celle de Saint-
Bertin » (*Hist. littér...*, ibid., p. 474).
(7) *Ibid.*, p. 476.

quelle pénitence doit subir le prêtre? Gilbert répondit que la faute est certaine: le prêtre aurait dû communier sous une seule espèce, puisque Jésus-Christ est tout entier sous l'une et l'autre. Mais la raison du sacrifice alors? Le casuiste n'en tient pas compte. Quant à la pénitence, Gilbert est d'avis que le prêtre s'abstienne quelque temps de célébrer le divin sacrifice. Cette réponse a été, à notre connaissance, quatre fois imprimée (1). On peut se rappeler une décision à peu près semblable donnée par saint Bernard à l'abbé des Trois-Fontaines dans le diocèse de Châlons-sur-Marne (2).

Selon les paroles, transcrites à l'instant, de Robert du Mont, Gilbert fit d'excellentes gloses sur les *Psaumes* et les *Épîtres de saint Paul (Psalmos et Epistolas Pauli luculenter exposuit)* (3). Les gloses sur saint Paul sont inédites : et elles existent en quadruple copie à notre Bibliothèque nationale (4). Celles sur les *Psaumes* auraient même été imprimées d'après Lipenius qui « cite une édition in-folio, de l'an 1527, sans nommer le lieu ni l'imprimeur » (5). Mais elles se trouvent également six fois au moins à notre Bibliothèque nationale (6). Il est bon d'ajouter que Geoffroy dans la *Lettre* au cardinal d'Albe reprochait à Gilbert d'avoir parlé d'une façon inexacte, dans ces Gloses sur les *Psaumes*, de l'adoration qui est due à l'humanité de Jésus-Christ : et il citait cette phrase : « Non illa dico adoratione qua « latria est, quae soli creatori debetur, sed illa quae dulia dignior « est; dulia enim adoratio est quae etiam creaturae exhibetur: « quae duas habet species, unam quae hominibus indifferenter, « alteram quae soli humanitati Christi exhibetur » (7). Gilbert « refusait donc le culte de latrie à l'humanité de Jésus-Christ pour lui accorder seulement celui d'hyperdulie.

Nous sommes plus positivement renseignés au sujet de l'impression d'un commentaire sur l'*Apocalypse* : « La préface

---

(1) Dans *Thesaur. nov. anecdot.* de Martène et Durand, tom. I, col. 427, dans les *Annal. ord. S. Benedict.*, tom. VI, p. 345, dans les *Notes* de dom d'Achery à la suite des *Opera* de Guibert de Nogent, Paris, 1651, in-fol., p. 564, dans la Patrologie latine de M. l'abbé Migne, tom. CLXXXVIII, col. 1255.

(2) *Opera*, Epist. LXIX; *Ad Guidonem abbatem de Tribus-Fontibus*.

(3) P. 159.

(4) Mss. lat. 2579, 2580, 2581, 14441.

(5) *Hist. littér. de la France*, tom. XII, p. 473.

(6) Mss. lat. 439, 456, 2577, 12004, 14418, 14419; et aussi Bibl. de l'Ars., ms. 487; Bibl. Mazar., mss. 302, 303, 304.

(7) A la suite de la partie de la *Lettre* qui traite de la procédure.

Nous avons, plusieurs fois déjà, mentionné le *Commentaire* de Gilbert de La Porrée sur les quatre livres de la *Trinité* qui portent le nom de Boèce. Le travail du théologien — et il ne paraît pas qu'il y ait eu de correction pontificale — a pris place dans les *Opera* du célèbre philosophe, édition de Bâle, 1570 (1).

Suivant l'*Histoire littéraire de la France* (2), Gilbert aurait écrit deux autres commentaires : l'un sur le traité attribué encore à Boèce, *Des deux natures et de l'unique personne du Christ*; l'autre sur celui donné à Mercure Trismégiste, *Des Semaines ou de la Dignité de la Théologie*; et ces commentaires seraient inédits. M. Hauréau fait remarquer, après avoir constaté la chose, qu'il y a là une triple erreur. Les écrivains de l'*Histoire littéraire de la France*, ne poussant pas assez loin leur examen, ne se sont pas rendu compte que le prétendu traité *De duabus naturis et una persona Christi*, n'est autre que le quatrième livre, portant, du reste, le même titre, du traité de Boèce sur la *Trinité*, et que le *De Hebdomatibus sive De Dignitate theologiæ* en est, sous ce titre différent, le second livre intitulé : *Utrum Pater et Filius et Spiritus sanctus de divinitate substantialiter prædicentur*. Conséquemment les deux commentaires signalés, sont également deux parties, correspondant à celles du texte commenté, de l'œuvre générale de Gilbert, et ce ne sont donc pas des ouvrages inédits (3).

Mathieu, abbé de Saint-Florent de Saumur, avait consulté Gilbert sur le cas suivant : Un prêtre, après la consécration, s'est aperçu qu'il avait prononcé les paroles sacramentelles sur le calice où il n'y avait pas de vin; et, ayant versé dans le calice le vin nécessaire, il recommença la double consécration. Que penser de cela? et, dans l'hypothèse d'une faute,

---

(1) Un vol. in-fol. Les *Commentaires* sont placés après chaque livre auquel ils se rapportent.

L'*Hist. littér. de la Franc.*, tom. XII, p. 475, se trompe en plaçant cette édition sous le millésime de 1470, dit M. Hauréau, *Hist. de la philos. scolast.*, par. I, Paris, 1872, p. 451; et nous l'avons constaté après lui.

(2) Tom. XII, p. 475.

(3) *Hist. de la philos. scolast.*, par. I, Paris, 1872. p. 451-452.

Voici le titre des deux autres livres de l'ouvrage du philosophe romain :

Lib. I, *Quomodo trinitas unus Deus ac non tres dii*.

Lib. III, *An omne quod est, bonum sit*.

M. l'abbé Migne a réimprimé aussi dans sa *Patrol. latin.*, tom. LXIV, col. 1247 et suiv., les *Commentaires* de Gilbert à la suite de chaque livre de l'ouvrage de Boèce.

funèbre, que l'auteur adressait à tous les Catholiques. Nous reproduisons ce passage traduit par Dreux du Radier : « L'herbe a été desséchée, la fleur est tombée. Comment cet « homme si célèbre par ses connaissances a-t-il disparu ? Com- « ment ce grand arbre a-t-il été renversé ? C'étoit un cèdre « planté au faîte du Liban, un cyprès d'une hauteur surprenante. « Hélas ! hélas ! Ce savant homme, ce rare génie, ce mortel « qui avoit estimé la sagesse comme son épouse, qui avoit dit « à la science : Vous êtes ma sœur ; qui appeloit la prudence « sa tendre amie, ce mortel nous est ravi. Pleurez, mes frères, « pleurez ; pontifes, pasteurs, fondez en larmes ; pleure, gémis, « crie, sois abîmée dans la tristesse, église malheureuse de Poi- « tiers, église désolée, pleure, ta gloire n'est plus, le chandelier « qui soutenoit ta lumière est renversé, ton flambeau est éteint, « tes jours de fêtes sont changés en jours de deuil, les instru- « ments qui servoient à exprimer les chants de joie, ne servent « plus qu'à exprimer ta douleur ; tu sais à présent quel bien tu « as perdu, combien il étoit précieux, et tu ignorois le trésor « que tu possédois... Les choses excellentes le sont encore plus, « quand on en est privé. Les ténèbres nous font reconnaître les « avantages de la lumière ; la maladie nous apprend combien « la santé est précieuse » (1).

La dépouille mortelle de Gilbert fut placée dans l'église de Saint-Hilaire (2). Son tombeau se voit encore, dit-on, près de la sacristie, « mais défiguré par les Calvinistes qui lors des guerres de religion en avoient tiré les ossements pour les brûler » (3).

---

(1) Cit. dans *Le Clergé de France*, par Du Tems, tom. II, Paris, 1774, p. 418.
L'on trouvera le texte original de cette lettre dans *Recueil des hist. des Gaul. et de la Franc.*, tom. XIV, p. 579-581 : *Planctus Laurent... super mort. Gisleb. Porret...*
L'on avait composé pour Gilbert de La Porrée une épitaphe qui se lisait dans un manuscrit de la bibliothèque des Carmes déchaussés de Paris, manuscrit renfermant le Commentaire de Gilbert sur la *Trinité* de Boèce. Cette épitaphe a été reproduite par le *Gallia christiana*, ibid., et par l'*Histor. Univers. Paris.*, tom. II, p. 756. Nous en transcrivons les trois premiers vers :
    Temporibus nostris celeberrimus ille magister
    Hoc opus excepit, strenuus sapiensque minister
    Floruit, et cunctis præcelluit ipse magistris.
(2) *Gal. christ.*, ibid.
(3) Dreux du Radier, *Biblioth. Poitev.* ou *Hist. littér. du Poitou... continuée jusqu'en 1849*, par M. de Lartic-Saint-Jal, Niort, 1849, p. 68.

tement la foi exprimée dans la déclaration, que la bienveillance témoignée par quelques cardinaux à l'évêque de Poitiers avait pour objet la personne et non la doctrine.

Le concile de nouveau réuni, on posa les questions nécessaires à l'évêque de Poitiers qui, loin de vouloir défendre opiniâtrément ses erreurs, répondit simplement : « Si vous « croyez autrement, je crois comme vous ; si vous dites « autrement, je dis comme vous ; si vous écrivez autrement, « j'écris comme vous ». Alors, avec l'assentiment unanime du concile, le pape condamna les quatre articles « défendant strictement de lire ou transcrire le livre ainsi réprouvé, - avant que l'Eglise romaine ne l'ait corrigé ». Sur ce : « Moi, « reprit Gilbert, je le corrigerai, comme vous le jugerez à « propos. — Non, répliqua le pape, cette correction ne vous « sera pas confiée » (1).

Ainsi se termina l'affaire de Gilbert de la Porrée. Sa paix avec l'église eut pour première conséquence sa réconciliation avec les deux archidiacres, dont l'un, Calon, fut son successeur immédiat sur le siège de Poitiers (2). Gilbert mourut en 1154, dans sa ville épiscopale, avec la réputation d'homme religieux et savant.

Le *Gallia christiana* cite cette phrase de Robert du Mont : « Moritur Gilbertus, episcopus Pictaviensis, vir religiosus et « multiplicis doctrinæ, qui Psalmos et Epistolas Pauli lucu- « lenter exposuit » ; et cette autre de Laurent, doyen de Poitiers : « Dormivit in senectute bona senex et plenus dierum anno « ab incarnatione Domini 1154 » (3).

Cette dernière phrase fait partie d'une lettre, sorte d'oraison

(1) Sourc. génér.: *Gaufridi Epistola ad Albinum cardinalem et episcopum Albanensem*, dans *Opera* de S. Bernard, Paris, 1690, tom. II, col. 1519 et suiv. Ce Geoffroy était présent au concile de Reims, comme nous l'avons déjà constaté, et dès lors son récit, en cas de divergence, doit être préféré à celui d'Othon de Freisingen dans son *De Gestis Frederici I*, lib. I, cap. LI et suiv., lequel était alors en Orient à la suite de l'empereur Conrad III. Du reste, ce dernier historien montre une très grande partialité en faveur de Gilbert de La Porrée.
Voir aussi le LXXX° des Sermons de saint Bernard *in Cantica*, tom. I des *Opera*, Paris, 1690, col. 1548-1549. Le saint docteur rappelle que le livre de Gilbert a été justement condamné.
Les deux relations de Geoffroy et d'Othon sont reproduites par Labbe, *Concilia*, tom. X, col. 1105 et suiv., 112 et suiv., et dans la Collection de Mansi, tom. XXI, col. 724 et suiv., 728 et suiv.

(2) *Gal. christ.*, tom. II, p. 1178.

(3) *Ibid.*, col. 1177.

daient décider eux-mêmes. Ceci provoqua une sorte de protestation de la part des prélats, docteurs et abbés de France.

Ceux-ci se réunirent chez saint Bernard. Les cardinaux, sans doute, n'approuvaient pas les erreurs de l'évêque de Poitiers. Mais ils paraissaient être assez favorables à la personne du prélat. En conséquence, on décida d'opposer quatre articles aux quatre erreurs et on les rédigea en termes précis et comprenant, au besoin, la réponse catégorique aux arguties de Gilbert. Il était donc dit dans cette déclaration de foi, signée par tous les membres présents :

L'essence divine est Dieu, et Dieu est la divinité ; Dieu est sage par sa sagesse qui est lui-même, grand par sa grandeur qui est lui-même, éternelle par son éternité qui est lui-même, un par son unité qui est lui-même, Dieu par sa divinité qui est lui-même.

Les trois personnes divines sont un seul Dieu, une seule substance divine, et la substance divine est trois personnes *unam divinam substantiam esse tres personas profitemur*).

Les attributs divins tombent réellement sur les personnes en sorte qu'il n'y a qu'un seul éternel, Dieu en trois personnes, le Père, le Fils, le Saint-Esprit, et ainsi des autres attributs ou propriétés.

La nature divine s'est incarnée dans la personne du Verbe (1).

L'assemblée chargea Hugues, évêque d'Auxerre, Milon, évêque de Thérouanne, et Suger, abbé de Saint Denis, de présenter la déclaration au pape et aux cardinaux, en leur tenant substantiellement ce discours : Par respect pour vous, nous avons laissé passer des paroles que nous ne devions pas entendre, à savoir que vous vouliez décider vous-même la question ; vous avez entre les mains la profession écrite de Gilbert : voici la nôtre, afin que vous ne prononciez pas n'ayant ouï qu'une des parties ; mais il y a cette différence entre les signataires de ces deux professions : Gilbert s'est déclaré prêt à corriger ce qui n'aurait pas votre approbation ; nous, nous affirmons que nous ne changerons rien.

Le pape répondit que l'Eglise romaine partageait complè-

---

(1) Othon de Freisingen, *De Gestis Frederici I*, lib. I, cap. LVI ; Geoffroy, le même qui était présent au concile, *Libellus contra capitula Gilberti*, dans *Opera* de saint Bernard, Paris, 1690, tom. II, col. 1325 et suiv.

avec les saintes autorités qui les appuyaient. La discussion s'ouvrit sur le premier article. Gilbert entreprit sa justification par la lecture et les commentaires de beaucoup de passages patrologiques. L'assemblée se fatiguait. « Pourquoi tant « de paroles, dit l'abbé de Clairvaux ? Voici l'origine du scan« dale : plusieurs pensent que vous croyez et enseignez que la « divine essence ou la nature divine, la divinité, sa sagesse, sa « bonté, sa grandeur ne sont pas Dieu, mais la forme par la« quelle Dieu est Dieu. Est-ce là, oui ou non votre sentiment ? « — La forme de Dieu, répondit Gilbert, la divinité par laquelle « il est Dieu, n'est pas elle-même Dieu. — Nous avons ce « que nous cherchons, répliqua saint Bernard : qu'on écrive cet « aveu ». Sur l'ordre du pape, Henri de Pise, sous-diacre de l'Église romaine, et depuis cardinal, se mit à écrire l'aveu. Gilbert, s'adressant à l'abbé de Clairvaux, lui demanda d'écrire aussi, de son côté, que la divinité est Dieu. « Qu'on écrive, « répliqua aussitôt saint Bernard, avec le fer et le diamant, « qu'on grave sur la pierre, que l'essence divine, sa forme, sa « nature, sa bonté, sa sagesse, sa puissance, sa grandeur sont « vraiment Dieu ». La discussion continua néanmoins. Nous n'en recueillerons que deux réflexions : celle-ci de l'abbé de Clairvaux : « Si la forme dont vous parlez, n'est pas Dieu, elle est meilleure que Dieu, puisque Dieu tient son être d'elle »; cette autre de Geoffroy, plus tard abbé du même monastère et dont la lettre au cardinal d'Albe est ici notre principal guide : « A « la place de cet aveu que vous faites, Gilbert, vous énonciez « l'année dernière, à Paris, en présence du pape et d'une nom« breuse assistance, une formelle négation, et vous produisiez « des témoins attestant que jamais vous n'aviez cru, jamais en« seigné rien de semblable ». Cette première séance avait été consacrée au premier article incriminé.

Les suivantes furent données aux trois autres articles. C'est dire qu'ici, comme là, la discussion fut longue, approfondie, et tourna, par la confusion des subtilités, à l'honneur du dogme catholique. A chaque discussion, ainsi qu'on l'avait fait dans la première, l'on eut soin de transcrire l'aveu fait par Gilbert. Et ces aveux se trouvèrent conformes aux erreurs précédemment relevées. Restait à porter le jugement canonique.

A la dernière séance, lorsqu'on se séparait, les cardinaux prononcèrent une parole pouvant faire croire qu'ils enten-

Les Pères du concile n'ayant point les livres de Gilbert pour vérifier si les propositions y étaient véritablement, citèrent le célèbre professeur Adam du Petit-Pont et Hugues de Champfleury, chancelier du roi. Ceux-ci attestèrent par serment qu'ils avaient entendu de la bouche de Gilbert quelques-unes de ces propositions. On produisit aussi des extraits de son commentaire sur le traité de la *Trinité* de Boèce ou attribué à Boèce (1). Gilbert opposa une sorte de négation (2), invoqua à l'appui de son dire les témoignages de deux de ses disciples, *Rotrodus* (3), évêque d'Evreux, ensuite archevêque de Rouen, et Yves, doyen de Chartres (4), et eut recours, pour parer les coups portés par l'abbé de Clairvaux, aux subtilités de la dialectique. La discussion avait duré plusieurs jours. Le pape remit la décision au concile qui devait se réunir, à Reims, l'année suivante.

A ce concile, ouvert en mars 1148 et présidé par le même pontife, étaient présents des cardinaux, des évêques de France, d'Allemagne, d'Angleterre, d'Espagne, et, parmi les docteurs, Pierre Lombard et Robert de Melun (5). La cause de l'évêque de Poitiers fut introduite en dernier lieu. Bernard était à son poste. Gilbert s'était muni d'un grand nombre de volumes. Le pape avait chargé Godescalque, abbé du Mont-Saint-Martin dans le diocèse de Cambrai (6), plus tard évêque d'Arras, d'étudier la question et de préparer un rapport. Ce qui fut fait. Les erreurs étaient notées, et en face les vérités consignées

(1) L'on aurait produit également une prose rimée, composée par lui, sur l'ineffable mystère. L'on ne sait ce qu'est devenue cette prose. (*Hist. littér. de la France*, tom. XII, p. 475).

(2) Otnon de Freisingen, *Op. cit.*, cap. LII, rapporte cet on dit (*creditur dixisse*), à savoir que Gilbert répondit : « Audacter confiteor Patrem alio esse Patrem, alio esse Deum, nec tamen esse hoc et hoc ; » proposition qui ne brille pas précisément par la clarté. Nous avons suivi la lettre de Geoffroy.

(3) *Gal. christ.*, tom. XI., col. 570 et 48, le nomme *Rotrodus* et *Rotrocus*, noms qui sous la plume de Fleury, *Hist. ecclesiast.*, liv. LXIX, ch. XXIII, deviennent en français : *Raoul*.

(4) *Gal. christ.*, tom. VIII, col. 1200 : « ... obiit Ivo Carnotensis ecclesiæ decanus, vir multa scientia et honestate præditus... »

(5) *Historia pontificalis* dans *Monument. German. histor.* de Pertz, *Scriptor.*, tom. XX, p. 522.

(6) Geoffroy, (*Gaufridus*), Epist. cit., le dit abbé du Mont-Saint-Eloi et de l'ordre de Prémontré : « ... abbati Præmonstratensi Godescalco de Monte-Sancti-Eligii .. » C'est Saint-Martin que Geoffroy aurait du écrire. Saint-Eloi appartenait, du reste, à l'ordre de saint Augustin (*Gal. Christ.*, tom. III, col. 326, 194, 425 et suiv.)

nom (1). Jusque-là, il avait pu savourer tranquillement sa gloire, bien méritée, de penseur. Mais la quasi-prophétie d'Abélard allait s'accomplir.

En plein synode, dans un sermon, l'évêque de Poitiers avait produit sur la Sainte-Trinité des propositions qui avaient choqué la foi commune. Deux archidiacres du diocèse crurent devoir soumettre ces propositions au Saint-Siège. Ils s'appelaient Arnaud et Calon. Le premier avait ce surnom significatif : *Qui ne rit pas* (2). Ils partirent pour l'Italie. Ils rencontrèrent à Sienne Eugène III qui, forcé de s'éloigner de Rome devant la révolte suscitée par Arnaud de Brescia, avait pris le chemin de la France. Le pape répondit à leur communication en leur donnant ordre de se trouver à Paris, aux fêtes de Pâques, car là — nous avons déjà donné cette réponse — il aurait, pour examiner l'affaire, non-seulement plus de loisirs, mais plus de facilités, à cause du grand nombre de savants dont se glorifiait l'illustre cité. Cette parole est la nouvelle attestation du grand renom de science dont jouissaient les maîtres des écoles dans la capitale du royaume. Les deux archidiacres revinrent donc en France. Mais ils se rendirent à Clairvaux pour consulter saint Bernard.

Un concile fut indiqué à Paris pour l'époque fixée, c'est-à-dire après les fêtes de Pâques 1147. Le Pape le présida. Plusieurs cardinaux étaient présents. Saint Bernard devait y remplir contre Gilbert le rôle qu'il avait rempli à Sens contre Abélard. Les principales propositions incriminées qu'on disait aussi se rencontrer dans les livres de Gilbert étaient celles-ci :

L'essence divine n'est pas Dieu.

Un seul Dieu n'est pas trois personnes, bien que trois personnes soient un seul Dieu.

Les attributs divins ne tombent pas sur les personnes divines.

La nature divine ne s'est point incarnée, mais seulement la personne du Verbe (3).

---

(1) *Gal. christ.* tom. II, col. 1175 : « ... tempore suæ electionis, scilicet, anno 1141 vel potius 1142 ». Et en note : « Nam occurrit ejus decessor Grimoardus episcopus *an. ab Incarnat. Dom. MCXLII luna II regnante Ludovico rege*, in charta Renaldi Claret... »

(2) « Arnoldus nomine et cognomine qui non ridet... » (Gaufridi Epistola..., dans *Opera* de S. Bernard, Paris, 1690, tom. II, col. 1319).

(3) Othon de Freisingen, *Loc. cit.*, mentionne ces deux autres erreurs :
Le Christ seul a mérité.
Le baptême n'est conféré qu'à ceux qui doivent être sauvés.

desquelles était Hilaire, il passa à celles de Chartres, puis à celles de Laon. A Chartres, il eut pour maître Bernard, à Laon, Anselme et Raoul ou Radulphe. Il resta longtemps disciple pour mériter lui-même d'être maître (1). Chancelier de l'église de Chartres en 1134 (2), il fut bientôt appelé à donner à Paris des leçons de dialectique d'abord, et ensuite de théologie.

Là, il eut pour disciple Jean de Salisbury qui résume ainsi son sentiment sur les universaux : « Un autre... attribue, « avec Gilbert, évêque de Poitiers, l'universalité aux formes « nées et s'évertue à en démontrer la conformité. Or, une « forme née est un exemple (une copie) de l'original et elle « n'a pas son siège dans l'intelligence divine, mais elle est « inhérente aux choses crées. Elle s'appelle, en grec, εἶδος, « étant à l'idée (divine) ce que l'exemple est à l'exemplaire. « Insensible dans l'objet sensible, elle est conçue insensible « par l'esprit ; en outre, singulière dans les singuliers, elle « est universelle en tous » (3). Gilbert était donc réaliste, et dès lors sa doctrine se trouvait en opposition avec celle d'Abélard. Il assistait au concile de Sens devant lequel ce dernier était appelé à comparaître. On dit que l'accusé, l'ayant aperçu, lui lança ce vers d'Horace :

Nam tua res agitur, paries cum proximus ardet (4).

Placé ensuite à la tête de l'école de Saint-Hilaire de Poitiers, il se vit confier, en 1142, le gouvernement du diocèse de ce

---

(1) Othon de Freisingen, *De Gestis Frederici I*, lib. I, cap. L : « Iste « enim ab adolescentia magnorum virorum disciplinæ se subjiciens ma- « gisque illorum ponderi quam suo credens ingenio, qualis primo fuit « Hilarius Pictaviensis, post Bernardus Carnotensis, ad ultimum Anshel- « mus et Radulphus Laudunenses germani fratres, non levem ab eis, sed « gravem doctrinam hauserat, manu non subito ferulæ subducta.
Tout ce que l'on sait de cet Hilaire, c'est qu'il était contemporain d'un autre célèbre professeur de la même ville, Raoul Ardent, et que probablement il est l'auteur d'un sermon « qui se trouvoit autrefois dans les « bibliothèques des abbayes de Saint-Amand et de Laubes et dans celle de « la cathédrale de Saint-Omer sous ce titre : *De Corpore et sanguine* « *Christi*... » (*Hist. littér. de la Franc..*, tom. VII, p. 51).

(2) *Cart. de Notre-Dame de Chartres*, publié par MM. de Lépinois et Merlet, tom. I, p. 142, où cette date d'une charte : « Datum Carnoti, in « capitulo S. Mariæ, per manum Gisleberti cancellarii, IIII Kalendas « marcii, anno ab incarnatione MCXXXIII. »

(3) *Metalog.*, lib. II, cap. XVII, traduct. de M. Hauréau dans *Hist. de la philos. scolast.*, par. I, Paris, 1872, p. 449.

(4) *Hist. littér. de la Franc.*, tom. XII, p. 467, d'après Vincent de Beauvais, *Speculum historiale*.

d'Israël sur la fille de Jephté, d'Israël sur Samson, de David sur Abner et aussi sur Saül et Jonathas (1).

Y a-t-il des ouvrages d'Abélard qui soient encore inédits ? Nous avons indiqué le commentaire sur l'*Epître de saint Paul aux Romains*, lequel figure dans les *Opera* d'Abélard. Notre Bibliothèque nationale possède dans un manuscrit un commentaire sur les autres *Epîtres* de l'Apôtre des Gentils et un second sur les *Psaumes* (2). Il y a lieu de mentionner encore un traité *Des Esprits* (*De Intellectibus*) (3).

L'*Histoire littéraire de la France* parle, en outre, d'un traité d'arithmétique ayant pour titre : *Rithmomachia* (4).

Cette conclusion se tire naturellement de l'exposé des faits dans notre notice : éloquent professeur, écrivain élégant pour l'époque, brillant dialecticien, philosophe éminent, théologien téméraire, Abélard, qui à la puissance intellectuelle joignait une excessive présomption et une inconstance de caractère, entendait demeurer, malgré ses égarements tant intellectuels que moraux, sincèrement catholique, et les deux dernières années de sa vie montrent qu'il voulut mourir en vrai pénitent et en enfant soumis de l'Eglise.

GILBERT DE LA PORRÉE

(Vers 1070-1154)

Gilbert de la Porrée (*Gilbertus* ou *Gislebertus Porretanus*), naquit à Poitiers vers 1070. Des écoles de cette ville, à la tête

---

(1) Dans même Patrologie, même vol., col. 1817 et suiv., d'après Greith, *Spicilegium Vaticanum*, Frauenfeld, 1838.

M. l'abbé Migne a édité, dans le vol. cit. de sa Patrol. lat., les principaux ouvrages d'Abélard en les rangeant sous ces divers titres : *Epistolæ* ; *Sermones et Opuscula ascetica*; *Opera theologica et philosophica*; *Carmina*. L'éditeur a joint un *Appendice* qui renferme le *Liber adversus hareses*. A la suite de cet appendice, ont pris place l'*Elégie* d'Hilaire et les les trois lettres de Bérenger.

(2) Ms. lat. 2543.

(3) Autrefois, à la bibliothèque du Mont-Saint-Michel et aujourd'hui à la bibliothèque publique d'Avranches, n° 2963 (M. Cousin, *Fragm. philosoph.*, tom. II, Paris, 1865, pp. 401 et suiv.)

(4) Tom. XII, p. 130.

Voir, pour quelques compléments : *Hist. littér.*....., vol. cit., p. 133-134 ; *Fragments philosophiques* de M. Cousin, tom. II, Paris, 1865, pp. 1 et suiv., et surtout p. 38-42.

ter les ouvrages édités par M. Cousin. Aux deux principaux où le dialecticien se montre, où le nominaliste s'affirme : le traité de la *Dialectique* (1) et celui des *Genres et des espèces* (2), il faut joindre les *Gloses* : sur *Porphyre* (3), sur *les Catégories* (4), sur *l'Interprétation* (5), sur *les Topiques de Boèce* (6). Il y a encore un autre travail sur *Porphyre* : ce sont les *Glossulæ* (7).

Le poète nous est apparu dans la composition des *Hymnes* pour le Paraclet. Nous avons encore les *Monita ad Astralabium*, vers élégiaques adressés à son fils sur la vie honnête et pieuse (8), et les *Planctus varii*, complaintes, au nombre de six, de certains personnages de l'Ancien-Testament, c'est-à-dire de Dina, fille de Jacob, de Jacob sur ses fils, des vierges

---

aux *Ouvrages inédits d'Abélard*, par M. Cousin, Paris, 1836, l'*Histoire de la philosophie scolastique*, par M. Hauréau, par. I, Paris, 1872, pp. 364 et suiv.

(1) *Ouvrag. inéd. d'Abel...*, Paris, 1836, pp. 175 et suiv.
(2) *Ibid.*, pp. 505 et suiv.
(3) *Ibid.*, pp. 551 et suiv.
(4) *Ibid.*, pp. 577 et suiv.
(5) *Ibid.*, pp. 595 et suiv.
(6) *Ibid.*, pp. 603 et suiv.
(7) Dans *Petri Abælardi Opera, hactenus seorsim edita ...*, par M. Cousin, Paris, 1849-1859, 2 vol. in-4°, tom. II, pp. 756 et suiv. Cette édition ne renferme pas les *Ouvrages inédits*, précédemment publiés par M. Cousin.
(8) Dans *Patrol. lat.*, de M. Migne, vol. cit., col. 1759 et suiv., d'après Thomas Wright et James Orchard Halliwel, qui publièrent cette pièce dans les *Reliquiæ antiquæ*. Londres, 1841.
Voir pour les diverses éditions de la pièce, *Biblioth. de l'ecole des Chartes*, Paris, 1845-1846, pp. 406-407, 419-421.
L'on a cependant voulu élever des doutes sur l'authenticité de cette pièce (M. Ch. de Rémusat, *Abélard*, Paris, 1845, tom. I. p. 269, note ; M. Cousin, *Opera* d'Abélard *hactenus seorsum edita*, tom. I, p. 340.)
Voici le début :

> Astrolabi fili, vitæ dulcedo paternæ,
>   Doctrinæ studio pauca relinquo tuæ.
> Major discendi tibi sit quam cura docendi ;
>   Hinc et aliis etenim proficis, inde tibi.
> Cum tibi defuerit quod discas, discere cessa ;
>   Nec tibi cessandum duxeris esse prius.
> Disce diu, firmaque tibi tardaque docere,
>   Atque ad scribendum ne cito prosilias,
> Non a quo, sed quod dicatur, sit tibi curæ :
>   Authori nomen dant bene dicta suo.
> Ne tibi dilecti jures in verba magistri,
>   Nec te detineat doctor amore suo.

Tous les écrits imprimés du théologien ne sont pas passés sous nos yeux. Il composa encore : un traité *Contre les hérésies* (1), des commentaires sur l'*Oraison dominicale* (2), sur le *Symbole des Apôtres* (3), le *Symbole d'Athanase* (4), sur l'*Epître de saint Paul aux Romains* (5). Ces ouvrages ont pris place dans les *Opera* de l'édition de 1616.

Un *Dialogue entre un philosophe, un juif et un chrétien* a été imprimé, pour la première fois, en 1831 (6), ainsi qu'un *Abrégé* de la *Théologie chrétienne* (7).

Le philosophe, pour le but que nous nous proposons, nous est suffisamment connu (8). Toutefois, il nous incombe de ci-

---

" chés et reçut avec beaucoup de piété les sacrements en présence de
" tous les religieux du monastère. » Puis, l'historien cite ces paroles de
" Pierre-le-Vénérable : « Ainsi l'homme qui, par son autorité singulière
" dans la science, était connu de presque toute la terre, et illustre par-
" tout où il était connu, sut, à l'école de celui qui a dit : *Apprenez que je
" suis doux et humble de cœur*, demeurer *doux et humble* ; et, comme il
" est juste de le croire, il est ainsi retourné à lui ». (*Abélard*, Paris, 1845,
p. 256-257).

(1) *Opera* d'Abélard, pp. 432 et suiv.

(2) *Ibid.*, pp. 559 et suiv.

(3) *Ibid.*, pp. 568 et suiv.

(4) *Ibid.*, pp. 581 et suiv,

(5) *Ibid.*, pp. 491 et suiv.

(6) Par F. H. Rheinwald « in collectione cui titulus : *Anecdota ad historiam ecclesiasticam pertinentia*, particula I », in-8.

M. l'abbé Migne a inséré ce *Dialogue* dans sa Patrol. lat., tom. CLXXVIII, col. 1609 et suiv.

M. Cousin l'a reproduit dans son édition des *Opera* d'Abélard, *hactenus seorsim edita*, tom. II, pp. 644 et suiv., en le faisant précéder de ces mots : « Quo tempore hoc opus fuerit compositum non satis compertum
" est ; sed ex ipsius libelli natura ac ratione conjci potest, illum scriptum
" fuisse paulo post *Ethicam* et *Theologiam christianam* cujus in eo, ut diximus mentio fit ».

(7) M. l'abbé Migne a également inséré dans la même Patrologie latine, vol. cit., col. 1686 et suiv. cet *Epitome Theologiæ christianæ*, édité aussi pour la première fois par F. H. Rheinwald dans la même collection, « particula II », Berlin, 1835, in-8°. Cet *Epitome*, comprenant trente-sept chapitres, était, selon le premier éditeur, inscrit sous le nom d'Abélard. M. Cousin a dit, à bon droit dans l'édition susdite, vol. cit. p. 567, sur cet ouvrage : « ..... non plane liquet opus propria manu Petri
" nostri manu prodiisse ; sed verisimilius nobis videtur istud e geminis
" celeberrimi magistri libris a quodam ejus discipulo expromptum fuisse. » Aussi, M. Cousin laisse-t-il de côté les vingt premiers chapitres de l'*Epitome*, lesquels sont ou presque copiés, soit de l'*Introduction à la théologie*, soit de la *Théologie chrétienne*, ou n'apprennent rien de neuf, pour ne reproduire, (*Ibid.*), que les suivants qui offrent de sérieuses divergences de rédaction.

(8) Lire, sur le philosophe, *Abélard*, par M. de Rémusat, l'*Introduction*

au prieuré de Saint-Marcel près de Châlons-sur-Saône, le site le plus agréable de toute la Bourgogne. C'est là que le malade mourut le 21 avril 1142. « Les religieux, continue « Pierre-le-Vénérable, ont été témoins, et de la dévotion avec « laquelle il fit la profession de sa foi et la confession de ses « péchés, et de la sainte avidité avec laquelle il reçut le « viatique et le gage de la vie éternelle, c'est-à-dire le corps « du Rédempteur Notre-Seigneur.... » (1).

La dépouille mortelle du défunt fut portée au Paraclet. Héloïse l'avait demandée, Abélard la lui avait promise, afin que l'abbesse et ses religieuses fussent portées à prier avec plus de ferveur pour lui (2).

(1) Dans *Opera* d'Abélard, Paris, 1616, pp. 337 et suiv.
(2) *Ibid.*, et la lettre d'Héloïse à Pierre-le-Vénérable, *Ibid.*, p. 343. Pierre le Vénérable transcrivait, en même temps, l'épitaphe qu'il avait composée (*Ibid.*, p. 342) et qui s'ouvre ainsi :

Gallorum Socrates, Plato maximus Hesperiarum.
Noster Aristoteles . . . .
. . . .

On lui en attribue une autre qui se termine par ces mots :
...... Petrus hic jacet Abailardus,
Cui soli patuit scibile quicquid erat.

Celle-ci se lit avec celle-là à la fin de la *Præfatio ad lectorem* des *Opera* d'Abélard. Du Boulay a reproduit la seconde (*Hist. Univers. Paris.*, tom. II. p. 760).

Dans sa lettre à Héloïse, Pierre-le-Vénérable loue cette dernière de sa piété en même temps que de son érudition : « Tu illo efferendo studio « tuo et mulieres omnes evicisti et pene viros universos superasti... « Dulce mihi esset diu tecum de hujusmodi protrahere sermonem, « quia et famosa eruditione delector, et prædicata mihi a multis religione « tua longe magis allicior ».

Héloïse mourut au Paraclet en 1164.

En souvenir de sa science, l'on chantait dans l'abbaye l'office en grec à la fête de la Pentecôte, usage qui se maintint jusqu'au XVIe siècle (Expilly, *Dictionn.*, art. *Paraclet*).

M. Paul de Rémusat a publié *Abélard drame philosophique*, œuvre posthume de M. Charles de Rémusat, son père (Paris, 1877). Le drame se termine ainsi :

« Pierre — il s'agit de Pierre-le-Vénérable. —
« Mon fils, vous croyez en J.-C.
« Abélard.
« Je ne sais pas. »

Ce qui n'empêche pas Pierre-le-Vénérable, s'adressant à la communauté, de prononcer ces mots :

« Sonnez les cloches, et priez pour celui qui est devant Dieu. »

Il nous semble que la liberté du drame ne saurait aller jusqu'à donner un démenti à l'histoire. Comment, d'ailleurs, expliquer cette liberté de la part de M. Charles de Rémusat, lui qui dans sa vie d'*Abélard* a écrit, d'après les données historiques : Abélard « sentit que le dernier moment « venait, fit en chrétien la confession d'abord de sa foi, puis de ses pé-

Pierre le Vénérable nous a tracé en ces termes la vie édifiante qu'Abélard a menée à Cluny : « Si je ne me trompe, « je ne me souviens pas d'avoir vu son semblable en humi« lité tant pour l'habit que pour la contenance. Certainement « Germain ne fut pas plus modeste ni Martin plus pauvre. Je le « plaçais au premier rang dans notre nombreuse communauté : « mais il paraissait le dernier de tous par la pauvreté de son « vêtement. Souvent je l'admirais, et, lorsque dans les pro« cessions je le voyais marchant devant moi avec les autres « religieux, suivant la coutume, je me livrais presque à l'é« tonnement qu'un homme d'une si grande réputation pût « ainsi s'humilier, ainsi s'abaisser... Il montrait la même « abnégation et dans le boire et dans le manger et en tout « ce qui regarde les soins du corps. Par sa parole et par ses « actes, il condamnait tant pour lui que pour les autres, je ne « dis pas le superflu, mais tout ce qui n'était pas strictement « nécessaire. Il lisait continuellement, priait souvent, gardait « un perpétuel silence, si ce n'est quand la charité lui faisait « un devoir de parler, comme dans les conférences entre reli« gieux et les sermons à faire à la communauté. Il fréquen« tait les célestes sacrements, offrant souvent le sacrifice de « l'immortel agneau et même presque tous les jours, depuis « que sur mes instances il fut réconcilié avec le Saint-Siège. « En un mot, son esprit, sa langue, ses actions n'avaient pour « objets (*meditabatur, docebat, fatebatur*) que les choses di« vines, philosophiques, scientifiques ». Telle fut, dans l'antique monastère, la vie d'Abélard jusqu'au moment où, sa santé s'affaiblissant de plus en plus, Pierre-le-Vénérable estima prudent de lui procurer un changement d'air : il l'envoya

---

de plus ou moins saines plaisanteries, à l'abbé de Clairvaux, une autre à l'évêque de Mende, une troisième contre les Chartreux. On les trouve dans les *Opera* d'Abélard, pp. 302 et suiv., et dans la Patrolog. lat. de M. l'abbé Migne, tom. CLXXVIII, col. 1857 et suiv. Du Boulay *Hist. Univers. Paris.*, tom. II. pp. 182 et suiv., a reproduit les deux premières lettres, mais en considérant comme lettre aux Chartreux une partie de la lettre à l'évêque de Mende. Bérenger, forcé de reconnaître dans la lettre même à l'évêque de Mende qu'il avait été un peu loin en ce qui concernait saint Bernard, présente une sorte d'excuse en ces termes : « Damnaverat (Ber« nardus), disait-il,... Abelardum et vocem ejus sine audientia strangula« verat. Eram ea tempestate adolescens nundumque impuberes malas « nubes lanuginis adumbrabat, eratque mihi velut scholastico animus « inficta crebro materia declinare. Porro, veri certaminis arridente vena, « pectus appuli ut purgarem Abelardum abbatisque confutarem auda« ciam ».

Abélard avait pris le chemin de Rome pour y soutenir son appel.

Il s'arrêta à l'abbaye de Cluny que gouvernait Pierre-le-Vénérable. C'est là qu'il connut la décision de Rome. Il résolut alors d'achever ses jours dans l'antique abbaye. Le pape accorda, à la demande du saint abbé, l'autorisation nécessaire (1). Grâce encore aux bons offices de ce dernier, une réconciliation s'opéra entre le condamné repentant et l'abbé de Clairvaux, mais à la condition imposée par celui-ci du désaveu par celui-là des articles condamnés.

Ce désaveu fut consigné dans l'*Apologie* qu'Abélard composa à Cluny. Il est vrai qu'il y prétend encore que l'ignorance et la malice ont été pour beaucoup dans l'imputation qui lui a été faite des erreurs. C'est sans doute une consolation qu'il essaie de se donner. Nous ne nions pas que des propositions contraires à ces erreurs ne se rencontrent également dans ses écrits. Mais ce n'est pas à nous plus qu'aux hommes de l'époque qu'il appartient de le mettre d'accord avec lui-même (2).

Il y avait ce post-scriptum : « Transcripta ista nolite ostendere cui-
« quam, donec ipsæ litteræ in Parisiensi colloquio, quod prope est, præ-
« sentatæ fuerint ipsis archiepiscopis ».
Arnaud de Brescia était né vers la fin du XI° siècle. Il vint en France vers 1115 et suivit les leçons d'Abélard. Rentré dans sa patrie, il entra dans une communauté de chanoines réguliers. Après avoir joué un assez triste rôle dans les luttes au sujet de la papauté, il revint en France et se lia de nouveau avec Abélard. Ce dernier se préparait à se défendre au concile de Sens. A la différence d'Abélard, qui allait se retirer à Cluny, Arnaud vint enseigner à Paris, sur la montagne de Sainte-Geneviève, puis alla à Zurich à la même fin, en attendant qu'il dirigeât ses pas vers Rome. On sait le reste (*Revue des quest. histor.*, janvier, 1884, pp. 52 et suiv., art. de M. l'abbé E. Vacandard).

(1) Voir dans *Opera* d'Abélard, p. 555, la lettre de Pierre-le-Vénérable.

(2) *Opera* d'Abélard, pp. 350 et suiv. : *Apologia seu Confessio universis Ecclesiæ sanctæ filiis, Petrus Abælardus ex eis unus, sed in eis minimus*...
« cum tamen in his, de quibus graviter accusor, nullam sciat Deus meam
« cognoscam culpam, nec, si qua fuerit, procaciter defendam. Scripsi
« forte aliqua per errorem, quæ non oportuit ; sed Deum testem et ju-
« dicem in animam meam invoco quia in his, de quibus accusor, nihil
« per malitiam aut per superbiam præsumpsi... Nunquam importuna
« defensio me effecit hæreticum, paratus semper ad satisfactionem de
« male dictis meis corrigendis sive delendis... Sciendum est quia lin-
« guas detrahentium sicut nostro studio non debemus excitare, ne pe-
« reant ; ita per suam malitiam excitatas debemus æquanimiter tole-
« rare, ut nobis meritum crescat ».

Abélard trouva un défenseur dans Béranger de Poitiers qui avait été son disciple. La défense comprend trois lettres, l'une, violente et assaisonnée

« personne du Christ. Je ne tiendrais pas assez compte de
« votre équité, si je vous priais longuement de ne placer per-
« sonne dans la cause du Christ avant le Christ lui-même.
« Sachez qu'il vous importe, à vous à qui puissance a été
« donnée par le Seigneur, qu'il importe à l'Eglise du Christ,
« qu'il importe même à cet homme, que le silence lui soit
« imposé, lui dont la bouche est remplie de malédiction,
« d'amertume et de ruse ».

Saint Bernard citait l'ouvrage également répréhensible : *Nosce te ipsum*. C'est une sorte de théologie morale, complément de la *Théologie chrétienne* et renfermant, en ce qui concerne son sujet spécial, les mêmes erreurs (1).

La décision du Saint-Siège ne se fit pas attendre. Elle fut notifiée aux archevêques de Sens et de Reims et à leurs suffragants ainsi qu'à l'abbé de Clairvaux dans un acte pontifical qui porte la date du 16 juillet de l'année même du concile. Le pape disait : « Après avoir pris conseil de mes frères les
« évêques et cardinaux, nous avons, appuyé sur l'autorité des
« saints canons, condamné les articles que vous nous avez
« fait tenir, et tous les dogmes pervers de Pierre Abélard,
« ainsi que leur auteur, et lui avons, comme étant hérétique,
« inspiré un perpétuel silence. Nous pensons aussi que tous
« les sectateurs et défenseurs de son erreur doivent être
« par l'excommunication séparés de la société des fidèles » (2).
Dans une lettre datée du même jour, le pape ordonnait aux deux métropolitains de faire enfermer dans quelque monastère le coupable et son complice, Arnaud de Brescia, l'un et l'autre ennemis de la foi, et de faire brûler les livres où se trouvaient leurs erreurs (3).

(1) *Ethica seu liber dictus : Scito te ipsum*, imprimée dans Pez, *Thesaur. anecdot. novis.*, tom. III, pp. 625 et suiv.
L'on peut lire, sur cette lutte de l'abbé de Clairvaux contre l'abbé de Saint-Gildas de Ruys : *Abélard et saint Bernard*, par M. E. Bonnier, Paris, 1862, in-12 ; *Saint Bernard, Abélard et le rationalisme moderne*, par un religieux de l'ordre de Cîteaux, ouvrage qui a eu deux éditions, la deuxième à Avignon en 1880 ; *Abélard, sa doctrine, sa méthode et sa lutte avec saint Bernard*, Paris, 1881, par M. l'abbé E. Vacandard.

(2) *Opera* de saint Bernard, Epist. CXCIV.
Voir sur les autres passages peu ou point orthodoxes d'Abélard la Censure des docteurs de Paris, jointe dans *Opera*, Paris, 1616, tantôt au commencement, tantôt à la fin, du moins dans les exemplaires que nous avons eus entre les mains.

(3) Labbe, *Concil.*, tom. X, col. 1022 ; Mansi, *Concil.*, tom. XXI col. 564.

« C'est à vous disait-il, c'est à vous, le successeur de
« Pierre, à montrer si celui qui attaque la foi de Pierre,
« trouvera un refuge au siège de Pierre » (1). D'autres
lettres furent également expédiées par le saint docteur —
tant il attachait d'importance à la confirmation du jugement! —
aux principaux prélats de la cour de Rome : d'abord, en général,
aux évêques et aux cardinaux (2); puis, en particulier, au
cardinal Guy de Castel, autrefois disciple d'Abélard et bientôt
Célestin II (3), et à ces autres membres du sacré-collège qu'on
pouvait croire assez bien disposés à l'égard du novateur : Yves,
précédemment chanoine de Saint-Victor (4), Étienne, évêque de
Préneste, Grégoire, Guy de Pise et deux autres qui ne se trouvent
pas nommés (5). « Lisez, disait l'abbé de Clairvaux aux
« *évêques et aux cardinaux*, lisez le livre de Pierre Abélard,
« ce livre qu'il nomme *Théologie* et que vous avez sous la
« main, car l'auteur se vante que cette *Théologie* est lue en
« cour de Rome, et voyez ce qu'il dit de la Sainte-Trinité, de
« la génération du Fils, de la procession du Saint-Esprit ;
« notez encore les mille autres assertions auxquelles ne sont
« pas accoutumés les esprits et les oreilles catholiques. Lisez
« également cet autre livre qu'on appelle livres des *Sentences* et
« aussi celui qui a pour titre : *Connais-toi toi même*, et remar-
« quez y la masse de blasphèmes et d'erreurs (*quantæ et ibi*
« *sylvescant segetes*) sur l'âme du Christ, la personne du
« Christ, la descente du Christ aux enfers, le sacrement de
« l'autel, le pouvoir de lier et de délier, le péché originel, la
« concupiscence, le péché de délectation, le péché d'infirmité, le
« péché d'ignorance, l'œuvre du péché, la volonté de pécher ».
Oui, disait encore l'abbé de Clairvaux au cardinal Guy de
Castel, « c'est Arius lorsqu'il parle de la Trinité, Pélage,
« lorsqu'il parle de la grâce, Nestorius, lorsqu'il parle de la

---

(1) *Opera* de saint Bernard, Epist. CLXXXIX. On y lit. « Procedit Go-
« lias procero corpore nobili illo suo beIico apparatu circummunitus,
« antecedente quoque ejus armigero Arnoldo de Brescia. Squama squamæ
« conjungitur nec spiraculum incedit per eos. Siquidem sibillavit apis
« quæ erat in Francia, apis de Italia ; et venerunt in unum adversus
« Dominum et adversus Christum ejus ».
(2) *Ibid.*, Epist. CLXXXVIII, *Ad episcopos et cardinales curiæ*.
(3) *Ibid.*, Epist. CXCII.
(4) *Ibid.*, Epist. CXCIII.
(5) *Ibid.*, Epist. CCCXXXI, CCCXXXII, CCCXXXIII, CCCXXXIV, CCCXXXV.

mander confirmation du jugement qu'ils lui faisaient tenir avec pièces à l'appui : en confirmant ce jugement, le juge suprême arracherait les épines du champ de l'Eglise (1). L'archevêque de Reims et les évêques de Soissons, Châlons et Arras rédigèrent, de leur côté, une missive dans le même sens et à la même adresse (2). Saint Bernard prit aussi plusieurs fois la plume. Deux lettres furent envoyées par lui à Innocent II. Dans l'une, il réfutait les erreurs d'Abélard (3); dans l'autre, il en demandait la condamnation.

(1) *Opera* de saint Bernard, Epistol. CCCXXXVII° : « ... avulsis spinis et tribulis ab Ecclesia Dei... »

(2) *Opera* de S. Bernard, Epist. CXCI.
Ils disaient : « Quia ergo homo ille multitudinem trahit post se, et populum qui sibi credat habet, necesse est ut huic contagio celeri remedio occurratis ;
« ... sero (enim) medicina paratur,
Cum mala per longas invaluere moras.
« Processimus in hoc negotio quousque ausi sumus; tuum est de cœtero, beatissime Pater, providere ne in diebus tuis aliqua hæreticæ pravitatis macula decor Ecclesiæ maculetur ».

(3 *Ibid.*, Epist. CXC, col. 645. Cette lettre, vrai traité sur la matière, est précédée des *Capitula hæresum Petri Abælardi*, au nombre de quatorze.

Il y a, croyons-nous, une remarque à faire.

Dans sa lettre, saint Bernard reprenait la première proposition incriminée : « La foi est l'estimation des choses qui ne tombent point sous les sens », et il en inférait, en s'appuyant sur ces paroles de l'Ecclésiastique : *Qui credit cito, levis corde est*, qu'Abelard plaçait la raison sur la même ligne que la foi, lui accordant même le rôle de guide, lui permettant même de s'élever contre elle. Toutefois, cette proposition ne figure pas parmi les *Capitula* envoyés par le saint docteur au souverain-pontife.

Voici ces quatorze articles sur lesquels le Saint-Siège eut à se prononcer :

I. *Horrenda similitudo de sigillo æreo, de specie et genere ad Trinitatem.*
II. *Quod Spiritus-Sanctus non sit de substantia Patris.*
III. *Quod ea Deus solummodo possit facere vel dimittere, vel eo modo tantum, vel eo tempore quo facit, non alio.*
IV. *Quod Christus non assumpsit carnem, ut nos a jugo diaboli liberaret.*
V. *Quod neque Deus et homo, neque homo persona quæ Christus est, sit tertia persona in Trinitate.*
VI. *Quod Deus non plus faciat ei qui salvatur antequam cohæreat gratiæ, quam ei qui non salvatur.*
VII. *Quod Deus non debeat mala impedire.*
VIII. *Quod non contraximus ex Adam culpam, sed pœnam.*
IX. *Quod corpus Domini non cadit in terram.*
X. *Quod propter opera nec melior nec pejor efficitur homo.*
XI. *Quod non peccaverunt qui Christum crucifixerunt ignoranter ; et quod non sit culpæ ascribendum quidquid fit per ignorantiam.*
XII. *De potestate ligandi et solvendi.*
XIII. *De suggestione, delectatione et consensu.*
XIV. *Quod ad Patrem proprie vel specialiter pertinet omnipotentiam.*

Chacune de ces propositions est accompagnée d'un commentaire par saint Bernard.

conseils de ses amis — car, à leurs yeux, la cause de la vérité pouvait souffrir de son absence —, l'abbé de Clairvaux se rendit à Sens au jour indiqué dans l'Octave de la Pentecôte, c'est-à-dire le 2 juin 1140 ou 1141 (1).

Au concile assistaient, sous la présidence du métropolitain, les évêques de la province, excepté ceux de Paris et de Nevers, l'archevêque de Reims et plusieurs de ses suffragants, un certain nombre d'abbés et de théologiens. Etaient aussi présents le roi de France, le comte de Nevers et le comte de Champagne.

Saint Bernard produisit au concile les ouvrages d'Abélard et les propositions qui en avaient été extraites — les principales étaient celles signalées par l'abbé de Saint-Thierry — et il somma l'accusé ou de désavouer ces propositions ou de les défendre ou de les corriger. Abélard trouva plus simple d'en appeler au Saint-Siège, s'obstinant à ne pas répondre malgré les instances des prélats. Pour justifier sa conduite, on a essayé d'alléguer que, s'il n'avait pas à se plaindre de l'assemblée, il pouvait avoir à redouter une émeute populaire. Il est toujours facile de faire des suppositions : mais ce ne sont pas des preuves ; et, ici, il demeure inexplicable qu'il n'ait pas voulu parler devant le tribunal de son choix, et qu'il ait osé interjeter appel d'un jugement qui n'était pas prononcé, ce qui rendait canoniquement nul l'appel lui-même. On peut dire que les deux athlètes, au sein de la vénérable assemblée, montrèrent ce qu'ils étaient réellement : à l'un la foi ardente et le zèle généreux ; à l'autre la pusillanimité et la faiblesse ; en sorte que, sous ces diverses influences, les rôles furent bientôt changés : la crainte du premier se changea en assurance, la présomption du second en timidité. Les propositions déférées furent, après les explications de saint Bernard, l'objet d'une censure, parce qu'il y avait péril de laisser libre cours aux erreurs ; mais, par respect pour l'appel interjeté, quoique nul, on ne prit aucune décision contre la personne ! (2)

Les évêques de la province de Sens écrivirent au souverain pontife pour l'informer de ce qui s'était passé et lui de-

(1) Deutsch, *Die Synode von Sens 1141...*, Berlin, 1880, essaie d'établir, contre le sentiment commun, que ce concile s'est tenu en 1141.

(2) Lettres au pape de la part des évêques de la province de Sens, des prélats présents de la province de Reims, de saint Bernard, lettres que nous allons rappeler à l'instant.

En louant le zèle de l'abbé de Saint-Thierry, l'abbé de Clairvaux répondit qu'en des points de cette importance il ne voulait pas s'en rapporter à son propre jugement; d'autant plus qu'il avait ignoré jusqu'à cette heure presque tout ce qui lui était marqué. Il proposait donc au zélé correspondant, pour un temps à déterminer après Pâques, une entrevue où la grave affaire serait examinée (1).

En attendant, suivant le précepte évangélique, il avertit secrètement Abélard, puis eut avec lui un entretien en présence de deux ou trois témoins. Il l'engageait avec une bienveillance qui confinait à l'amitié, d'introduire dans les ouvrages les corrections nécessaires. Tout fut inutile : aux mauvais conseils écoutés se joignait sans doute l'espérance de briller dans une discussion solennelle (2).

Un concile devait se réunir à Sens. Abélard se plaignit à l'archevêque de ce diocèse des accusations portées contre lui, se déclara prêt à se justifier contradictoirement devant le concile et demanda, en conséquence, que le principal accusateur, l'abbé de Clairvaux, fut cité. L'archevêque acquiesça à la demande et saint Bernard, à son grand étonnement, fut mandé au concile (3). Malgré sa répugnance — car il n'estimait pas que pareille dispute convint à un religieux — et sur les

---

(1) *Opera* de saint Bernard, Epist. CCCXXVII.
Il y avait eu précédemment une petite divergence entre saint Bernard et Abélard. L'abbé de Clairvaux avait visité le Paraclet. Il remarqua que la communauté remplaçait dans le *Pater Noster* le *panem quotidianum* ordinaire par *panem supersubstantialem* ; il crut devoir désapprouver cet usage particulier. Héloïse fit part de la chose à Abélard qui écrivit au censeur une lettre un peu vive, pour expliquer la raison de préférer le mot de saint Mathieu à celui de saint Luc et pour récriminer, à son tour, contre certains changements liturgiques introduits dans l'ordre de Citeaux. Cette lettre est imprimée dans les *Opera* d'Abélard, Paris, 1616, pp. 244 et suiv. On ne voit pas que l'abbé de Clairvaux ait répondu.

(2) *Opera* de saint Bernard, Epist. CCCXXVII, lettre des évêques de la province de Sens au pape : « ... Dominus abbas Claræ-Vallis... secreto « prius ac deinde, secum duobus aut tribus adhibitis testibus, juxta evan- « gelicum præceptum, hominem convenit; et ut auditores suos a talibus « compesceret librosque suos corrigeret amicabiliter satis et familiariter « illum admonuit... quod M. Petrus minus patienter et nimium ægre « ferens, crebro nos pulsare cœpit... »
Nous avons vu que Gauthier de Mortagne, de son côté, adressa une missive à Abélard.

(3) *Opera* de saint Bernard, Epist. CLXXXVII, *Ad episcopos* (apud) *Senonas convocandos contra P. Abælardum* : « Exiit sermo inter multos et « credimus ad vos pervenisse, quomodo videlicet apud Senonas in Octavis « Pentecostes vocamur et provocamur ad litem pro defensione fidei, *cum* « *servum Dei non oporteat litigare, sed magis patientem esse ad omnes* ».

Certains historiens, se laissant emporter par le désir de blâmer saint Bernard, ne font pas assez attention à ceci : saint Bernard ne fut point le premier à signaler les erreurs, et, les erreurs signalées, il essaya charitablement de ramener Abélard à résipiscence, pour lui éviter toute censure.

En effet, l'accusation partit de Guillaume, abbé de Saint-Thierry. Les livres théologiques d'Abélard étaient tombés entre les mains de cet abbé (1). Il en prit connaissance. Des propositions mal sonnantes furent remarquées, extraites des livres et envoyées à l'abbé de Clairvaux avec les livres eux-mêmes. Le premier désirait avoir l'avis du second, car le seul homme redouté par le subtil professeur était l'abbé de Clairvaux. Ces propositions étaient au nombre de treize. Nous noterons substantiellement les suivantes :

Les noms de Père, de Fils et de Saint-Esprit sont impropres et expriment simplement la plénitude du souverain bien.

Dans le Père la toute puissance, dans le Fils une certaine puissance, dans le Saint-Esprit, nulle puissance.

Le Saint-Esprit n'est pas de la substance du Père et du Fils, comme le Fils est de la substance du Père.

Le Christ, Dieu et homme, n'est pas une troisième personne dans la Trinité (*quod Christus Deus et homo non est tertia persona in Trinitate*).

Le Saint-Esprit est l'âme du monde.

Le libre arbitre est capable de faire le bien sans la grâce.

Le péché d'Adam est passé en nous, non quant à la coulpe, mais seulement quant à la peine (2).

---

(1) Guillaume visait la *Théologie chrétienne* et l'*Introduction à la théologie* : « Duo autem tum erant libeli, idem pene continentes, nisi quod in « altero plus, in altero minus aliquando inveniretur ».

Il faisait aussi allusion à deux autres ouvrages du même auteur : « Sunt « autem, ut audio, adhuc alia ejus opuscula, quorum nomina sunt : *Sic et* « *non*, *Scito te ipsum*, et alia quædam, de quibus timeo, ne, sicut mons- « truosi sunt nominis, sic etiam sint monstruosi dogmatis ». Nous ferons connaître plus loin le *Scito te ipsum*.

(2) *Opera* de saint Bernard, Paris, 1690, tom. I, Epist. cccxxvi. Voici les autres propositions :

I. *Quod fidem diffinit æstimationem rerum quæ non videntur.*
VII. *Quod Christus non ideo assumpsit carnem et passus est, ut nos a jugo diaboli liberaret.*
IX. *Quod in sacramento altaris in aere remaneat forma prioris substantiæ.*
X. *Quod suggestiones diabolicas per physicam dicit fieri in hominibus.*
XII. *Quod nullum sit peccatum, nisi in consensu peccati et contemptu Dei.*
XIII. *Quod dicit concupiscentia et delectatione et ignorantia peccatum committi; et hujusmodi non esse peccatum, sed naturam.*

L'auteur parle de l'ineffable mystère de la Trinité, comme il en avait parlé dans le *De unitate et trinitate divina*. En effet, pour produire une simple citation à l'appui de notre assertion, il s'exprime ainsi sur la sagesse divine : « Les uns l'ap-
« pellent le Verbe, les autres la raison ou l'esprit, comme
« pour désigner une certaine force de discrétion apte à con-
« naître tout intégralement, en sorte qu'elle ne puisse errer
« en aucune chose, que rien ne puisse lui être caché. D'où le
« Fils de Dieu est la vertu et la sagesse de Dieu, auteur de
« tout, c'est-à-dire cette efficacité de la puissance divine, par
« laquelle Dieu discerne avec véracité, en sorte, comme il a
« été dit, qu'il ne puisse errer en aucune chose, que rien
« ne puisse se soustraire à sa connaissance » (1).

A l'*Introduction à la théologie* s'ajouta un autre traité qui en fut comme la retouche et le complément. Ce fut la **Théologie chrétienne**, en sorte que les trois livres de l'une devinrent les cinq livres de l'autre. Ce nouveau travail qui reproduisait et développait les erreurs anciennes, a été imprimé dans le *Thesaurus novus anecdotorum* de Martène et Durand (2). Les modifications portèrent sur le second livre de l'*Introduction*, car le premier et le troisième livres de l'*Introduction* se trouvent substantiellement et parfois littéralement le premier et le cinquième de la *Théologie*. C'est dire qu'ici, comme là, ils se présentent incomplets.

Conséquemment, ce second livre, d'une part, reçut de tels développements, qu'il se transforma, de l'autre, en trois livres, ayant pour objet : d'attaquer ceux qui rejettent la sagesse païenne dans les matières religieuses ; d'invectiver contre les sophistes qui ne veulent suivre que la raison ou n'admettre que ce qu'elle comprend ; et, après avoir tracé un précis du dogme de la Trinité, d'employer la dialectique pour répondre aux objections formulées contre lui.

Abélard écrivit encore le traité *Sic et non, Oui et Non*, traité assez étrange dans lequel il réunissait, sur les principaux articles de foi, divers passages des Pères disant le pour et le contre. Cet ouvrage, imprimé dans la première partie de ce siècle (3), est, croyons-nous, celui qu'on a désigné dans le passé sous le nom de livre des *Sentences*.

(1) *Opera*, p. 1130.
(2) Tom. V, col. 1156 et suiv.
(3) Par M. Cousin dans *Ouvrages inédits d'Abélard pour servir à l'histoire de la philosophie scolastique en France*, Paris, 1836, in-4°, pp. 1 et suiv.

des saints livres (1). Les textes difficiles de ces livres étaient par lui une autre fois expliqués (2). C'est encore pour les religieuses qu'il écrivit l'opuscule sur l'œuvre des six jours (3).

De nouveaux écarts de doctrine attirèrent sur lui une seconde condamnation.

Pour satisfaire encore à la demande des écoliers, il écrivit l'*Introduction à la théologie* (4). L'ouvrage est partagé en trois livres : le premier devait renfermer un résumé de la religion qui embrasse la foi, la charité et les sacrements ; mais l'auteur, du moins nous ne possédons pas autre chose, n'a envisagé que la foi ; le second nous entretient de la Trinité ; le troisième, inachevé également, expose les principaux attributs de Dieu, la puissance, la sagesse et la bonté.

(1) *Opera*, pp. 251 et suiv : *... ad virgines Paraclitenses... de studio litterarum*. Il disait : « Tribus quippe linguis principalibus istis duo Testamenta comprehensa pervenerunt ad nostram notitiam » (p. 260).

(2) *Ibid.*, pp. 584 et suiv.: *Heloissæ Paraclitensis diaconissæ* (pro abbatissæ sans doute) *Problemata cum mag. Petri Abælardi solutionibus*.

(3) Martène et Durand, *Thesaurus novus anectod.*, tom. V, col. 1362, *Observatio præmia* sur l'*Hexameron* d'Abélard, imprimé là, col. 1363 et suiv.

L'éditeur pense que cet ouvrage a été composé après la réconciliation de l'auteur avec saint Bernard : « Nam referens illam philosophorum sen-
« tentiam de anima mundi, stellarum et planetarum, illam de Spiritu-
« Sancto ut in sua Theologia fecerat, non amplius interpretatur. »

Dans la correspondance d'Abélard et d'Héloïse, l'on trouve deux lettres écrites par cette dernière et vraiment passionnées : l'*Epistola II quæ est Heloissæ ad Petrum deprecatoria* et qui a été inspirée par la lecture de l'*Historia calamitatum* d'Abélard. et l'*Epistola III quæ est rescriptum Heloissæ ad Petrum* (*Opera*, Paris, 1616, pp. 41 et suiv., 54 et suiv.). Mais il est juste d'observer, avec un historien déjà cité, « que cette même reli-
« gieuse, qui exprime avec trop de vivacité sans doute des sentimens
« qu'elle auroit dû étouffer, finit par les condamner, par en gémir, par
« souhaiter d'en être délivrée : *Malheureuse que je suis*, s'écrie-t-elle,
« *j'ai bien droit de m'appliquer les paroles de l'Apôtre* : Qui me délivrera
« de ce corps de mort ? *Puissé-je éprouver la réalité de ce qu'il ajoute !*
« Ce sera la grace de Dieu par J.-C. Notre Seigneur. » (Crévier, *Op. et vol. cit.*, p. 153-154) : « O vere me miseram et illa conquestione ingemis-
« centis animæ dignissimam ! *Infelix ego homo ! Quis me liberabit de cor-
« pore mortis hujus ?* Utinam et quod sequitur veraciter addere queam :
« *Gratia Dei per Jesum Christum Dominum nostrum* » (*Opera*, p. 59-60).

Les autres lettres d'Abélard se lisent à la suite de la correspondance susdite, pp. 217 et suiv.

(4) Dans le *Prologus* du traité, nous rencontrons ces lignes : « Scho-
« larium nostrorum petitioni, prout possumus, satisfacientes, aliquam sa-
« cræ eruditionis summam quasi divinæ Scripturæ introductionem cons-
« cripsimus..., non tam nos veritatem dicere promittentes, quam opinionis
« nostræ sensum quem efflagitant, exponentes. »

Cette *Introductio ad theologiam* est imprimée dans les *Opera* d'Abélard, Paris, 1616, in-4°, pp. 973 et suiv.

même à Saint-Gildas de Ruys : l'abbé nous dit que ses moines tentèrent de l'empoisonner (1).

C'est alors qu'il prit la résolution, bientôt convertie en fait, de quitter l'abbaye. C'est à cette époque aussi qu'il rédigea cette longue lettre, récit de ses malheurs et la principale source où puise l'historien. Les particularités font défaut sur cette partie de son existence. Nous savons, néanmoins, par Jean de Salisbury, qu'en 1136 il professait à Paris sur la montagne de Sainte-Geneviève, tenant encore le premier rang parmi les philosophes et, comme par le passé, captivant les élèves, et, en particulier, ce même Jean de Salisbury (2).

Le Paraclet demeura toujours cher à Abélard qui en désirait la prospérité, la grandeur, tant par la piété que par la science. S'il composait pour le monastère des *Sermons* (3) et des *Hymnes* sacrés (4), il recommandait dans une lettre, avec l'étude des langues latine, grecque et hébraïque, celle

---

(1) *Hist. calamit.*, cap. XV.

(2) *Metalogicus*, lib. II, cap. X : « Cum primum adolescens admodum « studiorum causa migrassem in Gallias anno altero postquan illustris rex « Henricus, Leo justitiæ, rebus excessit humanis, contuli me ad Peripa- « teticum Palatinum qui tunc in monte S. Genovefæ clarus doctor et ad- « mirabilis omnibus præsidebat. Ibi, ad pedes ejus, prima artis hujus « rudimenta accepi, et, pro modulo ingenioli mei, quicquid excidebat « ab ore ejus, tota mentis aviditate excipiebam. Deinde, post discessum « ejus, qui mihi præproperus visus est, adhæsi magistro Alberico ». Par ce maître *péripatéticien de Palais* on entend, et avec raison, Abélard, car Jean de Salisbury, au chapitre XVII du même livre, s'exprime ainsi : « In hac autem opinione — il s'agit *de universalibus logicis* — depre- « hensus est Peripateticus Palatinus Abælardus noster, qui multos reliquit « et adhuc quidem aliquos habet professionis hujus sectatores et testes ».

(3) *Opera*, pp. 726 et suiv.: *Sermones per annum legendi ad virgines Para- clitenses in oratorio ejus constitutas*, précédés d'une *Epistola ad Heloissam*.

(4) Leyser, *Hist. poet. et poemat. med. ævi...*, 1721, p. 415 : « Scripsit « metro stylo hymnos, in monasterio quod vocatur Paraclitus decantan- « dos ».

L'on avait cru ces *Hymnes* perdues. M. l'abbé Migne en a publié quatre vingt-treize dans sa Patrologie latine, tom. CLXXVIII. col. 1775 et suiv., d'après un manuscrit de Bruxelles. Ce manuscrit manque de plusieurs feuillets. Aussi la quatre-vingt-quatorzième pièce n'a-t-elle que deux vers reproduits par l'éditeur. L'on pense qu'Abélard avait composé des hymnes et séquences pour tous les offices de l'année. M. Cousin avait précédem- ment publié ces sortes de poésies dans les *Opera* d'Abélard *hactenus seorsim edita*, tom. I, pp. 298 et suiv., « ex accuratissimo apographo quod confecerat Ochlerus ».

A la suite, dans cette Patrologie latine, se trouve une Prose ou Hymne pour la fête de l'Annonciation. Elle figure aussi dans les *Opera*, p. 1136.

sa condamnation pressentie le faisait déjà trembler (1). La douleur, le désespoir lui inspiraient parfois la pensée de se réfugier parmi les Mahométans. Dans ces circonstances, son élection comme abbé de Saint-Gildas de Ruys, au diocèse de Vannes, lui parut presque providentielle, bien que le séjour dans cette contrée se présentât à lui comme fort désagréable. Il partit pour cette abbaye avec l'autorisation de son supérieur, l'abbé Suger (2).

Pas plus que précédemment, il ne rencontra la tranquillité. Il eut à souffrir, et de la part d'un tyranneau voisin qui s'emparait des biens de l'abbaye, et de la part des religieux qui n'entendaient pas se soumettre à la discipline. Une décision de l'abbé Suger l'impressionna péniblement. Héloïse était devenue prieure d'Argenteuil. L'abbé Suger, ayant réclamé le prieuré d'Argenteuil comme une dépendance de l'abbaye de Saint-Denis et pour y établir des Bénédictins (3), eut gain de cause auprès d'Honorius II à qui l'affaire fut déférée (1127). Héloïse et sa communauté durent se retirer. Abélard leur céda le Paraclet, l'autorité ecclésiastique ratifia la cession et Héloïse gouverna, avec le titre d'abbesse, sa nouvelle maison qui devint presque chef d'ordre. Abélard avait présidé à l'installation. Il revint différentes fois au Paraclet, car Héloïse avait recours à ses conseils (4).

Mais tout cela ne put s'accomplir sans donner prise à la critique. Pour couper court aux mauvais propos, Abélard dut rompre ses relations avec le Paraclet (5).

Si tout allait bien dans ce monastère, il n'en fut pas de

(1) *Hist. calamit.*, cap. XII : « Deus ipse mihi testis est, quotiens aliquem « ecclesiasticarum personarum conventum adunari noveram, hoc in « damnationem meam agi credebam ».

(2 L'*Hist. Univers. Paris.*, tom. II, p. 759-760, a reproduit dix strophes en latin rimé, composées par un disciple d'Abélard, ayant nom Hilaire, contre ceux qui ont été cause du départ du maître. Le refrain était :
   Tors avers nos li mestres.
Cette pièce se lit également dans la Patrol. lat. de M. l'abbé Migne, tom CLXXVIII, col. 1855 : *Elegia qua Hilarius... plangit recessum præceptoris sui ex Paracleto*.

(3) A cette raison de droit Suger en ajoutait une autre puisée dans la religion. C'était la vie peu édifiante des religieuses : « ... tam pro nostra justitia quam pro enormitate monacharum ibidem male viventium ». (*Hist. Univers. Paris.*, tom. II. p. 103). « Si cette dernière allégation fut prouvée, dit Crévier, il en résulte un préjugé peu honorable pour Héloïse ». (*Hist. de l'Univers. de Paris*, tom. I, p. 150).

(4) *Hist. calamit.*, cap. XIII et XIV ; *Hist. Univers. Paris.*, tom. II, p. 103.
(5) *Hist. calamit.*, cap. XIV.

sous l'autorité historique d'Hilduin (1). Mais revenir à Saint-Denis lui paraissait difficile. Il voulait demeurer bon religieux, mais demandait à vivre ailleurs. Sur ces entrefaites, Adam mourut et Suger lui succéda. Celui-ci ne se montrait pas plus facile que celui-là. Il ne céda que grâce à de hautes influences. Abélard, choisissant un lieu désert sur les bords de l'Ardusson, à deux lieues de Nogent-sur-Seine, y fit élever, en l'honneur de la Sainte-Trinité, un oratoire des plus modestes, qu'il nomma Paraclet ou Consolateur.

Si, en honorant ainsi la Trinité, il protestait de sa foi au sublime mystère, il voulait par le nom imposé exprimer l'espérance qu'il trouverait enfin le calme et la paix. Il n'avait qu'un clerc pour compagnon dans la solitude. Il pouvait — c'est lui-même qui le rappelle — répéter avec le royal prophète : *Ecce elongavi fugiens et mansi in solitudine* (2).

Bientôt des disciples, avides d'entendre la parole du maître, arrivèrent nombreux. Touchés de son dénûment, ils pourvurent à son entretien. Un oratoire de pierre s'éleva à la place de l'oratoire primitif formé de roseaux et couvert de chaume. Le désert se peupla de tentes. Maître et disciples se plaisaient dans cette Thébaïde de la science (3). Mais les témérités réapparurent dans l'enseignement. C'est l'explication, selon nous, rationnelle, et des accusations qui se faisaient jour sur le compte du maître (4) et de ses transes continuelles. On pouvait trouver insolite cette sorte de consécration de l'oratoire à une seule personne de la Sainte-Trinité. Mais de là à des attaques comme celles qu'Abélard redoutait, il nous semble qu'il y a quelque distance. Quoi qu'il en soit, cet homme qui ne brillait pas précisément par le courage, était dans des frayeurs mortelles. Il s'attendait à tout instant à être cité devant un concile et

---

(1) « Adæ dilectissimo patri suo... », lettre dans *Opera*, Paris., 1616, in-4, pp. 224 et suiv.; et dans *Hist. Universit.*, Paris., tom. II, pp. 86 et suiv.

(2) *Psal.*, LIV, 8.

(3) *Hist. calamit.*, cap. X, XI.

(4) Abélard se trompe, au moins en ce qui regarde saint Bernard, quand il place, alors, en ces termes, à la tête de ses adversaires, l'abbé de Clairvaux et saint Norbert : « quorum alter regularium canonicorum vitam, alter monachorum se resuscitasse gloriabatur ». (*Hist. calamit.*, cap. XII). Nous entendrons plus tard l'abbé de Clairvaux déclarer qu'il connaissait à peine les doctrines erronées d'Abélard.

adoucir les juges et la sentence portée, éclairant mieux l'accusé, le rendre peut-être plus circonspect à l'avenir.

Enfermé dans l'abbaye de Saint-Médard de Soissons, Abélard fut bientôt autorisé par le légat à retourner au monastère de Saint Denis. Le passé, d'une part, et, de l'autre, la susceptibilité des religieux, assez mal disposés à son égard, devaient lui conseiller la prudence. Mais était-il capable de pratiquer cette vertu ? Une opinion historique dominait au monastère : on croyait que Saint-Denis-l'Aéropagite était vraiment le premier évêque de Paris. C'était presque un héritage de famille, car l'opinion s'appuyait sur l'autorité d'Hilduin, abbé de Saint-Denis au IXe siècle. Abélard, armé des assertions de Bède (1), osa s'élever contre la pensée commune de sa famille religieuse. De là, plaintes des moines à l'abbé, mécontentement de celui-ci, menaces de déférer au roi le religieux qui, d'un seul coup, portait atteinte et à l'illustration de l'abbaye et à la splendeur de la couronne, car l'une et l'autre se glorifiaient d'avoir pour patron un disciple du grand apôtre (2).

Devant ces menaces, Abélard quitta furtivement l'abbaye et alla s'enfermer dans le monastère de Saint-Ayeul de Provins ; là, il se trouvait sur les terres de Thibaut, comte de Champagne, qui lui était favorable. Adam, abbé de Saint-Denis, ordonna au religieux, sous peine d'excommunication, de rentrer au monastère et de se rétracter. Abélard envoya la rétractation exigée : rejetant le témoignage de Bède, il se rangeait

prise qu'un homme aussi savant ait pu dire pareille chose, car les enfants eux-mêmes savent parfaitement qu'il y a trois tout-puissants. Aussitôt — c'était adroitement rappeler le cardinal-légat à la connaissance du dogme — une voix s'éleva dans l'assistance qui récita ces paroles du symbole de Saint-Athanase : *Et tamen non tres omnipotentes, sed unus omnipotens; et cependant il n'y a point trois tout-puissants, mais un seul.* Que faut-il penser de l'anecdote ?

(1) Nous lisons au 3 octobre dans le *Martyrologe* du vénérable : « Natale Sancti Dionysii Aeropagitæ, qui ab apostolo Pauli instructus credidit « Christo, et primus Athenis ab eodem apostolo episcopus est ordinatus « et sub Adriano principe, post clarissimam confessionem fidei, post « gravissima tormentorum genera, glorioso martyrio coronatur ; » et au « 9 octobre du même *Martyrologe* : « Apud Parisiium natale SS. Dionysii « episcopi, Eleutherii presbyteri et Rustici diaconi. Qui beatus episcopus a « pontifice Clemente Romano in Gallias directus, ut prædicationis ope- « ram populis a fide Christi alienis exhiberet, tandemque ad Parisiorum « civitatem devenit, et, per annos aliquot sanctum opus fideliter et arden- « ter executus, a præfato Fescennio Sisinio comprehensus est, et cum « eo SS. presbyter Eleutherius et Rusticus diaconus gladio animadversi « martyrium impleverunt ».

(2) *Hist. calamit.*, cap. X : *Hist. Universit.*, Paris., tom. II, p. 85.

Deux anciens rivaux d'Abélard se portèrent dénonciateurs. C'était Albéric et Lotulphe, disciples d'Anselme de Laon et professeurs de théologie à Reims. Abélard raconte que ce fut par jalousie (1). Mais, dit justement Crévier, « puisqu'il est « constant que la témérité d'Abailard étoit répréhensible, « pensons qu'Albéric et Lotulphe se portoient par un vrai « zèle à la réprimer » (2). L'archevêque de Reims, Raoul le Verd, accueillit la plainte. Il s'entendit avec Conon, évêque de Préneste et légat du Saint-Siège en France, pour indiquer un concile à Soissons où fut cité le téméraire professeur (1121).

Abélard arriva dans cette ville avec la réputation d'hérétique. Aussi, d'après son propre récit, faillit-il être lapidé par le peuple. Le livre fut examiné, jugé répréhensible et l'auteur condamné à le jeter lui-même au feu. Si l'on en croit encore le récit d'Abélard, l'archevêque Raoul et les deux adversaires déclarés, Albéric et Lotulphe, furent les seuls examinateurs du livre, et l'on ne permit même pas à l'accusé de se défendre : la lecture du Symbole qui porte le nom de Saint-Athanase dut être à peu près sa seule réponse. En admettant la vérité du récit, l'historien impartial arriverait à cette conclusion : Le concile a été en défaut dans la procédure, mais il n'a pas eu tort au fond, car, au point de vue doctrinal, le livre méritait vraiment l'anathème (3). « Un zèle « pieux et ardent, écrit encore le judicieux Crévier, peut « avoir persuadé à ses adversaires que le mérite de la « cause les dispensoit d'observer exactement les formes ; et « ils ne pensèrent point assez que condamner un coupable « sans l'entendre, c'est lui donner l'air et la faveur d'un inno- « cent opprimé » (4). Les explications données auraient pu

---

(1) *Hist. calamit.*, cap. IX.
(2) *Op. et vol. cit.*, p. 135.
Voir, dans notre *Introduction*, ce que nous avons dit relativement à l'accusation portée subsidiairement contre Abélard, à savoir qu'il enseignait *sans maître (sine magistro)*.
(3) Mansi, *Concilia*, tom. XXI, col. 266 ; Labbe, *Concilia*, tom. X, col. 885-887 ; Abélard, *Hist. calamit.*, cap. IX et X.
Relativement au Symbole : « Legi, dit Abélard, inter suspiria, singultus et lacrymas, prout potui ». (*Hist. calamit.*, cap. X).
(4) *Op. et vol. cit.*, p. 140.
Abélard raconte encore, *Hist. calamit.*, cap. X, une singulière bévue du cardinal-légat en plein concile. Lorsqu'on reprochait au premier d'avoir avancé que le Père seul était tout puissant, le second exprima toute sa sur-

fesseur de philosophie à Wurzbourg, Remigius Stotzle (1). Malheureusement les subtilités de la dialectique firent glisser l'écrivain.

Le traité est partagé en trois livres dont les sujets sont ainsi indiqués dans une sorte de prologue : « *Le premier livre* « explique ce qu'est la distinction des trois personnes « en Dieu et ce que signifient en lui les noms de Père, « de Fils et de Saint-Esprit. Il renferme les témoignages « tant des prophètes que des philosophes touchant la Sainte-« Trinité, et montre pourquoi la sagesse de Dieu est appelée « Verbe et sa bonté est dite Esprit-Saint.., *Le second Livre* « met sous les yeux une somme de foi sur l'unité et la trinité « avec les objections qui sont opposées... *Le troisième Livre* « contient les réponses aux objections. Il expose comment le « Verbe est engendré du Père, c'est-à-dire comment la Sa-« gesse est engendrée de la Puissance, et par quelle simili-« tude la Puissance est dite Père et la Sagesse Fils. Il expose « de plus la procession du Saint-Esprit. »

A ce résumé qui fait déjà apercevoir l'hétérodoxie de l'auteur nous joindrons ces paroles qui la place dans tout son jour (2). « *Que signifient les noms des personnes en Dieu*? Le nom de « Père en Dieu signifie cette insigne puissance de sa majesté, « ou la toute-puissance, par laquelle Dieu peut faire tout ce « qu'il veut, puisque rien ne peut lui résister. Le nom de « Fils de Dieu dit la même substance divine en tant qu'elle « est discernement de sa propre sagesse (*secundum propriæ* « *sapientiæ discretionem*), par laquelle Dieu peut tout juger « et tout discerner conformément à la vérité, puisque rien ne « peut lui être caché qui puisse l'induire en erreur. Le nom « de Saint-Esprit en Dieu rappelle aussi cette substance « divine selon la grâce de sa bonté, par laquelle Dieu ne peut « vouloir de mal à personne, mais est prêt à sauver tous les « hommes... Telles sont les trois personnes en Dieu, c'est-à-« dire le Père, le Fils et le Saint-Esprit. C'est comme si vous « disiez : la substance divine est puissante, sage, bonne, ou « elle est elle-même puissance, elle-même sagesse, elle-même « bonté ».

---

(1) Fribourg-en-Brisgau, 1891, in-8, d'après un ms. de la bibliothèque d'Erlangen. Malheureusement la fin est mutilée.

(2) Cap. II, p. 2-3.

Sur la demande des étudiants, il fut autorisé par l'abbé à reprendre ses leçons. Ces mots : *ad quamdam cellam*, dont se sert Abélard, (1), feraient assez naturellement penser que ce fut en un endroit dépendant et proche de l'abbaye (2). Toutefois, l'on désigne assez communément le prieuré de Maisoncelle sur les terres du comte de Champagne (3). L'*Histoire littéraire de la France* indique, d'un côté, le monastère de Saint-Arnould ou, mieux, Saint-Ayeut ou Ayoul (*Sancti-Aiguli*) de Provins, dont le prieur était un ami d'Abélard (4), et, de l'autre, « un prieuré voisin des terres du comte de Champagne (5) ». Fleury rapporte que ce fut à Deuil, prieuré dans la vallée de Montmorency (6) ; toutefois on a fait observer que ce prieuré ne dépendait pas de Saint-Denis, mais bien de Saint-Florent de Saumur (7).

Quoiqu'il en soit du lieu du nouvel enseignement, les auditeurs se retrouvèrent aussi nombreux et aussi enthousiastes que dans le passé (8). Mais de philosophique qu'il avait été principalement jusqu'alors, l'enseignement devint théologique. Cédant aux désirs des écoliers, le professeur composa le *traité de l'unité et de la trinité divine* (9), traité découvert dernièrement et publié pour la première fois par un pro-

---

Hist. Univers. Paris., tom. II, p. 55.) Du Boulay ajoute : « Paschalis papa « paulo ante abbatiam illam inviserat, de qua Galo episcopus Parisiensis « conquerebatur quidem, sed ob id tantum, quod suam detractaret au- « thoritatem et jurisdictionem. »

Voir aussi sur ce point : les *Not. ad Hist. calamit.*, de Du Chesne, dans les *Opera* d'Abélard, publiés par lui, Paris, 1616, in-4, p. 1533 ; les Mémoires de Trévoux, an. 1738, pp. 2247 et suiv.

(1) *Hist. calamit.*, cap. VIII : « ... ad quamdam cellam recessi, scholis more solito vacaturus ».

(2) Crévier, *op. cit.*, tom. I, p. 131.

(3) Voir *Abélard*, par M. Charles de Rémusat, Paris, 1845, tom. I, p. 72-75.

(4) Tom. IX, p. 84.

(5) Tom. XII, p. 95.

(6) *Hist. ecclésiast.*, liv. LXVII, ch. XXII.

(7) *Hist. littér. de la Franc.*, tom. IX, p. 84 n^{te}.

(8) *Hist. calamit.*, cap. VIII.

(9) Dans l'*Hist. calamit.*, cap. IX, nous lisons : « accidit autem mihi ut ad « ipsum fidei nostrae fundamentum humanae rationis similitudinibus dis- « serendum primo me applicarem, et quemdam theologiae tractatum de « unitate et trinitate divina scholaribus nostris componerem, qui humanas « et philosophicas rationes requirebant... »

L'année 1119, suivant l'opinion la plus suivie (1), vit ces deux étranges vocations : l'un s'était fait bénédictin par honte et découragement ; l'autre, entrant en religion, se montrait plutôt « héroïne payenne » que « chrétienne repentante » (2). Aussi — c'est Abélard lui-même qui nous l'apprend (3) — au moment de prendre le voile, répéta-t-elle ces vers que Lucain place dans la bouche de Cornélie après la bataille de Pharsale :

> ....O maxime conjux !
> O thalamis indigne meis ! Hoc juris habebat
> In tantum fortuna caput ! Cur impia nupsi,
> Si miserum factura fui ? Nunc accipe pœnas
> Sed quas sponte luam..... (4).

Abélard ne tarda pas à se retrouver à Saint-Denis avec son caractère inquiet. Au souvenir enivrant des succès passés se joignait le désir tourmentant de succès nouveaux. A l'occasion, il se faisait le censeur de ses frères. Sans doute le monastère pouvait laisser à désirer. Mais un pareil rôle convenait-il à Abélard (5) ?

---

(1) M. de Rémusat, *Vie d'Abélard*, Paris, 1845, p. 69. D'autres assignent 1117 ou 1118.

(2) Fleury, *Hist. ecclésiast.*, liv. LXVII, chap. XXII.

(3) *Epistola prima quæ est Historia calamitatum Abælardi, ad amicum scripta*, cap. VIII, dans *Opera*, Paris, 1616, in-4.

(4) Phars. VIII, 95 et suiv. « O illustre époux ! Tu méritais une alliance « plus heureuse ! Faut-il que la fortune ait eu tant de puissance sur une « tête si prodigieuse ! Par quelle impiété t'ai-je épousé, si je devais te « rendre malheureux ? Punis-moi à cette heure ou plutôt je vais de moi-« même me punir... »
Au temps de ses amours, Abélard avait composé des poésies érotiques qui étaient chantées. C'est ce qu'il nous dit lui-même : « ... Et si qua in-« venire liceret carmina, essent amatoria, non philosophiæ secreta. Quo-« rum etiam carminum pleraque adhuc, sicut et ipse nosti, frequentan-« tur et decantantur regionibus, ab his maxime quos vita (similis) simul « oblectabat. » (*Hist. calamit.*, cap. VI).
Héloïse dit aussi : « Pleraque amatorio metro vel rhithmo composita re-« liquisti carmina, quæ præ nimia suavitate tam dictaminis quam cantus » sæpius frequentata, tuum in ore omnium nomen incessanter tenebant. » (*Opera*, Paris, 1616, in-4, p. 46, dans *Epistola II quæ est Heloissæ ad Petrum deprecatoria*.)

(5) *Historia calamitat...*, ibid. : « Erat autem abbatia illa nostra. « ad quam me contuleram, secularis admodum vitæ atque turpissimæ. « Cujus abbas ipse, quo cœteris prælatione major, tanto vita deterior « atque infamia notior erat. Quorum quidem intolerabiles spurcitias ego « frequenter atque vehementer modo privatim, modo publice redar-« guens, omnibus me supra modum onerosum atque odiosum effeci. »
Crevier fait remarquer, après du Boulay, qu'Abélard « est le seul qui « peigne ce monastère sous de si odieuses couleurs, et qu'Adam, qui en « étoit alors abbé, est loué en plus d'un endroit par Suger, son succes-« seur, et s'est rendu recommandable par des aumônes abondantes dans « des temps de calamité. (*Hist. de l'Univers. de Paris*, tom. I, p. 130 ;

CHAPITRE V

DEUX FAMEUX THÉOLOGIENS HÉTÉRODOXES

Abélard. — Gilbert de La Porrée.

ABÉLARD

(-1142)

Nous connaissons une première phase de l'existence d'Abélard (1). A la suite de sa faute, il s'était enfui avec Héloïse en Bretagne. A leur retour à Paris, le mariage fut conclu secrètement, et il devait demeurer secret : la gloire d'Abélard comme professeur y était intéressée (2). La divulgation du mariage, d'une part, la négation, de l'autre, eurent pour résultat, après la cruelle mutilation connue de tous, la retraite de l'époux à l'abbaye de Saint-Denis, et la prise du voile par l'épouse au monastère d'Argenteuil.

souvent imprimé dans le cours du xvi° siècle et du xvii°, soit à la suite de Guillaume Durand, sur le même sujet, soit séparément ». Toutefois, le texte imprimé diffère beaucoup du texte des copies nombreuses de la Bibliothèque Nationale (M. Hauréau, *Not. et Extr. de quelq. manusc. de la Bibl. nat.*, tom. I, pp. 88 et suiv.). Les œuvres inédites ont nom : *Des Vices capitaux et des vertus opposées; Des Sibylles; Commentaires sur les quatre livres des Sentences; Éclaircissements sur des passages difficiles de l'ancien et du nouveau Testament; Sermons; Gemma animæ*, écrit « qui paraît n'être que celui qu'on rencontre sous le même titre dans les œuvres d'Honoré d'Autun ».(*Hist. Univers. Paris*)., tom. II, p. 749-750; P. Le Long. *Bibliot. sac.*, édit. in-fol , p. 652; Fabricius, *Biblioth. lat.* , édit. Mansi, art. *Joannes Belethus*; *Hist. litt. de la Franc.*, tom. XIV, p. 218-222, cit., p. 220).

(1) Voir *supra*, p. 100-103.
(2) Il faut savoir qu'alors le professorat ne se comprenait pas sans le célibat.

Nous indiquerons les autres d'après l'*Histoire littéraire de la France* (1).

Monfaucon fait connaître, à la Bibliothèque ambroisienne, l'existence : des *Louanges de la bienheureuse Marie* ; de l'*Incendie de l'amour divin*, écrit qui, selon Daunou, serait peut-être l'*Aiguillon du divin amour* de saint Bonaventure. Sander, de son côté, mentionne : *De la passion du Seigneur; La Somme des vertus* (2) ; un traité sur la *Maison spirituelle de notre corps*.

Dans le catalogue des manuscrits anglais, l'on rencontre ces titres avec le nom de Richard de saint Victor : *Traité de la foi; Glose interlinéaire sur Matthieu et Marc*.

Si en Richard de saint Victor, l'écrivain n'est ni brillant ni irréprochable, il ne manque pas d'une certaine éloquence ; et, tandis que le penseur fait preuve de logique, le théologien recueille la gloire d'un enseignement exact. Daunou se montre, selon nous, un peu sévère à l'égard du Victorin, en avançant que ses ouvrages sont « écrits sans méthode, sans critique, sans logique, sans goût ». Il est dans le vrai, lorsqu'il dit : « L'auteur semble s'être prescrit pour règle constante de partager presque toutes ses phrases en deux sortes d'hémistiches rimés » (3). Aux exemples que produit le critique, nous pouvons ajouter ceux-ci : « Sciendum itaque de omni substantia quod habeat esse ex substantia sua; — Nam cui substantialitas nulla inest, substantia recte dici non potest; — Quod autem de hoc dictum est, in cœteris æque videri potest » (4).

(1) *Hist. littér...*, vol. cit., pp. 486 et suiv.
(2) Le ms. 327 de la Bibl. de l'Ars. renferme sous le nom de Richard de Saint-Victor des *Divisiones virtutum et vitiorum*.
(3) *Hist. littér. de la Franc.*, tom. XIII, p. 488.
(4) *Opera*, p. 226.

Il y a trois maîtres d'un certain renom, dont nous n'avons rien dit, parce que nous ne savons dans quelle école ils ont enseigné : c'est *Simon de Poissy, Melior ou Melchior* et *Jean Beleth* qui sont simplement qualifiés de professeurs de Paris.

Le premier, qui donna des leçons de philosophie d'abord, de théologie ensuite, a été qualifié de *fidèle lecteur*, mais d'*argumentateur obtus* (*Hist. Univers. Paris.*, tom. II., p. 775; *Hist. litt. de la Franc.*, tom. XIV, p. 6-7).

Le second, qui du professorat fut élevé à la dignité cardinalice sous le titre de Saint-Jean et de Saint-Paul, avait été précédemment archidiacre de Laon, et vidame de l'église de Reims. Il remplit depuis plusieurs missions importantes (*Hist. Univers. Paris.*, tom. II, p. 755; *Hist. littér. de la Franc.*, tom. XV, p. 314-319).

Le troisième, qui paraît avoir été, à Paris, auditeur de Gilbert de La Porrée, a laissé plusieurs ouvrages dont un, les *Offices divins*, « a été

num) qui ne paraissent guère plus authentiques que les *Extraits* précédemment signalés dans les *Opera* de Hugues de Saint-Victor. L'on voit aborder dans ces *Extraits* attribués à Richard de Saint-Victor diverses sciences, tant divines qu'humaines (1).

L'on a encore de Richard deux lettres qui se rencontrent parmi celles de saint Thomas de Cantorbéry. En effet, elles sont écrites en faveur de ce dernier : l'une à l'évêque d'Héreford, Robert de Melun, qui semblait assez défavorable à l'illustre persécuté ; l'autre à Alexandre III auprès duquel se plaidait la cause de la victime. A côté de la signature de Richard, se trouve, sur la première lettre, celle d'Ervisius, abbé de Saint-Victor, sur la seconde celle d'un ancien abbé de Cantorbéry (2).

Nous avons déjà signalé un ouvrage en français publié sous le nom de Richard de Saint-Victor à la suite d'un autre qui porte le nom de Hugues de Saint-Victor : c'est *Le Cuer navre de amour divin* 3 .

Il y a aussi des ouvrages inédits à mentionner.

Nous signalerons d'abord, ceux que possède notre Bibliothèque nationale, c'est-à-dire une *Étude de la sagesse* (4), un *Traité pour les novices* 5 , les *Tentations non spirituelles* (6), les *Sept Tentations* (7), une *Exposition du canon de la Messe*, laquelle semble bien n'être pas de notre auteur (8), des *Sermons* 9 .

---

(1) *Opera*, pp. 515 et suiv.
Voir *Hist. littér....*, vol. cit., p. 480.
Ces Extraits contiennent « originem et discretionem artium situmque, terrarum et summam historiarum » et comprennent quatre livres. Oudin est porté à les attribuer à un certain Richard de Cluny de quelques années postérieur à notre Victorin. (*Comment....*, tom. II, vol. 1597.)
2. *Epist.*, Venise, 1728, in-fol., lib. I, Epist. LXII ; liber IV, Epist. XXV.
L'une est aussi reproduite et l'autre indiquée dans l'édition de M. Migne, vol. cit., col. 1225-1226.
Il était écrit dans la première : « Hæc sincera charitate, dulcissime « Pater, scripsimus vobis, ut memineritis doctrinæ vestræ, officii vestri, « desiderii nostri et divini judicii, ut redimatis famam vestram, et « Ecclesiam quæ manibus vestris collabitur, studeatis erigere ».
(3) *Supra*, art. Hugues de Saint-Victor, p. 116
(4) Mss. lat. 2965, 5274.
(5) Ms. lat. 3588.
(6) Ms. lat. 5665.
(7) Ms. lat. 15082 et aussi dans le ms. 771 de la Bibl. Mazar.
(8) Ms. lat. 5567.
(9) Ms. lat. 15951.
Suivant M. l'abbé Bourgain, il s'en rencontre encore dans le ms. lat. 14948 de la même Bibliothèque nationale et aussi dans d'autres dépôts littéraires. (*La Chaire française...*, Paris., 1879, p. 121).

de *délier* (1), pages où le côté moral de la pénitence apparaît plus que le côté dogmatique; *Des degrés de la charité* (2); *De la fabrication de l'arche* d'alliance, comprenant le *Tabernacle* et suivie du *Temple de Salomon* (3); les commentaires sur plusieurs versets des *Psaumes* (4), sur le *Cantique des cantiques* (5), sur la *vision d'Ezéchiel au sujet des animaux et des roues* (6), œuvre où l'auteur, semblant rompre avec ses habitudes, explique le sens littéral du texte et ajoute même des plans ou dessins pour mieux faire comprendre l'explication, sur l'*Apocalypse*, le plus allégorique de nos livres saints (7); mais ce dernier commentaire est précédé d'*Eclaircissement sur quelques passages difficiles de l'Apôtre* (8).

L'on trouve encore, à différentes pages des *Opera*, ces autres écrits très courts: *De la méditation des fléaux qui arriveront vers la fin du monde* (9); *De la puissance du juge dans le jugement final et universel* (10); *De l'esprit de blasphème* (11); *Déclarations de certaines difficultés au B. Bernard de Clairvaux* (12); *Comment l'Esprit-Saint est l'amour du Père et du Fils* (13); *De la différence du péché mortel et du péché véniel* (14); *Du suréminent baptême du Christ* (15); trois sermons, un pour le jour des Rameaux (*De gemino Paschate*) (16), un autre pour la fête de Pâques (*In die Paschæ* (17), le 3ᵉ sur le Saint-Esprit (*De Missione Spiritus-Sancti*) (18) et quelques autres opuscules.

Mais il y a des *Extraits* (*Tractatus excerptionum* ou *exceptio-*

---

(1) *Opera*, pp. 528 et suiv.
(2) *Ibid.*, pp. 349 et suiv.
(3) *Ibid.*, pp. 402 et suiv.
(4) *Ibid.*, pp. 425 et suiv.
(5) *Ibid.*, pp. 489 et suiv.
(6) *Ibid.*, pp. 546 et suiv.
(7) *Ibid.*, pp. 589 et suiv.
(8) *Ibid.*, pp. 581 et suiv. Par exemple : ... *Factores legis justificabuntur et Ex operibus legis non justificabitur omnis caro; — Scimus enim quod lex spiritualis est ; ego autem carnalis sum venumdatus sub peccato; — Omnia mihi licent*, etc.
(9) *Opera*, pp. 337 et suiv.
(10) *Ibid.*, pp. 342 et suiv.
(11) *Ibid.*, pp. 346 et suiv.
(12) *Ibid.*, pp. 370 et suiv.
(13) *Ibid.*, p. 375.
(14) *Ibid.*, p. 376.
(15) *Ibid.*, pp. 377 et suiv.
(16) *Ibid.*, pp. 363 et suiv.
(17) *Ibid.*, pp. 367 et suiv.
(18) *Ibid.*, pp. 380 et suiv.

de ceux qui avaient paru sur l'ineffable dogme (1), l'auteur expose qu'il y a trois moyens de connaître ou d'apprendre : l'expérience, le raisonnement, la foi ; et il s'applique à établir la nécessité de la foi pour s'élever à la connaissance de la Divinité et surtout de la Trinité. Le *De Trinitate* est suivi d'un appendice sur certains attributs de chaque personne divine : *De tribus appropriatis personis in Trinitate*. Cet appendice devait faire primitivement partie intégrante du traité, car il forme le septième livre dont parle Vincent de Beauvais. Il est adressé, disent les derniers éditeurs des *Opera*, *ad divum Bernardum, abbatem Clarevallensem* (2).

Après la Trinité, l'Incarnation : *De Verbo incarnato* (3), autre mystère que l'auteur expose sur la demande du même saint Bernard (4), et en prenant pour base ces paroles d'Isaïe : *On me crie de Séir : Sentinelle, qu'avez-vous vu cette nuit? Sentinelle, qu'avez-vous vu cette nuit? La sentinelle a répondu : Le point du jour vient, et ensuite la nuit ; si vous cherchez, cherchez bien ; convertissez-vous et venez* (5). Nécessité de l'incarnation pour l'homme, convenance de l'incarnation pour le Fils de Dieu, voilà le double point autour duquel se concentrent la pensée et les efforts du théologien.

L'*Emmanuel, De Emmanuele* (6), qui suit, peut être considéré comme une seconde partie du traité, beaucoup plus étendue que la première : mais c'est en même temps, avons-nous dit, la contre-partie du commentaire du Victorin André sur ces mots : *Voilà qu'une Vierge concevra et enfantera un fils*.

Dans le volume, ont pris successivement place ces autres écrits du théologien et de l'exégète : *De la puissance de lier et*

---

(1) Cit. dans *Hist. Univers. Paris.*, tom. II, p. 770 :
« Circa id tempus (hoc est 1140) floruit M. Richardus Sancti-Victoris...,
« qui in libris et tractatibus variis multa Ecclesiæ sanctæ utilia descripsit,
« inter quos eminent de Sancta-Trinitate libri VII, in quibus judicio meo
« cunctos qui ante ipsum de hac materia tractatus multiplices ediderunt,
« probabili inductione simul et dulcedine quadam ac venustate sermonis
« excessit ».

(2) L'auteur dit au début : « Quæris a me, mi Bernarde, quid mihi
« videatur de illa Augustini sententia in qua attribuitur Patri unitas,
« Filio æqualitas, Spiritui-Sancto utriusque concordia ».

(3) *Opera*, pp. 272 et suiv.

(4) *Ad divum Bernardum, Clarevallensem Abbatem*. « Hæc sunt, dit l'auteur en commençant, quæ mihi exponenda proponis et fatuitatem meam fatigare non erubescis ».

(5) XXI, 11 et 12.

(6) *Opera*, pp. 280 et suiv.

Ces réflexions peuvent s'appliquer à son troisième opuscule : *De l'instruction de l'homme intérieur* (1), traité composé au sujet du songe ou plutôt sur le songe de Nabuchodonosor, où l'auteur en donne plusieurs interprétations tropologiques, se proposant principalement de montrer comment on s'éloigne de la vertu et comment, par la grâce divine, des profondeurs du mal on remonte vers le bien.

La *Préparation de l'âme à la contemplation* s'annonce comme le commentaire de cette parole du psalmiste : *Là, le jeune Benjamin en extase* (2) ; aussi ce traité est-il appelé *Benjamin minor* : traité mystique qui se forme de nombreuses allégories puisées au sein de la famille de Jacob (3).

La *Grâce de la contemplation* fait suite et s'appelle *Benjamin major*; c'est une sorte de complément de la *Préparation*, lequel se tire de l'arche de Moyse, figure de cette grâce même de la contemplation (4).

Dans le traité de la *Trinité* (5), l'ouvrage par excellence de Richard et, au jugement de Vincent de Beauvais, le meilleur

---

« evidenter agnoscere ? Deus superiorem non habet nec habere potest.
« et liberum arbitrium dominium non patitur nec pati potest, quia vio-
« lentiam inferre ei nec creatorem decet nec creatura potest. Totus
« inferous, totus mundus, totus denique militiæ cœlestis exercitus in
« unum concurrat, in hoc unum conjuret, unus ex libero arbitrio con-
« sensus in qualicumque re invito extorqueri non valet ».

(1) *Opera*, pp. 46 et suiv.
(2) Ps. LXVII, 28.
(3) *Opera*, pp. 114 et suiv.
L'auteur dit en commençant : « Audiant adolescentuli sermonem de
« adolescente, evigilent ad vocem prophetæ... quis sit Benjamin iste,
« multi noverunt, alii per scientiam, alii per experientiam. Qui per doc-
« trinam noverunt, audiant patienter ; qui per experientiam didicerunt,
« audiant libenter ».
Nous trouvons, p. 151, au sujet des prédicateurs ou autres orateurs :
« Quam multi hodie sunt quos magis puderet in oratione fecisse barbaris-
« mum contra regulam Prisciani, quam protulisse mendacium in suo ser-
« mone contra regulam Christi !.. Et si forte inter loquendum, quod fieri
« solet, brevem accentum producerent, magis eos fortassis puderet de
« vitio orationis quam de vitio elationis ».
L'*Hist. littér. de la France*, tom. XIII, p. 477, fait remarquer, avec raison, que ce traité a été composé avant le *De Exterminatione mali*, car en un endroit celui-ci vise celui-là, et aussi que le *Benjamin minor* a été le premier des écrits de Richard qui ait été imprimé, car la première édition date de 1480, in-4°. Telle est également la date indiquée par Hain, qui de plus, marque : Paris (*Repertorium*..., n. 13911).

(4) *Opera*, pp. 147 et suiv.
Ne serait-ce pas le *De arca mystica et de duodecim patriarchis* édité, selon Hain, en 1494, s. l., in-8° ? (*Repertorium*..., n. 13912.)

(5) *Opera*, pp. 206 et suiv.

celui des *Opera* de Hugues de Saint-Victor dans la même Patrologie (1). Pour nous, nous renvoyons à l'édition de Rouen.

Le premier opuscule qui se présente dans le volume, a pour titre : *De l'extirpation du mal et de l'avancement dans le bien* (2). C'est une ample paraphrase de ce verset du psaume CXIII (3): *Pourquoi, ô mer, t'es-tu enfuie ? Et toi, Jourdain, pourquoi es-tu retourné en arrière ?*

De même, le deuxième opuscule : *De l'état de l'homme intérieur* (4), n'est aussi que la paraphrase de ces paroles d'Isaïe : *Toute tête est languissante et tout cœur abattu ; depuis la plante des pieds jusqu'au haut de la tête, il n'y a rien de sain en l'homme ; il y a blessure, contusion, plaie enflée qui n'a point été bandée, à laquelle on n'a point appliqué de remède et qu'on n'a point adoucie avec l'huile* (5). Suivant l'auteur, il y a trois plaies principales en nous : l'impuissance, l'ignorance, la concupiscence ; d'où trois funestes effets ou trois sortes de péchés : péchés par faiblesse, péchés par erreur, péchés par malice. Il y a trois remèdes à apporter : les préceptes de Dieu, ses menaces, ses promesses. Pensées que Richard indique dans le Prologue et développe dans le corps de l'ouvrage. Ici, comme dans la paraphrase précédente, les allégories abondent. La raison en est simple dans la pensée du théologien qui se révèle là tout entier : à ses yeux — nous résumons cette pensée — les allégories sont nécessaires à la mysticité, la mysticité à la piété, la piété à l'accomplissement de la loi morale (6).

---

(1) Les écrits sont rangés sous les titres d'*Exégétiques*, de *Théologiques*, de *Mélanges*. Cette classification est basée sur celle indiquée par l'*Histoire littéraire de la France* (Ibid., p. 485), laquelle divise les œuvres en Commentaires sur les livres saints, traités de *Morale mystique* et de *Dogmes*, *Sermons*, *Extraits*.

(2) *Opera*, édit. de Rouen, 1650, pp. 1 et suiv.

(3) Vers. 5.

(4) *Opera*, pp. 25 et suiv.

(5) I. 5-6.

(6) Voici en quels termes enthousiastes, p. 24, il parle de *dignitate arbitrii* :

« Quid, quæso, in homine sublimius, quid dignius inveniri potest,
« quam illud in quo ad imaginem Dei creatus est ? Habet sane
« libertas arbitrii imaginem non solum æternitatis, sed et divinæ majes-
« tatis. Quantum putamus, in hoc incommutabili æternitati præ cœteris
« omnibus liberum arbitrium vicinius accedit ejusque in se imaginem
« expressius gerit, quod nulla unquam culpa, nulla demum miseria non
« dicam destrui, sed et nec minui poterit. Vultis et majestatis similitu-
« dinem in ipsa perspicere et quomodo ejus imagine impressa sit

L'on compte sept éditions des *Opera* de l'illustre Victorin, depuis la première de 1506, à Venise (1), jusqu'à celle de 1650, à Rouen (2). L'édition de 1506 est très incomplète ; l'édition de 1650 est meilleure, bien que « peu correcte et dépourvue de tout genre d'éclaircissements » (3). Cette dernière apparaissait deux ans après l'édition des *Opera* de Hugues et était due au même zèle : les chanoines de Saint-Victor ne pouvaient ne pas faire pour l'illustre disciple ce qu'ils avaient fait pour l'illustre maître. Jean de Toulouse fut chargé spécialement du travail. L'abbé Migne a édité aussi ces *Opera* dans sa Patrologie latine (4), mais en suivant un ordre différent, analogue à

encore très courtes, auraient été imprimées, l'une dans les *Histor. Franc. Script.* de du Chesne, tom. IV, p. 762, toutes deux dans l'*Amp. Collect.*, tom. VI, col. 230-231, de Martène et Durand ; la première adressée au roi d'Angleterre, la seconde à Arnoul, évêque de Lisieux, l'une et l'autre ayant trait à une question d'intérêt. Achard était alors à la tête du célèbre monastère de Paris.

— Breton d'origine et, suivant le langage du *Gallia christiana*, tom. VII, col. 662, « conversatione humilis et gratus, doctrina et eruditione utilis et præclarus, adeo ut sine operibus ejus vix possit homo in prologis sancti Hieronymi super Biblia pedem figere », Adam fut surtout un poète latin, non à la manière de Virgile et d'Horace, mais d'après les règles adoptées au moyen-âge et comme le sera saint Thomas d'Aquin au siècle suivant : au nombre des pieds de l'ancienne prosodie avaient succédé le nombre des simples syllabes et l'assonance. Adam écrivit donc des « sequentias rithmicas de tempore et de sanctis. » (*Hist. Univers. Paris.*, tom. II, p. 716.) Là, p. 717, nous trouvons imprimée cette strophe en l'honneur de la Sainte-Vierge :

        Salve, mater pietatis
        Et totius Trinitatis
        Nobile triclinium.

M. Léon Gautier a publié deux volumes des *Œuvres poétiques* du Victorin, Paris, 1858, in-12. Un certain nombre de ces proses se lisent également dans le CXCVI° volume de la Patrologie latine de M. l'abbé Migne. En ce qui touche les autres œuvres attribuées à Adam, on ne lira pas sans fruit l'*Essai* de M. Léon Gautier *sur la vie et les ouvrages* d'Adam de Saint-Victor, p. XLIV, au commencement des *Œuvres poétiques*.

Parmi les vers gravés sur le tombeau du chanoine au cloître de l'abbaye, on lisait ceux-ci :

        Unde superbit homo? Cujus conceptio culpa,
        Nasci pœna, labor vita necesse mori.
        Vana salus hominis, vanus decor, omnia vana,
        Inter vana nihil vanius est homine.
            (*Hist. Univers. Paris.*, tom. II, p. 717.)

(1) In-8°
(2) Un vol. in-fol.
(3) *Hist. littér. de la Franc.*, tom. XIII, p. 475.
Voir aussi, pour les éditions partielles, *Ibid.*, pp. 477, 478, 480, 482, 483.
(4) Vol. CXCVI.

eut sa dernière demeure dans le cloître près la porte abbatiale (1).

(1) *Gal. christ.*, *Ibid.* *L'Hist. Univers. Paris.*, *ibid.*, porte : « ... juxta ostium eleemosynæ. »
Au XVIe siècle, un abbé de Saint-Victor, Jean Bordier, écrivit, à la louange de l'illustre défunt, quelques vers qui se lisaient, comme épitaphe, *in lamina ænea.* (*Vita*...) Nous transcrivons les quatre premiers :
    Moribus, ingenio, doctrina clarus et arte,
    Pulvereo hic tegeris, docte Richarde, situ.
    Quem tellus genuit felici Scotica partu,
    Te fovet in gremio Gallica terra suo.
                   (*Ibid.*)
Ces vers se lisent aussi dans *Hist. Univers. Paris.*, *loc. cit.*, et dans *Gal. christ.*, *loc. cit.*
Un an auparavant, mourait Achard (1172), et quatre ans plus tard Adam (1177), l'un et l'autre appartenant ou ayant appartenu à la même abbaye.
Achard était anglais selon les uns, normand selon les autres. A l'abbaye, on résuma sa vie et sa gloire dans ces vers :
    Hujus oliva domus, Anglorum gloria cleri.
    Jampridem dignus cœlesti luce foveri,
    Felix Achardus florens ætate senili.
    Præsul Abrincensis ex hoc signatur ovili.
Deuxième abbé de Saint-Victor, il fut appelé au siège d'Avranches (1162), qu'il occupa dix ans (1172). Son corps eut pour lieu de repos l'église de l'abbaye de la Trinité de la Luzerne : c'était une abbaye de Prémontrés dont il avait été le bienfaiteur, après en avoir posé la première pierre. L'épitaphe qu'on lui composa s'unit aux vers tout à l'heure transcrits pour rendre plus probable l'opinion qui fait d'Achard un enfant de l'Angleterre :
    Anglia me genuit, docuit me Gallia, legis
      Doctorem tenuit illa patremque gregis
    Pontificem faciens fecit Normannia finem.
    Hæc tulit, extulit hæc, abstulit hæc hominem.
(*Hist. Univers. Paris.*, tom. II, 715 ; *Gal. christ.*, tom. VII, col. 665, tom. IX, col. 480 481).
Les deux opinions relativement au pays d'origine pourraient jusqu'à un certain point se concilier de cette façon : Achard était en même temps normand et anglais, normand par sa naissance dans la vicomté de Domfront, anglais parce que ce pays, comme la Normandie entière, appartenait à l'Angleterre.
Achard laissait des traités sur la *Tentation du Christ* ou les *Sept Déserts*, qui marquent les sept degrés de l'abnégation évangélique, sur la sainte *Trinité*, sur la *division de l'âme et du corps*. Ce dernier travail est attribué aussi à Adam de Saint-Victor (*Hist. Univers. Paris.*, *loc. cit.* ; Pits, *De Rebus Angliois*, *De illustribus Angliæ scriptoribus*, an. 1162 ; M. Hauréau, *Hist. littér. du Maine*, nouv. édit., tom. I, pp. 8 et suiv.) Sous le nom de ce Victorin, notre Bibliothèque nationale renferme des *Tractatus* (ms. lat. 15033) et des *Sermones* (mss. lat. 568, 14590, 16461, 17182), la Bibliothèque Mazarine un *De Discretione animæ, spiritus et mentis* (ms. 1002), lequel traité, cependant, pourrait aussi bien appartenir à Adam de Saint-Victor.
On a donné à notre Victorin une Vie de saint Gézelin, éditée à Douai en 1626, in-4°. Mais il paraît qu'elle est plutôt l'œuvre d'Achard, religieux de Clairvaux, celui-là même qui fut chargé par saint Bernard de visiter l'héroïque solitaire. (*Bibl. hist. de la Franc.*, tom. I, n. 13517.)
Il suit de là que, des écrits d'Achard, deux lettres seulement, et

nance. A la fin, il crut prudent de donner sa démission (1172) (1).

La réputation du savant théologien s'étendait au loin, et lui attirait des témoignages de sympathie et d'admiration. Le prieur de Saint-Alban priait Richard de lui faire parvenir la liste de ses œuvres (2). Celui d'Ourscamps, en échange d'un présent littéraire, lui demandait le *Songe de Nabuchodonosor* (3). Le sous-prieur de Clairvaux ne croyait pas mieux faire que de s'adresser à lui pour avoir une bonne, une ardente prière au Saint-Esprit (4). C'est presque une certitude, Richard fut en relation intime avec saint Bernard qui le consultait sur des points de doctrine et à qui le Victorin adressait ses réponses motivées. Ainsi pensent, avec Baronius et Ellies du Pin, les Victorins qui ont édité, à Rouen, en 1650, les *Opera* de notre théologien. Daunou convient lui-même que ce sentiment est « soutenable », tout en écrivant « qu'il n'existe dans les œuvres de l'abbé de Clairvaux aucun vestige de ses relations avec le prieur de Saint-Victor » (5). Nous nous en tenons au sentiment commun; et les réponses motivées seront indiquées dans le cours de cette étude.

Le célèbre Victorin mourut le 10 mars 1173 (6). Son corps

(1) *Hist. Univers. Paris.*, *ibid.*, p. 381-582, où diverses lettres imprimées. Dans une des lettres pontificales, celle adressée « dilectis filiis Richardo « priori et capitulo S. Victoris Parisiensis », il était dit : « Sæpius dilec- « tum filium Ervisium abbatem vestrum et nunc etiam per scripta nostra « monuimus, ut cum consilio majoris et sanioris partis capituli pertractet « ac dirigat... »
Cette lettre se lit également dans la susdite *Vita*.
Ervisius mourut en 1177.
(2) « ... postulans ut scriptorum vestrorum mihi rescripto occasione « inventa nomina innoteant. Ego autem curabo, ut, si exemplaria non de- « sint, scientiæ vestræ thesauro Angliæ nostra resplendeat. » (Dans *Historiæ Francorum Scriptores* de Du Chesne, tom. IV, p. 747.)
(3) « Rogamus autem, ut aliquod opusculum vestrum nobis mittatis, quod necdum habuimus, scilicet de somnio Nabuchodonosor... » (Dans *Ibid.*, p. 757).
(4) « Rogamus... scribere mihi orationem devotam de Spiritu-Sancto. « Scribite, domine mi, juxta sensum et scientiam quam administravit vo- « bis Spiritus-Sanctus. » (Dans *Vita*).
(5) *Hist. littér. de la Franc.*, tom. XIII, p. 479, art. de Daunou.
(6) *Vita...* : « ... sexto idus martii anno Christi 1173; » *Gal. christ.*, tom. VII, col. 669 : « ... sublatus est anno 1173 VI idus martii, feria sexta; » *Hist. Univers. Paris.*, tom. II, p. 771, assigne également le 10 mars de la même année.
Voir dans *Hist. littér. de la Franc.*, tom. XIII, p, 474, une note, sur une erreur commise par D. Brial, d'où l'on pourrait inférer que Richard était mort dès 1170. Il s'agit d'une lettre qui aurait été adressée, en 1170, par Alexandre III, *ad Robertum, priorem S. Victoris Parisiensis*. Mais il faut lire *Richardum*.

RICHARD DE SAINT-VICTOR

(— 1173)

Disciple de Hugues, lorsque Paris par ses écoles l'eut attiré du fond de l'Ecosse où il était né, Richard se pénétra non-seulement de la doctrine, mais même de l'esprit et de la méthode du maître, de telle sorte que tous deux, réagissant plus fortement encore que Pierre Lombard contre les abus de la dialectique, peuvent être considérés comme les inspirateurs, sinon les chefs, de l'école dont l'auteur de l'*Imitation de Jésus-Christ* sera le plus illustre représentant, et ce livre, presque divin, la plus haute expression. C'est assurément leur pensée que l'*Imitation* rendra en disant : « Qu'avons-nous à faire des « disputes sur le genre et l'espèce? Celui à qui le Verbe « éternel suffit, est débarrassé d'une infinité d'opinions » (1). A la différence du maître qui mourut simple religieux, le disciple eut deux dignités dans l'abbaye, celle de sous-prieur vers 1159, celle de prieur en 1162 (2).

Il y avait alors à la tête de l'abbaye un homme, anglais d'origine, du nom d'Ervisius ou Ernisius ou encore Erveus, lequel, s'affranchissant du chapitre, prétendait administrer selon son bon plaisir. Les sages conseils de Richard n'étaient pas plus écoutés que les énergiques protestations des chanoines. Alexandre III dut intervenir. Il écrivit au roi pour appeler son attention sur l'état de choses (3), à l'archevêque de Sens et à l'évêque de Meaux, bientôt archevêque de Bourges, pour leur confier la mission de remettre tout en ordre. L'abbé essaya pendant deux ans, de faire bonne conte-

---

(1) Lib. I, cap. III.

(2) *Hist. Univers. Paris.*, tom. II, p. 770; *Vita* de Richard au commencement des *Opera*, Rouen, 1650, in-fol.

(3) Le pape constatait dans cette lettre que, « quibusdam cum suo capite membris languentibus, in eadem ecclesia fervor religionis noscitur t puisse » (*Hist. Univers. Paris.*, tom. II, p. 381, où lettre reproduite).

Suivant dom Brial, « André mérita de tenir un rang distingué parmi les interprètes sacrés du XII° siècle. Il en est effectivement peu qui réunissent, comme lui, la clarté et la précision, qui s'écartent plus rarement de leur objet et sachent placer plus à propos l'érudition. Il avait la connaissance des langues grecque et hébraïque, avantage peu commun dans son siècle. » (1).

Pourtant aucun de ses commentaires sur l'Ecriture-Sainte n'a été imprimé. Nous possédons à notre Bibliothèque nationale ses travaux sur *Isaïe* (2). L'on rencontre dans la bibliothèque de Saint-Benoît de Cambridge ceux sur les *Rois*, les *Paralipomènes*, les *Proverbes*, l'*Ecclésiaste*, les douze petits *Prophètes*, sur *Daniel* et les *Macchabées* (3).

André aurait manqué d'exactitude théologique en expliquant ce passage d'Isaïe : *Voilà qu'une Vierge concevra et enfantera un fils*, et il se serait attiré une sorte de réfutation du célèbre Richard de la même abbaye. « André, dit dom Brial, rapportant sur ce passage les explications respectives des chrétiens et des juifs, fait beaucoup trop valoir, au jugement de Richard, celles des juifs qui sont plus littérales, et finit scandaleusement sans rien décider : ce qui porta plusieurs personnes de son temps à entendre la prophétie, non de la mère du Sauveur, mais de la femme du prophète ». A ce point de vue, il fit presque école : « Ses disciples étaient les plus ardents à défendre cette explication. Richard, craignant qu'elle ne fît tort à la religion dans l'esprit des disciples, composa son *Emmanuel* » (4).

(1) *Hist. littér. de la France*, tom. XIII, p. 409.
(2) Mss. lat. 125, 574, et aussi Bibl. Mazar. ms. 175.
D'après l'*Hist. litt. de la Franc.*, ibid., p. 408, le ms. 144 de Saint-Victor renfermait un commentaire de l'auteur sur le Pentateuque. Nous n'avons pu le découvrir à la Bibliothèque nationale.
(3) *Hist. littér...*, ibid., p. 408.
Voir aussi : Fabricius, *Biblioth... lat.*, édit. Mansi, art. *Andreas*; P. Le Long, *Biblioth. sac.*, édit. in-fol., p. 668 ; Oudin, *Commentar...*, tom. II, col. 1267 ; Tanner, *Biblioth. Britan.-Hibern.*, Londres, 1748, p. 735.
(4) *Hist. littér...*, ibid., p. 408-409.
Le *Prologus* du *De Emmanuele* s'ouvre ainsi : « In quemdam magistri Andreæ tractatum, quem in Isaiæ explanationem scripserat simul et ediderat, incidi, in quo nonnulla minus caute posita, minus catholice disputata inveni. »
Le ms. 550 de la Bibl. de l'Ars. renferme: *Objectiones Andreæ secundum quod Judæi solent nobis opponere de nostro Emmanuele*.
M. l'abbé Trochon a fait imprimer une notice sur notre théologien sous le titre : *André de Saint-Victor*, Paris, 1877.

« festin, comme un navire qui porte à la postérité des fruits
abondants. » (1).

ANDRÉ
(-   )

Parmi ses élèves, Hugues compta André et Richard. L'un et
l'autre devaient le remplacer dans sa chaire, André d'abord,
Richard ensuite, après néanmoins qu'elle eut été occupée par
Nanterus dans le nom seul est tiré de l'oubli (2). André est
assez peu connu. Richard est illustre. Mais le premier, comme
le second, doit avoir ici une notice.

André était Anglais d'origine.

A-t-il fait partie des chanoines tirés de Saint-Victor pour la
réforme de Sainte-Geneviève? Le *Gallia christiana* l'affirme (3);
et nous n'avons aucune raison pour en douter. A-t-il été abbé de
Saint-Satur ou Saint-Satyre dans le Berri? On l'a dit, ainsi que
nous le lisons dans l'*Histoire littéraire de la France* (4). Mais
c'est fort peu probable; c'est même invraisemblable, à juger
par la date qui se lit dans la mention d'un André à la tête de
cette abbaye (5).

(1) *Histor. occident.*, cap xxviii, traduct. de M. l'abbé Hugonin, dans
Essai sur la fondation de l'école de S. Victor de Paris, Patrol. lat., de M.
Migne, tom. CLXXV, col. L.

(2) On écrit cependant sur Nanterus, qui était à la fois prieur :
Nanterusque prior, vir dignus glorificari,
A claustro meruit in cœlum virgo levari.
(*Hist. Univers. Paris.*, tom. II, p. 500; *Gal. christ.*,
tom. VII, col. 666.)

Nous devons avoir ici un souvenir pour une autre illustration de l'abbaye, Yves de Saint-Victor : celui-ci fut appelé au cardinalat (1127), chargé d'une légation en France (1141); il paraissait assez favorable à Abélard; en lui écrivant à ce sujet, saint Bernard disait : (Epist. CXCIII) : « M. Petrus
« Abailardus sine regula monachus, sine sollicitudine prælatus, nec ordinem
« tenet nec tenetur ab ordine, homo sibi dissimilis : intus Herodes, foris
« Joannes, totus ambiguus... » Ce Victorin mourut en 1148 (*Hist. Univers. Paris.*, tom. II, p. 102).

L'on ne doit pas confondre notre Richard avec un autre Victorin du
même nom et du même pays : « Nota dit Pitz, quod fuit alius etiam Ri-
« chardus de Sancto-Victore, vir doctissimus, natione Scotus, qui et ipse
« multa erudite scripsit ». (*De Reb. anglic., De illust. Angl. scriptor.*, an.
1240). Cette date annonce que celui-ci fut postérieur à celui-là. Du Boulay nous représente le jeune s'étudiant à imiter l'ancien, puis nous le montre doyen de Salisbury, et successivement évêque de Chichester, de Salisbury et de Durham (*Hist. Univers. Paris.*, tom. III, p. 707).

(3) *Gal. christ.*, tom. VII, col. 712 : « ... quos inter eminent Andræas
« cujus in Isaiam aliosque plures S. Scripturæ libros commentaria ma-
« nuscripta commendantur... »

(4) *Hist. littér...*, tom. XIII, p. 408.

(5) *Gal. christ.*, tom. II, col. 188 : « Andreas 1195 in charta Callovici. »

Le manuscrits latin 2531ᵃ de la même bibliothèque renferme des *Sermones varii*, et celui qui est coté 15959 un autre sermon sur l'enfant prodigue. Ils sont inscrits sous le nom de Hugues de Saint-Victor. L'étude du sermonaire de notre Victorin a fait, à juste titre, dire à M. l'abbé Bourgain que Hugues, par sa parole « élégante, mystique et profonde » était devenu un modèle pour les prédicateurs de Saint-Victor (1).

Parmi les ouvrages portant les noms de notre chanoine et également contenus dans des manuscrits de la bibliothèque de la rue Richelieu, nous citerons : un traité *Du corps et du sang du Seigneur* (2) ; un commentaire sur la *Hiérarchie ecclésiastique* attribuée à saint Denis et un autre sur les *Epitres* également imprimées sous le nom du saint (3). Signalons, enfin, avec l'*Histoire littéraire de la France* et Sander, un *Livre sur la musique* « dans le monastère des Dunes et dans celui de Liessies » (4).

Telles sont les œuvres qui ont inspiré à Jacques de Vitry, faisant l'éloge de la communauté de Saint-Victor, ces fortes et quelquefois poétiques paroles : « Le plus célèbre et le plus
« renommé de tous fut Hugues, harpe du Seigneur, organe
« du Saint-Esprit, unissant les grenades, symbole des vertus,
« aux clochettes, symbole de la prédication. Il porta un grand
« nombre de chrétiens à la pratique du bien par son exemple
« et par sa pieuse conversation ; il leur donna la science par
« sa doctrine aussi douce que le miel. Il creusa un grand
« nombre de puits d'eau vive par les livres qu'il composa, avec
« autant de finesse que de suavité, sur la foi et sur les mœurs.
« Il découvrit les secrets de la divine science. Sa mémoire
« est demeurée parmi nous comme un parfum délicieux,
« comme un miel odoriférant, comme un concert dans un

---

(1) *La Chaire française au XIIᵉ siècle*..., Paris, 1879, p. 119-120. Voir là pour certains renseignements sur les manuscrits.
L'on trouvera aussi des sermons dans les mss. lat. 14952 et 14934 de la Bibl. nat.,; et dans le ms. 393 de la Bibl. de l'Arsenal le *Sermo quod Jesus annorum XII ascendit ad templum*.
(2) Ms. lat. 2,531.
(3) L'un et l'autre dans ms lat. 1619.
(4) *Hist. littér.*..., vol. cit. p. 61.
Consulter aussi *Ibid.*, pp. 53 et suiv., pour plus de détails et pour quelques autres écrits assez peu importants et plus ou moins authentiques.
Se reporter également aux volumes récents de M. Hauréau, *passim*, lesquels ont pour titre : *Notices et Extraits de quelques manuscrits latins de la Bibliothèque nationale*.

« Sic tamen est interim unusquisque in suo sensu humiliter
« abundare studeat, non arrogenter præsumere ».

Si l'on excepte les opuscules : *De l'union du corps et de l'esprit* (1), la *Nourriture d'Emmanuel* (2), deux *Lettres* (3), le traité ayant pour titre : *Miroir des mystères de l'Eglise* où le mystique se montre doublé du liturgiste, car il s'agit d'expliquer les cérémonies de l'Eglise (4), si l'on fait, dis-je, ces exceptions, le reste du volume présente des ouvrages supposés ou apocryphes. Parmi ces ouvrages, les Mélanges, (*Miscellanea*) tiennent la plus grande place (5).

Une troisième lettre de notre auteur, adressée à Jean, archevêque de Séville, a été imprimée dans les *Annales* de Baronsius, année 1136, et reproduite dans la Patrologie latine de M. l'abbé Migne, tome CLXXVI (6). Dans cette lettre, Hugues établit qu'on ne peut abandonner la foi extérieurement, en la gardant intérieurement.

Nous trouvons dans le *Trésor* de Graesse cette indication que nous devons transcrire : *Larre de lame qui est du gaige d'amour divin, composé par maistre Hugues de Sainct-Victor... Ensemble le cuer navre de amour divin, composé par vénérable maistre Richard de Sainct-Victor. 8°* (7). Nous ajouterons, cependant, ce point d'interrogation : Ce *Larre De lame*, ne serait-ce point la traduction française du *Soliloquium de arrha animæ*? Nous inclinons à le croire.

L'Histoire littéraire de la France a pu élever des doutes sur l'auteur de l'ouvrage inédit ainsi intitulé : *Chronique de Hugues de Saint-Victor* (8). Mais M. Hauréau a établi dans le *Journal des Savants* la parfaite authenticité de ce *Chronicon*, nous voulons dire qu'elle est bien de celui dont elle porte le nom (9). Elle s'étend du commencement du monde aux dernières années de l'auteur. On la trouve, à la Bibliothèque nationale, dans les deux manuscrits latins 4802 et 13400.

(1) *Opera*, ibid., pp. 65 et suiv.
(2) *Ibid.*, pp. 97 et suiv.
(3) *Ibid.*, p. 162-65.
(4) *Ibid.*, pp. 555 et suiv.
(5) Voir : *Hist. littér...*, vol. cit., pp. 18 et suiv., 70 et suiv.; M. Hauréau, *Les Œuvres de Hugues de Saint-Victor*, Paris, 1886, p.p. 169 et siv.
(6) Col. 1014 et suiv.
(7) *Trésor...*, tom. VII, art. *Hugo a Sancto-Victore*.
(8) Vol. cit. p. 56-57.
(9) *Journal des savants*, 1886, p. 505, 506.

Le volume s'ouvre par le *Didascalion* (1) ou méthode pour étudier. Là, nous entendons, — en visant l'époque probable de la composition — le maître expérimenté. « Deux points, « dit-il, sont essentiels pour apprendre les sciences »: la lec- « ture et la méditation. Il y a trois choses à observer pour la « lecture. La première est de savoir ce qu'il faut lire, la se- « conde de connaître l'ordre qu'on doit observer en lisant, la « troisième d'être instruit de la vraie manière de lire ». Il ne ménage, ni le professeur qui veut « faire une vaine parade de son savoir plutôt que chercher à le transmettre méthodi- quement aux autres », ni les étudiants qui, « enflés de leur prétendu savoir,... ne craignent point de taxer les anciens de simplicité (2) ». Le *Didascalion* se partage en sept livres. Mais le septième paraît être une sorte d'appendice pour ap- prendre à s'élever par la connaissance des créatures à la con- naissance de la Sainte-Trinité (3).

Dans l'opuscule qui suit : *De la puissance et de la volonté de Dieu* (4), l'auteur se demande si l'une s'étend aussi loin que l'autre ; et il se prononce pour l'affirmative.

Combien y avait-il de volontés dans le Christ ? La science de l'âme du Christ est-elle égale à la science de la divinité ? Voilà deux points dont la solution forme deux écrits distincts : *De quatuor voluntatibus in Christo*; *De Sapientia animæ Christi* (5). Il y avait quatre volontés dans le Christ : la volonté divine, la volonté humaine, laquelle se partageait en volonté de raison, volonté de piété, volonté de chair. La deuxième question était alors débattue. Sans vouloir absolument la tran- cher, l'auteur incline fortement pour l'égalité : la divinité dans le Christ a par elle-même cette science ; l'âme du Christ l'au- rait par communication. Ces paroles servent de conclusion :

CXVII-CXVIII : M. Hauréau, *Les Œuvres de Hugues de Saint-Victor*, Paris, 1886, pp. 219 et suiv. ; M. l'abbé Bourgain, *La Chaire française au XIIe siècle...*, Paris, 1879, p. 119, lequel s'efforce de détruire les raisons alléguées pour la non-authenticité.

(1) *Opera*, tom. III, pp. 1 et suiv.
(2) Cit. dans *Hist. littér. de la Franc.*, vol. cit., p.p. 18, 20, 21.
(3) *Didascalion et alia opuscula*, s. l. n. d., in fol. (Hain, *Repertor*..., n. 9022). Mais nous lisons dans cette *Histoire littéraire...*, p. 51. « Son *Didascalion* fut donné pour la première fois au public, en 1483, avec le Vocabulaire de Venceslas Brak ».
(4) *Opera, ibid.*, p. 55-56.
(5) *Ibid.*, pp. 56 et suiv.

langage dans le Prologue : « Mon but n'est point de vous
« charmer par les agréments du style, mais seulement de
« vous attester, par une instruction édifiante, la persévé-
« rance de mon attachement ». Cet entretien solitaire de
l'homme avec son âme est un moyen d'arriver au vrai : non,
— c'est le langage que l'auteur prête à l'homme qui interroge
son âme — non, « je n'aurai point honte de demander à mon
« âme ce qu'elle a de plus secret, et je pourrai me flatter
« qu'elle me dira sans crainte la vérité » (1).

Dans l'*Eloge de la charité*, nous recueillons sur cette vertu
des accents comme ceux-ci : « Tu es le centre (*caput*) de toutes
« les voies droites, car toutes les voies droites partent de toi
« et reviennent à toi... Tu es la plénitude de la justice, la per-
« fection de la loi, la consommation de la vertu, la connais-
« sance de la vérité. Tu es donc la voie, ô charité. Et quelle
« voie ? La voie excellente, la voie qui reçoit, dirige et con-
« duit; la voie de l'homme à Dieu et la voie de Dieu à l'homme.
« O bienheureuse voie qui seule indique le chemin du salut !
« (*Commercium nostræ salutis agnoscis*) » (2).

L'opuscule des *Fruits de la chair et de l'esprit* établit la génération des vertus et des vices : la superbe est la mère de
ceux-ci, l'humilité de celles-là. L'auteur couronne son travail
en dessinant deux arbres représentant cette double génération : *arbor vitiorum, arbor virtutum*.

Les *Livres sur la vanité du monde*... se présentent sous la
forme d'un double dialogue : d'abord entre un questionneur
et un maître, puis entre l'âme et la raison qui conclut par ces
mots : « Que l'âme se prépare à l'usage du temps de telle
sorte que cependant elle ne change point comme lui. »

Ce second volume se termine par *cent Sermons* (3) qui sont
suivis d'un autre sur l'Assomption et sous le titre : *De assumpta Maria sermo egregius* (4). Faut-il croire à leur authenticité ? Les uns disent : oui. Les autres : non (5).

Il y a également un triage à faire dans le volume suivant,
qui est le troisième et dernier.

---

(1) Cit. dans *Hist. littér. de la Franc.*, vol. cit., p. 16.
(2) Tom. II, pp. 235.
(3) *Ibid.*, pp. 479 et suiv.
(4) *Ibid.*, pp. 633 et suiv.
(5) Voir : M. l'abbé Hugonin, *Etude critique des œuvres de Hugues de S. Victor*, dans Patrol. lat. de M. l'abbé Migne, tom. CLXXV, col.

règle de saint Augustin (1) et l'*Institution des novices* (2). Il était dit à ces derniers : « La voie que vous devez suivre, c'est « la science, la discipline, la bonté ; la science conduit à la dis- « cipline, la discipline à la bonté et celle-ci à la béatitude » (3).

Après le moraliste, le mystique. Le mystique se montre dans le *Soliloque touchant le gage de l'âme* (de arrha animæ) (4), dans l'*Éloge de la charité* (5), complément du *Soliloque*, dans la *Manière de prier* (6), dans les *Fruits de la chair et de l'esprit* (7), dans les *Livres sur la vanité du monde et l'usage des choses qui passent* (8), dans l'*Art de méditer* (9), dans l'*Arche mystique* (10) et l'*Arche morale* (11).

Les autres écrits qui ont pris place dans le volume ne sont pas authentiques ou, du moins, il y a des doutes sérieux sur leur authenticité. Voici leur titres : *Du cloître de l'âme* (12) ; *De l'âme* (13) ; *De la médecine de l'âme* (14) ; *De l'amour de l'époux pour l'épouse* (15) ; *Des noces charnelles et des noces spirituelles* (16) ; plusieurs *Extraits* (*Excerptiones*) (17), qui ont pour objet *diverses sciences et diverses histoires*.

Le *Soliloque* (18) est adressé aux anciens maîtres de l'auteur, les chanoines d'Hamersleven, auxquels ce dernier tient ce

(1) *Opera*, tom. II, pp. 5 et suiv.
(2) *Ibid.*, pp. 26 et suiv.
(3) Cit. dans *Hist. littér. de la France*, vol. cit., p. 15.
(4) *Opera*, tom. II, pp. 225 et suiv.
(5) *Ibid.*, pp. 355 et suiv.
(6) *Ibid.*, pp. 358 et suiv.
(7) *Ibid.*, pp. 247 et suiv.
(8) *Ibid.*, pp. 265 et suiv.
(9) *Ibid.*, pp. 284 et suiv.
(10) *Ibid.*, pp. 286 et suiv.
(11) *Ibid.*, pp. 298 et suiv.
(12) *Opera*, tom. II, pp. 42 et suiv.
(13) *Ibid.*, pp. 155 et suiv.
(14) *Ibid.*, pp. 211 et suiv.
(15) *Ibid.*, pp. 244 et suiv.
Une traduction en vieux français se rencontre dans le n° 2246 de la Bibl. de l'Ars. : « Ci commence le livre de Huc de Sainct Victor qu'il fist de l'arre de l'espouse, c'est de l'ame ».
(16) *Ibid.*, p. 256 et suiv.
(17) *Ibid.*, p. 552 et suiv.
Voir, au sujet de ce second volume : *Hist. littér...*, p. 15-18, 66-70 ; M. Hauréau, les *Œuvres de Hugues de Saint-Victor*, Paris, 1886, pp. 60 et suiv. : c'est une seconde édition du *Nouvel Examen*.
(18) *Soliloquium in modum dialogi*, s. l. n. d., in fol. (*Repertor...*, n. 9028) ; Hain écrit entre parenthèse : (« adscript. est nostro exempl. a. 1475 »).

Les commentaires sur l'Ecriture-Sainte prennent différents noms : tantôt ce sont aussi des *Annotationes elucidatoriæ*, tantôt des *Allegoriæ*, tantôt des *Homiliæ* : ici des *Quæstiones*, là une *Expositio* ou une *Explanatio* (1). Mais tout n'appartient pas à notre Victorin.

Il est sans conteste l'auteur des gloses sur un grand nombre de livres de l'Ancien-Testament, depuis les *Annotationes elucidatoriæ* sur la *Genèse* jusqu'à la *Moralis expositio* sur *Abdias* (2). Ces gloses sont précédées de brefs aperçus sur l'Ecriture et les écrivains sacrés : *De Scripturis et Scriptoribus sacris prænuntiuncula*. Il faut encore lui accorder : l'*Exposition de l'Oraison dominicale* (3) ; les *Sept dons du Saint-Esprit* (4) ; la glose *sur le Magnificat* (5) ; l'opuscule *Sur les cinq septennaires* (6), c'est-à-dire les sept péchés capitaux, les sept demandes du *Pater*, les sept dons du Saint-Esprit, les sept vertus principales, les sept béatitudes.

Au nombre de ces gloses, généralement courtes, se trouvent les *Homélies sur l'Ecclésiaste* (7), qui présenteraient plutôt le caractère de diffuses. Aussi, peut-on les considérer comme des œuvres oratoires.

Quant aux *Allégories* et autres *Eclaircissements* tant sur l'ancien que sur le nouveau *Testament*, on doit les rayer du catalogue. Il semble bien qu'il y a lieu d'opérer un pareil retranchement en ce qui concerne les *Questions* sur les *Epîtres de saint Paul* (8).

II. Le second volume de l'édition précitée renferme un assez grand nombre de traités ou opuscules.

La plume de l'écrivain s'est exercée sur les préceptes de morale et sur les règles de la vie religieuse. Dans le premier cas, elle a produit l'*Enseignement sur le Décalogue de la loi du Seigneur*, en quatre leçons ou chapitres, et dont la dernière ou le dernier porte sur la *Substance de l'amour et la charité ordonnée* (9). Dans le second, elle a tracé l'*Explication de la*

1) *Opera, ibid.*, pp. 10 et suiv.
2) *Ibid.*, pp. 10-290.
3) *Ibid.*, pp. 295 et suiv.
4) *Ibid.*, pp. 506 et suiv.
5) *Ibid.*, pp. 517 et suiv.
6) *Ibid.*, pp. 505 et suiv.
7) *Ibid.*, pp. 75 et suiv.
8) Voir, au sujet de ce premier volume : *Hist. littér...*, vol. cit., p. 10-15 ; M. Hauréau, *Op. cit.*, pp. 25 et suiv.
9) *Opera*, tom. II, pp. 1 et suiv.

« éditeurs ont échoué dans cette entreprise ou plutôt ils n'ont
« osé la tenter. Contens de livrer au public et sans choix tout
« ce qui portoit son nom, ils ont laissé à d'autres le soin d'une
« discussion qu'ils jugeoient apparemment au-dessus de leurs
« forces. Les bibliographes n'offrent guère plus de ressource.
« Les uns, faute d'examen suffisant, ont donné au Victorin
« plusieurs pièces qui lui sont véritablement étrangères ; les
« autres, par une censure outrée, l'ont privé d'une partie de
« ses véritables productions. Avec plus d'attention et moins de
« préjugés, nous espérons le remettre en possession de son
« propre bien, sans y ajouter les dépouilles d'autrui. » En
conséquence, les auteurs de l'article ont consacré une importante étude à ce difficile sujet ; et ils ont traité successivement des *Écrits imprimés* (1), des *Ouvrages non imprimés* (2), des *Écrits supposés* (3). M. Hauréau, ne jugeant pas l'étude exempte d'erreur, s'est livré à un nouveau travail et a publié un volume sous ce titre : *Hugues de Saint Victor, nouvel examen de l'édition de ses œuvres... avec deux opuscules inédits* (4). Les deux opuscules sont : *Epitome in philosophiam ; De contemplatione et ejus speciebus*. Nous devons dire aussi que Martène et Durand ont publié un autre opuscule (5), inédit jusqu'alors, réédité par M. l'abbé Migne (6) : c'est le *De Modo dicendi et meditandi*.

L'article de l'*Histoire littéraire de la France* et la savante étude de M. Hauréau vont être nos premiers guides pour notre nouvelle tâche.

I. Le premier volume de l'édition de Rouen renferme deux sortes de commentaires : les uns sur l'Écriture-Sainte, de la *Genèse* à l'*Épitre aux Hébreux* ; les autres sur la *Hiérarchie céleste* qui porte le nom de saint Denis-l'Aréopagite.

Les derniers ont pour titres : *Annotationes elucidatoriæ* (7). Ces éclaircissements accusent une certaine prolixité.

(1) *Hist. littér...*, pp. 7 et suiv.
(2) *Ibid.*, pp. 55 et suiv.
(3) *Ibid.*, pp. 66 et suiv.
(4) Paris, 1859, in-8°.
Ce nouvel examen est ce qu'il y a de plus complet.
(5) *Thesaurus...*, tom. V, col. 887.
(6) *Patrol. lat.*, tom. CLXXVI, col. 877-880.
(7) *Opera*, Rouen, 1648, in-fol., tom. I, pp. 469 et suiv.
On lit au commencement : « In explanationem cœlestis Hierarchiæ
« Areopagitæ, secundum traductionem Joannis Scoti prioris, libri decem :
« ad regem Francorum Ludovicum filium Ludovici Grossi qui ædem D. Vic-
« toris Parisiensis ædificandam curavit. »

but de régler un différend entre chanoines et moines, et les premiers mots qu'elle nous fait lire, sont ceux-ci : « Pacis et « concordiæ quanta sit virtus, ex eo patenter cognoscimus, « quod pacis turbatores et seminatores discordiæ, Scripturæ « sacræ auctoritate, non solum Deo odibiles, verum animæ « ejus detestabiles prædicantur ».

HUGUES DE SAINT-VICTOR

(— Très probablement 1142)

Ce que nous avons fait pour Pierre Lombard, nous devons le faire pour Hugues de Saint-Victor : nous devons compléter la notice consacrée à ce second maître dans un chapitre précédent. Là, nous avons esquissé la physionomie du théologien, analysé son œuvre presque classique, la *Summa Sententiarum*, fait connaître l'opuscule qui en est comme la préface, et le grand traité *De Sacramentis* qui s'en présente comme le complément (1). Ici, il nous reste à indiquer les autres productions de l'écrivain.

Les *Opera* de Hugues ont été plusieurs fois imprimés. Nous signalerons deux éditions, celle de Rouen en 1648, œuvre des chanoines de Saint-Victor (2), et, de nos jours, celle de M. l'abbé Migne dans sa Patrologie latine (3). Il y a eu aussi des éditions partielles (4). Mais, dit l'*Histoire littéraire de la France*, (5) « ce n'est pas un travail médiocre pour la critique de « faire un discernement exact des véritables écrits de Hugues « et de ceux qui lui ont été faussement attribués. Les différents

(1) Voir *supra*, p. 8-11.
(2) 5 vol. in-fol.
(3) Vol. CLXXV-CLXXVII. Cette édition reproduit celle de 1648, mais en plaçant les ouvrages dans cet ordre : *Exégétiques, Dogmatiques, Mystiques, Lettres, Appendices* aux *Ouvrages dogmatiques et mystiques, Sermons*.
(4) Voir, pour les diverses éditions partielles comme totales, *Hist. littér. de la France*, tom. XII, pp. 50 et suiv. Nous continuerons à citer seulement celles du XV⁰ siècle.
(5) *Ibid.*, p. 7.

onservateur de la bibliothèque de Troyes », la partie qui
raite de *l'essence et de la substance de Dieu et de ses trois
personnes* (1).

M. Cousin a résumé encore en quelques lignes les *Sentences*,
manuscrit qui faisait partie du fonds Notre-Dame à la Bibliothèque nationale. Cette œuvre de Guillaume de Champeaux
n'offre pas, comme on pourrait le croire au souvenir des *Sentences* de Hugues de Saint-Victor et de Pierre Lombard,
un cours de théologie : c'est tout simplement un ensemble
d'explications sur différents points de doctrine, par exemple
la simonie, le mariage, la charité, l'orgueil, le péché, et sur
certains passages de l'Écriture-Sainte : l'on y trouve des
citations des saints Pères et principalement de saint Augustin et de saint Grégoire (2).

Notre théologien fit un abrégé des *Morales de saint Grégoire*,
ainsi que nous l'apprennent Albéric dans sa Chronique et
Martène dans sa notice sur Guillaume de Champeaux : c'est
suffisamment indiquer que nous avons perdu la trace de ce
nouveau travail inédit (3).

L'on est aussi mal renseigné sur une glose d'un ouvrage
d'Aristote, l'*Interprétation* (4).

Il faut signaler encore une dissertation philosophique, au
Musée britannique, sous ce titre : *Ratiocinatio mag. Willelmi
de Campellis, quod divina essentia nullas suscipiat formas,
cum omnis forma prior sit eo quod informat*. Mais peut-être
faisait-elle partie des *Sentences* que nous venons de signaler ? (5).

L'on doit rappeler, enfin, deux chartes, l'une imprimée
dans la Patrologie latine de M. Migne (6), l'autre manuscrite
aux archives de Châlons-sur-Marne (7). La première a pour

(1) Tom II, Paris, 1865, p. 528-555 : *Willelmus de essentia et substantia
Dei et de tribus ejus personis*.

(2) *Ouvrages inédits d'Abélard...*, Paris, 1836, in-4°, p. 625.
Le ms. lat., venant de N. D., est coté aujourd'hui 18115.

(3) *Gal. christ.*, tom. IX, cal. 877 : Martène et Durand, *Loc. cit.*, *Admonitio
prævia* où, après avoir consigné l'assertion d'Albéric, il ajoute : « Et revera
« inter mss. codices bibliothecæ Claravallis reperimus Moralia abbreviata
« Guillelmi de Campellis ».

(4) M. Haureau, *Hist. de la philos...*, par. I, Paris, 1872, p. 522.

(5) M. Haureau, *Ibid.*, p. 522, d'après *Archiv. des missions scientif.*,
1re série, tom. IV, p. 107.

(6) Tom. CLXIII, col. 1040-1042.

(7) M. l'abbé Michaud, *Guill. de Champeaux et les écoles de Paris au XIIe
siècle*, Paris, 1867, p. 552.

sous les deux espèces (1). L'opuscule, sur l'authenticité duquel cependant on a élevé des doutes, offre un *Dialogue entre un chrétien et un juif sur la loi catholique* (2). Dans le premier fragment, l'auteur examine la grave question (*sæpe ventilata*) du sort des enfants morts sans baptême et la résout ainsi : S'il y a damnation, et l'on ne saurait en douter, ni la bonté ni la justice de Dieu ne se trouvent en cause, car le décret éternel, portant que telle âme sera unie à tel corps, doit avoir, quoi qu'il advienne de la part de l'homme, son accomplissement (3). Dans le second fragment, il établit que la communion sous les deux espèces n'est pas nécessaire, car l'on reçoit Jésus-Christ sous chacune des espèces, que dire le contraire serait une hérésie, que l'Église sous ce rapport a été en droit de modifier sa discipline première (4).

La bibliothèque publique de Troyes possède parmi ses manuscrits *quarante-deux fragments* de notre auteur. Les passages relatifs à *l'origine et à la nature des choses* ont été imprimés dans la thèse latine de M. Patru (5). Mais, par les titres qui sont donnés, dans cette thèse, de ces divers fragments, nous voyons que Guillaume a envisagé les principaux points théologiques : Dieu, la Trinité, les Anges, l'homme, le péché originel, l'Incarnation, la Providence, l'Eucharistie, le Baptême... De plus, M. Cousin a donné, dans ses *Fragments philosophiques*, d'après « la copie » de « M. Harmand, l'obligeant et savant

---

(1) *De Sacramento altaris* dans *Acta sanctorum ordinis S. Benedicti*, sæcul. III, tom. I, Præfat., p. LIII-LIV, et dans Patrol. lat. de M. Migne, tom. CLXIII, col. 1039-1040.

(2) *Dialogus inter christianum et judæum de fide catholica* dans *Maxima bibliotheca veterum Patrum*, édit. de Lyon, tom. XX, p. 1885-1894, et dans Patrol. lat. de M. Migne, vol. cit., col. 1045-1072.
Toutefois les auteurs de l'*Histoire littéraire de France*, tom. X, p. 315, n'admettent pas l'authenticité de ce *Dialogue* : on l'a imprimé, disent-ils, « mal à propos sous le nom de Guillaume de Champeaux dans la Biblio- « thèque des Pères ; nous avons fait voir ailleurs que c'est l'ouvrage de « Gislebert Crispin, abbé de Westminster. » Voir aussi Martène et Durand, *Thesaur...*, tom. V, col. 879.

(3) « Hac ergo lege creatus est homo est, ut hominibus per successio- « nem creandis seminarium haberet quantum ad corpus, Deus autem in- « funderet novas animas... Non debuit Deus propter stultitiam hominis « mutare consilium animandorum hominum ».

(4) « Quod ergo dicitur utramque speciem oportere accipi, hæresis plane « est. In utraque specie totus est Christus..., ita ut nec sanguis sine « carne, nec caro sine sanguine, nec utrumque sine anima humana, « nec tota humana natura sine Verbo Dei sibi personaliter counito ».

(5) *Wilelmi Campellensis de natura et origine rerum placita*, Paris, 1847, in-8°.

Clairvaux (1). Peut-être revêtit-il, à ses derniers instants, l'habit religieux de la famille bénédictine (2).

Lisiard, évêque de Soissons, l'appelait la *colonne des docteurs* (*columna doctorum*), saint Bernard, un *évêque saint et savant* (*episcopus sanctus et doctus*). On lui a donné aussi la qualification de *vénérable* (*dictus etiam venerabilis*) (3).

Celles de ses œuvres qui nous sont parvenues, sont plutôt théologiques que philosophiques, en sorte que c'est surtout par les écrits d'Abélard que nous connaissons la doctrine du philosophe en Guillaume de Champeaux. Cette doctrine, nous l'avons esquissée dans son thème capital, la nature des universaux. Ajoutons, cependant, qu'elle présente chronologiquement deux phases, ou plutôt qu'elle s'est affirmée de deux manières sans différence substantielle : en premier lieu, le philosophe partait « de l'essence générale *humanité*, par exemple, pour
« descendre aux essences particulière *hommes*, en modifiant
« l'essence générale par les différences » ; en second lieu, devant les attaques, « il serait parti des essences particu-
« lières *hommes*, pour s'élever, en dégageant les différences,
« à l'essence générale humanité. » M. Bouchitté à qui nous empruntons ces lignes, les fait suivre, à bon droit, de cette réflexion ; « La disparité, il est vrai, n'est que dans la métho-
« de ; de part et d'autre, le résultat est le même » (4).

Deux fragments et un opuscule ont pu être livrés aux presses. Les fragments ont pour objet, l'un *l'origine de l'âme* 5, l'autre l'*Eucharistie* ou la réception du sacrement

---

(1) Martène et Durand, *Loc cit.* «...apud claram Vallem quam vir sanctus B. Bernardo familiaris præ aliis dilexerat.»

(2) L'on a avancé, sans preuve aucune, que deux ans avant sa mort, il avait renoncé à l'épiscopat pour se retirer à Clairvaux (Voir Ch. de Visch., *Biblioth. script. S. ord. Cisterciens.*, art. *Guilielmus de Campellis*). Ce qui paraît plus vraisemblable, c'est que, voulant mourir sous l'habit religieux, il s'en fit revêtir aux derniers instants : « Vulgaris opinio eum in extremis monasticum habitum suscepisse ; quod Manricus incertum putat. » (*Gal. christ.*, *loc. cit.*). Voir M. l'abbé Michaud, *Op cit.*, p. 484-485.

(3) *Gal. christ.*, *loc. cit.*

(4) *Dictionn. des scienc. philosop.*, Paris, 1875, à la fin du vol., *Errata*.

Voir, pour développements, M. Hauréau : *Histoire de la philosophie scolastique*, par. I. Paris, 1872, pp. 323 et suiv., et *Notices et Extraits de quelques manuscrits de la Bibliothèque nationale*, tom. V, p. p. 300 et suiv.

(5) *De Origine animæ* dans *Thesaurus novus anecdotorum* de Martène et Durand, tom. V, col. 881-882, et dans *Patrol. lat.* de M. l'abbé Migne, tom. CLXIII, col. 1043-1044.

sans doute, datent l'amitié qui régna entre eux, et l'attachement particulier du prélat pour la nouvelle abbaye (1).

Un peu plus tard, nous voyons Guillaume remplissant, avec l'abbé de Cluny, une mission, à Strasbourg, auprès de l'empereur Henri V. Il s'agissait de ménager le rétablissement de la paix entre l'Empire et le Saint-Siège au sujet des investitures défendues comme illicites par celui-ci et dont ne voulait pas se dessaisir celui-là. A la question de l'empereur qui demandait le moyen d'arriver à cette fin désirée, le prélat répondit fermement : « Seigneur, si vous désirez avoir une véritable
« paix, il faut que vous renonciez absolument à l'investiture
« des évêchés et des abbayes. Et, pour vous assurer que vous
« n'en souffrirez aucune diminution de votre autorité royale,
« sachez que, quand j'ai été élu dans le royaume de France,
« je n'ai rien reçu de la main du roi, ni devant ni après mon
« sacre ; et je le sers aussi fidèlement... que vos évêques vous
« servent dans votre royaume en vertu de l'investiture qui a
« attiré cette discorde et l'anathème sur vous » (2).

L'empereur fut touché et promit la renonciation juste et nécessaire. Quand il voulut méconnaître sa promesse à la conférence de Mouzon, il trouva en face de lui le même prélat qui lui parla avec non moins de fermeté : « Je suis prêt, dit-il, à jurer sur les reliques ou sur l'Evangile que vous l'avez promis entre mes mains », et le lendemain, justement indigné de la mauvaise foi de l'empereur, il lui déclarait qu'il ne voulait plus avoir de rapports avec lui et le quitta sans daigner prendre congé (3).

Guillaume fut un des Pères les plus distingués du concile de Reims qui se tenait alors et précisément en vue de la pacification religieuse. Il vit la fin du concile. Mais il ne put se réjouir du traité de Worms qui mettait fin à la lutte : il était mort le 18 ou le 25 janvier de la même année, c'est-à-dire en 1122 (4). C'est assurément d'après sa volonté ou son désir que sa dépouille mortelle fut déposée dans la sainte maison de

---

(1) *Gal. christ.*, tom. IX, col. 87 ; Martène et Durand, *Thesaurus novus anecdotorum*, tom. V, col. 879, *Admonita praevia*.

(2) Fleury, *Hist. ecclésiast.*, liv. LXVII, ch. III.

(3) Fleury, *Op. cit.*, même livre., ch. VI.

(4) *Gal. christ.*, tom. IX col. 878 : « ... excessit e vivis anno 1121, id est 1122 », le 15 ou le 8 des calendres de février.

cons, faute d'auditeurs (1). Abélard se trouva contraint d'interrompre ses cours pour un second voyage en Bretagne, où l'appelaient des affaires de famille ; car son père se faisait religieux et sa mère se disposait à suivre ce saint exemple. Quand tout fut terminé, voulant compléter ses connaissances, il alla étudier la théologie à Laon, sous l'illustre Anselme. Abélard, qui n'estimait pas dans le professeur le mérite égal à la réputation, établit aussitôt une chaire rivale, où il expliquait, sinon à la satisfaction de tous, du moins aux applaudissements d'un grand nombre, le difficile prophète Ezéchiel, et d'où il devait descendre devant la défense qui lui fut faite de professer. Revenu à Paris, il obtint la chaire qu'il avait déjà convoitée, celle précédemment occupée par Guillaume avec tant d'éclat au cloître de Notre-Dame. Comme l'ancien, le nouveau professeur groupa autour d'elle une multitude d'auditeurs en ne se montrant pas lui-même inférieur à son passé : il en fut ainsi jusqu'au moment où une malheureuse liaison l'eut obligé à quitter de nouveau la capitale de la France (2).

Cette faute inaugura pour Abélard une triste destinée, tandis que les vertus autant que la science de Guillaume le firent asseoir, l'an 1113, sur le siège épiscopal de Châlons-sur-Marne.

Clairvaux se fondait. L'on sait que saint Bernard, à peine sorti du noviciat, en fut le premier abbé. Mais ce que l'on sait moins, c'est que ce fut l'évêque de Châlons qui lui donna la bénédiction abbatiale (1115). L'abbaye relevait de la juridiction de l'évêque de Langres. Mais, l'évêque étant absent ou le siège vacant, le jeune abbé se rendit à Châlons (3). De là,

---

(1) « Postquam autem magister (Guillaume de Champeaux) advenit, « omnes penitus amisi (le chef de l'école N. D.) et sic a regimine scho-« larum cessare compulsus est ». (Abélard, *Lot. cit.*)

(2) Source générale pour cette première partie de l'existence d'Abélard : Epistol. prima qui est dite *Historia calamitatum Abelardi ad amicum scripta*.

Nous lisons dans l'*Histoire littéraire de la France*, tom. IX, p. 65, au sujet de l'école de Saint-Victor : « Mais il convient d'avertir ici qu'on ne « voit pas bien si ce fut-là ou à la cathédrale que Guillaume de Cham-« peaux..., eut pour collègue un nommé Alfrede, qui n'est point connu « d'ailleurs et qu'aucun moderne n'a jusqu'ici compté au nombre des « professeurs de Paris ».

(3) M. l'abbé Michaud, *Guillaume de Champeaux et les écoles de Paris au XIIe siècle*, Paris, 1867, in 12, p. 44.

« pratique. » Cependant il l'engageait à ne point enfermer ses connaissances dans une retraite impénétrable. « *Une sagesse cachée et un trésor enfoui*, ajoutait-il, *à quoi peuvent-ils servir* (1) ? L'or brille mieux en plein jour que dans un coffret. La perle ne diffère du vil tuf que quand on la produit à la lumière. De même la science qui se distribue reçoit accroissement et elle ne veut point d'un avare possesseur... Gardez-vous donc d'arrêter le cours de votre enseignement. Au contraire, selon la parole de Salomon, que *les eaux de vos sources coulent dehors et se répandent sur les places publiques* (2). »

Guillaume se rendit à ce conseil et ouvrit une école à Saint-Victor.

De retour à Paris, Abélard se fit de nouveau disciple de son ancien maître, pour se brouiller de nouveau avec lui : quoique l'enseignement eût pour objet spécial la rhétorique, il la faisait souvent dévier vers la dialectique, heureux de combattre encore la doctrine du maître sur les universaux. Le disciple récalcitrant qui avait d'abord obtenu la chaire du successeur de Guillaume à Notre-Dame, mais n'avait pas été autorisé à en prendre possession, alla une seconde fois professer à Melun, pour revenir, peu de temps après, dresser ses batteries (3) sur la montagne de Sainte-Geneviève (4). Guillaume, de son côté, paraissait avoir renoncé à l'enseignement. Il ne donnait plus de leçons à Saint-Victor. Mais l'arrivée d'Abélard le détermina à les reprendre.

Cette fois, les deux antagonistes avaient chacun une chaire à Paris et se faisaient entendre à peu de distance l'un de l'autre. Les discussions doctrinales reprirent donc plus ardentes que jamais. L'école de Notre-Dame ne trouva pas son compte dans de pareilles luttes : les élèves la désertaient, entraînés qu'ils étaient de l'autre côté de la Seine. S'il faut en croire Abélard, le professeur fut contraint de cesser ses le-

---

(1) *Eccli.*, xx 5a.

(2) *Proverb.*, v, 15.

(3) « ... in monte S. Genovefæ scholarum nostrarum castra posui. » (Abélard, Epistol. I, cap. II.)

(4) Les auteurs de l'*Histoire littéraire de la France* ne seraient pas éloignés de croire que ce fut même « dans le cloître où Hubold, chanoine de Liège, avait enseigné publiquement plus d'un siècle auparavant. » (Tom. IX, p. 65.)

» logie, et cette grammaire, loin d'être conventionnelle, était
» la représentation nécessaire des conceptions et des opéra-
» tions de l'esprit » (1).

La division ayant éclaté entre Guillaume et Abélard, ce dernier quitta le cloître de Notre-Dame pour aller ouvrir lui-même une école à Melun d'abord, à Corbeil ensuite. Grands furent les succès du jeune professeur. Guillaume fut abandonné par beaucoup de ses disciples, qui allèrent suivre les leçons de son propre adversaire, ce qui augmenta encore son mécontentement, sa tristesse, et suscita peut-être une réelle jalousie. Le travail ayant altéré la santé d'Abélard, celui-ci dut abandonner le professorat pour demander le rétablissement de ses forces au repos et à l'air natal. Pendant ce temps, Guillaume s'était retiré avec quelques disciples ou amis pour former une communauté sur la rive gauche de la Seine, et il devenait ainsi le fondateur de la grande abbaye de Saint-Victor. On était en 1108.

C'est alors qu'Hildebert, évêque du Mans, lui écrivait (2) pour le féliciter de la détermination qui avait fait de lui un vrai philosophe, car, lui disait-il, « vous ne l'étiez pas réelle-
« ment, quand des connaissances philosophiques par vous
« acquises vous ne déduisiez point la noble science de la vie

---

(1) *Précis de l'histoire de la philosophie*, par MM. de Salinis et de Scorbiac, art. *Guillaume de Champeaux et Abélard*.
Il n'y a plus de doute, après l'affirmation d'Abélard lui-même, ce dernier avait été disciple de Roscelin. Il n'est pas impossible qu'Abélard ait eu « pour premier maître en Bretagne, dans sa première jeunesse, son com-
« patriote Roscelin. Mais il est plus vraisemblable qu'à son retour en
« France, Roscelin, sans enseigner en public, aura fait quelques leçons
« dans l'ombre, et qu'Abélard, avant de se fixer à Paris, l'aura entendu
« ou en Bretagne ou à Compiègne dans les dernières années du XIe
« siècle ou dans les premières du XIIe, c'est-à-dire vers l'âge de vingt ans. »
(*Ouvrages inédits d'Abélard*., Paris, 1856, in-4°, p. 471, et Introduct., p. XLII, dans *Documents inédits sur l'histoire de France*.)
Il serait peut-être plus simple, sinon plus certain, de dire avec M. Hauréau : c'est à la collégiale de Sainte-Marie de Loches où Roscelin obtint le droit d'enseigner que ce dernier compta Abélard parmi ses auditeurs (*Nouv. biogr. génér.* art. *Roscelin*).
L'on ne cite comme œuvre de Roscelin que la diatribe qu'il composa plus tard contre Abélard, et qui a été découverte, il y a quelques années, dans la Bibliothèque de Munich, et publiée par M. Schmeller d'abord, puis par M. Cousin dans le tome II des *Œuvres* d'Abélard.
Mais ce qu'on ne sait généralement pas, c'est que la Bibliothèque de l'Arsenal possède dans le ms. 85 des Commentaires du théologien-philosophe sur le Psautier. Il n'est donc pas hors de propos de les signaler.

(2) *Opera*, lib. I, Epistol. 1.

idées générales, comme celles de genre et d'espèce, ont une réalité extérieure *a parte rei*, selon le langage de l'école, ou bien si elles sont une création de l'esprit, n'ayant d'existence qu'*a parte mentis*, selon le même langage ; et il s'était prononcé dans ce dernier sens, en ne leur attribuant qu'une valeur nominative. Si Roscelin, au point de vue du dogme, trouvait un premier adversaire dans saint Anselme, d'abord abbé du Bec, puis archevêque de Cantorbéry, il en voyait surgir un second, au point de vue philosophique, dans Guillaume de Champeaux. Celui-ci enseignait publiquement à Paris la réalité objective des idées générales. Mais, à son tour, il rencontra parmi ses auditeurs un lutteur redoutable : c'était Abélard.

Né au bourg du Palais, à peu de distance de Nantes, en 1079, Abélard, dont le père était lui-même grand amateur de sciences, se montra dès sa jeunesse si passionné pour l'étude, que non-seulement il renonça à la carrière des armes à laquelle on le destinait, mais, dans le désir d'avoir pleine liberté de suivre ses goûts, il céda à ses frères son propre droit d'aînesse. La dialectique avait pour lui des charmes particuliers et il y fit de grands progrès. Désirant perfectionner ses connaissances et aussi sans doute faire un peu de bruit dans le monde, il quitta la Bretagne. Après avoir parcouru plusieurs provinces dont il voulait connaître les écoles, il se rendit à Paris, où il devait être d'ailleurs attiré par la réputation de Guillaume de Champeaux. Il se fit remarquer parmi les nombreux élèves qui suivaient les cours du cloître de Notre-Dame et ne tarda pas à gagner l'affection du célèbre professeur. Ces bons rapports, toutefois, ne purent durer longtemps. Le disciple se permettait parfois de s'élever avec chaleur contre les idées du maître et, par la force et la subtilité de l'argumentation, lui créait de sérieux embarras.

Il s'agissait surtout des universaux. Abélard, en prenant parti pour Roscelin, préludait au système qu'il inaugurerait bientôt comme professeur et qui modifiait quelque peu celui de son devancier. « Roscelin n'avait vu dans les universaux
« que des mots, des étiquettes ; Abélard les considéra comme
« des formes de l'esprit. Le nominalisme se divisa dès lors en
« deux sectes : les nominaux purs et les nominaux conceptua-
« listes. Les premiers supposaient que la science des univer-
« saux n'était qu'une grammaire conventionnelle. Pour les
« seconds, elle était à la fois une grammaire et une psycho-

CHAPITRE IV

L'ECOLE THÉOLOGIQUE DE SAINT-VICTOR ET SES PRINCIPAUX MAITRES

Guillaume de Champeaux et Abélard jusqu'à sa retraite à Saint-Denis. — Hugues de Saint-Victor (suite). — André. — Richard de Saint-Victor.

GUILLAUME DE CHAMPEAUX

(-1122)

PIERRE ABÉLARD

(1079 - Jusqu'à sa retraite à Saint Denis)

Champeaux est un village de la Brie, aux environs de Melun. Guillaume y naquit probablement vers le milieu du xie siècle et, en lui empruntant son nom, lui donna de la célébrité (1). Nous connaissons ses deux illustres maîtres à Paris: Manegold et Anselme de Laon.

Nommé archidiacre de Notre-Dame, il professa successivement aux écoles de ce nom, et avec un admirable talent, la rhétorique, la philosophie et la théologie. Comme professeur de philosophie, il fixa particulièrement sur lui l'attention du public par la doctrine qu'il exposait. La question des universaux venait d'être soulevée. Roscelin, chanoine de Compiègne et maître de théologie dans cette ville, s'était demandé si les

---

(1) Ni Mabillon, *Annales ordinis S. Benedicti*, tom. V, p. 582, ni le *Gal. christ.* tom. VII, col. 658, et tom. IX, col. 877, ni l'*Hist. Univers. Paris.*, tom. II, p. 742, ne marquent l'année de la naissance.

Copie de l'ouvrage se trouvait, suivant l'historien, « in bibliotheca Sancti-Martini Sagiensis » (1).

A entendre l'auteur de l'article dans la *Biographie nationale... de Belgique*, « Walter de Mortagne était très versé « dans l'art de l'architecture. C'est sous son épiscopat, et très « probablement d'après ses indications, que fut élevée la « belle cathédrale de Laon (2).

1 *Hist. ecclésiast. de la provinc. de Normand.*, tom. IV, Caen, 1761, p. 285-286.
(2) Art. *Gautier ou Walter de Mortagne*.

Gauthier obtint un canonicat à Anthoin (*Anthoniensis canonicus*), en Flandre, puis le décanat de Laon. Le canonicat lui valut de la part de ses confrères une mission à Rome dans un conflit entre le chapitre d'Anthoin et l'abbé de Laube ou Lobe (*contra Franconem abbatem Lobiensem*), au sujet de la collation d'une prébende par ce dernier. Le décanat le fit connaître comme digne des fonctions épiscopales : aussi, à la mort de Gautier de Saint-Maurice, évêque de Laon, avec lequel on a eu tort de le confondre, fut-il élu pour lui succéder 1.

En 1163, il assistait au concile de Tours que présidait Alexandre III, et, en 1167, à l'assemblée de Vézelay où furent condamnés les Poplicains (*Poplicani*) 2. Sept ans plus tard, le 16 juillet 1174, l'éternité s'ouvrait pour lui 3. Son corps fut déposé dans l'église des Prémontrés de Saint-Martin de Laon 4.

Un docteur de Sorbonne, l'abbé Trigan, nous apprend que notre Gautier composa encore un traité du mariage. C'était pour compléter le cours de théologie, écrit par un compatriote, Hugues de Mortagne. Dans ce traité, l'auteur examinait l'origine, la nature et les empêchements du contrat matrimonial.

---

dans la proposition « homo est id de quo dicitur, et persona hominis sumitur ». Or, « natura hominis, non persona, a verbo assumpta est. » Cette réflexion portait à faux, car ni Gautier de Mortagne ni Richard de Saint-Victor n'entendaient la *personne*. « Accuratius tamen loquebantur, qui « dicebant : *Deus factus est homo*, et hanc alteram enunciationem rejicie- « bant : *Homo factus est Deus* ». On peut voir l'explication que donne saint Thomas dans sa *Somme théologique*, par. III, quæst. XVI, art. VII (*Collectio judiciorum*, par Duplessis d'Argentré, Paris, 1728-1736, par. I, p. 39).

(1) *Hist. Univers. Paris.*, tom. II, p. 759; *Gal. christ.*, tom. IX, col. 555; *Hist. littér. de la Franc.*, tom. XIII, p. 512.

(2) *Gal. christ., ibid.* : « ... adfuit apud Vezeliacum judicio et damnationi hæreticorum Poplicanorum ».

Du Boulay, lui, parle d'un concile de Nevers « in quo damnati Deonarii seu popelicani, teste Hugone Pictaviensi in Chronico Vizeliacensi. » (*Hist. Univers. Paris*, tom. II, p. 759). Les Poplicains étaient une espèce de Manichéens. (*L'Art de vérifier les dates, Chronol. des concil.*, concil. de Sens en 1198).

(3) *Hist. Univers, Paris; loc. cit.; Gal. christ., loc. cit.; Biogr. nation... de Belg., art. cit.*

(4) Nous transcrivons les premiers vers de l'épitaphe :
    Hic tego Gualterum, quod detego, mutaque petra
    Præsulis acta loquor : pro lingua sunt mihi metra.
    Consilio, monitis, virtutibus hoc modo vitæ
    Rexit, correxit, erexit, oves et ovile.
(*Gal. christ., ibid.; Hist. Univers, Paris., ibid.*)

Néanmoins, Hugues de Saint-Victor paraît avoir persisté dans son opinion, car il composa son petit traité *De la sagesse de l'âme du Christ* qu'il annonce comme une réponse à la lettre de notre théologien 1.

Certains esprits pensèrent aussi trouver le censeur en défaut. Ce dernier avait formulé cette assertion : *Assumptus homo est Deus*. Suivant eux, c'était une assertion malsonnante. Gautier crut devoir en expliquer le sens orthodoxe dans un écrit public auquel il donna la forme d'une missive pour tous les Catholiques (2). « J'ai souvent dit, marquait-il, et je dis encore
« et j'affirme franchement que la proposition : *Assumptus homo
« est Deus*, est fausse en ce sens que l'humanité prise soit la
« divinité prenant. » Mais, « si on appelle dieux ceux à qui
« s'adresse la parole divine, à bien plus forte raison peut-on
« dire que *l'homme pris par l'incarnation est Dieu*, parce que
« les deux natures s'unissent dans l'unique et même personne
« du Christ, laquelle est vraiment Dieu » (3).

« habet divinitas. Adjecitque vos responsionem vestram authoritatibus
« et argumentis subtilibus satis ingeniose confirmasse.
« Ego autem, si fas esset a prudentia vestra discrepare, contrariam
« sententiam potius eligerem. Arbitror enim animam illam, quamvis
« omnium creaturarum dignissimam, tamen ad æqualitatem divinæ sapien-
« tiæ nullatenus pervenire ».

1) *De Sapientia animæ Christi*, dans *Opera*, Rouen, 1648, tom. III, pp. 58 et suiv., et dans Patrol. lat. de M. l'abbé Migne, tom. CLXXVI, col. 845 et suiv.

L'auteur disait dans sa Préface, et il est très permis de voir dans le G. la première lettre du nom de Gautier : « Prudenti ac religioso verbi divini inter cæteros et præ cæteris scrutatori (i. Hugo peccator ».

Hugues concluait encore ainsi dans ce court traité : « Ergo totum anima Christi hoc habet per gratiam quod Deus est per naturam. »

Nous ne voyons pas comment Daunou a pu écrire : « Cette pièce au « surplus n'est qu'une courte réponse à Hugues de Saint-Victor, qui, nous « l'avons dit, avait dédié à Gautier un traité de l'âme du Christ. » (*Hist. litter. de la Fran*., tom XIII, p. 515). Ses prédécesseurs avaient été plus exacts (*ibid*., tom. XII, p. 32).

(2) « Gualterus omnibus in fide catholica sanam intelligentiam. »

(3) *Spicilegium, vol. cit.*, p. 520-522.

Il dit au début : « Comperi enim quosdam quasi de verbis illis male sentiant latenter susurrare ».

On discutait alors, du reste, la vérité ou la fausseté de la proposition. A la question posée par Richard de Saint-Victor : « An homo assumptus sit Deus ? », ce théologien répondait : « Multi dicunt quod non. Quibus auc-
« toritas plane contradicit. Dicit enim Apostolus quod *in ipso habitat ple-
« nitudo divinitatis*. Et Ambrosius : *Quicquid habet Filius Dei per naturam
« et Filius hominis per gratiam*. Item Dominus de se loquens : *Data est
« mihi omnis potestas in cælo*, etc. Si habet omnipotentiam est omnipo-
« tens ; si est omnipotens, est Deus ». Les adversaires répliquaient que

lesse. Parler ainsi, c'était oublier que le Verbe fait chair avait assumé toutes les faiblesses physiques de la nature humaine. Gautier rappela l'égaré à la vérité du dogme (1).

Un troisième maître, célèbre entre tous, était exalté par ses disciples comme un théologien assez transcendant pour expliquer le dogme sublime de la Trinité de personnes dans l'unité d'essence. Ce maître se nommait Abélard, qualifié alors de moine *Petro monacho*. Gautier lui écrivit pour lui dire franchement qu'il ne partageait point cet enthousiasme ; que, de la part de l'auteur du « Livre de théologie », il y avait eu, d'abord, témérité à vouloir expliquer cet ineffable mystère ; qu'il y avait maintenant illusion, s'il croyait vraiment avoir réussi dans sa tentative. L'on rencontrait même en ce livre une grave erreur, car il y était dit formellement ou implicitement que le Père était plus puissant que le Fils (2).

Notre théologien était lié avec Hugues de Saint-Victor. Ils avaient déjà agité entre eux la grave question de l'étendue de la science de l'âme du Christ. Le Victorin attribuait à cette âme une science égale à celle de la divinité. De nouveau il expliqua et essaya de prouver son opinion devant Arnoul, archidiacre de Sées. Celui-ci rapporta le fait à Gautier, qui prit la plume pour montrer au savant chanoine le peu d'exactitude de l'enseignement : la science de la divinité est infinie ; celle d'une âme, même unie à la divinité, ne saurait l'être (3).

---

1 *Spicilegium*, ibid., p. 523-524.
Relativement à la crainte, l'auteur en distingue de deux sortes. « Est
« unus timor de morte corporali sive de alia temporali adversitate pro-
« veniens, qui quandoque tam vehemens est et in tantum subjugat rationem,
« ut hominem, contempto Domini præcepto, inducat in peccatum gra-
« vissimum. » Celle-là ne pouvait être en Jésus ; mais bien celle-ci : « Est
« alius timor moderatus, qui pro morte imminente inesse solet omni
« homini ; et, si modum non excedat, sine peccato est. »

2 *Ibid.*, p. 524-525 « Quædam etiam ibi legi, quæ videntur a fide ca-
« tholica discrepare. Ubi scilicet majorem omnipotentiam esse Patris, et
« Filii minorem vi termini affirmare his verbis : Si *potentiam* tam ad natu-
« ram subsistendi quam ad efficaciam operationis referamus, invenie-
« mus ad proprietatem personæ Patris specialiter attinere potentiam,
« quæ non solum cum cæteris duabus personis æque omnia efficere
« potest, verum etiam ipsa sola a se non ab altero existere habet, et sicut
« ex se habet existere, ita etiam ex se habet posse. »

(3) *Observationes ad Robertum Pullum*, dans *Op. cit.*, p. 533-534.
Dom Mathoud a eu tort de changer le nom de Gautier en celui de Guillaume. Voici le passage de la lettre : « Dixitque vos respondisse, quod
« anima Christi tantam habeat de omnibus omnino notitiam, quantam

Nous le voyons plus tard, à Paris, professeur de rhétorique sur la montagne de Sainte-Geneviève. C'est là que, de 1136 à 1148, il eut pour élève Jean de Salisbury (1).

Il est dans le manuscrit latin 17813 de notre Bibliothèque nationale un traité anonyme de philosophie que M. Hauréau attribuerait volontiers à Gautier de Mortagne. En ce cas, ce dernier aurait partagé, au sujet des universaux, la doctrine de Guillaume de Champeaux, au moins dans sa deuxième phase (2).

L'étude de la théologie attira le penseur, et l'auteur de l'*Historia Universitatis Parisiensis* le dit « un insigne professeur en science sacrée » (3).

Luc d'Achery a publié dans son *Spicilegium* cinq lettres théologiques (4) et dom Mathoud une sixième dans ses *Observationes ad Robertum Pullum* (5). Ces lettres doivent se rattacher à l'époque du professorat.

La première est adressée à un moine, du nom de Guillaume, lequel renouvelait, au sujet de la validité du baptême conféré par les hérétiques, les erreurs de saint Cyprien et des Donatistes. Notre théologien établit que la grâce sacramentelle est indépendante des mérites de celui qui confère le sacrement (6).

Le destinataire d'une autre lettre est un maître appelé Thierry et enseignant que Dieu est certainement présent partout, mais seulement par sa puissance. Sous la plume de Gautier, les raisonnements se joignent aux textes pour prouver que l'ubiquité divine a pour base l'essence divine (7).

Un autre maître, du nom d'Albéric, s'était permis d'avancer que le Christ n'avait ni craint la mort ni éprouvé de la tris-

---

(1) Ceillier, *Hist. génér. des aut. sac. et ecclés.*, tom. XVIII, Paris, 1765, p. 302; *Hist. litter.....*, tom. XIII, p. 512.

(2) *Not. et Extr. de quelq. manusc. de la Bibl. nat.*, tom. V, pp. 304 et suiv.

(3) *Hist. Univers. Paris.*, tom. II, pp. 759, 801. Voir aussi Ceillier, *Ibid.*, Oudin. *Comment...*, tom. II, col. 1199-1200.

(4) Edit. in-fol., tom. III, pp. 520 et suiv. Du Boulay les a reproduites dans son *Hist. Univers. Paris.*, tom. II, pp. 69 et suiv., 801 et suiv.

(5) Ces *Observations* sont jointes, nous le savons déjà, à l'édition des *Sententiarum libri* VIII, et renferment la missive p.p. 552 et suiv.

(6) *Spicilegium*. édit. in-fol., vol. cit., p. 520 : « Praeterea hoc attendite
« in sacramentis ecclesiasticis, qualescumque sint ministri, solus Deus
« invisibile donum gratiae spiritualiter operatur, non illi per quos sacra-
« menta dispensantur. »

(7) Ibid., p. 522-523. « Licet autem sit ubique, id est in omni loco,
« non tamen in loco, sed sine loco est. »

GAUTIER DE MORTAGNE

— (1174.)

En latin, c'est *Gualterus de Mauritania*. Ce dernier mot a pu, déroutant certains auteurs, comme Cave, les faire penser soit à la province de Mauritanie, soit à un peuple qui en était originaire, c'est-à-dire les Maures d'Espagne (1). Il faut, croyons-nous, ne pas aller si loin, mais s'arrêter, non à la capitale du Perche (2), mais à un bourg de Flandre qui porte le même nom : ce bourg, aujourd'hui dans le département du Nord, serait vraiment le pays natal de Gautier (3).

La naissance de Gautier dans le Nord, vers la fin du xi⁰ siècle, explique, je ne dis pas précisément sa qualification d'étranger (4), car la Normandie se trouvait alors annexée à l'Angleterre, mais ce que nous savons de la jeunesse et des études de ce savant. En effet, il alla suivre les leçons d'Albéric à l'école de Reims, se retira à l'abbaye de Saint-Remi en cette cité, ouvrit une école qui fut fréquentée, mais qu'il dut abandonner, puis occupa à Laon la chaire de Raoul, frère d'Anselme. C'était probablement vers 1120 (5). Combien de temps siégea-t-il dans cette chaire ? Nous ne saurions répondre.

(1) Cave, *Histor. litterar.*, tom II, Oxford, 1745, p. 217 : « An ita dictus « quod ex notissima ista Africæ regione originem duxerit, an quod « parentibus Mauris, quorum ingens hoc tempore in Hispania numerus, « iisque forte christianis, natus sit, plane incertum est ».

(2) Néanmoins, il est rangé au nombre des écrivains normands par Trigan, *Hist. Ecclésiast. de la provinc. de Normand.*, tom. IV, Caen, 1761, in-4°, p. 285, par M. Lebreton, *Biograph. normand.*, tom. II, Rouen, 1858, p. 106, par M. Frère, *Manuel du biblioph. normand*, art. *Gaultier de Mortagne*. M. l'abbé Fret, *Antiquités et Chroniques percheronnes*, tom. III, 1840, p. 540, le dit positivement né dans la ville de Mortagne.

(3) M Reusens, dans *Biograph. nat... de Belgique*, art. *Gautier* ou *Walter de Mortagne*, le fait naître à Tournay, de Walter, châtelain même de la cité ; et c'est à l'école du chapitre qu'il aurait commencé ses études.

(4) Gautier était qualifié d'étranger : « Hic erat alienigena » (Martène et Durand, *Thesaur. nov. anecdot.*, tom. III, col. 1715, *Vita Hugonis, abbatis Marchianensis.)*

(5) *Hist. littér. de la France.*, tom. IX, pp. 55, 56, 95 ; *Biograph. nat... de Belg.*, art. cité.

Mathoud, tout en la jugeant inférieure aux *Sententiarum libri VIII* de Robert Pullus, la proclame remarquable dans les questions sur la grâce (1). Oudin la jugeait digne de l'impression, tant au point de vue du style qu'à celui de la méthode (2).

Si en philosophie Robert de Melun se montra réaliste déclaré, il avait la préoccupation de ne pas s'éloigner de la doctrine catholique. « Soucieux, dit M. Hauréau, de ne pas être noté comme hétérodoxe, il s'interroge lui-même sur tous les points de la doctrine chrétienne où les autres ont failli, et sur aucun de ces points il ne se trouve répréhensible » (3).

En théologie, écrit l'historien français de l'Université de Paris, il sut éviter « les écueils de la présomption et de l'amour de la nouveauté, marchant d'après l'enseignement ancien et ne se laissant point entraîner au goût des abstractions métaphysiques, qui étoient à la mode de son temps » (4). Voilà pourquoi il a pu mériter l'éloge d'orthodoxie donné par Jean de Cornouailles.

---

(1) *Observationes ad Robertum Pullum*, p. 396 : « Et author Summam « theologiæ scripsit, subtilem quidem, et si quam agitat de gratia medi- « cinali quæstionem spectes, optatissimam, hoc præsertim sæculo ; sed « non ita eruditione varia refertam, ut isthæc quam paucis ante annis Pul- « lus elaboraverat. »

(2) *Comment. de script...*, tom. II, col. 1450 : « Ejusdem autem operis, « quod, ob dictionis nitorem et dicendorum ordinem, prælo dignissimum « mihi visum est... ».

Il paraît bien, du reste, que les Victorins avaient songé à livrer aux presses cette *Somme* : « Olim Summam istam proxime præparaverat Ja- « cobus Boet, canonicus regularis victorinus ac abbatiæ hujus bibliothe- « carius... »

Nous l'avons déjà dit, Dom Mathoud avait eu lui-même l'intention d'éditer cet ouvrage, et il renonça à son dessein, quand il connut le projet des Victorins. (*Præfatio ad lectorem* dans les *Sententiarum libri quinque* de Pierre de Poitiers, ouvrage par lui publié, à la suite des *Sententiarum libri VIII* de Robert Pullus, Paris, 1655, in. fol.

(3) *Hist. de la philos. scolast.*, vol. cit., p. 491.

(4) *Hist. de l'Univers. de Paris.*, tom. I, p. 157.

n'estimant donc pas ces divers extraits suffisants pour mettre en lumière « la philosophie peu connue du célèbre professeur de Melun », a imité, en son *Histoire de la philosophie scolastique*, du Boulay et dom Mathoud. Conséquemment, les passages qu'il a transcrits du manuscrit de la Bibliothèque nationale, concernent tout particulièrement la philosophie (1).

La *Somme de théologie* est précédée d'une sorte de prolégomènes dans lesquels l'auteur envisage, d'une façon générale encore, l'Ecriture, en expliquant pourquoi elle est appelée sacrée ou sainte, combien les assertions comportent de sens, quels sont ses différents livres, ce que l'on entend par la loi écrite et la loi de grâce (2). Ces prolégomènes comprennent un thème qui a pour titre : *De quinque studiis cognoscendæ veritatis*. Là, l'auteur établit qu'il y a cinq pensées inspiratrices de l'étude : la curiosité, la cupidité, l'iniquité, le désir d'être savant, la vraie piété. Ecoutons ses propres paroles :
« De même que le propre de l'œil est de chercher la lumière
« pour distinguer les choses visibles ; ainsi il est naturel à
« l'âme raisonnable de tendre vers la connaissance de la
« vérité des choses. Mais il y a en cela diverses raisons déter-
« minantes. On peut s'adonner à cette connaissance de la
« vérité : premièrement, pour savoir du nouveau, et c'est la
« vaine et vague curiosité ; deuxièmement, pour s'enrichir,
« et c'est la cupidité, la torture des avares ; troisièmement,
« pour nuire au prochain, et c'est l'iniquité ; quatrièmement,
« pour connaître les lettres et s'élever dans les sciences, et
« c'est le désir d'être savant (*studium eruditionis*) ; cinquiè-
« mement, enfin, pour arriver à la vérité par excellence, à la
« vérité dans laquelle nous devons être perfectionnés (*in quo
« nos consummari oportet*), à la vérité qui est, à la fois, la voie
« et la vie ; et c'est par l'Ecriture sacrée que nous pouvons
« monter si haut, et c'est ce qu'on appelle la piété ou l'étude
« de consommation (*studium consummationis* » (3).

Du Boulay fait un brillant éloge de cette œuvre (4). Dom

« sunt in fide (quæ in ipso præcipue commendatur, quia in spem contra
« spem credidit), merito in sinum ejus recipiuntur et ei in beatitudine
« sociantur. »
(1) Par. I, Paris, 1872, pp. 491 et suiv.
(2) *Hist. Univers. Paris.*, tom. II, pp. 772, 264.
(3) *Hist. Univers. Paris.*, tom. II, pp. 264, passage cité d'après les prolégomènes de la *Somme*.
(4) *Ibid.*, pp. 264, 772.

La prescience ne nuit pas à la liberté : car dit S. Augustin, « ce que la mémoire est pour le passé, la prescience l'est pour l'avenir. » D'où cette conclusion : « Comme la mémoire n'in-
« flue en rien sur l'existence des choses passées, bien qu'elles
« ne lui soient pas cachées, ainsi la prescience ne détermine
« nullement les évènements futurs, encore qu'ils ne puissent
« lui être cachés ».

La prédestination détruit-elle le mérite ? Non, car il faudrait pour cela que la prédestination détruisît ou diminuât la liberté, ce qui n'a pas lieu. Mais comment expliquer le mérite qui a son principe dans la grâce ? « Tout ce que l'homme
« voit vient de la clarté du soleil, quoique la faculté de voir
« réside dans les yeux qui sont illuminés par le contact de la
« clarté du soleil ; voilà les deux choses qui opèrent la vision.
« De même l'œil intérieur de l'homme est illuminé par le con-
« tact de la clarté du soleil supérieur, c'est-à-dire la connais-
« sance de la foi, et il est enflammé par l'ardeur de la charité.
« Il est donc manifeste que la grâce n'enlève point le mérite,
« mais elle le fait opérer et mériter ».

Dom Mathoud a inséré d'autres fragments de l'œuvre dans ses *Observationes* sur les *Sententiarum libri VIII* de Robert Pullus (1). Ces fragments sont au nombre de cinq et ont trait à l'Esprit-Saint (2), à la double subtance de l'homme (3), à l'âme humaine dans le Christ (4), à la puissance égale du Père et du Fils (5), à l'explication du mot : sein d'Abraham, lequel signifie l'éternelle récompense (6). Comme on le voit, ici et là, la matière traitée est surtout théologique. M. Hauréau,

---

(1) Ces *Observationes ad Robertum Pullum* sont jointes à l'édition, faite par dom Mathoud, des *Sententiarum libri VIII*.

(2) *Ibid.*, p. 296-297.
Examinant si on peut dire du Saint-Esprit : *Principium de principio*, Robert demande qu'on n'emploie pas cette expression non en usage : « Hæc vox namque : *Principium de principio*, personam Filii designat, « sicut ista : *Principium non de principio*, personam Patris. »

(3) *Ibid.*, p. 511.
(4) *Ibid.*, p. 529-531.
(5) *Ibid.*, p. 535-536.
A cette objection que le Père engendre et que le Fils ne peut pas engendrer, l'auteur répond qu'il ne s'agit pas ici de puissance, mais de caractère. « Et ideo quia hoc est proprium Patris, non ejus potentiam designa quam cum Filio Spirituque Sancto habet communem. »

(6) *Ibid.*, p 541-542.
« Per sinum ergo Abrahæ, dit-il, nullus mihi videtur locus designari
« sed præmium quod pro merito fidei datur, quæ in Abraham (etsi in
« primis fuerit) præcipue tamen effulsit. Omnes ergo qui Abraham imitati

Jusqu'alors, on mentionnait seulement, comme ouvrage certain de Robert, une *Somme de théologie*. L'on a découvert, parmi les manuscrits de la Bibliothèque nationale, deux autres traités, moins considérables, dus à la même plume : ce sont les *Quæstiones de divina pagina* et les *Quæstiones de Epistolis sancti Pauli* (1). Il suffit d'énoncer les titres pour faire comprendre le caractère des deux derniers ouvrages : ce sont des réponses à des questions portant, d'une part, sur l'Ecriture Sainte en général et, de l'autre, sur les *Epîtres de saint Paul*.

Du Boulay parle d'un *Liber pœnitentialis* dont « l'auteur est peut-être Robert de Melun » (2). Daunou, auteur de l'article sur ce maître dans l'*Histoire littéraire de la France*, fait remarquer que dire cela serait une erreur, car « on a reconnu » que c'était « l'ouvrage de Robert de Flamesbure, Victorin du XIVe siècle » (3).

Notre attention doit se fixer un instant sur la *Somme de théologie*, qui, suivant l'écrivain de l'*Histoire littéraire de la France*, serait encore appelée *Livre des Sentences* et *Traité de l'incarnation* (4). Cette *Somme* est inédite dans son ensemble (5). Du Boulay, en son *Histoire de l'Université de Paris* (6), en a donné des extraits considérables ayant pour objet la trinité, la sagesse de Dieu, la prescience, la prédestination, l'incarnation (7). Un mot sur la prescience et la prédestination (8).

ford., d'après Oudin, *Op. cit.*, col. 1454. Voir encore Oudin, *Ibid.*, pour diverses autres dates assignées.

Robert devait avoir un autre Folioth pour successeur sur le siège épiscopal.

Cette succession d'évêques sur le siège d'Héreford « a donné lieu à des méprises. Roulliard, Pits, Vossius, Fabricius, Oudin lui-même les ont diversement confondus ». (*Hist. littér. de la Franc.*, tom. XIII, p. 572-573). Ainsi de Tanner, *Bibl. Britan.-Hibern.*, Londres, 1748, p. 657).

(1) M. Hauréau, *Hist. de la philos. scolast.*, par. I, Paris, 1872, p. 490. Le ms. lat. 1977 renferme le premier traité fol. 85 et suiv., et le second fol. 95 et suiv.

(2) *Op. cit.*, tom. II, p. 542.

(3) *Hist. litt...*, tom. XIII, p. 575.

(4) *Ibid.*

(5) Bibl. nat., mss. lat. 14885, 1452.

(6) Tom. II, pp. 585 et suiv.

(7) Nous dirons avec Daunou, *Hist. littér. de la Franc.*, tom. XIII, p. 575, que du Boulay a transcrit les passages de telle sorte qu'on ne peut pas toujours savoir s'il cite littéralement ou bien s'il commente ou résume.

Pages 772-775, du Boulay donne encore un résumé substantiel du traité jusqu'à l'incarnation.

(8) *Ibid.*, p. 590-594.

encore saint Thomas Becquet, l'héroïque archevêque de Cantorbéry, la noble victime du devoir, et Jean de Cornouailles *Joannes Cornubiensis*), théologien d'une certaine réputation, dont nous avons précédemment parlé. Tous deux gardèrent le meilleur souvenir du maître. Le premier favorisa l'élection de Robert au siège d'Héreford, après la translation de Gilbert Foliott au siège de Londres, et fut le prélat consécrateur (1163) (1). Le second écrivait dans son *Eulogium* que, de son temps, il y avait à Paris deux insignes maîtres, Robert de Melun et Maurice de Sully, qui n'ont jamais enseigné rien de contraire à la foi. « Je n'ai pas lu, ajoutait-il, leurs écrits sur
« les disputes ou questions visées ; mais j'ai assisté à beaucoup
« de leurs leçons et de leurs thèses dans lesquelles, touchant
« l'incarnation et autres sujets, ils prouvaient la fausseté, pour
« ne point dire les erreurs, de la doctrine de maître Pierre
« Lombard » (2).

On peut ajouter que Robert de Melun fit école au point de vue de la nature des universaux. Réaliste, il eut de nombreux disciples qui, de son nom, s'appelaient Robertins (3).

S'il n'y a pas de tache sur la doctrine du professeur, il apparaît bien quelque ombre sur la conduite du prélat : dans la noble lutte de l'archevêque de Cantorbéry contre le roi d'Angleterre, l'évêque d'Héreford, au grand étonnement de tous, ne se montra ni assez ferme ni assez indépendant : là, le maître ne fut pas à la hauteur du disciple (4).

Suivant les témoignages les plus probants, l'évêque d'Héreford quitta ce monde le 28 février 1167 (5).

---

(1) *Hist. Univers. Paris.*, tom. II, p. 772.

(2) *Eulogium* dans Martène et Durand *Thesaurus novus anecdotorum*, tom. V, col. 1655 et suiv. C'est un traité sur l'humanité du Christ *(quod Christus sit aliquis homo)* contre les subtilités hérétiques de Gilbert de La Porrée et autres scolastiques, point dogmatique sur lequel nous aurons à revenir. Il est adressé *ad Alexandrum papam III*. Citat. col. 1669.

(3) Geoffroy ou Godefroy, chanoine de Saint-Victor, a dit des Robertins :

Haerent saxi vertice turbae Robertinae.

. . . .

(Abbé Lebeuf, *Dissert. sur l'hist. ecclés. et civ. de Paris...*, tom. II, pp. 254, 256.

(4) Voir la lettre à lui écrite par Ervisius et Richard, l'un abbé et l'autre prieur de Saint-Victor de Paris, dans *Epist.* de saint Thomas de Cantorbéry, Venise, 1728, in-fol., lib. I, epist. LXII.

(5) Wright, *Biog. Brit. lit.*, tom. II, p. 200 ; Godwin, dans *Episc. Here-*

Geofroi, évêque d'Amiens. Elle nous est parvenue. Nous la transcrivons :

> Gloria pontificum, cleri decus ac monachorum,
> Forma, gregis dux, exemplar morum, Godefridus
> Hic jacet astra petens octava luce novembris (1).

ROBERT DE MELUN
— 1167. —

Ce surnom semblerait indiquer une origine française. Pourtant celui qui le porte était anglais de naissance. Mais, après avoir enseigné à Paris, où les maîtres auraient été trop nombreux, il fit entendre sa parole professorale à Melun. De là le surnom, comme le constate Jean de Salisbury, son élève : « ... quod meruit in scholarum regimine, natione siquidem Angligena est » (2).

A Paris, Robert enseignait sur la montagne de Sainte Geneviève (3). A Melun, on peut dire qu'il continuait Abélard, non certes quant aux légèretés de caractère, mais quant aux succès, dans le professorat.

Ses cours eurent d'abord pour objet les lettres ou la philosophie, puis la science sacrée ; et sa parole ne brilla pas moins dans celle-ci que dans celles-là (4).

Il est permis de croire qu'aux écoles de Sainte-Geneviève il enseigna les sciences théologiques et philosophiques. Ceci explique la place assignée à la biographie de ce maître.

Jean de Salisbury ne fut pas le seul personnage illustre ou marquant que Robert compta parmi ses auditeurs. L'on cite

---

(1) *Gal. christ.*, tom. X, col. 1172.

(2) *Hist. Univers. Paris.*, tom. II, pp. 772 et 864 ; *Metalogicus*, lib. II, cap. X.

« Vult tamen Stephanus Baluzius appellatum illum Melidunensem a « Milduna seu Meliduno, Angliæ oppido, unde oriundus erat... » (Oudin *Commen. de Scriptor. Eccles. antiq.*, Leipzick, 1722, tom. II, col. 1451). Cette opinion n'a pas fait de proselytes et ne pouvait en faire.

(3) *Metalogicus*, lib. II, cap. X : « Sic ferme toto biennio conversatus in « monte, artis hujus præceptoribus usus sum Alberico et magistro Ro-« berto Meludensi, ut cognomine designetur, quod meruit... » Cet Alberic est sans doute celui dont il sera fait mention dans l'article sur Gautier de Mortagne.

(4) Jean de Salisbury, *Metalogicus*, lib. II, cap. X, dit de lui : « Porro « alter in divinis proficiens litteris, etiam eminentioris philosophiæ et cele-« brioris nominis assecutus est gloriam. »

double *Exposition*, l'une du *Symbole*, l'autre de l'*Oraison Dominicale*. Toutes les deux ont pris place dans l'*Amplissima Collectio* de Martène et Durand : *Expositio Symboli et Orationis Dominicæ* (1).

Suivant lui, les Apôtres ont composé le Symbole avant leur séparation et chacun d'eux a rédigé son article (2). A ses yeux — pour spécifier un point ou deux — l'utilité de la mort de Jésus sur la croix peut se résumer dans ces mots : joie pour le ciel, délivrance pour les enfers, rédemption pour le monde. Les deux premiers effets sont symbolisés par l'élévation de la croix : le troisième par les diverses faces de la croix qui regardent les quatre parties de l'univers. La raison de la résurrection est ainsi présentée : « Les justes doivent être « bienheureux dans l'âme et le corps ; et les méchants frappés « dans l'un et l'autre » (3).

Quant à l'*Oraison dominicale*, il la proclame « courte en paroles, longue en sentences » (4). Il explique ainsi pourquoi cette prière commence par *Notre Père* (Pater Noster) : « Les « orateurs séculiers ont coutume, quand ils veulent inspirer à « un juge une grande chose, d'employer un exorde pour capter « surtout la bienveillance de celui-ci. Selon cet usage, le de-« mandeur spirituel est invité par son créateur, son rédemp-« teur, son frère Jésus, à capter la bienveillance de celui « dont il désire être exaucé, et il dit: *Notre Père* ; c'est comme « s'il disait: Bien grand ce que je veux obtenir, mais je le « demande à un père, et non pas à un étranger » (5).

Joscelin avait composé une épitaphe pour saint Godefroy ou

(1. Tom. IX, col. 1101-1120, « ex ms. Marchianensis monasterii ». l'*Exposition* a été réimprimée par M. Migne dans sa Patrologie latine, tom. CLXXXVI, col. 1479 et suiv.

(2) Il donne d'abord cette explication du mot symbole : « Symbolum nomen est compositum ex syn, græca præpositione, et bolo. Syn est cum, unde quod nos conjuga, græcus syn juga dicit. Bolus bucata est, id est quantum panis vel cibi bucca simul capit. » (Martène et Durand, *Ibid.*, col. 1102. Cette explication prouve qu'en Joscelin la connaissance du grec n'était pas grande.

L'assertion sur la composition du Symbole est ainsi formulée : « Sicut ergo multi convivæ confram faciunt, id est commune convivium, et unusquisque pro se ponit, ita sancti Apostoli fuisse noscuntur... Confram spiritualem confecerunt, id est Symbolum, in quo quidem non omnes partes fidei specialiter complexi sunt, sed XII tantum sententias, sicut ipsi XII erant, substituto jam Matthia pro Juda, ita ut unusquisque suam poneret ». *Ibid.*, col. 1103-1105).

(3) *Ibid.*, col. 1108, 1111.

(4) *In init.*

(5) *Amplis. Collect.*, tom. IX, col. 1115.

Une grande amitié régnait entre les deux conseillers de la couronne. Tout deux étaient avancés en âge et Suger touchait au terme de sa carrière. L'évêque écrivit à l'abbé : « Vous voir, « c'est mon plus grand désir sur la terre ; mais je suis telle- « ment faible, que je ne puis me rendre près de vous ni à « pied ni à cheval. Néanmoins, aussitôt que je pourrai, je « m'empresserai d'aller vers vous, et pourtant je ne crois pas « vous survivre longtemps ». L'abbé répondit qu'il y avait réciprocité de sa part : « Mais, parce que je ne puis rien par « moi-même, je supplie de toute mon âme le Dieu tout- « puissant de m'accorder de vous voir avant de mourir ». Le moment arrivé, Joscelin se faisait précéder de ces mots : « Je « viens plus porté par le désir de vous voir que par la force « de mon corps : priez donc le bienheureux Denis, à qui rien « ne saurait être refusé, d'obtenir de Dieu que je vous trouve « vivant » (1).

Les prévisions de l'évêque de Soissons se réalisèrent : s'il put assister aux derniers instants de l'abbé de Saint-Denis, il le suivit dans l'éternité à assez bref délai, c'est-à-dire le 24 octobre de la même année 1152 (2). Son corps eut une première demeure dans la cathédrale de Soissons, et une seconde, la définitive, à l'abbaye de Longpont qu'il avait fondée et dans laquelle il avait placé des religieux de Clairvaux (3).

Nous avons de Joscelin, écrite brièvement en bon style, une

---

pacis »; et la ccLxiii⁰ « pro abbate Caziacensi ». On ne possède, de la part de l'Evêque de Soissons, aucune missive qui ait trait à ces quatre de l'abbé de Clairvaux.

(1) Dans Martène et Durand, *Thesaur. nov. anecdot.*, tom. I, col. 424-425.

(2) Nous conservons cette date qui est celle donnée par le *Gallia christiana*, *vol. cit.*, col. 559, encore que l'épitaphe déjà visée porte : 1151. Nous estimons ici que c'est une faute, ou bien il faudrait — ce qui ne nous parait pas admissible — dire que Joscelin est mort avant Suger qui trépassa effectivement en janvier 1152. (*Gal. christ.*, tom. VII, p. 376).

(3) Il y eut à Longpont deux épitaphes :
Celle-ci inscrite sur le tombeau : « Hic jacet Joslenus, episcopus Sues-
« sionensis, qui primo adduxit conventum hujus domus a Claravalle, tem-
« pore B. Bernardi abbatis ; »
Cette autre placée en face : « Joslenus anno McxxV Suessionum creator
« episcopus, antea Bituricensis archidiaconus, magister celeberrimus Pari-
« siensis, pater justitiæ et multorum cœnobiorum, hostis vitiorum et cas-
« titatis cultor præcipuus. Obiit anno MCLI ».
La première est imprimé dans le *Gal. chrit.*, *loc. cit.* ; toutes les deux dans *l'Hist. littér. de la France.*, vol. cit., p. 413-414.

Il assista à presque tous les conciles de son époque ; et, entr'autres, à celui de Sens 1140 qui condamna Abélard, à celui de Paris 1147 où il se vit chargé de faire l'examen des propositions incriminées de Gilbert de La Porrée, à celui de Reims, l'année suivante, sur le même sujet (1). Dans ce dernier concile, il se distingua également par ses nombreuses solides connaissances (2).

Ami de Louis VI et de Louis VII, il prit part, sous ce dernier, aux affaires publiques, en devenant avec le célèbre Suger conseiller de la couronne. Saint Bernard crut devoir se plaindre de certains désordres ecclésiastiques au roi et à ses deux principaux conseillers. Dans la lettre écrite à ces derniers qui étaient, disait-il, « de consilio ejus », il laissa sa plume tracer ces paroles un peu acerbes : « Est-ce que vous conseillez « au roi de pareilles choses ? Il serait très étonnant que cela « se fît contre votre conseil ; il serait mal et plus étonnant que « cela se fît par votre conseil ; car conseiller de pareilles choses, « c'est manifestement susciter le schisme, résister à Dieu, « asservir l'Église, changer sa liberté en une servitude nou« velle. Tout ce qui s'est fait de mal ne peut pas être imputé « à un jeune roi, mais à des conseillers anciens » (3). La réponse de l'évêque de Soissons fut verte. Elle était précédée de ces mots : « Salutem in Domino et non spiritum blasphe« miae ». Voilà ce que nous apprend saint Bernard lui-même dans sa lettre d'excuse où nous lisons cette phrase : « Il ne m'ap« partient pas d'enseigner un maître, encore moins de blâmer « un évêque qui doit plutôt me reprendre ainsi que les autres « pécheurs, et ramener dans le vrai ceux qui s'écartent » (4). Dans une autre missive, l'abbé de Clairvaux tenait à l'évêque de Soissons ce langage affectueux : « Si vous êtes « encore mon père — car vous l'avez été, je le confesse — « faites-le sentir à votre fils, à ce fils dont, jusqu'à ce jour, « l'affection filiale pour vous ne s'est point refroidie » (5).

(1) *Gal. christ.*, *ibid.*
(2) Geoffroi ou Godefroi, abbé de Clairvaux, en son *Epistola ad Albinum card. et episc. Albanensem de condemnatione errorum Gilberti Porretani*, dans *Opera* de saint Bernard, Paris, 1690, tom. ii, col. 1520.
(3) *Opera*, Paris, 1690, Epistol. ccxxii : *Ad Josleuum, Suessionum episcopum, et Suggerium, abbatem S. Dionysii*.
(4) *Opera*, édit. cit., Epistol. ccxxiii : *Satisfacit episcopo cujus litteris praefixa talis erat salutatio: Salutem in Domino...*
(5) *Ibid.*, Epist. ccxxvii. On trouve encore, *Ibid.*, deux autres missives de saint Bernard à Joscelin, la ccxxv°, dans laquelle « Hortatur ad studium,

Anaclet, était en France. Il chargea l'évêque de Soissons et l'abbé de Clairvaux, saint Bernard, de plaider sa cause devant le duc d'Aquitaine, partisan d'Anaclet. Mais ce fut sans succès (1). La victoire était réservée, quelques cinq années plus tard, à l'illustre abbé (2).

Sans parler des prédications fréquentes de Joscelin, nous dirons avec l'*Histoire littéraire de la France* : « Quantité
« de chartes qu'il fit expédier pour terminer des procès nés
« entre ses ouailles, cinq abbayes de Prémontrés et une de Cis-
« terciens qu'il fonda, plusieurs chapitre séculiers où il établit
« la vie régulière, attestent le zèle qu'il eut à maintenir la paix
« dans l'Église de Soissons et y faire fleurir les vertus » (3).

1 *Gal. christ.*, col. cit.

2. Comme le duc se montrait toujours récalcitrant, l'abbé de Clairvaux eut recours à des armes plus puissantes que la parole. Les négociations étaient renouées dans la ville de Parthenay.

L'abbé de Clairvaux célébrait la messe. Les assistants étaient nombreux. Le duc, étant d'une autre communion, demeurait dehors. Voici comment Fleury raconte le fait.

« La consécration étant faite et la paix donnée au peuple, Bernard, poussé d'un mouvement plus qu'humain, mit le corps de Notre-Seigneur sur la patène, le prit avec lui et, ayant le visage enflammé et les yeux étincelants, il sortit dehors, non plus en suppliant, mais en menaçant, et adressa au duc ces paroles terribles : « Nous vous avons prié
« et vous nous avez méprisés. Voici le fils de la Vierge qui vient à vous,
« le chef et le seigneur de l'Église que vous persécutez ; voici votre juge,
« au nom duquel tout genou fléchit au ciel, sur la terre et aux enfers,
« votre juge entre les mains duquel votre âme viendra. Le méprisere
« vous aussi comme vous avez méprisé ses serviteurs » ? A ces mots,
« tous les assistants fondoient en larmes, priant avec ferveur, atten
« dient l'événement de cette action, dans l'espérance de voir quelques
« coups du ciel. Le duc, voyant l'abbé s'avancer transporté de zèle
« et portant dans ses mains le corps de Notre-Seigneur, fut épouvanté ; et,
« tremblant de tout son corps, il tomba à terre comme hors de lui. Les
« gentilshommes l'ayant relevé, il retomba sur le visage. Il ne parloit
« à personne ; sa salive couloit sur sa barbe ; il jetoit de profonds sou
« pirs et sembloit frappé d'épilepsie.

« Alors le serviteur de Dieu s'approcha plus près de lui et, le poussant
« du pied, lui commanda de se lever, de se tenir debout et d'écouter le
« jugement de Dieu. « Voilà, dit-il, l'évêque de Poitiers que vous avez
« chassé de son église. Allez vous réconcilier avec lui, donnez-lui le
« baiser de paix et le ramenez vous même à son siège : rétablissez
« l'union dans tout votre Etat et vous soumettez au pape Innocent comme
« fait toute l'Église ». Le duc n'osa rien répondre ; mais il alla au-devant
« l'évêque, le reçut au baiser de paix et, de la main dont il l'avait
« chassé de son siège, l'y ramena avec la joie de toute la ville. L'abbé,
« parlant ensuite au duc plus familièrement et plus doucement, l'avertit en
« père de ne plus se porter à de telles entreprises, ne plus irriter la patience
« de Dieu par tels crimes, ne violer en rien la paix qui venoit d'être faite ».
Hist. ecclésiast., liv. LXVIII, chap. XXV.

3) Tom. XII, p. 415. Voir, pour détails, *Gal. christ.*, vol. cit., col. 557-559.

JOSCELIN OU JOSLEN (1)

(. — 1152)

Le titre nobiliaire de Joscelin était : de Vierzi, et le surnom : Le Roux (*Rufus*) (2).

Joscelin professait sur la montagne de Sainte-Geneviève, en même temps qu'Abélard dont il partageait la doctrine sur les universaux (3). Il aurait même engagé son disciple, Gosswin, à renoncer à son désir de rompre quelque lance avec ce terrible adversaire. Nous savons que le conseil, s'il a été vraiment donné, n'a pas été suivi (4).

Joscelin est qualifié par du Boulay d'habile maître en dialectique (5). Mais il n'y a pas de témérité à croire qu'il fut non moins habile maître en théologie.

Ses succès le firent nommer à l'archidiaconé de Bourges et à celui de Soissons. Il abandonna même le professorat pour aller résider dans cette dernière ville.

A la mort de Lisiard qui gouvernait l'Eglise de Soissons, il fut choisi pour le remplacer. C'était en 1125 (6).

Les rois de France n'avaient pas encore rompu avec l'usage en vertu duquel ils s'associaient leur fils aîné. C'est ce qui s'accomplit, en 1129, en faveur de celui qui s'appellera Louis-le-Gros. Joscelin fut un des prélats qui assistèrent à la cérémonie. Une mission allait bientôt lui être confiée de la part d'Innocent II. Ce dernier, obligé de fuir devant l'antipape

---

(1) Il est nommé aussi *Goslenus* (Gal. christ., tom IX, col. 357), *Gauslenus* (Jean de Salisbury, *Metalogicus*, lib. II, cap. xvii), *Jozelinus* (Hist. Univers. Paris., tom. II, p. 751).

(2) Gal. christ. ibid.

(3) Jean de Salisbury, *Metalogicus*, ibid. : « Est et alius qui cum Gausleno, Suessionensi episcopo, universalitatem rebus in unum collectis attribuit et singulis eamdem demit; » et, un peu plus bas, au sujet d'un autre penseur : « Sed et ibi quid significet non video, nisi rerum collectionem cum Gausleno aut rem universalem... »

(4) *Hist. Univers. Paris.*, tom. II, p. 10-11. Voir notre *Introduction*.

(5) *Hist. Univers. Paris.*, tom. II, p. 751.

(6) Le *Gal. christ.*, col. cit., assigne l'année 1126 ; Mabillon, *Annal. ord. S. Benedicti*, tom. VI, p. 155, marque 1125. Nous adoptons cette dernière date surtout à cause de l'épitaphe que nous transcrirons et qui la consacre.

culièrement des prophètes, mais froides et compassées ». Il y aurait lieu, ce nous semble, — du reste le critique est assez de ce sentiment, — de faire une exception en faveur du xiv° discours ou, plutôt, de ce passage qui en est tiré, que M. l'abbé Bourgain lui même a transcrit (1) et que nous traduisons : « Sors donc, paresseux, du sommeil du corps, veille, négli-
« gent; et par une garde complète conserve ton corps parce que
« de lui procède la vie et la mort. Il y en a qui font des œuvres
« qui paraissent bonnes, mais ne conservent pas leur cœur avec
« toute la diligence requise, le corrompant, au contraire, par la
« négligence ou une intention mauvaise. Ceux-là dorment mal
« dans le monde, veillent plus mal encore pour le monde.
« C'est leur sommeil que la sagesse condamne en ces termes :
« *Ne te réjouis pas dans les sentiers des impies ni ne te*
« *complais dans la voie des méchants...: car ils ne dorment*
« *qu'autant qu'ils ont mal fait, et le sommeil les fuit, s'ils*
« *n'ont fait tomber quelqu'un.* Détestable veille! car ils veillent
« pour nuire. Ne veillez donc pas ainsi, frères ; veillez plutôt
« pour Dieu et priez-le de ne point vous laisser succomber en
« la tentation. Secouez aussi le sommeil de vos yeux, frottant
« les fronts de vos cœurs par les mains de vos bonnes
« œuvres. Levez-vous, vous qui gardez le silence, comme le
« dit l'Apôtre : *Lève-toi, toi qui dors, sors d'entre les morts et*
« *Jésus-Christ t'illuminera.* Jusqu'ici, frères, vous avez assez
« dormi; jusqu'ici vous avez été paresseux; jusqu'ici vous vous
« êtes enfoncés dans les voluptés des vices. Aussi, l'Apôtre
« appelle-t-il chacun de vous en disant: O toi qui dors de la
« torpeur des vices, absorbé dans la négligence, plongé dans
« l'oubli de Dieu, lève-toi par la pénitence pour aller en avant,
« mépriser les choses terrestres, haïr les vices : lève-toi par
« la confession de la bouche et la production des œuvres,
« afin de détruire en toi le vieil homme et de revêtir le nou-
« veau, selon cette recommandation de l'Apôtre : *Dépouillez le*
« *vieil homme avec ses actes...* »

(1) *La Chaire française au* xii° *siècle...*, Paris, 1879, p. 46-47.

Bibliothèque. S'il le publie, c'est surtout par égard pour la grande réputation de l'auteur, car il porte sur le discours ce jugement sévère : « ... grave paraphrase très correctement ordonnée, d'une allégorie frivole, comme le sont la « plupart des allégories où rien ne touche, n'émeut l'auditeur » 1). Nous n'hésitons pas à déclarer que ce jugement est trop sévère, bien qu'il s'explique de la part d'un écrivain non familiarisé avec ce genre d'œuvres oratoires ; et, à l'appui de notre assertion, nous traduisons le commencement du discours.

Le texte est formé de ces paroles du psaume LIV° : *Qui me donnera des ailes comme à la colombe, et je volerai et je me reposerai* 2). L'orateur entre ainsi dans son sujet : « Ces paroles paraissent être celles du pécheur qui s'est envolé « dans une lointaine région, région qui ne ressemble point à « la patrie et où il a dissipé sa substance, c'est-à-dire les biens « naturels. Néanmoins, en quelque abîme que le pécheur « descende, arrivât-il jusqu'au milieu de Babylone, ces biens « naturels ne sont pas tellement ruinés qu'il ne demeure « quelque bonne affection, une volonté naturelle qui porte au « moins au bon vouloir. Aussi David disait-il : *Mon âme a « envie de désirer vos moyens de justification* 3). Ce pécheur « a eu l'envie du désir, mais non encore ce désir qui suffit pour « le salut ; c'est-à-dire il a eu le vouloir de la nature, en soi « inefficace et insuffisant, par lequel il a aspiré après le vouloir de la grâce qu'il n'avait pas encore reçu. L'Apôtre, parlant au nom de l'homme non encore racheté, mais constitué « sous la loi, a dit : *Je ne fais pas ce bien que je veux ; mais « j'opère ce mal que je ne veux pas ...* (4) Par lui-même, le « pécheur vole dans cette lointaine région ; mais pour revenir il ne peut voler de nouveau qu'autant qu'il a reçu « d'autres ailes, ailes qu'il désire en disant : *Quis dabit mihi « pennas sicut columbæ ? Et volabo et requiescam.* » Ces ailes, au nombre de quatre, sont la « joie spirituelle », la « tristesse salutaire » qui est la « pénitence », la vraie « piété », l' « humilité ».

D'un autre côté, M. l'abbé Bourgain, parlant des homélies ou sermons du manuscrit 3537, a écrit que ce sont des « dissertations régulières, nourries de l'Écriture-Sainte et parti-

---

1) *Hist. littér...*, *ibid.*, p. 49.
2) *Psal.* LIV, 7.
3) *Psal.* CVIII, 20.
(4) *Ad. Rom.* VII, 19.

On lui attribue aussi un travail sur la concorde évangélique, lequel, d'après Lipenius, aurait été deux fois imprimé, une première fois en 1483, une seconde en 1561 (1).

L'on met encore à son actif des œuvres non imprimées : des *Gloses* sur Job; deux Lettres à Philippe, dit archevêque de Reims, mais plutôt — car il n'y eut pas dans le xiie siècle d'archevêque de Reims du nom de Philippe, — archidiacre de Paris; une autre Lettre à Arnoul, prévôt de l'église de Metz; une *Petri Lombardi Methodus practicæ theologiæ*, étude distincte du livre des *Sentences*; une *Apologie* personnelle, qu'il composa pour faire justice des accusations doctrinales portées contre lui, au sujet de l'humanité de Jésus-Christ, par un de ses anciens élèves, Jean de Cornouailles. Les *Gloses* sur Job se trouvaient à l'abbaye de Savigny dans le diocèse d'Avranches, les lettres à Philippe et à Arnoul dans la bibliothèque Pauline de Leipsick, la *Méthode de la théologie pratique* à l'abbaye d'Afflighem. Quant à l'*Apologie*, Leland affirme qu'il l'a eue entre les mains et que Pierre Lombard, en face de Jean de Cornouailles, apparaît comme un vieux soldat en face d'un jeune athlète (2).

Des sermons de Pierre-le-Mangeur ont été attribués à Hildebert et publiés parmi les *Opera* de ce dernier, nous l'avons vu. Nous devons en dire autant de vingt-six sermons de Pierre Lombard. Ce sont ceux qui se lisent parmi les *Opera* du célèbre évêque aux colonnes 238, 245, 251, 621, 630, 265, 273, 511, 766, 520, 236, 319, 328, 775, 334, 373, 490, 394, 410, 220, 795, 458, 712, 589, 145, 307. Jusqu'alors, on croyait que ces sermons renfermés dans le manuscrit latin 3537 de notre Bibliothèque nationale étaient inédits. M. Hauréau, par une étude comparative, a établi la vérité de ce qu'après lui nous venons de dire. Dans ce recueil, un seul sermon du Maître des Sentences n'a pas été imprimé : c'est le sermon sur l'Ascension (3).

L'éminent critique a donné place, dans ses *Notices et Extraits de quelques manuscrits de la Bibliothèque nationale*, à un autre sermon également inédit du célèbre maître (4). Il a découvert ce sermon dans le manuscrit latin 14590 de la même

(1) *Hist. littér...*, *ibid.*, p. 609.
(2) *Ibid*, p. 605; Fabricius, *Biblioth. lat...*, édit. Mansi, art. *Petrus Lombardus*.
(3) *Not. et Extr. de quelq. manuscr. de la Biblioth. nation.*, tom. III, p. 216.
(4) *Ibid.*, tom. III, pp. 44 et suiv.

CHAPITRE III

L'ÉCOLE THÉOLOGIQUE DE SAINTE GENEVIÈVE ET SES PRINCIPAUX MAITRES

Pierre Lombard (suite). — Joscelin. — Robert de Melun. — Gautier de Mortagne.

PIERRE LOMBARD
(-1160)

Nous inscrivons en tête de ce chapitre le nom du prince de la théologie au XIIe siècle : nous savons pourquoi. Mais nous n'avons qu'à compléter sa biographie (1).

La plume savante de Pierre Lombard, comme son épitaphe le faisait lire, composa, outre le fameux livre des *Sentences*, des commentaires sur les *Psaumes* et les *Epîtres de saint Paul*. Ces commentaires comptent, au moins, ceux sur les *Psaumes* trois éditions, et huit ceux sur les *Epîtres de saint Paul* (2). Pour les premiers, le grand théologien s'aida de la glose interlinéaire d'Anselme de Laon, en lui donnant des développements assez considérables, et il en fit ce qu'on appelait dans l'école, suivant l'expression d'Albéric des Trois-Fontaines, la *Grande Glose* (*Magna Glossatura*) (3). Pour les seconds, il puisa largement dans les Pères et surtout dans les écrits des trois principaux docteurs de l'Occident, Ambroise, Jérôme, Augustin (4).

(1) Voir *Introduct*. et *supra*, pp. 15 et suiv.
(2) *Hist. littér. de la Franc.*, tom. XII, p. 609 : toutes ces éditions sont de Paris, celles des commentaires sur les *Psaumes* en 1533, 1537 et 1541, celles des commentaires sur les *Epîtres de saint Paul*, dans les années 1535, 1537, 1538, 1541, 1543, 1555. Il faut noter qu'il y a deux fois, dans la même année, c'est-à-dire en 1537 et 1543, deux éditions des *Epîtres de saint Paul*.
(3) *Ibid.*, p. 602.
(4) *Ibid.*, p. 605.

dans la *Bibliothèque de l'école des chartes* (1), attribue à Pierre de Corbeil la paternité de *l'Office de la fête des fous*. C'est un office complet sous le titre de *Circumcisio Domini* comprenant les premières vêpres avec complies, matines, laudes, les petites heures canoniales, la messe, les secondes vêpres et aussi avec complies. Millin en a reproduit des extraits dans ses *Monuments antiques* (2). Il a été intégralement publié par M. F. Bourquelot, d'après le manuscrit très ancien de la bibliothèque de Sens, d'abord dans le *Bulletin de la Société archéologique de Sens*, année 1854, puis séparément, dans la même ville, en 1856 (3).

Il est un autre office, et celui-là vraiment liturgique sur la paternité duquel il semble qu'il n'y ait pas de doutes à élever : c'est un office pour la fête de l'Assomption (4).

Un chroniqueur de Sens, presque un contemporain de notre prélat (5), Geoffroi de Collon ou de Courlon, moine de Saint-Pierre-le-Vif, a tracé ce portrait de Pierre de Corbeil : « Il « était de basse extraction. Cependant il passe pour avoir été « un maître fameux dans les sciences et remarquable par la « pureté de ses mœurs. L'on dit qu'il se rendit souvent en « cour romaine pour le roi et les affaires du royaume, et qu'à « cette cour romaine il fit de très fructueux sermons, comme « il en fit dans son diocèse et sa province, et que par tous il « était entendu avec satisfaction, parce que sa parole était « assaisonnée de traits agréables et de proverbes connus. Cette « parole gaie se fit souvent jour dans les entretiens avec le « roi, mais sans jamais déchoir de la dignité requise. (6) »

« probable que cet étrange missel, comme la fête même, qui se célébrait « aussi dans d'autres diocèses, est antérieur à lui, et que, s'il y a touché, « ce fut pour la rendre moins deraisonnable. »

(1) An. 1857, tom. III, p. 276. En effet, la tradition, admise sans commentaires par Jacques Taveau dans ses *Senonens. archiepiscop Vitæ*, Sens, 1608, p. 94, était ainsi consignée, au XVIIe siècle, par le nouveau *Gallia christiana*, tom. XII, col. 60 : « Officia quoque Assumptionis B. Mariæ et Circumcisionis Domini tribu- « untur » et, au commencement du XIXe, par A. L. Millin dans les *Monu- ments antiques inédits....* tom. II, Paris, 1806, p. 545 : « Cet office, « dont je vais rapporter les prières les plus singulières, a été composé « par Pierre de Corbeil, archevêque de Sens... » Enfin, nous lisons dans les *Annales archéologiques*, tom. VII, Paris, 1847, p. 255 : « Si donc « Pierre de Corbeil est réellement auteur de cet office, et l'on ne paraît « pas pouvoir en douter... »

(2) *Op. cit., ibid.*
(3) In-8° (*Biblothèq. de l'écol. des chartes*., loc. cit., p.. 275-278.)
(4) *Gal. christ.*, tom. XII, col. 60 ; J. Taveau, *Senon. archiepisc. Vit.*, Sens, 1608, p. 94.
(5) Il mourut vers 1295.
(6) Cit. dans *Histoire littér....*, tom. XXI, p. 13, n^{te}, texte latin.

s'ouvrent ainsi : « Quæritur de sacramentis legalibus quæ
« data sunt in signum perfectorum et jugum superborum et
« pedagogum infirmorum... »

Pierre de Corbeil rédigea aussi des commentaires sur un grand nombre de nos livres saints. L'abbaye du mont Saint-Michel possédait, dit-on, une copie du commentaire sur les *Psaumes* ; et la glose sur les *Epitres de saint Paul*, dit-on encore, aurait été imprimée, à Paris, en 1555 (1).

L'on a publié, en 1578, également à Paris, des *Statuts* de notre prélat et de Gautier, un de ses successeurs sur le siège de Sens (2). « Ces ordonnances, dit le P. Le Long, se trouvent encore dans la collection des statuts que Margarin de la Bigne « donna au public la même année : l'édition est aussi de Paris (3). Quant à ce qui concerne notre prélat, son œuvre ne comprend qu'un seul statut en sept articles, ou plutôt c'est l'œuvre d'un concile provincial (4).

Nous lisons dans le *Repertorium* de Hain, article *Corbolio Petrus de* : *Remedium contra concubinos et conjugos per modum abreviationis libri Matheoli a Petro de Corbolio Senonen. et ejus sociis compilatum....* ouvrage imprimé sans lieu ni date (5). Là, sans doute, se trouve visée la *Satyre*, mise sur le compte de notre théologien, et dont la Bibliothèque nationale possède une copie sous le titre : *Petri de Corbolio satyra adversus eos qui uxorem ducunt* (6).

Enfin, une tradition presque rejetée par l'*Histoire littéraire de la France* (7), « la plus accréditée » pourtant, lisons-nous

(1) P. Le Long, *Biblioth. sacr.*, édit. in-fol., p. 685 ; *Hist. littér. de la Franc.*, tom. XV, p. 227-228.
(2) Statuta Petri et Galteri, Senonens. archiepisc.... in-8° (*Biblioth. hist...*, n° 6735).
(3) In-8° (*Ibid.*, avec renvoi à 6662).
(4) Voici le titre, en effet, du recueil de M. de la Bigne : *Statuta synodalia venerabilium Parisiensium episcoporum Galonis cardinalis, Odonis et Wuillielmi, quibus adjecta sunt Petri et Galteri... ex utriusque provinciali concilio desumpta*, Paris, 1578 ; et le statut de Pierre se lit p. 25-26.
(5) In 4°.
(6) Ms. lat. 2962.
(7) Tom. XXI, p. 13-14, art. de M. Victor Le Clerc.
Après avoir rappelé que les précédents auteurs de l'*Histoire littéraire de la France* avaient passé sous silence la fête des fous, à l'endroit même où il aurait dû en être parlé, dans la notice consacrée à Pierre de Corbeil, M. Victor Le Clerc s'exprime en ces termes : « Cette opinion dût leur « sembler, en effet, d'autant moins admissible que, dans la suscrip-
« tion de la lettre épiscopale d'Eudes de Sulli contre cette in-
« croyable fête en 1198, se trouve avec d'autres noms, à la suite de
« celui de l'évêque, celui de Pierre de Corbeil, alors chanoine de Paris,
« *magister Petrus de Corbolio, canonicus Parisiensis*. Il est donc très

fesseur reprit : « Allez, vous ne jeûnerez que trois jours au pain et à l'eau ». Le pénitent s'étonnait de plus en plus : des larmes abondantes roulaient de ses yeux ; il demandait avec instance une pénitence salutaire. « Hé bien ! ajouta le confesseur, je ne vous enjoint que la récitation d'un *Pater* ; et ce sera assez. » Le pénitent se soumit, quitta le tribunal sacré, s'agenouilla pour réciter la prière et bientôt tomba de son long sur le pavé du temple : il était mort. L'archevêque raconta l'événement au peuple, en l'assurant que le pécheur converti était entré dans l'éternelle joie sans passer par le purgatoire, parce que la force de son repentir avait donné pleine et entière satisfaction à la justice divine 1.

Bien que le prélat ait vu presque le quart du XIII° siècle, nous plaçons sa biographie dans le XII°, terminant par elle notre galerie des maîtres de Notre-Dame, parce que c'est le professeur surtout que nous envisageons et qu'en 1199 le professeur a fait place à l'évêque.

Le professeur composa un traité théologique dont Launoi a eu une copie entre les mains, laquelle avait pour titre : *Quæstiones scholares magistri Petri, Suessionensis archiepiscopi* (2). Des copies s'en trouvent à la Bibliothèque nationale et à celle de l'Arsenal (3). M. Hauréau, s'appuyant sur un texte de Pierre de Poitiers, prétend que ce travail doit être donné à Pierre-le-Chantre (4). Ceci n'est pas à dédaigner assurément. Mais nous estimons que ce n'est pas suffisant — Pierre de Poitiers ayant pu commettre une erreur — pour enlever absolument, contre l'opinion commune et l'autorité de presque tous les manuscrits, à Pierre de Corbeil les *Quæstiones scolares* qui

---

(1) Lib. II, cap. LI, § VII.

(2) *De scholis celebrioribus*. Paris, 1672, in-8, p. 219 : « Petrus de Corbolio et ipse Parisiensis canonicus rexit et opera theologiæ quædam reliquit, quæ habeo manu exarata sub hoc titulo : *Quæstiones...* » C'est par erreur que l'*Hist. littér. de la Franc.*, vol. cit., p. 228, porte que Launoi, dans l'ouvrage précité, p. 229, a donné des extraits du traité théologique. Il n'en est question ni à 229, ni à 219, ni à 259, ni ailleurs ; du moins, nous n'avons pu le découvrir.

Daunou, auteur de l'article dans l'*Hist. littéraire*, nous apprend que Launoi « a légué le manuscrit qu'il possédait au séminaire de Laon », et qu'il « en existait un autre chez les Minimes de Paris ». C'est ce dernier manuscrit qui est passé à la Bibl. de l'Arsenal.

(3) Bibl. nat., mss. lat. 9595, 14445 ; Bibl. de l'Ars., ms. 265.

(4) *Not. et Extr. de quelq. manusc. lat. de la Bibl. nat.*, tom. II, pp. 5 et suiv.

Nous voyons le nouvel archevêque de Sens souscrivant l'acte de légitimation des enfants de Philippe et d'Agnès de Méranie (1206), prenant rang lui-même parmi les croisés 1209), dans la guerre contre l'Albigeois, tenant un concile à Melun (1216), mourant (3 juin 1222), au sein d'un autre concile qu'il présidait dans sa cathédrale (1). Son corps fut déposé dans le caveau des archevêques (2).

On dit encore qu'Innocent III eut à se plaindre de lui. C'était à l'occasion d'un interdit lancé, à raison de vexations de la part de Philippe-Auguste, par les évêques d'Orléans et d'Auxerre. L'archevêque de Sens n'aurait montré ni la fermeté épiscopale ni la fermeté canonique qu'on était en droit d'attendre de lui dans une affaire où le roi se trouvait en cause 1212). Mais la confiance du pontife aurait été bientôt rendue, ainsi qu'il appert de deux lettres à lui adressées par le même pape, au sujet de la conversion d'un Juif, d'un côté, et, de l'autre, d'un conflit entre le chapitre de Sens et l'abbé de Saint Pierre-le-Vif (3).

Il est à noter, d'autre part, que durant son pontificat, Innocent III, confia diverses missions à Pierre de Corbeil et que, par là, après avoir goûté la science du maître, il fut à même d'apprécier l'habileté du négociateur (4).

Thomas de Cantimpré a consigné le fait suivant dans son *Bonum universale*. Un grand pécheur vint se confesser à l'archevêque de Sens. La confession faite dans des sentiments extraordinaires de contrition et l'absolution donnée, le pénitent exprima des doutes sur la possibilité pour lui de donner une satisfaction suffisante. « Je vous imposerai seulement, dit le confesseur, une pénitence de sept années ». Comme le pénitent était surpris de la satisfaction imposée, car, à ses yeux, elle était peu proportionnée à la gravité du mal, le con-

---

(1) *Gal. christ.*, tom. XII, col., col. 57-59.
Disons, néanmoins, avec l'*Hist. littér. de la France*, tom. XVII, p. 226 : « Quelques autres (chroniqueurs) désignent l'année 1221 ; et le P. Le Long a préféré cette indication.... »

(2) On plaça sur sa tombe une épitaphe dont nous extrayons les vers suivants :
    Flos et honor cleri Petrus. . . . .
  . . . .
    Moribus et vita vere fuit israelita
    Et pro more viæ sacra novit theologiæ.
(*Gal. christ.*, tom. XII, col. 59 ; *Hist. Univers. Paris.*, tom. II, p. 765).

(3) *Hist. littér. de la Franc.*, vol. cit., p. 226.

(4) Oudin, *Comment. de script...*, tom. III, col. 55.

Richard d'Angleterre (1). En effet, Pierre de Corbeil — ce surnom dit le pays d'origine — avait été gratifié par l'archevêque d'York d'une prébende à la cathédrale de l'archidiocèse. Mais une opposition s'était élevée de la part du chapitre, qui, malgré la haute intervention, ne paraît pas avoir fléchi; car on ne voit pas que Pierre de Corbeil, avant sa promotion à l'évêché de Cambrai, ait reçu une qualification autre que celle de maître et de chanoine de Paris, sauf peut-être dans le temps où il exerçait les fonctions d'aumônier de Philippe-Auguste (2).

Son séjour à Cambrai fut de très courte durée. Promu à ce siège dans le courant de 1199, il était transféré à Sens au plus tard en 1200. Il succédait dans cet archevêché à un de ses parents, Michel de Corbeil (3).

Ce dernier avait été lui-même professeur distingué de Paris. Successivement doyen de Meaux, de Laon, de Paris, un instant patriarche de Jérusalem, il fut élevé, en 1194, sur le siège archiépiscopal de Sens. On inscrit à son compte d'auteur des *Distinctiones* ou *Commentarii in Psalmos*, travail exégétique qui n'a pas quitté l'état de manuscrit (4).

L'on dit que Pierre de Corbeil se rendit près du pape pour solliciter en personne sa translation. A ce sujet, l'on raconte une anecdote plus ou moins vraisemblable et que nous plaçons ici pour ce qu'elle vaut. Dans le cours de l'entretien, Innocent ayant dit à Pierre : « Je vous ai fait évêque » (*Ego te episcopavi*), Pierre aurait répondu : « Et moi je vous ai fait pape » (*Ego te papavi*). L'on a soin d'expliquer ces dernières paroles en ce sens, que le maître, par son enseignement, avait rendu le disciple digne de la papauté (5).

(1) *Hist. Univers. Paris.*, ibid., p. 228, où lettre reproduite et non datée. Innocent disait également au roi : « Cum enim, sicut credimus, magnificentia regia non ignoret qualiter dilectus filius magister Petrus de Corbolio inter alios clericos orbis scientia litterali præfulgeat, et sua probitate et discretione sit admodum commendatus... »

(2) *Gal. christ.*, tom. VII, col. 229; tom. III, col. 55. *Magister et canonicus Parisiensis*, disait Innocent III (*Hist. littér. de la Franc.*, tom. XVII, p. 224, art. de Daunou)

(3) *Gal. christ.*, tom. VII, col. 229; tom. XII, p. 57; *Hist. Univers. Paris.*, tom. II, p. 765.

(4) *Hist. Univers. Paris.*, tom. II, p. 755-756; *Gal. christ.*, tom. XII, col. 55-56; Le Long, *Biblioth. sacr.*, édit. in-fol., p. 685; *Hist. littér. de la Franc.*, tom. XV, p. 324-326, art. de M. de Pastoret. Les *Distinctiones* se trouvent dans le ms. 777 de la Biblioth. Mazarine.

(5) *Hist. Univers. Paris.*, tom. II, p. 765, d'après Martin de Pologne.

ysis, Glossæ super novum Testamentum, Glossæ in Divi Pauli et Jacobi Epistolas » (1).

Nous dirons avec la même *Histoire littéraire* (2), relativement aux ouvrages douteux : « Montfaucon cite seulement du « docteur un *Manuale de mysteriis Ecclesiæ, quod vocatur a « quibusdam speculum Ecclesiæ* (manuscrits des abbayes de « Lyre et de Clermont); Sander, un traité *De fide et de ejus « partibus*, et des *Instructions sur l'office divin, Instructiones « erga divinum officium* (manuscrit de l'abbaye des Dunes) ». Mais Daunou a soin d'ajouter que ces *Instructions* et ce *Manuel* pourraient bien appartenir au Victorin, du même nom, parce que ces deux ouvrages « ne sont pas sans quelque relation avec le sujet traité par ce Victorin dans son *Pénitentiel* ».

PIERRE DE CORBEIL

(— 1222)

Dans une lettre de recommandation, Innocent III disait du sujet recommandé : « Ses connaissances littéraires et scienti-« fiques ont du renom jusque dans les contrées les plus éloi-« gnées...; nous-même nous nous rappelons que nous avons « été parmi ses disciples, que c'est de lui que nous avons « entendu l'explication des livres saints..., fait que nous « voulons estimer un titre de gloire pour nous » (3). C'était sur Pierre de Corbeil qu'Innocent III s'exprimait ainsi, visant l'époque où, sous le nom de Lothaire de Segni, il suivait les leçons du professeur de théologie de Paris. Le pape demandait au chapitre d'York de vouloir admettre ce dernier dans son sein. Il écrivait une lettre analogue et à la même fin au roi

---

(1) *Hist. littér..*, tom. XVI, p. 487.
(2) *Ibid.*, p. 488.
(3) *Hist. Univers. Paris.*, tom. II, p. 527-528, où lettre reproduite et datée « ... Laterani 16 kal. jan. », c'est-à-dire de la fin de l'année 1198.

L'art typographique s'est emparé d'un opuscule dont on a fait honneur au moine de Cluny, du même nom, mais qu'on a tout lieu d'estimer l'œuvre du chancelier de Paris. C'est une histoire abrégée de la *Bible* sous les noms de *Généalogie et Chronologie des saints Pères d'Adam au Christ* (1).

Les autres ouvrages de Pierre de Poitiers n'ont pas été livrés aux presses. Quels sont-ils?

Notre Bibliothèque nationale renferme les quatre suivants : *Distinctions sur les Psaumes* (2), *Allégories sur l'Écriture-Sainte* (3), traité *sur la confession* (4) ; *Gloses sur les Sentences* (5), œuvre différente des *Sententiarum libri V*. Il y a aussi à signaler, à cette même bibliothèque, un certain nombre de *Sermons* (6).

Suivant l'*Histoire littéraire de la France*, l'on rencontre dans les bibliothèques d'Angleterre, sous le nom de maître Pierre de Poitiers, des « *Tractatus super tabernaculum Mo-*

---

(1) *Hist. littér. de la France*, tom. XII, p. 556, tom. XVI, p. 487.

Elle a été imprimée par Ulric Zwingle : *M. Petri Pictaviensis galli Genealogia et Chronologia SS. Patrum, antehac typis non excussa, quæ a Julio Cæsare usque ad nostra tempora continuata est ab Hulderico Zwinglio juniore...*, Bâle, 1592, petit in-fol. La *Genealogia* comprend 12 pages.

Daunou a écrit que l'opuscule a été « réimprimé » par Pez et il vise en marge le *Thesaurus anecdotorum novissimus* (*Hist. littér. de la France*, tom. XVI, p. 487). Nous ne l'avons pas rencontré dans ce recueil, édition d'Augsbourg, 1721. Les précédents auteurs de l'*Histoire littéraire de la France*, à entendre leur langage au tom. XII, p. 356, ne l'ont pas, non plus, rencontré. Fabricius, édit. Mansi, art. *Petrus Pictaviensis*, ne parle pas davantage de cette réimpression. Citons, enfin, les paroles de Pez lui-même dans sa *Dissertatio isagogica in primum tomum...*, p. XLVIII-XLIX, au sujet d'un manuscrit de « Mettense ordinis nostri monasterium » manuscrit où il a découvert : « Sexto *Petri Pictaviensis Compendium historiæ veteris ac novi Testamenti*, quod incipit : *Considerans historiæ sacræ prolixitatem*, etc. » Et c'est tout. Il doit y avoir une erreur de la part de Daunou, à moins que le morceau n'ait pris place dans l'édition du *Thesaurus*, à Ratisbonne, en 1745, laquelle, signalée par M. Brunet, n'a pu être consultée par nous, à moins encore qu'il ne s'agisse pour l'opuscule d'une édition particulière. En tout état de choses, le judicieux critique aurait dû donner des indications plus précises.

(2) Mss. lat. 425, 14423, 14424 ; et aussi Bibl. Mazar., ms. 777.

(3) Ms. lat. 15254 ; et Bibl. Mazar., ms. 1005 : *Allegoriæ in Exodum, Leviticum et Numeros*.

(4) Ms. lat. 14525.

(5) Ms. lat. 14425.

(6) Mss. lat. 14886, 14593, 12293 (V. M. l'abbé Bourgain, *La Chaire franc...*, Paris, 1879, p. 54). Il y aurait aussi plusieurs sermons de Pierre de Poitiers dans le recueil du ms. 1005 de la Bibl. Mazar.

attention fut attirée sur Robert de Melun et Pierre de Poitiers. Mais, comme à Saint-Victor on projetait de faire imprimer la *Somme de théologie* du premier, le choix se porta naturellement sur les *Cinq Livres des Sentences* du second (1).

Le cadre de l'ouvrage est celui des traités du même genre et de la même époque : Dieu, un et trine ; la création supérieure et la création inférieure ; les vertus et la grâce ; l'incarnation ; les sacrements. S'inspirant de Pierre Lombard, il glisse parfois, comme lui, sur le terrain doctrinal. Les erreurs de l'un se trouveront notées plus tard avec les erreurs de l'autre (2).

Le livre du Maître des *Sentences* était déjà classique : on l'expliquait dans les cours de théologie. Mais, « comme les
« livres coûtoient beaucoup à écrire et que la gravure n'étoit
« pas usitée comme à présent, il y avoit sur les murs des
« classes de grandes peaux étendues, sur les unes desquelles
« étoient représentées, en forme d'arbre, les histoires et
« généalogies de l'ancien Testament, et sur d'autres le
« catalogue des vertus et des vices. On peut voir un modèle
« de ces arbres dans les œuvres de Hugues de Saint-Victor.
« Pierre le Poitevin, chancelier de Notre-Dame de Paris, est
« loué dans un nécrologe pour avoir inventé ces espèces
« d'estampes à l'usage des pauvres étudians et en avoir
« fourni les classes » (3).

(1) En tête des *Sententiarum Libri V*.

(2) Mais ici même visant les *Articuli in quibus magister Sententiarum non tenetur communiter ab omnibus*, et qui se lisent à la fin des *Sententiarum libri quatuor* de Pierre Lombard, Dom Mathoud s'exprime ainsi : « In quos (errores) cum pariter impegerit author, frustra
« tentassem mederi morbo præsentioribus remediis, quam quos facile
« comparabis apud omnes et singulos qui prædictis Magistri sententiis
« elucidandis longissimam operam impendere. Ne tamen silentio nostro
« hæreant inçauti putentque in gratiam authoris me consulto dissimu-
« lasse aut reticuisse illius me ida, non pigebit ea saltem hic recensere
« quæ vulnus infligunt aut ab communi theologorum orbita deflectunt.»
Præfatio ad lectorem). Et c'est ce qu'il fait dans les pages suivantes.
Nous mentionnerons seulement cette thèse, lib. III, cap. XVI : *Quid dimittat Deus in confessione, quid sacerdos, quid privatus*, pour transcrire cette proposition au sujet du prêtre : « Sacerdos autem peccatum non
« solvit, nec quantum ad pœnam, nec quantum ad reatum, sed solvit et
« dimittit, id est, ostendit esse solutum et dimissum a Deo quantum ad
« reatum ».

(3) Abbé Lebeuf, *Dissert sur l'hist. ecclésiast. et civil. de Paris...*, tom. II, p. 153. Voir aussi : Dom Ceillier, *Op. et vol cit.*, p. 57 ; Fabricius, *Bibl lat...*, édit. Mansi, art. *Petrus Pictaviensis, Petri Lombardi discipulus*.

devant Gauthier de Saint Victor : nous le savons, il était associé, dans les anathèmes du rigide prieur, à Abélard, à Pierre Lombard et à Gilbert de La Porrée.

L'on a pu dire, après le *Vetus Gallia* et l'auteur de l'*Historia Universitatis Parisiensis*, que le chancelier de l'Eglise de Paris avait été promu au siège Archiépiscopal d'Embrun. Ceux qui ont formulé les premiers cette assertion, croyaient s'appuyer sur un ancien chroniqueur; mais ils l'avaient lu avec distraction, puisqu'il ne dit rien de semblable (1).

Survivaient à Pierre de Poitiers plusieurs monuments de sa science théologique. Les *Cinq Livres des Sentences* sont le principal.

Ces *Sententiarum Libri V* sont dédiés par l'auteur à Guillaume de Champagne, archevêque de Sens (2), ce qui en place la composition avant l'année 1176. Le traité, formé des leçons du maître aux élèves, a été publié par dom Mathoud à la suite des *Sententiarum Libri VIII* de Robert Pullus (3).

L'éditeur explique dans sa *Préface au lecteur* comment il a été amené à faire cette publication. Voulant joindre à l'œuvre de Robert Pullus l'œuvre d'un contemporain, son

---

Il y eut un troisième Pierre de Poitiers, chanoine de Saint-Victor au commencement du XIIᵉ siècle et auteur d'un « Pénitentiel dont un fragment a été imprimé à la suite de l'ouvrage de saint Théodore de Cantorbéry sur le même sujet. » (*Hist. littér. de la Franc.*, tom. XVI, p. 484, art. de Daunou; Fabricius, *Bibliot. lat...*, édit. Mansi, art. *Petrus Pictaviensis, canon. Sancti-Victoris...*

Le *Liber penitentialis* se trouve à notre Bibliothèque nationale ms. lat. 15455.

Dom Mathoud avait très bien distingué ces trois Pierre de Poitiers. (*Præfatio ad lectorem, in fine*, dans les *Sententiarum libri V*, ouvrage précédemment mentionné et que nous allons à l'instant faire connaître.)

(1) Nouveau *Gal. christ.*, tom. III, vol. 1075 : « De Petro Pictavino quem « inducunt Sammarthani, ex testimonio, inquiunt, Alberici, sufficiat dicere « rem aliter narrari ab illo auctore. En ipsa verba : *Bertramnus, qui erat « cancellarius Parisiensis post Pictavinum, factus est archiepiscopus Ebre- « dunensis.* »
Voir *Hist. Univers. Paris.*, tom. III, p. 704.
Est-ce mauvaise lecture ? Est-ce faute d'impression ? Dom Ceillier parle de l'évêché d'Evreux. (*Hist. génér. des aut. sac. et ecclés.*, tom. XXIII, Paris, 1763, p. 53-54).

(2) Pierre disait dans la lettre dédicatoire : « Hujus autem operis, tibi, « pater inclyte Wilielme, præsul Senonensis, limam reservavimus, cui et « scientia ad discernendum, et facundia ad erudiendum, et mores exube- « rant ad exemplum. »

(3) Paris, 1655, in-fol. Cet ouvrage a été réimprimé dans la Patrologie latine de M. l'abbé Migne, tom. CCXI, col. 789 et suiv.

PIERRE DE POITIERS
(— 1205)

Successeur de Pierre Comestor dans la chaire de théologie en 1169, cet enfant de Poitiers ou du Poitou devait lui succéder encore dans les fonctions de chancelier. Ses succès, comme professeur, ne furent pas d'un instant : ils durèrent quelque trente-six années, car on assigne pour terme du professerat et de l'existence l'année 1205 (1). Néanmoins, il ne trouva pas grâce

« Sachiez que mille cent quatre-vinz et dix-huit ans après l'Incarnation « de Nostre-Seigneur Jesus-Christ, al tems Innocent III, apostoille de « Rome..., ot un saint home en France, qui ot nom Folques de Nuillis... : « et il ere prestre... Sachiez que la renomée de cil saint home alla tant « qu'elle vint à l'apostoille de Rome, Innocent ; et l'apostoille envoya « en France et manda al prod'ome que il empreschat des croiz par « s'autorité. » (*De la conquest. de Constant.*, dans *Nouv. collect. des mém. pour servir à l'hist. de Franc.*, ou Collection Michaud, 1re série, tom. I, p. 9). La prédication antérieure à celle de la croisade est ainsi décrite par Jacques de Vitry : « En ces jours, le Dieu du ciel suscita l'esprit d'un « prêtre fort simple, illettré, curé de campagne dans le diocèse de Paris, « ayant nom Foulques : car, de même qu'il a choisi des pêcheurs et des gros-« siers, pour ne pas donner sa gloire à un autre, ainsi le Seigneur, voyant « que les petits enfants demandaient du pain, et que les lettrés, occupés aux « vaines disputes et aux combats de paroles, ne songeaient pas à en rompre, « fit apparaitre miséricordieusement pour le bien de sa vigne ledit prêtre « comme une étoile au milieu d'un nuage, comme une pluie au milieu de « la sécheresse... »(*Hist. Occident.*, cap. vi). La prédication de Foulques de Neuilly était même accompagnée de miracles : « Le Seigneur, dit à « son tour Vincent de Beauvais, opéra par lui beaucoup de prodiges, en « rendant la vue aux aveugles, l'ouïe aux sourds, la parole aux muets, la « marche normale aux boiteux » (*Specul. histor.*, lib. XXIX, cap. LIX). Sous l'autorité ou l'inspiration de Foulques, il se forma une société de prédicateurs qui, de son nom, s'appelèrent « Fulconistes ».

L'on sait que la parole de l'éloquent curé de Neuilly n'eut pas moins de succès quand il la consacra à l'œuvre préparatoire de la quatrième croisade. Il ne vit pas le résultat de ce nouveau soulèvement de l'Occident contre l'Orient. Il mourut auparavant. Mais ce ne fut pas, comme le remarque Jacques de Vitry, sans avoir vu diminuer quelque peu sa grande renommée. Les hommes réunis pour la sainte entreprise — tant il est vrai qu'il est difficile d'échapper à la malignité humaine ! — en furent la cause ou le prétexte : « Crescente pecunia, timor et reverentia decrescebat. » (*Op. cit.*, cap. VIII).

(1) *Hist. Univers. Paris.*, tom. II, p. 767 : « Obiit circa annum 1206 ; » et tom. III, p. 704 : « Obiit an. 1205. » Cette dernière date est celle adoptée communément.

Il ne faut pas confondre notre théologien avec un autre Pierre de Poitiers, moine de Cluny sous Pierre-le-vénérable, avec lequel ce second Pierre de Poitiers fut très lié et en l'honneur duquel il composa un poème (*Hist. Univers. Paris.*, tom. II. p. 767). On peut voir sur ce moine l'article de *l'Histoire littéraire de la France*, tom. XII, pp. 549 et suiv.

bienheureuse Marie, d'un commentaire sur la *Physique d'Aristote* et d'un autre sur le traité de l'*Ame*, d'un abrégé du *Decret de Gratien*, d'un recueil de *Sermons* (1).

En ce qui touche les sermons, l'on en découvre trois dans un manuscrit de la Bibliothèque de la rue Richelieu (2).

Cette opinion touchant l'Eucharistie est attribuée à Pierre-le-Chantre par Césaire d'Eisterbach : « ... il croyoit que la « consécration des deux espèces étoit indivisible et que le « pain n'étoit changé au corps de Jésus-Christ qu'après la « consécration du vin; d'où il s'ensuivoit que, si le prêtre « mouroit subitement après la consécration du pain, il n'y « avoit rien de fait, et si, après la consécration du calice, il « s'apercevoit qu'il n'y eût que de l'eau, il devoit recommen- « cer et consacrer les deux espèces. » Fleury, dont nous venons de citer les paroles, les fait justement précéder de celles-ci : « Quoiqu'il fût un des plus célèbres théologiens de son temps, il n'a pas été suivi » dans cette singulière opinion (3).

Jacques de Vitry avait la plus haute idée de Pierre-le-Chantre. Il le compare, en effet, à « un lis parmi les épines », à « une rose parmi les orties », à « l'Ange de Pergame où Satan a placé son trône », à « un encens odorant dans les jours d'été », à « un vase d'or massif et orné d'une pierre précieuse », à « un olivier couvert de rejetons », à « un cyprès dont la tête s'élève bien haut », à « une harpe céleste »; homme « puissant en œuvres et en paroles, il était comme une lampe ardente et brillante placée sur la montagne, comme un candélabre d'or dans la maison du Seigneur »; c'était une fontaine limpide dans laquelle « le prêtre Foulques voulait puiser »; aussi ce dernier, muni « de ses tablettes et de son stylet », entrait-il « humblement dans l'école du maître » pour en recueillir les leçons, précieuse nourriture qu'il « distribuait avec soin à son troupeau les dimanches et jours de fêtes » (4). Nous venons de nommer le célèbre Foulques, curé de Neuilly (5).

---

(1) Voir *Hist. littér...*, *ibid.*, p. 500-502, relativement aux motifs de doute.
(2) Ms. lat. 14859. Voir M. l'abbé Bourgain, *La Chaire française...*, Paris, 1879, p. 50.
(3) *Hist. ecclésiast.*, liv. LXXIV, ch. XIX.
(4) *Histor. Occident.*, cap. VIII.
(5) Au nom de Pierre-le-Chantre se rattache donc celui de *Foulques de Neuilly*, fameux prédicateur dont Villehardoin parle en ces termes :

cain, qui vivait au commencement du siècle suivant. La raison par lui alléguée nous paraît faible : à ses yeux, notre théologien n'a pas dû écrire ces commentaires, parce que, dans le *Verbum abbreviatum*, il a jeté un blâme sur la prolixité des gloses. Mais si les gloses sont substantielles et courtes ? Le blâme ne saurait les atteindre. Or, tels sont les commentaires en question. D'ailleurs, ces commentaires sont généralement inscrits sous les qualificatifs ou les surnoms de : ***Chantre de Paris***, ou ***Chantre*** tout court ou bien avec le nom de Pierre de Reims qui précède, *Petri Remensis, cantoris Parisiensis*, qualificatifs ou surnoms réservés à notre auteur. En conséquence, nous maintenons à l'actif de Pierre-le-Chantre ces commentaires, dont nous possédons des copies tant à la Bibliothèque Mazarine qu'à la Bibliothèque de la rue Richelieu (1).

Que penser du *De Pœnitentia* ou *Pœnitentiale*, œuvre dans laquelle il est aussi traité des autres sacrements ? (2). Nous lisons dans l'*Histoire littéraire de la France* : « Casimir Oudin, « qui avait examiné les deux manuscrits de la Bibliothèque « royale, pense que l'ouvrage qu'ils renferment n'est pas de « Pierre-le-Chantre, et il se fonde sur ce que dans plusieurs « chapitres on cite comme une autorité l'opinion du chantre « de l'église de Paris. » L'auteur de l'article ajoute : « Et, à « cet égard, vérification faite... nous pensons de même » (3). D'autre part, dirons-nous à notre tour, il nous paraît difficile d'admettre que Pierre-le-Chantre ait composé deux traités sur le même sujet, les sacrements. M. Hauréau croit que le *De Pœnitentia* est l'œuvre d'Alain de Lille (4).

Nous laisserons planer des doutes semblables au sujet de l'*Unum ex quatuor innoratum*, sorte de concordance des Evangiles, d'un livre sur les *Miracles*, des *Distinctions de la*

---

(1) Bibl. nat., ms. lat. 15585 : *Glossatura Cantoris Parisiensis in Job et in alios libros qui sequuntur ex ordine*; ms. lat. 14426 : *Notulæ magistri Petri Remensis super Psalterium*; ms. lat. 12011 : *Glossæ Psalterii secundum Cantorem*. Ces deux derniers ouvrages sont différents.
Bibl. Mazar., ms. 176.
Voir aussi M. Hauréau, *Not. et Extr. de quelq. manusc. lat. de la Bibl. nat.*, tom. V, p. 4-7.

(2) Bibl. nat., mss. lat. 5258, 5259.
Il y a aussi un *De Pœnitentia* dans le ms. lat. 13468, mais c'est un ouvrage différent ou un abrégé du précédent.

(3) *Hist. littér. de la Franc.*, tom. XV, p. 296.

(4) *Not. et Extr. de quelq. manusc. lat. de la Bibl. nat.*, tom. I, p. 242, tom. II, p. 194.

citations, tirées non seulement de l'Ecriture-Sainte, mais des Pères, des conciles, voire des poètes, des historiens, des philosophes : c'est pour le livre de l'ornementation, pour le lecteur de l'agrément.

Henri de Gand proclamait ce livre « qui *Verbum abbreviatum* nominatur, magna utilitate plenum » (1).

Des ouvrages inédits de Pierre existent à notre Bibliothèque nationale. Ce sont les suivants : une *Somme qui porte le nom d'Abel (Summa quæ dicitur Abel)* (2), parce qu'elle commence par ce nom, et s'appelle aussi *Alphabet moral (Alphabetum morale)* (3), parce qu'on y suit l'ordre alphabétique ; une autre *Somme*, celle des *Sacrements* et qui renferme des *Conseils de l'âme* (4) ; un traité des *Tropes du langage* ou des *Tropes théologiques (De Tropis loquendi, De tropis theologicis)* (5), traité nommé par Henri de Gand *Grammaire des théologiens* (6), traité intitulé encore *Contrariétés théologiques* (7). Les diverses appellations du dernier ouvrage viennent de ce que l'auteur se propose d'expliquer, au moyen des règles de la grammaire et de la rhétorique, les difficultés apparentes entre certaines expressions ou certains passages de l'Ecriture-Sainte ; aussi le même Henri de Gand déclare-t-il ce traité « assez utile en bien des endroits pour l'intelligence de l'Ecriture » (8).

D'autres œuvres, également inédites, sont encore attribuées à Pierre par Oudin (9) et Visch (10). Ce sont des commentaires sur *Job*, les *Psaumes*, le *Cantique des cantiques*, les *Proverbes*, l'*Ecclésiastique*, la *Sagesse*, l'*Apocalypse*, les *Epîtres canoniques*, les *Actes des Apôtres*. Dom Brial a voulu faire planer des doutes sur leur authenticité. Selon lui, ils pourraient appartenir aussi bien à Pierre de Reims, domini-

---

(1) *De Scriptor. ecclesiast.*, cap. xv.
(2) Ms. lat. 10655 ; et aussi ms. 847 de la Biblioth. de l'Arsenal.
(3) « C'est vraisemblablement cet écrit qu'on voyait autrefois à l'abbaye de Royaumont sous le nom d'*Alphabetum mor. de seu Liber locorum communium pro concionatoribus* » (*Hist. littér. de la Franc.*, tom. xv, p. 399).
(4) Mss. lat. 9595, 14445, 14521.
(5) Mss. lat. 14445, 18892 ; et aussi ms. 998 de la Bibl. Mazarine.
(6) *Loc. cit.*
(7) *Hist. littér...*, vol. cit., p. 398-399.
(8) *Loc. cit.*
(9) *Comment. de script...*, tom. II, col. 1665.
(10) *Biblioth. script. S. ord. Cisterci.*

Pour nous, nous nous bornerons à ces deux points : constater que l'écrivain se plaignait de la multiplicité des gloses sur l'Ecriture-Sainte, gloses, à ses yeux, plus propres à produire l'ombre, sinon les ténèbres, que la lumière, de la frivolité et de la subtilité des questions qui s'agitaient dans les écoles, sans rapport avec la science du salut (1) ; transcrire, en la traduisant, l'appréciation des épreuves judiciaires en usage au moyen-âge. « Dans ce combat à deux, dit le théo-
« logien, on place sa confiance, ou dans sa force, ou dans
« son adresse, ou dans sa parfaite innocence, ou dans un
« miracle de Dieu. Si on place sa confiance dans sa force ou
« dans son adresse, le jugement devient inégal *(inæquale)*.
« Si on la place dans sa parfaite innocence, c'est de la pré-
« somption, c'est une anticipation sur le jugement divin,
« dans lequel seul *seront manifestées les choses cachées dans*
« *notre cœur* (2). Si on la place dans un miracle, c'est une
« tentation diabolique, puisqu'il a été dit : *Vous ne tenterez*
« *point le Seigneur votre Dieu* (3), lorsque vous pouvez agir
« selon la raison humaine. L'injustice de pareils jugements
« apparaît aussi, si on fait attention aux diverses appré-
« ciations des diverses épreuves. Jette-t-on quelqu'un dans
« l'eau ? S'il ne touche pas le fond, certains le condamnent.
« D'autres le justifient et le sauvent, si l'eau le reçoit, l'en-
« veloppe et le couvre jusque par-dessus les cheveux.
« D'autres proclament l'innocence, s'il n'y a que les cheveux
« qui demeurent hors de l'eau, parce que les cheveux, sorte
« de superfétation (*excrementa*), ne font point partie de la
« substance du corps. » L'auteur ne se borne pas à ces seuls exemples (4). Le traité est semé d'un assez grand nombre de

« pièces sur le même sujet, ayant pour titre : *Joannis Cornificis, Joannis*
« *de Bomalio, Petri Damiani et Petri Cantoris Parisiensis tractatus contra*
« *monachos proprietarios,* » Paris, in-8, s. d. (*Ibid.*)
Ces derniers mots font comprendre le sens du chapitre.
Là, — pour noter quelque chose — l'auteur pousse le cri de Juvénal
O nummi, nummi, (quis) vobis hunc præstat honorem ?
Et raconte cette anecdote : « Monacha etiam in extremis laborans, cum
« pauculos nummos, quos habebat in arca, extrahi fecisset et reddi, non
« potuit animam exhalare, quousque obolus, qui in fundo arcæ latenter
« remanserat, ejectus esset. Quo ejecto, in pace migravit ad Dominum. »
(1) Cap. I-V.
(2) I Corint., IV, 5.
(3) Matth., IV, 7.
(4) Cap. LXXVIII.

« l'esprit et le cœur des électeurs selon sa volonté pour élire
« ceux qui désiraient plutôt être utiles que supérieurs (*pro-
desse potius quam præesse), ne cherchant point leurs propres
« avantages, mais ceux de Jésus-Christ ; et, par là, une sainte
« vie était suivie d'une mort plus sainte encore. » Le sot est
le diable qui, par ses satellites, l'orgueil, la violence, la cupidité, la simonie, intervient dans les élections d'aujourd'hui,
même sans être appelé : « D'où il suit que celui qui est élu de la
« sorte doit faire les œuvres de celui par le conseil duquel il a
« été promu à la dignité ; et, après une vie d'orgueil, de cu-
« pidité, de fierté, de fatuité (*elatus pariter et inflatus*), c'est
« une mort mauvaise et même très mauvaise... » (1)

Des écrits de Pierre-le-Chantre, le seul *Verbum abbreviatum*
a été imprimé, une première fois, à Mons, en 1639 (2) et, de
nos jours, à Paris dans la Patrologie latine de M. l'abbé Migne
(3). Le titre est tiré des deux premiers mots de l'ouvrage, lesquels sont empruntés à l'*Epître aux Romains* (4). Dans certains
manuscrits, le *Verbum abbreviatum* porte des titres appropriés à
la nature de l'œuvre, comme ceux d'*Ethica*, *Summa philosophiæ*,
*Summa de suggillatione vitiorum et commendatione virtu-
tum*. C'est, en effet, un traité de morale en 153 chapitres, dans
lequel l'auteur, pour ne pas se renfermer dans des généra-
lités, passe en revue diverses fonctions ou situations, notant
ponctuellement ce qu'on doit y être et n'y être pas. En cette
revue, les ecclésiastiques occupent la plus large place, et les
religieux n'y sont pas oubliés. L'examen se fait, particulièrement, en ce qui touche la prédication, les honoraires de
messes, la pluralité des bénéfices, les élections canoniques,
les pratiques appelées *Jugements de Dieu*, les décisions de cas
de conscience, les propriétés monastiques (5).

(1) *Biblioth. de l'École...*, Paris, 1840-1841, tom. II, p. 398-401.
(2) In-4°. L'éditeur, Georges Galopin, moine de Saint-Guislain ou Saint-
Ghislain, « avertit que les trois manuscrits dont il s'est servi, contenaient
des additions qu'il n'a pas toujours distinguées du texte original. »
(*Hist. littér...*, vol. cit., p. 295, et *Lectori christiano* en tête de l'ouvrage).
(3) Tom. CCV, pp. 21 et suiv., sur l'édition de Mons.
(4) IX. 28 : *Quia verbum breviatum faciet Dominus super terram*.
(5) L'*Histoire littéraire de la France*, vol. cit., p. 295, fait remarquer
que le 153ᵉ chapitre où est traitée cette dernière question, manque
dans plusieurs manuscrits ; mais nous envisageons l'ouvrage tel qu'il a
été imprimé.
Ce chapitre — c'est toujours cette *Histoire littéraire* qui parle — a été
aussi « détaché du corps de l'ouvrage et imprimé dans un recueil de

« Soissons... » (1). C'est là qu'il termina sa carrière le 22 septembre 1197 (2).

La lettre de l'archevêque de Reims met encore à jour un côté de cette existence : Pierre n'était pas prêtre (3).

La *Bibliothèque de l'école des Chartes* a publié, il y a quelques quarante ans, le récit d'un *Dialogue entre Philippe-Auguste et Pierre-le-Chantre*. Le texte est en latin. Nous reproduisons, en la complétant, la traduction qu'elle en a faite. Après avoir parlé des vertus du roi, Pierre croit devoir, cependant, tracer le portrait d'un roi modèle. Le roi reprend avec bonhomie et finesse, à la fois : « Seigneur chantre, si jamais
« vous faites un roi, vous le ferez tel que vous venez de le dé-
« crire ; mais, en attendant, contentez-vous de celui que vous
« avez. » Puis prenant une sorte de revanche : « Maintenant
« dites-moi pourquoi les anciens évêques, comme saint Marcel
« de Paris, saint Germain d'Auxerre, saint Euverte d'Orléans,
« saint Sulpice de Bourges, ont tous été des saints, tandis
« que parmi les évêques de notre temps il n'en est presque pas
« un qui le devienne. — Seigneur Roi, répond Pierre, c'est
« que le sage ne se présente point pour donner un conseil, s'il
« n'y est invité, tandis que le sot se montre toujours, même
« lorsqu'on ne l'appelle point. — Par la lance de saint Jacques,
« reprend le roi, quel rapport y a-t-il entre votre réponse et
« ma demande ? — Seigneur roi, je vous le montrerai bien,
« ce rapport. L'Esprit-Saint, qui est non seulement sage,
« mais la sagesse même,... était appelé autrefois dans les élec-
« tions, et, ainsi appelé avec humilité et affection, il dirigeait

---

(1) *Hist. de la vil., cit....*, tom. III, p 505. Le *Gallia christiana*, tom. IX, col. 172-173, adopte le sentiment de Marlot.

(2) On grava sur sa tombe :

Hoc jacet in loculo Petrus venerabilis ille
Egregius cantor, Parisiense decus.

La date inscrite par nous est celle donnée par tous, à l'exception d'un ou de deux auteurs qui ont écrit : 1198. Il n'y a pas à tenir compte de l'épitaphe reproduite par doms Martène et Durand, laquelle assigne le 16 mai 1189. Nous devons dire, cependant, que le 16 mai était le jour où l'on honorait comme bienheureux Pierre-le-Chantre. (Martène et Durand, *Voyage littéraire de deux religieux bénédictins*, Paris, 1717-1724, tom. II, p. 9; *Hist. litt...*, tom. XV, p. 288; A. Manriquez, *Annales...*, tom. III, p. 512; M. l'abbé Chevalier, *Répert. des sourc...*, art. *Pierre du Beauvaisis*.

(3) *Metrop. Rem. Hist.*, tom. II, p. 443: « Et ut in eodem statis proposito
« firmiores..., per nos vel per venerabilem fratrem et consanguineum
« nostrum reverendum Parisiensem episcopum ad sacerdotium promo-
veri gratum nobis erit... »

« ce qu'une basse ambition ou une pensée d'avarice ne vous
« aient pas fait jeter les regards sur une église aux revenus
« plus abondants (nec... oculus degener vel avaritiæ spiritus
« vos retorsit)... Nous vous ordonnons, conséquemment, et,
« autant que nous le pouvons, au nom de l'obéissance, de
« vouloir bien, prenant conseil de votre conscience si droite
« devant le Seigneur (secura in Domino conscientia consu-
« lentes), n'adhérer aux suggestions contraires de personne
« et demeurer ferme et inébranlable dans votre résolu-
« tion... » (1). A la suite de ces paroles, ces trois pensées se
présentent à notre esprit et doivent, il nous semble, se présenter à l'esprit du lecteur : penser comme l'écrivain de
l'*Histoire littéraire de la France*, c'est prêter assez gratuitement une action et des sentiments à l'archevêque de Reims ;
c'est le faire passer bien vite d'une seconde opposition qui, à
ce titre, revêtait bien quelque peu le caractère de malveil-
lance, à des instances qui, par la manière dont elles sont
exprimées, dénotent des dispositions favorables, sympa-
thiques, presque amicales ; comment, enfin, dans l'hypothèse
où, aspirant à s'asseoir sur le siège de Paris, Pierre en eût été
écarté, le congratuler de n'avoir pas désiré un bénéfice plus
riche que celui du décanat rémois ?

Une autre question se pose encore : Pierre a-t-il donné son
adhésion définitive à la nomination ? La lettre archiépiscopale
n'autorise aucun doute sur l'assentiment préalable. Elle révèle, en même temps, une certaine hésitation de l'élu après
l'élection. Nous rencontrons encore ici le susdit écrivain for-
mulant des assertions qui ne nous paraissent pas mieux fondées : suivant lui, Pierre mit une condition à son adhésion,
l'agrément du chapitre de Paris, quitta Reims pour aller le
solliciter, et, chemin faisant, entra dans l'abbaye de Longpont, tomba malade et y mourut sous l'habit religieux (2).
Quant à nous, nous préférons cette narration de Marlot : on
ne sait si le chantre de Paris accepta définitivement le décanat de Reims, car on ne trouve aucun acte, de 1196 à 1199,
portant sa signature ; « pour laisser un exemple de vertu et du
« mépris des grandeurs du monde à ses auditeurs, il prit
« l'habit de Cîteaux en l'abbaye de Long-Pont, au diocèse de

---

(1) Lettre, visée plus haut, dans *Metrop. Rem. Hist.*
(2) *Hist. littér...*, tom. XV, p. 288.

pat. 1. L'auteur de l'article dans *l'Histoire littéraire de la France* prétend, d'autre part, que l'élu trouva encore devant lui l'opposition de Guillaume de Champagne qui lui fit substituer Eudes de Sully, parent du prélat. Il s'appuie sur ce passage, qu'il traduit et transcrit, d'une lettre d'Adam, abbé de Perseigne, à ce même Eudes de Sully : « Il est temps que vous fassiez « éclater les rayons de votre gloire, après que l'astre brillant « du firmament de votre église qu'il a si longtemps illustrée par « la sainteté de sa vie et par l'éclat de sa doctrine, s'est entière- « ment éclipsé. Je ne m'explique pas davantage : vous com- « prenez assez que je veux parler du chantre de l'église de « Paris, homme de pieuse mémoire, dont vous devriez d'autant « plus regretter la mort, que, selon l'opinion de bien du monde, « vous regrettiez peu son absence. Il est pourtant vrai que le « saint homme avait de la peine à se le persuader ». Si nous ne nous trompons, il faut beaucoup de bonne volonté pour voir là ce que l'écrivain susdit a cru y découvrir : de ce qu'Eudes de Sully regrettait peu l'absence de Pierre-le-Chantre, peut-on en conclure que celui-là a été substitué à celui-ci, par une opposition plus ou moins déloyale ou arbitraire, sur le siège épiscopal ?

D'un autre côté, il fallait expliquer la lettre bienveillante écrite, peu de temps après, par le prétendu opposant au malheureux élu. Notre auteur ne se trouve pas embarrassé : c'était de la part de l'un un moyen de réparer les torts à l'égard de l'autre et même de délivrer un parent, Eudes de Sully, d'un « voisinage importun » (2). Qu'on juge de la force de ces explications par l'exposé de l'affaire.

Pierre-le-Chantre avait été élu doyen du chapitre de la cathédrale de Reims. C'était presque à la suite de l'élection au siège de Paris. Guillaume lui écrivait pour lui dire : « Je rends « grâces à Dieu et à notre Église de Reims de ce que, par « l'inspiration du Très-Haut, cette même Église vous a élu « pour doyen, et nous croyons devoir vous féliciter d'avoir « humblement accepté la charge qui vous était offerte, et de

---

(1) *Gal. christ.*, tom VII, col 78 : « ... Si Radulfo, abbati Coggeshalensis « monasterii in Chronico Anglicano fides, ab universo clero et populo, « rege annuente, episcopus electus est Cantor ecclesiæ Parisiensis, qui « pontificatus honorem, ne ab altiori gradu gravior fieret casus, recusa- « vit. »

(2) *Hist. litt...*, vol... cit., p. 287.

pourrait, au même titre, fixer Paris et supposer que le lévite suivit son bienfaiteur dans les deux résidences épiscopales : qu'on ne perde pas de vue que la nomination de Henri de France au siège de Beauvais est de 1149 (1). En cet état, il serait peut-être plus simple de s'en tenir à la double affirmation de Marlot.

Quoi qu'il en soit du pays natal, Pierre, comme nous venons de l'entendre, et là il ne saurait y avoir de doute, professa à Paris (1171). Il devint chantre de Notre-Dame 1184, dignité dont il conserve historiquement le nom.

On raconte ce trait qui fait honneur à la sévérité des principes théologiques de l'auteur. Un usurier de Paris, troublé par les remords et voulant réparé les torts commis, demanda conseil à Maurice de Sully qui poursuivait alors la construction de Notre-Dame. Le prélat estima que le coupable pouvait, comme restitution, consacrer à l'œuvre pieuse les richesses mal acquises. L'usurier désira avoir aussi l'avis de Pierre-le-Chantre. Celui-ci ne pensa point comme le prélat. Selon lui, il fallait charger un crieur public de parcourir les rues de la cité, annonçant à haute voix que l'usurier était prêt à restituer aux emprunteurs. Ce second conseil fut suivi. Les restitutions opérées, Pierre dit au coupable repentant : « Maintenant vous pouvez faire l'aumône de votre superflu »(2).

Pierre-le-Chantre fut élu, en 1191, évêque de Tournay. Il y eut opposition de la part du métropolitain, Guillaume de Champagne, archevêque de Reims, — il avait été transféré à ce siège en 1176 (3) — lequel cassa l'élection comme entachée d'irrégularité. Une nouvelle élection appela à ce siège le fameux Etienne, abbé de Sainte-Geneviève de Paris, au nom duquel l'histoire ajoute celui de la ville épiscopale (4).

Quelques années plus tard, à la mort de Maurice de Sully, Pierre pouvait nourrir des espérances pour le siège de la capitale du royaume. Mais les suffrages du chapitre se portèrent sur Eudes de Sully. Un historien rapporte que Pierre fut élu et refusa alors les honneurs comme les charges de l'épisco-

(1) *Gal. Christ.*, tom. IX, col. 725.

(2) Crévier, *Hist. de l'Univers. de Paris*, tom. I, p. 212 ; *Hist. littér. de la France.*, tom. XV, p. 303-305, d'après Césaire Heisterbach.

(3) *Gal. christ.*, tom. XII, col. 52, tom. IX, col. 95.

(4) Voir notre ouvrage : *L'Abbaye de Sainte-Geneviève et la Congrégation de France*, Paris, 1883, tom. I, p. 141-142.

PIERRE-LE-CHANTRE

(-1197)

Où est né ce théologien d'un grand renom au XIIe siècle ? Est-ce à Paris ? Est-ce à Reims ? Est-ce dans le Beauvaisis ? Autant de points d'interrogation qu'il faut laisser subsister.

Après avoir exposé les trois opinions avec leur degré de probabilité, l'*Histoire littéraire de la France* incline à admettre le Beauvaisis comme pays d'origine (1). En ce cas, le jeune Pierre aurait suivi Henri de France, frère de Louis-le-Jeune, lorsque ce prélat fut transféré de Beauvais à Reims en 1162 (2). La raison avouée du sentiment adopté se puiserait dans une pensée de conciliation. Mais il doit bien y avoir une raison sous-entendue, et celle-ci se tirerait sans doute du récit de Marlot et d'une lettre de Guillaume de Champagne, successeur de Henri de France sur le siège métropolitain : Marlot et Guillaume de Champagne affirment que Pierre a été élevé aux écoles de Reims. Si la lettre de l'archevêque ne dit pas davantage, la parole de l'historien ajoute que le célèbre maître est né dans cette ville. Marlot a écrit, en effet : « Pierre, « chantre de Paris, ainsi nommé pour avoir vieilli dans cette « charge, fut nourrisson de l'église de Reims et originaire de « la mesme ville, bien que ses parents ne soient pas connus. « Ayant reçu la première teinture des lettres et de la vertu « dans nos escoles, désireux de se perfectionner de plus en « plus en la connaissance des hautes sciences, il alla à Paris « où il enseigna pendant plusieurs années ... » (3) Il suit de là que, d'une part, la conclusion de l'*Histoire littéraire de la France*, serait loin d'être rigoureuse, et, de l'autre, qu'on

---

(1) Tom. XV, pp. 283 et suiv. L'auteur de l'article est dom Brial.

(2) *Gal. christ.*, tom. IX, col. 73o, 88.

(3) *Hist. de la ville, cit. et univers. de Reims*, Reims, 1845-1847, in-4, tom. III, p. 5o2.
La lettre de l'archevêque est imprimée dans l'édition en latin du même ouvrage : *Metropolis Remensis Historia*, tom. II, Reims, 1679, in-fol., p. 442-443. Nous aurons à revenir sur cette lettre.

fêtes. Ce recueil semble bien être un manuel à l'usage du clergé pour les prédications. Dès lors, il est naturel de conclure que le prélat aura recueilli ses sermons, prononcés dans la langue vulgaire devant les fidèles, et les aura rendus dans la langue des savants pour le clergé. Il aurait donc, sauf peut-être l'exhortation, écrit lui-même en latin et en français.

Au jugement de Daunou, les discours de Maurice de Sully ne consistent jamais qu'en paraphrases vulgaires et souvent peu justes des textes du Nouveau Testament » : et il ajoute que « son éloquence est bien froide » (1). A ce sujet, M. Lecoy de La Marche fait remarquer un premier mérite de ces discours, « celui de n'offrir ni subtilités scolastiques ni allégories recherchées. » Puis, il continue : « L'explication
« de l'Evangile n'est ni sèche ni abstraite; mais elle est ac-
« compagnée de conseils pratiques et rendue plus vivante
« par des légendes ou des comparaisons familières qui nous
« valent souvent des traits de mœurs précieux à recueil-
« lir... » (2)

A l'appui, ou plutôt comme conclusion, nous transcrirons ce passage d'un de ces sermons pour le seizième dimanche après la Pentecôte : « Bone gent, plorons la mort des ames
« plus que la mort des cors. Plorons, ô sainte Eglise, por les
« peceors cui diable emportent par malvaise voie et mainent
« vers le fu d'enfer. Prions Deu qu'il les resuscit des peciés en
« coi il gisent mors et sont desevré de Deu qui est la vie de
« l'ame : l'ame est la vie au cors et Deu est la vie à l'ame.
« Quant l'ame s'en va, li cors ciet, et quant Deu degerpist l'ame
« por son pécié..., si muert l'ame. Nos trovons que Deu re-
« suscita trois mors en cel tems qu'il ala corporelment par
« terre... Bonnes gens, esgardés vers vos meismes, se vos
« estes u vif u mor par pechié; se vos estes mor, soffréz
« que Deu vos doint vie, et li priés qu'il vos doint faire tels
« uevres en ceste mortel vie, que vos puisiés avoir la vie
« perdurable » (3).

(1) *Hist. littér..*, vol cit., p. 156.
(2) *Loc. cit.*, p. 50.
(3) Cit. dans *Chaire franç...*, de M. l'abbé Bourgain, p. 49-50

français du même orateur dans les *Mémoires de littérature*.....
de l'Académie des inscriptions et belles lettres (1), et dans la *Romania* (2). M. Ozanam en a reproduit un sur la fête de Pâques dans le *Correspondant* (3). Enfin, M. A. Boucherie en a inséré plusieurs en dialecte poitevin dans le *Bulletin de la société archéologique et historique de la Charente* (4).

Les sermons de Maurice de Sully ont-ils été écrits par lui en latin ou en français ?

Jusqu'à notre époque, l'on pensait qu'ils avaient été originairement rédigés dans la langue des savants et que des traducteurs, sinon au xiie siècle, du moins au commencement du xiiie, les avaient fait passer dans la langue vulgaire. Daunou a été l'un des derniers échos autorisés de ce sentiment général (5). M. Paulin Paris a émis l'opinion que ces sermons et ceux de saint Bernard ont pu être rédigés en latin, mais qu'ils ont dû être prononcés en français : autrement, il ne s'expliquerait pas qu'ils eussent été aussi goûtés ou eussent exercé une si grande influence (6). A cela, l'on peut répondre que les versions donneraient assez bien l'explication désirée. Pour nous, nous croyons devoir adhérer au sentiment, très vraisemblable, de M. Lecoy de La Marche en ce qui regarde l'*Exposition des Evangiles* (7).

Ce recueil se compose, en premier lieu, d'une exhortation au clergé à l'effet d'instruire les fidèles, d'une exposition du Symbole et de l'Oraison dominicale. L'exhortation est une sorte de préface. La double exposition du Symbole et de l'Oraison dominicale peut être considérée comme des prolégomènes. Nous avons, par ces derniers mots, désigné, le *De Cura animarum* et le *De Oratione dominica* qu'on a estimés, à tort, deux traités théologiques (8). Ce sont des sermons. Puis viennent les discours sur les Evangiles des dimanches et des

(1) Tom. xvii, Paris, 1751, pp. 722 et suiv.
(2) Tom. v, pp. 466 et suiv.
(3) 1853, tom. xxxii, pp. 152 et suiv.
(4) Angoulême, 1873, tom. viii, pp. 27 et suiv.
(5) *Hist. littér. de la Franc.*, vol. cit., p. 156.
(6) *Les manuscrits françois de la bibliothèque du Roi*, tom. II, Paris, 1858, pp. 100 et suiv.
(7) *Op. cit.*, Paris, 1886, pp. 46-47, 239 et suiv.
(8) M. Lecoy de La Marche, *La Chair. franc. au moyen-âge*, Paris, 1886, p. 46-47.

l'*Histoire littéraire de la France* (1). Nous en mentionnerons quatre qui sont plus importantes, et dont l'une est adressée à Pontius, évêque de Clermont, et les trois autres à Alexandre III. Celles-ci concernent l'affaire de saint Thomas de Cantorbéry dont l'auteur prend la défense. Celle-là est une réponse sur un point doctrinal, la validité du baptême conféré sans articuler d'autres paroles que les suivantes : *In nomine Patris et Filii et Spiritus-Sancti*. Le prélat faisait savoir — et il différait en cela de l'abbé de Sainte-Geneviève, Etienne de Tournay — que le baptême est invalide, si l'on change en tout ou partie la forme usitée dans l'Eglise : décision qui peu après fut confirmée par le pape lui-même. (2) Trois de ces lettres se lisent dans le *Recueil des historiens des Gaules et de la France* (3), toutes les quatre dans la Patrologie latine précitée (4).

Les sermons de Maurice de Sully eurent le plus grand succès, comme l'attestent les nombreuses copies tant en latin qu'en français que l'on rencontre encore aujourd'hui dans les bibliothèques (5).

Dès la fin du xv° siècle, l'on imprimait l'*Exposition des Évangiles* ou sermons en langue vulgaire sur les Evangiles des dimanches et des fêtes de l'année. Le style ancien était un peu rajeuni. L'on compte deux éditions de cette époque (6) et une troisième du commencement du siècle suivant (7). M. Eug. de Beaurepaire a publié, dans ces dernières années, *Les Sermons de Maurice de Sully d'après un manuscrit de l'abbaye de Jumièges* (8). L'on trouvera encore des sermons

(1) Vol. cit., p. 155.
(2) Le prélat disait après avoir rappelé la forme : *Ego te baptiso in nomine Patris et Filii et Spiritus-Sancti :* « Et tanta est horum verborum vivacitas, ut nihil immutari, nihil innovari oporteat. »
(3) Tom. xvi, pp. 364, 398, 415.
(4) Vol. cc, col. 1419 et suiv., vol. ccxi, col. 315.
(5) *Hist. littér.*, de la Franc., tom. xv, p. 156 ; M. Lecoy de La Marche, *La Chaire française au moyen-âge*..., Paris, 1886, p. 520-523 ; M. l'abbé Bourgain, *La Chaire française au xii° siècle*..., Paris, 1879, p. 48 ; M. Paul Meyer, *Archives des missions scientifiques et littéraires*, Paris, 1868, p. 162.
Nous indiquerons, en particulier, ces copies de sermons latins : Bibl. de l'Ars., mss. 769, 2111 : Bibl. Mazarine, ms. 999.
(6) Chambery, 1484, in-fol. ; Chablis, 1489, in-fol, (M. Brunet, *Manuel...*, art. *Expos. des Evang*.) La première est à la Bibliot. nation, Elle paraît incomplète.
(7) Lyon, s. d. petit in-folio (M. Brunet, *Ibid*.) mais de 1511, dit-on, (*Hist. litt...*, tom. xv, p. 158 ; M. l'abbé Bourgain, *La Chaire française au xii° siècle...*, Paris, 1879, p. 48).
(8) Avranches, 1859, in-8.

sous le coup d'un accès de fièvre, demanda la Sainte-Eucharistie. Un prêtre présent qui croyait au délire et voulait néanmoins acquiescer d'une certaine façon au désir du délirant, présenta à ce dernier une hostie non consacrée. Le malade comprit et s'écria : *non, non ce n'est pas mon Seigneur (tolle, tolle, non est Dominus meus)*. Le prêtre, frappé d'étonnement, prit le vrai corps du Sauveur pour le donner au malade qui le reçut dans les sentiments de la plus grande foi et rendit, peu de temps après, le 11 septembre 1196, le dernier soupir (1).

Au monument de pierre laissé par le prélat, il en faut ajouter d'intellectuels : ce sont, avec le *De Canone Missæ* mentionné plus haut, si toutefois l'opuscule est bien authentique, des sermons, quelques lettres, des chartes. Nous ne visons évidemment que ce qui nous est parvenu.

Les chartes (*Diplomata*) imprimées sont au nombre de quinze. Elles concernent naturellement le diocèse de Paris. On les trouve réunies dans la Patrologie latine de M. Migne (2). Une d'elle atteste bien que Pierre Lombard est mort, non en 1164, mais en 1160 (3).

Six lettres ont été également imprimées, lisons-nous dans

---

(1) A la demande des chanoines de Paris, Etienne de Tournay, en priant de taire son nom, composa pour épitaphe six distiques dont les deux suivants furent seulement gravés sur la tombe :

Doctor et antistes cathedra condignus utraque
A prima meruit continuare duas.
Sana fides, doctrina frequens, elemosyna jugis
Clamat Parisius non habuisse parem.

(*Epistolæ* d'Etienne, Paris, 1679, Epist. CCLX).

Longtemps après, on plaça cette autre inscription : « Hic jacet reverendus pater Mauritius, Parisiensis episcopus, qui primus basilicam B. Mariæ virginis inchoavit. Obiit anno Domini MCXCVI tertio idus septembris. » On lisait aussi dans le Martyrologe de Paris : « .II idus septembris obiit Mauricius bonæ memoriæ Parisiensis episcopus... » *Gal. Christ.*, vol. cit., col. 76-77.

Nous renvoyons au dernier ouvrage de M. V. Mortet, *Maurice de Sully, évêque de Paris*, Paris, 1890, in-8, pour ce qui regarde son épiscopat et ses rapports avec les personnes.

(2) Vol. CCV, col. 897 et suiv. Là sont indiqués les endroits où elles ont été imprimées précédemment.

(3) Le premier *Diploma*, en effet, porte à la fin : « Actum publice in præsentia nostra apud Moysetum in octavis S. Dionisii, anno ab incarnatione Domini 1164, episcopatus vero nostri anno IV. »

On peut lire, à la suite de ces *Diplomata*, col. 907 et suiv., les *Variorum chartæ ad Ecclesiam Parisiensem spectantes, sub Mauricii regimine datæ*.

l'édifice achevé, il quitta ce monde avec l'espérance que la maison du Seigneur aurait son couronnement. L'espérance ne fut pas trompée : l'achèvement eut lieu sous le gouvernement et par le zèle d'Eudes, successeur immédiat de Maurice, portant le même surnom sans se rattacher à lui par la parenté ou le lieu d'origine (1).

Dans une inondation de la Seine au mois de février 1196, le prélat s'était retiré dans l'abbaye de Saint-Victor (2). Si nous en croyions une chronique inédite, il y serait demeuré ou, du moins, y serait revenu, pour prendre l'habit de chanoine et mieux se préparer au compte à rendre devant le souverain juge (3). Quoi qu'il en soit, c'est là qu'il mourut, cette année, et que son corps eut sa dernière demeure (4) : il laissait la réputation d'un saint (5).

A cet instant solennel du passage du temps à l'éternité, Maurice voulut donner un témoignage sensible de sa foi en la résurrection des corps ; il ordonna d'écrire sur un parchemin ce texte si clair du livre de Job : « Scio quod « redemptor meus vivit et in novissimo die de terra surrec- « turus sum ; et rursum circumdabor pelle mea, et in carne « mea videbo Deum meum, quem visurus sum ego ipse et « oculi mei conspecturi sunt, et non alius : reposita est hæc « spes mea in sinu meo » (6), et de placer sur sa poitrine, dans la cérémonie des funérailles, le parchemin étendu et offrant au regard les paroles si explicites du patriarche (7).

Césaire Heisterbach raconte encore un autre trait non moins édifiant de l'heure dernière. Le *Gallia christiana* l'a également enregistré dans ses colonnes (8). Le prélat, étant

---

(1) Dans l'année 1176, Robert de Torigny, abbé du Mont-Saint-Michel, écrivait : « Mauritius, episcopus Parisiensis, jamdiu est quod multum « laborat et proficit in ædificatione ecclesiæ prædictæ civitatis, cujus « caput jam perfectum est, excepto majori tectorio ; quod opus, si per- « fectum fuerit, non erit opus citra montes, cui apte debeat compa- « rari. » (Cit. dans *Hist. Univers. Paris.*, tom. II, p. 419).

(2) *Gal. christ.*, tom. VII, col. 74.

(3) *Ibid.*, col. 75.

(4) *Ibid.*, col. 76 ; *Hist. Univers. Paris.*, tom. II, p. 512.

(5) Montfaucon cite un ms. renfermant un *De Canone Missæ*, attribué à Maurice avec la qualification de *sanctus* (*Hist. littér. de la Franc.*, tom. XX, p. 158, art. de Daunou).

(6) XIX, 25-27.

(7) *Gal. christ.*, *ibid.*

(8) *Vol. cit.*, col. 75. Le récit du moine de Citeaux n'a pas été, non plus, délaissé par l'*Hist. Univers. Paris.*, *vol. cit.*, p. 512.

« propose, la grâce de Dieu aidant, de gérer cet épiscopat
« d'une façon irréprochable » 1.

Le récit d'Etienne de Bourbon serait bien plus digne de
foi. D'après cet historien, les chanoines firent une démarche
auprès du roi, qui était « plein de simplicité et de bonté »,
pour lui demander un conseil dans la grave circonstance. Le
roi demanda quels étaient les meilleurs dans l'Église de Paris.
Deux furent nommés comme étant au-dessus des autres :
« Maître Maurice et maître Pierre Comestor ». Le roi
demanda encore lequel des deux « montrait le plus de fer-
« meté, le plus de zèle pour tout ce qui concernait le salut
« des âmes, lequel se mêlait le plus de prédication et d'autres
« œuvres de charité ». Le nom de Maurice fut prononcé.
« Quant à Pierre Comestor, ajouta-t-on, il était plus appliqué
« à la science des Saintes-Ecritures. » Le roi fit entendre alors
ces mots qui exprimaient le parti à prendre : « Choisissez le plus
« zélé pour le gouvernement des âmes ; réservez le plus
« instruit pour la direction des écoles ». Et c'est ce qui fut
fait (2).

Nous renvoyons au *Gallia christiana* (3) pour les détails de
l'active administration du nouvel évêque de Paris. Qu'il nous
suffise de dire que son nom reste attaché à la fondation de
plusieurs églises et monastères (4).

A ce point de vue et en soi, l'œuvre capitale de Maurice de
Sully est Notre-Dame de Paris, splendide monument dont la
première pierre fut posée en 1163, le grand autel consacré en
1182, en sorte qu'on put y célébrer l'office divin. Concevoir
pareille œuvre dénote un esprit élevé, l'entreprendre un
génie hardi, fécond en moyens et grandissant en proportion
des difficultés. Si Maurice n'eut pas la consolation de voir

---

(1) *Gal. chirist.*, vol. cit., col. 70-71.
D'autre part, nous lisons, dans ce même *Gallia*, quelques lignes plus
haut : De eo id singulare monachus Antissiodorensis, Guillelmus Nangius,
« Vincentius Belvacensis et alii referunt, quod, cum esset junior, pauper
« ac mendicus, eleemosynam postulatam hac lege noluerit accipere, ut
« nusquam fieret episcopus. »

(2) M. V. Mortet, *Une élection épiscopale au XIIe siècle, Maurice de Sully*,
Paris, 1885, pp. 8 et 9.

(3) Tom. VII, col. 71-75.

(4) M. l'abbé Baunard a écrit une très bonne notice sur *Maurice de
Sully* dans ses *Vies des Saints et personnages illustres de l'église d'Orléans*,
Orléans, 1862.

AUX XIᵉ ET XIIᵉ SIÈCLES   51

Nous trouvons dans le *Gallia christiana* qui l'a emprunté à
Césaire Heisterbach (*Heisterbaechensis*), moine de Citeaux, le
récit de la promotion de Maurice au siège épiscopal de Paris
en 1160. Si nous mentionnons ce récit, c'est pour en dire, et
l'invraisemblance — car le fait est autant en opposition avec
les vertus du prélat qu'avec les règles canoniques — et l'impro-
babilité — car rien de semblable n'a été relaté, confirmé par les
autres chroniqueurs de l'époque. Donc, d'après cet étrange
récit, les chanoines de Notre-Dame ne pouvant s'accorder pour
donner un successeur à Pierre Lombard, conférèrent à trois
d'entre eux le droit d'élection; ceux-ci, à leur tour, par suite de
nouvelles difficultés, s'en remirent à Maurice de Sully qui se
nomma lui même, en prononçant ces mots : « J'ignore les
« consciences et les résolutions des autres ; quant à moi, je me

5-6. Mais ce n'est pas une raison suffisante pour nier ou élever des
doutes.

Du Boulay et, après lui, Crévier rapportent sur le professeur un trait
analogue à celui que nous avons raconté relativement à Pierre Lombard.
La mère de Maurice, fière et heureuse d'avoir un fils jouissant d'une
aussi grande réputation, résolut de le visiter à Paris. Elle se mit donc en
chemin dans son costume de femme pauvre. Arrivée à la capitale, elle
demanda son fils à des dames. Ces dames, estimant que le fils aurait quelque honte de voir sa mère en pareil accoutrement, emmenèrent celle-ci
chez elles et lui donnèrent des vêtements plus riches, puis la conduisirent
chez le fils. Ce dernier, à l'annonce de sa mère, répondit en jetant un
regard sur elle : « Je n'en crois rien, car ma mère est pauvre et n'est
vêtue que de bure. » Comme il persistait dans son dire, il fallut
ramener la dame improvisée, lui rendre les vêtements de bure, la recon-
duire vers le fils qui s'empressa de l'embrasser, en disant: « Je vois bien
maintenant que vous êtes ma mère. » (*Hist. Univers. Paris.*, tom. II, p.
155 ; *Hist. de l'Univers. de Paris*, tom. I, p. 215). Du Boulay prétend puiser
dans S. Bonaventure (*Opera*, Rome, 1588-1596, tom. VII, p. 10., *Sermones
de decem præceptis*). Mais le saint docteur ne nomme personne ; il écrit
simplement : « Fuit quidam magister magnus et famosus Parisius et a
multis notus et dilectus. » Puis il termine son récit par ces mots : « Et
postea factus est episcopus Parisiensis. » Dès lors, malgré certaines
variantes, le récit peut convenir à Pierre Lombard.

Si, d'un autre côté, l'on préférait réserver le fait pour Maurice de Sully,
nous n'y verrions pas grand inconvénient. Mais nous ne pensons pas
qu'il y ait lieu d'admettre deux faits analogues dans des circonstances
analogues et à la même époque.

Nous avons, il est vrai, raisonné dans l'hypothèse où les *Sermons sur les
dix préceptes* appartiennent réellement à saint Bonaventure. Mais on a élevé
des doutes sur ce point, parce que l'opuscule « avait été imprimé plusieurs
fois avant d'entrer dans la collection des écrits » du grand docteur,
et cela sous le nom de « Godescalc Hollen ». Or Hollen est un écrivain du
XVᵉ siècle. (*Hist. littér. de la Franc.*, tom. XV, p. 151). Même en cet état, le
fait ne doit pas être rejeté précisément pour être narré par un auteur
moins ancien.

suum Anselmum. Nous avons là quelques descriptions et des définitions de mots. L'auteur se proposait de répondre à un reproche, à savoir qu'il n'employait pas les expressions propres. La Bibliothèque nationale et celle de l'Arsenal possèdent chacune dans leurs manuscrits une copie du *De Utensilibus* ou *Des Choses à l'usage* (1). « Il en existe même une édition « donnée par Scheler, d'après un manuscrit de Bruges, dans « sa Lexicographie du XIIe ou XIIIe siècle » (2).

MAURICE DE SULLY

(— 1196)

Succédant à un prélat célèbre, Pierre Lombard, sur le siège de Paris, Maurice de Sully s'illustra aussi par l'érection d'un monument, mais d'une autre nature, également demeuré jusqu'à nos jours.

Sully-sur-Loire *Sulliacum* ou *Soliacum* fut son berceau. L'on peut dire, pour employer une expression connue, qu'il fut le fils de ses œuvres. D'une naissance obscure et sans ressources, il put néanmoins, ayant recours à la charité 3, s'instruire dans les écoles de Paris. D'élève studieux, il devint professeur de renom en philosophie d'abord, en théologie ensuite. Un canonicat à la cathédrale de Bourges fut une première récompense. Mais la capitale avant tant d'attraits, que Maurice abandonna ce canonicat pour un autre à la cathédrale de Paris dont il fut même archidiacre (4).

---

(1) Bibl. nat., ms. lat. 14877 ; Bibl. de l'Arsenal, ms. 3807.
(2) M. Hauréau, *Notices et Extraits de quelques manuscrits latins de la Biblioth. nation.*, tom. III, p. 198.
(3) *Hist. Univers. Paris.*, tom. II. p. 255 : « ... quem mater Humberga « Lutetiam miserat, ut, mendicando panem ant scholaribus ditioribus « serviendo, iis (studiis sans aucun doute), si posset, incumberet. »
(4) *Gal. christ.*, tom. VII, col. 70 ; *Hist. Univers. Paris.*, tom. II pp. 325, 754. Le *Gal. christ.* s'exprime ainsi : « Fuit autem primo canonicus Bituricensis, ut discimus ex monumentis istius ecclesiæ, tum Parisiensis. » M. V. Mortet n'a pu mettre la main sur ces documents, comme il le déclare dans son *Maurice de Sully, évêque de Paris*, Paris, 1890, in-8, p.

En 1132, il écrivit le traité dont parle Jean de Salisbury et qui a pour titre : *De Arte disserendi*. C'est le *De Arte dialectica* qui se trouve incomplet à notre Bibliothèque nationale (1). M. Cousin en a donné quelques extraits dans ses *Fragments philosophiques* (2).

Devenu chanoine de Paris vers 1145 Adam professa la théologie aux écoles de Notre-Dame : chaire qu'il occupa avec non moins de succès que la précédente. En 1147, il fut cité au concile de Paris où fut condamné Gilbert de La Porrée, et son témoignage fut d'un grand poids aux yeux des Pères de l'assemblée.

Dans sa patrie, il reçut la récompense méritée par son grand talent : il y fut élevé, en 1175 ou 1176, sur le siège épiscopal de Saint-Asaph. En 1179, il prenait place au concile de Latran où était portée une accusation contre Pierre Lombard sur un point doctrinal dont nous nous entretiendrons un peu plus tard. Il prit hardiment la défense de l'accusé. « Seigneur pape, dit-il, j'ai gouverné jadis l'école de Pierre « Lombard à Paris, et je défendrai le sentiment de mon « maître. » Si l'on prenait à la lettre ces paroles dont nous trouvons le texte latin dans du Boulay, il faudrait conclure, semble-t-il, que Pierre Lombard aurait enseigné à l'école de Notre-Dame Mais nous croyons toujours devoir nous en tenir au sentiment que nous avons exprimé.

L'épiscopat d'Adam finit avec sa vie en 1180 (3).

Pits donne au professeur un commentaire sur les *Quatre livres des sentences* et des *Questions ordinaires* (4).

Une autre œuvre, assez originale, nous a été conservée : c'est l'*Epistola* ou l'*Oratio magistri Adæ Parvi-Pontanei de utensilibus ad domum regendam pertinentibus, ad magistrum*

---

(1) Ms. lat. 14700.
(2) *Fragm. philos.*, tom. II, p. 386-390.
(3) M. l'abbé Chevalier croit devoir assigner l'année 1181 (*Répert. des sourc. hist. du moyen-âge*).
Sourc. génér. : *Hist. Univers. Paris.*, tom. II, p. 715-716 ; *Hist. littér. de la Franc.*, tom. XIV, p. 189-190 ; Wright, *Biogr. Brit. lit.*, tom. II, Londres, 1846, p. 245-246.
(4) *De illust. Angl. script.*, Append., Cent. Ia, n. I, *De Adamo Anglico*. Pits ajoute : « Et id genus alia quæ me latent, uti et tempus quo vixit. »

Pierre écrivit des commentaires sur les *Évangiles*, les *Épîtres de saint Paul* et aussi des *Allégories* sur l'Écriture-Sainte. Ces trois ouvrages sont inédits. Les deux premiers se trouvent à notre Bibliothèque nationale; le troisième aussi, mais incomplet (1).

Poète à ses heures, notre théologien composa aussi des *Vers en l'honneur de Marie*, poème que nous possédons également à la même bibliothèque et aussi à celle de l'Arsenal (2).

Pierre Comestor est-il l'auteur, comme on l'a dit (3), d'une *Catena temporum*, sorte d'histoire universelle passée dans notre langue sous le titre de *Mer des histoires?* Non : en le disant, l'on commettrait une erreur (4).

Faut-il attribuer encore à notre auteur: une *Parœnesis?* Oui, dit Albéric des Trois-Fontaines; — un *De laudibus B. Mariæ* (5), traité distinct du poème dont il a été question? Peut-être; — un autre traité *De diligendo Deo?* Vincent de Beauvais l'a écrit mais on doit penser autrement (6).

ADAM DU PETIT-POT

(-1180).

Anglais d'origine, Adam tirait son surnom de l'endroit où il tenait son école de grammaire, de rhétorique et de dialectique.

(1) Le premier dans le ms. lat. 15269, le second dans le ms. lat. 651, le troisième dans le ms. lat. 16492.

(2) Bibl. nat. mss. lat. 16609, 18134; Bibl. de l'Arsenal, ms. 755, 756, 758, 946.

(3) Chaudon et Delandine, *Dictionn. histor...*, art. *Comestor*; Feller, *Dictionn. histor...*, art. *Pierre Comestor*; mais l'un et l'autre d'une façon non affirmative; *Nouv. biograph. génér.*, art. *Comestor*.

(4) Voir Brunet et Graesse, *Opp. cit.*, art. *Rudimentum novitiorum* et *Mer des histoires*.

(5) Bibl. nat., mss. lat. 15914, 16496.

(6) *Hist. littér...*, *ibid.*, p. 17. L'on trouve là les raisons à l'appui de ces assertions diverses.

susdits sermons à la fin. Toutefois, on avait soin d'observer que ces sermons appartenaient à Pierre Comestor. Ils sont au nombre de cinquante-un et ont pour objet tant les dimanches que les principales fêtes (1). Quelques doutes pourtant se sont élevés sur l'authenticité de plusieurs, c'est-à-dire les 7°, 15°, 27°, 21°, 22°, 23°, 25°, 26°, 28°, 34°, 35°, 40°, 51° : la raison alléguée est qu'on les rencontre, avec quelques différences, il est vrai, parmi ceux d'Hildebert. Mais il y a lieu, selon dom Brial, de les maintenir à notre théologien, « parce « qu'ils portent son nom dans presque tous les manuscrits et « qu'ils finissent par la formule ou conclusion qui termine les « autres sermons de Pierre-le-Mangeur : *Præstante Jesu Do-« mino nostro, judice nostro, qui venturus est judicare vivos et « mortuos et sæculum per ignem*, ou quelque autre sem-« blable » (2).

Ce n'est pas là toute l'œuvre oratoire de Pierre Comestor. Il y avait cent quatorze sermons « dans un recueil du monastère de Longpont, au diocèse de Soissons, avec ce titre : *Sermones M. Petri Comestoris* » (3). M. l'abbé Bourgain indique encore d'autres manuscrits de sermons en diverses bibliothèques et surtout à notre Bibliothèque nationale (4).

Comme prédicateur, Pierre eut un certain renom. Suivant M. l'abbé Bourgain, qui a fait une étude comparative entre les sermons du chanoine-chancelier et ceux du Victorin, son goût s'épura pendant son séjour à Saint-Victor : là, « il dé-« pose son jargon scientifique ; il obéit au goût de son audi-« toire ; il est clair, simple, instructif, et, sans devenir élo-« quent, il devient naturel » (5).

(1) Dom Ceillier, *Op. et vol. cit.*, p. 308-309. Voir *ibid.*, p. 308-311, l'analyse de quelques-unes de ces œuvres oratoires.
Ces sermons se trouvent aussi dans la Patrolog. lat. de M. Migne, vol. cit., col. 1722 et suiv., avec renvois pour ceux qui se lisent parmi les sermons d'Hildebert.

(2) *Hist. littér...*, vol. cit., p. 15-16.
Voir aussi M. Hauréau, *Notices et Extraits de quelques manusc. de la Bibl. nat.*, tom. III, p. 44.

(3) *Hist. et littér...*, ibid., p. 16.

(4) *La Chaire française au XIIe siècle...*, Paris, 1879, p. 123.
L'on trouvera des sermons de Pierre ou à lui attribués dans les manuscrits latins 2602, 2605, 2950, 2951, 2952, 12415, 13582, 14590, etc. de notre Bibliothèque nationale.
Le manuscrit 1000 de la Bibliothèque Mazarine renferme aussi trois recueils de sermons sous le nom de Pierre-le-Mangeur.

(5) *La Chaire franc...*, ibid.

« plys, commençay ses translations, et les euz parfaictes en
« l'an de grâce mil deux cens nonante-sept... (1) ». Le traduc-
« teur élargit le cadre de l'auteur. Celui-ci, on l'a compris,
s'était borné aux livres historiques de l'ancien et du nouveau
Testament ; celui-là y ajouta les autres livres en sorte que la
traduction pût porter le titre de *Bible en françois historiée*.
« Et a esté ceste Bible en françois la première fois imprimée
« à la requeste du très chrestien roy de France Charles huy-
« tiesme de ce nom... » ; paroles qui indiquent la date approximative de l'impression qui n'en porte aucune. L'édition était
avec gravures (2) ; et il y en a eu plusieurs autres depuis (3).

Fabricius « indique d'autres traductions du même ouvrage
« faites en Allemagne : l'une en rimes saxonnes, par ordre de
« Henri Raspon, landgrave de Thuringe, l'an 1248 ; l'autre en
« rimes tudesques par Jacques Van-Mierlande, environ l'an
« 1271. La première existe en manuscrit à la bibliothèque
« Pauline, à Leipsick ; le seconde se rencontrait, du temps de
« Sanderus, parmi les manuscrits de Jean-Guilain Bultel de
« Nipe » (4).

Les sermons de Pierre Comestor ont été imprimés seuls,
au moins deux fois, sous le nom de Pierre de Blois, et aussi
dans les œuvres de ce théologien, en même temps historien
et homme d'Etat. L'édition séparée fut l'œuvre du P. Busée,
Jésuite, qui la fit « sur un manuscrit qui lui avoit été envoyé
de Louvain » (5). Il est à remarquer que le manuscrit ne portait pas le nom de Pierre de Blois, mais simplement celui de
Maître Pierre. Pierre de Goussainville, le nouvel éditeur des
Opera de Pierre de Blois, ayant reconnu, par un examen at-
tentif de divers manuscrits, que les sermons étaient vraiment de Pierre Comestor, les supprima dans l'édition qu'il
donnait au public (6). Ces *Opera* ont pris place dans la *Maxima
Bibliotheca veterum Patrum*, édit. de Lyon (7), mais avec les

(1) Paroles reproduites au commencement de l'édition.
(2) 2 vol. in-fol.
(3) Celle que nous avons eue entre les mains, est aussi s. d., en 2 vol.
in-fol. et également avec gravures. C'est à cette édition que nous avons
emprunté les dernières paroles citées. M. Brunet estime qu'elle « ne doit
pas être antérieure à l'année 1514... » (*Manuel du libraire*, art. *Comestor*).
Voir *Ibid*..., et Graesse, *Trésor*..., art. *Comestor*, pour les autres éditions.
(4) *Hist. littér., de la Franc.*, tom., XIV p. 15. Voir Fabricius, *Biblioth.
lat...*, art *Comestor*.
(5) Mayence, 1600 et 1605.
(6) Paris, 1667, in-fol.
(7) Tom. XXIV, pp. 1585 et suiv.

La *Scolastica Historia* commence à la création et se termine à l'emprisonnement de saint Paul à Rome, dernier évènement raconté par les *Actes des Apôtres*. L'auteur, pour combler les lacunes des livres saints, a recours tant aux récits de Josèphe qu'aux histoires profanes. Là, sans doute, surtout en ce qui concerne l'œuvre des six jours, l'historien donne des explications peu fondées, sinon arbitraires, en rapport, du reste, avec la science de l'époque. Ainsi, par exemple, de ce qu'il dit sur le ciel empyrée, les quatre éléments du monde, la forme concave du firmament. Mais, tel qu'il est, cet ouvrage a été considéré, pendant des siècles, comme ce qu'il y avait de plus achevé en ce genre. Aussi, a-t-il eu de nombreuses éditions depuis les deux premières, qui sont de 1473 (1), jusqu'à l'avant-dernière portant le millésime de 1728 (2). Il est dédié à Guillaume de Champagne, alors archevêque de Sens, le Mécène de l'époque (3), ce qui en fait remonter la composition au-delà de 1176.

L'ouvrage fut même traduit en vieux français à la fin du siècle suivant. Le traducteur, Guyart des Moulins, s'exprime ainsi : « En l'an de grace mil deux cens quatre vingtz et onze, au moys de juing auquel je fuz né, et en quarante ans accom-

(1) Reutlingen, in-fol.

(2) Venise. Elle est dédiée au concile réuni à Bénévent.
Dom Ceillier, vol. cit., p. 508, et Dom Brial, *Hist. littér. de la Franc.*, tom. XIV, p. 15, indiquent les autres éditions.
Voir, en particulier, M. Brunet, *Manuel...*, art. *Comestor*, et Hain *Repertorium...*; aussi art. *Comestor*, pour les éditions du xv° siècle. Nous citerons celles de Strasbourg en 1485, 1485, 1487, celles de Reutlingen en 1485, de Bâle en 1486.
Une des deux éditions de 1475, ne comprenant que la seconde partie de l'ouvrage, porte ce titre : *Scolastica hystoria super novum Testamentum cum additionibus atque incidentiis* (M. Brunet, *Ibid.*). Voir aussi Græsse, *Trésor...*, art. *Comestor*.
La dernière édition a été faite par M. l'abbé Migne dans sa Patrologie latine, tom. CXCVIII, col. 1504 et suiv.

(3) « ...Reverendo... Guillelmo Dei gratia Senonensi archiepiscopo. »
Voici sur cette *Historia* les jugements de trois écrivains anciens, Henri de Gand, Vincent de Beauvais, le chronologiste d'Auxerre (*Chronologistes Autissiodorensis*) :
Le premier s'exprime ainsi : « Petrus dictus..., studens utilitati in theo-
« logia studentium, omnes historias veteris et novi Testamenti breviavit
« in unam historiam quam vocavit scholasticam... » (*Loc. cit.*).
Le second tient à peu près le même langage : « Historiam... breviter
« et utiliter persequens et difficultates in plerisque locis prudenter expo-
« nens. » (Dans *Hist. Univers. Paris.*, tom. II. 261).
Le troisième trace une appréciation analogue : « .. opus edidit satis utile, satis gratum ex diversis historiis compilatum... » (Dans *Ibid.*, p. 406).

écrivit pour Paris trois noms, parmi lesquels nous lisons celui de Pierre-le-Mangeur, dit encore doyen de Troyes (1).

Pierre Comestor se retira, à la fin de sa carrière, dans une maison religieuse : Saint-Victor fut cette maison de la solitude et de la prière. C'est là qu'il rendit son âme à Dieu. Mais ici un point d'interrogation se pose encore : En quelle année cette mort ? « Vincent de Beauvais la place l'an 1160, le P. « Labbe, sur des documents pris à S. Victor, en 1198 ; mais « les historiens, les plus voisins du temps, la chronique de « Saint Marien d'Auxerre, celles de Tours et de Guillaume de « Nangis la rapportent à l'année 1179 ; » (2) et nous ajouterons : d'autres historiens écrivent : 1178 (3). La première date est certainement fausse d'après ce que nous avons dit, la seconde n'est pas à dédaigner (4), les deux dernières nous paraissent les plus probables.

Sur la tombe de Pierre Comestor, une épitaphe fut gravée où on lisait qu'après avoir enseigné pendant sa vie il ne cessait pas d'enseigner après sa mort, car ses cendres disaient à tout visiteur : « Ce que nous sommes, celui-ci l'a été, et nous serons ce qu'il est maintenant » (5).

S'il laissa en mourant ses biens aux pauvres et aux églises(6), il laissa au monde lettré, outre des *Sermons*, une *Histoire* qu'aujourd'hui l'on nommerait *sainte* et qu'alors on qualifia de *scolastique*, parce que l'auteur, en la composant, avait en vue les écoles.

(1) *Hist. Univers. Paris.*, tom. II, p. 369 : « Litteraturam et honestatem M. Petri Manducatoris, decani Trecensis, credimus vos non ignorare. » Les deux autres étaient Bernard et Girard-la-Pucelle.

(2) *Hist. litt...*, vol. cit., p. 14.
Voir Oudin *Commentar. de scriptor...*, tom. II, col. 1529, Chaudon et Delandine, *Diction. histor.*, art. *Comestor*, pour d'autres dates encore.

(3) Fabricius, *Biblioth. lat...*, édit. Mansi, art. *Comestor* ; Brucker, *Hist. critiq. philos.*, tom. III, Leipsick, 1743, p. 773.

(4) Le P. Le Long, *Bibl. sac.*, édit. in-fol., p. 683 ; la *Nouv. Biog. Gén.* art. *Comestor* ; Cave, *Hist. litt.*, tom. II, Oxford, 1743, p. 239, lequel a écrit : « Obiit ibidem sepultus 12 kal. novembris anno 1198, quod ex chartis « commentariisque domesticis probant canonici Victorini. »

(5) *Hist. Univers. Paris.*, vol. cit. p. 765.

Petrus eram, quem petra tegit, dictusque Comestor,
Nunc comedor. Vivus docui, nec cesso docere
Mortuus ; ut dicat, qui me videt incineratum :
Quod sumus iste fuit ; erimus quandoque quod hic est.

(6) *Ibid.*, p. 764 : « ... qui testamento sapienter disposito cuncta quæ habuit, pauperibus et ecclesiis prorsus distribuit. »

boschi fait remarquer que deux écrivains italiens le disent Lombard, et l'un de ces deux écrivains, Tholomée de Lucques, est contemporain, bien qu'un peu plus jeune, du célèbre auteur cité (1).

Si Pierre ne fut pas originaire de Troyes, il appartint, à d'autres titres, à cette ville : il en fut chanoine et doyen. Généralement on lui fait quitter cette dignité de doyen, en 1164, pour celle de chancelier de Paris.(2). Mais, si l'on tient compte du récit d'Etienne de Bourbon au sujet de l'élection de Maurice de Sully à l'épiscopat, récit que nous ferons connaître, il dut quitter plus tôt le décanat, puisque, dès 1160, d'après cet historien, il faisait partie du chapitre de Paris.

Quoi qu'il en soit, il succédait, en 1164, dans la chancellerie de Paris, à Eudes dont Jean de Salisbury avait fait l'éloge en ces termes : « Vers qui irai-je, sinon vers celui « qui est habitué à rompre le pain aux disciples, afin qu'il « puisse être digéré et se convertir en aliments de sciences « et de mœurs ? » (3)

Pierre était, en même temps, chargé de l'enseignement théologique, fonction qu'il céda, en 1169, à Pierre de Poitiers, mais en conservant le premier office (4).

Nous savons qu'Alexandre III autorisa — concession tout à fait paternelle — ce chancelier à percevoir un droit modique pour la collation de la licence (5). Le même pape demanda à son légat en France, le cardinal Pierre, du titre de Saint-Chrysogone, de lui indiquer, en vue de légitimes récompenses, les plus lettrés du royaume (6). Dans sa réponse, le légat ins-

---

(1) *Stor. del. letterat. ital.*, tom. III, Milan, 1823, p. 446 : « Uno Tolo-« meo da Lucca, che fu contemporaneo di Enrico de Gand, benche « alquanto a lui posteriore : « *Floruit magister Petrus Manducator qui et* « *Comestor appellatur... Hic genere Lombardus...* (Script. rer. Ital., « vol. XI, p. 1112). L'altro è benvenuto da Imola, che ne' suoi Comenti « su Dante dice : *Iste Petrus Comestor fuit Lombardus.* (Aut. Ital., tom. I, « p. 1267) ».
(2) *Gal. christ.*, tom. XII, col. 525 ; *Hist. littér, de la Franc.*, tom. XV, p. 12 ; et autres. L'art. de l'*Hist. littér...* est de dom Brial.
(3) Cit. dans *Hist. Univers. Paris*, tom. II, p. 326.
(4) Dom Ceillier, *Hist. génér. des aut. sacr. et ecclés.*, tom. XXIII, Paris, 1763, p. 305.
(5) *Introduction*.
(6) *Hist. Univ. Paris*, tom. II, p. 369 : « ... qui doctrina et probitate vitæ præ cœteris eminere viderentur ».
Ce cardinal fut d'abord un des maîtres de Paris, puis élevé au cardinalat et chargé de diverses légations en France. Il mourut en 1184. (Ibid. p. 765-766).

Celles qui n'ont pas été répandues par les presses, sont indiquées ainsi par Pits : un commentaire *sur l'Apocalypse* et un autre *sur quelques Psaumes* ; un traité *sur le mépris du monde* et un second *sur les dires des docteurs* ; des *Sermons* et des *Lectures préparatoires (Prœlectiones)* (1). Fabricius ajoute, d'après Montfaucon, des *Sermons* sur les misères de la vie humaine (2). Ajoutons que la Bibliothèque de la rue Richelieu possède dans son manuscrit latin 2945 des *Sermones varii* de notre prédicateur.

Nous rencontrons, au commencement du XIIIe siècle, un archevêque de Rouen qui parfois est appelé aussi *Robert Pullus*, *Robert Poulain*, mais dont le véritable nom est *Robert-le-Baube*. Selon Oudin, c'était un savant théologien de Paris. Mais nous ne lui connaissons pas d'œuvres vraiment théologiques. Monté sur le siège archiépiscopal de la Normandie, il mourut en 1221. Un vieux poète a dit de lui :

> Ipsi (Walterio) successit præsul Robertus egenos
> Veste, cibis recreans, cleri defensor, amator
> Juris, in ecclesiis devotus atroxque tyrannis (3).

L'expression tyran est un peu dure.

PIERRE COMESTOR OU LE MANGEUR

(- probablement 1178 ou 1179)

Quel est le pays natal de ce mangeur de livres, tant ce savant en avait lu ou dévoré ? car telle est l'explication la plus vraisemblable du surnom. L'opinion commune s'est fondée sur Henri de Gand pour assigner la ville de Troyes (4). Tira-

---

(1) *De illust. Angl. Script.*, an. 1146, *De Roberto Pulleinio*. Après l'énumération des livres, Pits dit encore : « et alios multos ».
(2) *Biblioth. lat...*, art. *Robertus Polenus*. Voir aussi Wright, *Op. cit.*, p. 183-184.
(3) Oudin, *Comment. de scriptor...*, tom. II, col. 1121 ; *Gal. christ.*, tom. XI, col. 59-60 ; *Hist. littér. de la Franc.*, tom. XVII, p. 401-402.
(4) *Liber de scriptoribus ecclesiasticis.* cap. XXXII : « Petrus dictus Manducator Trecis oriundus... »

analogue s'impose, quand il s'agit de l'âme humaine, « Image « de Dieu, elle est tout entière et partout dans le petit monde. « le corps. » Voilà une chose certaine. Mais comment y est-elle ? L'explication est difficile ; et les comparaisons qu'on peut employer, ont plus ou moins de justesse (1).

Sur la grave question des universaux, Robert Pullus appartient à l'école nominaliste. Il proclame hardiment qu'il n'y a point de substances universelles (2). A ses yeux, « il est « propre à toute substance de faire partie d'une espèce, d'un « genre ; mais on ne doit pas prétendre qu'il existe des espè- « ces, des genres, des substances génériques, spécifiques, à la « surface desquelles apparaissent les périssables indivi- « dus » (3).

Les expressions dont nous nous sommes servi au sujet de l'édition des *Sententirum libri VIII*, laissaient entendre que ce n'était pas là la seule œuvre tracée par la plume de Robert Pullus.

« dentibus subjecta est. An dicemus substantiam, non quia alii se subjiciat, « sed quia per se et non per aliud existat ? Si ita est, inter nobis notas « non reperitur substantias, quas non aliter novimus nisi subjectas acci- « dentibus. Si ita est, nullo designatur nomine, quia omne nomen « significat substantiam cum qualitate... »

Il s'exprime en ces termes sur la Trinité, *Ibid.*, lib. I, cap. III : « Quomodo ergo tres sunt personæ ? Aut si tres personæ, cur non totidem « substantiæ, sed tantum una ? In creaturis enim unitatem substantiæ « comitatur identitas personæ, diversitatemque personarum multiplici- « tas sequitur substantiarum. »

A l'objection la réponse.

« Nonne domus una ? Et tamen tectum, paries et fundamentum est ? « An similiter Deus unus est, et tamen Pater et Filius et Spiritus-Sanctus « est ? nulla pars integralis suscipit nomen sui totius, sicut nec paries « nec tectum, domus. Pater autem est Deus, nec aliquid plus est Pater « quam Filius, nec uterque quam Spiritus-Sanctus. »

(1) *Ibid.*, lib. I, cap X,

A cette objection : Qualiter substantia erit alicubi ut ipsa nusquam sit « ibi ? » il répond : « Qualiter, inquam, frigus in capite, calorem sen- « tiat in pede, nisi sit in utroque ? »

(2) *Ibid.*, par. I, cap IV : «... ratio evincit universalia non esse » ; sorte d'axiome qu'il énonce dans le développement des preuves de la thèse ainsi posée : *Invariabilis Deus qualitatibus et accidentibus non est subjectus.*

(3) M. Hauréau, vol. cit., p. 484, lequel a transcrit ce passage : « Sunt « nonnullæ formæ generum, quæ ea nequaquam ducunt ad esse ; spe- « cierum sunt quoque proprietates pertinentes ad substantiam, sed non « efficiunt personam. » (*Ibid.* lib. I. cap. III).

Les *Sententiarum libri VIII* ont été réédités par M. l'abbé Migne, avec les *Scriptorum quorumdam testimonia* en tête et les *Observationes* de dom Mathoud à la fin, dans la Patrol. lat., tom. CLXXXVI, col. 639 et suiv.

« que vous occupez, de la dignité dont vous êtes revêtu :
« exercez virilement et prudemment le zèle qui est en vous
« pour la gloire d'Eugène, votre salut et la grande utilité de
« l'Eglise, afin que vous aussi puissiez dire : *La grâce de
« Dieu n'a pas été vaine en moi* ».

Robert Pullus mourut à Rome vers 1150. On dit que ce fut le premier Anglais élevé à la dignité cardinalice. « Quelques-
« uns, écrit dom Ceillier, mettent Ulric avant lui ; mais ils n'en
« donnent pas de preuves » (1).

Dom Mathoud livra aux presses le principal ouvrage de Robert Pullus, les *Sententiarum libri VIII* (2). L'éditeur qui le dédiait à Henri de Gondrin, archevêque de Paris, avait une haute opinion de cet ouvrage (3). On y trouve, en effet, « des dissertations dogmatiques en bon ordre et rédigées dans un style facile et clair » (4), sur Dieu, la création, l'incarnation, les sacrements, les fins dernières.

Suivant le théologien, pour citer un ou deux points, l'on n'a pas à examiner d'après les données de la philosophie si Dieu, dont l'existence est prouvée par le mouvement, est substance ou accident. L'on doit s'arrêter à cette pensée : Dieu, l'être sans commencement, est indéfinissable (5). Une réserve

---

(1) *Hist. génér. des aut. sacr. et ecclésiast.*, tom. XXII Paris, 1758, in 4, p. 276.
Source génér. : *Histoir. Univers.* Paris., tom II, p. 153 ; *Scriptorum quorumdam testimonia quibus de Roberto Pullo et scriptis ejus pauca declarantur* en tête des *Sententiarum libri VII* de Robert Pullus ; Cave, *Hist. liter.*, Oxford, 1740-1743, tom. II, p. 222-223 ; Tanner, *Bibl. Briti-Hibern.*, p. 602 ; Wright, *Biogr. Britan. liter.*, tom. II. Londres, 1846, p. 180 ; Ceillier, *Loc. cit.* ; Oudin, *Comment. de Scriptor...*, tom. II. col. 1118-1121 ; Jaffé, *Regest. Pontif. Roman.*, Berlin, 1861, pp. 609, 616 ; *Hist. littér. de la Franc.*, tom. IX, p. 71.
Nous avons dit que Robert mourut vers 1150 ; ce sont les dires des historiens ou les données de l'histoire ; M. Hauréau, mais nous ne savons pas ses raisons, croit pouvoir descendre jusque « vers l'année 1154 ». (*Hist. de la philos. scol.*, vol. cit., p. 483.)

(2) Paris, 1655, in-folio.

(3) *Infra*, art. *Robert de Melun.*

(4) *Hist. de la philos. scolat.*, vol. cit., p. 483.

(5) *Sentent..*, lib. I, cap. 1 « Irrationabilium rationabilis progressus et indefés-
« sus in se recursus dispositorem suæ prævidere machinæ indubitanter
« evincit... Constat itaque Deum esse et initium subsistendi non habere.
« Quidquid autem sit, vel substantia (si Aristotelem sequimur) vel acci-
« dens est ; utrum horum est Deus ? Si accidens est, per aliud est, qui
« cœteris esse confert. Si substantia est, susceptibilis contrariorum est,
« qui invariabilis et immutabilis. Substantia enim dicta est, quia acci-

cupa des écoles d'Oxford, qui, par le malheur des temps, n'étaient plus à la hauteur de leur passé. Oxford était presque sa patrie, car on le dit originaire du comté de ce nom. L'impulsion qu'il imprima fut féconde. Aussi, en mémoire de ce fait, prononçait-on depuis, chaque année, à l'université de cette ville, l'éloge de celui qu'on aimait à considérer comme un glorieux restaurateur.

Le désintéressement de Robert était égal à son ardeur pour l'étude. Le roi d'Angleterre voulut récompenser par un siège épiscopal le savant, qui refusa. Il accepta cependant l'archidiaconé de Rochester.

Il revint à Paris. Et c'est alors qu'il se fit applaudir comme professeur. Son évêque le rappelant, saint Bernard intervint pour prier de différer l'exécution de la décision. Ce fut sans succès ; car, non seulement le prélat maintint sa décision, mais fit main-basse sur les revenus de l'archidiaconé de Rochester. Appel cependant avait été interjeté à Rome par l'archidiacre. Voilà ce que nous apprend encore la lettre de l'abbé de Clairvaux, laquelle est de 1141 environ. Nous y lisons, en effet : « Je n'ai pas approuvé et je n'approuve pas « que, après l'appel interjeté, vous ayez, comme on me le « dit, saisi les biens de l'appelant ».

Robert eut gain de cause. Il semble même que ces démêlés furent l'occasion d'une destinée brillante. Appelé par Innocent II dans la Ville éternelle, créé cardinal du titre de Saint-Eusèbe par Célestin II (1144), il fut nommé chancelier de l'église romaine par Lucius II.

Ici encore, nous trouvons une lettre de S. Bernard. Elle est adressée à son *très-cher seigneur et ami Robert, cardinal-prêtre et chancelier* (1). L'auteur rend grâces au ciel de ce qu'Eugène III a près de lui « un homme fidèle » pour l'aider dans le gouvernement de l'Église. Il ajoute : « C'est pourquoi, très-
« cher, soyez plein de sollicitude pour celui à qui Dieu vous
« a donné comme consolateur et conseiller ; employez-vous
« prudemment, selon la sagesse qui est en vous, à ce que, au
« sein du tumulte et de la multiplicité des affaires, il ne puisse
« être circonvenu par les artifices des méchants, à ce qu'il
« n'échappe à Eugène aucune parole indigne de son apos-
« tolat. Montrez-vous, dis-je, très-cher ami, digne du poste

(1) **Epistol.** CCCLXII.

ROBERT PULLUS OU PULLEN OU LE POULE

(— vers 1150)

Saint Bernard écrivait à un évêque d'Angleterre : « Si j'ai
« engagé Robert Pullus à demeurer quelque temps à Paris
« à cause de la saine doctrine qu'on reconnaît en lui, c'est
« que j'ai jugé et juge encore cela nécessaire. J'ai prié Votre
« Grandeur de le permettre ; je lui adresserais encore la
« même prière, si je ne sentais qu'elle a éprouvé du mécon-
« tentement au sujet de la précédente... Oui, fort de notre
« conscience, nous oserions vous exprimer de nouveau
« l'humble demande ou le conseil d'autoriser pleinement
« Robert à prolonger quelque temps son séjour à Paris (1). »

Le motif de la missive est évident : on désirait que Robert
Pullus (2) continuât son enseignement théologique dans la
capitale de la France. Le destinataire était l'évêque de Rochester, Ascelin ou Anselme, qui rappelait le professeur, son
sujet ecclésiastique.

Robert Pullus occupait la chaire laissée par Gilbert de La
Porrée pour tenir école à Poitiers. C'était un digne successeur : la parole de l'un n'était pas moins goûtée que la parole
de l'autre (3).

Avant d'être professeur à Paris, Robert y avait été élève.
Revenu, après de brillantes études, en Angleterre, il s'oc-

---

(1) Epist. CCV : *Ad episcopum Roffensem*.

(2) Ce nom : *Pullus*, *Pullenus*, a reçu diverses modifications : il est devenu *Pullanus*, *Pulleinius*, *Pulleinius*, *Pulenius*, *Polenus*, *Polenius*, *Pollen*,
Puley, *Pully*... (Voir *Scriptorum quorumdam testimonia*..., en tête des
Sententiarum libri VIII de Robert Pullus).
Toutefois, parmi ces noms si diversement orthographiés, nous ne trouvons
pas Palleyn. Nous ne savons sur quoi se fonde M. Hauréau pour adopter
ce dernier nom. (*Hist. de la philos. scolast.*, par. I, Paris, 1872, p. 483,
et dans *Nouvel. Biograph. général.*, art. *Robert de Melun*).

(3) Jean de Salisburi, *Metalogicus*, lib. II, cap. x : « Successit ei (à Gilbert) Robertus Pullus quem vita pariter et scientia commendabant ».

« souverain-pontife ne doit être jugé par personne, et des
« canons qui s'accordent, non seulement pour arracher de vos
« mains impies le glaive du jugement, par lequel vous vous
« proposez d'immoler le patriarche de la chrétienté, mais en-
« core pour soumettre, de toutes manières, votre opiniâtreté
« au joug de l'obéissance; oui, si malheureusement il en est
« ainsi, vous aviez près de vous, pour vous satisfaire, dans
« l'hypothèse où il y a quelque pudeur en vous, des hommes
« sages et instruits dans la loi du Seigneur (*pudori saltem ves-
« tro sufficere poterant discreti viri in circuitu vestro constituti*... » Il termine le XXIV° chapitre en exprimant la ferme
espérance que la bonne cause triomphera, car le Christ a dit :
*Voici que je suis avec vous jusqu'à la consommation des
siècles* (1).

Une histoire universelle, a-t-on dit, se voyait en manuscrit à l'abbaye d'Alcobaça en Portugal, avec ces mots en tête :
Manegaldus magister, et aussi dans la Bibliothèque de l'Escu-
rial. Mais, remarquent les auteurs de l'*Histoire littéraire de la
France*, « comme il y avoit vers le milieu de ce douzième
« siècle, un autre Manegaud qui s'exerçoit à écrire en ce
« genre, il est plus convenable de la regarder comme la pro-
« duction de la plume de ce dernier... Il y a même beaucoup
« d'apparence que ce dernier Manegaud étoit Espagnol,
« puisque son principal ouvrage se trouvoit dans les biblio-
« thèques d'Espagne et de Portugal et ne paroit point ail-
« leurs » (2).

Ces mêmes auteurs font aussi remarquer qu'il ne faut pas
confondre ces deux Manegold avec deux autres. Le premier de
ces deux derniers Manegold était abbé de Saint-Georges dans
la Forêt-Noire. L'existence du second, doyen de l'abbaye de
Saint-Gall, date d'une centaine d'années plus tard (3).

---

(1) L'opuscule contre *Wolfelmum Coloniensem* est aussi imprimé dans la Patrologie latine, de M. Migne, tom. CLV, col. 150 et suiv.

(2) Vol. cit., p. 290.

(3) *Ibid.*, p. 280-281.
Voir aussi d'autres Manegold ou Manegaud dans Fabricius, *Biblioth. lat...*, édit. Mansi, et dans M. l'abbé Chevalier, *Répert. des sourc. histor. du moyen-âge*.

inédits et aujourd'hui perdus, à l'exception d'une petite glose sur les chants de David, dont les auteurs de l'*Histoire littéraire de la France* ont indiqué une copie à Saint-Allyre de Clermont-Ferrand, et qui, distincte d'un commentaire plus ample sur le même sujet, en serait peut-être un abrégé et, par conséquent, serait peut-être l'abrégé du commentaire signalé à l'instant (1).

Nous disions plus haut que Manegold avait été un vaillant défenseur du Saint-Siège. Il ne se borna pas à la parole qui conseille, persuade, réconforte, entraîne. Deux opuscules furent par lui jetés dans le public.

Dans le premier, sans doute perdu et dont un écrit postérieur nous donne une idée, l'auteur justifie Grégoire VII, « principalement contre les injures et les calomnies dont le « chargeoient les schismatiques, en conséquence de la sévé-« rité dont il avoit usé envers les clercs incontinents et re-« belles à l'Eglise, qu'il avoit non-seulement interdits, mais « encore excommuniés »; car « ces sortes de clercs étoient « réellement hérétiques » ou « Nicolaïtes » (2).

Le second, retrouvé par Muratori, a pris place dans le tome IV des *Anecdota* de ce savant (3). Il est dirigé contre un certain Wolfelme, clerc de Cologne et ardent ennemi de Grégoire VII. Il comprend vingt-quatre chapitres. C'est dans les deux derniers que Manegold prend directement en main la cause de la papauté. Les précédents exposent d'abord, au point de vue religieux, divers sentiments des philosophes, et traitent ensuite du christianisme : les philosophes ont erré, et il faut détester leurs erreurs ; seul, le christianisme met en possession de la vérité. Dans la pensée de l'auteur, sans doute, c'était une préparation naturelle à l'apologie. Au chapitre XXIII nous lisons : « Si les Saintes-Ecritures, que la dureté de votre « cœur ne mérite pas de comprendre, ne vous satisfont point « complètement; si vous en dites autant, et des paroles du « Sauveur, affirmant que le disciple n'est pas au-dessus du « maître, et de l'autorité de l'Esprit-Saint, statuant que le

(1) *Hist. littér. de la Franc.*, tom. IX, p. 286-287, d'après Henri de Gand et l'Anonyme de Molk.

(2) *Hist. littér. de la Franc.*, vol. cit., p. 287, laquelle renvoie, et, avec raison, à *Gerhohi Dialogus de Differentia clerici sæcularis et regularis*, dans Pez, *Thes. anecd. novis.*, tom. II, par. II, col. 491.

(3) *Anecdota quæ ex Ambrosianæ Bibliothecæ codicibus...*, Padoue, 1713, in-4, tom. IV, p. 165-208.

appartenu à ce monastère avant d'être placé à la tête de celui de Marbach (1), également de l'ordre des chanoines réguliers.

Ce dernier monastère, grâce à la générosité de Burchart de Gebliswilr, se fondait vers la même époque, c'est-à-dire entre les années 1090-1094. Il était situé sur le Rhin, un peu au-dessus de Colmar. Le fondateur appela à lui Manegold, d'abord pour en faire son coopérateur dans l'œuvre de l'établissement, et ensuite, le monastère terminé, lui en confier l'administration sous le nom de prévôt (2). Manegold aurait été, à la fois, doyen de Reittemberg et prévôt de Marbach (3).

L'on se trouvait au fort de la lutte entre l'empire et la papauté : Henri IV soutenait par les armes le régime du trafic honteux des dignités ecclésiastiques; Grégoire VII en avait appelé aux foudres spirituelles pour venger et rétablir les droits méconnus de l'Eglise, et Urbain II se maintenait sur le même terrain, poursuivant la même restauration sainte. Il est rapporté que l'empereur voulut attirer Manegold dans son parti. Mais celui-ci avait sa place dans le camp opposé : il y entra vaillamment et pour y déployer une sainte ardeur. Aussi s'attira-t-il le courroux de la puissance impériale. Arrêté par ordre de Henri IV en 1098, il dut subir un long emprisonnement (4).

Quand sonna l'heure de la liberté, il revint à Marbach. L'on ne peut préciser l'époque de sa mort et, par là, la fin de son administration. Tout ce que l'on sait, c'est qu'une bulle de Pascal II lui était adressée en 1103, et que le premier acte connu où l'on rencontre le nom du successeur, à Marbach, Gerungus, porte la date de 1119 (5).

Manegold écrivit des commentaires sur *Isaïe*, les *Psaumes*, *saint Matthieu*, les *Epîtres de saint Paul*, ouvrages demeurés

---

(1) *Hist. littér. de la Franc.*, vol. cit., p. 384.

(2) *Gall. christ.*, tom. v, col. 884.
Au côté droit du grand autel, on lisait cette inscription : « Anno MCXXXI... bonæ memoriæ Burchardus miles de Gebliswilr fundator hujus loci. » (*Ibid.*)

(3) *Hist. litt. de la Franc.*, tom. IX, p. 284-285, d'après d'assez légitimes déductions.

(4) *Gal. christ.*, loc. cit.

(5) *Gal. christ.*, loc. cit.
Dom Ceillier parle de ce théologien au tom. XXI, Paris, 1757, in-4, p. 591-595, de son *Hist. génér. des auteurs sacrés et ecclésiast.*

C'était un professeur laïque, ayant femme et enfants. Mais savant en théologie comme en philosophie, il donna des leçons dans l'une et l'autre science (1). Sa femme était instruite, et ses filles assez versées dans la connaissance de l'Ecriture pour « en tenir école en faveur des personnes de leur sexe » (2).

Le maître qui avait commencé son professorat en Alsace, se fit entendre aussi en plusieurs endroits de la France.(3)

Néanmoins, le professeur renonça à l'enseignement vers 1090 (4), pour prendre l'habit de chanoine régulier, puis, devenu veuf, sans doute, recevoir les ordres.

Yves de Chartres lui adressa une lettre dans laquelle il le félicitait de sa résolution en ces termes : « Après bien des pé-
« régrinations, vous avez décidé de vous soumettre au joug
« léger du Christ et, laissant le monde et son éclat, de vivre
« avec humilité dans la maison du Seigneur ; vous savez que
« la médiocrité du juste l'emporte sur l'opulence des pécheurs.
« Je rends grâces à la bonté divine qui donne ses faveurs aux
« humbles ; et je demande avec force à cette même bonté di-
« vine que du talent à vous confié, comme un banquier fidèle,
« vous serviez au prêteur beaucoup d'intérêts. La raison vou-
« lait que vous qui par la parole aviez conduit beaucoup
« d'âmes dans la voie de la vie, vous y en amenassiez et affer-
« missiez enfin par l'exemple quelques-unes » (5).

Mais dans quelle maison se retira ce professeur ? Il y a lieu de présumer que ce fut dans le monastère de Reittemberg, car Manegold a très probablement, sinon certainement,

---

(1) *Hist. Univers. Paris.*, tom. 1, p. 621.

(2) Crévier, *Hist. de l'Univers. de Paris*, tom. 1. p. 74-75, d'après l'*Hist. littér. de la Franc.*, ibid.
Ptolémée de Lucques, *Annales*, Lyon, 1619, p. 38, s'exprime ainsi :
« Per idem tempus floruit in Theutonia quidam philosophus, cui nomen
« Menegaldus, cujus uxor et filiæ in philosophia fuerunt permaximæ ».

(3) *Hist. littér.....* vol. cit., p. 282.
Trithème, *Annales Hirsaugienses*, Saint-Gall, 1690, tom. 1, p. 282, a écrit :
« ... sub magisterio cujusdam Manegoldi præfecti scholarum in Alsa-
« ciæ provincia, viri non solum doctissimi, sed etiam morum sinceritate
« integerrimi... »

(4) *Hist. Univers. Paris.*, loc. cit.

(5) *Epistolæ*, Paris, 1585, in-4. Epist. xxiv. A la fin, le prélat recommandait au chanoine le porteur de la lettre : « ... commendo fratrem istum
« portitorem præsentium litterarum fraternitati tuæ, ut familiariter eum
« habeas et in lectionibus tuis ei bene respondeas ».

cod. Thuan, *589*. S'agit-il d'Anselme de Laon ? L'*Histoire littéraire de la France* fait, à ce sujet, ces justes réflexions : « Si « ce n'est pas le même, il nous est entièrement inconnu ; si « c'est le même, nous ignorons ce qui a pu lui faire donner le « nom de Péripatéticien, et nous ne voyons pas qu'il se soit « distingué par son zèle pour la philosophie d'Aristote » (1).

MANEGOLD OU MANEGAUD (2)

(1103 au plus tôt)

Nous l'avons dit précédemment, ce théologien, originaire de Lutenbach ou Lautenbach au diocèse de Strasbourg (3), professait à Paris en même temps qu'Anselme de Laon et, comme lui, vit le célèbre Guillaume de Champeaux au nombre de ceux qui suivaient ses cours (4).

(1) *Hist. littér...*, *ibid.*, p. 189.
Nous ne pouvons que transcrire encore ces autres paroles : « On voit
« à Oxford, parmi les manuscrits de Sainte Madeleine et à Cambrige
« parmi ceux du monastère de Saint Benoît, un écrit sous ce titre : An-
« *selmus de Antichristo*. Si cet ouvrage est différent du commentaire de
« notre Anselme sur l'Apocalypse, ce sera peut-être le traité d'Adson,
« abbé de Moutier-en-Der. Le copiste n'ayant trouvé dans son original
« que la première lettre de son nom : A, comme il arrive souvent, se
« sera persuadé qu'elle désignoit Anselme, et le lui aura attribué dans sa
« copie » (*Ibid.*, p. 188-189).

(2) Fabricius, *Biblioth. lat...*, art. *Manegaudus*, *Manegaldus*, *Manegoldus*.
Ce nom a eu d'autres modifications encore : Pour les uns, c'était *Manigolde*, *Monigald*; pour d'autres, *Manegaud*, *Manegond*, *Manegand*; ceux-ci disaient : *Magnald*, *Mingaud*; ceux-là *Maingard*. Mais, ajoutent les auteurs de l'*Histoire littéraire de la France*, « Bertholde Constance, son contemporain et presque son voisin, le nomme toujours Manegolde ; ce qui a été suivi de l'Anonyme de Molk qui parle de lui avec de grands éloges » (vol. IX, p. 281).

(3) « Lutenbach, lisons-nous dans l'*Histoire littéraire de France*, *ibid.*, « étoit alors un château, près duquel il y avoit autrefois un monastère de « l'ordre de Saint Benoît, converti dans la suite en une collégiale de « chanoines réguliers au diocèse de Strasbourg en Alsace. » Voir aussi Lamartinière, *Le grand diction.*

(4) L'*Hist. Univers. Paris.*, tom. I, pp. 587 et 621, cite aussi Gérard de Laon parmi les disciples de Manegold.

« tout cela pour Dieu, cela est bien ; mais s'il le fait pour un
« autre motif, cela n'est point bon. » De là, cette règle en
morale : *Illud autem pro quo facit, diligit, et secundum dilectionem illam bonum seu malum debet dici*. Dieu, l'amour
de Dieu, voilà donc la vraie fin de nos actes. Cet amour de
Dieu, Anselme le nomme « la lumière du cœur et le remède
de nos blessures » ; c'est « le flambeau qui répand les rayons
dans toute la maison ». L'on trouve aussi dans cette lettre la
comparaison de « la science des Ecritures dans ceux qui n'y
« conforment pas leur vie, à la manne qui se pourrissoit
« lorsque les Israélites en réservaient pour le lendemain (1).

Anselme serait aussi, du moins en partie — il aurait eu en
son frère un collaborateur, — l'auteur d'un recueil de *Sentences* et de *Questions* dont Sanderus a trouvé une copie sous
ce titre à la bibliothèque de Saint-Amand dans la Peule (*in Pa-
bula : Flores Sententiarum ac Quæstionum magistri Anselmi et
Radulphi, fratris ejus*. C'est sans doute un « corps de théologie
« où sont traitées les questions qui s'agitoient dans l'école du
« temps d'Anselme, et qui peut avoir servi de modèle aux ou-
« vrages de cette espèce, publiés depuis par Pierre Abélard
« Robert de Melun, le Maître des Sentences et autres » (2).
Peut-être Raoul aurait-il collaboré encore à la Glose d'Anselme
sur l'*Apocalypse* ? (3).

Sanderus mentionne également deux lettres, différentes de
celle que nous venons d'analyser ; il les a vues « à Louvain
dans la bibliothèque du Parc » (4).

D'autre part, nous lisons dans l'*Index auctorum* du *Glos-
sarium* de du Cange : *Anselmi peripatetici rhetorimachia, ms.*

---

(1) *Opera*, pp. 642 et suiv.
Cette lettre est reproduite dans la Patrologie lat. de Migne, tom. CLXII.
col. 1587 et suiv.
Les citations sont empruntées à l'*Hist. littér...*, tom. X, p. 188.
(2) *Hist. littér. de la Franc.*, tom. X, p. 185-186.
(3) *Ibid*. p. 192.
Nous avons dans le manuscrit latin 15120 de notre Bibliothèque nationale deux petits traités de Raoul, l'un sur l'arithmétique, l'autre sur la
musique. Le premier a pour titre : *Liber Radulphi Laudunensis de Abaco* ;
le second *De Semitonio*.
Nous possédons encore à cette même bibliothèque dans le manuscrit
latin 15601, sous le nom de Raoul de Laon, des commentaires sur les
Epitres de saint Paul.
(4) *Hist. littér...*, tom. X, p. 188.

L'on a donné aussi au Scolastique des *Commentaires sur les Epîtres de S. Paul*. Ils figurent également dans les *Opera* de saint Anselme de Cantorbéry, édition de 1612. Ils n'appartiennent ni à l'un ni à l'autre. L'écrivain de l'*Histoire littéraire de la France* se croit en droit, après un examen sérieux, de conclure qu'ils sont dus à la plume d'Hervé, moine du Bourg-Dieu en Berri (1).

Anselme de Laon a eu sa part de travail dans l'ouvrage si prisé au moyen-âge et même dans les siècles suivants, ainsi que l'attestent les nombreuses éditions : nous venons de désigner la *Glose ordinaire* de la Bible. Cette *Glose* est passée par différents états depuis que, enfantée par Walafride-Strabon qui utilisait les notes de Raban-Maur, son maître, jusqu'au moment où le célèbre *Nicolas de Lyre* y juxtaposa la sienne. Entre ces deux époques, la main savante d'Anselme a été une de celles qui ont ajouté aux parties et à l'ornementation de l'ancien édifice : il aurait développé la *Glose ordinaire* et composé la *Glose interlinéaire* que la presse a su aussi reproduire (2).

Ce Luc d'Achery, éditeur des *Opera* de Guibert de Nogent, a imprimé dans ces *Opera* une lettre inédite de notre théologien adressée au sujet de certaines questions agitées dans l'abbaye, *venerabili H.* (sans doute Heribrand) *de Sancto-Laurentio*. Dans cette lettre, Anselme expose qu'il peut, assurément, y avoir divers sentiments parmi les Catholiques ; qu'on peut les discuter, les soutenir, mais de façon à ne point blesser la charité, à ne point scandaliser les faibles ; que le mieux serait de montrer comment on les concilie, surtout quand il s'agit de l'Ecriture-Sainte. Il explique comment l'acte humain tire sa bonté ou sa malice de la fin proposée : « ...si « quelqu'un donne son bien, s'il jeûne, s'il prie, etc., s'il fait

Comment..., tom. II, col. 938; *Hist. littér. de la Franc.*, tom. X, rp 183 et suivantes; *Patrol. lat.*, tom. CLXII, col. 1187 et suiv.

Nous n'avons pas cru devoir tenir compte de l'attribution de quelques-unes de ces œuvres, soit « Gulielmo Parisiensi », soit « Herveo monacho Dolensi » (Cavé, *Hist. liter.*, Oxford, 1740-1743, in-fol., tom. II, p. 188), soit à Gilbert et à un autre Anselme, « l'un et l'autre diacres et chanoines d'Auxerre », (*Hist. littér...*, ibid., p. 185). Se reporter encore à cette même *Hist. littér.*, ibid., p. 183-185).

(1) Le Long, *Loc. cit.*; *Hist. littér. de la Franc.*, tom. X, p. 185.
(2) *Hist. littér. de la Franc.*, tom. X, pp. 180 et suiv., tom. V, p. 62 ; P. Le Long, *Biblioth. sacr.*, édit. in-fol. p. 610 : « Glossa interlinearis in « totum vetus et novum testamentum una cum Glossa ordinaria edita in-« folio Basileæ 1502, 1508, et alibi 1524, 1528, 1539, 1545, 1588, 1617, « 1634. » Les deux dernières sont, l'une de Douai, l'autre d'Anvers, toutes deux en 6 vol. in-folio.

Anselme de Laon écrivit des *Explications sur différents endroits des Evangiles*, des *Commentaires sur le Psautier, sur le Cantique des cantiques, l'Evangile de saint Matthieu, l'Apocalypse*. Nous ne pouvons que faire mention des *Commentaires sur le Psautier*. Les *Commentaires sur le Cantique des cantiques, l'Evangile de saint Matthieu, l'Apocalypse*, les *Explications sur différents endroits des Evangiles* (In aliquot Evangelia explanationes) ont été aussi attribués à saint Anselme de Cantorbéry et même insérés dans l'édition de ses *Opera*, à Cologne, soit en 1573, soit en 1612. La similitude des noms avait pu autoriser semblable erreur. Le travail de restitution a été quelque peu laborieux. Mais il est aujourd'hui un fait accompli. Les *Commentaires sur le Cantique des cantiques* et *l'Apocalypse* étaient imprimés, à Paris, en 1549, et ceux sur *saint Matthieu*, à Anvers, en 1651, sous le nom d'Anselme de Laon. La Patrologie latine de M. l'abbé Migne renferme ces trois travaux sous le nom d'*Enarrationes* (1).

> Dormit in hoc tumulo celeberrimus ille magister
> Anselmus, cui, per diffusi climata mundi,
> Undique notitiam contraxit et undique laudem
> Sancta fides, doctrina frequens, reverentia morum,
> Splendida vita, manus diffundens, actio cauta,
> Sermo placens, censura vigens, correctio dulcis,
> Consilium sapiens, mens provida, sobria, clemens.

L'auteur de l'*Hist. Univers. Paris.*, tom. I, p. 652, tom. II, p. 769-770, fait monter plus haut encore dans la vertu du renoncement le frère d'Anselme, sous le nom de Raoul-le-Verd (*Radulphus Viridis*) : il le dit élu archevêque de Reims, puis compagnon de saint Bruno dans la solitude de la Chartreuse. Mais le *Gall. christ.*, tom. IX, col. 70-82, qui place bien Raoul-le-Verd au nombre des archevêques de Reims, ne permet de supposer rien de semblable, et l'*Hist. littér. de la Franc.*, tom. VII, p. 89, estime avec raison qu'il y a là erreur. Ainsi Raoul, frère d'Anselme, n'a point été Raoul-le-Verd, archevêque de Reims, et celui-ci, lors même qu'il en aurait eu l'idée auparavant, ne quitta point son archevêché pour suivre le fondateur de l'ordre cartusien. Voir aussi Crévier, *Hist. de l'Univers. de Paris*, tom. I, p. 137.

Voici, au contraire, ce qui paraît certain en ce qui concerne le frère d'Anselme : Raoul succéda à ce dernier comme chef de l'école de Laon; Norbert, le fondateur des Prémontrés, parla, dans une visite à cette école, avec tant de force sur le détachement du monde, que sept écoliers abandonnèrent la chaire de Raoul pour embrasser la vie apostolique de Norbert, en sorte — car c'était à la naissance de l'ordre — qu'ils « furent comme les pierres fondamentales de cet ordre et se distinguèrent dans les pratiques les plus austères de la religion. » (*Hist. littér. de la Franc.*, tom. X, p. 180.)

(1) P. Le Long, *Biblioth. sacr.*, édition in-folio, p. 610; Fabricius, *Biblioth. lat...*, édition Mansi, art. *Anselmus scholasticus*; Oudin,

parut comme un autre Jérémie au milieu de son peuple, le consolant, le fortifiant par l'explication de divers passages de l'Écriture qui avaient du rapport avec les malheurs présents (1).

Et que penser de son désintéressement? Se contentant de sa dignité ou de ses dignités capitulaires, il refusa l'évêché de Laon et même plusieurs autres (2). Il disait, au sujet de ses neveux, comme lui de condition rustique (*de pauperibus et rusticanis*), à Etienne de Garlande, chancelier de France, qui voulait leur procurer des établissements avantageux : « A « Dieu ne plaise, Seigneur, qu'il en soit ainsi ! Qu'ils demeu- « rent plutôt dans la condition et la vocation où Dieu les a « appelés, afin qu'ils ne se laissent pas aller à l'orgueil. Ils « sont nés de parents pauvres et campagnards. Je demande « donc qu'ils restent tels. J'aimerais mieux n'avoir jamais « expliqué l'Écriture sainte que de les voir, ainsi élevés, « perdre l'humilité » (3).

Anselme fut certainement doyen du chapitre (4). Il y a tout lieu de croire qu'il fut chancelier de l'Eglise (5). Mais rien de positif ne nous autorise à penser qu'il ait été archidiacre.

L'année 1117 fut le terme de cette glorieuse existence (6). Son corps fut enseveli dans l'abbaye de S. Vincent (7).

(1) Moine Herman, *De Miraculis B. Mariæ Laudunensis*, dans *Opera* de Guibert de Nogent, p. 528 : « ... Anselmum germanumque ejus magis- « trum misericorditer reservavit (Deus) qui tam clericos quam laicos « dulciter consolantes et diversis sententiis Scripturarum refoventes, ne « in tribulationum adversitatibus deficerent, exhortabantur. »

(2) Dans *Opera* de Guibert de Nogent, *Additamenta*, p. 819 : « ... ferunt « summa animi demissione episcopatum Laudunensem strenuo recu- « sasse. » Marlot, *Op. cit.*, tom. III, p. 251 : « On luy offrit plusieurs évêchés pour salaire de ses travaux. »

(3) Pierre-le-Chantre, *Verbum abbreviatum*, cap. XLVII, *circa finem*.

(4) ... sapientissimus magister Anselmus, tunc temporis ecclesiæ nos- træ canonicus et decanus, per totum pene orbem latinum scientia et elo- quentiæ suæ fama notissimus... » Paroles du moine Herman, *De Mira- culis B. Mariæ*, dans *Opera* de Guibert, p. 528).

(5) « Ego Anselmus S. Mariæ Laudunensis cancellarius relegi et sub- « scripsi. » Il s'agit d'une charte de 1115. (*Opera* de Guibert, *Additamenta*, p. 819.)

(6) *Gal. christ.*, entre autres sources, tom. IX, col. 560 : « Obiit anno 1117. »

(7) *Ibid.*

On lui donna cette épitaphe, qui se lit au même endroit du *Gall. christ.* et dans *Hist. Univers. Paris.*, tom. I, p. 560 :

bury, « le docteur des docteurs » (*doctorum doctorem*) (1). Il fut proclamé par un troisième, le vénérable Rupert, supérieur à tout évêque, bien qu'il n'eût pas cette dignité (*quovis episcopo famosiorem, quamvis ipse non esset episcopus*) (2). C'est de lui que le pape Eugène III disait « par admiration que Dieu l'avoit fait naistre pour faire que les saintes Ecritures ne vinsent à périr » (3).

Pour Anselme, « la théologie n'étoit proprement qu'une
« exposition simple et solide de la sainte Écriture, appuyée
« de l'autorité des saints Pères, qu'il étudia toute sa vie.
« Rempli de leurs principes et instruit à leur école, il sentoit
« le danger qu'il y a de vouloir pénétrer trop avant, et il
« n'approfondissoit dans les saintes Ecritures que ce qu'il est
« permis d'y rechercher et d'y découvrir (4) ». Fécond enseignement qui autorisait la conclusion de Guibert de Nogent, à savoir que par là Anselme fit plus de bons Catholiques que les hétérodoxes de son temps ne firent d'hérétiques (5).

L'on pourrait dire que dans ce maître l'esprit de conduite s'alliait parfaitement à l'esprit spéculatif. Pour nous, cet esprit de conduite doit prendre un nom plus élevé, celui d'amour de l'Eglise. Voilà bien ce qui se remarque, en particulier, et dans l'élection de Gaudri comme évêque de Laon, et après le massacre de ce dernier : seul il s'était opposé à l'élection, l'attaqua ensuite, mais il sut se désister ou du moins garder le silence devant Pascal II, quand il vit que ce serait sans succès ou bon résultat pour le diocèse (6) ; et, le crime consommé, crime qu'il réprouvait de toute son âme, il ap-

---

« ... magister Anselmus, vir totius Franciæ, imo latini orbis lumen in
« liberalibus disciplinis et tranquillis moribus. »

(1) *Hist. Univers. Paris.*, tom. I, p. 559-560.
(2) Dans *Opera* de Guibert de Nogent, *Additamenta*, p. 819, paroles citées d'après le *lib. I in regul. S. Benedicti*.
Rupert, qui venait en France pour conférer avec Guillaume de Champeaux sur une question théologique, passait par Laon au moment où Anselme touchait à sa dernière heure. En donnant des larmes au mourant, il le qualifia ou devait le qualifier comme nous venons de dire.
(3) Marlot, *Hist. de la ville, cité et université de Reims*, Reims, 1845-1846, in-4, p. 250-251.
(4) *Hist. littér. de la France*, tom. X, p. 173.
(5) Guibert de Nogent, *Opera*, p. 1, *Ad commentarios in Genesim proœmium* : « ... tam sincera est in Scripturarum ac fidei assertione severitas, ut
« plures veros suis probetur documentis fuisse Catholicos, quam instituisse poterit erroneus quispiam temporis hujus hæreticos... »
(6) Guibert de Nogent, *Ibid.*, p. 498-499.

Abélard s'assit quelque temps parmi les auditeurs d'Anselme à Laon. Mais ce qu'il avait été à l'égard de Guillaume de Champeaux, il le fut à l'égard d'Anselme : il se sépara du maître et, prétendant faire mieux, il éleva chaire contre chaire. Il n'est donc pas étonnant de l'entendre dire d'Anselme que sa parole, admirable en soi, était pauvre de doctrine; le comparer à un fumeron qui aveugle au lieu d'être un flambeau qui éclaire, à un arbre couvert de feuilles et non point chargé de fruits, à l'aride figuier maudit par le Sauveur ou au vieux chêne auquel Lucain assimile Pompée (1). Semblable conduite inspirée par semblables motifs a fait écrire à Crévier : « On ne peut contenir son indignation, en
« voyant traiter ainsi un homme qui, pendant quarante ans
« qu'il professa la théologie, fut regardé, ainsi que je l'ai dit,
« comme la lumière et l'oracle de l'Eglise latine; que l'on ap-
« pelloit le docteur des docteurs, et à l'école duquel se for-
« mèrent de grands théologiens, de savans et pieux prélats
« qui illustrèrent non-seulement la France, mais l'Angleterre,
« l'Allemagne et l'Italie. Ce qui résulte de la description ma-
« ligne d'Abailard, c'est qu'Anselme ne se piquoit pas de sub-
« tilité, qu'il avoit besoin de se préparer pour répondre aux
« questions qu'on lui proposoit, et qu'il savoit être arrêté par
« des difficultés réelles qu'un esprit décisif auroit tranchées.
« Abailard eût mieux fait d'imiter cette sage circonspection
« que la tourner en ridicule (2) ».

En effet, « maître Anselme » fut appelé par un contemporain, Guibert de Nogent, « la lumière de toute la France et même de l'Eglise latine » (3), et par un autre, Jean de Salis-

---

(1) Epist. I, cap. III : « Accessi igitur ad hunc senem cui magis lon-
« gævus usus quam ingenium vel memoria nomen compararat. Ad
« quem si quis de aliqua quæstione pulsandum accederet incertus, redibat
« incertior. Mirabilis erat in oculis auscultantium, sed nullus in cons-
« pectu quæstionantium: verborum usum habebat mirabilem, sed sensu
« contemptibilem et ratione vacuum. Cum ignem accenderet, domum
« suam fumo implebat, non luce illustrabat. Arbor ejus tota in foliis aspi-
« cientibus a longe conspicua videbatur, sed propinquantibus et diligen-
« tius intuentibus infructuosa reperiebatur. Ad hunc itaque cum acces-
« sissem, ut fructum colligerem, deprendi illam esse ficulneam cui
« maledixit Dominus, seu illam veterem quercum, cui Pompeium Luca-
« nus comparat, dicens:

« . . . . . stat magni nominis umbra
« qualis frugifero quercus sublimis in agro. »

(2) Hist. de l'Univers. de Paris, tom. I, p. 124-125.
(3) De Vita sua, dans Opera, Paris, 1651, in-fol., lib. III, cap. III, p. 498:

Scolastique (*Scholasticus*), quitta Paris et sa chaire (1). Ce départ et cet abandon s'expliquent : Anselme avait été nommé chanoine de la cathédrale de Laon et il allait en diriger l'école. Son frère Raoul, Radulphe ou Rodolphe, lui fut adjoint. Il est permis d'induire que le premier, se réservant la théologie, confia la dialectique au second, homme « magnæ litteraturæ », mais estimé, à tort, par du Boulay, fameux « inter nominales » (2).

D'autre part, Guibert de Nogent, dans la *Préface à ses commentaires sur la Genèse*, préface, adressée à Barthélemy, évêque de Laon, assimile les deux frères aux deux yeux de l'église de ce nom (3). Grâce à Anselme surtout, l'école acquit bientôt une réputation européenne. On y venait de France, d'Angleterre, d'Allemagne, d'Italie (4).

Tant dans la capitale du Laonnais que dans celle de la France, car il est souvent assez difficile de faire la part de chacune des deux chaires, Anselme vit se grouper autour de lui des étudiants devant qui s'ouvrait un glorieux avenir. Nous venons d'écrire le nom de Guillaume de Champeaux. Nommons maintenant : Vicelin, apôtre des Slaves et évêque d'Oldenbourg ; Ditmar, son ardent collaborateur ; Gilbert de La Porrée ; Matthieu, cardinal-évêque d'Albano ; Geoffroi-le-Breton et Hugues d'Amiens, l'un et l'autre archevêques de Rouen ; Guillaume de Corbeil, archevêque de Cantorbéry ; Gui d'Etampes, évêque du Mans ; Robert de Béthune, évêque d'Hereford ; Albéric de Reims ; Lotulfe de Novare (5).

(1) L'*Histor. Univers. Paris.*, tom. I, p. 482, assigne l'année 1089, en le supposant nommé alors doyen : « Eodem anno Anselmus Laudunensis « decanus ecclesiæ factus scholam Parisiensem Guillelmo Campellensi « reliquit. »
(2) *Hist. Univers. Paris.*, loc. cit. : « Et ipse Lauduni celeberrimam in « dialectica et theologia scholam instituit cum professoresque adscivit... »
(3) « Indidit tanto Deus capiti duos oculos syderibus clariores, dum a « dextris habes Anselmum totius latini orbis magisterio prædicatum... ; « altrinsecus Radulphum, cujus ingenii ac doctrinæ sicut a præfato fratre « non discrepavit alacritas, ita totius eum bonæ habitudinis æmulatur « honestas. » (Dans *Opera*, édit. par L. d'Achery, Paris, 1651, in-fol., p. 1.)
(4) Sourc. génér. : *Hist. Univers. Paris.*, loc. cit., et tom. I, p. 559, tom. II, pp. 47, 36-57 ; *Hist. littér. de la Franc.*, tom. X, pp. 170 et suiv., tom. VII, p. 89-90 ; Oudin, *Comment. de script. ecclesiast.*, tom. II, col. 936 et suiv.
(5) *Hist. littér. de la Franc.*, tom. VII, p. 90-91, tom. IX, p. 35 ; Fleury, *Hist. ecclés.*, liv. LXIX, ch. 11 ; Marlot, *Hist. de la ville, cité et université de Reims*, Reims, 1845-1846, in-4, tom. III, p. 250 ; *Hist. littér. de la Franc.*, tom. X, p. 175-176.

CHAPITRE II

L'ECOLE THEOLOGIQUE DE NOTRE-DAME ET SES PRINCIPAUX MAITRES (1)

Anselme de Laon. — Manegold. — Robert Pullus. — Pierre-le-Mangeur. — Adam du Petit Pont. — Maurice de Sully. — Pierre-le-Chantre. — Pierre de Poitiers. — Pierre de Corbeil et Michel de Corbeil.

ANSELME DE LAON
(— 1117)

Le lieu de sa naissance est connu : c'est la ville de Laon ou son territoire. Les écoles qu'il fréquenta le sont moins : à l'école de son pays natal l'on ajoute, néanmoins, celle de l'abbaye du Bec, sous la direction de saint Anselme qui devint archevêque de Cantorbéry (2). Le premier centre de son enseignement théologique fut Paris, le second Laon. A Paris il jeta les bases de sa réputation, à Laon il s'illustra.

Dans la première ville, il eut pour collègue Manegold, maître non moins goûté que lui, et compta parmi ses disciples Guillaume de Champeaux, appelé à son tour, comme maître, à une brillante destinée.

Vers la fin du xi° siècle, le maître qui mérita le titre de

---

(1) Nous réservons pour plus tard la notice sur Guillaume de Champeaux, qui inaugura son enseignement à Notre-Dame pour le terminer à Saint-Victor. La notice sera placée au chapitre consacré à l'école de ce dernier nom.

(2) *Hist. littér. de la Franc.*, tom. X, p. 171.

qui va jusqu'à la sécheresse. « Il faut distinguer, continue
« notre historien, les mots et le tour de la phrase. Chaque art,
« chaque profession a ses termes propres. Le christianisme,
« en s'introduisant dans le monde, y a introduit des mots
« nouveaux ; et Cicéron a été obligé d'en forger pour faire
« passer la philosophie de la langue grecque dans la sienne.
« Il ne doit y avoir nulle difficulté sur ce point. Mais en
« employant des mots nouveaux et si souvent barbares, on
« pouvoit conserver le tour de la phrase latine ; et, si nos
« scholastiques des onzième et douzième siècles ne l'ont pas
« fait, c'est à leur ignorance et à leur mauvais goût qu'il faut
« s'en prendre, et non à la nature de la méthode qu'ils ont
« suivie. Rien ne les empêchoit, en s'astreignant à l'argu-
« mentation syllogistique, de construire leurs phrases
« d'une manière conforme au génie de la langue qu'ils par-
« loient » (1).

Tel est, en raccourci, le tableau de la première partie de la scolastique, c'est-à-dire de celle qui se termine à la fin du XIIᵉ siècle.

Or, trois écoles se partageaient l'enseignement théologique : l'école de Notre-Dame, l'école de Sainte-Geneviève, l'école de Saint-Victor. Un chapitre sera consacré à chacune de ces écoles et à leurs principaux théologiens.

(1) *Hist. de l'Univers. de Paris*, tom. I, p. 105-108.

« tiques, si opposées à la simplicité de l'enseignement de
« Jésus-Christ et des Apôtres. Il les comparoit, ces subtilités,
« à des arêtes de poisson qui ne sont bonnes qu'à piquer et
« non à nourrir. C'étoit, selon lui, une poussière menue par
« laquelle est aveuglé celui qui a l'imprudence de la mettre
« en mouvement. Plusieurs autres docteurs pensoient de
« même... » (1)

— Nous venons d'esquisser ce qu'on peut nommer la double méthode doctrinale. Il nous reste à dire quelques mots de la méthode que nous qualifierons de littéraire. Nous entendons par là la manière de s'exprimer ou le style.

A peine est-il besoin de rappeler que la langue théologique était la langue latine, la langue des savants, des lettrés.

Au point de vue littéraire, nous nous trouvons en face de deux méthodes, et ces deux méthodes portent également les noms de scolastique et de mystique. Il n'y a rien à dire de cette dernière, sauf que l'élégance et la pureté lui faisaient souvent défaut. L'historien que nous citions tout à l'heure, compare la première à « la méthode des géomètres » ; et il affirme que « ce n'est point sans raison » qu'elle a été « adoptée dans les écoles de théologie et de philosophie » ; car « cette méthode est singulièrement favorable pour l'enseignement. » Nous avons désigné le raisonnement syllogistique. Il y avait cependant des théologiens qui ne s'y astreignaient pas strictement, comme Anselme de Laon, Guillaume de Champeaux. Ce que Jean de Salisbury disait de certains philosophes, à savoir que, pour expliquer Aristote, ils empruntaient le langage et la pensée de Platon (2), nous pouvons, avec les restrictions nécessaires, le dire de plusieurs théologiens : ils représentaient les vérités spéculatives dans un langage moins didactique ou plus en harmonie avec le langage ordinaire.

Mais que dire de ce style où l'on rencontre des expressions ignorées dans le siècle d'Auguste, et de cette concision

---

(1) Crévier, *Hist. de l'Univers. de Paris*, tome I, p. 210.
Voir aussi, sur Pierre-le-Chantre, M. Hauréau, vol. cit., p. 519.
Pierre disait encore : « Quelle différence y a-t-il entre les questions sottes et les questions téméraires ? Les premières sont vaines, inutiles; les autres sont dangereuses et donnent naissance à l'erreur » (M. Hauréau, *Ibid*).

(2) « Ut Aristoteles planior sit, Platonis sententiam docent... »
Cit. par Hauréau dans *Hist. de la philos. scolast.*, part. I, Paris, 1872, p. 325.

« observez bien si vous rencontrez par hazard dans ceux-ci
« des démonstrations favorables à la croyance catholique,
« car il est permis d'enrichir les Hébreux des dépouilles des
« Egyptiens...; mais la philosophie, ne l'oubliez jamais, est
« le camp de l'étranger, et, s'il est permis de le visiter en
« passant, il ne l'est pas d'y séjourner » (1).

Sans se proposer positivement le même but de conciliation, Pierre Lombard, par son œuvre précise, méthodique, ne contribua pas peu, malgré son aridité, tant à préserver de trop sensibles écarts les deux tendances théologiques, qu'à maintenir ou favoriser leur jonction.

De nouveaux adversaires s'élevèrent contre la scolastique; et le Maître des *Sentences* ne trouva même pas grâce devant eux. Ils se nommaient Gonthier ou Gauthier, abbé de Saint-Victor, Pierre Comestor ou le-Mangeur et Pierre-le-Chantre. Le premier, pour qui la logique était l'art du diable, écrivit un ouvrage contre ceux qu'il appelait les quatre labyrinthes de la France, c'est-à-dire Abélard, Gilbert de La Porrée, Pierre de Poitiers et Pierre Lombard. Cet ouvrage, intitulé *Contra novas hæreses*, est demeuré inédit. Mais les extraits donnés par du Boulay attestent suffisamment le peu de modération de l'auteur (2). Un judicieux historien, en renvoyant à l'*Histoire littéraire de la France* (3), s'exprime en ces termes sur les deux autres antagonistes : « Pierre-le-Mangeur s'étoit
« seulement abstenu de suivre la nouvelle manière des
« scolastiques. Pierre-le-Chantre fit plus : il la combattit. Il
« condamna hautement cet esprit de contention que l'on
« introduisoit dans une étude qui ne doit respirer que la
« charité et la paix, ces questions vaines et souvent in-
« décentes où la curiosité s'égaroit, ces subtilités sophis-

---

(1) Cit. et trad. de M. Hauréau, vol. cit., p. 525, du *De Arte prædicatoria*, cap. XXXVI. Voir pour plus de détails, les pag. suiv.

(2) *Hist. Univ. Paris.*, tom. II, pp. 553, 629 et suiv. ; *Hist. de la philosoph. scolast.*, vol. cit., p. 516-517.
Une copie du *Contra novas hæreses* se trouve dans le ms. lat. 17182 de notre Biblioth. nat. (*Hist. de la philosoph. scolast.*, ibid., p. 516, not.)
Nous possédons encore 15 sermons de Gonthier dans les mss. lat. 14948, 14932, 16461 de cette même Biblioth. nat. (M. l'abbé Bourgain, *La Chair. franç. au XIIe siècle...*, Paris, 1879, p. 125).
Les cinq Victorins dont nous venons de parler, autorisent bien M. Hauréau à considérer l'abbaye de Saint-Victor « comme le principal séminaire des mystiques ». (*Ibid.*, p. 507.)

(3) Tom. IX, pp. 35, 189, 211.

Aussi, à la suite ou en présence de luttes parfois ardentes et non toujours sans écarts, soit de doctrine, soit de conduite, des esprits élevés et de nobles cœurs essayèrent d'opérer la conciliation.

Telle fut, en particulier, la mission que s'attribuèrent Hugues et Richard, celui-ci, comme celui-là, appartenant à l'abbaye de Saint-Victor, comme lui également, tirant d'elle son surnom historique. Suivant eux, posséder la science, c'est jouir ici-bas de la plus grande somme de joie et de bonheur. Mais la science, pour mériter pleinement ce nom, doit s'emparer de tout l'homme, en joignant la conduite morale de la vie à la science spéculative de l'esprit (1).

Ils trouvèrent, dans l'abbaye même, deux auxiliaires qui leur donnèrent un précieux concours, en délimitant le rôle de la raison et de la foi. C'est nommer Achard et Geoffroy ou Godefroy. Achard écrivait : « Le mérite de la raison consiste « à respecter la candeur de la foi, à ne pas prétendre « marcher devant elle, mais à la suivre. » (2) Geoffroy ou Godefroy distinguait quatre facultés dans l'homme, comme on distingue quatre éléments dans l'univers : il y a en nous la sensation, l'imagination, la raison, l'intelligence éclairée d'en haut ; et c'est cette dernière qui parcourt en un instant le monde des choses visibles et celui des choses invisibles pour parvenir jusqu'à la vérité même de Dieu (3).

Ceux qui font d'Alain de Lille un professeur de Paris seraient fondés à signaler en lui un autre auxiliaire, car il a écrit à l'adresse des prédicateurs : « S'il vous arrive de « quitter les livres des théologiens pour ceux des philosophes,

---

(1) Hugues disait, entre autres choses : « O utinam ego tam possem « subtiliter perspicere, tam competenter enarrare, quam possum ardenter « diligere ! Delectat nempe me, quia valde dulce et jucundum est de his « rebus frequenter agere, ubi simul ratione eruditur sensus et suavitate « delectatur animus et œmulatione excitatur affectus. » (Passage cité par Alzog, *Hist. de l'Eglis.*, trad. en franc. par I. Goschler, tom. II, Paris, 1849, p. 441, en note.)

(2) Cit. et traduct. de M. Hauréau, *Hist. de la philos. scolast.*, par. I, Paris, 1872, p. 508, d'après le traité inédit *Des sept déserts*, ms. lat. 15033 de la Biblioth. nation.

(3) *Ibid.*, p. 515 — 516, d'après le *Microcosmus*, ms. lat. 14515 de la Biblioth. nat. : « Denique quarta, id est intelligentia, quasi ignis subtilis, « acuta et mobilis, subtilitate, mobilitate et acumine suo summa, ima, « media omnia circumdat et penetrat, visibilia et invisibilia in momento « perlustrat et ad ipsam Dei veritatem aliquando pervenit. »

ser franchement et d'en offrir simplement les eaux salutaires, on appela à son secours la dialectique.

L'on fait généralement à Lanfranc et à saint Anselme, son disciple, l'honneur de la paternité de cette troisième méthode. Voici, suivant l'*Histoire littéraire de la France* (1), à quelle occasion elle prit naissance : « Bérenger, ayant choisi pour
« son héros et son modèle le fameux Jean Scot Erigène, qui
« avoit frayé une nouvelle route dans la théologie et ouvert
« la première porte à la scolastique, marcha fidèlement sur ses
« traces. Le désir de se faire admirer et de s'attirer des étu-
« diants lui fit avancer des questions nouvelles et sacrilèges.
« Afin de les soutenir, il usoit, à l'imitation d'Erigène, de
« raisonnements philosophiques et donnoit plus à la raison
« humaine qu'à l'autorité des divines Ecritures et de la tra-
« dition. Lanfranc lui en fit des reproches et se crut néan-
« moins obligé, pour le mieux réfuter, de tirer par le raison-
« nement plusieurs connaissances des vérités révélées dans
« les deux sources essentielles de la vraie théologie. Méthode
« que suivit aussitôt saint Anselme, mais qui ne s'éloigne de
« celle des anciens qu'en ce qu'elle fait plus d'usage du rai-
« sonnement ».

Telle est ce que l'on peut appeler la théologie de l'argumentation ou de l'école et qui porte, à ce titre, le nom de scolastique. Mais, à côté de celle-ci, il y a la théologie présentant un caractère de piété et qui, pour cette raison, a reçu la qualification de mystique. Cette dernière théologie continuait de s'alimenter dans les sources anciennes, l'Écriture et les Saints-Pères.

Les deux théologies se personnifièrent tout spécialement : la scolastique dans Roscelin, Gilbert de La Porrée, Abélard ; la mystique dans saint Bernard et ses pieux disciples, Guillaume, Rupert, Guéric, devenus tous trois abbés, le premier de Saint-Thierry près Reims, le second de Deutz en face de Cologne, le troisième d'Igny en Champagne.

On l'a dit avec assez de raison, ce que la théorie est à la pratique, la scholastique l'est ou devrait l'être à la mystique, en sorte que leur union constituerait une seule et même loi, la loi supérieure, entrevue par Cicéron, de bien dire et de bien faire (2).

(1) Tom. VII, p. 147.
(2) « Vetus quidem illa doctrina eadem videtur et recte faciendi et bene dicendi magistra. »

les points envisagés dans le troisième livre qui se partage en quarante distinctions. Le quatrième compte cinquante de ces divisions ; et nous y suivons l'auteur parlant des sacrements tant du mosaïsme que de l'Evangile, du jugement dernier, de la résurrection générale, de la félicité du ciel, des châtiments de l'enfer. Nous nous bornons à ce résumé de l'ouvrage. Nous verrons, dans le cours de nos études, s'il y a eu quelques points répréhensibles ou prêtant le flanc à l'attaque.

Mais nous ajouterons avec l'*Histoire littéraire de la France* dont nous transcrivons les paroles : « On ne s'est pas contenté « d'orner de commentaires la *Somme des Sentences* ; on a « voulu même lui prêter les grâces de la versification. Les « bibliothèques de Caïo-Gonvelen et de Saint-Pierre de Cam- « brige conservent chacune un manuscrit qui a pour titre : « *Quatuor libri sententiarum versificati* » (1).

II

LA MÉTHODE THÉOLOGIQUE

Jusqu'au XIe siècle, on peut distinguer deux méthodes d'enseignement théologique : celle des Pères de l'Eglise et celle qui la remplaça ou la continua à partir du VIIIe siècle. La première s'appuyait sur l'Ecriture et la tradition orale ; la seconde ajouta à ces deux sources la tradition écrite ou les ouvrages des Saints-Pères. Nous avons déjà touché ce point d'histoire dans notre *Introduction*. Assurément, il n'y avait rien à substituer, et on n'y songeait même pas, à ces sources d'où découlent les vérités évangéliques. Mais au lieu d'y pui-

---

(1) Tom. XII, p. 601.
On peut voir, p. 607-609, l'indication des principales éditions de l'ouvrage.
Voici, d'après la même source, p. 607, quelques éditions du XVe siècle : Venise, 1477, 1480, toutes deux in-fol. ; Bâle, 1486, 1487, 1492, 1498, toutes également in-fol.
Voir Hain, *Repertor*... art. *Lombardus*, pour les autres éditions tant totales que partielles du même siècle.
Plus tard, nous parlerons des autres ouvrages de l'illustre théologien.

près l'avoir publiquement commenté. Le titre : *Sententiarum libri quatuor*, indique que l'œuvre est une collection du genre de celles de Hugues de Saint-Victor.

L'auteur commence par définir la science, qui a pour objet ou les choses ou les signes : « Omnis doctrina vel rerum est vel signorum. » Or, les choses sont de deux sortes, celles dont on doit jouir, comme les vertus, selon quelques uns, ou, selon l'auteur, le souverain bien par les vertus (1), et celles dont l'usage seul est permis, comme Dieu et les créatures. Les signes forment aussi des catégories : ou ils signifient seulement, ou ils signifient et confèrent ; à la première catégorie se rattachent les sacrements de l'ancienne alliance, à la seconde ceux de la nouvelle. Dans ces préliminaires, Pierre Lombard fait connaître le principe inspirateur de son livre.

En quarante-huit distinctions, le premier livre présente une véritable théodicée théologique, c'est-à-dire comprenant l'unité de substance et la trinité de personnes. Le second livre, divisé en quarante-quatre distinctions, embrasse les créatures, des Anges à l'homme en passant par l'œuvre des six jours. L'homme après la création tenait, comme l'Ange, de la bonté divine son heureux état : tombé par sa désobéissance, il est relevé par la grâce qui aide son libre arbitre pour l'œuvre du bien. Sa terrible chute a entraîné toute sa descendance : c'est ce qu'on nomme le péché originel. Traiter cette grave question, c'était ouvrir la porte — et l'auteur n'a pas manqué de la franchir — à l'examen du péché actuel. L'incarnation, les trois vertus théologales et les quatre cardinales, les dix commandements promulgués sur le mont Sinaï, obligatoires pour les Chrétiens comme pour les Juifs, la différence entre la loi ancienne et la loi nouvelle, tels sont

---

avec regret à la volonté des seigneurs, leur dit : « Je connais mon fils, il ne sera pas content de tout cela. » On partit. Quand la mère parut dans cet accoutrement devant son fils, ce dernier dit en la regardant : « Ce n'est pas ma mère, car je suis le fils d'une femme pauvre ; » et il se détourna. « Ne vous l'avais-je pas dit ? reprit la mère en s'adressant à ses « compagnons de voyage. Oui, je connais mon fils et sa manière de voir : « donnez-moi mes vêtements habituels, et alors il me reconnaîtra. » La chose faite, on présenta de nouveau la mère au fils : « Voici bien ma « mère, reprit l'évêque, cette femme pauvre qui m'a engendré, allaité, « réchauffé, élevé. » Il l'embrassa aussitôt avec effusion et la fit asseoir à ses côtés. (*Gal. christ.*, tom. VII, col. 68-69, *ex Chronico Ricobaldi Ferrariensis*.

(1) « Utendum est ergo virtutibus et per eas fruendum summo bono. »

Geneviève (1). Si l'histoire nous révèle la célébrité du professeur, le livre des *Sentences* atteste les larges connaissances du théologien.

En 1159, Pierre Lombard descendit de sa chaire pour monter sur le siège épiscopal de Paris. Ce siège avait été offert à Philippe, frère du roi Louis-le-Jeune et archidiacre de Notre-Dame. Mais Philippe, estimant que la charge pastorale était au dessus de ses forces, fit tomber les suffrages sur le savant professeur dont il avait suivi les leçons. La mort devait visiter l'élu peu de temps après (1160), et son corps être déposé dans l'église de la collégiale de Saint-Marcel (2).

Nous venons de désigner le livre qui, manuel des étudiants, servait, à la fois, de texte aux maîtres. Le temps allait bientôt venir où l'on ne parviendrait aux grades académiques qu'a-

---

Mansi, art. *Alanus*, col. 1407) en indique une de 1608, également à Francfort. Mais ne serait-ce pas la même ?

Notre auteur, dit encore Dom Brial, « était aussi alchimiste, s'il est « vrai qu'il soit auteur d'un écrit qu'on a inséré dans le *Theatrum chemi-* « *cum* sous ce titre : *Dicta Alani de lapide philosophico, a germanico idio-* « *mate latine reddita per Justum a Balbian, Alostanum*. Cette circons- « tance que l'ouvrage était écrit en allemand, nous fait penser qu'il appar- « tient à quelque autre Alain que celui qui fait le sujet de cet article. » (*Hist. littér., ibid.*, p. 421). Voir ce que dit la *Nouvelle biographie générale*, art. *Alain de Lille* sur la *solution des philosophes*, la *tête du corbeau* et le *mercure des sages*, expressions employées par l'auteur.

Voir, pour les éditions partielles : l'article du même dom Brial dans cette même *Histoire littéraire de la France*, tom. XVI, pp. 405 et suiv., les notices diverses dans l'édition de M. l'abbé Migne; le *Trésor*... de Graesse, art. *Alanus de Insulis*.

Quant aux œuvres non imprimées, nous renvoyons encore à cette *Hist. litt. de la Franc.*, *ibid*, p. 421 et suiv.) et aussi, pour divers sermons, à *La Chaire franc.* de M. Lecoy, de la Marche, Paris, 1886, p. 466, et à *La Chaire franc. au XIIe siècle...*, de M. l'abbé Bourgain, Paris, 1879, p. 88-89.

(1) *Introduction*.

(2) Sourc. général. : *Gal. christ.*, tom. VII, col. 68-69; Dubois, *Eccles. Paris. hist.*, tom. II, pag. 121; *Hist. Univers. Paris.*, tom. II, pag. 766; *Hist. littér. de la Franc.*, tom. XII, pp. 585 et suiv.

Voir aussi M. l'abbé Protois, *Pierre Lombard..., son époque, sa vie, ses écrits, son influence*, Paris, 1881.

On grava sur la tombe du défunt : « Hic jacet magister Petrus Lom- « bardus, Parisiensis episcopus, qui composuit librum Sententiarum, Glossas « Psalmorum et Epistolarum, cujus obitus dies est cal. Augusti. » (Sauval, *Hist. et recherch. des antiq. de Paris*, tom. I, Paris, 1724, in-fol., p. 432).

Il est encore, relativement à Pierre Lombard, un trait digne de remarque et qui fait le plus grand honneur à la noblesse de son caractère. Certains seigneurs de son pays natal, ayant désiré visiter le grand évêque, décidèrent d'emmener sa mère avec eux. On sait que la famille de Pierre Lombard était pauvre. Ils pensèrent qu'il convenait que la bonne mère changeât d'habits pour en prendre de plus beaux. Celle-ci, en acquiesçant

Cet honneur fut réservé à un autre ouvrage, à peine postérieur à la *Somme des sentences* du célèbre Victorin, et dû à un autre professeur de Paris, *Pierre Lombard*.

Pierre, surnommé Lombard à cause de sa patrie (il était né près de Novare), après avoir fait ses premières études à Bologne, était venu en France pour les perfectionner. Reims le retint quelques temps. Paris l'attira ensuite. Il ne devait pas faire d'abord un long séjour dans la grande cité. Mais il finit par s'y fixer définitivement, tant il trouvait de charmes et dans la fréquentation des savantes écoles et dans la société de condisciples qui étaient animés d'une égale ardeur pour la science. De disciple il devint maître. Nous avons dit son professorat, vraisemblable à Saint-Victor, probable à Sainte-

---

pitre vi d'Isaïe : *Vidi Dominum sedentem...* (*Ibid.* pp. 173 et suiv.); *Theologiæ regulæ* ou principes théologiques au nombre de cent vingt-cinq(*Opera* édit. de M. Migne, col. 617 et suiv.) ; *Liber in distinctionibus dictionum theologicalium* ou dictionnaire des mots théologiques (*Ibid*, col. 687 et suiv.)

Au sujet du *De sex alis cherubim*, dom Brial a écrit ces mots : « Cet « opuscule a été jugé assez bon et assez solide pour être attribué au « docteur séraphique. Aussi a-t-il été imprimé parmi les œuvres de « saint Bonaventure ; mais il est moins entier d'un tiers dans ces édi-« tions que dans celles des œuvres d'Alain qui en est le véritable auteur. » (*Hist. litt...*, vol. cit., p. 413.)

Comme orateur, Alain de Lille ne s'est pas borné à écrire des sermons dont quelques uns sont renfermés dans les *Opera* (édit. d'Anvers, pp. 116 et suiv.) Il a, je ne dis pas traité de l'art de la prédication, mais tracé des modèles de sermons assaisonnés de quelques conseils pour la composition dans son *De Arte predicatoria* (édit. d'Anvers, pp. 52 et suiv.) Il a composé, de plus, une sorte de dictionnaire de la prédication : *Summa quot modis*, opuscule demeuré inédit et dont on a perdu toute trace.

Comme poète, Alain de Lille a écrit: *Anti-Claudianus sive de Officii viri boni et perfecti*, poème qui, en opposition à celui de Claudien traitant des vices qui forment l'homme méchant, traite des vertus, des sciences et des arts qui forment l'*homme bon et parfait* (édit. d'Anvers, pp. 332 et suiv.) ; *De planctu naturæ*, sorte de satire ou de plainte contre la dépravation humaine (édit. d'Anvers, pp. 279 et suiv.); *Doctrinale minus*, ou Livre de *paraboles* (*Ibid*, pp. 421 et suiv.) ; des proses rimées, l'une sur le Verbe incarné, l'autre sur la faiblesse et la caducité de la nature humaine (*Ibid* pp. 418 et suiv.) Dom Brial a fait cette remarque : « Leyserus-« (*Hist. poet. med. æv.* p. 1092-1097) a aussi publié, sous le nom d'A-« lain, une prose rimée de *Amore Veneris* qui peut-être faisait partie du « *Planctus naturæ*, mais qui n'est pas dans l'imprimé. » (*Histoir. littér. de la France*, tom. XVI, p. 412).

Alain de Lille a fait un peu œuvre d'historien dans ses *Explanationum in prophetiam Merlini Ambrosii, Britanni, libri septem*, travail dont le but est de montrer l'accomplissement de plusieurs prophéties du célèbre personnage du moyen-âge, confiant, d'ailleurs, à l'avenir le soin d'accomplir les autres. L'on a contesté l'authenticité de cette œuvre. Mais dom Brial s'est efforcé de l'établir (*Hist. litt..*, *ibid*, p. 418-419). Ce dernier cite une édition de Francfort en 1605 (*Ibid*, p. 420). Fabricius (*Biblioth. lat..*, édit.

divine et la trinité des personnes ; le second, la création du monde, des Anges et des hommes et le libre arbitre, principe du mérite et du démérite ; le troisième, l'Incarnation ; le quatrième, les Sacrements ; le cinquième, la résurrection des morts avec les récompenses et les châtiments de l'autre vie.

Le théologien procède presque à la façon des géomètres : ce sont des principes évidents qu'il pose ou des propositions qu'il prouve, pour en tirer des conséquences certaines. Aussi, selon nous, le véritable titre qui conviendrait au petit traité, serait, par la suppression de *seu articulis*, celui-ci : ***De Arte fidei catholicæ***, *De l'Art pour démontrer la foi catholique* (1). — Néanmoins, les traités d'Hugues de Saint Victor et d'Alain de Lille manquaient d'ampleur pour devenir classiques.

---

(1) Voici quelques uns de ces principes ou propositions :

Livre I

I

Quidquid est causa causæ est causa causati.

II

Omnis causa subjecti est causa accidentis.

III

Nihil seipsum composuit seu ad esse perduxit.

IV

Neque subjecta materia sine forma neque forma sine subjecta materia actu potest esse.

Livre IV

I

Prædicatio et sacramenta ecclesiæ necessaria sunt.

II

Baptismi causam inquirere.

III

Eucharistiæ causam scrutare.

IV

Matrimonii causam investigare.

V

Pœnitentiæ causam rimari.

Le *De Arte... fidei catholicæ* n'est pas le seul ouvrage d'Alain de Lille. Visch a publié, à Anvers, en 1654, les *Opera* du célèbre écrivain en 1 vol. in-fol. L'édition est incomplète. M. l'abbé Migne en a donné une meilleure dans le tom CCX de sa Patrologie latine.

Comme théologien, Alain de Lille a écrit encore *Elucidatio super Cantica canticorum* (édit. d'Anvers, pp. 3 et suiv.) ; *Opus de fide catholica* en quatre livres contre les hérétiques contemporains, Albigeois et Vaudois, les Juifs, les Mahométans (*Ibid.*, pp. 201 et suiv.); *Liber sententiarum ac dictorum memorabilium* et *Dicta mirabilia seu memorabilia*, double recueil de pensées diverses sur des textes de l'Ecriture-Sainte (*Ibid.*, pp. 141 et suiv.) ; *Liber pœnitentialis*, opuscule rédigé tant en vue des pécheurs qui se convertissent, que des confesseurs qui les absolvent (*Ibid.*, pp. 183 et suiv.) ; *De sex alis cherubim*, commentaire sur le commencement du chad'envisager le *De Arte seu Articulis catholicæ fidei*, opuscule demeuré inédit jusqu'au xviii° siècle, car c'est Pez qui, pour la première fois, l'a fait imprimer dans son *Thesaurus anecdotorum novissimus* (1).

Le travail est précédé d'un *Prologue*. Le *Prologue* s'ouvre par une dédicace au pape Clément, certainement, d'après les dates adoptées, Clément III qui régna de 1187 à 1191. Par là, nous découvrons l'époque de la composition de l'œuvre théologique. Après avoir dit sa douleur en voyant l'Occident déchiré par les sectes hérétiques et l'Orient livré aux doctrines ridicules d'un mahométisme cruel, puis rappelé que les Pères avaient eu recours aux miracles et à l'Ecriture-Sainte pour la conversion des Juifs et des Gentils, l'auteur trace ces lignes :
« Mais je n'ai pas reçu le don des miracles et l'autorité des
« Ecritures est impuissante en face des hérésies, car les héré-
« tiques modernes ou les rejettent ou les corrompent. C'est
« pourquoi, j'ai disposé avec soin les raisons probantes de
« notre foi, raisons auxquelles un esprit éclairé peut diffici-
« lement résister, afin que ceux qui refusent de se soumettre
« aux prophéties et à l'Evangile, soient convaincus par des
« raisons humaines ».

L'Art ou les Articles de la foi catholique se divise en cinq livres qui ont pour objet : le premier, l'unité de la substance

---

des hérétiques s'écria : *Tu es le diable ou bien Alain*. Il répondit simplement : *Je ne suis pas le diable, mais je suis Alain.*
Nous trouvons ailleurs une troisième anecdote. C'était pendant le séjour d'Alain à Montpellier. « Les chevaliers des environs, attirés par la re-
« nommée de son savoir, se réunirent un jour autour de lui pour le
« questionner. *Quelle est*, lui demandèrent-ils, *la plus grande marque de*
« *courtoisie*. Et il leur démontra, par une foule de raisons, que c'était la
« libéralité dans les bonnes œuvres ; ce qu'ils reconnurent d'un commun
« accord. Mais, quand il voulut, à son tour, les interroger : *Quelle est,*
« dit-il, *la plus insigne preuve de rusticité ?* La réponse était devenue
« facile, puisque c'était le contraire. Mais les chevaliers, flairant un piège,
« ne purent jamais s'entendre là-dessus ; et force fut au docteur
« d'ajouter lui-même ces mots, qui étaient une leçon directe à l'adresse
« de plusieurs d'entre eux : *C'est d'enlever continuellement le bien des*
« *pauvres.* » M. Lecoy de la Marche qui rapporte cela d'après Etienne de Bourbon, ajoute : « Cette anecdote inédite n'est-elle pas plus authen-
« tique et plus piquante que la légende, imaginée par un écrivain du
« xv° siècle, d'après laquelle maître Alain aurait perdu subitement la
« parole pour avoir omis, en prêchant, d'implorer l'intercession de la
« sainte Vierge ? »(*La chaire française au moyen-âge...*, Paris, 1886, p. 153 — 154).

(1) Tom. I, par. II, p. 476-504 : « Libri V ex codd. mss imperialis mo-
« nasteri S. Emmerammi Ratisb. et inclitæ Carthusiæ Gemnicensis in Aus-
« tria nunc primum eruti a Bernardo Pez. »

Notre Alain de Lille (*de Insulis*) est né dans cette ville peu d'années avant 1128. Il mourut à Citeaux dans les premières années du XIII° siècle, et l'on aime à assigner 1202 (1).

Voici l'anecdote qui se raconte comme ayant motivé ou occasionné la retraite d'Alain dans l'illustre abbaye. Elle n'est pas nouvelle, car on l'a substantiellement appliquée à Saint Augustin. Donc Alain se promenait un jour, à Paris, sur les bords de la Seine. Il s'était engagé à expliquer le lendemain le mystère de la Sainte-Trinité. Apercevant un enfant qui s'appliquait à creuser un trou dans le sable : « Pourquoi fais-tu cela, lui demanda-t-il ? — Pour amener dans ce trou toutes les eaux du fleuve. — Mais c'est impossible. — Moins impossible que l'exécution de votre dessein, car vous vous proposez d'expliquer la Sainte-Trinité. » Néanmoins, Alain monta en chaire, comme il l'avait promis. Mais ce fut pour dire : *Qu'il vous suffise d'avoir vu Alain*, et disparaître au grand étonnement de tous : il allait prendre le chemin de Citeaux (2).

Parmi les ouvrages du Docteur universel, il nous incombe

---

rite separandis excursus, dans ses *Comment. de Alcobac. mss. bibl.;* Visch. *Bibliot. script. S. ord. Cisterciens...*, art. *Alanus;* l'abbé Lebeuf. *Mémoires concernant l'hist. civ. et ecclésiast. d'Auxerre et de son diocèse*, tom. I, Auxerre, 1848, pp. 516 et suiv.

(1) Les religieux lui composèrent cette épitaphe :
> Alanum brevis hora brevi tumulo sepelivit
> Qui duo, qui septem, qui totum scibile scivit.
> Scire suum moriens dare vel retinere nequivit.

Ce mot *duo* désigne les deux testaments, et le mot *septem* les sept arts libéraux.

Voir sur Alain de Lille le très solide article de dom Brial dans l'*Histoir. littér. de la Franc.*, t. XVI, pp. 596 et suiv.

(2) *Hist. Universit. Paris.*, tom. II, p. 456-457, *Dissertatio de M. Alano Insulensi*.

Dans cette *Dissertation*, p. 457, nous lisons encore cette autre anecdote. Alain avait été reçu à Citeaux parmi les frères convers. L'abbé, allant à Rome pour siéger dans un concile, l'avait emmené avec lui. Alain supplia l'abbé de le laisser pénétrer dans la salle conciliaire. C'était chose presque impossible. Il y pénétra, cependant, caché sous la chape de l'abbé et se plaça aux pieds de ce dernier. Ce jour-là, on discutait les erreurs des hérétiques contemporains dont plusieurs étaient présents pour s'expliquer. La discussion engagée, ces derniers paraissaient l'emporter. Alors Alain, s'étant levé, demanda à l'abbé la permission de prendre la parole, demande qu'il renouvela deux fois et toujours inutilement. Le pape s'enquit de ce qu'il y avait et accorda au postulant le droit de parler. Alain usa de la permission avec tant de succès, que l'un

l'Eucharistie, il a soin de les réfuter brièvement en ces termes :
« La vérité elle-même montre encore ce que nous devons
« croire, lorsqu'elle dit : *Recevez, ceci est mon corps...* » (1).

— Le fameux *Alain de Lille* fut-il un professeur de Paris? Il
faudrait le dire, si l'on s'en rapportait à ce vers déjà cité :

Exauxit studii Parisiensis opes,

et à l'affirmation de Henri de Gand : *Liberalium artium peritus, Parisiis ecclesiasticæ scholœ præfuit* (2). Mais la
chose ne cesse de paraître encore assez douteuse (3). En tout
cas, il paraît bien que son enseignement aurait eu pour objet
les arts, lois et décrets (4). Cependant, Henri de Gand a écrit
que « de *théologien de Paris*, il devint moine de Clairvaux (5) ».
Montpellier l'a réclamé aussi pour un de ses maîtres. Quoi
qu'il en soit de tout cela, Alain de Lille fut un des plus illustres savants du xiiᵉ siècle : à la fois poète, historien, philosophe, théologien, orateur, il mérita son titre de Docteur
universel.

Comme nous venons de l'écrire, Henri de Gand a fait d'Alain
de Lille un moine de Clairvaux. Mais il semble bien que c'est
une erreur. Il y a lieu, en effet, de distinguer ce savant d'un
autre Alain, son contemporain et son compatriote (*Flandrensis*).
Ce dernier fut évêque d'Auxerre de 1152 à 1167 et se retira
ensuite à l'abbaye de Clairvaux où il mourut en 1182 (6).

---

(1) *Opera*, ibid., p. 466.
Nous dirons avec Hain, relativement aux éditions de ces deux grands
ouvrages de Hugues dans le xvᵉ siècle : *Sententiæ in secundum librum de
incarnatione Verbi*, s. l. n. d., in-fol., s. l. 1473. in-fol., (*Repertor...*, nn.
9023, 9024); *De Sacramentis christianæ fidei*, Strasbourg, 1475, in-fol., et
1495, aussi in-fol. (*Ibid.*, nn. 9025, 9026).
Nous ne parlons pas des autres ouvrages, parce que nous aurons à revenir sur l'illustre Victorin.

(2) *De Script ecclesiast.*, cap. xxi.
(3) *Biograph. nation...* de Belgique, art. *Alain de Lille*.
(4) *Hist. littér. de la Franc.*, tom. xvi, p. 599.
(5) *Loc. cit.* : « ... ex theologo Parisiensi monachus Claravallensis... »
(6) *Gal. Christ.*, tom. XII. col. 293-295 ; M. l'abbé Chevalier, *Répert.
des sourc. historiq. du moyen-âge*, art. *Alain, né en Flandre*.
L'on peut consulter Oudin, dans *Comment de script. eccles....*, tom. II. col.
1386 et suiv.., *Dissertatio de unico Alano Ripatorii abbate, Antissiodorensi
episcopo ac tandem monacho ordinis Cistersiensis...* ; Fortunat a D. Bonaventura, *De duobus Alanis Claravallensi et Cistersiensi eorumque scriptis*

de l'assertion. Dans la *Somme des sentences*, l'auteur ne traite pas *ex professo* de l'ordre comme des autres sacrements. Il n'en est parlé qu'au sujet d'une question posée, à savoir si le prêtre excommunié et manifestement hérétique a le pouvoir de consacrer ; et, après avoir mentionné les deux opinions, l'affirmative et la négative, il incline vers cette dernière (1). Mais dans le *De Sacramentis*, Hugues envisage le sixième sacrement dans ces diverses parties sous ce titre : *De ecclesiasticis ordinibus* (2).

Cette opinion étrange n'est pas la seule qu'on rencontre dans la *Somme*. Hugues admet que la sainte Vierge n'avait pas fait vœu de virginité avant son mariage ; que le vœu de continence suivit seulement l'annonce divine du mystère de l'Incarnation : singulière opinion qu'on s'étonne de trouver sous la plume d'un théologien si exact (3).

Pour lui, le péché originel consiste, ce qui est une doctrine incomplète, « dans la concupiscence du mal et l'ignorance du bien » (4).

Mais, d'autre part, constatant l'existence de quelques théologiens hétérodoxes qui voyaient seulement une figure dans

---

(1) *Opera, ibid.*, p. 468 : « Aliis videtur quod nec excommunicati nec manifesti
« hæretici conficiunt. Nullus enim in ipsa consecratione dicit : Offero, sed
« offerimus ex persona totius Ecclesiæ. Cum autem alia sacramenta extra
« ecclesiam possunt fieri, hæc nunquam extra ; et istis magis videtur as-
« sentiendum ».
Nous sommes surpris d'entendre les auteurs de l'*Histoire littéraire de la France*, dire seulement : « Nous rapportons simplement cette opinion sans prétendre l'approuver. » (Vol. cit., p. 36). Il fallait la désapprouver, en marquant que c'est une erreur.

(2) *Opera*, tom. III, pp. 609 et suiv.
Voir, du reste, la *Præfatiuncula, ibid.* p. 482.

(3) Après avoir écrit que Bède se trompe en enseignant que la Vierge avait décidé « quod vitam duceret virginalem », il ajoute : « Cum B. virgo
« esset prudentissima et novisset quæcumque quæ pie promittuntur
« Domino esse fideliter persolvenda, verisimile est igitur quod ab adoles-
« centia se Deo totam commiserat parata sive ad nubendum sive ad con-
« tinendum, quemadmodum Deum velle cognosceret. » Il prétend appuyer ce sentiment sur l'autorité de saint Augustin qui, d'après lui, aurait placé ces paroles dans le traité *De Nuptiis et concupiscentia* : « Istud creden-
« dum quod B. virgo... proposuisset permanere in virginitate, si Deo
« placeret, et aliter agere, si ipse vellet. » (*Opera*, tom. III, p. 476-477). Hugues aurait donc eu entre les mains une version fautive, car, ce que nous avons constaté nous-même, « on chercherait inutilement ce texte dans l'ouvrage cité de ce Père. » (*Hist. littér. de la France*, vol. cit. p. 57).

(4) *Opera*, tom. III, p. 448.

des Saints-Pères. Saint Bernard ne pensait pas autrement, lorsque, exprimant son sentiment sur des opinions à lui soumises, il répondait au Victorin : « Si je pense bien, la vérité « n'est pas avec l'auteur de ces expressions...; nous ne cher- « chons pas les combats de paroles ; nous évitons, selon la « doctrine apostolique, les nouveautés du langage ; nous op- « posons seulement les sentiments des Pères et nous produi- « sons leurs paroles, et non les nôtres...; que celui-là abonde « dans son sens, qui le veut et autant qu'il le veut, pourvu « qu'il nous accorde d'abonder dans les sens de l'Ecriture..(1) » Aussi la *Summa sententiarum* de Hugues est-elle, nous l'avons déjà dit, sortie de ces deux sources, l'une divine, l'autre divinement autorisée (2).

Cet ouvrage est partagée en sept traités.

Le premier traité est consacré aux trois vertus théologales, à la Trinité, à la foi en l'Incarnation ; le second à la création et à l'état des Anges ; le troisième à la formation de l'homme et à l'état de la nature humaine ; le quatrième aux sacrements en général et aux préceptes divins ; le cinquième au baptême ; le sixième à la confirmation, l'eucharistie, la pénitence, l'extrême-onction ; le septième, au mariage.

La *Somme des sentences* est précédée dans les *Opera* d'un *Dialogue* entre un maître et son disciple *sur les sacrements de la loi naturelle et de la loi écrite* (3). Ce *Dialogue*, en effet, peut être considéré comme une sorte d'introduction à la *Somme*. D'autre part, la *Somme* est suivie du grand ouvrage qui a pour titre : *De Sacramentis* (4). Celui-ci peut, à son tour, être estimé une sorte de complément à celle-là en ce qui concerne la partie des sacrements : cette partie y est vraiment retouchée et developpée. Un exemple fera ressortir la vérité

---

(1) Epist. LXXVII, *Ad magistrum Hugonem de Sancto-Victore, in init.*

(2) *Opera*, Rouen, 1648. 5 vol. in-fol., tom. III, p. 417-481.
Dans la préface, le théologien a écrit : « Ubicumque possumus, aucto- « ritatum vestigia sequamur ; ubi vero certa deest auctoritas, his potis- « simum assentire studeamus, qui maxime auctoritatibus accedunt... Si « qua igitur obscura nobis occurrerit, sit nostri propositi primum ad auc- « toritates confugere ; deinde quid nostri temporis sapientes de illis sen- « tiant in medium conferre, et ut potius hos quam illos imitari placeat (et « ratione et auctoritate simul concurrentibus) pro facultate nostra in « lucem ponere. »

(3) *ibid.*, p. 406-417.

(4) *ibid.*, p. 482-712.

par une mort édifiante qu'Osbert, chanoine de la même abbaye, nous fait connaître dans un court récit.

Osbert venait d'administrer le malade, et, avant de lui donner la sainte Eucharistie, il l'invita à « adorer le corps de N.-S. » Le malade, se «dressant autant qu'il pouvait en étendant les mains vers le sacrement », prononça ces mots : « J'adore, en présence de vous tous, mon Seigneur et je le « reçois comme mon salut. » Il s'endormit en paix, après avoir invoqué Marie, aint Pierre, saint Victor (1).

Le corps du défunt fut déposé à l'entrée du cloître, en attendant que, dans l'année 1335, on lui assignât une place dans la grande église (2).

L'enseignement de Hugues aussi bien que ses livres lui ont mérité, par une pieuse exagération sans doute, de la part de ses contemporains, le nom de *second Augustin*. Le théologien aimait d'ailleurs à citer le docteur d'Hippone.

Nous avons déjà caractérisé Hugues de Saint-Victor : il a sa place parmi les mystiques. Néanmoins nous dirons avec l'*Histoire littéraire de la France* : « Le XII° siècle n'a guère « produit de savants qui aient réuni la variété des connais- « sances, la subtilité d'esprit, la solidité du jugement, la fa- « cilité d'écrire et le bon usage de toutes ces qualités dans un « degré plus éminent que Hugues de Saint-Victor » (3). La page par nous résumée des études du jeune homme nous a préparé à ce jugement porté sur le théologien.

Hugues eût pu, comme plusieurs de ses contemporains, briller par la dialectique. Mais, l'estimant insuffisante, voire même périlleuse (4), il lui préféra l'autorité de l'Ecriture et

(1) *Vita*, au commenc. des *Opera*, édit. de Rouen.
Autres sources pour cette 1re partie : *Hist. Univers.* Paris, tome III, p. 748 ; *Hist. littér. de la Franc.*, vol. cit., pp. 5 et suiv.

(2) L'on grava sur sa première tombe :
   Conditur hoc tumulo doctor celeberrimus Hugo.
   Quem brevis eximium continet urna virum.
   Dogmate præcipuus nullique secundus in orbe,
   Claruit ingenio, moribus, ore, stylo.
                    (*Gal. Christ.*, tom. VII, cal. 661-662).
L'oncle survécut au neveu ; et sa vieillesse fut grandement honorée, car il fut nommé à l'évêché de Tusculum avec le titre de cardinal. (*Hist. litt. de la Franc.*, vol. cit., p. 6).

(3) Vol. cit., p. 62.

(4) Voir M. Hauréau, *Hist. de la pilosoph. scolast.*, par. I, Paris, 1872, pp. 425 et suiv.

Hugues a tracé de sa plume sa manière d'étudier. Nous le voyons donc, d'après ce qu'il raconte, notant, sur chaque sujet, les divers modes de procéder, selon qu'on traite ce sujet en grammairien, en rhéteur, en philosophe ; notant les combinaisons des nombres, traçant des figures sur la terre, démontrant les angles obtus, droits et aigus, apprenant à mesurer les surfaces et les solides ; passant de longues nuits à contempler les astres ; enfin s'exerçant dans l'art de la musique, tant pour distinguer la différence des sons, que pour jouir, aux heures de repos, des charmes de l'harmonie (1).

Ses études terminées, Hugues pensa à se consacrer à Dieu dans la vie religieuse. Il avait un oncle, également appelé Hugues, archidiacre d'Alberstat. Le projet lui fut soumis. Non-seulement l'oncle l'approuva, mais il voulut ne pas rester lui-même, en fait de renoncement, au-dessous du neveu.

Tous deux, vers 1118, prirent le chemin de Marseille pour s'y enfermer dans l'abbaye de Saint-Victor. Mais la grande renommée de l'abbaye du même nom à Paris les y attira presque aussitôt. Là, Thomas, prieur de la maison et vicaire général de Paris, avait remplacé Guillaume de Champeaux à la tête de l'école. Hugues devait remplacer Thomas, en 1133, quand celui-ci fut tombé, mortellement atteint, sous le fer de quelques assassins (2). Son enseignement n'eut pas moins de succès, sans être aussi troublé, que celui du fondateur de la chaire. Entièrement à ses devoirs de chanoine et de professeur, on ne le voit sortir de sa retraite qu'une seule fois, en 1139, et c'était pour aller, sur l'ordre du roi, prendre part à la nomination d'un abbé de Morigni en Gâtinais. Une vie comprenant neuf lustres, mais saintement remplie, se termina le 11 février 1142, selon le sentiment qui nous paraît certain (3),

---

(1) *Opera*, Rouen, 1648, tom. III., *Erudit. didasc.*, p. 54.

(2) «.... qui inter Stephani episcopi Parisiensis manus pro ecclesiastici « juris defensione martyr occubuit, anno domini 1130 », et en note : 1133, d'après Mabillon. (*Gal. christ.*, tom. VII, col. 664).

(3) L'on varie entre les années 1140 et 1143.
Le *Gal. christ.*, tom. VII, col. 661, porte : « Mortuus est anno Domini 1140, III id. februarii, cum necdum œtatis annum 44 adimplevisset. »
Mais l'assertion du manuscrit découvert par Martène et Durand ne nous semble pas devoir laisser plus de doute sur l'année de la mort que sur le lieu de la naissance.

— Quelques siècles plus tard, un professeur de Paris écrivait aussi un abrégé de la science théologique : le professeur se nommait *Hugues de Saint-Victor* et l'abrégé recevait le titre de *Somme des Sentences*. Le titre convenait à l'œuvre qui se composait principalement d'une collection de textes et de pensées puisés dans l'Écriture et dans les écrits des Pères de l'Église. Ce titre, d'ailleurs, n'était pas une nouveauté : sans parler de saint Isidore de Séville, Anselme de Laon selon le sentiment commun, et certainement Guillaume de Champeaux avaient déjà donné au public des livres de *Sentences* dont nous aurons bientôt à dire un mot.

L'on a vu quelquefois dans Hugues un fils de la Saxe. Mais généralement on lui désigne la Flandre pour Patrie : il serait né alors, vers 1097, aux environs d'Ypres, sinon dans la ville même. Ce qui a donné lieu sans doute à la première opinion, c'est qu'il étudia chez les chanoines réguliers d'Hamersleven dans le pays Saxon (1). Mais il ne faut pas perdre de vue qu'il s'est qualifié d'exilé dès son enfance : *Ego a puero exulavi* (2).

---

dans une armoire qu'ils lui marquèrent ». Ils ajoutèrent que « les deux qui avoient précédé la troupe étoient saint Pierre et saint Paul », et « ceux qui les suivoient les pontifes leurs successeurs. » Celui qui le premier avait pris la parole fit cet aveu : « *Et moi je suis Grégoire, dont vous êtes venu chercher les ouvrages avec tant de fatigue*. Les deux rejoignirent la troupe qui se retira dans le même ordre ».

(1) *L'Histoire littéraire de la France*, tom. XII, p. 1-2, consigne en ces termes une troisième opinion : « Robert du Mont qui écrivoit environ 50 « ans après sa mort (la mort de Hugues) assure qu'il étoit Lorrain : » *Magister Hugo Lothariensis*. »

L'opinion commune s'appuie avec raison :

1° Sur un ancien manuscrit de l'abbaye d'Anchin ;

2° Sur ces mots que dom Martène et dom Durand ont lu dans un autre manuscrit par eux découvert dans l'abbaye de Marchiennes : « Anno « ab incarnatione domini MCXLI, obiit dominus Hugo, canonicus Saint-Vic-« toris, tertio idus februarii, qui, Yprensi territorio ortus, a puero exu-« lavit. » (*Hist. littér. de la Franc.*, ibid.)

L'opinion qui déclare Hugues originaire de la Saxe, peut alléguer en sa faveur ce vers de l'épitaphe qui se lisait sur le tombeau du chanoine dans l'église de l'abbaye de Saint-Victor :

Hugo sub saxo jacuit vir origine Saxo
(*Gal. christ.*, tom. VII, col. 662.)

Peut-être serait-on en droit de présumer, avec l'*Histoire littéraire de la France*, tom. XII, p. 2, que Robert du Mont l'aurait dit Lorrain, parce que la Flandre et la Saxe étaient limitrophes de la la Lorraine ?

(2) Source : *Hist. littér....*, tom. XII, p. 1-2 ; Ceillier, *Histoire générale des auteurs sacrés et ecclésiastiques*, Paris, 1729-1763, in-4, tom. XXII, p. 201 ; Budinszki, *Die universit.* Paris, Berlin, 1876, p. 157.

de saint Jean Damascène. Précédemment, parmi les Latins, Tayon, évêque de Saragosse, avait produit un essai de ce genre.

Le *De Fide orthodoxa* est partagé en quatre livres. Dans le premier, l'auteur parle de Dieu, de la Trinité, des attributs divins; dans le second, de la création et des créatures, Anges, hommes, univers, de la Providence et de la prédestination; dans le troisième, de l'incarnation de Jésus-Christ jusqu'à sa résurrection; dans le quatrième, il continue ce dernier sujet, pour aborder ensuite la foi, le baptême, et termine par la résurrection générale. Saint Jean Damascène s'était imposé la règle de ne rien avancer qui ne se trouve dans le domaine de la révélation, et de laisser de côté les questions difficiles sur Dieu, la Trinité, l'Incarnation, car elles ne semblent guère se poser que pour satisfaire la curiosité de l'esprit. L'ouvrage s'offre donc comme un simple et court exposé de doctrine.

L'essai de Tayon n'a pas été imprimé et nous ne saurions dire ce qu'il est devenu. Cet évêque de Saragosse vivait au VII° siècle. « Il rédigea en cinq livres, sous certains titres,
« tout ce qu'il trouva dans les ouvrages de saint Grégoire
« touchant la théologie, sans y mesler aucun raisonnement
« ni mesme les témoignages des autres Pères, exceptez quel-
« ques-uns de saint-Augustin. Le premier livre de cette com-
« pilation... traite de Dieu et de ses attributs; le second de
« l'incarnation, de la prédication de l'Evangile, des pasteurs
« et de leurs ouailles; le troisième des divers ordres de
« l'Eglise, des vertus et des vices; le quatrième des juge-
« ments de Dieu, des tentations et des péchez; et le cin-
« quième, enfin, des réprouvez, du jugement dernier et de la
« résurrection » (1).

---

(1) Mabillon, *Traité des études monastiques*, Paris, 1691, in-4°, p. 210. L'on raconte que Tayon alla à Rome pour se procurer les *Morales* de saint Grégoire-le-Grand. Voici ce que nous lisons dans le *Dictionnaire* de Moréri, lequel, art. *Taion* ou *Tagion*, résume le récit de Baronius, *Annal. ecclesiast.*, an. 649, cap. LXXXI et suiv. : « Comme le soin de la trouver
« (l'œuvre de saint Grégoire) dans les archives où il y avoit quantité
« d'écrits étoit embarrassant, ce prélat s'enferma dans l'église de Saint-
« Pierre pour se conduire dans cette affaire par les lumières du ciel. Vers
« le minuit, il vit entrer dans l'église, toute éclatante de lumière, une
« grande multitude d'hommes vénérables qui s'en alloient tout droit au
« maître-autel. Deux de ceux-là, qui se détachèrent, joignirent Taion, et
« l'un d'eux lui demanda qui il étoit et pourquoi il étoit venu là ». Après la double réponse du prélat, « ils lui dirent que les livres qu'il cherchoit étoient

qui éclaire l'intelligence, toutes deux se faisant déjà sentir ou deviner dans les écoles supérieures fondées par les nobles ardeurs ou sous le souffle et à l'exemple du célèbre Alcuin : saintes et savantes retraites qui se montraient assez nombreuses en deçà comme au-delà du Rhin (1).

La marche ascendante s'opérait, en d'autres termes les doctrines suivaient leur développement progressif. Pendant que la mystique prenait pour base l'Évangile de saint Jean et pour inspirateurs les ouvrages qui portent le nom de saint Denys et aussi ceux de Didyme et de saint Macaire-l'Ancien, la scholastique, embrassant dans un amour égal les livres saints, s'attachait à l'enseignement positif de l'Eglise, prenait quelquefois son vol pour s'élever jusqu'aux plus hautes sphères de la spéculation, et, à l'exemple de Clément d'Alexandrie, d'Origène, les deux plus célèbres docteurs de l'école orthodoxe de la grande cité égyptienne, elle visait déjà à systématiser quelque peu l'enseignement.

D'ordinaire, cependant, on traitait les points religieux selon que les circonstances y invitaient ou que les besoins le demandaient. C'était, ou pour satisfaire à des désirs exprimés, répondre à des questions posées, ou pour mettre dans un plus grand jour des vérités respectées et crues, ou pour combattre des erreurs qui naissaient. Mais, la religion présentant un corps de doctrines, pourquoi ne pas l'exposer dans son ensemble et dans un ordre logique ? Pourquoi ne pas la soumettre au genre de démonstration qui lui convient, en résumant ses principaux points en propositions ou thèses suivies de leurs preuves ? Déjà, il est vrai, on pouvait citer, à ce point de vue, parmi les Grecs, le traité *De la foi orthodoxe*

---

(1) Outre l'école palatine et l'école de Tours, celle-ci, comme celle-là, œuvre d'Alcuin, « on vit fleurir, à cette époque et peu après », dit Alzog, les écoles « d'Orléans, de Toulouse, Lyon, Reims, Corbie, Aniane, Saint-Germain-d'Auxerre, Saint-Gall, Reicheneau, Hirseau, Fuld, Utrecht, Mayence, Corbie-la-Neuve, Trente, etc. » (*Hist. univers. de l'Egl.*, trad. par J. Goschler, Paris, 1849, tom. II, p. 78).

Nous visons seulement les écoles où l'on étudiait plus amplement la science sacrée et que nous avons appelées supérieures; car nous savons que l'illustre conseiller de Charlemagne fit décider ou recommander par cet empereur l'érection d'écoles ordinaires près de toutes les cathédrales et de tous les monastères : *Constitutio de scholis per singula episcopia et monasteria instituendis.* (Baluze, *Capitul. Reg. Franç.*, tom. I, pp. 201 et suiv.); — « Et ut scholæ legentium puerorum fiant, Psalmos, « notas, cantus, computum, grammaticam per singula monasteria vel « episcopia discant. » (*Ibid.*, p. 257).

CHAPITRE I

LA THÉOLOGIE

I. **La Théologie en corps de doctrine.** — **Hugues de Saint-Victor.**
Alain de Lille. — **Pierre Lombard**
II. **La Méthode Théologique.** — **Méthode Doctrinale.**
Méthode Littéraire

LA THÉOLOGIE EN CORPS DE DOCTRINE

La science théologique est aussi ancienne que le christianisme, car elle n'en est que l'exposition et le commentaire. Après avoir jeté un vif éclat par la parole éloquente et les savants écrits des Pères, elle chercha à se constituer d'une façon plus technique, en groupant logiquement les vérités, en les rangeant méthodiquement sous des chefs divers et spéciaux, en préférant dans l'explication le nerf de la dialectique à l'art de bien dire.

Ce ne fut pas le travail d'un jour. Des siècles furent consacrés à cette coordination, œuvre grandiose et splendide qui a eu son aurore, ses degrés ascensionnels, avant de toucher à son zénith.

A son aurore, nous voyons poindre la distinction de la scolastique et de la mystique, l'une s'appliquant à la perception nette, l'autre au sentiment profond des vérités, celle-ci cherchant l'aliment qui nourrit le cœur, celle-là la lumière

l'année 1107, et que, parmi plusieurs autres, la question y fut traitée. Or, à l'assemblée conciliaire, prirent rang, sur l'appel du pape, Guillaume de Champeaux et Joscelin, alors simples professeurs à Paris (1).

Un peu plus tard, dans l'affaire de Gilbert de La Porrée, Eugène III, se disposant à passer en France, « répondit que « dans le pays où il alloit, il trouveroit plus de facilité pour « discuter l'affaire, parce qu'il y seroit aidé des lumières d'un « grand nombre de savans théologiens » (2).

Compléter ces données générales, pour ce qui regarde les xie et xiie siècles, en les particularisant, voilà ce qui s'impose à nous dans un premier livre.

(1) *Hist. Univers. Paris.*, tom. II, p. 18.
(2) Crévier, *Hist. de l'Univers. de Par.*, tom. I, p. 196.

LIVRE I

L'ENSEIGNEMENT THÉOLOGIQUE
Aux XIe et XIIe Siècles

Tracer, dans notre *Introduction*, la célébrité, la fréquentation, la gloire des écoles de Paris, c'était, en même temps et surtout, tracer la célébrité, la fréquentation et la gloire des écoles de théologie qui occupaient le premier rang. Rappeler, là aussi, les illustrations qui, sorties des premières, ont été élevées aux dignités de l'Église, c'était, en même temps et surtout, fixer l'attention sur les secondes, dont l'enseignement avait été une source précieuse pour ces futurs dignitaires.

Par eux-mêmes, les théologiens de Paris jouissaient de la plus haute autorité doctrinale : ils étaient convoqués aux conciles; et on en appelait volontiers à leur décision dans les graves affaires. Faut-il deux faits à l'appui ?

Pascal II était venu en France. Si nous nous en rapportons à Suger, il se proposait de soumettre à l'Église de France les prétentions de l'empereur d'Allemagne au sujet des investitures (1). Toujours est-il qu'un concile fut réuni à Troyes en

---

(1) Mgr Héfélé, *Hist. des concil.*, traduct. franç., Paris, 1869-1878, tom. VII, p. 96.

pour une durée de sept ans, et. en 1252. pour dix nouvelles années (1).

Nous avions déjà fait remarquer, en renvoyant pour plus de détails à l'*Histoire littéraire de la France* (2), que les dignités ecclésiastiques semblaient. même en pays étranger, réservées aux maîtres et étudiants de Paris, ou, du moins, que ceux-ci étaient préférés pour celles-là. Ces préférences devenaient une règle générale, en attendant qu'elles constituassent un droit, le droit des gradués aux bénéfices.

Telle fut, à son origine et dans sa première, sa substantielle organisation. l'Université de Paris, cette grande Université qui pouvait déjà se dire la fille des rois par la protection qu'elle en recevait, mais qui, en réalité, était la fille de l'Eglise.

Donnons pour couronnement à cet exposé historique deux illustres témoignages. L'un est de saint Louis, l'autre de Clément IV.

Le premier, dans le diplôme qu'il accorde aux chartreux pour leur établissement près Paris, parle de cette cité au sein de laquelle « coulent les eaux les plus abon-
« dantes de la salutaire doctrine, en sorte qu'elles devien-
« nent un grand fleuve qui, après avoir réjoui de ses flots
« la cité elle-même, en arrose l'Eglise universelle » (3).

Le second, aussi explicite. emploie une comparaison non moins charmante : c'est « la cité si noble, si re-
« nommée, la cité source de la science et répandant sur le
« monde entier une lumière qui semble une image de
« la splendeur du céleste séjour; ceux qui y sont ensei-
« gnés brillent d'un étonnant éclat, et ceux qui y en-
« seignent brilleront avec les astres dans l'éternité » (4).

(1) *Mémoires de la Sociét. de l'hist. de Paris et de l'Ile-de-France*, tom. X, 1883, pp. 245-246, 253-254, où une bulle d'Innocent IV, concédant le privilège en 1246, est imprimée pour la première fois.
(2) Tom. IX, pp. 75 et suiv.
(3) *Hist. Univers. Paris.*, tom. III, p. 360.
(4) *Ibid.*, p, 371.

« an, une dame nommée Isabeau, intitulée comtesse de
« Rétel, fille et héritière de Robert Mormion, chevalier
« normand, et d'Isabeau, fille unique de Gervais, comte
« de Rétel. Il fonda avec sadite femme le collège de Rétel
« à Paris » (1).

Les XIIIe et XIVe siècles étaient appelés à être féconds en institutions de ce genre.

VI

Ainsi, l'Université avait déjà pris « la forme qu'elle a toujours retenue depuis, et elle fut composée, comme elle l'est encore, de sept compagnies, savoir : les trois Facultés de théologie, droit et médecine, et les quatre nations de la Faculté des arts » (2). Nous ajouterons, pour compléter l'assertion de Crévier : l'Université apparaît également, à cette époque, avec ses deux principaux grades, de nombreux internats et même ses bedeaux, sous le nom de serviteurs et de messagers (3).

Le sceau tant désiré ne faisait même pas défaut à l'Université. Brisé en 1225, comme nous l'avons vu, il put être remplacé par autorisation pontificale, en 1246.

---

(1) Bibl. nat., *Dossiers bleus*, ms. 585, art. *Launay*, fol. 3, article consacré à la *Généalogie de la maison de Launay*.

(2) *Hist. de l'Univers. de Paris*, tom. II, p. 55.

(3) *Supra*, p. LIII, pour les bedeaux.

Voilà bien, d'ailleurs, ce que l'on trouve dans le *Statutum Universitatis super scholis et domibus retinendis*, en date de février 1245 : « Ille autem vel illi scholares qui domum interdictam receperint « vel moram ibi fecerint et recedere noluerint quam cito moniti « fuerint per rectorem vel *servientem* ab eo missum, vel procura- « tores similiter vel *nuncium* ab eis missum.... » (*Hist. Univers. Paris.*, tom. III, p. 195); et dans une bulle donnée par Innocent IV *Lugduni 3 id. maii, pontif. nost. an. II* : « Vestris supplicationibus « inclinati, præsentium authoritate concedimus, ut *servientes vestri* « *communes* qui pro utilitate totius studii a singulis nationibus « concorditer eliguntur, illis immunitatibus gaudeant quas vobis « apostolica sedes noscitur concessisse. » (*Ibid.*, p. 202-203.)

De là le collège de Dace ou des Danois, afin que les étudiants de cette nation y trouvassent l'hospitalité et fussent à proximité des centres de formation intellectuelle, les écoles de Sainte-Geneviève d'abord, puis celles de l'Université.

L'on doit placer au commencement du XIIe siècle, sinon à la fin du XIe, l'origine du collège des Dix-Huit, situé d'abord dans, puis près l'Hôtel-Dieu. M. Cocheris, suivant le manuscrit M. 124 des Archives nationales, parle d'une « pièce de 1180 » portant approbation de la « fondation faite par Joces de Londres, à son retour de Jérusalem, d'une chambre à l'Hôtel-Dieu, où dix-huit clercs seraient logés: c'est le titre fondamental du collège. » Ailleurs, le même historien avait déjà écrit que, après sa translation au parvis Notre-Dame, le collège occupa jusqu'au-delà de l'année 1384 une maison qui longtemps conserva le nom de *Maison des Dix-Huit* (1).

Jusqu'alors, la fondation du collège de Réthel n'avait pas été indiquée. Du Breul marque seulement que cette fondation est due à un Gauthier de Launay (2). Félibien et Lobineau le répètent, en ajoutant toutefois que c'était en faveur des écoliers pauvres du Réthellois, lesquels seraient désignés par deux dignitaires de Reims, l'abbé de Saint-Denis et le grand prieur de Saint-Rémi (3). Mais dans un document inédit, et présentant tous les caractères de véracité, la *Généalogie* de la famille des de Launay, nous rencontrons les lignes suivantes, qui nous permettent de faire remonter la fondation à la seconde moitié du XIIe siècle : « Gauthier, troisième du nom, porta bannière « sous le roy de France Philippe II. Il succéda, en 1151, « à son père à la vicomté de Launay; il épousa, audit

---

Sainte-Geneviève et la Congrégation de France, Paris, 1883, pp. 121 et suiv., 129 et suiv. Voir aussi *Hist. Univers. Paris.*, tom. II, p. 385.

(1) *Hist. Univers. Paris.*, tom. I, p. 503-504; Lebeuf, *Hist. de la ville et de tout le diocèse de Paris*, éd. Cocheris, tom. II, p. 129-130; tom. I, p. 61.

(2) *Le Théâtre des antiquitez de Paris*, Paris, 1639, p. 548.

(3) *Histoire de la ville de Paris*, tom. II, p. 761.

avaient une destination spéciale : ils se fondaient en vue des écoliers d'une province, d'un pays ou encore d'une même science.

Quatre collèges sont à signaler dans le XIIe siècle.

D'abord le collège de Saint-Thomas du Louvre pour les écoliers pauvres, sous la direction d'un maître, et celui de la nation danoise sur la montagne de Sainte-Geneviève.

Le premier prenait probablement naissance en même temps que la collégiale du même nom. Robert de Dreux, frère de Louis VII, aurait eu la gloire d'être le fondateur de la maison de prières et de la maison d'études. Séparés administrativement, les deux établissements avaient la même église et le même enclos. On leur avait donné pour patron saint Thomas de Cantorbéry. L'année 1187 est assignée à la double fondation (1).

L'on ne saurait être aussi précis relativement à l'origine du second collège. Les relations entre le Danemark et l'abbaye de Sainte-Geneviève remontent au-delà de saint Guillaume de Danemark et d'Etienne de Tournay, tous deux s'illustrant dans la seconde partie du XIIe siècle. Le premier fut appelé de Sainte-Geneviève pour gouverner le monastère d'Eschil en Danemark. Le second fut placé à la tête de la célèbre abbaye de Paris. Grâce à eux, les relations devinrent de plus en plus intimes (2).

(1) *Hist. Univers. Paris.*, tom. II, pp. 463 et suiv., Lebeuf, *Hist. e la ville et de tout le diocèse de Paris*, édit. Cocheris, tom. I, pp. 113, 117. Nous n'avons pas parlé en termes bien affirmatifs, à cause des documents produits par du Boulay dans sa Dissertation, à l'endroit indiqué, et de l'opinion par lui émise et ainsi exprimée (*Ibid.*, p. 464: « Igitur ita statuendum videtur prædictum collegium vetus-
« tioris esse fundationis ejusque primævam institutionem ad Ro-
« bertum regem esse referendam qui, ut ad annum 1037 diximus,
« collegium 160 pauperum clericorum alere solebat dum esset in
« vivis, moriens vero providit ne quotidianus eis victus defecturus
« esset. » Certainement fondateur de la collégiale, le comte de Dreux, alors, aurait été restaurateur ou simplement bienfaiteur du collège.

(2) Voir ce que nous avons dit, à ce sujet, dans l'ouvrage *L'Abbaye de*

vue de la considération. Aussi l'Université prit-elle cette décision pour obvier au mal, à savoir que, dans le cas où un propriétaire refuserait d'accéder au prix fixé, défense lui était faite de louer sa maison pendant cinq ans; et le maître ou l'écolier qui y prendrait logement pendant ce laps de temps, devait en sortir au premier avertissement du recteur ou des procureurs, à peine de se voir privé des privilèges du corps universitaire (1). Rome fit entendre sa voix. Ce fut Innocent IV qui lança la bulle condamnant par les expressions les plus fortes de pareils agissements (2). Avant la fin du siècle, l'Université était encore appelée à intervenir.

Tout cela avait fait comprendre depuis longtemps la nécessité d'un nouvel ordre de choses.

Offrir aux écoliers un asile où ils n'auraient ni à craindre les tracasseries des propriétaires ni à courir les dangers du monde, voilà bien le double but qu'on se proposait d'abord en fondant ces grandes maisons qui portaient, à juste titre, le nom de collèges (3). Il était une troisième fin qu'on atteignit du même coup : c'était le progrès des études par un meilleur emploi du temps; car, outre des guides qu'on devait parfois posséder dans les maîtres de ces maisons, on trouvait, dans la retraite qu'elles procuraient, l'éloignement de la dissipation. Enfin, quand on fait attention aux dotations de plusieurs de ces établissements et aux conditions qu'elles imposaient, on acquiert la conviction qu'on voulait également rendre les études accessibles aux déshérités de la fortune.

Nos expressions l'ont fait comprendre, ces collèges n'étaient point d'ordinaire des centres d'instruction, mais de simples internats pour la jeunesse, qui, de là, se rendait aux écoles publiques. Ces établissements

(1) La décision, du mois de février 1245, est citée dans *Hist. Univers. Paris.*, tom. III, p. 195.

(2) La bulle, du 6 mars 1245, est reproduite dans *Ibid.*, p. 195-196.

(3) De *colligere*, rassembler.

cher, les écoliers bon marché. De là des contrariétés, des colères; or, comme les écoliers étaient très nombreux, parfois aussi nombreux que les bourgeois, il en résultait un malaise social qui aurait pu, si on n'y avait apporté remède, dégénérer en une sorte de guerre civile. On eut donc recours à la taxation.

Ce droit de taxation avait pris place dans le règlement de Robert de Courçon pour être dévolu à l'Université (1). Il fut maintenu dans la bulle de Grégoire IX adressée au roi en 1231, mais avec une modification importante, car l'exercice dut en être partagé avec les bourgeois : la taxation était réservée à deux maîtres de l'Université et à deux bourgeois de Paris, les uns et les autres nommés par les corps auxquels ils appartenaient. La nomination des bourgeois, cependant, devait être approuvée des maîtres. Si les deux bourgeois se montraient négligents, les deux maîtres procéderaient seuls (2). Ce droit était tellement patronné à Rome, que quand, un an après, les religieux et les ecclésiastiques voulurent y soustraire les maisons par eux possédées à Paris, ils se firent condamner par le même pape (3).

A l'abri du côté des exigences des propriétaires, il arrivait que les écoliers et même les maîtres se faisaient concurrence en offrant un prix supérieur, soit avant la conclusion du bail, soit pendant la jouissance de l'appartement. Les propriétaires étaient loin de s'en plaindre. Mais, outre que les moins fortunés en souffraient, le corps universitaire ne pouvait que perdre au point de

---

(1) « Pro taxandis pretiis hospitiorum.... »

(2) « Hospitiorum quoque taxationem per duos magistros et duos
« burgenses ad hoc de consensu magistrorum electos, juramento
« præstito, fideliter faciendam, sive, si burgenses non curaverint
« interesse, per duos magistros, sicut fieri consuevit, ... sine diffi-
« cultate concedas .... » (Hist. univers. Paris., tom. III, p. 141.)

(3) « Taxatores idoneos in eorumdem religiosorum et clericorum
« domibus authoritate apostolica deputetis, contradictores per
« censuram ecclesiasticam appellatione postposita compescendo. »
(Ibid., p. 160.)

choisir le local. On louait alors des salles particulières. On comprend que, dans de pareilles conditions, l'école eût parfois de mauvais voisinages. Voilà ce qui faisait dire à Jacques de Vitry : « Dans une même maison, il y « avait en haut des écoles et en bas des lieux de débauche; « au premier étage des maîtres enseignaient, et au-dessous « des femmes de mauvaise vie exerçaient leur honteux « trafic » (1). La liberté dont jouissaient les écoliers aussi bien que la situation des écoles arrachaient cette apostrophe à Pierre de Celle : « O Paris, que tu es propre à « prendre et à tromper les âmes! En toi se trouvent les « attraits des vices, en toi le piège du mal, en toi la « flèche de l'enfer qui transperce le cœur des in- « sensés » (2).

On devait avoir à cœur de remédier à un pareil état de choses. On fit plus que conseiller ou prescrire un bon choix de salles pour fixer les chaires. Aussitôt que les circonstances le permirent, on s'appropria des maisons en rapport avec la destination, on en construisit même sur de nouveaux emplacements. « Lorsque les clos Mau- « voisin et Bruneau, dit Crévier, commencèrent à être « habités, c'est-à-dire au XIII° siècle, il est probable que « plusieurs écoles s'y établirent. Ce qui est certain, c'est « qu'au XIV° siècle la rue du Fouarre, qui fait partie de « l'ancien clos Mauvoisin, et la rue Bruneau, qui est au- « jourd'hui la rue Saint-Jean de Beauvais, contenoient « les écoles de la Faculté des arts et de celle de dé- « cret » (3).

L'état de dispersion des écoliers dans Paris créait, en plus, des embarras au point de vue du logement. Il fallait s'adresser aux bourgeois. Ceux-ci voulaient louer

---

(1) *Histor. Occident.*, cap. VII.

(2) *Epistol.*, lib. IV, Epistol. X : « O Parisius, quam idonea es ad « capiendas et decipiendas animas! In te retiacula vitiorum, in te « malorum decipula, in te sagitta inferni transfigit insipientium « corda! »

(3) *Hist. de l'Univers. de Paris*, tom. I, p. 272-275.

l'apprendre au sujet des examens, en défendant, sous des peines disciplinaires, d'exiger ou de recevoir rien des candidats (1).

Cependant on fut parfois obligé, par la force des choses ou par des circonstances particulières, de déroger quelque peu aux prescriptions. Ainsi nous avons vu le pape autoriser Pierre-le-Mangeur à percevoir un droit modique pour la collation de la licence (2). Ainsi la Faculté des arts admettait des droits analogues quand il s'agissait du baccalauréat (3), et l'Université imposait aux écoliers deux sols par semaine pour être versés dans la caisse commune, obligation qui fut confirmée par une bulle de Martin IV (4).

C'était l'abbé et le chancelier de Sainte-Geneviève que la bulle chargeait de veiller au versement de cette cotisation, avec pouvoir de contraindre par les censures les récalcitrants. Les sommes recueillies, destinées à servir aux dépenses communes, devaient être déposées entre les mains et réparties selon les décisions d'une commission composée du recteur, des doyens des Facultés et des procureurs des nations.

V

Les écoles se multipliaient avec le progrès des études et en proportion du nombre des étudiants. C'était dans la cité et principalement sur la montagne de Sainte-Geneviève qu'elles s'établissaient, se groupant, pour ainsi dire, autour de leurs mères, les écoles de Notre-Dame et de la grande abbaye. Avec la licence, on était en droit non seulement d'ouvrir une école, mais d'en

(1) *Hist. Univers. Paris.*, tom. III, p. 484.
(2) *Supra*, p. XXI.
(3) *Ibid.*, tom. III, p. 347.
(4) *Ibid.*, tom. III, p. ███ mandantes quatenus singuli vestrum qui duos solidos Parisie███████████ bursa ███████ in hebdomada ██nitis, super contribu██████████████enda sic prompte et liberaliter vos geratis...»

en usage depuis longtemps, un grade universitaire, celui de bachelier (*bachalarii*), existait à cette époque. Le grade de docteur ne devait pas tarder à faire son apparition, s'il ne l'avait déjà faite (1).

La gratuité de l'enseignement était une première loi qui s'imposait à toutes les écoles et devenait le principe d'une autre, la gratuité tant des examens que de la licence. Nous le savons déjà en ce qui regarde la licence. Une clause réglementaire de 1288 ou 1289 vient nous

---

(1) *Hist. Univers. Paris.*, tom. III, pp. 124, 141. Il ne saurait y avoir de doute relativement au baccalauréat. Quant au doctorat, nous trouvons ces lignes dans la bulle de Grégoire IX, datée de la première année de son pontificat et adressée au chancelier de l'Eglise de Paris : « Dilecti filii abbas et conventus Sanctæ-Genovefæ Pari-
« siensis nobis insinuare curarunt quod, cum ad jus suum pertineat
« ut doctores theologiæ ac decretorum ac liberalium artium de
« ipsorum licentia libere regere valeant in parochia et terra eorum
« infra Parisiensium murorum ambitum constituta, theologiæ
« decretorumque doctores ad regendum inter duos pontes astringis
« vinculo juramenti; propter quod, etsi doctores artium de li-
« cencia ipsorum regant in prædicta parochia, theologiæ tamen et
« decretorum doctores non audent regere in eadem. » Le pontife ne parle pas autrement dans la bulle de même date, par laquelle il chargeait l'abbé et le prieur de Saint-Jean des Vignes et l'archidiacre de Soissons de faire une enquête à ce sujet. Mais ce mot: *doctores*, ne doit-il pas être pris dans le sens général de maîtres, expression consacrée pour désigner le professeur ? Voilà pourquoi nous n'avons pas cru devoir préciser davantage.

Baccalarius du latin *bacca* et *laurus*, parce que, dit-on, on donnait autrefois aux bacheliers une couronne de laurier ayant ses baies, a eu plusieurs significations. On l'employait pour désigner le chevalier inférieur ou *bas chevalier*, c'est-à-dire le chevalier qui n'avait pas assez de vassaux pour faire porter la bannière devant lui. Ce mot désignait aussi celui et celle qui n'étaient pas mariés : *Adolescentes non conjugati et juvenculæ nondum nuptæ*, d'où bacheliers, bachelettes. Dans les arts et métiers, les bacheliers étaient ou devaient être ceux *qui sub eis, qui rebus artificii præfecti sunt, minora negotia curant, suoque ordine ad ejusdem præfecturam eliguntur*. Dans les Universités, le mot prenait et allait conserver le sens de grade ou de premier degré pour le doctorat : .... *qui in eo gradu sunt, ut ad doctoratum aspirare possint.* (Du Cange, art. *Baccalarii.*) Voir le célèbre glossateur pour les autres significations.

dans les temps postérieurs. Cette défense, « on l'éludoit
« autant qu'il étoit possible : on y donnoit des atteintes
« dans le fait, quoique l'on n'osât pas attaquer la loi en
« elle-même. Cette contrainte n'a cessé que par l'ordon-
« nance de Louis XIV en 1679, qui a établi solennelle-
« ment l'enseignement du droit civil dans la faculté de
« décret de Paris » (1).

IV

Dans ce travail d'organisation, le chancelier de Sainte-
Geneviève vit son pouvoir se circonscrire. Pendant que
le chancelier de Notre-Dame licenciait en théologie, en
décret, en médecine, aussi bien que dans les arts, son
collègue et souvent son antagoniste de la rive gauche de
la Seine se trouvait réduit à ne plus licencier que dans
cette dernière branche de l'enseignement (2). Il ne nous
paraît pas douteux que la loi sur la licence, imposée par
Grégoire IX à l'un, ne s'étendît substantiellement à l'autre
relativement à l'examen des candidats, à l'enquête préalable, à la gratuité de la collation.

Par les bulles de Grégoire IX données en faveur ou au
sujet de l'Université, nous apprenons que, outre la licence

---

(1) *Hist. de l'Univers. de Paris*, ibid., p. 316.
L'Université, dit encore Crévier, avait même porté un décret
« qui exigeoit trois ans d'étude en droit civil de quiconque vou-
« droit être admis au doctorat dans la faculté de décret. Il paroit
« que l'on eût bien voulu s'affranchir à Paris de la loi qui interdi-
« soit l'enseignement du droit civil. Mais on ne pensoit pas de
« même en cour de Rome ; et le pape Innocent IV, sur la requête
« du chancelier de Paris, cassa le statut de l'Université qui mar-
« quoit de l'attachement à l'étude des lois romaines. » (*Ibid.*,
tom. II, p. 275-276.)
Voir, sur la continuation de l'enseignement du droit civil,
M. l'abbé Péries, *La Faculté de droit dans l'ancienne Université de
Paris*, Paris, 1890, pp. 99 et suiv.

(2) Cela résulte évidemment de deux bulles de Grégoire IX, lesquelles vont être immédiatement citées ou mentionnées.

devenait ou allait devenir le principe et le modèle de l'organisation des autres Universités : l'importance autant que l'ancienneté de celle-là en faisait une loi à celles-ci.

Dans notre récit, nous nous sommes servi de cette expression : *faculté de décret*, parce que, selon l'usage, dans cette faculté l'on n'était autorisé qu'à enseigner le droit canonique, c'est-à-dire le *Décret de Gratien* et les *Décrétales*. Sans doute, suivant l'attestation de Ricord, il y aurait eu à Paris, au commencement du XIII° siècle, des cours de droit civil. Mais, dans la pensée de ne pas distraire des études théologiques, Honorius III donna une bulle qui défendait ces cours dans la capitale de la France et villes environnantes (1). Cette défense ne fut jamais bien observée. Aussi, voyons-nous que le droit civil s'enseignait au sein de notre Université à l'époque de Robert de Courçon (2). Pareille désobéissance peut se constater

(1) *Hist. Univers. Paris.*, tom. III, p. 96 : « ... firmiter interdicimus « et districtius inhibemus ne Parisius vel in civitatibus seu aliis « locis vicinis quisquam docere vel audire jus civile præsumat. »

(2) Crévier, *Hist. de l'Univers. de Paris*, tom. I, p. 377.

Nous n'examinons pas la question de savoir si la bulle *Dolentes* d'Innocent IV, donnée à l'effet de compléter la bulle d'Honorius III, est bien authentique. On avait admis l'authenticité jusqu'à ces dernières années.

Le P. Denifle a été le premier à élever des doutes sur ce point. Ces doutes sont consignés dans une note accompagnant la bulle qu'il reproduit dans son *Chartularium Univ rsitatis Parisiensis*, tom. I, p. 262. Ils ne paraissent pas dénués de fondement. Voici les deux principales raisons des doutes : la bulle d'Innocent IV s'éloignerait du véritable esprit de celle d'Honorius III ; et elle serait en opposition avec les tendances du Saint-Siège à cette époque.

M. Marcel Fournier se prononce pour l'authenticité dans son opuscule, *L'Eglise et le droit romain au XIII° siècle à propos de l'interprétation de la bulle* SUPER SPECULAM *d'Honorius III*, pp. 19 et suiv.

Voir sur la question l'article de M. Georges Digard, *La Papauté et l'étude du droit romain au XIII° siècle à propos de la fameuse bulle d'Innocent IV* DOLENTES, dans *Biblioth. de l'écol. des chartes*, an. 1890, pp. 181 et suiv.

tion. Le recteur soutenait qu'elle pouvait se faire par un simple bedeau. La chose s'envenima tellement qu'on ne trouva rien de mieux que de s'adresser au pacificateur ordinaire, Simon de Brion, qui était sur le point de retourner à Rome, rappelé par Nicolas III.

Le légat s'inspira du passé pour apaiser les esprits, en prenant une sorte de moyen-terme : il décida que la convocation se ferait par le recteur ou un maître-ès-arts, ou bien encore, si le recteur le préférait (1), par une lettre signée et cachetée que porterait un bedeau. L'ordonnance est de 1278.

Trois ans plus tard, l'Université prit un arrêté d'une grande importance en faveur des Facultés. On agitait la question de savoir si' l'Université devait considérer comme siennes les causes des Facultés et faire participer celles-ci à ses droits et privilèges. Un outrage adressé à un membre de la Faculté de médecine hâta la solution. Non seulement l'Université exigea une réparation ; mais, s'étant réunie à Saint-Julien-le-Pauvre, elle décréta que tout ce qui touchait les quatre Facultés la touchait elle-même, et devait être soutenu et attaqué en son propre nom (2).

La formation des Facultés acheva, dans le XIIIe siècle, la constitution de l'Université. Mais, à mesure que les Facultés se dessinaient et s'organisaient, la division en quatre nations disparaissait partiellement pour la théologie, le décret et la médecine, tandis qu'elle se maintenait complètement dans les arts. Les Facultés supérieures, en effet, n'allaient renfermer que des docteurs, laissant leurs bacheliers dans les nations (3).

D'autre part, la constitution de l'Université de Paris

(1) *Hist. Univers. Paris.*, tom. III, p. 445-446, où ordonnance reproduite et datée « apud Divionem 14 kal. nov. pontificat. D. Nicolai papæ III an. II. »

(2) *Ibid.*, p. 455-456 : « Declaramus facta Facultatum theologiæ, « decretorum, medicinæ et artium, in quantum illa facta respi- « ciunt privilegia Universitatis seu negotia, esse facta Universi- « tatis... ».

(3) Crévier, *Hist. de l'Univers. de Paris*, tom. III, p. 56.

l'élection du recteur les constituaient en corps depuis assez longtemps.

Donc, dès l'année 1171, les maîtres en décret prétendirent à la possession de ce qui est la marque distinctive d'une réelle société, celle d'un sceau spécial. Ceci souleva une opposition analogue à celle qu'avait soulevée, quelque cinquante années auparavant, une prétention semblable de l'Université elle-même. D'une part, on passa outre. De l'autre, on allégua qu'il fallait l'autorisation du pape pour une pareille innovation. Il fut convenu entre les parties que le sceau serait mis en dépôt pendant un an, et que si le pape, à qui on soumettrait l'affaire, ne répondait pas dans cet intervalle, la cause serait gagnée pour les maîtres en décret; le pape garda le silence, et les maîtres retirèrent leur sceau. L'année 1274 ne se passa point sans que les maîtres en médecine jouissent, à leur tour et sans conteste, d'un semblable privilège. On ne parle pas des maîtres en théologie; mais nul doute qu'ils n'eussent également leur sceau particulier.

Il n'y aura pas jusqu'au nom consacré pour désigner le chef des Facultés, celui de doyen, qui ne soit en usage dans la seconde moitié du XIII° siècle. Ici les Facultés de décret et de médecine semblent commencer, et celle de théologie suivre; car nous lisons dans des actes authentiques de 1268 les noms de *doyens de décret et de médecine* (1), tandis qu'il faut arriver à l'année 1296 pour rencontrer celui de *doyen de théologie* (2). La Faculté des arts demeurait avec les quatre procureurs de ses quatre nations. On peut penser que, d'abord, le doyen dans les trois premières branches de l'enseignement a été le plus ancien maître.

Sous le rapport de l'étiquette, ces doyens se montraient déjà exigeants. Ceux-ci prétendaient que, pour les assemblées générales, le recteur, par lui-même ou, au moins, par un maître-ès-arts, devait leur notifier la convoca-

(1) *Hist. Univers. Paris.*, tom. III, p. 236.
(2) *Hist. de l'Univ. de Paris*, tom. II, p. 85.

Si du pays d'origine est née, pour les écoles de Paris, la division naturelle en nations, la classification des connaissances devait introduire, aussi naturellement, la division en Facultés : les professeurs des mêmes sciences se trouvaient plus particulièrement en contact, des liens plus intimes s'établissaient entre eux, en attendant que la communauté de droits et d'intérêts vînt cimenter l'union et les constituer partie distincte, tout en demeurant partie intégrante du corps enseignant. C'est ainsi que les Facultés sont nées graduellement ; et, par suite, on ne saurait déterminer davantage leurs commencements. Il paraît bien que la Faculté de médecine est la dernière en date (1). Mais déjà les quatre Facultés sont formellement désignées dans une lettre adressée, en février 1254, par l'Université aux prélats de la chrétienté, car l'on y parle « de la théologie, de la jurisprudence, de la médecine et de la philosophie rationnelle, naturelle, morale » (2). Dans la célèbre bulle *Quasi lignum* du mois d'avril 1255, Alexandre IV fait mention, avec la « Faculté de théologie », des autres « Facultés, à savoir des Facultés des canonistes, des physiciens et des artiens » (3).

Si les maîtres en théologie, sans parler des maîtres artiens, avaient donné l'exemple de cette organisation particulière, les maîtres en décret et en médecine s'étaient presque empressés à le suivre. Nous en avons la preuve dans les sceaux que ces derniers maîtres s'attribuèrent quelques années après, comme les maîtres-ès-arts l'avaient déjà fait. On sait que les attributions de ceux-ci dans

« risius, tantam facient solemnitatem quantam facerent pro
« uno de fratribus suis defunctis. » (*Hist. Univers. Paris.*, tom. III,
p. 106.)

(1) Comme nous l'avons vu, Innocent III parle seulement des
« universis doctoribus sacræ paginæ, decretorum liberaliumque
« artium Parisius commorantibus. »

(2) *Hist. Univers. Paris.*, tom. III, p. 255.

(3) *Ibid.*, p. 285.

du règlement de Simon de Brion. Ce procureur, aidé de sa nation, pour ne point paraître abandonner la partie, nomma un autre recteur. La double élection se renouvela ainsi à chaque trimestre pendant un laps de trois années. Dans les deux partis, on finit par sentir le besoin de la paix. Une transaction se signa en vertu de laquelle on se soumettrait encore à la sentence arbitrale de Simon de Brion. Celui-ci, depuis quelques années à Rome, venait d'être nommé de nouveau légat en France par Grégoire X. Exiger la démission des deux recteurs ; s'attribuer la nomination de leur unique remplaçant, dérogation au règlement que l'état des esprits autorisait et conseillait ; éviter de statuer sur le fond même du procès, dans la crainte de diviser davantage, quand il fallait au contraire travailler à l'union ; telle fut la manière de procéder du légat qui rendit un jugement en ce sens au mois de mai de l'année 1275 (1).

III

L'expression : *faculté*, pour être ancienne dans le corps universitaire, n'a pas eu, dès l'origine, le sens que nous lui attribuons aujourd'hui et qu'elle acquerrait plus tard. Elle s'employait alors pour désigner une branche de l'enseignement. C'est, en particulier, dans une bulle de Grégoire IX que nous pourrions lui découvrir la signification de corps professoral (2). Il serait peut-être permis de lui donner le même sens dans un acte universitaire de l'année 1221 (3).

(1) « Le jugement fut prononcé, comme le précédent, dans l'église de Sainte-Geneviève... » (Crévier, *Hist. de l'Univers. de Paris*, tom. II, p. 62.)

(2) *Supra*, p. xxxix.

(3) Il s'agit de l'acte de cession fait par l'Université de ses droits sur le terrain donné aux Dominicains par Jean de Saint-Quentin. Voici les paroles visées : « Præterea pro quolibet magistro, cujuscumque
« facultatis fuerit de nostris, qui in officio regendi decesserit Pa-

Le cardinal-légat, qui était toujours Simon de Brion, eut alors à statuer sur ces causes de division, et il le fit avec une très grande sagesse, soit en prononçant pour le présent, soit en réglant les procédures à suivre pour les litiges futurs.

D'un côté, il condamnait comme injustifiable la prétention de la nation de France, et, de l'autre, il arrêtait qu'à l'avenir, en cas de contestation sur la nationalité, on s'en rapporterait au serment du bachelier qui en serait l'objet.

Un tribunal, cependant, lui parut nécessaire pour empêcher de nouvelles ruptures entre les nations. Quand donc les nations ne seraient pas d'accord, l'affaire serait portée devant les plus anciens maîtres en théologie et en décret : trois seraient pris dans la première Faculté, et quatre dans la seconde ; et ils devraient exercer actuellement les fonctions de professeurs. Le tribunal, ainsi constitué, instruirait la cause dans les trois jours qui suivraient la déposition de la plainte, et il rendrait dans le mois un verdict auquel les parties se soumettraient sous peine d'excommunication. Si les juges laissaient s'écouler e mois sans prononcer, la cause serait renvoyée au tribunal de l'évêque de Paris qui jugerait sans appel.

Six ans à peine s'étaient écoulés que le tribunal universitaire dut fonctionner. Un recteur, du nom d'Albéric, avait été élu. Sous prétexte d'actes délictueux qui le rendaient indigne du rectorat, la plus grande partie de la nation normande s'opposa à l'installation. On estima l'accusation sans fondement, et Albéric, soutenu par les trois autres nations, prit possession de la charge de recteur. Les Normands, refusant d'obéir, furent cités devant le tribunal siégeant réglementairement *ad hoc* et condamnés par lui ; sentence de laquelle ils ne craignirent pas d'appeler à Rome. Arriva le moment de l'élection d'un autre recteur. Les procureurs des nations de France, de Picardie et d'Angleterre procédèrent à l'élection sans s'occuper du procureur de la nation de Normandie ; ils croyaient, du reste, ce procureur excommunié avec sa nation ; en vertu

Ainsi devait s'exercer pour la Faculté des arts ce droit d'élire le premier dignitaire du corps enseignant, droit ancien et que depuis elle a su maintenir intact.

II.

Apparaissant déjà dans la seconde moitié du XII° siècle (1), nommées dans une bulle d'Honorius III en 1222 (2) et dans une autre de Grégoire IX, de l'année 1231 (3), les nations de l'Université se formèrent, avec le temps, en corps parfaitement distincts. En 1249, nous venons de le voir, les quatre nations existaient avec leurs procureurs, leurs droits plus ou moins définis, leurs rivalités ardentes ; et, en 1255, au sein des difficultés entre l'Université et les ordres mendiants, une lettre était adressée au pape, portant *les sceaux des quatre nations de tout temps distinctes* (4).

Chaque nation se glorifiait du nombre de ses membres, et souvent des contestations surgissaient au sujet de la vraie nationalité ; parfois même on allait jusqu'à des voies de fait (5). La nation de France entendait fournir trois examinateurs sur les quatre qui interrogeaient les candidats à la licence-ès-arts, et cette prétention exorbitante avait été pour beaucoup dans le schisme universitaire de 1265-1266.

---

(1) *Supra*, p. XXII.
(2) *Chartular. Univers. Paris.*, tom. I, Paris, 1889, p. 103.
(3) *Supra*, p. XL.
(4) « ... sigillis quatuor nationum ab antiquo Parisius distinc-
« tarum in hac littera usi sumus. » (*Hist. Univers. Paris.*, tom. III, p. 288-292.)
(5) « Quod cum Joannes de Ulliaco (probablement Ully-Saint-
« Georges) in eadem natione Gallicorum spontanea voluntate in-
« ceperat, sicut etiam determinaverat in eadem, natio Picardorum,
« super hoc indebite se opponens, eum ex se ipsa esse confluxit
« et propter hoc cepit ipsum diuque detinuit, et ei multas inju-
« rias irrogavit... » (*Hist. Univers. Paris.*, *ibid.*, p. 365.)

ne cessait d'exercer une surveillance active et paternelle sur l'Université, apporta par une ordonnance une modification conditionnelle à l'élection du recteur. Prévoyant le cas où un ou deux procureurs feraient défaut, il prescrivit d'appeler le plus jeune ou les deux plus jeunes docteurs en théologie pour suppléer aux électeurs absents; disposition qui dérogeait aux droits de la Faculté des arts et qui, pour cette raison, sans doute, n'a jamais été suivie (1).

La Faculté des arts, à son tour, crut devoir ajouter quelques clauses particulières pour la prompte élection du recteur. C'était en 1280. Elle s'assembla, à cet effet, au couvent des Mathurins. S'inspirant du règlement publié naguère, au deuxième Concile général de Lyon, par Grégoire X relativement à l'élection des papes, elle décréta que les quatre électeurs, pour procéder au choix du chef de l'Université, seraient enfermés dans une même salle (2), et qu'il y aurait interdiction absolue de toute communication avec le dehors. Ils ne devaient sortir qu'après leur mandat accompli. Un cierge de cire, dont le poids et la forme étaient déterminés (3), et qu'on allumerait à leur entrée dans la salle, mesurerait, par le temps qu'il mettrait à se consumer, le temps fixé à la délibération. S'ils ne s'accordaient pas, leur pouvoir expirant aussitôt, quatre autres électeurs, tirés des quatre nations, prendraient leur place pour procéder dans les mêmes conditions, et, après ceux-ci, d'autres encore, jusqu'à ce qu'on obtînt un résultat. Mais, à la troisième série d'électeurs, si deux voix se réunissaient sur la même personne, il était prescrit d'appeler le recteur en exercice, afin que, par son adhésion, il pût déterminer une majorité.

(1) Crévier, *Hist. de l'Univers. de Paris*, tom. II, p. 80-81.
(2) Le mot *conclave* était même adopté (*Hist. Univers. Paris.*, tom. III, p. 573.)
(3) « ... de una libra ceræ supra ellychnium ponderis octo ster-« lingorum novorum de quatuor filis confectum... Portio in longi-« tudinem habebit octavam partem ulnæ Parisiensis. » Voir le statut dans *Hist. Univers. Paris.*, tom. III, p. 451-452.

procéder suivant sa teneur dans l'espèce (1), le règlement de 1249 (2) pour l'élection du recteur, et enfin apportait quelque modification à la durée du rectorat (3). Tout ceci se passait en 1265 et 1266.

Nous exposerons tout à l'heure les clauses de la pacification entre les nations.

Le rectorat était une magistrature à courte durée. Depuis quelque temps, il se trouvait limité à quatre ou six semaines. Le cardinal Simon de Brion estima, à juste titre, qu'il y avait dans des mutations aussi fréquentes de graves inconvénients. En conséquence, il décida que le rectorat serait de trois mois; et cet article fut observé pendant plus de trois cents ans au sein de l'Université. A la pensée que le lecteur pourrait estimer encore trop courte la durée trimestrielle, Crévier ajoute : « Nos an-
« cêtres regardoient comme un objet bien important le
« maintien de la liberté du corps; on craignoit pour
« elle les longues magistratures » (4).

Douze ans après, en 1278, le même cardinal-légat, qui

(1) Il destitua les deux recteurs et ordonna aux nations d'en élire un seul : « ... rectoribus quos sibi monstruose præfecerant, sine
" omni dilatione dimissis, eisdem unicam personam idoneam,
" juxta formam quæ infra sequitur, præficiant in rectorem... »
Cette forme est ainsi spécifiée plus loin : « ... secundum tenorem
« statuti super hoc dudum editi, sicut etiam a nonnullis annis ex-
« titit observatum. » Voir le jugement dans *Hist. Univers. Paris.*, tom. III, pp. 375 et suiv.

(2) Nous ne savons pourquoi Crévier, *Hist. de l'Univers. de Paris*, tom. II, p. 19, not. A, ne veut point que ce soit ce règlement, mais un autre qui aurait surgi dans l'intervalle de 1249 à 1262; il n'apporte aucune raison; et, loin de rencontrer rien qui vienne à l'appui de son idée, nous voyons, au contraire, que l'élection s'est faite et a continué de se faire par les quatre procureurs des nations.

(3) La sentence fut lue et publiée « dans l'église de Sainte-Gene-
« viève, en présence de toutes les parties, de tous les maîtres de
« la faculté des arts exerçant actuellement la régence et des procu-
« reurs des quatre nations, qui tous déclarèrent qu'ils se soumet-
« troient à l'ordonnance du légat et s'engageroient à l'obser-
« ver. » (*Ibid.*, p. 21.)

(4) *Hist. de l'Univers. de Paris*, tom. II, p. 17-18.

Dans le cas où ils ne pourraient s'entendre, ils géreraient ensemble le rectorat pendant un temps à fixer. Passé ce temps, les quatre procureurs des quatre nations procéderaient à la nomination d'un recteur (1). S'il y avait unanimité ou simple majorité, l'élection serait valide. Dans l'hypothèse contraire, on appellerait les deux recteurs au vote. En cas de partage encore, quatre maîtres, autres que les procureurs, seraient désignés par les nations pour recommencer l'élection. Dans les mêmes conditions, et en procédant de la même façon, on aurai recours au même mode électif, jusqu'à ce qu'on arrivâ à un résultat. Quelques années plus tard, une division semblable amena une haute intervention et la confirmation apostolique de l'acte qui, dans la pensée de tous, devait servir de règle pour l'avenir (2).

Deux recteurs se trouvaient encore en présence. élus et soutenus, comme précédemment, l'un par la nation de France, l'autre par les nations de Picardie, de Normandie et d'Angleterre. Mais la querelle du passé s'était aggravée. La nation de France, plus nombreuse, elle seule, que les trois autres ensemble, accentuait mieux ses prétentions à la prééminence et à un pouvoir exceptionnel. Les esprits s'aigrissant de plus en plus, on réclama l'intervention du cardinal-légat Simon de Brion qui heureusement joignait à l'autorité de sa haute situation la connaissance des hommes et le sens des choses. Il se glorifiait, d'ailleurs, d'avoir été élève de l'Université de Paris (3). Il interrogea les parties, examina leurs mémoires, et rendit une sentence arbitrale qui rétablissait la paix entre les nations, consacrait, au moins par l'ordre de

---

(1) Chaque nation avait un chef qui portait le titre de procureur. Il s'agit uniquement des arts ; car il ne paraît pas qu'il y ait eu des procureurs particuliers pour les autres classes de l'enseignement, même avant l'érection des Facultés.

(2) Voir l'acte dans *Hist. Univers. Paris.*, tom. III, p. 222.

(3) *Hist. Univers. Paris.*, tom. III, p. 698; *Hist. littér. de la Franc.*, tom. XIX, p. 388.

faces du sujet que nous n'avons pas assez découvertes : ainsi du rectorat, des quatre nations, des quatre facultés, du rôle des deux chanceliers, des grades, de la situation des écoles ; c'est un supplément à écrire. D'autre part et pour la même raison, nous n'avons pu signaler le mode d'existence chez les étudiants, soit avant, soit après l'établissement des collèges ; c'est un point d'histoire qui a trop d'importance pour être négligé. Enfin, il sera bon de dire un mot de la gratuité de l'enseignement.

I

Nous connaissons l'origine du recteur et les privilèges qui lui ont été octroyés par le diplôme de Philippe-Auguste. Si ce diplôme le mettait à l'abri du bras séculier, la bulle de Grégoire IX, de l'année 1237, le plaçait nommément au-dessus des foudres de l'évêque (1).

La première dignité de l'Université était élective. Mais comment se faisait l'élection ?

Il faut descendre à l'année 1249 pour découvrir quelque chose de positif. A cette époque, nous ne savons pourquoi, nous trouvons déjà les maîtres-ès-arts en possession du droit de nommer le recteur. Ceux-ci ne s'étant pas accordés pour la nomination d'un recteur et s'opiniâtrant dans leurs dissensions, il advint que chaque parti avait son recteur et voulait l'imposer à l'autre. D'un côté était la nation de France, et de l'autre les nations de Picardie, de Normandie et d'Angleterre. En toute cette affaire, nous ne voyons nullement apparaître les maîtres dans les autres sciences. C'est donc qu'elle ne les regardait pas directement.

La nécessité de sortir de cette impasse amena une transaction, et avec la transaction une sorte de règlement pour l'avenir. Il fut résolu que les deux recteurs respectivement nommés se choisiraient un successeur unique.

(1) « ... rectorem vel procuratores... » (*Hist. Univers. Paris.*, tom. III, p. 159, où la bulle est imprimée.)

« fait au chapitre précédent — la fondation telle qu'est
« la commune ignorance, nous devons, à mon advis, tous
« estimer que l'Université de Paris n'a esté jettée en moule
« tout d'un coup, et est une chose digne de remarque
« qu'encore que l'usage des Universités ne fust en ceste
« France du commencement, pour les longues guerres qui
« y estoient survenues et avoient troublé l'Estat ancien
« et ordinaire des Gaules, si est ce que d'une bien longue
« ancienneté il n'y avoit église cathédrale, en laquelle il
« n'y eust une prébende affectée pour le salaire de celui
« qui enseignoit les lettres ordinaires, et une pour celuy
« qui vacqueroit à l'enseignement de la théologie » (1).

CHAPITRE III

L'ORGANISATION DE L'UNIVERSITÉ DE PARIS AUX XIIe ET XIIIe SIÈCLES
SES COMPLÉMENTS NÉCESSAIRES

Il est, les lois de la narration ne nous ayant pas permis de le faire, certaines divisions dans le corps enseignant de Paris que nous n'avons pas assez définies, certaines

---

(1) *Recherches sur la France*, liv. IX, chap. v.
Dans les principales contrées de l'Europe, comme dans le royaume de France, les écoles inférieures, en un certain nombre d'endroits, se transformaient également en universités. Outre Salerne et Bologne, ces deux centres si célèbres d'enseignement, l'un pour la médecine, l'autre pour le droit, il faut encore nommer les universités suivantes, qui datent de cette époque : En Italie : Vicence, 1204; Padoue, 1222; Naples, 1224; Verceil, 1228; Plaisance, 1246; Trévise, 1260; Pérouse, 1276; en France : Montpellier, 1180-1289; Toulouse, 1228; en Portugal et en Espagne : Salamanque, 1240; Lisbonne, transportée à Coïmbre, 1290; en Angleterre : Oxford, 1249; Cambridge, 1257. » (Alzog., *Hist. Univers. de l'Eglise*, traduct. franç. par E. Goschler, Paris, 1847, tom. II, p. 418, not.) Nous ferons remarquer que l'Allemagne, tout en suivant l'impulsion, ne constitua rigoureusement d'universités qu'au siècle suivant.

comme ils mériteront, et en prenant bien garde que des innocents ne soient jamais frappés en leur place. Il y avait pour le chancelier de Notre-Dame, qui avait eu des prétentions sous ce rapport, défense d'avoir une prison.

Trois autres points étaient encore réglés par Grégoire IX. Il s'opposait à ce que les écoliers fussent emprisonnés pour dettes, estimant que le châtiment ne se trouvait pas proportionné à la faute. Il n'accordait qu'un mois de vacances, dans la pensée que c'était assez pour le repos, et aussi, sans doute, afin de ne pas soustraire trop de temps aux études ; mais, durant ce temps, les bacheliers avaient la faculté de continuer leurs leçons. En cas de mort des étudiants venus de la province ou de l'étranger, l'évêque de Paris et un maître de l'Université se chargeraient de transmettre la succession du défunt aux parents, ou, à leur défaut, ils l'emploieraient en bonnes œuvres.

Tel est, dans ses articles principaux, le règlement dont le pape, qui l'a dressé pour le « bien général » de l'Église, demandait l'observation sous peine d'encourir « l'indignation du Dieu tout-puissant et des Apôtres Pierre et Paul » (1).

L'Université continua à jouir de la bienveillance de Grégoire IX et à s'abriter sous son haut patronage. En 1237, ce pape ordonnait que le corps universitaire ne serait frappé d'excommunication qu'en vertu d'un mandement spécial du Siège apostolique (2). C'était, du reste, confirmer la décision d'Honorius III en 1218 (3). Rome regardait nos écoles de Paris comme un foyer de lumière pour la chrétienté ; et on ne pouvait trop veiller à sa conservation.

Nous venons de décrire les origines et les développements de l'Université de Paris. Pasquier avait donc vu juste, lorsqu'il écrivait : « ...rejettant — ce qu'il avait

---

(1) Cette bulle est datée « Laterani, idib. april. pontif. nostr. an V. »

(2) Crévier, *Hist. de l'Univers. de Paris*, tom. I, p. 361.

(3) *Supra*, p. XXVI.

ajoutait cependant, au sujet des livres de physique de ce dernier, que la défense était maintenue jusqu'à ce que les corrections nécessaires y eussent été introduites (1). Il n'y avait rien non plus de prescrit touchant la médecine et le droit canonique. Par rapport à la théologie, le pape voulait qu'on traitât les questions qui pouvaient être décidées « par les livres des théologiens et par les traités des Pères. »

Les points que nous avons appelés secondaires, dans le règlement de Robert de Courçon, recevaient des compléments nécessités par les circonstances ou les évènements derniers.

C'est ainsi que Grégoire IX consacra la grande concession de Robert, en accordant à l'Université le pouvoir de faire des statuts, pour la discipline des écoles, sur la méthode d'enseignement, la soutenance des thèses, le costume des professeurs, les obsèques des maîtres et des élèves. Ce qui était considérable, et ce qui justifiait l'Université au sujet du grand acte par elle naguère accompli, c'était que le pape lui reconnaissait ou lui octroyait le droit, dans le cas où elle éprouverait un grave déni de justice, de « suspendre ses leçons jusqu'à ce qu'elle ait reçu entière satisfaction » (2).

En traitant aussi bien les maîtres, le pape ne mettait pas en oubli les conflits récents ni les mesures à prendre pour en éviter le retour. Par conséquent, les étudiants ne porteront point d'armes dans la cité ; en cas de désordre de la part de quelques-uns d'entre eux, personne ne devra leur porter assistance, et il appartiendra à l'évêque de Paris de citer les coupables à sa barre, pour les punir

---

(1) *Hist. Univ. Paris.*, tom. III, p. 142 : « ...magistri artium unam
« lectionem de Prisciano et unam post aliam ordinarie semper
« legant, et libris illis naturalibus qui in Concilio provinciali ex
« causa certa prohibiti fuere, Parisius non utantur, quousque exa-
« minati fuerint et ab omni errorum suspicione purgati ».

(2) *Ibid.*, p. 141 : « Et si aliquem vestrum indebite incarcerari
« contigerit, fas sit vobis, nisi commonitione præhabita cesset in-
« juria, statim a lectione cessare, si tamen id videritis expedire. »

donnaient; et, pour cela faire, le chancelier différerait de
« trois mois, » à compter du jour de la demande, la
collation de la licence. De leur côté, les maîtres en théologie et en droit canonique, naturellement les premiers
à consulter, devaient jurer, à leur première leçon de
porter « un fidèle témoignage » sur ces points. Il y avait
également ordre pour le chancelier de procéder de la
même façon, quand il s'agirait de la licence en médecine
et de la licence-ès-arts.

D'abord, nous ferons remarquer 1° que les mots :
facultés (*facultates*) et *nations* (*nationes*), écrits dans la
bulle, semblent déjà consacrés par l'usage; 2° que, à la
différence de Robert de Courçon qui ne parlait que de
théologie et d'arts, Grégoire IX ajoutait à ces deux sciences
celles de la médecine et du droit canonique. En ce qui
était le fond du débat entre le chancelier de Notre-Dame
et l'abbaye de Sainte-Geneviève, soutenue par l'Université, Grégoire IX s'exprimait à peu près dans les mêmes
termes que Robert de Courçon, et, partant, le procès ne
semblerait pas plus clairement ou plus absolument jugé.
Sans doute, le pape aurait pu employer d'autres termes
ou préciser davantage. Il ne l'a pas estimé nécessaire.
Et, pour peu qu'on réfléchisse, on trouvera la question
suffisamment résolue ; car, si le chancelier de Notre-Dame
ne peut exiger ni « serment ni promesse d'obéissance, »
ne peut imposer aucune autre obligation, il suit logiquement que les licenciés par lui en théologie et en droit
canonique auront, dans le cas où ils le voudraient, la
faculté de régenter *ultra pontes* ou sur la rive gauche de
la Seine. On peut dire que l'autorisation, accordée par le
même pape moins de quatre années auparavant, n'ayant
pas été révoquée, demeurait dans toute sa force. Quelle
que soit l'explication qu'on veuille apporter, nous ne
voyons pas que la question ait été de nouveau soulevée,
preuve qu'elle avait reçu une solution en faveur de Sainte-Geneviève et de l'Université.

Il n'y avait rien de changé pour les études dans les arts,
à juger par ce qui est dit de Priscien et d'Aristote. Le pape

V.

Un mot cependant sur le règlement universitaire contenu dans la première bulle, car c'était plus qu'une loi qui s'imposait aux écoles de Sainte-Geneviève comme aux autres : c'était la solution des difficultés survenues entre l'université et l'abbaye, d'une part, et la chancellerie de Notre-Dame, de l'autre.

Grégoire IX commençait par l'éloge de l'Université : « Paris, disait-il, mère des sciences, est une autre Cariath-Sepher, ville des lettres. » Il la comparait à un laboratoire où la sagesse travaille les métaux qui s'y trouvent naturellement : l'*or* et l'*argent* pour *décorer l'épouse de Jésus-Christ*; le *fer* pour fabriquer le *glaive spirituel* qui frappe les *puissances* ennemies.

Puis il abordait le sujet.

S'il ne disait rien des conditions du professorat, ce qui était suffisamment approuver celles qu'avait fixées Robert de Courçon, il s'étendait sur la concession de la licence. Aussi bien était-ce le point capital à régler.

« Le chancelier de l'église de Paris — ce sont les propres
« expressions de la bulle —, dans sa prise de possession,
« jurera devant l'évêque ou, sur l'ordre de celui-ci, devant
« le chapitre, en présence de deux maîtres de l'Université
« convoqués pour la représenter, que consciencieuse-
« ment, au rang marqué par le mérite et en nombre suffi-
« sant pour la cité, il n'admettra à la licence en théologie
« et en droit canonique que des hommes dignes, capables
« de faire honneur aux Facultés elles-mêmes, repoussant
« absolument les indignes, sans acception de personnes
« ni de nations. » Un peu plus loin il ajoutait : « Le chan-
« celier ne pourra exiger de ceux à qui il conférera la
« licence ni serment, ni obéissance, ni argent, ni caution,
« ni promesse. » Il prescrivait au chancelier de s'enquérir de la « vie » des candidats, de leur « science, » de leur « talent de parole, » des « espérances d'avenir » qu'ils

« votre majesté royale et à votre grandeur que les
« études soient rétablies à Paris et y fleurissent comme
« par le passé, que vous fassiez observer le privilège ac-
« cordé aux élèves par Philippe, votre aïeul de glorieuse
« mémoire ; ainsi il va de votre honneur et de votre salut
« de tenir la main affectueusement, mais efficacement,
« à ce qui a été par nous arrêté (1) »

Le pape tenait beaucoup au diplôme de Philippe-Auguste : à ses yeux, ce n'était pas seulement une loi de sûreté pour les écoliers, c'était aussi une condition pour le progrès des études. Il ne s'en tint pas à la bulle pour le roi. Il fit les mêmes recommandations touchant le diplôme royal à l'évêque de Paris. Mais, comme le diplôme n'atteignait que les bourgeois de la capitale, il estima bon d'y astreindre les personnes qui habitaient hors du mur d'enceinte. Il écrivit dans ce sens et en intimant sa volonté apostolique au chapitre de Saint-Marcel et à l'abbé de Saint-Germain des Prés (2). Bon gré, mal gré, il fallut déférer aux décisions pontificales.

Voilà comment Grégoire IX se montra le défenseur de l'Université dispersée et victime d'un déni de justice. Voilà comment, grâce au zèle du pontife, à ses efforts, à son autorité suprême, elle put rentrer victorieusement à Paris et y recommencer les cours interrompus pendant plus de deux années (3).

(1) *Hist. Univers. Paris.*, *ibid.*, p. 143.

(2) *Ibid.*, p. 144.

(3) Dans une autre bulle, datée de Pérouse, 23 novembre 1229, et éditée par M. Noël Valois, dans son *Guillaume d'Auvergne*, Paris, 1880, p. 343-345, le même pontife, après avoir rappelé ses espérances d'autrefois au sujet de l'évêque de Paris, n'avait pas hésité à lui dire : « Sed ecce, quod dolentes referimus, vulnus ab hoste non « expectato ferentes et spe concepta frustrati, sic de tuis confun- « dimur actibus, quod de te compellimur dicere, vel inviti : *Pœnitet « hunc hominem nos fecisse.* » L'on a compris qu'il s'agit du célèbre évêque de Paris, Guillaume d'Auvergne.

ajoutait-il, « vous paraîtriez avoir rejeté la sagesse et la
« bonté, sans lesquelles la puissance ne saurait subsister,
« et alors, ne pouvant souffrir que votre royaume, si
« divinement béni, se déshonore de la sorte, nous nous
« verrions obligé de prendre de nous-même les mesures
« nécessaires (1). »

Cependant, à Paris, on montrait des dispositions hostiles. Non seulement les commissaires n'avançaient nullement dans leurs négociations, mais l'autorité religieuse fulminait contre les récalcitrants, pendant que l'autorité royale décrétait dans le même esprit (2).

L'année 1230 ayant pris fin sans qu'on eût obtenu aucun résultat, Grégoire IX prit directement en main la cause de l'Université. Nous savons que celle-ci était représentée à Rome par deux délégués.

Le pape commença par régler ce qui regardait l'Université elle-même, c'est-à-dire les conditions de sa rentrée, ou la satisfaction pour le passé et les garanties pour l'avenir. La nature de la satisfaction n'était pas spécifiée. Il paraît bien qu'il s'agissait seulement d'une amende (3). Quant aux garanties, elles étaient longuement exposées et constituaient réellement, soit par des clauses particulières, soit en rappelant, visant ou supposant les règles de Robert de Courçon et de Philippe-Auguste, la loi qui régirait désormais l'Université. Une bulle contenant ces divers points fut adressée, le 13 avril 1231, aux maîtres et aux écoliers de Paris (4).

Le lendemain, une autre bulle était signée pour le roi de France. Le pape l'avertissait que la grosse affaire avait reçu une solution, et il ajoutait : « Comme il importe à

(1) La bulle, de la fin de novembre 1229, se trouve dans l'*Hist. Univer. Paris.*, tom. III, p. 135-136.

(2) *Hist. Univers. Paris., ibid.*, p. 139.

(3) « ... de ipsorum malefactoribus emendæ taxatæ. » (*Hist. Univers. Paris.*, tom. III, p. 142).

(4) *Ibid.*, p. 140-142.
Les diverses bulles ou lettres sont reproduites par cet historien aux pages successivement indiquées.

une chaire de théologie dans leur maison près de la place Saint-Jacques.

L'Université ne pouvait avoir de ressource que dans l'intervention du pape. Elle s'adressa à lui et délégua à Rome Geoffroy de Poitiers et Guillaume d'Auxerre pour plaider sa cause. La démarche ne fut pas inutile. Il était réservé à Grégoire IX d'avoir la gloire du rétablissement de l'Université dans la grande ville qui en avait été le berceau, et de mettre fin aux tracasseries dont le corps enseignant était l'objet de la part de la chancellerie de Notre-Dame. Nous ne perdons pas de vue que les intérêts du corps se confondaient avec ceux de Sainte-Geneviève.

Déjà Grégoire IX s'était spontanément interposé. En apprenant la retraite des maîtres et des écoliers, il avait chargé, cette même année 1229, les évêques du Mans et de Senlis et l'archidiacre de Châlons de négocier avec la cour de France le retour de l'Université, ainsi que la satisfaction préalable à accorder. En même temps, pour préparer les voies, il écrivait au roi et à la reine : « Le « royaume de France se distingue depuis longtemps des « autres royaumes par les trois vertus qui conviennent « par appropriation à l'auguste Trinité : la puissance, la « sagesse et la bonté. Ce royaume possède la puissance par « la valeur de l'armée, la sagesse par la science du clergé, « la bonté par la clémence des princes. Mais, si les deux « qualités extrêmes n'ont point pour compagne celle du « milieu, elles dégénèrent en vices ; car, sans la sagesse, « la puissance devient présomptueuse et insolente, la bonté « faiblesse et sottise. » Et « comme la sagesse s'alimente par l'étude des lettres, » Grégoire IX, comparant l'Université à un fleuve qui arrose non seulement Paris, mais l'Église universelle, exprimait la crainte que, à l'exemple des fleuves de l'ordre physique, les eaux salutaires du grand fleuve de l'ordre intellectuel en devinssent moins abondantes et même ne se tarissent, si elles changeaient de lit ou se partageaient en plusieurs ruisseaux. En terminant, il engageait le roi et la reine à vouloir bien s'entendre avec les commissaires nommés à cet effet, car autrement,

Saint-Marcel, de qui relevait le bourg, se hâta de faire prévenir le légat — c'était encore le cardinal Romain — et l'évêque de Paris, qui eux-mêmes allèrent supplier la reine Blanche d'ordonner la répression d'un pareil désordre. La reine enjoignit aussitôt au prévôt de Paris de se porter avec des archers sur les lieux du désordre et, s'il le fallait, d'employer les armes pour faire rentrer les séditieux dans le devoir.

Rien que de légitime dans l'ordre de la répression. Mais les subordonnés outrepassent parfois, soit par zèle, soit par précipitation, la volonté des chefs. Quelque chose de semblable arriva dans cette circonstance. Peut-être le prévôt lui-même avait-il sur le cœur l'événement de l'année 1200, avec ses suites.

Quoi qu'il en soit, le magistrat et ses gens, ayant franchi le mur d'enceinte, aperçurent une foule d'étudiants qui se récréaient dans les champs, et qui n'avaient eu aucune part au fait regrettable du faubourg. Sans plus de réflexion, le prévôt et ses gens se jetèrent sur eux. Bien que sans armes, ceux-ci essayèrent de résister. Ce fut en vain. Il fallut céder et chercher par la fuite le salut dans les carrières ou les vignes. Mais il y eut des blessés et des tués au sein de cette jeunesse inoffensive.

Alors les professeurs de l'Université se réunirent pour aller en corps demander justice à la reine et au légat. Qu'on punisse les coupables, disaient-ils, rien de mieux ; mais qu'on ne frappe pas les innocents. N'ayant obtenu justice — on ne saurait dire pourquoi — ni de la reine, ni du légat, ni même de l'évêque de Paris auquel ils s'adressèrent également, ils prirent une grave décision : ce fut de suspendre tous les cours de l'Université. Les maîtres et les élèves quittèrent Paris après avoir fait serment de n'y rentrer qu'autant qu'on leur aurait donné satisfaction. Il n'y resta pas un seul maître en renom.

Les écoles de Paris demeuraient donc désertes. Ce fut dans cette circonstance que les Dominicains, nouvellement établis à Paris, obtinrent du chancelier de Notre-Dame, sur l'avis conforme de l'évêque, l'autorisation d'établir

mettre d'accord les parties ou réserver la décision, après l'instruction de la cause, à l'autorité pontificale (1).

On ne voit pas qu'il soit intervenu de jugement. Par conséquent, Notre-Dame demeurait avec ses prétentions et Sainte-Geneviève avec une autorisation qui pouvait suffire pour l'instant. Quelque quinze mois s'écoulèrent ainsi.

IV.

Nous voici aux jours gras de l'année 1229. C'était le lundi ou le mardi qui précède les Cendres (2). Quelques étudiants de la province de Picardie, étant descendus au faubourg Saint-Marcel, alors au-delà du mur d'enceinte, pour se divertir, entrèrent chez un cabaretier, qui leur servit d'excellent vin. On but copieusement. Mais, quand il fallut payer, on se trouva en désaccord. Des paroles on en vint aux coups. Les étudiants auraient eu facilement raison du cabaretier, si les voisins n'étaient accourus à son secours. Les étudiants furent, à leur tour, bien battus; on compta même des blessés parmi les plus ardents au combat. Les voilà donc rentrant en ville dans le triste état où les avait réduits la bataille. Mais ils demandèrent vengeance à leurs camarades. La prière accueillie, un certain nombre de ces derniers se joignirent à eux le lendemain. On portait des épées et des bâtons. On pénétra par force chez le cabaretier, sur lequel on commença par décharger sa colère. Puis on répandit le vin et on brisa les vaisseaux qui le contenaient. Encouragés sans doute par ce premier succès, excités peut-être par quelques libations, les triomphateurs parcoururent les rues, attaquant ceux qu'ils rencontraient, hommes, femmes, enfants même. Ce qu'apprenant, le doyen de

(1) La bulle se lit dans *Hist. Univers. Paris.*, tom. III, p. 121-125. Elle est datée du 10 « kalend. decemb. pontif. nost. I. »

(2) *Hist. Univer. Paris.*, tom. III, p. 132-133, où nous trouvons, entre autres choses, le récit le plus complet, celui de Matthieu Paris dans l'*Historia major*, sous l'année 1229 *in initio*.

assauts, les portes cédèrent et le légat allait tomber entre leurs mains, lorsque le roi, présent à Paris et apprenant le danger, envoya des chevaliers et des soldats qui repoussèrent les assaillants et délivrèrent le légat. Mais ce ne fut pas sans effusion de sang. Le légat quitta Paris sous bonne escorte, excommuniant les écoliers qui avaient ainsi assailli sa demeure, aussi bien que les autres personnes qui avaient pris part ou assisté à l'assaut. Quatre-vingts maîtres se trouvaient dans ce dernier cas. Ils allèrent rejoindre le légat au Concile de Bourges pour lui demander l'absolution qui leur fut aussitôt accordée (1).

Mais l'affaire capitale de l'enseignement du droit et de la théologie restait toujours en suspens.

L'abbé de Sainte-Geneviève en avait appelé au pape contre le chancelier de Notre-Dame.

Un neveu d'Innocent III, le cardinal Hugolin, avait succédé à Honorius III sous le nom de Grégoire IX. C'était un ancien élève des écoles théologiques de Paris. Il y avait même conquis le grade le plus élevé (2). La première année de son pontificat, à la fin de novembre 1227, il adressa une bulle à l'abbé de Sainte-Geneviève. « Voulant, « disait-il, conserver tous les droits et privilèges du mo- « nastère, nous vous autorisons, par ce rescrit apostolique, « en tant que la vérité concorde avec vos assertions, à « permettre, selon votre prudence, sans que personne « puisse s'y opposer, l'enseignement des sciences en ques- « tion (la théologie et le droit canonique) sur la paroisse « et les terres de votre juridiction à ceux qui veulent bien « s'en charger et qui auront été jugés aptes à une sem- « blable fonction. » Il annonçait, d'autres part, qu'une commission, formée de l'abbé et du prieur de Saint-Jean des Vignes de Soissons et de l'archidiacre de la même ville, était par lui instituée pour connaître du différend,

(1) Labbe, *Concil.*, tom. XI, col. 291-292, où nous lisons le passage du *Chronicon Turonense* qui rapporte le fait.
(2) *Hist. Univers. Paris.*, tom. III, p. 680 : « ... Lutetiæ summum in theologia apicem consecutus est. »

III

Relativement à l'enseignement du droit canonique et de la théologie, l'on est fondé à dire que le légat avait décidé la question en faveur de la liberté, puisqu'il y avait ordre au chancelier de Notre-Dame d'accorder la licence au mérite sans autre condition. Cependant, la question pouvait paraître non absolument résolue ; et, avec un peu de bonne volonté, il n'était peut-être pas difficile de l'aider à renaître (1). Nous voyons, en effet, un autre chancelier, Philippe de Grève, qui ne tarda pas à afficher les prétentions du passé. C'étaient particulièrement les écoles de Sainte-Geneviève qui se trouvaient atteintes. L'abbé et le chancelier de l'abbaye entrèrent si résolument en lice qu'il semble que l'affaire se débattait uniquement entre Sainte-Geneviève et Notre-Dame.

L'affaire vint se compliquer d'une question en apparence assez secondaire, mais à laquelle on attachait une grande importance. L'Université jugea à propos de se donner un sceau spécial. Le chancelier de Notre-Dame lui contesta un pareil droit. Ceci se passait un peu avant 1225.

Le cardinal-légat Romain étant à Paris, l'affaire fut portée devant lui cette même année 1225. Après avoir entendu les deux parties, il se prononça immédiatement en faveur de Notre-Dame, et, prenant le sceau de l'Université, le brisa devant les assistants, avec menace d'excommunication contre ceux qui désormais en feraient un autre. Les écoliers, très mécontents d'une pareille décision, formèrent des rassemblements et, s'excitant les uns les autres, ils s'armèrent, qui d'épées, qui de bâtons, et vinrent entourer la demeure du légat. Les gens de ce dernier se hâtèrent de fermer les portes et s'armèrent, de leur côté, pour la défense de leur maître. Les écoliers commencèrent l'attaque. Après plusieurs

---

(1) *Hist. Univers. Paris.*, tom. III, p. 125-126.

Quant à la licence, elle serait accordée, selon les usages, gratuitement, sans exiger de serment et sans imposer aucune condition.

Les points secondaires embrassaient :

1° Le costume des maîtres ès-arts, lequel sera une robe noire et longue (1) ;

2° Les réunions des maîtres et les thèses, circonstances qui ne donneront pas lieu à des festins, car il est mieux de faire passer, comme autrefois, avant ces joyeux repas, les besoins des pauvres (2) ;

3° Les obsèques des élèves et des maîtres, auxquelles les professeurs seront tenus d'assister, la moitié aux obsèques des premiers, tous à celles des seconds ; les cours mêmes seront suspendus le jour de l'enterrement d'un maître ;

4° Enfin, il est permis aux maîtres et aux élèves de s'unir entre eux, même par serment, pour leur propre défense et celle de leurs droits, quand ils subiront un déni de justice en matière grave.

Comme on le voit, il n'y est fait mention ni du droit ni de la médecine, probablement parce que ces sciences brillaient d'un moindre éclat.

Voilà le règlement que le légat du pape imposa à l'Université et dont il prescrivit l'observation sous peine d'excommunication.

---

(1) *Hist. Univers. Paris.*, *ibid.*, p. 81 : « Nullus magistrorum regentium in artibus habeat cappam, nisi rotundam, nigram et talarem, saltem dum nova est. » Le Législateur entrait dans d'autres détails, car il ajoutait : « Sotulares non habeat sub cappa rotunda laqueatos, numquam liripipiatos ; » point que Crévier explique ainsi : « On interdit les souliers armés de pointes recourbées en bec ; mode fantasque et qui étoit usitée parmi les petits-maîtres du XIII° siècle. » (*Hist. de l'Univers. de Paris*, tom. 1, p. 30.) Les expressions : *laqueatos*, *liripipiatos* ne sont pas clairement définies dans du Cange.

(2) *Ibid.*, p. 82 : « In principiis et conventibus magistrorum, in « responsionibus vel oppositionibus puerorum vel juvenum nulla « fiant convivia. Possuat tamen vocare aliquos familiares vel « socios, sed paucos. Donaria autem vel vestium aut aliorum, « sicut solebant fieri alias, amplius fieri monemus et præcipue « pauperibus. »

Ces études devaient se faire dans les écoles et sous la direction d'un maître ; car, à Paris, on n'était tenu pour écolier qu'à la condition d'avoir un maître certain (1). Enfin la pureté des mœurs n'était pas moins requise que la plénitude de la science.

La *Grammaire* de Priscien, la *Dialectique* d'Aristote, tant ancienne que nouvelle, les mathématiques, l'astronomie, la musique, certains livres de philosophie et de rhétorique, tel était l'objet ou la matière de l'enseignement qu'on pouvait compléter en expliquant l'*Ethique* du Stagyrite, et le quatrième livre des *Topiques*. Mais il y avait défense de lire les livres de ce philosophe sur la *Métaphysique* et la *Physique*, ainsi que les abrégés qui en étaient faits, les écrits d'Amauri de Chartres, de David de Dinant et de l'Espagnol Maurice (2). Le règlement ne contient point de programme sur les études théologiques.

(1) *Hist. Univers. Paris, ibid.*, p. 82 : « Nullus sit scholaris Parisius qui certum magistrum non habeat. » La bulle de Grégoire IX, dont nous allons bientôt nous occuper, porte, de son côté : « Et « illi qui simulant se scholares nec tamen scholas frequentant « nec magistrum aliquem profitentur, nequaquam scholarium « gaudeant libertate. » (*Ibid.*, p. 141-142.) C'est en conciliant les deux textes que nous avons cru devoir nous exprimer comme nous l'avons fait.

(2) *Ibid.*, p. 82 : « Et quod legant libros Aristotelis de dialectica « tam veteri quam nova in scholis ordinarie et non ad cursum. « Legant etiam in scholis ordinarie duos Priscianos vel alterum ad « minus. Non legant in festivis diebus nisi philosophos et rheto- « ricos et quadrivialia et Barbarismun et Ethicam, si placet, et « quartum Topicorum. Non legantur libri Aristotelis de meta- « physica et naturali philosophia nec summa de eisdem nec de « doctrina M. David de Dinant aut Almarici hæretici aut Mauricii « Hispani »

Le Barbarismus est un traité du célèbre grammairien Donat, lequel est ordinairement, avec les *De Solœcismo, De cæteris vitiis, De Metaplasmo*, etc..., joint au *De octo partibus orationis.*

Ce Maurice est peu connu. Du Boulay se borne à dire que cet auteur espagnol florissait au commencement du siècle et que sa doctrine fut suspecte. (*Ibid.*, p. 699.) Il ne faudrait pas le confondre avec Maurice d'Hibernie, que nous trouvons dignitaire de l'Université en 1275. (*Ibid.*)

devenu plus tard Innocent III. Robert demeura en France. Il était chanoine et chancelier de Notre-Dame de Paris, quand il fut appelé en Italie par son ancien condisciple et ami, qui le créa cardinal et le renvoya dans notre pays, en qualité de légat pour donner son concours à la prédication de la croisade contre les Albigeois et préparer les voies à un Concile général. Malgré tant de préoccupations, au sein même des commotions sociales, l'Université de Paris ne fut pas oubliée. L'année même du quatrième Concile général de Latran, pendant que la guerre se poursuivait activement contre les dangereux hérétiques du midi, Robert de Courçon, au mois d'août 1215, dressa et publia, au nom du pape, un règlement pour les écoles de Paris (1).

Le règlement portait sur des points principaux et des points secondaires. Les points principaux étaient: les conditions du professorat, l'indication des matières à traiter et la concession de la licence.

Pour enseigner les arts, il fallait être âgé de vingt et un ans, avoir étudié ces mêmes arts six ans au moins et prendre l'engagement de professer au moins deux ans (2). Une chaire de théologie, exigeait trente-cinq ans d'âge avec huit années d'études théologiques, dont les trois dernières étaient en même temps consacrées à des leçons spéciales, sorte d'apprentissage pour la maîtrise (3).

(1) *Hist. Univers. Paris.*, tom. III, p. 81-82, où se lit le règlement daté *anno gratiæ 1215.*

(2) *Hist. Univers. Paris.*, *ibid.*, p. 81 : Nullus legat Parisius in artibus « citra vigesimum primum ætatis suæ annum, et quod sex annis « audierit de artibus ad minus antequam ad legendum accedat, et « quod protestetur se lecturum duobus annis ad minus... »
Il y a dans le texte donné par du Boulay : « ...citra 12 ætatis... » C'est une faute typographique.

(3) Telle est l'interprétation de la rédaction latine, assez embarrassée, qui nous a paru la plus naturelle : « Nullus Parisius legat « citra 35 ætatis annum et nisi studuerit per octo annos ad minus « et libros fideliter et in scholis audiverit, et quinque annis « audiat theologiam antequam privatas lectiones legat publice, et « illorum nullus legat ante Tertiam in diebus quando magistri « legunt. » (*Ibid.*, p. 82.)

ce dernier règlement qu'en substance (1). Il statuait sur le costume, les leçons, les thèses, l'assistance aux funérailles. Voilà ce que nous apprend une autre bulle du même pape ; car, il ne saurait y avoir de doute, Innocent III visait alors ce règlement. Ce pape intervenait au sujet d'une transgression. Et voici pourquoi et comment. L'observation de cette loi universitaire devait être jurée (*juramentis interpositis*). Or, un des maîtres refusa de se conformer à cette clause. Son exclusion fut prononcée ; et, bien qu'il revînt à résipiscence, il ne put être réintégré que sur l'ordre d'Innocent III (2).

II

Robert de Courçon était un gentilhomme anglais. Les écoles d'Oxford ne lui suffirent pas : comme tant de ses compatriotes, il voulut suivre celle de Paris, où il arriva vers 1180, et où il connut, pour se lier avec lui, le jeune Lothaire, également écolier et que nous savons être

« communication de la pièce par lui alléguée, refusa... de la repré-
« senter. Et par là il ouvre la porte à des soupçons bien fondés. »
Philippe de Grève opposa ce refus, lorsque, dans ses prétentions injustifiables, il prétendait s'appuyer sur ce règlement pour mettre à néant un article de celui de Robert de Courçon touchant l'union des membres de l'Université pour leur propre défense : selon lui, il fallait pour cela son consentement ou celui de l'ordinaire (*Hist. de l'Univers. de Paris*, tom. I, p. 294 en note, 288-289.)

(1) *Hist. Univers. Par.*, tom. III, pp. 52, 60, 61.
Dans la bulle d'Innocent à ses « chers fils les docteurs et tous les écoliers de Paris » il était dit : « Monemus et exhortamur attente
« per apostolica scripta mandantes, quatenus, si ita est, statuta et
« ordinationes prædictas et alia perinde ordinate studeatis
« inviolabiliter observare. Datum Anagniæ 4 non. jul., pontif. nost.
« an. XII. » (*Ibid.*, p. 52-53).

(2) *Hist. Univers. Par.*, tom. III, p. 60, où la nouvelle bulle est imprimée.
Elle est adressée « universis doctoribus sacræ paginæ, decretorum liberaliumque artium Parisiis commorantibus. » Voir *Chartularium Universitatis Parisiensis*, publié par le P. Denifle, tom. I, Paris, 1889, in-4, p. 67.

l'origine du syndic. Il faut convenir cependant, écrit avec raison Crévier, que c'est seulement deux siècles plus tard qu'on rencontre une « mention certaine et expresse de cet officier dans les actes (1). »

Si la décrétale d'Innocent III est antérieure aux prétentions ou exigences de la chancellerie de Notre-Dame, la fonction syndicale voyait, à son origine, s'ouvrir devant elle un champ assez vaste où elle dût faire preuve de zèle et d'intelligence.

Le successeur de Pierre de Poitiers comme chancelier de l'école de Notre-Dame, en 1208, Jean de Candel, exigeait, pour licencier, trois choses contraires aux usages : une somme d'argent comme une sorte de droit d'examen, le serment d'obéissance de la part des licenciés et la concentration dans la cité des cours de théologie et de droit canonique. Il fallut recourir à l'autorité du pape, qui chargea l'évêque et le doyen de Troyes de connaître de l'affaire. Ceux-ci se prononcèrent en faveur des usages reçus. Des articles furent rédigés dans ce sens par eux et ratifiés par l'évêque de Paris et par le chancelier lui-même, articles qu'on pourrait appeler de pacification, car ils rétablirent et maintinrent la paix jusqu'au moment où le règlement de Robert de Courçon lui donna une consécration solennelle (2).

Mais avant d'exposer ce règlement il est juste de mentionner celui qui a été dressé, vers 1208, par quelques commissaires du corps enseignant et reçut une sorte de sanction de la part d'Innocent III (3). Nous ne connaissons

« his auctoritate praesentium vobis concedimus facultatem. » (*Décret. Greg. IX*, lib. I, tit. XXXVIII, *De procurat.*, cap. vii.)

(1) *Hist. de l'Univers. de Paris*, tom. I, p. 285.
(2) *Hist. Univers. Paris.*, tom. III, pp. 44 et 59.
(3) Crévier a écrit, en renvoyant aux passages visés de du Boulay : « Je ne compte point un prétendu concordat passé entre les nations « sur l'élection du recteur en 1206. Quoique du Boulay le cite pour « bon, l'existence en est fort incertaine. J'en dis autant du règle- « ment attribué au légat Octavien et à Eudes, évêques de Paris, par « le chancelier Philippe de Grève. Ce chancelier, sommé de donner

Sous le rapport ecclésiastique, l'Université continuait à relever du for de l'évêque de Paris. Mais, dans la troisième année de son pontificat, Honorius III portait défense de prononcer contre elle l'excommunication sans commission expresse du siège apostolique (1). Quelques années auparavant, en 1208, le cardinal Galon, légat en France, avait décrété qu'avant de rendre semb'able sentence contre les maîtres et les écoliers, il fallait avertir et menacer (2).

L'Université naissante avait déjà ou allait avoir son procureur. Les affaires à régler, les intérêts à poursuivre, les prérogatives à défendre auraient fait comprendre sans retard la nécessité de l'institution d'un agent spécial. On se serait alors — tant il est vrai que le pape était considéré comme le maître suprême de l'Université ! — adressé à Innocent III, ancien élève des écoles de Paris, lequel aurait fait droit à la demande (3). Telle est, à n'en pas douter,

---

« traindre. Le dernier qui l'ait prêté est M. de Villeroi en 1592. L'Uni-
« versité, en 1619, fit quelques mouvemens pour engager le nou-
« veau prévôt à se conformer à l'ancien usage... Les prévôts de
« Paris, sans avoir jamais été dispensés par aucune loi du serment
« qu'ils doivent à l'Université, s'en sont dispensés par le fait... »
(*Hist. de l'Univers. de Paris*, tom. I, p. 281-282).

(1) *Hist. Univers. Paris.*, tom. III, p. 94 : « ... inhibentes districte ne quis de cætero sine speciali Sedis apostolicæ mandato in ipsorum universitatem tales audeat sententias promulgare... » La bulle porte : « Datum Romæ, apud S. Petrum, 5 id. maii, pontif. nostri an. III. »

(2) *Ibid.*, p. 44 : « Volumus... ut, antequam periculum excommu-
« nicationis incurratur, admonitio generaliter flat per magistros et
« comminatio excommunicationis in transgressores. »

L'on trouve déjà, sous le pontificat d'Innocent II, une intervention du Saint-Siège dans les affaires des écoles de Paris. Ce fut au sujet du différend entre le professeur Galon et l'évêque de Paris. Selon Crévier, nous avons là le premier fait de l'action de Rome sur notre corps enseignant de Paris. (*Hist. de l'Univers. de Paris*, tom. I, p. 176-178, avec renvois à *Hist. Univers. Paris.*)

(3) « ... postulastis a nobis ut procuratorem instituere super hoc
« vobis de nostra permissione liceret. Licet igitur de jure com-
« muni hoc facere valeatis, instituendi tamen procuratorem super

détourneront point d'un étudiant injurié, qu'au contraire ils se rendront parfaitement compte du fait et de ses circonstances pour en témoigner, et que, dans le cas où l'étudiant serait frappé sans avoir été l'agresseur, ils arrêteront le coupable pour le livrer à la justice du roi.

II. Les étudiants ne relèveront que de la justice ecclésiastique. C'est pourquoi défense est faite au prévôt et aux autres officiers d'arrêter un étudiant pour crime, et, si exceptionnellement ils croyaient devoir le faire, ce serait pour remettre incontinent l'étudiant à la justice ecclésiastique; car la justice royale, dans l'hypothèse d'un crime grave, se bornera à prendre connaissance des suites de l'arrestation ou du jugement.

III. En aucun cas, les officiers du roi ne mettront la main sur le chef des écoles ou même sur un simple régent (1); un pareil acte ne pourra s'accomplir qu'en vertu d'un mandat de la justice ecclésiastique.

IV. Les simples serviteurs laïques des étudiants, c'est-à-dire ceux qui n'ont ni droit de bourgeoisie ni d'autre domicile que celui de leurs maîtres, ne seront eux-mêmes saisis par les officiers du roi qu'autant que le crime sera évident.

V. Enfin, dans les premiers jours de son entrée en charge, le prévôt de Paris jurera, devant les écoles assemblées, l'observation, en ce qui le concerne, du diplôme royal (2).

(1) «... in capitali Parisiensium scholarium... » (*Hist. Univers. Paris.*, tom. III, p. 3.) M. Thurot, dans sa solide thèse : *De l'Organisation de l'enseignement dans l'Université de Paris au moyen-âge*, Paris, 1850, p. 16, note 2, préfère entendre *capitali* dans le sens de régent.

(2) « Pendant quatre siècles, ajoute Crévier, les prévôts de Paris
« ont prêté le serment ordonné par le diplôme de Philippe-Auguste,
« et ils sont devenus ainsi les conservateurs des privilèges royaux
« de l'Université. Ce titre avoit sans doute de quoi les flatter ; mais
« l'origine n'en étoit pas agréable, et ils s'en sont toujours souve-
« nus tant qu'ils ont eu le libre exercice des droits de leur charge,
« en sorte qu'en bien des occasions ils se sont montrés plutôt les
« ennemis que les conservateurs de nos privilèges. La cérémonie
« même du serment leur coûtoit, et souvent il a fallu les y con-

ter plainte contre le prévôt et ses complices. Il paraît qu'on demandait seulement que les coupables fussent remis aux écoliers ou à leurs délégués pour recevoir d'eux une publique fustigation : c'eût été l'expiation du crime et la condition *sine quâ non* de la réhabilition. Le roi, entendant rendre justice par lui-même, ne voulut point adhérer à la demande. Déjà plusieurs avaient pris la fuite; mais leurs maisons furent démolies, leurs vignes et leurs arbres arrachés. Quant au prévôt, il fut arrêté avec les complices qui restaient. Une ordonnance royale le condamna à une prison perpétuelle, avec faculté toutefois de se soumettre publiquement à l'épreuve de l'eau. Dans le cas où il succomberait, il serait condamné à la peine de mort ; et, s'il sortait victorieux, il serait exilé de Paris et déclaré pour jamais inhabile à posséder les charges de prévôt ou de bailli sur les terres du roi. La même peine fut infligée et la même faculté avec ses conséquences accordée aux complices présents ; car, quant aux fugitifs, ils étaient tenus pour irrévocablement condamnés. L'histoire ne nous fournit pas d'autres données sur les suites du jugement royal (1).

Si Philippe-Auguste, dans l'intérêt des études, prononçait en juge sur un fait accompli, il allait aussi, comme roi, prendre des mesures pour l'avenir.

« Pour la sécurité des écoliers de Paris désormais, de l'avis des hommes de son conseil, » le roi statua comme il suit. Nous analysons le diplôme, qui est de l'année 1200 (2).

I. Les bourgeois seront astreints à jurer qu'ils ne se

---

(1) Du Boulay, *Hist. Univ. Paris.*, tom. III, p. 2, fait connaître ainsi la fin du prévôt : «... cum per multos dies in carcere regis detentus
« fuisset, per fugam evadere proposuit ; et cum per murum dimit-
« tiretur, fractus est funis ; et ipse ab alto corruens in terram ex-
« piravit. »

(2) *Hist. Univers. Paris..ibid.*, p. 2-3, où le diplôme est reproduit. Ce diplôme est imprimé d'après l'original et avec les corrections nécessaires dans les *Mémoires de la Société de l'histoire de Paris et de l'Ile-de-France*, tom. X, Paris, 1883, pp. 247 et suiv.

décision de Célestin III, les étudiants ne relevaient que du for ecclésiastique de l'endroit (1). Leurs affaires temporelles devaient être jugées par l'évêque de Paris, auquel était probablement adjoint l'abbé de Sainte-Geneviève (2). On devine le motif principal du privilège : il fallait éviter aux étudiants des dérangements qui fatalement auraient porté préjudice aux progrès dans les sciences. Un autre privilège, que Rome sanctionna par des décisions particulières, n'était pas moins de nature à favoriser les études : les étudiants qui possédaient des bénéfices se trouvaient, par leur qualité même d'étudiants, dispensés de la résidence, et, dès lors, pouvaient percevoir légitimement leurs revenus. Le même privilège devait s'étendre et s'étendait réellement aux professeurs (3).

Telles étaient les écoles au XIIe siècle. Dans les premières années du XIIIe, un fait grave détermina un complément d'organisation (4).

Un des prétendants au siège épiscopal de Liège, l'archidiacre Henri, originaire d'Allemagne, continuait encore ses études à Paris. Un de ses valets, étant aller chercher du vin chez un marchand en détail, s'y prit de querelle avec certaines personnes qui y buvaient, et s'en revint portant, non du vin, car son vase même avait été brisé, mais la marque des coups qu'il avait reçus. Aussitôt les écoliers allemands, s'armant pour la vengeance, accoururent chez le marchand qu'ils attaquèrent et blessèrent dangereusement. De là grand émoi dans la ville. Le peuple se souleva, le prévôt se mit à la tête du mouvement, on fit le siège de la demeure des écoliers allemands, qui se défendirent vaillamment. Dans la lutte, l'archidiacre périt avec quelques-uns de ses compagnons.

Les maîtres des écoles allèrent trouver le roi pour por-

---

(1) *Decret. Greg. IX*, lib. II, tit. II, *De Foro competenti*, cap. IX.

(2) C'est la pensée de Crévier (*Hist. de l'Univers. de Paris*, tom. I. p. 262).

(3) *Hist. Univ. Paris.*, tom. II, p. 370.

(4) *Hist. Univ. Paris.*, tom. III, p. 1-2 ; *Gall. christ.*, tom. III, col. 881.

C'est, d'abord, une association entre les professeurs ; car, selon le témoignage de Matthieu Paris, Jean de Celle, vingt et unième abbé de Saint-Alban d'Angleterre, avait été admis à faire partie du corps magistral de Paris, après en avoir suivi les leçons (1).

C'est, ensuite, une division par provinces dans le corps des maîtres aussi bien que dans la foule des étudiants ; car nous voyons Henri II d'Angleterre, dans ses difficultés avec saint Thomas de Cantorbéry, comprendre, parmi les deux tribunaux auxquels il voulait bien soumettre sa cause, celui que composeraient les professeurs de Paris en tant que choisis de diverses provinces (2) : division qui probablement a été le germe de celle par nations, laquelle jouera un rôle considérable dans l'Université.

Un corps constitué ne pouvait ne pas avoir de lois disciplinaires. Aussi découvrons-nous la défense formelle pour les religieux de suivre les cours publics de droit civil et de médecine. L'ordre des leçons, les exercices auxquels étaient soumis les étudiants, ou les thèses, pour employer un langage postérieur, les discours pour la sanctification des âmes, car celle-ci ne devait pas être négligée dans l'œuvre de la culture des intelligences, tout cela ne nous est que bien imparfaitement connu ; mais il est impossible qu'il n'y eût pas sur ces divers points, étant donnée la constitution du corps enseignant, une réglementation quelconque (3).

Ce que nous connaissons mieux, ce sont les privilèges dont jouissaient déjà professeurs et étudiants. Par une

(1) « Hic, in juventute scholarum Parisiensum frequentator assiduus, ad electorum consortium magistrorum meruit attingere. » (Dans la *Vie de Jean I*er*, vingt-et-unième abbé de Saint-Alban*).

(2 « ... paratus erat... judicium in palatio Pariensi subire, gal-
« licana Ecclesia interponente partes suas seu scholaribus diver-
« sarum provinciarum aequa lance negotium examinantibus. »
(Matth. Paris, *Hist. maj.*, Henri II, à la fin de l'année 1169.)

(3) Cette organisation forma l'*universitas scholarium*, ce qui comprenait les maîtres et les écoliers ; de là l'expression consacrée d'*Université*.

Notre-Dame, de prélever une modique rémunération pour la collation de la licence. Cette rémunération, concédée à des mérites personnels et eu égard sans doute à l'état de fortune, devait être fixée par le cardinal de Saint-Chrysogone, de concert avec les archevêques de Sens et de Reims, et autres honorables personnages (1).

CHAPITRE II

L'ORGANISATION DE L'UNIVERSITÉ DE PARIS AUX XII° et XIII° SIÈCLES

La multiplication des chaires, le nombre des élèves qui se groupaient autour, firent sentir le besoin d'une réglementation générale. La discipline dans les cours, l'ordre entre les étudiants, les rapports de ceux-ci avec les maîtres, la confraternité entre les professeurs eux-mêmes, tout le demandait. Assurément, la réglementation ne surgira pas complète tout d'un coup. Les choses humaines ne s'accomplissent pas ainsi. Ce sera une organisation qui aura ses débuts et se développera avec le temps et dans la mesure que les circonstances ou les nécessités permettront ou imposeront.

I

Ce commencement d'organisation nous apparait dès le XII° siècle.

(1) *Hist. Univers. Paris.*, tom. II, p. 370-371 : « ...volentes tamen ho-
« nestati et litteraturæ M. Petri cancellarii Parisiensis, quantum
« salva honestate possumus, prompta benignitate deferre, quem
« speciali prærogativa diligimus et volumus honorare, discretioni
« tuæ mandamus, quatenus, habito consilio cum venerabilibus
« fratribus nostris Willielmo Senonensi archiepiscopo... et Henrico
« Remensi archiepiscopo, et aliis dignis et honestis personis...
« Datum Ferenti 4 kal. novembris. » Telle est la lettre d'Alexandre III au cardinal-légat de Saint-Chrysogone.

chapitre qui, par leurs chanceliers, donnaient l'investiture professorale sur leurs territoires respectifs, c'est-à-dire l'évêché dans la cité *intra pontes* et les autres lieux soumis à l'ordinaire, l'abbaye ou le chapitre sur la rive gauche du fleuve aussi loin que s'étendait leur juridiction (1). C'était, par conséquent, explique du Molinet, aux chanceliers de Notre-Dame et de Sainte-Geneviève qu'il incombait « d'examiner les professeurs et les maîtres qui se présentoient pour enseigner dans ces écoles, de les mettre et de les déposer quand bon leur sembloit, et de licencier après les études ceux qui prétendoient être maîtres et régents (2) ».

A toute règle exception, dit l'adage. Le principe de la gratuité de la licence maintenu, il fut permis, de par l'autorité apostolique, à Pierre-le-Mangeur, chancelier de

(1) Du Molinet. même ms. H. fr. 21, p. 585-586.

(2) *Ibid.* p. 586. Le chancelier, nom qui vient du latin *cancellare*, rayer, biffer, avait pour fonctions, dans les cathédrales, abbayes, monastères, de dresser, ou de faire dresser et rectifier les actes. « On choisissoit ordinairement pour exercer cette charge, dit en« core du Molinet, un des plus capables de la compagnie ; car, « comme tous les titres se faisoient en latin, il estoit nécessaire « que celuy qui estoit commis pour les dresser ou pour les corri« ger fust habile homme et bien versé dans cette langue. C'est « pourquoy il ne faut pas s'étonner si dans les églises où il y avoit « des écoles à gouverner, on a choisi le chancelier plus tôt que « tout autre officier pour en avoir la direction. C'est ce qui s'est « pratiqué de tout tems dans Paris à l'égard de Nostre-Dame et « de Sainte-Geneviève, où l'on trouve qu'il y a eu des chanceliers « qui ont eu, sous l'évesque et sous l'abbé, l'intendance des écoles « qui estoient auprès de leurs églises. » (*Ibid.*). L'on peut consulter le *Dictionnaire de Trévoux* relativement aux autres étymologies du mot : chancelier. Du Boulay estime que, dans les villes où se fondaient des Universités, l'écolâtre prenait le nom de chancelier, parce que ce nom était plus *éminent*. (B. S.-G., ms. H. lat. 25, in-fol., fot. 5).

L'ouvrage que nous visons dans cette indication de source est un traité inédit et qui a pour titre : *Remarques sur l'institution, charge, dignité et juridiction des chanceliers de l'Université de Paris*. Ce traité est postérieur à l'*Historia Universitatis Parisiensis*, car l'auteur fait allusion à cette *Historia*.

Sans cette autorisation, il eût été à craindre de voir des chaires occupées par des ignorants que Jean de Salisbury représentait « enfants hier, maîtres aujourd'hui, hier recevant des coups de férule, aujourd'hui enseignant en robe longue (1). » Reconnue nécessaire dès les temps les plus anciens, la licence devait être accordée gratuitement. En 1148, le Concile de Londres ne tint pas un autre langage (2). Celui de Latran, en 1179, fut, à son tour, formel, sur les deux points, la nécessité et la gratuité, et son décret a pris place dans les *Décrétales de Grégoire IX*. Mais si, d'une part, il y avait obligation de demander la licence, il y avait, de l'autre, défense de la refuser à ceux qui en étaient dignes (3).

La même loi présidait dans les écoles de Paris.

Nous passons sous silence l'école palatine, qui fonctionnait évidemment sous l'autorité royale et se rattachait tout au plus par la religion à l'autorité épiscopale du lieu.

L'école de Saint-Victor, partageant les obligations comme les immunités de l'abbaye, avait dans son sein le chef qui licenciait.

Indépendantes l'une de l'autre, l'école de Notre-Dame relevait de l'évêché, celle de Sainte-Geneviève de l'abbaye ou du chapitre. C'était l'évêché et l'abbaye ou le

---

(1) « Sed quia illi hesterni pueri, magistri hodierni, heri vapulantes in ferula, hodie stolati docentes in cathedra... » (*Metalogicus*, lib. I. cap. xxv, *in init.;*

(2) Le xvi° canon porte : « Magistri scholarum si aliis scholas regendas commiserint, prohibemus ne propter hoc quicquam ab eis exigant ; quod si fecerint, ecclesisticæ vindictæ subjaceant, » d'après la meilleure leçon. (*Hist. Univers. Paris.*, tom. II, p. 155).

(3) « *Decret. Greg. IX*, lib. V, tit. V, cap. I. : « Pro vero licentia « docendi, nullus omnino pretium exigat, vel sub obtentu alicujus « necessitudinis ab his qui docent aliquid quærat, nec docere « quemquam qui sit idoneus, petita licentia, interdicat. Qui vero « contra hoc venire præsumpserit, ab ecclesiastico fiat beneficio « alienus. Dignum quippe esse videtur, ut in Ecclesia Dei fructus « laboris sui non habeat qui cupidate animi, dum vendit docendi « licentiam, ecclesiasticum profectum nititur impedire. »

au-dessus d'Athènes, d'Alexandrie et autres cités (1). Les poètes, en la célébrant dans leurs vers, n'avaient pas un autre dire et ils la comparaient à ce qu'il y avait eu et à ce qu'il y a de plus grand et de plus précieux dans le monde (2).

Pour avoir le droit d'enseigner, deux choses étaient nécessaires : la science et la mission. La science se constatait par l'examen ; la mission venait d'ordinaire de l'examinateur lui-même, chef de l'école, sous les noms d'écolâtre, scolastique, capiscol, et plus généralement ensuite sous celui de chancelier. Voilà ce qu'on appelait la licence ou la faculté d'enseigner.

(1) « In diebus illis, écrivait Guillaume le Breton sous l'année « 1209, studium litterarum florebat Parisiis, nec legimus tantam « aliquando fuisse scholarium frequentiam Athenis vel Ægypti vel « in qualibet parte mundi, quanta locum prædictum studendi gra- « tia incolebat. » (De gestis Philipi-Augusti.)

« En celi tens, lison-nous dans les *Chroniques de Saint-Denis*, « florissoit a Paris philosophie et toute clergie, e i estoit li estudes « des sept arz si granz et en si grant auctorité, que l'on ne trove « pas que il fust onques si pleniers ne si fervenz en Athenes, ne en « Egypte, ne en Rome, ne en nule des parties du monde. Si n'estoit « pas tant seulement pour la delitableté du lieu, ne pour la plenté « des biens qui en la cité habundent, mais pour la pais et pour « la franchise que li bons rois Looys avait tozjors portée, et que li « rois Phelippe ses fiuz portoit aux maistres et aux escoliers et à « toute l'université. Si ne lisoit-on pas tant seulement en cele « noble cité des sept sciences liberaus, mais de decrez et de lois « et de phisique, et seur totes les autres estoit leue par plus grant « fervor et par plus grant estude la sainte page de theologie. » (*Recueil des hist. des Gaules et de la France*, tom. XVII, p. 395-396, *Les Gestes de Philippe-Auguste, extraits des chroniques de Saint-Denis*).

(2)   Exoritur tandem locus, altera regia Phœbi,
         Parrhisius, Cyrrhæa viris, Chrysæa metallis,
         Græca libris, Inda studiis, Romana poetis,
         Attica terra sophis, mundi rosa, balsamus orbis.

(Jean de Hauteville, *Architrenius*, lib. II, cap. XVII.)

De son côté, Guillaume le Breton, dans sa *Philippide*, résumait ainsi l'éloge de la noble cité :

         . . . . doctrix extitit totius orbis.
                              (Lib. I, vers. 101.)

saint Thomas de Cantorbéry, Jean de Salisbury sont au nombre des plus illustres enfants de l'Allemagne et de l'Angleterre dans les écoles de Paris ; et, pendant que les contrées du Nord ne s'estimaient pas trop éloignées pour venir puiser à ces sources, il se formait, en particulier, entre le Danemark et Sainte-Geneviève, des liens si étroits que l'une semblait être devenue comme le « séminaire » de l'autre (1).

Tout contribuait à la prospérité de ces écoles.

Les dignités dans l'Église étaient réservées aux savants. Il semble que les professeurs et les élèves qui se formaient à leurs leçons, s'imposaient davantage, même en pays étranger : les noms déjà cités l'attestent suffisamment (2). D'autres raisons encore faisaient préférer Paris. « Outre « l'agréable et charmant séjour de cette ville, disent les « historiens, outre les commodités de la vie dont on y « jouissoit en abondance, c'étoit un théâtre propre à satis- « faire ceux qui désiroient faire parade de leur esprit et « de leur sçavoir. Les autres qui ne cherchoient que d'ha- « biles maîtres, pour s'instruire, étoient assurés d'y en « trouver en bon nombre. Il y régnoit de plus un goût et un « discernement fin qui étoient fort rares ailleurs. C'est « ce qui faisoit dire au docteur Roger, depuis doyen de « l'église de Rouen, qu'il n'y avoit point de science au « monde qui, étant apportée à Paris, n'y fût poussée à un « plus haut degré de perfection qu'en tout autre lieu (3) ».

Aussi, les chroniqueurs du temps nommaient-ils Paris la « ville des lettres » par excellence (4), pour la placer

---

(1) *Hist. litt. de la France*, tom. IX, p. 117.
(2) Voir pour plus de détails, *Ibid.*, p. 75 et suiv.
(3) *Hist. litt. de la France*, tom. IX, p. 78.
(4) « Felix civitas, s'écrie Philippe, abbé de Bonne-Espérance, in « qua sancti codices tanto studio revolvuntur et eorum perplexa « mysteria superfusi dono spiritus resolvuntur ; in qua tanta lec- « torum diligentia, tanta denique scientia Scripturarum, ut in mo- « dum Cariath-Sepher dici possit merito civitas litterarum. » (Epist. III, *in fine.*)

Montpellier est la plus ancienne école de médecine en France. Mais ce même XII· siècle ne devait pas s'écouler sans voir la médecine s'enseigner publiquement à Paris. On nomme dans cette ville, à cette époque, un médecin professeur : c'est le *physicien Hugues;* et il est bien à présumer que cette science n'était pas étrangère à son enseignement (1).

Le nombre des élèves qui venaient suivre les écoles de la capitale augmentait continuellement, à tel point que les logements finissaient par faire défaut; déjà Paris comptait presque autant d'écoliers que de bourgeois.

Parmi ces étudiants, prenaient place, pour la France, les princes du sang, les fils de la noblesse, la jeunesse la plus distinguée du royaume.

Les étrangers eux-mêmes accouraient à Paris pour suivre les cours qui s'y faisaient, tellement on les estimait un couronnement nécessaire aux études. Le pape Célestin II et Adrien IV avaient été étudiants à Paris ; Alexandre III y envoyait ses neveux ; et un rejeton de la noble famille des Ségni se confondait parmi cette jeunesse studieuse sous le nom de Lothaire, en attendant qu'il gouvernât l'Église sous celui d'Innocent III. Les autres nations ne montraient pas moins d'empressement. Othon de Friesingen, le cardinal Conrad, archevêque de Mayence,

---

en 1197. Il y a lieu de penser qu'il mourut en 1207. L'on a composé ces vers sur lui :

   Cum superexcellens legum jurisque peritus
   Ille inter proceres intraque palatia magni
   Nominis Ansellus, quem cum majoribus orbis
   Meldis episcopio promovit gratia sensus.

(*Hist. Univ. Paris.*, tom. II, p. 726; *Gall. christ.*, tom. VIII, col. 1618-1620.)

(1) Hugues le Physicien, maître ès-arts d'abord, devint ensuite illustre comme médecin :

   Physicus excellens, Hugo pietate refulgens,
   Parisiis mortem non sustulit esse minacem ;
   Quadrivium docuit, ac totum scire reliquit
   Anno millesimo bis centum, sed minus uno.

Il mourut donc en 1199. (*Hist. Univers. Paris.*, tom. II, p. 749).

« à être habités, c'est-à-dire au XIIIe siècle, il est pro-
« bable que plusieurs écoles s'y établirent (1). »

V

Le cadre des études s'était élargi dans les écoles de Paris, comme ailleurs.

Le grand ouvrage d'un moine de Bologne, *La Concorde des canons discordants*, connu sous le nom de *Décret de Gratien*, avait amené une division dans la science théologique. Jusqu'alors, la discipline de l'Église n'était pas séparée de la théologie proprement dite ; on les étudiait ensemble et le même professeur les enseignait toutes les deux. Mais cette vaste collection fit sentir le besoin de cours spéciaux. On commença naturellement à Bologne. où l'on professait le droit romain. En France, Orléans d'abord, Paris ensuite virent s'élever des chaires de droit canonique, lesquelles étaient d'ordinaire, à la fois, chaires de droit civil. La capitale du royaume pouvait déjà s'enorgueillir dans ce nouveau professorat, avant la fin du XIIe siècle, des Gérard ou Girard la Pucelle, Matthieu d'Angers, Anselme ou Anselle de Paris (2).

(1) Crévier, *Hist. de l'Univers. de Paris*, tom. I, p. 272-273.

(2) Gérard la Pucelle (*Gerardus Puella* ou *Pucella*) était anglais selon les uns, normand selon les autres. Il fut évêque de Chester en 1182 ou 1185, et mourut quelque quatre mois après sa consécration. (Du Boulay, *Histor. Univers. Paris.*, tom. II. p. 734; *Hist. littér. de la Franc.*, tom. IX, p. 74.) Du Boulay (*Ibid.*, p. 370) avait changé Chester en Conventry.

Les auteurs de l'*Histoire littér. de la Franc.*, ayant dit que Matthieu d'Angers fut le plus illustre élève de cette ville, résument ensuite son histoire en ces termes : « Après avoir enseigné à Paris avec
« une grande réputation l'un et l'autre droit, le pape Alexandre III
« l'appela à Rome vers 1168, pour se servir de ses lumières dans
« le concile qu'il devoit tenir à Latran. Dès lors, ce pontife
« avait dessein de l'élever au cardinalat, ce qu'il exécuta en 1172,
« lui donnant le titre de Saint-Marcel. » (*Op. cit.*, tom. IX, p. 53).

Anselme ou Anselle de Paris fut élevé sur le siège de Meaux dans les dernières années du XIIe siècle, car nous l'y voyons assis

considérés comme le triple berceau de l'Université (1).
Mais, « outre ces écoles principales, il y en avoit plusieurs
« autres dans l'isle et sur la montagne. Quiconque avoit
« droit d'enseigner pouvoit ouvrir une école en tel lieu
« qu'il lui plaisoit, pourvu que ce fût dans le voisinage
« d'une école principale. Ainsi nous avons parlé d'Adam,
« Anglais, qui tenoit la sienne près du Petit Pont. Un
« autre Adam, Parisien, enseignoit au Grand Pont, qui
« est celui que nous appelons le Pont au Change. Au midi
« de la rivière et dans le bas de la montagne, quoiqu'il
« soit indubitable que plusieurs maîtres y donnoient leurs
« leçons, nous ne pouvons marquer avec certitude, pour
« le temps dont nous parlons, de lieu précis et déterminé.
« Lorsque les clos Mauvoisin et Bruneau commencèrent

---

(1) Le savant P. Denifle donne les écoles de Notre-Dame pour unique berceau à l'Université : « Igitur ex magistris in insula commorantibus formata est universitas, ibique, sub umbra nostræ Dominæ, cunabula universitatis agnoscenda. » (*Chartular. Univers. Paris.*, tom. I, Paris, 1889, *Introduct.*, p. xv-xviii.) Mais nous ne pouvons partager son opinion, parce que les raisons par lui alléguées sont loin de nous convaincre.

En effet, il écarte Saint-Victor, parce qu'à la demande de l'abbé et des religieux du monastère, Grégoire IX leur accorda, en 1237, l'autorisation de reprendre l'enseignement, interrompu, de la théologie. (*Ibid.*, p. 159). Mais l'Université était en grande partie fondée vers 1208, puisqu'alors il est fait mention par Innocent III des « docteurs en page sacrée, en décret et en arts libéraux, » et qu'il ordonne de réintégrer un maître dans le corps professoral : « ... ad communionis vestræ consortium in magistralibus admittatis. » (*Chartul...*, ibid., p. 67-68 ; *Histor. Univers. Paris.*, tom. III, p. 60-61.) Conséquemment, les écoles précédentes de Saint-Victor ont pu fournir leur contingent à la formation de l'Université.

Le P. Denifle écarte, en second lieu, les écoles de Sainte-Geneviève, parce qu'on y avait cessé d'enseigner les arts libéraux. D'abord, ce n'est rien moins que prouvé. Ensuite, il paraît incontestable, comme nous venons de le voir, qu'on n'avait nullement cessé d'y donner des leçons de théologie : ce qui suffit pour notre thèse.

Ajoutons que, selon nous, la formation de l'Université s'explique ainsi bien plus naturellement.

La plupart des maîtres de ces trois écoles auront leur notice dans le cours de l'ouvrage.

l'on tiendrait à en faire un professeur de Paris, pourrait-on placer dans cette école de Sainte-Geneviève le fameux Alain de Lille, celui qu'on a appelé le Docteur universel :

> Flandria quem genuit, vates studiosus Alanus
>   Contudit hæreticos edomuitque prius ;
> Virgilio major et Homero cercior idem
>   Exauxit studii Parisiensis opes (1).

La gloire de deux noms rejaillit tout particulièrement sur l'école de Saint-Victor : Hugues et Richard, qui portent l'un et l'autre, ajouté à leurs propres noms, celui de l'abbaye elle-même. Entre ces deux maîtres, on place Nanterus (2). L'histoire se tait sur les autres professeurs. Mais on a des indices que l'école se maintint avec avantage jusqu'à la fin du xiie siècle (3).

Notre-Dame, Sainte-Geneviève, Saint-Victor, furent les centres principaux de l'enseignement et peuvent être

---

prière, avait pris soin matériellement de lui à Reims : « Nunc com-
« morantem Parisiis vestræ dilectioni commendo, quia de vobis
« amplius præsumo, rogans ut placeat vobis prævidere in cibo
« per breve tempus... » (*Opera, Epist.*, Epist. CCCCX, et *Hist. Univers.*,
Paris., tom. II, p. 766.) Toutefois l'*Histoire littéraire de la France* pense,
et nous avons cru devoir tenir compte de ce sentiment, que Pierre
Lombard aurait commencé par enseigner à cette abbaye (vol. cit.,
p. 72). Il est bon, d'autre part, de remarquer que Saint-Victor
avait coutume de prendre des professeurs dans son sein.

(1) *Hist. littér. de la Franc.*, tom. XVI, pp. 396 et suivant. ; tom. XXII, p. 85.

Nous rencontrons dans la vie de saint Guillaume, abbé d'Eschil en Danemark, un chanoine de Sainte-Geneviève, contemporain de ce saint et qualifié *Magister Albericus..., qui erat vir bonus et justus*. (*Act. sanct.*, avril, tom. I, p. 626.)

« Ce qui fait penser, ajoute du Molinet, que, estant docteur et
« chanoine de l'église de Saincte-Geneviève, il pourroit bien avoir
« esté professeur dans les escoles qui y estoient alors très floris-
« santes. » (B. S.-G., ms. H. fr. 21, in-fol., p. 321-322).

(2) *Hist. littér. de la Franc.*, tom. IX, p. 114.

(3) *Ibid.*

noines séculiers. Nous savons que si le chapitre laissait beaucoup à désirer sous d'autres rapports, il ne cessa jamais de compter des personnages remarquables par leurs lumières. En même temps qu'Abélard, Joscelin, depuis évêque de Soissons, professait sur la célèbre montagne. L'on dit qu'un de ses disciples, Gosswin, ne pouvant supporter les hardiesses doctrinales d'Abélard, serait entré parfois en lice avec ce dernier et l'aurait confondu (1). Nous avons ensuite à citer comme maîtres Robert de Melun et Gautier de Mortagne. En rattachant, vers l'époque de la réforme canonique, un grand nom à cette école, nous nous en tenons simplement à ce qui nous a paru plus probable. Du Molinet fait de Pierre Lombard un des successeurs d'Abélard dans la chaire que ce dernier avait occupée sur la montagne (2). D'autre part, les auteurs de l'*Histoire littéraire de la France* font cette réflexion très juste : « Dans le cas où Pierre Lom« bard eût enseigné à Notre-Dame avant son épiscopat, il « auroit eu sans doute quelque bénéfice dans la même « église ; au lieu que, lorsqu'il en fut fait évêque, il étoit « chanoine de Chartres, et il ne paraît pas qu'il eût d'au« tres bénéfices » (3). Pourtant, il ne serait pas invraisemblable que, hospitalisé à Saint-Victor, il y eût débuté dans l'enseignement (4). Peut-être aussi, dans le cas où

(1) *Hist. littér. de la Franc.*, tom. IX, p. 67 ; *Gall. christ.*, tom. IX, col. 357 ; *Hist. Univers. Paris.*, tom. II, pp. 10-11, 739.

(2) Ms. cit., p. 580.

(3) *Hist. littér. de la Franc.*, tom. IX, p. 64.
   Le *Gall. christ.*, tom. VII, col. 68, dit, de son côté : « ... Philippus « electus præceptori suo, jam Carnotensi canonico, locum et digni« tatem gratanter cessit.... » Il s'agit de l'évêché de Paris.
   Il est aussi fait mention d'un autre Pierre Lombard, médecin, qui fut chanoine de Chartres : « Petrus Lombardus, canonicus Carnotensis, archiater Ludovici VII, an. 1131. » (Du Cange, *Glossar...*, art. *Archiatri*.)

(4) C'est comme élève que Pierre Lombard a pu être hébergé à Saint-Victor, selon les recommandations de saint Bernard à Giludin. Voici les propres expressions de l'illustre saint qui, sur

IV

Deux hommes allaient jeter un éclat nouveau sur les écoles de Notre-Dame et de Sainte-Geneviève : nous avons nommé Guillaume de Champeaux et Abélard. Une troisième école allait surgir pour devenir rivale de celle de Sainte-Geneviève et se substituer, pour ainsi dire, un instant à celle de Notre-Dame, tant ces deux foyers littéraires et scientifiques, en dehors des murs de Paris, paraissaient tout s'approprier, la célébrité et les élèves ! Cette troisième école dut sa fondation à Guillaume de Champeaux lui-même, lorsqu'il se fut retiré à l'abbaye de Saint-Victor.

L'école de Notre-Dame, un instant éclipsée ou oubliée, retrouva son éclat avec Abélard qui, après avoir enseigné sur la montagne de Sainte-Geneviève, termina son bruyant professorat à Paris, au cloître Notre-Dame. Elle ne laissa pas, après lui, de donner un enseignement prisé et suivi. Qu'il nous suffise de nommer quatre des professeurs qui s'assirent dans ses chaires : Pierre Comestor ou le Mangeur, Adam du Petit-Pont, Pierre-le-Chantre, Pierre de Corbeil, Pierre de Poitiers qui resta chancelier jusqu'en 1208 (1).

L'histoire est moins affirmative au sujet de l'école de Sainte-Geneviève pendant les dernières années des cha-

---

ment des arts libéraux à Chartres et à Paris dans la première moitié du XII° siècle, d'après l'HEPTATEUCHON de *Thierry de Chartres*, Paris 1889, in-8.

(1) *Hist. littér. de la Franc.*, tom. IX, p. 64.
Deux autres professeurs dont l'histoire a conservé le nom : Michel de Corbeil et Hugues de Champ-Fleury. (*Ibid.*)
Il faut noter avec Crévier que, à partir de 1227, sur les plaintes des chanoines, que le bruit fatiguait, l'école fut scindée : l'école publique quitta le cloître pour le parvis Notre-Dame, le cloître étant réservé « à l'instruction des seuls membres et suppôts de l'Eglise de Paris.» (*Hist. de l'Univers. de Paris*, tom. I, p. 273-274.)

la rhétorique est considérée comme le couronnement des humanités, de même alors on l'estimait le couronnement des études grammaticales, qui étaient en réalité nos humanités elles-mêmes.

Jean de Salisbury nous a décrit la méthode de Bernard de Chartres, un des meilleurs humanistes de son temps et qui professait dans cette dernière ville, à la fin du XI° siècle ou au commencement du XII°, méthode qu'on peut considérer généralement comme celle des maîtres de grammaire et de rhétorique. Dans les pages tracées par l'illustre Anglais, nous voyons que Bernard de Chartres ne se bornait pas à l'explication littérale. Il s'appliquait, à la fois, à faire ressortir les richesses du langage : propriétés des termes, choix de l'expression, figures de mots et de pensées, tours oratoires, élégance du style, force du raisonnement, harmonie de la phrase, en un mot, ce qui constitue les lois, les finesses comme les beautés de l'art de bien dire, tout cela était examiné, apprécié, mais toujours selon la capacité des auditeurs. Comprenant l'importance de cultiver la mémoire, il faisait rendre compte des leçons précédentes, en sorte que *le lendemain était toujours le disciple de la veille*. Il voulait que les élèves se livrassent, en leur particulier, à la lecture des bons écrivains, poètes et orateurs. Mais, comme c'est frapper de stérilité la science des préceptes et l'étude des modèles, si l'on n'applique les uns, si l'on n'imite les autres, il prescrivait à la jeunesse des compositions quotidiennes en vers et en prose ; il établissait même des conférences, véritables exercices littéraires, dans lesquelles le disciple était appelé à faire les frais et dont Jean de Salisbury proclame avec raison les avantages, si cependant, ajoute-t-il, la charité régit l'émulation, si en progressant dans les lettres on conserve l'humilité, car le même homme ne doit pas servir et les lettres et les vices (1).

(1) *Métalogicus*, lib. I, cap. XXIV : « ... si tamen hanc sedulitatem regit caritas, si in profectu litterario servetur humilitas. » Voir, sur ce sujet, l'intéressant travail de M. l'abbé Clerval, *L'enseigne-*

de l'enseignement écrit, la méthode était surtout autoritaire, la méthode d'investigation se bornant à bien saisir le sens et l'accord des textes, et celle d'argumentation n'apparaissant guère que pour n tirer les légitimes conséquences.

Nous ne passerons pas en revue les diverses parties de l'enseignement humain, la grammaire, la rhétorique, la dialectique, l'arithmétique, la géométrie, la musique et l'astronomie. C'est ce qu'on appelait les sept arts libéraux, qui se divisaient en *trivium* et *quadrivium*. Le *trivium* comprenait la grammaire, la rhétorique et la dialectique; le *quadrivium* l'arithmétque, la géométrie, l'astronomie et la musique. Estimant que les sept arts libéraux conduisaient à la science ou à la sagesse, on en faisait deux catégories avec les noms indiqués (1). On professait du *quadrivium* ce qu'on savait, et certes, en astronomie, les connaissances étaient fort limitées. Dans le *trivium*, la dialectique était déjà en grand honneur : on tenait à exceller dans l'art du raisonnement, duquel la subtilité ne se trouvait pas toujours bannie. On n'allait pas être bien longtemps à faire de cet art le plus étonnant usage qu'on s'en soit jamais permis. La grammaire et la rhétorique appellent plus particulièrement notre attention.

La grammaire, art de parler et d'écrire selon les règles, était au moyen-âge ce qu'elle avait été chez les Grecs et chez les Romains : avec les rudiments du langage, elle comprenait l'interprétation des mots, l'explication des poètes, les règles de la prononciation, en sorte qu'il y avait là tout un système d'études littéraires. La rhétorique, art de bien dire, afin d'arriver à persuader, convaincre, s'est en tout temps montrée à peu près ce qu'elle est aujourd'hui, comme en tout temps elle a été l'objet d'un enseignement spécial. De même qu'à notre époque

(1) Les anciens ont exprimé les sept arts libéraux dans ce vers :
  Lingua, tropus, ratio, numerus, tonus, angulus, astra.

des élèves de tous les pays, produisirent des hommes de mérite, au nombre desquels nous devons placer saint Stanislas, évêque de Cracovie, Gebbard, archevêque de Salzbourg, saint Étienne, troisième abbé de Cîteaux, Robert d'Arbrissel, fondateur de l'abbaye de Fontevrault, etc. (1).

Nous attribuons indifféremment à Notre-Dame et à Sainte-Geneviève l'honneur d'avoir formé de semblables élèves, car nous estimons parfaitement juste la réflexion de du Molinet au sujet de ceux qui sont connus comme ayant étudié à Paris. « Il ne faudroit pas conclure aussi« tost, a-t-il écrit, que c'eût esté en celles (les écoles) de « Nostre-Dame, y ayant autant et plus de raisons de « croire que ç'a esté en celles de Saincte-Geneviève, puis« qu'on remarque plus expressément qu'elles ont esté « fréquentées par les étrangers » (2).

III

Nous savons ce qu'on enseignait dans ces écoles. Mais quelle méthode suivait-on ? quel caractère et quelle force pouvait avoir l'enseignement ?

Nous commençons par l'instruction religieuse ou la théologie. « On étudioit, dit très exactement Fleury, les « dogmes de la religion dans l'Ecriture et dans les Pères, « et la discipline dans les canons. Il y avoit peu de curio« sité et d'invention, mais une haute estime des anciens : « on se bornoit à les étudier, les copier, les compiler, les « abréger. C'est ce que l'on voit dans les écrits de Bède, « de Raban et d'autres théologiens du moyen âge ; ce ne « sont que des recueils des Pères des six premiers siècles, « et c'étoit le moyen le plus sûr pour conserver la tradi« tion » (3). Comme l'enseignement oral ne différait pas

---

(1) *Hist. de l'Univers. de Paris.*, pp. 69 et suiv.
(2) Bibl. de Sainte-Genev., ms. H. fr. 21, in-fol., p. 576.
(3) *Hist. ecclésiast.*, Discours de l'an 600 à l'an 1100, XXI.

Geneviève ne se dessinent que faiblement dans l'histoire durant les premiers siècles de leur existence (1). La gloire de l'école palatine aura sans doute éclipsé la leur, en attendant que cette école elle-même leur cède complétement la place.

Nous savons que ces deux centres d'enseignement étaient fréquentés et comptaient des maîtres estimés pour leur savoir. Mais il faut arriver jusqu'à la fin du Xe siècle pour rencontrer, dans l'école de Sainte-Geneviève, un professeur de renom. C'est Hubold qui, non content des cours, suivis pourtant, de la ville de Liège, vint étudier à Paris, entra ou s'unit au chapitre de Sainte-Geneviève et attira par son enseignement un grand nombre d'élèves. Contraint par son évêque de retourner en Belgique, il s'empressa de profiter d'un second voyage à Paris pour donner, et avec non moins de succès, de nouvelles leçons (2).

Quant à Notre-Dame, en lui réservant les maîtres qui sont simplement cités comme ayant professé à Paris, il faudrait descendre encore davantage le cours des âges; mais plus de noms s'offriraient à nous. Ce serait, dans le XIe siècle, Lambert, disciple de Fulbert de Chartres, Drogon de Paris, Magenold d'Allemagne, et Anselme de Laon. Ces deux derniers comptèrent parmi leurs élèves Guillaume de Champeaux (3).

Ces deux écoles, attirant à elles, vers la même époque,

(1) Héméré, *De Academia Parisiensi*, Paris, 1637, p. 7, donne en ces termes à l'école de Notre-Dame plus d'ancienneté qu'à celle de Sainte-Geneviève : « Fuit autem ista, ut ego judico, prima con-« figuratio atque institutio Academiæ Parisiensis, quæ a D. Dionysio « inita, exigua illa quidem ac perobscura, a Germano præsule « succum pleniorem, ab erudito denique imperatore statum illum « accepit, quo et litterarum universitas dici et quidam generalis « studiorum mercatus videri posset. » C'est assez juste avec le vague des expressions et malgré une certaine confusion entre l'école palatine et l'école Notre-Dame.

(2) *Hist. de l'Univers. de Paris*, tom. I, p. 68-69.

(3) *Ibid.*, pp. 72 et suiv.

L'école continua son enseignement pendant le règne de Louis-le-Bègue, sous la direction du moine Mannon, qui finit par quitter la cour pour se retirer dans son monastère de Condate, aujourd'hui Saint-Claude. A partir de ce moment, elle semble disparaître pour ressusciter et jeter un dernier éclat avec Remi d'Auxerre, qui mourut en 908 (1).

La décadence de la royauté amena fatalement la décadence de cette fameuse école. C'est donc ailleurs qu'il faut chercher le principe du progrès ou du rétablissement des « bonnes lettres » après tant de secousses politiques et de ruines sociales (2).

Anciennes comme celles des cathédrales, des abbayes ou des monastères, et, comme elles, situées près du lieu saint (3), les deux écoles de Notre-Dame et de Sainte-

très probablement Clément qui porte le surnom même d'Irlandais et qui enseignait en même temps qu'Alcuin, nous trouvons Claude, depuis évêque de Turin, Aldric, disciple et collaborateur d'Alcuin à l'école de Saint-Martin de Tours, depuis archevêque de Sens, Amalarius Symphorius, également disciple d'Alcuin et également élevé ensuite à la dignité archiépiscopale sur le siège de Lyon, Jean Scot Erigène, le moine Mannon. (Crévier, *Ibid.*, pp. 38 et suiv.)

(1) « Voyant, d'une part, dit avec raison Crévier, qu'il n'est fait
« mention ni de vocation épiscopale ni d'aucune liaison de l'école
« qu'il rouvrit à Paris avec celle de l'église de cette ville, et, de
« l'autre côté, que sa venue dans cette même ville concourt pres-
« que avec les derniers témoignages qui nous restent de l'école du
« palais, je ne puis me refuser entièrement à une idée flatteuse
« qui me frappe, ni m'empêcher de conjecturer que l'école pala-
« tine pouvait avoir été établie par Charles le Chauve à Paris,
« et que Remi vint en continuer la tradition. » (Crévier, *Ibid.*,
« p. 62.) »

(2) Félibien et Lobineau, *Histoire de la ville de Paris*, tom. I, p. 217.

(3) « Les anciennes écoles de Saincte-Geneviève, écrit du Molinet,
« estoient situées au mesme endroit que celles de Nostre-Dame ; car,
« comme celles de la cathédrale... estoient au mesme costé droit du
« portail en tirant vers l'Hostel-Dieu, ainsy celles de Saincte-Gene-
« viève estoient placées entre le porche de l'église et la porte de
« la maison où l'on montoit par des degrez. » (Bibl. de Sainte-
« Genev., ms. H. fr. 21, in-fol., *Hist. de Saincte-Geneviève et de son
« église royale et apostolique*, p. 583.)

En nommant tout à l'heure cette école parmi celles de Paris, nous ne prétendions pas, non plus, la fixer absolument dans cette ville. Nous savons que, sous Charlemagne, elle suivait la cour, que, partant, Aix-la-Chapelle fut son siège ordinaire, et que, sous Louis-le-Débonnaire, elle n'eut pas plus de fixité. Nous voulons simplement dire que Paris peut, en revendiquant la possession momentanée de cette école, s'attribuer une part de l'heureuse influence qui en découla. A cette école, de plus ou moins près, comme directeurs, auditeurs, protecteurs ou amis, se rattachent, outre le grand organisateur Alcuin, les hommes les plus célèbres de l'époque : l'historien Paul Warnefride, le poète Fardulfe, Théodulfe et Leirade, plus tard l'un évêque d'Orléans et l'autre archevêque de Lyon, Adalhard, saint Angilbert, Eginhard, Clément-l'Irlandais, Amalarius Symphorius, Riculfe, depuis archevêque de Mayence, le fameux Hincmar, etc.

Cependant, si une lettre du pape Nicolas Ier à Charles-le-Chauve était authentique en tous points, on serait assez en droit de conclure que ce prince aurait enfin fixé l'école palatine dans la capitale de la France. Dans cette lettre, en effet, Charles est loué de ce que, par ses soins, *les études refleurissent dans le royaume et spécialement à Paris*; et, d'autre part, il est prié d'interdire à Jean Scot, *chef de l'école, le séjour* de la même ville, de peur que, par l'enseignement de ce dernier, *le mauvais grain ne se mêle au bon* (1). Ce qui est certain, c'est que le roi montra un grand zèle pour les lettres et les sciences. « Sa cour, « dit un écrivain, étoit devenue comme un palestre et « un lieu d'exercices pour toutes les parties de la sa- « gesse. Aussi, toute la noblesse et tous les grands du « royaume y envoyoient-ils leurs enfants, pour s'y former « aux sciences divines et humaines » (2).

(1) Du Boulay, *Historia Universitatis Parisiensis*, tom. I, p. 184.
(2) Paroles citées par Crévier, *Hist. de l'Univers. de Paris*, tom. I, p. 42.
L'histoire nous a conservé le nom des successeurs d'Alcuin comme directeurs de l'école palatine sous Charlemagne, Louis-le-Débonnaire, Charles-le-Chauve. Après un certain maître irlandais,

d'un secours non moins salutaire, Grimbald et Jean. Sans parler de l'Italie, où la culture intellectuelle se donnait sous l'influence plus directe de la papauté et surtout par le ministère des religieux bénédictins, les noms des saints évêques Léandre, Isidore, Ildefonse, sont inséparables des écoles, si fréquentées et si fécondes en heureux résultats, de Séville et de Tolède. Enfin, dans le Nord, Liège méritait, par son centre d'enseignement à la cathédrale, à la collégiale de Saint-Barthélemy, au monastère de Saint-Laurent, son glorieux surnom de *nourrice des beaux arts* (1).

Telle fut l'œuvre chrétienne jusqu'aux XIIe et XIIIe siècles, époques où les Universités se constituaient pour devenir, sous l'autorité de l'Eglise et avec la protection et les faveurs du pouvoir civil, le foyer et la règle des sciences sacrées et profanes.

II

A Paris, trois écoles avaient acquis particulièrement de la célébrité : l'école palatine ou du palais, l'école de Notre-Dame et celle de Sainte-Geneviève.

Quand nous parlions plus haut de l'école palatine, nous ne prétendions pas en attribuer la fondation au célèbre empereur. Sous la première race, il devait y avoir également au palais des maîtres pour l'instruction de la famille royale et des principaux feudataires de la couronne. « Dès le temps de la première race de nos rois, « dit Crévier, on trouve des vestiges d'une école tenue « dans leur palais, où la jeune noblesse se formoit et « s'instruisoit pour les places qui demandoient des lettres « et des connaissances » (2).

(1) *Histoire littéraire de la France*, tom. VII, pp. 17, 19; tom. IX, p. 40. Nous lisons à cette dernière page : « La lumière qui sortoit, « de l'école de Liège et se répandoit sur toute la France, comme « on l'a vu sur le siècle précédent, continua encore à luire en « celui-ci, » c'est-à-dire dans le XIIe.

(2) *Histoire de l'Université de Paris*, tom. I, p. 26.

subordonnés, et qu'on forçât les enfants à se rendre aux écoles (1).

L'on ne songeait, et avec raison, qu'à s'adresser à l'Eglise pour avoir une part du précieux trésor des connaissances humaines. Lorsque Charlemagne voulut imprimer dans son empire un nouvel essor aux lettres et aux sciences, c'est Alcuin, diacre de l'église d'York, qu'il appela. Alcuin qui dirigea la fameuse école palatine où ne dédaignaient pas de s'asseoir l'empereur, ses enfants, ses ministres, les seigneurs de sa cour, Alcuin, qui, par ses autres établissements d'instruction, ses travaux, ses exemples, exerça une si puissante action sur la France de ce temps (2). Un siècle après, et en puisant aux mêmes sources, la France payait l'Angleterre de retour. De nouvelles invasions menaçaient de faire retomber la grande île dans les ténèbres de l'ignorance. Pour parer à un semblable malheur, Alfred-le-Grand obtint d'au-delà du détroit deux moines, non aussi connus qu'Alcuin, mais

(1) Mansi, *Concil.*, tom. XII, col. 397 can. VII : « ... decreverunt... « ut episcopi, abbates atque abbatissæ..... studeant et diligenti « cura provideant, ut per familias suas lectionis studium indesi- « nenter in plurimorum pectoribus versetur..... Proinde coer- « ceantur et exerceantur in scholis pueri ad dilectionem sacræ « scientiæ, ut per hoc bene eruditi invenire possint ad omnimodam « Ecclesiæ Dei utilitatem..... »

(2) « Charles, dit le moine de Saint-Gall, insatiable de gloire, voyait l'étude des lettres fleurir dans tout son royaume ; mais il s'affligeait qu'elle n'atteignît pas à la sublimité des anciens Pères de l'Eglise. Dans son chagrin, formant des vœux au-dessus d'un simple mortel, il s'écria : « Que n'ai-je onze clercs aussi instruits « et aussi profondément versés dans toutes les sciences que « Jérôme et Augustin ? » Le docte Albin (Alcuin), quoique se regardant comme très ignorant en comparaison de ces Pères, fut cependant saisi d'une grande indignation, ne put s'empêcher de la laisser éclater un moment, et, osant plus qu'aucun mortel n'aurait osé en présence du terrible empereur, répondit : « Le Créateur « du ciel et de la terre n'a pas fait d'autres hommes semblables à « ces deux-là, et vous voulez en avoir une douzaine ! » *De Gestis Carol. Mag.*, lib. I, cap. IX, traduct. de la *Collect. des Mém. relat. à l'hist. de France*, par M. Guizot, tom. III, p. 183-184.)

l'on enseignait, en tout ou en partie, les fameux sept arts libéraux, et celles où les enfants étaient initiés aux secrets de la lecture et à l'harmonie du chant; mais nulle part on ne négligeait la religion, dont la connaissance se développait parallèlement aux autres études et souvent en éclairait la marche (1). Les écoles monastiques rivalisaient de zèle. Sous les toits qui abritaient la vie religieuse, tandis que les uns méditaient l'Ecriture et les Pères ou s'adonnaient à l'étude des documents historiques, des littératures grecque et latine, ou bien aux soins de la multiplication, par de fidèles copies, des ouvrages de l'antiquité, d'autres se consacraient à un ministère extérieur, mais non moins agréable à Dieu que profitable aux hommes : l'enseignement dans ce qu'il avait de plus élémentaire comme de plus élevé. Cette œuvre civilisatrice, inspirée par l'Evangile, était encouragée, commandée par l'Eglise dans les conciles. Sans nous arrêter au sixième Concile général de Constantinople, qui aurait prescrit l'établissement, même dans les villages, d'écoles gratuites dont les prêtres devaient prendre soin (2), citons en particulier le deuxième Concile de Vaison, en France, qui, au vi° siècle, chargeait les prêtres des paroisses, ainsi que cela se pratiquait en Italie, de vaquer à l'instruction de la jeunesse ecclésiastique (3), et celui de Cloveshoe ou Clovesbou en Angleterre, qui, au viii°, voulait que les évêques, les abbés et les abbesses veillassent à la lecture assidue parmi leurs

---

(1) Voir Claude Joly, *Traité historique des écoles épiscopales et ecclésiastiques*, Paris, 1678, in-12 ; Theiner, *Histoire des institutions d'éducation ecclésiastique*, traduct. franç., Paris, 1841.

(2) Bergier, *Dictionnaire de théologie*, art. Ecole.

(3) Mansi, *Concil.*, tom. VIII, col. 726, can. 1 : « Hoc enim placuit, « ut omnes presbyteri, qui sunt in parochiis constituti, secun-« dum consuetudinem, quam per totam Italiam satis salubriter « teneri cognovimus, juniores lectores quantoscumque sine uxore « habuerint, secum in domo ubi ipsi habitare videntur, recipiant..., « ut et sibi dignos successores provideant..... »

INTRODUCTION

LES
ORIGINES DE L'UNIVERSITÉ DE PARIS
ET SON ORGANISATION AUX XIIe ET XIIIe SIÈCLES

CHAPITRE PREMIER

LES ORIGINES DE L'UNIVERSITÉ DE PARIS

I

Pendant que les barbares, au ve siècle, couvraient de ruines l'empire romain, les connaissances humaines se réfugiaient autour des églises et dans les monastères, qui se chargèrent d'en conserver religieusement l'inestimable dépôt, pour s'attribuer plus tard, la tempête un peu calmée, la noble mission d'en répandre au dehors les éléments.

En effet, outre les écoles où l'on se formait graduellement au sublime mystère évangélique, il y avait aussi, portant différents noms, mais toujours sous l'autorité épiscopale et la direction ecclésiastique, les écoles où

8° Moréri, *Le grand Dictionnaire historique*, avec *Supplément* de l'abbé Gouget. *le tout revu, corrigé et augmenté* par Drouet, Paris, 1759, in-fol.;

9° Bayle, *Dictionnaire historique et critique*, édition *revue, corrigée et augmentée*, par des Maizeaux, Amsterdam, 1734, in-fol.;

10° Abbé Lebeuf, *Histoire de la Ville et de tout le Diocèse de Paris*, édition Cocheris, Paris, 1867-1870.

En ce qui concerne les ouvrages imprimés de nos écrivains, nous marquerons les éditions, soit après constatation personnelle, soit d'après les bibliographes autorisés ; et, généralement, quand les éditions seront trop nombreuses, nous nous en tiendrons à celles du XV° siècle ou aux principales, renvoyant pour les autres aux bibliographes susdits. On le comprend, c'est pour cause de brièveté.

Pour la même raison, nous ne mentionnerons pas les manuscrits de ces ouvrages imprimés.

Dans l'hypothèse où les œuvres sont inédites, nous nommerons les blibliothèques qui les renferment ou les ont renfermées. S'il s'agit des bibliothèques actuelles de Paris, notre affirmation, en général, sera le résultat de notre propre examen. Quant aux bibliothèques anciennes de la capitale, aux bibliothèques de province et à celles de l'étranger, nous parlerons sur la foi des bibliographes. Dans ce dernier cas, nous mettrons, pour le moins, sur la voie des recherches.

grand nombre de pages, puisqu'elle devra consacrer une notice à chacun des écrivains.

Au-dessous des docteurs et des maîtres qui s'illustrèrent par l'éclat de leur parole et surtout par les productions de leur plume, se placent ceux qui, en possession de grades inférieurs, se sont cependant acquis, par les mêmes moyens, une certaine renommée. Nous avons pensé qu'il était bon de ne pas les passer absolument sous silence dans notre revue, ne leur accordât-on que le bénéfice d'une note de quelques lignes. Nous avons également estimé que ce ne serait pas tout à fait un hors d'œuvre de traiter de même les illustrations littéraires qui appartiennent à la Faculté, ne serait-ce qu'en qualité d'élèves. Le désir d'être aussi complet que possible, en ce qui touche le célèbre corps enseignant, sera notre justification ou notre excuse.

Aux vrais docteurs s'ajouteront donc çà et là et accessoirement quelques autres gradués, voire quelques écoliers, pourvu que les uns et les autres se soient fait un nom par leurs œuvres.

Ainsi, notre travail comprendra deux parties : l'histoire proprement dite de la Faculté et son histoire littéraire ; et dans ce cadre, nous ne croyons pas que cette parole soit exagérée, se trouve renfermée l'histoire de la théologie elle-même.

Sous le nom de chaque théologien, en tête de l'article, nous indiquerons, entre parenthèse, l'année de la naissance et celle de la mort, autant que nous pouvons les connaître.

D'abord, le moyen-âge. A plus tard, si nos loisirs le permettent, l'époque moderne.

Cette année un volume. Les autres successivement.

II

Nous croyons devoir indiquer ici, pour éviter des répétitions trop fréquentes, les éditions par nous employées de certains ouvrages :

1° *Gallia christiana*, Paris, 1715-1786, in-fol., avec les trois volumes de M. Hauréau, Paris, 1856-1865, aussi in-fol.;

2° P. Le Long, *Bibliothèque historique de la France*, Paris, 1768-1778, in-fol.;

3° Rainaldi, *Annales ecclesiastici*, édition Mansi, Lucques, 1747-1756, in-fol.;

4° Luc Wadding, *Annales ordinis Minorum*, Rome, 1731-1745, in-fol.;

5° P. Le Long, *Bibliotheca sacra*, édition in-fol., Paris, 1723;

6° Foppens, *Bibliotheca Belgica*, édit. in-4°, Bruxelles, 1739;

7° Fabricius, *Bibliotheca mediæ et infimæ latinitatis*, édition Mansi;

AVANT-PROPOS

I

Nous n'avons pas cru pouvoir aborder l'objet spécial de notre étude, l'histoire de la Faculté de théologie, sans présenter d'abord le récit succinct des origines et de l'organisation de l'Université. En effet, pour les quatre Facultés dont se composa l'Université, le berceau est commun et les développements constitutifs sont les mêmes ou marchent parallèlement. Ne pas jeter ce regard d'ensemble, c'eût été séparer ce que le temps et l'ordre logique ont intimement uni. A cette raison majeure s'ajoutait une légitime curiosité qui nous portait et portera, croyons-nous, le lecteur à vouloir embrasser dans une sorte de tableau synoptique les parties intégrantes du corps enseignant qui se formait. La Faculté, une fois constituée, prend et conserve une physionomie propre qui va maintenant fixer uniquement notre attention.

Nous nous proposons donc d'écrire l'histoire de la Faculté de théologie de Paris. Ecrire cette histoire, ce n'est pas seulement, après en avoir dit les commencements, et indiqué l'organisation, marquer les accroissements de l'illustre Faculté, la montrer avec ses coutumes et ses lois, ses chaires et ses collèges; c'est aussi la suivre dans son action, son influence, ses combats, ses triomphes ses gloires, l'étudier dans ses doctrines tant en elles-mêmes que sous le rapport de l'orthodoxie : ici nous aurons beaucoup à louer et peu à blâmer.

A ce dernier point de vue, il y a ce qu'on peut appeler l'enseignement officiel et l'enseignement autorisé. Le premier s'affirme dans les décisions de la Faculté et les condamnations portées par elle ; le second se donne dans les cours des maîtres, se répand par leurs écrits comme aussi par ceux des autres docteurs ou gradués. Ces deux enseignements ont ici naturellement leur place ; et naturellement encore l'étude de l'enseignement autorisé occupera un plus

LA

FACULTÉ DE THÉOLOGIE DE PARIS

ET

SES DOCTEURS LES PLUS CÉLÈBRES

PAR

L'abbé P. FERET

DOCTEUR EN THÉOLOGIE
ANCIEN CHAPELAIN DE SAINTE GENEVIÈVE
CHANOINE HONORAIRE D'ÉVREUX
CURÉ DE SAINT-MAURICE DE PARIS

MOYEN-AGE

TOME PREMIER

PARIS
ALPHONSE PICARD ET FILS, ÉDITEURS
82, rue Bonaparte, 82

1894

DU MÊME AUTEUR :

Le Christ devant la critique au second siècle, 1 vol. in-8, Paris, Jouby, 7, rue des Grands-Augustins.

La Divinité de Jésus attaquée par Celse et défendue par Origène, thèse du doctorat, 1 vol. in-8°. Même librairie.

Dieu et l'Esprit humain ou l'existence de Dieu devant le bon sens, la philosophie et les sciences aux différentes époques de l'histoire, Conférences de Sainte-Geneviève de Paris, 1 vol. in-12. Même librairie.

Le Droit divin et la Théologie, brochure, Paris, Palmé, 76, rue des Saints-Pères.

Henri IV et l'Eglise, 1 vol. in-8°. Même librairie.

Le cardinal du Perron, 1 vol. in-12, 2° édition, Paris, Didier, 35, quai des Grands-Augustins.

Un curé de Charenton au XVII° siècle. 1 vol. in-12, Paris, Gervais, 29, rue de Tournon.

L'abbaye de Sainte-Geneviève et la Congrégation de France, 2 vol. in-8°, Paris. Même librairie, et Palmé, 76, rue des Saints-Pères.

Le Pouvoir civil devant l'enseignement catholique, 1 vol. in-12, Paris, Perrin, 35, quai des Grands-Augustins.

La question ouvrière, 1 vol., 1893, in-12, Paris, Lethielleux, 10, rue Cassette.

LA FACULTÉ DE THÉOLOGIE DE PARIS

AU MOYEN-AGE

SES DOCTEURS LES PLUS CÉLÈBRES

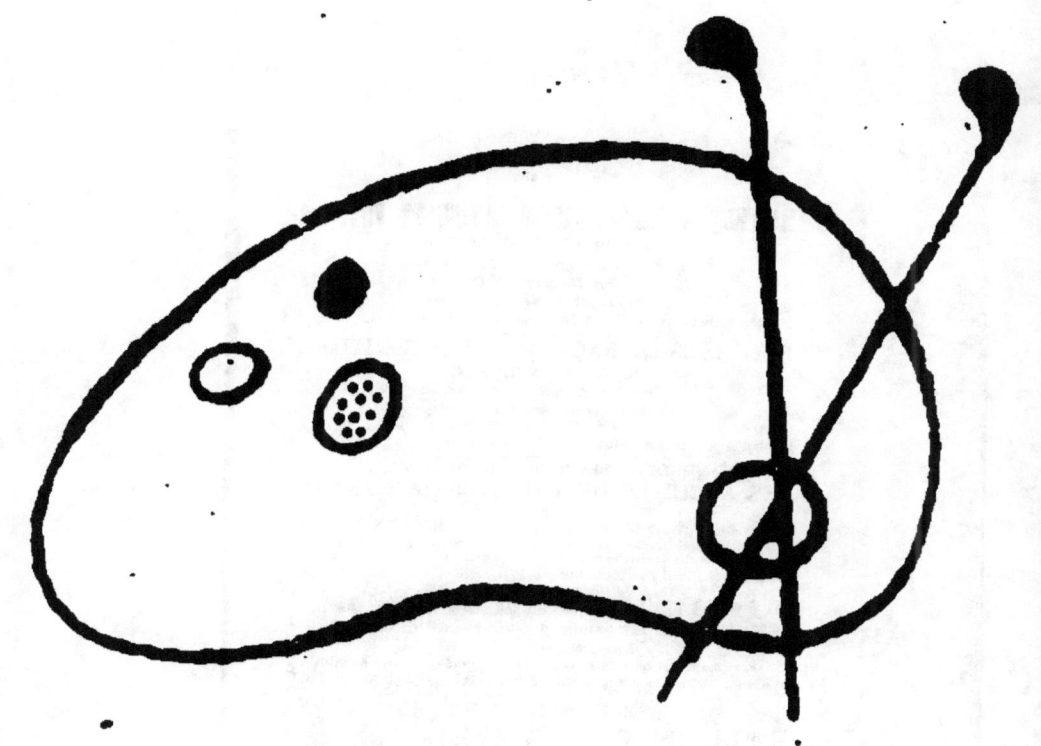

Fin d'une série de documents en couleur

MANUEL DE PALÉOGRAPHIE LATINE ET FRANÇAISE
DU VIe AU XVIIIe SIÈCLE
SUIVI D'UN DICTIONNAIRE DES ABRÉVIATIONS
Par Maurice PROU
Avec 23 fac-similés en phototypie
2e édition, Paris, 1892, 1 vol. in-8° carré, br., planches... 12 fr.

RECUEILS DE FAC-SIMILÉS D'ÉCRITURES
DU XIIe AU XVIIe SIÈCLE
(MANUSCRITS LATINS ET FRANÇAIS)
Accompagnés de transcriptions
Par Maurice PROU
12 planches et transcription, in-4°, dans un carton... 6 fr.

MANUELS DE BIBLIOGRAPHIE HISTORIQUE I
LES ARCHIVES DE L'HISTOIRE DE FRANCE
PAR

Ch.-V. LANGLOIS	**H. STEIN**
Archiviste-paléographe, chargé de cours à la Faculté des lettres de Paris.	Archiviste-paléographe, Archiviste aux archives nationales.

1893, 1 vol. in-8 de xix-1000 pages. Prix... 15 fr.

HISTOIRE DES INSTITUTIONS MONARCHIQUES DE LA FRANCE
SOUS LES PREMIERS CAPÉTIENS (987-1180)
Par Achille LUCHAIRE
Professeur d'histoire du Moyen-Age à la Faculté des lettres de Paris
2e édition 1891 revue et augmentée, 2 vol. in-8° (xiv-368 et 379).

MÉMOIRES ET DOCUMENTS
ÉTUDES SUR LES ACTES DE LOUIS VII
Par Achille LUCHAIRE
1885. Un vol. in-4°, br. avec planches

LOUIS VI LE GROS
ANNALES DE SA VIE ET DE SON RÈGNE
Par Achille LUCHAIRE
1890, 1 vol. in-8° (cc-406 pages).

LE ROYAUME D'ARLES ET DE VIENNE
ÉTUDES SUR LA FORMATION TERRITORIALE
Par Paul